尼山丛书

第八届
尼山世界文明论坛
文集

第四卷

尼山世界儒学中心
中国孔子基金会秘书处 编

山东友谊出版社·济南

尼山艺术论坛

现代君子之风的审美构型

王一川

(北京师范大学文艺学研究中心)

进入新时代以来,中国文艺创作领域逐渐涌现出一股越来越显著的新浪潮:具有社会影响力的多个艺术门类竞相创造具有现代君子之风的人物形象。对此,我们固然可以从不同方面去考察,但在这里笔者打算在极简略地勾勒出现代君子之风概念及其复苏轨迹的基础上概略地描述近十年来多个艺术门类中现代君子形象的构型状况,并就现代君子形象的美学特点作初步分析。

一、现代君子之风及其复苏轨迹

君子,在中国古代文艺作品和其他典籍里常常是对人格高尚之人的统称。据相关研究,君子一词在先秦时曾有过一段活跃、丰富而又不确定的历史。例如在《诗经》中,其一般是对身份的称呼,但也含有比较明显的人伦美称意味,并奠定了后来《左传》《论语》中的"君子论"。

这里所说的现代君子之风,主要是指现代中国人所展现出来的与古典儒家君子理想相契合的社会伦理风范,是古代以儒家君子理想为核心的社会伦理制度传统在现代传承和转化的结果。这种现代中国伦理风范在近现代以来,面对来自西方的现代哲学和伦理风潮的强大冲击,经历了曲折的传承和演变轨迹。这里需要提及后来产生深远影响的两件事:一是袁世凯在"短命"的称帝过程中宣扬"尊孔读经",一举败坏了儒家及其君子风范的声誉;二是"五四"新文化运动领袖们随即掀起了讨伐"孔教"及"打孔家店"的强劲声浪,直陈"儒术孔道,非无优点,而缺点则正多。尤与近世文明社会绝不相容者,其一贯伦理政治之纲常阶级说也"①;"此不攻破,吾国之政治、法律、社会道德,俱无由出黑暗而入光明"②。"五四"新文化运动对"孔教"的批判,影响是如此深远,以至在"文革"的相关运动中也产生了持续的影响。进入改革开放时期,随着经济、社会、文化等领域改革浪潮的持续深化,一度"名誉扫地"的儒家文化,包括君子之风终于重获新生。特别是进入新时代以来,由于党和国家领导人的倡导、全面部署和社会各界响应,现代君子之风在当代社会生活的各层面得以强势地生长。习近平总书记在2013年12月30日在十八届中央政治局第十二次集体学习时说:"要……努力实现中华传统美德的创造性转化、创新性发展,引导人们向往和追求讲道德、尊道德、守道德的生活,让十三亿人的每一分子都成为传播中华美德、中华文化的主体"。传承"现代君子之风",要求干部和群众都要信守"君子喻于义""君子坦荡荡""君子义以为质""言必信,信必果""仁者爱人""与人为善"等"君子式"为人准则。党的十九大通过的《中国共产党章程(修正案)》在"提倡共产主义道德"之后首次增加"弘扬中华民族传统美德",我们可以将其视为有关共产党员的"现代君子之风"要求的一种制度化措施:共产党员应将"共产主义道德"与"中华民族传统美德"融合起来。这在后来的正式规范中被确定为马克思主义普遍真理与中华优秀传统文化相结合的要求。这样的社会制度设计及其普遍性社会实践,可以在新时代以来多个艺术门类的创作中见到有力的响应。

二、多个艺术门类中的现代君子形象构型

进入新时代以来,文学(语言艺术)、舞台艺术(戏剧、舞剧等)和影视艺术等艺术门类中都出现了集中塑造现代君子形象的热潮,尽管这种塑造在此前也一直或显或隐地进行着。

就文学而言,长篇小说《装台》中的西京城装台工刁顺子,虽然家庭生活遭遇一连串不幸,特别是备受女儿刁菊花刁蛮撒泼的强力干扰,但为人厚道、实在,喜爱秦腔,始终以仁厚、容让等君子之风对待周围的人和事,感染和凝聚着

---

① 钱志熙:《论〈诗经〉"君子"称谓的时代内涵及价值》,《中国高校社会科学》,2022年第4期。
② 陈独秀:《答吴又陵(孔教)》,载任建树、张统模、吴信忠编:《陈独秀著作选》(第一卷),上海:上海人民出版社1993年版,第258页。

装台工们,可以被视为当代城市生活中"底层君子"之突出代表。《经山海》中市直机关中的年轻女干部吴小蒿到位于鲁东南的楷坡镇担任副镇长后,以经世致用的务实开拓精神和刚柔相济的工作作风,克服重重阻力,赢得当地村民的好感和赞誉,在乡镇脱贫和振兴两方面都取得了工作实绩,可以被视为女性中具备现代君子之风的突出典型。《人世间》中的老工人周志刚及其家族中的其他人也极善于以仁厚、良善、容让等优秀品质面对生活苦难并感染周围人。这样的现代君子形象也出现在舞台艺术门类中。例如,话剧《谷文昌》叙述的是东山县委书记谷文昌实施仁政(或德政)的事迹。谷文昌带领群众顽强地治理风沙,充满仁心地把"敌伪家属"改为"兵灾家属",展现出共产党基层干部对于古典君子之风的自觉传承和弘扬。舞剧《五星出东方》中,汉朝戍边将领"奉"将中原君子之风传播至边地,受到精绝城公主"春君"的倾心爱慕,最终为了保护精绝城而英勇献身。这里把君子之风作了令人印象深刻的重构。现代京剧《李大钊》一方面表现了李大钊这位无产阶级革命家大义凛然、视死如归的英雄形象,另一方面也凸显他以温柔敦厚之心关爱他人的君子之风。相比而言,作为大众艺术的影视艺术门类对现代君子形象的塑造更加集中,并且产生了广泛的社会影响。电影《我的父亲焦裕禄》中的兰考县委书记焦裕禄,在带领全家老小回山东探望母亲后,告别时突然向母亲下跪,这集中展现了古代孝道在党员干部中的现代传承,也展现了"共产主义道德"与"中华民族传统美德"之间的高度融合。电视剧《觉醒年代》中,以桀骜不驯和坚决的反传统姿态著称的陈独秀,在儿子延年和乔年面前也展现出父爱仁厚和柔和的一面,显示了文质彬彬的现代君子之风。电视剧《人世间》在原著基础上,强化了周志刚一家仁厚和容让的君子风范。电视剧《经山历海》与原著《经山海》相比,更加突出了吴小蒿身上齐鲁之地优秀文化传统的当代演变。

三、现代君子形象的审美特点

上述现代君子形象以审美构型的方式,有力地反映了当今社会现实中现代君子之风的发展。简要归纳,这种审美构型呈现出一些明确的审美特点。

其一是革命斯文。这是说要注意塑造无产阶级革命者文质彬彬的风范。电视剧《光荣与梦想》在第18集浓墨重彩地描摹了我党我军三名文化人"不同而又共同"的现代君子之风;陈毅在负伤后强忍剧痛而以刀挖蛆,带伤突围,并生发出浓烈而深情的诗歌创作灵感;方志敏面对敌人的威逼利诱坚贞不屈,满怀热情地写下《可爱的中国》;瞿秋白高唱《国际歌》走向刑场,留下"此地甚好"这一潇洒而豪迈的遗言。他们的形象可以说是"现代革命君子"之"斯文"的一次有力重构。

其二是有为而中。这是说以"为民有作为"的姿态去达成"中和"的效果,以体现干部的君子风范。《山海情》中的马得福、《人世间》中的副市长周秉义、《大山的女儿》中的扶贫书记黄文秀、《春风又绿江南岸》中的县委书记严东雷、《高山清渠》中的村支书黄大发等都极具开拓性,努力改变当地面貌、为民造福,并以此赢得了群众的拥戴。

其三是以善润真。这是说主要人物以个人德行去润化或过滤生活世界的挫折或苦难,并将其转化为可以接受的温暖图景。《人世间》里的周志刚、周秉昆、郑娟等总是以善良、仁厚、容让等品质去化解生活中的痛苦。

其四是反思型人格。这是说这批人物擅长对人生作随时随地的自我反思,尤其是擅长检讨自身的不足并且尽力加以改正,展现出"君子"式"行成于思"或"再思"的传统传承姿态。《我在他乡挺好的》中的女主人公乔夕辰、纪南嘉和许言,以及关联人物简亦繁等,在异乡历经沉浮后,终于领悟到"心安就是故乡"的道理,诠释了反思型人格的重要性。舞剧《到那时》中的父亲与儿子在经历严重分歧后重新和解,展现出消除分歧以寻求共识的反思型人生姿态。

结语

这里有关现代君子形象的审美特点的概括虽然是简略的,但这些形象可以被看作当代中国社会生活中正在兴起的现代君子之风这一社会伦理实践的审美构型的结晶。从多个艺术门类作品中的现代君子形象的审美构型来看,投身于这一社会实践的人物,既有以黄文秀、黄大发等当代中国社会基层干部为原型的人物,又有以刁顺子、周志刚、周秉昆、郑娟等为代表的由文艺家虚构的当代中国社会底层民众,他们共同展现出发源于先秦时代的中国古典心性智慧传统在现代传承和弘扬的强劲力量。

新时代文艺创作要在汲取优秀传统文化力量为世界人民贡献特殊声响和色彩中回应"世界之问"

范玉刚

（山东大学文艺美学研究中心）

优秀传统文化是我们在世界文化思潮相互激荡中站稳脚跟的根基，习近平总书记指出："要挖掘中华优秀传统文化的思想观念、人文精神、道德规范，把艺术创造力和中华文化价值融合起来，把中华美学精神和当代审美追求结合起来，激活中华文化生命力。"传统文化并非现成性地静止在那儿，也不单单是博物馆般的存在，事实上，它正日益成为当下影响大众举手投足的现实文化的一部分，存在于我们的日常生活中，影响着我们的言谈举止、待人接物，甚至社交礼仪，当然也包括当下的文艺创作和文化生产。"故宫跑"现象、各大博物馆门前排起长龙，戏曲进校园、"非遗"进课堂极为火爆，各种玄幻、仙侠、穿越类网络文学作品对传统文化资源进行借鉴，影视网游对传统文艺经典进行改编等，反映了优秀传统文化的当代表达几成时尚。可以说，全方位、多层面的优秀传统文化的创造性转化、创新性发展，正在滋养着新时代的文艺创作，成为彰显当代文艺力量的重要支撑。中共中央办公厅、国务院办公厅发布的《关于实施中华优秀传统文化传承发展工程的意见》强调，新时代文艺创作和理论研究与文艺批评要善于从中华文化资源宝库中提炼题材、获取灵感、汲取养分，把中华优秀传统文化的有益思想、艺术价值与时代特点和要求相结合，运用多样化艺术形式进行当代表达，助力新时代文艺创作勇攀艺术高峰。

党的十九大报告作出中国特色社会主义进入新时代、中国越来越走近世界舞台中央的重大论断。立足新时代新方位，中华民族的伟大复兴和中华文化再创辉煌。文艺何为？它对我们意味着什么？在世界舞台上将展现一幅什么样的文明图景？在开启第二个百年奋斗目标新征程、实现人民共同富裕，特别是精神生活共同富裕方面,文艺担当什么使命?它在促进人的自由全面发展方面将有何为?在世界舞台上展示怎样的中国形象和民族精神风貌?它对世界秩序变化与人类文明跃升有着怎样的启示?这些问题越来越聚焦于在汲取优秀传统文化力量、为世界人民贡献特殊声响和色彩中回应"世界之问"的新时代文艺力量的彰显上。一言以蔽之:以文化人,能够凝结心灵;以艺通心,更易沟通世界。

从人类文明视野来看,无论是"中国"还是"中国人",都是一种文化的界定。几千年未曾中断的中华文明依托的是以文化立国的国度的一脉相承,"远人不服,则修文德以来之",从而成就了德被四方、福泽天下的儒家文明圈,诞生了"轴心时代"四大导师之一的孔子,为人类文明进步贡献了四大发明和不可尽数的文艺经典。今日之中国是从历史之中国走来的,中华文艺有着绵延不断的文化根脉和一以贯之的中国精神,成就的是中国文艺向上向善、兼济天下的文明价值追求。倡导把中华美学精神和当代审美追求相结合,凸显包括中华美学精神在内的中华优秀传统文化的当代性,以"双创"滋养新时代文艺创作,使新时代文艺创作和文艺研究的根与魂为优秀传统文化所润泽,彰显了一种大国崛起的文艺应有的从容和包容的气象。究其根本,中华民族文化自信的根扎在几千年生生不息的文明传承中,身处世界体系的现代中国是一个薪火相传、文脉不曾中断的文明体。今天的文化自信有着古老文明的根荄,即中华文化的深厚底蕴和中华民族最深沉的精神追求。"中华文明绵延数千年,有其独特的价值体系。"①中华优秀传统文化已经成为中华民族的基因,植根在中国人内心,潜移默化地影响着中国人的思想方式和行为方式。历经磨难和现代转换,中华文化的价值导向与当代世界的人类文明主潮相互契合,启示了人类文明未来的发展方向,以其独特的声响与色彩丰富着世界文化。

在世界秩序变动中,中华民族的复兴将铸就中华文化的再度辉煌,使其在弘扬中国共产党人高度文化自觉和文化创造中自豪地屹立在世界舞台,这必将进一步强化中华文化的使命感。无论全球化运动如何深入,"我们不可能成为在文化精神意义上的西方人,我们不可能把西方的灵魂引入我们的内心深处。放弃中华文化精神的唯一结果,就是中国人之丧失文化生命。没有文化

---

① 习近平:《青年要自觉践行社会主义核心价值观 与祖国和人民同行努力创造精彩人生》,《人民日报》2014年5月5日。

生命,我们就不会有德行和创造性。……因此,可以相信,在当代情势下复兴中华文化,重新寻找中国人安身立命的精神家园,必将成为一个普遍的要求"[①]。在某种意义上,这也是中国共产党人的文化使命。习近平总书记在《决胜全面建成小康社会 夺取新时代中国特色社会主义伟大胜利——在中国共产党第十九次全国代表大会上的报告》中说:"中国共产党从成立之日起,既是中国先进文化的积极引领者和践行者,又是中华优秀传统文化的忠实传承者和弘扬者。当代中国共产党人和中国人民应该而且一定能够担负起新的文化使命,在实践创造中进行文化创造,在历史进步中实现文化进步!"

统筹中华民族伟大复兴的战略全局,促进优秀传统文化和时代条件的结合,无论是创造性转化还是创新性发展都离不开创意和技术的融入。因而,以优秀传统文化的创造性转化和创新性发展滋养当代艺术创作,不是单纯对古典艺术的因袭和模仿,而是一种融入当代人视野和审美理念的艺术创造,其形态和意蕴既是古典的又是时尚的,彰显的是当代人的艺术想象力和审美表达力。借助良好的创意和数字化技术支撑,诉诸沉浸式体验的戏曲研学文化节目《拿手好戏》,通过发掘中华优秀传统文化资源的当代价值,唯美地表现了传统戏曲的隽永魅力,在央视综艺频道开播以来备受好评。其核心立意和精彩内容不仅获得央视新闻频道、《光明日报》等主流媒体的肯定,其国际传播还覆盖了美、法、意、日、加、俄、葡、南非等近10个国家和地区。沉浸式体验、影视化呈现、时尚化表达,使大众对戏曲有了更深刻的认知和更真切的感受,在吸引大量年轻创作者和受众的同时紧紧把握了时代脉搏,增强了国内受众对优秀传统文化的体验感,也为世界人民贡献了独特的声响与色彩。

近年来,"元宇宙"非常火爆。作为人类运用数字技术构建的虚拟世界的元宇宙在创意引导下与优秀传统文化的结合,极大提升了当代艺术的审美表现力和大众对艺术的亲近感,显现出优秀传统文化并不远人、当代艺术不断趋于生活化的现实。如著名琵琶演奏家、中央民族乐团团长赵聪推出的一首元宇宙概念音乐作品《三星堆·神鸟》,以琵琶为主奏乐器,以现代电子音乐为表现形式,通过传统与现代的交融,将数千年前的神秘与浪漫和数千年后的时尚交织缠绕,在神鸟传说和乐器元素中创建了一种超世代、贯通未知概念的神秘图腾信号,重现神鸟的神秘能量,展现了流动的历史幻境,以此致敬三星堆文

[①] 王德峰:《简论中国文化精神及其在当代复兴的可能性》,《哲学研究》,2005年第5期。

化,让当代观众尤其是年轻观众在感受优秀传统文化魅力中爱上民族音乐。这首作品实现了传统演奏与现代科技的交互融合,从时代角度切入历史,提炼出典型的音乐形象,将神鸟作为旋律的子动机,通过三星堆的母体图腾,进行了一次又一次组合碰撞,在一系列隐喻中引发当代人的思考和共鸣。在新技术与音乐艺术的融合中,创作者通过不同场景、频率、速率的处理,使音乐跨越了不同的风格,辅之以左右声道切换营造的错综复杂的神秘氛围,增强了整体声场的立体感。优秀的传统文化底蕴和时尚的艺术表达方式,不仅极大彰显了艺术的力量,也更容易俘获受众的心灵。

2021年,具有时代特点的游戏《王者荣耀》中横空出世的一位新英雄——手执长缨的长安城少女云缨吸引了一大批玩家。她鬼马精灵,俏皮可爱,武功高强。如何为其创作一首相匹配的主题音乐?民乐与现代音乐的融合成为不二选择。游戏《王者荣耀》本身就是对优秀传统文化资源的创意开发和当代价值发掘,作为云缨这一角色的主题音乐的《赤焰之缨》留白的炫技部分,被赵聪用拨奏、轮指、扫弦等多种琵琶弹奏手法行云流水般地演绎出云缨枪法的千变万化。于是每次云缨出场,总会伴随着一段轻松诙谐的琵琶音乐《赤焰之缨》。这段音乐和云缨的气质形象极为契合。对赵聪来说,这既是一次音乐创作,又是一次对角色人设的补充和完善。这段音乐与云缨的人物形象契合度非常高,从曲初几声琵琶俏皮的弹拨,到高潮段落指尖与琴弦近乎极致的华彩碰撞,游戏场景以及人物形象被刻画得淋漓尽致,让玩家"听"到了云缨酣畅淋漓的"赤焰"掠火枪,在此,优秀传统文化的底蕴托起了当代艺术表达的高度。

在跨文化传播中,以艺通心,更易沟通世界。汲取优秀传统文化力量和审美意蕴的当代艺术,有利于世界人民更好地感知崛起的中国形象,在民心相通中潜移默化地领会"我是谁",从而以艺术力量增强世界人民对崛起的中国的认可与认同。习近平总书记在中国文联十一大、中国作协十大开幕式上的讲话中指出:"博大精深的中华文明是中华民族独特的精神标识,是当代中国文艺的根基,也是文艺创新的宝藏。……要挖掘中华优秀传统文化的思想观念、人文精神、道德规范,把艺术创造力和中华文化价值融合起来,把中华美学精神和当代审美追求结合起来,激活中华文化生命力。"为发掘中华优秀传统文化资源,用民乐向世界讲好中国故事、传播好中国声音,赵聪借助新技术在艺术领域做了不少新鲜有趣的尝试。

习近平总书记在文艺工作座谈会上的讲话中指出:"中华优秀传统文化中

很多思想理念和道德规范,不论过去还是现在,都有其永不褪色的价值。我们要结合新的时代条件传承和弘扬中华优秀传统文化,传承和弘扬中华美学精神。"当代文艺创作对中华优秀传统文化资源的汲取,有利于其在彰显艺术魅力的同时走向世界舞台。2021年6月14日《鲲鹏志》的国际版 Leaving 正式在海内外同步发行,歌曲由女高音歌唱家、英国大热影视剧《唐顿庄园》主题曲的演唱者 Mary-jess Leaverland(中文名李美洁)领衔演唱。赵聪巧妙地进行了器乐与声乐、民族乐与西洋乐、电声乐与交响乐、传统乐与流行乐等多元化的融合,实现了中国传统的民族配乐与西洋唱法相结合的大胆创新,生成了立足中国独特文化底蕴而又兼具西方浪漫主义色彩的"新国潮音乐"。此外,在赵聪的创意下,中国传统曲目《彩云追月》被中国中央民族乐团与美国圣地亚哥交响乐团在云端连线共演,通过各大平台进行推送,起到了极好的国际传播和艺术沟通效果。

习近平总书记在中国文联十一大、中国作协十大开幕式上的讲话中指出:"中国人民历来具有深厚的天下情怀,当代中国文艺要把目光投向世界、投向人类。广大文艺工作者要有信心和抱负,承百代之流,会当今之变,创作更多彰显中国审美旨趣、传播当代中国价值观念、反映全人类共同价值追求的优秀作品。"对此,赵聪在艺术探索中有着深刻体验。赵聪说:"我发现,用民乐与西方人沟通是一个比较容易对话的方式。首先他们不排斥民乐而且觉得很有意思。我们的民乐在音准、建制以及技术上在世界民族音乐的大家庭里已经位属翘楚。现在我们需要做的,一个是融合,还有一个就是做出我们自身的气质,这是一种中式的美。"在海外跨文化传播中,世界大众对中国民乐喜爱的溢出效应增强了他们对中华文化的认同感。

如今,中国越来越走近世界舞台中央。经济发展起来之后,民族形象的塑造、核心价值观的引领、民族精神的凝聚、中华文化新辉煌的创造等被提上国家发展日程,展示积极向上的中国形象和民族精神至关重要!不断崛起的中国要为世界进步和人类文明跃升做出更多贡献。习近平总书记在哲学社会科学工作座谈会上的讲话中指出:"要加强对中华优秀传统文化的挖掘和阐发,使中华民族最基本的文化基因与当代文化相适应、与现代社会相协调,把跨越时空、超越国界、富有永恒魅力、具有当代价值的文化精神弘扬起来。要推动中华文明创造性转化、创新性发展,激活其生命力,让中华文明同各国人民创造的多彩文明一道,为人类提供正确精神指引。"随着当下的中国越来越成为

"世界的中国",对一个有着使命感的民族来讲,我们不能再满足于"民族的就是世界的"这一共识,而要在促进世界文艺生态健全中发挥引领发展方向的作用。同时,新时代文艺还要加强世界民心相通,为在世界舞台上构建可亲、可敬、可爱的中国形象贡献力量。习近平总书记在文艺工作座谈会上的讲话中指出:"只有眼睛向着人类最先进的方面注目,同时真诚直面当下中国人的生存现实,我们才能为人类提供中国经验,我们的文艺才能为世界贡献特殊的声响和色彩。"伴随着世界秩序的变化,新时代文艺力量的彰显越发离不开中华优秀传统文化价值的润泽和创意的融入与创新的支撑。

在我看来,齐鲁大地作为儒家文化的发祥地,是儒家文明圈的核心文化带,有着深厚的优秀传统文化积累和文明成果积淀。在百年未有之大变局中,当代中国不仅有着优秀传统文化的底色,更有着现代文明视野中的观念创新和思想创造,有着对未来的艺术想象力和可以感染世界人民的思想观念。究其意味,加拿大的D·保罗·谢弗在《文化引导未来》中指出:"正是通过文化才使得世界不同的民族和国家之间能够建立起牢固的纽带、关系和桥梁。"构建"人类命运共同体"的现实基础是民心相通,文化价值传播的最高境界是对人心的征服。在此,我提出三点建议,希望能促使山东在主导文艺形态繁荣发展中发挥典范效应,为新时代中国文艺成为世界主导文艺形态之一探索有效路径。

其一,扎根深厚的文化资源积累,以优秀传统文化的创造性转化和创新性发展彰显文艺力量,促使新时代文艺发展在提升民族的艺术想象力、审美表达力中成为世界舞台上艺术形式创新和思想观念创新的推动力,使创新理念在文艺领域大放异彩。

其二,立足世界秩序变化,以优秀传统文化的创造性转化和创新性发展彰显文艺力量,通过厚植当代文艺创作的文化底蕴和文化根脉,在传承和赓续中华和合文化基因中,以文艺促进世界民心相通,强化世界舞台上可亲、可敬、可爱的中国形象,以中国式文艺现代性回应世界秩序变动中"我是谁"这一问题,从而增强国际社会对中华文明的广泛认同。

其三,前瞻人类文明不断跃升的未来,以优秀传统文化的创造性转化和创新性发展彰显文艺力量,以当代文艺的经典化追求积极促进中华文化由对世界进步的贡献者向引领者角色转变,在对人类文明普遍形态的一般性价值诉求、启示世界文艺发展方向中提供鲜活生动的中国文艺实践样板。

在传统的河流中汲取
——"两创"视域下阎肃歌词创作的"三内"解读

吴可畏

(中国音协合唱联盟 山东省音乐家协会)

切入点:从"两创"方针到文化自信的"三层内涵"

习近平总书记提出的"两创"方针的核心要义是推动中华优秀传统文化在当代的"创造性转化、创新性发展",也是党的十八大以来我国在文化、人文领域建设方面一贯强调的重要指示精神。在其指引下,全国上下掀起了一股前所未有的传承和弘扬中华优秀传统文化的热潮。

纵观这一方针提出后在理论内涵表述方面的发展过程,其缘起可以追溯到党的十八大报告中文化方面的表述——"建设社会主义文化强国,关键是增强全民族文化创造活力"——这一表述吹响了"中华优秀传统文化复兴"的时代号角,也可看作是习近平总书记后来有关"文化自信"表述的滥觞。在此后的岁月里,习近平总书记又作出了一系列相关的重要指示。首先,2013年,习近平总书记在主持中共中央政治局第十二次集体学习时,从"中华传统美德"层面以点带面式地切入,提出命题。其次,2014年9月,习近平总书记在纪念孔子诞辰2565周年国际学术研讨会暨国际儒学联合会第五届会员大会上正式就"两创方针"的"创造性转化、创新性发展"进行表述,拓展了概念范畴,将之前的传统美德维度延展至优秀传统文化维度。再次,在2014年10月召开的文艺工作座谈会上的讲话中,习近平总书记把"两创"方针进一步深化,在方法论上给出了具体阐释。最后,在2016年11月30日召开的中国文联十大、中国作协九大开幕式上的讲话中,习近平总书记更是以倡导"跨越时空"和"人类命运共同体"的宏大格局来夯实中华文化的当代传承。

在这一过程中，"两创"方针的内涵日趋丰富和完善。2017年10月18日，在党的十九大报告中，习近平总书记将"推动中华优秀传统文化创造性转化、创新性发展"纳入"社会主义核心价值体系"中予以强调，提出要"深入挖掘中华优秀传统文化蕴含的思想观念、人文精神、道德规范，结合时代要求继承创新，让中华文化展现出永久魅力和时代风采"——这在某种意义上完成了"两创"方针从提出、发展到成熟的体系性升华，也让几千年来形成的中华人文精神在新时代完成了一次新飞跃。2020年9月22日，习近平总书记在教育文化卫生体育领域专家代表座谈会上的讲话中再次强调："要坚定文化自信，推动中华优秀传统文化创造性转化、创新性发展，继承革命文化，发展社会主义先进文化。"如何在中华优秀传统文化与革命文化、社会主义先进文化三者之间的辩证关系处理中实现新时代中国特色社会主义文化自信的重塑——正是本文所要研究的阎肃歌词创作对于"两创"方针践行的切入点。

阎肃（1930—2016），河北保定人，原名阎志扬。其出身于军人家庭，受过良好的文化教育，并目睹了波澜壮阔的现代中国革命运动。新中国成立后，他成为一名部队文工团的文艺兵，在半个多世纪的岁月中，创作了上千部包括歌词、剧词等在内的优秀音乐文学作品，成为国内首屈一指的词作家、剧作家。2016年2月12日，阎肃在北京逝世，享年86岁。鉴于阎肃在艺术上的辉煌成就和巨大影响力，其逝世后全国很快掀起了宣讲、学习"时代楷模"阎肃同志先进事迹的热潮。综观阎肃创作的歌词（包括剧词），无论何种题材，都在以白话表达为主的字里行间渗透着浓郁的古典气质。这恰恰是古典诗词底蕴深厚的审美表现，过往对阎肃的人物采访、专题报道、业内评价等都谈及了这一点。对阎肃来说，中华优秀传统文化在当代语境中的转化始终是其创作的重要内在驱动力。无论是二十世纪六七十年代轰动一时并传唱至今的歌剧《江姐》、京剧《红灯照》中的剧词，早年作为一名军旅文艺工作者创作的成名之作《我爱祖国的蓝天》，还是二十世纪九十年代推出的《军营男子汉》《军营春秋》等反映当代军人新风貌的优秀歌曲，抑或是改革开放以来创作的歌剧（如《党的女儿》《忆娘》《特区回旋曲》等）、京剧（如《年年有余》）、晚会主题作品（如《雾里看花》《万事如意》》等，都让我们强烈地感受到其身上深厚的优秀传统文化底蕴。

2016年7月1日,习近平总书记在庆祝中国共产党成立95周年大会上的讲话明确指出:"文化自信,是更基础、更广泛、更深厚的自信。在5000多年文明发展中孕育的中华优秀传统文化,在党和人民伟大斗争中孕育的革命文化和社会主义先进文化,积淀着中华民族最深层的精神追求,代表着中华民族独特的精神标识。"也就是说,中华优秀传统文化、革命文化、社会主义先进文化共同构成了文化自信层面的"三层内涵"。我们将其投射到阎肃的音乐文学创作中来考量,其"中国古诗词创作传统的当代内化""红色革命题材的'侠义'和'戏曲'内核""展现时代风貌变迁的传统内省"三大创作特征(简称"三内")可视为对中华优秀传统文化、革命文化、社会主义先进文化的逐一对应。正如上文所述,这将成为本文研究阎肃歌词、剧词创作如何高规格体现"两创"方针的有效切入点。

解读一:中国古诗词创作传统的当代内化

尽管阎肃有着深厚的古诗词功底,但其并没有刻意板着"学究气"的语态来生搬硬套古诗词,而是通过高度的内化自持来传承当代中国歌词创作中的古典意境。具体到创作技术上,就是要处理好两层关系:一是对于古诗词创作传统的扎实继承,诸如用典及赋、比、兴等手法全方位的精彩运用等;二是着眼于当代人的审美接受,以文化白、以白驭文,在文白相间中实现当代歌词在白话中不失古典气象的"创造性转化、创新性发展"。

(一)古诗词"用典"与现代白话的自然融合

"用典"是古诗词创作中常采用的一种修辞技巧,即作者通过对一些既有典故或诗句的直接或间接引用,来实现语句的言简意赅、辞近旨远。在阎肃创作的歌词中,特别是涉及歌剧中的大咏叹调以及戏曲中具有一定规模的复杂板腔变化的唱段中,都可以看到其信手拈来而又恰如其分的精彩用典,且这些典故都与同一首作品中的其他白话歌词浑然天成。如出自歌剧《江姐》选段中表现江姐英勇就义的革命大无畏精神的咏叹调《我为共产主义把青春贡献》,其唱词如下:

> 春蚕到死丝不断,留赠他人御风寒;蜂儿酿就百花蜜,只愿香甜满人间。一颗红心忠于党,征途上从不怕火海刀山;为劳苦大众求解放,粉身

碎骨心也甘!为劳苦大众求解放,粉身碎骨心也甘!为革命粉身碎骨心也甘!啊!谁不盼神州辉映新日月,谁不爱中华锦绣好河山;正为了东风浩荡人欢笑,面对着千重艰险不辞难;正为了祖国解放红日照大地,愿将这满腔热血染山川!粉碎你旧世界奴役的锁链,为后代换来那幸福的明天。我为祖国生,我为革命长,我为共产主义把青春贡献!不贪羡荣华富贵,不留恋安乐温暖,威武不屈,贫贱不移,百折不挠志如山。赴汤蹈火自情愿,早把生死置等闲,一生战斗为革命,不觉辛苦只觉甜,只觉甜!

在上述唱段歌词中,有多达 8 处是对古代诗词或典籍的"明用"或是"暗用",给人的直观印象便是词作者在遣词造句上典雅考究。具体情况参见表1。

表1 《我为共产主义把青春贡献》用典情况

歌词原句	用典出处	言典形式或用典方法
春蚕到死丝不断	[唐]李商隐《无题》:"春蚕到死丝方尽,蜡炬成灰泪始干。"	借用原句的某些词语
粉身碎骨心也甘	[唐]蒋防《霍小玉传》:"平生志愿,今日获从,粉骨碎身,誓不相舍。"	借用原句的某些词语
谁不爱中华锦绣好河山	[唐]杜甫《清明二首》:"秦城楼阁烟花里,汉主山河锦绣中。"	调换原词句的顺序
正为了东风浩荡人欢笑	[宋]陆游《感兴》:"一尊且作寻春计,又见东风浩荡时。"	借用原句的某些词语
威武不屈,贫贱不移	《孟子·滕文公下》:"富贵不能淫,贫贱不能移,威武不能屈。"	直接引用

续表

歌词原句	用典出处	言典形式或用典方法
百折不挠志如山	[汉]蔡邕《太尉桥玄碑》:"其性庄,疾华尚朴,有百折不挠,临大节而不可夺之风。"	借用原句的某些词语
赴汤蹈火自情愿	《三国志·魏书六·刘表》裴松之注引《傅子》:"今策名委质,唯将军所命,虽赴汤蹈火,死无辞也。"	借用原句的某些词语
早把生死置等闲	[唐]贾岛《古意》:"志士终夜心,良马白日足。俱为不等闲,谁是知音目。"	反其意而用之

由表1可以看出,整首歌词几乎是在一种信手拈来的旁征博引中完成了文白相间的融合式创作。歌词中对这些典故的引用均为作品所要刻画的主人公江姐就义之前视死如归、大义凛然的英烈形象做了浓墨重彩的渲染。值得一提的是,尽管整首歌词传递了大量的古诗词文化信息,但并不让人觉得深奥难懂,反而是直白易懂,原因何在?显然,阎肃在创作中并非以罗列用典词句为炫技之能事,而是借用古诗词中颂扬的高洁品质来深化对江姐的赞美。更重要的是,阎肃用了现代白话中的动词对这些相对文言一些的词句进行串联,从而使得歌词既有雅致感,又不失口语性。如,"春蚕到死丝方尽"在这里被阎肃变通为"春蚕到死丝不断",一下子便拉近了歌词与普通听众之间的审美距离。再如,作者巧妙地通过"谁不盼""谁不爱""正为了""面对着"四个口语化的动词表述,不但使得这四句后半部分的"古诗词化"造句显得不再刻板,更将强烈的个人情感蕴含其中——这都可视为一种在那个年代对传统古诗词的创造性转化和创新性发展。

阎肃除在唱段中大量使用"用典"的修辞手法外,在短小歌词的创作中也时常使用。如其为电视剧《西游记》创作的系列插曲,用典情况见表2。

表 2 《西游记》插曲用典情况

《西游记》插曲歌词原句	用典出处	言典形式或用典方法
五百年桑田沧海 （出自插曲《五百年桑田沧海》）	［晋］葛洪《神仙传·王远》："麻姑自说云：'接待以来，已见东海三为桑田。'"	借用原句某些词语
怎比我枝头春意闹 怎比我雨润红姿娇 （出自插曲《何必西天万里遥》）	［北宋］宋祁《玉楼春·春景》："红杏枝头春意闹。" ［北宋］晏几道《临江仙》："雨细杏花香。"	借用原句某些词语
青青菩提树， 宝象庄严处 （出自插曲《青青菩提树》）	［清］曾朴《孽海花》："既然现出了庄严宝相，自然分外绸缪。"	调换原词句的顺序
愿此身化作菩提， 护众生光照千古 （出自插曲《青青菩提树》）	［唐］神秀《菩提偈》："身是菩提树，心如明镜台。"	借用原句的某些词语

从表 2 可以看出，在歌曲《五百年桑田沧海》中，作者通过运用"沧海变桑田"的夸张修辞，将孙悟空被压在五行山下五百年的艰辛磨砺通过文字形象地呈现了出来。有意思的是，歌词中作者却将"沧海桑田"变为"桑田沧海"，词序的调换显然是为了韵脚的一致，这体现出作者创作上的灵活性。在歌曲《何必西天万里遥》中，作者在两大句的结尾处作了精彩的化用；在歌曲《青青菩提树》中，作者从佛学中采撷素材。需要指出的是，阎肃没有让整首歌词沉浸于佛学禅宗的理性思辨之中，而是用更多浅显易懂的散文式白话语言来彰显师徒以取经路上意志始终坚如磐石的西游精神，同时也是对人生逐梦无悔精神的一种颂扬，从而让原本深奥难解的佛学教义有了接地气的表述。

(二)词句的铺陈排比中呈现出当代歌词"新赋体"形态

"赋"作为中国古代的一种文体，十分讲究"铺采摛文，体物写志"，在行文上多以大量排比句式的叠加营造语势，显现文采，营造出浪漫而华丽的意境。

有文章指出,阎肃的歌词创作"充分借鉴赋体的有益因素,用摇曳多姿的各种赋体去拥抱各种题材,形成了雄浑典雅、丰赡明朗的独特风格"[①]。在笔者看来,尽管文中提出的阎肃有意识地去改造古代赋体来转化到当代歌词的创作中,并针对各种赋体进行一一对应式创作的观点有待商榷,但不可否认的事实是,阎肃确实有大量的作品偏爱用铺陈排比的遣词造句方式来展现歌词的大气象、大格局,这与赋体所秉持的"体国经野,义尚光大"原则是不谋而合的。由此,这可以理解为阎肃在形式结构与内容呈现上赋予了当代歌词某种赋体的特质。以阎肃创作的戏歌《变脸》为例,它几乎通篇用铺陈排比,将川剧变脸艺术展现得活色生香。

> 在天府之国哟,我们四川噻!有一种绝活既神奇又好看,活脱脱一副面孔,热辣辣一丝震颤,那就是舞台上的川剧,川剧中的变脸!变变变变变变变看看看,急如风快如电快如电。看看看看看看看变变变,好潇洒好浪漫。说时不迟那时不慢,难者不会会者不难。任随你远看近看,前看后看,紧看慢看,左看右看,上看下看,横看竖看!硬是好耍又新鲜。脑壳一转,面孔说变就变。眼睛一眨,不过瞬息之间。名扬四海,赞叹川剧变脸。绝妙精彩,根底它全在四川。接连变换,那叫神气活现。红黄白蓝,简直变化多端。反复锤炼,技巧不断发展。根深久远,老辈子代代相传。变脸……变出个赤橙黄绿青紫蓝,变变变变变变!变出个英雄豪杰齐争先!变出个巴蜀儿女同心干!变出个中华民族气象万千艳阳天!万紫千红百花园。

从歌词中可以看到,排比句式的运用便是阎肃创作整首作品的核心修辞手法。一个"变"字,可以在连续的不断反复中凸显一种戏曲花脸的语气状态;一个"看"字,在"远近、前后、紧慢、左右、上下、横竖"的方位铺排中令人目不暇接;中间部分又用4个字、6个字的连续排比句,工整对仗;最后这部分通过4个连续的"变出个"的夸饰性想象,让"变脸"这一小技巧"变"出了人文大气象。

上述种种,都让歌词有了赋体的外在形态,然而其并没有古赋用词的佶屈聱牙、晦涩难懂,而是在易懂直白中展现当代新赋。除此之外,阎肃的其他戏歌如《梨园彩虹》《说唱脸谱》《戏曲绝活》等,大量京歌如《北京的桥》《京城老字

---

① 蔡天星:《赋的新生——阎肃歌词词体论》,《词刊》,2007年第4期。

号》《故乡是北京》等作品中这种铺排手法的运用比比皆是,从中也可以看出阎肃在创作审美上对这一修辞手法有相当的倾向性,并在有意或无意间致敬古文体。

(三)借古喻今中感物起兴、感物而比

阎肃在进行音乐文学创作时,除对赋体铺排手法的大量运用之外,也常常通过在题材上对某一历史悠久的事物进行描述(描述过程通常是信息量极大的历史典故的罗列),最后引出指向当下的人或事作为歌颂对象。他在比、兴手法的运用中串联起古今,从而与"两创"方针高度契合。下面以阎肃创作的《长城长》为例。

> 都说长城两边是故乡,你知道长城有多长?它一头挑起大漠边关的冷月,它一头连着华夏儿女的心房。都说长城内外百花香,你知道几经风雪霜?凝聚了千万英雄志士的血肉,托出万里山河一轮红太阳。太阳照,长城长,长城雄风万古扬;你要问长城在哪里?就看那一身身绿军装。太阳照,长城长,长城雄风万古扬;你要问长城在哪里?就在咱老百姓的心坎上。

这首作品从字面意思来看,大部分篇幅是对长城悠久历史的赞叹,是对其千百年来筑起华夏民族牢不可破的防线的由衷感慨。然而作品的最后总结之句中,作者笔锋一转,用"就看那一身身绿军装"和"就在咱老百姓的心坎上",将具象的长城升华至人民军队保家卫国的"钢铁长城",从而在借古喻今中精彩实现了"感物起兴",也让"这首词不同于一般的旅游歌曲、风光歌曲,只停留在自然美的描摹。它由自然美引申到社会美,在抒情的格调中透出豪壮的阳刚之美"[①]。"感物起兴"的手法在阎肃的一首相对冷门的作品《酒韵悠悠》中有着更为酣畅潇洒的运用。

> 细想想酒文化渊源长久,冠古今论掌故酒韵悠悠。长伴河山抒锦绣,豪放柔婉各千秋。
>
> 秦皇汉武大宴群臣醉舞长袖,魏晋三国竹林七贤名士多风流,关云长温酒斩华雄,张翼德摔杯鞭督邮,曹孟德青梅煮酒,吓得刘备浑身抖,小周郎怒打黄盖,孔明含笑饮不休,宋太祖杯酒释兵权江山握在手,吕洞宾巧

---

① 彭根发:《词美 曲美 情美——歌曲〈长城长〉赏析》,《歌曲》,1995年第5期。

戏白牡丹三醉岳阳楼,虞美人霸王帐中舞,杨贵妃醉酒更娇柔,小貂蝉筵前迷吕布,白娘子贪杯在杭州。

诗仙李白斗酒百篇一挥而就,陶渊明他赏菊东篱悠然无所求,李清照醉吟黄花瘦,辛弃疾笑傲万户侯,苏东坡青天把酒,问道明月几时有,写醉翁意不在酒,一笔描出欧阳修。渭城曲三叠出阳关,春风折杨柳,陆放翁铁马冰河一醉解千愁。武二郎三碗不过冈,宋公明醉写浔阳楼,孙悟空盗酒蟠桃宴,黑李逵发威闹江州。离合聚散一杯酒,南北东西万里鸥,喜逢知己千杯少,盎然一笑泯恩仇。细想想酒文化渊源长久,冠古今论掌故酒韵悠悠。

这首作品以"酒"作为抒怀的核心之物,引申出其后洋洋洒洒长短不一的"历史人物把酒当歌"的恣意列举。在阎肃笔下,我们看到了酒在历史上既是文人雅士挥毫泼墨的催化剂,又是宫廷朝堂权力争斗的杯盏道具;既参与神话故事中的佳话传奇,又是小说志异中人物"聊发少年狂"时的必备之物……但这都不是作者创作的最终核心指向,其主题立意在于后边四句——"离合聚散一杯酒,南北东西万里鸥,喜逢知己千杯少,盎然一笑泯恩仇",从而向当代人点明:做人应该拥有一种豁达的人生态度。而谈到阎肃最有影响力的作品《红梅赞》时,我们可以将其看作运用"感物而比"手法的绝佳实例。

红岩上红梅开,千里冰霜脚下踩,三九严寒何所惧,一片丹心向阳开,向阳开。红梅花儿开,朵朵放光彩,昂首怒放花万朵,香飘云天外。唤醒百花齐开放,高歌欢庆新春来,新春来。

《红梅赞》作为歌剧《江姐》的主题曲,歌词并没有直白地对主人公进行歌颂,而是将其与梅花傲立寒冬的高洁品质联系起来,在对梅花耐寒特征的刻画中完成了对江姐坚贞不渝红色信仰的赞颂。正是这种含蓄的古典美,让《红梅赞》成为久唱不衰的经典之作。

解读二:红色革命题材的"侠义"和"戏曲"内核

阎肃是一名军旅文艺工作者,对红色革命题材的创作贯穿其创作生涯的始终。歌剧《江姐》《党的女儿》《忆娘》,京剧《红灯照》《红岩》等彰显了其在此类题材创作上取得的高峰式成就。在这些剧目的歌词(或剧词)文本中,我们不难看出：一方面，其剧情背后的核心思想体现的均是主人公"先天下之忧而忧，后天下之乐而乐""拯救天下苍生于水火""此生无悔入华夏"的"天下为公""国之为大"之类的中国古代"侠义"精神；另一方面，阎肃在相当多的段落中充分吸收了戏曲唱段中的"板式变化"原则，特别是把这种原则卓有成效地引入了中国民族歌剧咏叹调的创作之中，使其在段落结构的表达上既不同于外国歌剧咏叹调的自由诗体化表述，又区别于独立小型歌曲中的规整方式，实现了极富中国特色的戏剧性（注意，不是"戏曲性"）呈现。

（一）中国古代"侠义精神"的当代扬弃

"侠义精神"在中华传统文化的发展长河中有着深厚的历史积淀，"行侠仗义"的最初体现是一种"路见不平，拔刀相助"式的个人英雄行为，其后随着历史的不断演化，逐渐成为"兼济天下"的壮举。而这种侠义精神到了阎肃的音乐文学创作中，除了对上述两点的凸显之外，更是被升华到至死不渝的信仰层面。在对信仰的秉持中，达到"纵死侠骨香，不惭世上英"的境界。由此，阎肃实现了对"侠义精神"的扬弃式传承表达。在京剧《红灯照》中，阎肃借助对清朝时义和团中特有的一群女性革命者形象"侠之大者"的刻画，完成了对当代红色革命文化的隐喻。换言之，剧本的核心主旨并不是对中国最后一个封建王朝中草根女性革命者形象开始出现后的猎奇，而是在对她们揭竿而起、置个人生死于不顾去推翻封建旧统治格局、英勇抵抗外侮、"烧出一个新人间"侠义壮举的刻画中去重塑"侠义精神"的内涵与外延。这里以全剧最后高潮处主人公林黑娘、田福宽、田福广、田小雁之间的对话式唱段为例：

【林黑娘】强把热泪肚里咽，姐妹们心疼我心酸。拚死断后虽不易，突围复仇更艰难。扫清灭寇征程远，要把那播火重担挑在肩！

【田福宽】非为咱一家一户留后代，要为神团续香烟。

【田福广】莫忘了挥刀杀上金銮殿，把太后、皇上全打翻！

【林黑娘】神州燃起熊熊焰，【田福宽、田福广】烧出一个新人间！

【林黑娘】多少忠魂在把你们看，这血巾宝刀要前赴后继——【林黑娘、田福宽、田福广】代代传！

【田小雁】宝刀灿灿旌旗展，满腔热血似火燃。钢刀指天发誓愿……

【众】啊，中华民族不可侮，前赴后继保河山……

在这一段唱词中,每一位角色都在强烈展示着侠义气概。笔者注意到,阎肃让每个角色的唱词中都有着朴素的传统义气表达,如林黑娘的"拚死断后、突围复仇",田福宽的"要为神团续香烟",田福广的"挥刀杀上金銮殿",田小雁的"钢刀指天发誓愿",都有"侠以武犯禁"的本能初衷。如果作品止步于此,那描绘的依然还是传统的"武侠江湖"。于是,我们看到阎肃在最后给出了让主题思想升华的唱词:"中华民族不可侮,前赴后继保河山……"正是这句唱词,让传统的"侠义精神"有了当代"红色革命"的内涵,让剧中角色的义举成为信仰的涅槃,这是契合"两创"方针、去芜存菁之后的当代"侠义精神"的书写。

(二)民族歌剧咏叹调创作中对传统戏曲"板式变化体"的借鉴与改良

中国民族歌剧从1945年延安鲁迅艺术学院集体创作的《白毛女》成为开山之作开始,便不断从中国传统戏曲中汲取养分,尤其是板腔体在民族歌剧大咏叹调中的运用,成为中国民族歌剧与西洋歌剧咏叹调在音乐曲式结构上的重要区别与辨识特质之一。"从50年代中期至60年代中期的大约10年时间里,是我国新歌剧大面积丰收的季节,此间,各种历史题材、现实生活题材的歌剧相继上演。它们在题材选取、表现形式、艺术风格、民族特色等方面,均呈现出了互不相同的个性特点,从而使歌剧在'革命化、民族化、群众化'的道路上,取得了显著成绩,迈出了可喜一步。"①阎肃从这一时期创作歌剧《江姐》开始,便一直在"革命化、民族化、群众化"的道路上孜孜以求地探索,直至20世纪90年代初与他人合作并执笔创作出又一部经典力作——歌剧《党的女儿》,这三大特质在其剧本创作中的表达愈发自觉、自为,而促成这种自觉、自为的最重要手段无疑是对传统戏曲"板式变化体"的移植借鉴。尽管传统戏曲唱腔的板式连接十分丰富多样,但是"散、慢、中、快、散"仍然是一种最为常见的公论式曲式结构设计。以歌剧《党的女儿》主人公田玉梅就义前的咏叹调《万里春色满家园》为例,其在典型的"散、慢、中、快、散"的板式变化中完成了荡气回肠的歌词文本表达,并为音乐结构的设计和音乐戏剧化的情绪起伏奠定了坚实基础。

【散板】我走,我走,不犹豫,不悲叹。啊啊孩子啊,你紧紧依偎在娘身边。我们清清白白地来,我们堂堂正正地还。

---

① 晨枫著:《中国当代歌词发展史》,上海音乐出版社2016年版,第89页。

【慢板】告别了这条条绿水,告别了这座座青山,告别了这生我养我的土地,告别了这茅屋顶上熟悉的炊烟,告别了那远在天边的亲人,啊罗明哥!

【中板】告别了众乡亲,恩情说不完。苦水里泡大的农家女,从小就牵牛扶犁下秧田,砍柴不怕虎狼吼,爬山更知路途难,风风雨雨闹翻身,红米南瓜苦也甜!

【快板】孩子啊,你抬头看!晨光里一群小伙伴,正欢欢喜喜进校园;孩子啊,你抬头看!春风里家乡换新颜,好一片明朗朗的天!

【散板】我走,我走,不犹豫,不悲叹。我乘春风去,我随杜鹃喊,我在天上唱,我在土里眠。待来日花开满神州,莫忘喊醒我,九天之上,笑看这万里春色满家园。

可以看到,整首咏叹调在唱词的长短句以及语气变化中,清晰地划分出了板式之间的变化;而在内容情绪的层层递进中,又很容易厘清慢板到中板再到快板的界限。此外,在每个板式内部,阎肃既有对传统戏曲板腔体在五言、七言等格律方面的严格遵守,也有在当代歌词创作中不拘一格的收放自如,使得民族歌剧咏叹调呈现出改良后的板腔体形态。

解读三:展现时代风貌变迁的传统内省

阎肃生于1930年,创作生涯始于新中国成立早期,社会变迁的新旧对比势必会在其创作观中打上深刻的烙印,而国学素养的深厚积淀伴随着其所处时代、环境的不断变化必然会促使其作品在吸纳优秀传统文化方面做到与时俱进。于是,在改革开放后,阎肃的歌词创作焕发了又一春。无论是军旅歌曲系列,还是京韵歌曲系列,抑或是社会题材歌曲系列,都在其既有的扎实优秀传统文化根基之上,不断感悟时代变迁以擦出艺术火花。

(一)军旅题材歌曲在关注军人群体的心理变化中折射时代风貌

从20世纪50年代末创作军旅歌曲《我爱祖国的蓝天》开始,阎肃就在寻求自己在军旅歌曲创作上的独特审美表达。相比于那个年代的军旅歌曲普遍以进行曲的方式展现誓言铿锵、金戈铁马的音乐塑造方式,以三拍子的摇曳唱出的《我爱祖国的蓝天》显得十分独特。

> 我爱祖国的蓝天,晴空万里阳光灿烂,白云为我铺大道,东风送我飞向前。金色的朝霞在我身边飞舞,脚下是一片锦绣河山。
>
> ……
>
> 我爱祖国的蓝天,云海茫茫一望无边,春雷为我敲战鼓,红日照我把敌歼。
>
> ……
>
> 水兵爱大海,骑兵爱草原,要问飞行员爱什么,我爱祖国的蓝天。

这首作品以第一人称"我"的视角出发,注重通过"我"的内在体验来抒发军人保家卫国的赤诚之心。在那个强调"集体主义"的年代,歌词中"白云为我""东风送我""春雷为我""红日照我"等表述不啻一种新角度的抓取。当然,这个"我"并非"小我",而是空军战士群像的缩影。

而到了1987年处于中国改革开放的时代背景中时,《军营男子汉》的横空出世又让我们在轻快的曲风中感受到了那个年代军人们心理的微妙变化。

> 我来到这个世界上,没有想去打仗。只是因为时代的需要,我才扛起了枪。失掉不少发财的机会,丢掉许多梦想。噢!扔掉一堆时髦的打扮,换来这套军装。我本来可能成为明星,到处鲜花鼓掌。也许能当经理和厂长,谁知跑来站岗。但是我可绝不会后悔,心里非常明亮。哦!倘若国家没有了我们,那才不可想象。真正的标准男子汉,大多军营成长。不信你看世界的名人,好多穿过军装。天高地广经受些风浪,我们百炼成钢。嗨!因为人民理解啊我们,心头充满阳光。噢,噢,军营男子汉!噢,噢,军营男子汉!

无疑,歌词的内容真切反映了改革开放后在商品经济大潮冲击下,社会的各个职业群体包括军人群体在内的思想意识均受到不同程度的影响。阎肃欲扬先抑,在"没有想去打仗""失掉不少发财的机会""扔掉一堆时髦的打扮""本来可能成为明星""谁知跑来站岗"等表述中不断放大内心的"矛盾斗争",以感叹失去的很多物质享受机会,从而在字里行间折射出商品经济热潮引发的社会价值判断的今非昔比。在歌词前半段对于世俗生活种种向往的思想"动摇"中,一句"但是我可绝不后悔"的转折,凸显出阎肃创作技巧的高超,使得之前的所有表述都在反衬当代军人较之往昔有了更高的精神追求,同时也让时代军魂显得更加历久弥新。笔者认为,这种变化体现的正是"创造性转化、创新性发展"。

(二)集诸多传统"京味"艺术之精华,开创"京歌"系列杰作

改革开放新时期,在阎肃的歌词创作中影响力最大也最令人称道的,无疑是其与作曲家姚明珠联璧合推出的十几首家喻户晓的"京歌"系列精品。其创作契机纯属偶然,系作曲家姚明在1987年向阎肃约稿,让其用京剧素材创作一首歌曲。阎肃接受邀约后仅仅用了一个晚上便完成了《故乡是北京》的创作。歌曲通过歌词中"天坛的明月,北海的风,卢沟桥的狮子,潭柘寺的松"等传神描述,再辅以腔韵十足的京味旋律,"京歌"系列精品的开山之作便在不期然中诞生。此后,《北京的桥》《前门情思——大碗茶》《说唱脸谱》《京城老字号》等又陆续诞生。需要指出的是,阎肃虽是一名河北人,但他对"京歌"系列的创作却并不是"临时抱佛脚"的现学现卖,而是在几十年关注、热爱、积淀之后的厚积薄发。他在接受采访时透露出京剧、京韵大鼓、单弦、老生话剧、京派小说等诸多"京味"艺术对其潜移默化的影响,是这些艺术综合"催化"出了一种崭新的歌曲体裁——"京歌"。以《前门情思——大碗茶》为例:

> 我爷爷小的时候,常在这里玩耍,高高的前门,仿佛挨着我的家。一蓬衰草,几声蛐蛐儿叫,伴随他度过了那灰色的年华。吃一串儿冰糖葫芦就算过节,他一日那三餐窝头咸菜么就着一口大碗儿茶。世上的饮料有千百种,也许它最廉价,可谁知道谁知道谁知道它醇厚的香味儿饱含着泪花,它饱含着泪花。如今我海外归来,又见红墙碧瓦,高高的前门,几回梦里想着它。岁月风雨,无情任吹打,却见它更显得那英姿挺拔。叫一声杏仁儿豆腐,京味儿真美,我带着那童心带着思念么再来一口大碗儿茶。世上的饮料有千百种,也许它最廉价,可为什么为什么为什么它醇厚的香味儿,直传到天涯,它直传到天涯。

这首作品的歌词独有的"京味"体现在何处?阎肃先生本人诠释道:"第一段的'我爷爷小的时候,常在这里玩耍',一般人是不会说'玩耍'的。这里这么用是为了与第二段的'碧瓦'的'瓦'字字声和谐,好适应同一个曲调,唱起来、听起来达到字正腔圆的效果。这是京味儿歌曲的一个特色。四声得和谐,即第一段的词的字声或'平'或'上'或'去'定下来,第二段词相对应的字的四声

必须与第一段相谐,这样才能保证字正腔圆,不出现倒字。"①"创造性转化、创新性发展"的"两创"方针再次得到体现。当然,作品立意的更高明之处在于:没有流于表面,去大量谈及喝大碗茶时的味蕾感受,而是寄予人文情怀,以海外华侨回国寻根时对儿时喝大碗茶的美好回忆来表达对故土的眷恋之情,作品的格局实现了"小中能见大,弦外有余音"。

(三)借助中国传统哲学的思辨,开拓当代社会题材歌曲创作的新境界

20世纪90年代,阎肃的歌词又在流行歌坛绽放,特别是其创作的《雾里看花》经由孙川谱曲、那英演唱之后,火遍大江南北。

> 雾里看花水中望月,你能分辨这变幻莫测的世界?涛走云飞花开谢,你能把握这摇曳多姿的季节?烦恼最是无情夜,笑语欢颜难道说那就是亲热?温存未必就是体贴,你知哪句是真哪句是假,哪一句是情丝凝结?借我借我一双慧眼吧,让我把这纷扰看个清清楚楚明明白白真真切切。

这首作品最为人津津乐道的是其中蕴含的中国传统哲学思辨意味,不禁让我们联想到清代曹雪芹《红楼梦》中名句"假作真时真亦假,无为有处有还无"的正反互通。尤其令人感到意外的是,这首作品居然是为央视3.15晚会打假宣传所创作的主题歌曲。把一首主题指向明确且商业气息浓郁的作品用如此哲理化的传统思辨方式创作出来,足见优秀传统文化在阎肃歌词创作中深入骨髓的影响,这也使得这首歌有了让人回味无穷的魅力。而在阎肃发表过的另外一首独立歌词《天地人和》中,其用中华优秀传统文化中的"尚和合"哲学智慧来妙指海峡两岸"分久必合"的大势所趋:

> 鸟要高飞,水要入海,势不可挡;这里财旺,天高地广,顺理成章;同宗同族,语言文字,自古一样;早来早发,迟来吃好,利通八方。天地人和成大道,春秋堂前一炉香,困居小岛何所见?望断海空两茫茫。……

张瑞涛在《中华优秀传统文化"两创"的和合智慧》中指出,"两创"是中华优秀传统文化根据新时代需求,在转换旧有存在形式、增添时代精神的基础上,重获新生、重现光彩的过程,深深体现了中华文化中"尚和合"这一哲学智慧。根据这一理论表述,可以看出阎肃在《天地人和》这首作品的创作中具有

---

① 金黎:《小中能见大 弦外有余音》,《词刊》,2009年第8期。

审美思维上的时代前瞻性。

尾声:在"两创"的价值坐标中对标

习近平总书记提出的"两创"方针秉持了马克思历史唯物主义的哲学观,在事物的不断发展中客观看待问题,其核心主旨为:在继承发扬中华优秀传统文化的同时,让其做到当代语境下的转型,从而在社会主义新时代中发挥更加积极有效的推动作用。于是,"创造性转化、创新性发展"便建构起"两创"方针的纵横价值坐标,这一坐标轴对我们提出的要求是:一是优秀传统文化需要从内容到形式进行现代性转换;二是当代中国文化也应该随着中国社会的全面转型而转型。[①]

对标这一要求,再结合之前对阎肃歌词创作有关文化自信的三层内涵——"中华优秀传统文化、革命文化、社会主义先进文化"的"内化、内核、内省"的"三内"分析,可以得出结论:阎肃的音乐文学创作高度契合"两创"方针的精神内核。正如侯平在《古典传统的现代转换:阎肃歌词特征分析》中总结的那样:"阎肃有广博的中西文化基础和丰富的革命文艺实践经验,他的创作唱出了从革命到改革开放的时代宏声,体现了时代的潮流,又与传统民间侠文化紧密相连……阎肃对古典小说如《西游记》和传统诗文戏曲的熟稔,使他的创作自然引入了故事情节、赋体手法和戏曲技巧,更将优秀传统文化带入了通俗的词作中……阎肃的歌词实现了古今相通和雅俗融合,他的成功正在于'打通'和'融合',既符合时代主旋律,又不拘泥于一时一地,使自己的创作融入了中华文化的洪流中,闪现着传承和创新的光彩。"

已故音乐学家黄翔鹏曾说:"传统是一条河流。"是的,阎肃的创作正是在这条河流中不断汲取并生根发芽,直至枝繁叶茂、参天耸立的。

[①] 李建华:《以新思想指导优秀传统文化实现"双创"》,《中国教育报》,2017 年 12 月 21 日。

新时代网络文艺与中华优秀传统文化的传播路径

周根红

（山东大学文学院）

近年来,网络文艺进入了一个快速发展时期。网络文艺的表现形式、内容、题材等都更加丰富多彩。其中最为突出的特点是,网络文艺对中华优秀传统文化的深度挖掘和创新性表达。从《斗破苍穹》《雪中悍刀行》《盗墓笔记》到《琅琊榜》《三生三世十里桃花》《长安十二时辰》等网络文学作品及相关改编影视剧,从音乐《横竖撇点折》《易知难》到舞蹈《惊鸿》和动画《雾山五行》,一批展现中华优秀传统文化的网络文艺作品脱颖而出。优酷、爱奇艺、腾讯视频、抖音、快手等平台,更是为网络文艺提供了全方位的传播平台,为网络文艺的发展注入了新的动力。与此同时,网络文艺正在加快"走出去"的步伐,其海外影响力越来越大,充分彰显了中华优秀传统文化的世界魅力。因此,总结中华优秀传统文化利用网络文艺传播的路径,能够为进一步强化新时代网络文艺的创新发展提供一定的参照。

一、探索中华优秀传统文化在网络时代的创新性表达

中华优秀传统文化的传播,既要坚持立足中华五千多年的历史文明,也要在网络时代探索创新性表达。当前,以中华优秀传统文化为核心的网络文艺作品,都不是简单复制、移植中华优秀传统文化元素,而是在网络时代探索中华优秀传统文化创造性转化、创新性发展的路径,打造了优秀传统文化、时代表现、科技赋能相结合的文化景观,激发了受众对优秀传统文化的热情。

网络文艺作品的创新性表达,首要的是题材的创新性。中华优秀传统文化博大精深,有极为丰富的文化资源可供挖掘。网络文艺作品在传播中华优

秀传统文化的过程中,不能简单择取一些辨识度较高、反复被人讲述的文化元素,而是要在题材的选择上追求新意、注重创新。即便是一些人们已经耳熟能详的优秀传统文化类型,也应从不同的角度实现创新性表达。比如,《了不起的匠人》通过20位亚洲手工匠人的生活展现传统的手工艺,充分展现了优秀传统文化的魅力。《花好月圆会》融合了54位以国风作品知名的"UP主"的表演,内容涉及甲胄文化、古琴文化、三星堆文化等。网络文学更是题材丰富,其中仙侠、玄幻、穿越等类型不断创新。道家、儒家、法家等相关的传统文化成为网络文学的核心主题,如以道家思想为主体思想的修真文《修真四万年》《飘渺之旅》、以太古时代为背景的洪荒文《武墓》、取材于东方神话传说的东方玄幻文《斗破苍穹》、综合多种传统学派思想的武侠文《龙蛇演义》等。

网络文艺作品的创新性表达,要注重年轻化的表达。网络时代,受众正走向年轻化,受众的需求也发生了较大变化。传统意义上的"受众"已经向"用户"转移,很多受众将其用作娱乐消遣、心理抚慰、职场对策、网游替代、社区互动等用途。目前网络用户日趋年轻化、高学历化。网络文艺要根据受众年轻化的特点,找到年轻人的共情点,满足年轻用户的使用要求,激发年轻受众对中华优秀传统文化的兴趣。《偶像练习生》《国风美少年》对节目主题和嘉宾的年轻化选择,《此画怎讲》用"二次元"的方式"解读"古画,《延禧攻略》等体现出的网络时代青年文化的特质,《三生三世十里桃花》《香蜜沉沉烬如霜》《知否知否应是绿肥红瘦》等讲述青年的奋斗、生活和爱情,这些都是极优秀的范例。网络文艺还充分发挥新媒体的特性,充分适应青年群体的参与方式,加强青年受众参与的代入感和体验感。《青春守艺人》《舞千年》等通过衍生视频、"UP主"视频接力、线上线下结合等多种形式与粉丝互动即是良好范本。

网络文艺的创新性表达,要注重表现形式的网络化。网络时代的到来,改变了文艺作品的生产和传播方式。网络文艺形式丰富多彩,如网络文学、网络电影、网络剧、短视频、网络文艺节目、直播等;网络文艺的传播方式也多种多样,如微信、微博、快手、抖音等。因此,不同内容形式和平台对网络文艺的形式和内容也有不同要求。网络文艺对中华优秀传统文化的再加工和传播,要根据不同媒介形式,充分发挥媒介技术的优势,实现优秀传统文化表达的新风貌和新品质。现在网络文艺已经充分发挥科技赋能的重要作用,借助3D、5G、

VR、AR等技术,将中华优秀传统文化转换成活色生香的数字化模式。如"云游敦煌"结合学术研究、艺术创作、技术发展的成果,对敦煌壁画进行了数字化呈现;优酷自制剧《鹤唳华亭》推出"瑰丽·犹在境《鹤唳华亭》——观念式数字意境展";《长安十二时辰》在众筹平台推出"长安市集上元灯会",让用户充分获得沉浸式体验,提升优秀传统文化的表现力和吸引力。

二、注重中华优秀传统文化的整体传播

"文化植入"是经常被人们提及的一个概念,似乎也成为中华优秀传统文化发展的重要路径。"文化植入"的总体意思是在文艺作品中使用一定的优秀传统文化元素。"文化植入"固然是中华优秀传统文化传播的一条重要路径,不过也容易引发一些问题,如文化的碎片化、断章取义、同质化等,甚至会让受众对中华优秀传统文化产生以偏概全乃至负面的认知。

网络文艺对中华优秀传统文化的创新性表达,不是简单地将中华优秀传统文化元素作为网络文艺作品的点缀元素进行"文化贴牌",不是停留于文字、概念、术语、场景等浅表层面,而是要将中华优秀传统文化作为一个整体进行塑造和传播,注重整体创意、整体生产、整体价值体系塑造,树立中华优秀传统文化的整体传播观,从而深度传播中华优秀传统文化。

近年来,网络文艺作品的发展逐渐突破"文化植入"的碎片化传播方式,着重塑造对中国历史文化具有普遍性共识的内容,通过精良的制作呈现中华优秀传统文化,从而走上了一条整体化传播的道路。一方面,网络文艺注重还原历史的整体面貌,注重中国文化的整体性和精确性传播,从而较为完整地塑造和传播了一个传统中国的形象。如《长安十二时辰》对盛唐的还原,《知否知否应是绿肥红瘦》中对《清明上河图》中宋代街景的还原。另一方面,对优秀传统文化进行深度挖掘,并实现了与优秀传统文化的融合,如传递正统儒家价值观的《琅琊榜》、以道家文化为创作灵感的《诛仙》、汲取《封神演义》价值体系而成的《佛本是道》、颇得魏晋风流之旨的《雪中悍刀行》等。

新兴内容平台的崛起,技术的不断迭代,产业链的不断延伸,二创短视频、虚拟体验场景等表现形式的拓展,使网络文艺的传播生态发生了巨大的变化。网络文艺对中华优秀传统文化的塑造与传播,也需要从传播平台、文化产业、

受众消费、科技创新等方面进行全方位的整体设计。《三生三世十里桃花》《琅琊榜》《花千骨》制作方等纷纷推出了网游、手游、页游、动漫、网络电影等各类新媒体产品;《长安十二时辰》制作方联合多个品牌推出了包括饮料、美妆、服饰等在内的"长安十二时辰"主题衍生品,并通过电商线上渠道和线下渠道进行推广。网络文艺在对中华优秀传统文化的塑造和传播过程中,不断创新发展模式,注重融媒体产品的开发,在多样化的内容生产中实现了优秀传统文化IP的最大价值。

三、重塑中华优秀传统文化的时代精神与当代价值

新时代中华优秀传统文化的创造性转化、创新性发展,不仅仅是展示"过去的文化",更要呈现时代精神和当代价值。丁兆丹曾指出,网络文艺不仅仅是"文艺+"或"文化+"的简单衍生形态,而是要深入挖掘并不断激活中华优秀传统文化的内在价值与时代精神,唤醒网络文艺的文化自信与文化自觉,不断满足人民日益增长的精神生活需求。这是新时代赋予网络文艺的使命与担当。

网络文艺作品不应是简单的对优秀传统文化的继承和对传统审美元素的堆砌。当前的优秀网络文艺作品既有对历史文化的崇尚,又融入了新的时代精神;既有传统审美元素,又融合吸纳了新的艺术形式。《2021中国网络文学发展研究报告》认为,2021年网络文学对中华优秀传统文化的继承和发扬的显著特点是,主动调动优秀传统文化宝库和古典文学资源,将优秀传统文化与现代精神相结合,同时将作品主人公的个人奋斗与家国叙事相结合。如《延禧攻略》引发了国外观众对中国非物质文化遗产的关注与热议。《雪中悍刀行》虽然立足于魏晋文化,注重刻画人物的魏晋风度,但又不是对魏晋文化简单的文学表达,而是在魏晋文化的基础上实现了对话与再造,为网络文艺与优秀传统文化之间的关系提供了时代参照。

网络文艺在弘扬主流审美、引导社会风尚中发挥着不可替代的作用。网络文艺在中华优秀传统文化的传播过程中,需要积极发挥优秀传统文化的价值引领作用,积极传递传统文化中的爱国主义、自强不息、仁爱、和谐等重要价值理念。当前引发受众追捧的优秀网络文艺作品无不注重自身的文化品格和

内在精神的塑造,通过传递中华优秀传统文化的核心价值观,完成了以中华优秀传统文化为核心的中国价值形象的塑造,体现出强烈的现代意识。如《九州·海上牧云记》让国外观众对作为"礼仪之邦"的中国有了更为直观的感受,《琅琊榜》传递的"义利观"、《长歌行》讲述的"英雄出少年",都较好地传播了中华优秀传统文化的核心价值。

网络文艺对中华优秀传统文化的吸收和传播,归根到底要扎根现实生活,把握时代脉搏,观照时代精神,彰显现实关怀。网络文艺在传播中华优秀传统文化及其价值观念的过程中,要通过创新性表达,勾连历史和现实、传统和现代,着力与当前中国的社会发展相结合,引发受众对当前社会文化热点的关注,实现中华优秀传统文化的创造性转化、创新性发展。

四、建构网络文艺的中华美学精神

自20世纪80年代以来,中国文艺创作深受西方文化思潮的影响,西方文艺理论也深入影响着中国文艺批评。其实,中国古典文艺创作、古典文论等方面,也都有着丰富的文艺资源和批评资源。网络文艺是中国独特的文艺现象,并对世界文化产生了重要影响。因此,构建中华美学精神无疑是中华优秀传统文化在网络文艺中创新发展的重要路径。

中华优秀传统文化源远流长,产生了丰富的文化艺术瑰宝,也积累了深厚的创作经验。《洛神赋图》《千里江山图》《清明上河图》《富春山居图》等绘画作品;《诗经》《楚辞》《离骚》,唐诗、宋词、元曲、明清小说等传统文学作品;《洛神赋》《兰亭集序》《伯远帖》《快雪时晴帖》《中秋帖》《玄秘塔碑》等书法作品……都为新时代网络文艺创作提供了无可比拟的范本。网络文艺需要吸收和借鉴传统文学艺术的表现方式、结构形式、叙事结构、审美形态等,努力提升艺术品质,以创作出具有优秀传统文化基因的网络文艺精品。近年来,扎根优秀传统文化的网络文艺作品层出不穷,如水墨风格的动画《雾山五行》、汉字歌曲《横竖撇点折》、"中国节日"系列节目《七夕奇妙游》、央视的《只此青绿》等。传统文学的创作方式和经验也成为新时代网络文艺创作的重要借鉴,如"章回体""传奇叙事""神话叙事"在网络文学作品中的运用,网络文学对《红楼梦》《西游记》《三国演义》等传统名著的"同人写作"等。

网络文艺批评也要充分吸收优秀传统文化经验，形成具有中华美学精神的文艺批评话语体系。近代以来，中国的文学批评话语深受西方话语影响。从现代到后现代，西方文艺批评理论鱼贯而入，成为当前文艺批评中的主导话语。不可否认，西方文艺批评理论为中国文艺批评提供了丰厚的理论资源，但是也让中国文艺批评容易陷入一种"西方中心论"的困境。正如孟繁华所说："随着中国文艺的不断发展，我们越来越感受到，一味地追随西方文艺和批评的话语体系，中国文艺就不可能建立起自身的主体性。而且，这些建构于西方文艺创作基础上的文艺批评和理论，面对日益丰富和发展的中国现实，越来越失去批评的有效性和针对性。"其实，中国的传统文艺批评理论也非常丰富，如陆机的《文赋》、刘勰的《文心雕龙》等文论，钟嵘的《诗品》、严羽的《沧浪诗话》、袁枚的《随园诗话》、况周颐的《蕙风词话》、王国维的《人间词话》等诗词理论，李贽、毛宗岗、金圣叹等的明清小说评点，徐渭的《南词叙录》、王骥德的《曲律》、李渔的《闲情偶寄》等戏曲理论。可以说，中国古典文艺批评理论与中国文学一样有着悠久的历史，与中国文学的发展共生共通。"气""韵""神""意境""象"等文艺观点，也对中国文学的发展产生了重要影响。因此，激活传统文艺批评资源，为其注入现代意识和时代内涵，能够进一步焕发中国文学批评的生命力和活力，重塑中国文艺批评的中华美学精神。

舞蹈"国潮"现象中的"破"与"立"

李丽娜

（山东艺术学院舞蹈学院）

赓续华夏文明的中华优秀传统文化是我们文化自信的基石。曾几何时，"传统"化身为一种"国潮"符号——国潮服饰、国潮设计、国潮综艺、国潮音乐、国潮舞蹈等，以国风、国潮命名的各种文化品牌应时而生。"国潮"并非对"传统"一成不变的继承，而是将悠久的优秀传统文化在时代潮流下与现代元素进行"破圈、融合、发展、再创"后的新生产物。国乐、国艺、国学等风行一时，成为国人表达民族情怀和文化态度的新方式。这种现象不仅体现了国民对优秀传统文化的认同感，更是新时代国人从文化自信向文化自觉转型后的文化创新之举。舞蹈"国潮"现象正暗合了这一文化发展趋势，将"中国风"与"时代潮流"融入舞蹈创作，在保有传统舞蹈根脉的基础上，融入时代意蕴和审美取向，将悠久的优秀传统文化因子进行至真至善至美的转化与发展，掀起舞蹈国风、国潮的时代新气象，以前所未有的姿态影响着舞者乃至大众的民族文化情怀和精神世界。

一、"破"传统之局：打破舞蹈创作的藩篱

"破"与"立"自古以来辩证而生，有破即有立。以中国哲学为思想内核的中华优秀传统文化之所以成为世界上唯一绵延数千年而未曾断裂的伟大文明，是因为中华文化的包容性与柔韧性。中国哲学思想中天人合一、道法自然的精神，以及自强不息、和而不同的中国传统文化精神，使中华文明在保持主体文化稳定发展的同时能够不断进行文化格局的"破"与"立"，勇于打破原有之局，持续对其他文化进行容纳与消融，这也是中华文明既古老又年轻的核心

密码。舞蹈创作正是遵循了这一内在规律,以社会发展和文明进步为根基,不断吸收演变,融合创新。早在我国古代,《扶来》《扶犁》《葛天氏之乐》《阴康氏之乐》等便为舞蹈开启了最初的创作之门。自周代起创立的"制礼作乐"制度,开创了中国古代舞蹈史上继承与发展的篇章。汉代"以舞相属"的交流形式拓展了乐舞发展的界面,"百戏"更是将音乐、舞蹈、歌唱、杂技等融合在一起,形成了古朴与新颖、厚重与轻盈相互对立统一的审美形态。唐代则以开放的气度和包容的胸怀兼收并蓄,《剑器舞》《霓裳羽衣舞》《柘枝舞》奠定了千年古韵之风。宋代"社火"将雅乐与俗乐进行了融合,拓展了乐舞艺术的发展维度。中国舞蹈正是在中华优秀传统文化和哲学思想的涵濡下,以海纳百川的包容力和创新力一路走来,直至今日仍旧不断进行着自我创新,不断打破固有编创范畴、审美范畴、接受范畴的局限,力图建立新的格局。

(一)"破"舞蹈"小众场"格局

极目当代中国文艺创作中的优秀传统文化回归热潮,无论是创作数量、创作品质、创作内容与形式,还是创新融合高度及"圈粉"数量,名列榜首的当数舞蹈,诸多精品舞剧和"爆款"作品交替冲击着观众的眼睛。

当下,在优秀传统文化复兴的最好时期,集综合性于一体的舞蹈艺术迎来了自己的"高光时刻",以广阔的历史跨度和广泛的题材选择、深刻的思想内涵和强烈的艺术魅力极大丰富了舞台演出市场,践行了"以人民为中心"的文艺创作理念。舞蹈创作主题以中华优秀传统文化为根基,立足于历史人物及经典事件,涉猎广泛。从春秋时期的思想家孔子到南北朝时期替父从军的花木兰,从唐代的"诗仙"李白、"诗圣"杜甫到还原宋代美学的《只此青绿》,舞蹈以其独有的方式,翻阅历史、描绘历史人物、讲述历史故事。还有倡导生态平衡的舞剧《朱鹮》,将舞台的唯美与现实的残酷形成鲜明对比,警示人类保护环境、保护动物、保护生态平衡的紧迫性。别开生面的艺术考古作品《五星出东方》,使珍贵文物所承载的古老文化因子通过舞蹈的形式再现于舞台。红色题材舞剧《永不消逝的电波》是通过舞蹈讲好中国故事的典范之作,声、光、电、舞美等技术的融入,颠覆了"舞蹈拙于叙事"的论断,使故事在复杂、交错的剧情中展开,既全方位诠释了"剧",又深层次渲染了"情"。"电波永不消逝,爱与信念永存。"舞台上响彻天际的呐喊与观众的爱国情怀达成同频共振,成功打动无数观众,使舞剧400余场的国内巡演一票难求。这一现象说明舞蹈正在以一种新的姿态向大众走来,打破了以往普遍存在的观众"看不懂舞台上在跳什么"的僵局和"只有业内人士关注、孤芳自赏"的"小众场"之局。

舞蹈艺术要以精品力作服务人民大众,以舞蹈的艺术形式引领时代精神风貌。如今,走进剧场观看舞剧已逐渐成为人民大众喜闻乐见的娱乐方式。舞剧中耳熟能详的历史人物和经典故事在掀起国风舞蹈热潮的基础上,弘扬了中华优秀传统文化,营造了各美其美、美美与共的良好舞蹈艺术新生态。

(二)"破"创作模式之旧局

舞蹈《唐宫夜宴》中憨态可掬、圆润可爱的"唐俑小姐姐"于河南卫视春晚节目火热"出圈",开启了现代科技激活优秀传统文化的新路径。随后,河南卫视又联合北京舞蹈学院、B站等各机构、媒体相继推出了"中国节日奇妙游"系列节目和舞蹈综艺《舞千年》。精妙绝伦的舞蹈作品让人目不暇接,带领大众以观剧的形式踏着舞蹈的旋律走进历史。"中国节日奇妙游"系列节目为人们的生活增添了浓浓的仪式感,使观众在舞蹈中深入了解中国传统节日中的民俗、民风、民乐、民情,以及不同朝代留下来的舞形、舞态、曲调、词牌。相关舞蹈创作紧紧抓住了中华优秀传统文化的根脉,以观众的审美标准与精神需求为出发点,在现代科技、融媒体、流媒体的介入下使舞蹈打破原有创作模式,拓展了演出形式和场域的维度,在坚定文化自信的同时为复兴优秀传统文化推波助澜。

中华优秀传统文化在融入了多媒体时代的审美元素和科技手段后,每个作品都展现了不同凡响的亮点,呈现出令人赞叹的美感。主创人员在创作中不仅将现代技术与优秀传统文化融为一体,并且对表演场域进行了颠覆,由传统的剧场舞台转场至田间乡野、溪边、庭院甚至水下!清明奇妙游之《陇上踏歌行》呈现出一派天人合一的劳作景象,舞者在田间清新明快的舞步,跳出了人们心中的田园春色;七夕奇妙游之《龙门金刚》,通过三维建模、电脑染色等数字技术的赋能,在虚实结合中复原千年前的石刻艺术,使婀娜柔美的"伎乐天"和孔武有力的"龙门金刚"形成对比,彰显了深厚的优秀传统文化魅力;《洛神水赋》的"爆点"则是将舞台挪移至水下,"洛神"降临时在水中裙带飞舞,衣袂飘飘的场景将曹植《洛神赋》中"翩若惊鸿,婉若游龙"的唯美形象、"髣髴兮若轻云之蔽月,飘飖兮若流风之回雪"的轻盈曼妙姿态,以及"皎若太阳升朝霞""灼若芙蕖出渌波"的超然意境惟妙惟肖地呈现出来。

国风十足的创意奇妙游使有着悠久历史的中国舞蹈跨越时空,在AR(增强现实技术)、VR(虚拟现实技术)、MR(混合现实技术)等数字技术的加持下,锻造出多维立体、虚实结合的舞蹈环境,使观众在虚拟与现实混合的舞蹈表演中,感受视、听、动觉的感官综合体验快感。"国潮"舞蹈创作在多元文化的融合下打破原有创作模式、演出场域之局,在舞蹈的律动中原汁原味地还原了中国传统艺术之美感。

(三)"破"艺术思维边界之局

中国艺术、中国哲学与优秀传统文化相通相融。在传统中国,艺术这一概念并不被艺术本身限定,艺术的人生化、人生的自然化,即艺术向人生、自然的无限漫溢,使中国艺术精神成为以艺术方式思维人生、自然问题的整体性精神。据此来看,中华美学精神就成为中国文化和艺术精神的中间聚合形态。它既发源于文化,奠基于艺术,又将两者共同带入统一的精神场域和存在高度。① 中国艺术、中国哲学、中国文化之间无形中形成了一个大的场域,中国的艺术创作是游离于三者之间的创作,优秀传统文化和哲学思想通过艺术的形式进行传达。在这个"大场"之下,形成了各艺术门类之间的"艺术场"。"艺术场"源于大的文化艺术背景,对于中国文化、哲学、审美的认识和理解具有思想上的趋同性,人们在创作中自然而然就把这种文化精神刻画到艺术作品之中,各艺术门类之间生成了彼此交融互通的特点,音乐、舞蹈、绘画、书法、园林、建筑等艺术门类在这个"艺术场"中相互依托、生发、借鉴。中国文化的博大精深和中国哲学的浑厚深邃注定了中国"艺术场"无限大的格局,使人们的艺术创作不受边界的阻隔,可以在思维能抵达的广度和高度中任意翱翔。

当下的舞蹈创作在现代科技的加持下形成了出人意料、标新立异、打破常规的创作模式,珠联璧合式的艺术创作方式完全打通各艺术界别之间的维度,形成了集多元文化、思想境界、艺术审美于一体的整合式创作表达。《唐宫夜宴》的创作灵感来源于周昉的《簪花仕女图》、张萱的《捣练图》以及"十大名画"之一《唐人宫乐图》;《陇上踏歌行》的创作灵感来源于马远的《踏歌图》;《墨舞

---

① 刘成纪:《中华美学精神在中国文化中的位置》,《文学评论》,2016年第3期。

中秋帖》的创作灵感来源于王献之《中秋帖》的草书之美;《龙门金刚》的创作灵感来源于龙门奉先寺雕塑;《洛神水赋》的创作灵感来源于曹植的《洛神赋》和顾恺之的《洛神赋图》;《只此青绿》的创作灵感来源于王希孟的《千里江山图》等。中国古代哲学和中国古典艺术的特点均是自然与心灵交融,尤其是心领神会,与老子"道法自然"的哲学观一脉相承。所以说,艺术本无圈,当代舞蹈创作正是看到了这一点,拓宽了原有思维界限,打破了艺术、哲学、文化间的边界阻隔之局,实现了现代科技与优秀传统文化的完美结合。

二、"立"时代之美:优秀传统文化涵濡下的"国潮"舞蹈美学

中国各艺术门类之间渊源深厚,乐舞书画交融互通。陈方既先生在《中国书法精神》中这样说:"书法不是绘画,却要求有如绘画艺术的形象感;不是音乐,却要求有音乐艺术的乐律美;不是舞蹈,却要求有舞蹈艺术的姿致;不是建筑,却要求有建筑结构的严谨;不是诗,却要求有诗一般的意境;不是生命,却要求其有生命般的形质和神采……"①中华传统艺术在彰显各自艺术特质的同时交错互融,体现了其所追求的整体美。中国传统艺术以强大的整合性与融通性与当代审美相结合,彰显着悠久的魅力和旺盛的生命力。当代舞蹈创作将中和之美、自然之美、和善之美、和合之美的中国美学思想贯穿其中,在"至高、至美、至善"的创作追求中与现代审美相融通,逐渐形成了多元文化涵濡下的新时代舞蹈美学范式。

(一)"游于神思":立当代舞蹈审美融通之范

每个时代有每个时代的审美。当代审美融通优秀传统文化,集共通性、时代性、民族性、个体性和集体性于一体,不仅体现在创作主题的"中国风"趋势上,在创作思维、想象空间、审美意蕴等维度也暗合了传统艺术的审美范式,又不缺乏与时代审美的交融互通,形成了感通古今的审美风范。"国潮"舞蹈诗剧《只此青绿》就是一部将中国传统美学与当代美学有机结合的优秀之作。它以中国青绿山水第一长卷《千里江山图》为创制背景,采用时空交错式的舞蹈叙事结构,"复现"旷世之作的绘制过程。《只此青绿》在重现宋代美学范式的同时,将舞蹈美学和山水美学相结合,无论是服饰、妆容、仪态、舞台调度与构

---

① 陈方既著:《中国书法精神》,武汉:湖北美术出版社1992年版,第5—6页。

图,还是舞美设计,均传递了宋式美学中极简、风雅、清逸的格调,在多维空间中呈现了山水画作之美。时空交错式的叙述方式充满了诗意,以青绿为主色的视觉表达与山川河流、雾气飞鸟意象的融合,创造出丰沛的意境感。队形的错落变化构造出广阔的虚拟空间,符合中国传统美学中天人合一、虚实相生的美学意境。刘勰《文心雕龙·神思》曰:"文之思也,其神远矣。故寂然凝虑,思接千载;悄焉动容,视通万里。吟咏之间,吐纳珠玉之声;眉睫之前,卷舒风云之色:其思理之致乎!故思理为妙,神与物游。神居胸臆,而志气统其关键;物沿耳目,而辞令管其枢机。枢机方通,则物无隐貌;关键将塞,则神有遁心。"刘勰所说的"神思"正是当代艺术创作中感通万物的思维方式,其突破时空的局限,构成传统审美与时代审美的联通性重建,在时间上"思接千载",在空间上"视通万里",借"神思"之枢机,使万物呈现生气。编创者正是在对传统美学精髓"感而通之"的基础上融入现代审美元素,通过《只此青绿》发掘深藏于《千里江山图》中的生机,从而引发了当代人的审美共识。

"神与物游"强调了艺术创作审美中想象的变化莫测,在当代舞蹈创作中将作品中的角色形象、思想立意、精神彰显与宇宙万物相通相随,将艺术作品之"神"与万物相"游",作为"隐喻符号"贯穿其中,让创作"有如神助"。《只此青绿》中的绿是石青、石绿两种颜料和无限山河的视觉形象幻化,它将青绿塑造为角色,是作品的"神游"之笔。青绿望月,垂目转身的写意化状态将观众带入王希孟潜心作画的时空,营造出层峦叠嶂、烟波浩渺的纯净、雅致之美。青绿不仅是展卷人眼中的颜色,更是每一位观众心中的设色,是对祖国大好河山的写意。因此,借"青绿"展其"神思"或许正是编导的意图。陈寅恪曾说:"华夏民族之文化,历数千载之演进,而造极于赵宋之世。后渐衰微,终必复振。"[①] 可见宋代美学在中国美学中的地位。而当下即是复振时刻的来临,舞蹈作品正是在回归中国传统美学的热度中掀起了"国潮美学"的热潮。

舞剧《骑兵》中战马尕腊是蒙古族精神的符号性象征,亦人亦马,与男女主人公情感交融交织。人马合一拼杀于战场、生死离别的双人舞段,使我们忘却物种的藩篱,将"神游"之情推向高潮。传统蒙古族精神和现代骑兵精神在物我两忘中"游于神思",在"人天融通"的路径中通往"天人合一"的境界。生态

---

① 陈寅恪著:《金明馆丛稿二编》,北京:生活·读书·新知三联书店2001年版,第277页。

舞剧《朱鹮》中飘落于天际的"翎羽"以及《大河之源》中充满灵性的雪豹则是联通古今、跨越山海的神来之笔,在时空切换中贯穿始终。那个充满祥和,人与自然和谐共生的远古时代,唤醒了人类对自然的敬畏和对生态保护的重视,更是生命共同体的诗意呼唤。当代舞蹈创作正是在中华优秀传统文化和美学思想的涵濡下,以自由齐物的精神境界为追求,以古今融合的艺术审美为导向,借助先进科技手段,结合多元的艺术表达方式、创作手法,经新媒体、流媒体、融媒体的助力传播,将中国传统美学形态在时代审美中进行创造性发展,在跨界、碰撞、融合中尽展"国潮"美学之光彩,打造了具有全球影响力的中国文化符号。

正是在文化自信意识觉醒,在"创造性转化、创新性发展"文艺政策的指引下,当下中国舞蹈创作才以"游于神思"的思维方式,结合当代身体表达,将中华优秀传统文化、精神、艺术、古韵与当代时代思想、审美、科技相结合,掀起了"国潮"舞蹈的风靡势态,不断确立起当代中国舞蹈创作的审美范式。

(二)"具身化":立当代舞蹈审美主体之根

"具身性"作为认知哲学的最重要概念之一,认为人类的意识之所以有意义,是因为它蕴含于具体化的身体之中,并深受身体的影响。理查德·舒斯特曼是"身体美学"的倡导者,强调在"具身化"中提升个体的身体意识、身体思维和身体表达,对理性化个体部分进行完善。"具身化"认知回归身体,强调了身体的活动方式、存在样式及其对理论的塑造和制约作用。[①] 身体美学思想整合了不同学科之间的身体话语,扩展了美学的研究范围,在感性与理性、身体与意识、艺术与生活之间架起了一座沟通的桥梁。[②]

身体是舞蹈身体美学的主要构成因素。个体的身体不仅是构成人们思想意识的核心因素,也是形成我们对世界存在的观念和认知的基础。"身体美学在本质上不仅关注身体、关注身体的意识和媒介,更关注具身化的精神。"[③]儒

---

① 王亚芹著:《"具身化":理查德·舒斯特曼美学思想研究》,北京:中国社会科学出版社2020年版,第109页。
② 王亚芹:《"具身化"转向与美学的改造——以梅洛-庞蒂、约翰·杜威和理查德·舒斯特曼为主的思考》,《文艺争鸣》,2013年第7期。
③ 王亚芹:《"具身化"转向与美学的改造——以梅洛-庞蒂、约翰·杜威和理查德·舒斯特曼为主的思考》,《文艺争鸣》,2013年第7期。

家的"中和之美"、道家的"至美至乐"等都是围绕道德而论美的。① 舞蹈作品是编创者内在思想意识、道德品格的外化产物,通过身体观念的表达、思想意识的传递、精神品格的升华对这一理论进行显性呈现。

舞剧《孔子》是一部蕴含中国身体美学和历史文化厚度的作品,以孔子周游列国的历程为纵线。剧中的孔子不是高高在上的"圣人",而是饱含家国情怀,在努力奋争中不断碰壁、屡遭阻难,仍坚守道义的、有血有肉的鲜活人物。该剧通过孔子一生的坎坷经历艺术化地展现了孔子的生命激情、思想高度和人格魅力。诗、乐、舞三位一体的艺术表现形式既还原了源远流长的中华优秀传统文化之根柢,又挖掘了孕育其中的时代价值和民族精神。《书简》之舞气韵脱俗、刚柔并济,于舞袖飞扬之间舞出了孔子与弟子寄情山水、传道授业时的意气风发,尽显文人风骨。《采薇》之舞青衣水袖,将诗、乐、舞融为一体,在自然平和、行云流水般的翩跹舞姿中吟出了《诗经》中的诗句,并结合当代审美元素,在采薇之姿中折纤腰以微步,呈皓腕于轻纱,尽显中国古典身体美学之审美情趣。《幽兰操》以千古绝唱之势道出了孔子的黯然神伤和郁郁不得志的忧怨……结尾处,在诗的吟唱、乐的磅礴、舞的渲染下,将舞剧推至高潮,让受众强烈感受到孔子那任重道远的颂唱和对大同世界的追求与期望。三个经典舞段以不同的艺术表现形式和身体质感,呈现了对古典身体美学的传承与创新、突破。舞剧《孔子》《关公》《昭君出塞》均出自孔子第77代后人孔德辛之手,这一文一武一巾帼,彰显的是同样的气节和风骨,编创者通过身体呈现出精神之美,以极大的张力传递了对信念的坚守。

"国潮"舞剧《沙湾往事》《杜甫》《花木兰》《永不消逝的电波》《只此青绿》均出自舞坛"双子星"周莉亚和韩真之手。两人十年创作了五部舞剧,逐渐形成了自己独具特色的创作风格。每部舞剧都有独特的编创视角和审美属性,在排练过程中,特别注重对演员身体质感的锤炼。演员可以花一个月的时间让身体沉进去、慢下来,将身体"具身化"到剧中的场景与年代。《杜甫》中华贵奢靡的"丽人行",雍容的博袖华服,经典汉唐舞姿与现代意识的碰撞,在演员的婉转回身中带你重回大唐。《花木兰》一波三折的传奇故事,将古典舞语汇、传统武术与现代舞编舞手法融合,既有浓郁的沙场风情,又有温馨美好的生活气

---

① 吕艺生著:《舞蹈美学》,北京:中央民族大学出版社2011年版,第24页。

息,在刚柔并济中彰显大爱情怀。《永不消逝的电波》中极具人间烟火气的《渔光曲》,以及蒲扇、板凳、旗袍、弄堂——这些典型的文化符号融入最贴近生活的身体律动,在舞的宣泄与美的传递中尽展东方女性神韵、气韵之美。《沙湾往事》中岭南雨巷的"雨打芭蕉",集民族气质与时代气质于一体,既不失民族色彩,又饱含时代气息。《只此青绿》中惊艳全国的"青绿腰"是对"险峰"意象的演绎,将古典韵味与现代气韵融通交汇,在舞的流动中缔造了中华优秀传统文化的磅礴气势和险峻之美。

舞蹈界持续不断的精品创作,在弘扬中华优秀传统文化、共筑时代精神的历程中推动了"国潮"情怀的持续升温。当代舞蹈创作在追逐文化与潮流相融合的过程中灌注了强烈的主体意识,通过舞蹈艺术中身体的"具身化"引发情感共鸣和思想共振,由此获得高度的身份认同和文化认同,进而为时代精神家园的建构作出独特贡献。

(三)"在场性":立当代舞蹈审美场域之境

"在场性"共情是包括舞蹈在内的舞台艺术的一种重要观演体验。走进剧场观看舞剧已成为一种生活时尚,这种现象的生发归根结底要依托于剧场所赋予的"在场性"共情带给舞蹈的艺术魅力。

中国舞蹈是一种身体文化,也是与人的内在情感靠得最近的艺术。汉代《毛诗序》就将"舞"列为人类表达情感的最高手段。舞蹈作为一种"活态"文化传承,在反映人的底层思想和内在情感时,与当代美学思想、审美意识、审美需求最为贴合,具有最深厚的群众根基。中华优秀传统文化是中国舞蹈发展的沃土,其同流共源性是演员表演与观众观演所达成的身心共振的核心。当下,不同题材的舞剧的上演,满足了不同观众的需求,吸引不同观众走进剧场感受身体之美与艺术陶冶,这也是舞蹈由小众走向大众的桥梁。

当下,舞蹈以独特的艺术魅力唤醒了大众的审美意识和文化共识,吸引了越来越多的观众。以受众为主体,分为两种"在场性"观看模式:一种是观众走进剧场观看的实际性在场,另一种是通过网络观看的虚拟性在场。两者均存在主体间交往互动的实在关系。演员与观众的身体同时在场,主动与被动间信息与能量的交换使观与演的角色在不断互换与交融中产生身体共振与情感共情,最终达成身体与思想的"共生"状态。这种"共生"不仅体现在来自身体的同一性,还来自思维、意识、文化、精神所带来的共识。观众走进剧场,角色便发生了质变:不单纯是前来观看演出的观众,更是一名"在场性"参与者,与舞台上所讲述的故事、塑造的人物、传达的情感同步进行三度创作。这种体验会使人产生最本能的情感共鸣,在身体之美的感召下产生审美共情。

只有走进剧场才能感受到舞蹈所带来的艺术张力和氛围感。民族舞剧《赵氏孤儿》堪称最"费"观众眼泪的舞剧之一。其从人性的维度出发解读、塑造、刻画剧中复杂的人物关系和跌宕起伏的剧情,以饱满恣意的情感、细腻到位的演绎,在舞与剧完美的结合下,成就了舞剧史上颇为壮丽的悲剧,全程充满沉郁顿挫的悲凉之感。当庄姬公主向程婴"托孤"时,赵家族人以传递的方式庄重悲凉地把婴儿交至程婴手里。程婴一次次地拒绝、躲闪,群舞一次次地传递、跟随……在情绪堆叠中,演员将内在情感充满张力地扩散于舞台,庄姬公主的悲凄、崩溃、渴求之情也弥散于整个剧场。舞蹈中,情绪递进的舞台化处理外化、放大了人物的内心情感,使人物塑造更具艺术张力,更容易与观众建立情感连接,达成共情。《托孤》《救孤》《成长》《复仇》幕幕催人泪下,在紧张的剧情推进和情感晕染中激荡出人性最深处的崇高与永恒。此外,像《精忠报国》《醒·狮》《青梅煮酒》《昭君出塞》《家》《朱自清》等,均是在舞蹈艺术中弘扬优秀传统文化、彰显精神力量的舞剧作品,用舞蹈艺术的感召力唤醒在场观众的审美共情和民族情怀。

舞剧《永不消逝的电波》是中国首部谍战舞剧,剧场内观众与演员始终同频同心,舞台上情绪饱满的演员、扣人心弦的情节和紧张的悬念触动着观众身体内细微的情感乃至心跳、呼吸。红色记忆、谍战氛围融合青春梦想、浪漫情怀,在情感共鸣中激活了每个人心中的"红色基因"。舞剧《杜甫》(《春夜喜雨》舞段)中诗、画、乐、舞相得益彰的融合,在舞美、灯光、色彩的渲染下,使观众共情于"好雨知时节,当春乃发生"的诗词意象与舞蹈意境,沉浸于古典舞意蕴之中。《兵车行》舞段中硕大的车轮滚滚而来,征夫们踏着强有力的鼓点艰难前行,双肩的交替振动式下落顿挫有力。在剧场,观众可以真切地感受到演员对呼吸的控制和对力量的把控,由此产生的压迫感鲜活而真实。情景交融、虚实结合的写意叙事手法使在场观众领略到别具一格的以舞传情、以舞诵诗、以舞立象的舞蹈大写意之美。

身体在场是"在场性"不可或缺的要素。信息时代新兴媒介技术使当下中国社会迈入一个高度智能与泛媒介化的沉浸式传播时代，致使虚拟性在场比实际性在场更具普遍性。河南卫视与B站合作的《舞千年》以"剧中有舞，舞中追剧"的呈现形式，使观者于虚拟性在场的情境下沉浸式感受艺术表达。现代化舞美、高科技的融入，还原了表演场域的真实性。《十二风舞志》中五位"荐舞官"以复原舞林"无字天书"的形式巡游四朝，讲述舞蹈的"情""真""柔""刚""礼"，带领观众在至真至美的舞之要义中存续中国美学精神。《相和歌》《越女凌风》《侠骨剑影》中"历史古韵"与"时代古风"的完美融合，牢牢地吸引住观众的视线。《朱自清——背影》通过营造沉浸式剧情体验，最大化舞蹈对美与情的营造，将课文中父亲对儿子深沉的爱还原式搬上了荧幕。电影镜头的切换、蒙太奇手法的运用、细腻到位的脸部表情、真实环境背景的铺设等，都在"剧对事的陈述和舞对情的宣泄"中将"言不尽最是父子，意难忘背影深情"的感动深度刻画。舞者在尾声的起舞更是将积蓄已久的情通过身体的表达喷涌而出，淋漓尽致地将父子之间深沉、永恒的爱进行了深情表达，每个动作都直抵观者内心深处。当观者沉浸在情景交融的剧情式舞蹈演绎过程中时，现场便形成了观与演二者"在场性"审美共情的创立。剧情式导入模式加速了二者之间的连接，身临其境的带入感则唤醒了观者对文化的记忆和精神的崇仰。

无论是走进剧场感受实体性在场带来的震撼式审美共情，还是在网络平台上感受多元艺术带来的沉浸式情感共鸣，舞蹈正在以独特的魅力吸引着越来越多的年轻观众，并激活了中华优秀传统文化的生命力。

三、展现大国气象："国潮"舞蹈发展之趋势

"国潮"舞蹈作品的持续火爆，充分彰显了当代中国人对舞蹈艺术的关注和热爱，以及由此带来的文化自豪感和使命感。以舞蹈艺术的方式讲好中国故事，进一步将中华优秀传统文化与时代审美相融合，有效弘扬优秀传统文化，让"国潮"艺术精品在走进国人生活的同时，能自尊自信地走向世界，是当代中国舞蹈人继续努力的方向。

其一，回归舞蹈创作本体。在舞台艺术大制作、大投入、大场面的驱动下，艺术创作要把握好审美高度和创新尺度，不要一味地追求或依靠人工智能、虚

拟现实、特效特技的运用,要将对舞蹈本体的创新与发展放在首位。舞坛"双子星"作品中的舞蹈语言体系别具一格,这也是其作品能够成功"破圈"的核心因素。编创者对舞蹈本体有着高度的艺术追求,在传统舞蹈语汇根系的涵养中融入了时代元素,舞姿、节奏、构图等都既传承了民族风格韵味,又暗合了创作主体的时代审美意识,实现了新时代"国潮"舞蹈语汇的"创造性转化、创新性发展"。可见,秉承在中华身体美学的基础上拓展舞蹈本体的创新模式,强化舞蹈本体的主体效应,是未来舞蹈创作发展的重要路径。

其二,张扬东方审美追求。完整的审美过程是一次美妙的精神净化和生命体验过程,故艺术创作要极力打造精品。一部好的作品可以引导观赏者进行内部精神世界的重新构建,建立积极向上的价值追求,并由此引发优良的社会效应。当代舞蹈创作依旧要遵循形神兼备、气韵生动的中国美学风格,情景交融、虚实相生的意境呈现和意蕴悠远的中国式哲思,在"天人合一""大道无形""大美无言"的东方审美意蕴中弘扬真善美,传播正能量。在优秀传统文化和精神力量的感召下凝心聚力、逐梦前行,是未来舞蹈人创作时的审美走向。

其三,突出传统舞美元素。"国潮"符号是彰显中华优秀传统文化的亮丽风景线,在当代舞台艺术的氛围营造中起到推波助澜的作用。北京冬奥会开幕式将意蕴空灵的山水画、清新淡雅的书法,活泼可爱的传统虎头造型、长信宫灯、熊猫、中国色彩、中国节气等文化元素以含蓄、简约、内敛的艺术形式与冬奥会主题进行了完美结合,是一次由文化符号意象表达向深层精神挖掘塑造的重大突破,在将国风、国潮推向世界的同时充分展现了中华优秀传统文化的魅力,在舞台艺术营造上具有引领和转折性意义。同时,舞蹈创作的舞台营造在强化"国潮"符号艺术化彰显的同时,还要把握好科技赋能与文化本体之间的尺度,将中华文化的思想内涵、美学精神转化为传统文化元素中善、形、意、美的符号象征,进行继承、整合、创造、发展,并恰如其分地运用到舞美、灯光、道具、服装、化妆之中,在高科技赋能下实现虚实相生的舞台空间营造,与舞蹈本体实现和谐共生。

其四,融通中外舞蹈理论。艺术评论与艺术创作的关系是相辅相成、相伴相生的,评论家既是艺术作品的鉴赏者,也是艺术创作的参与者。创作者应在艺术品鉴中通过融通中外的国际化视野,在中西方理论的相互吸纳与碰撞中,探索全球语境下艺术审美与艺术创作之导向,给予文艺创作理论性的建构及导引,将中国"国潮"与国际潮流结合,创作出符合当下国际审美的艺术作品,宏观践行"创造性转化、创新性发展"方针政策,在新的语境下讲好中国故事,弘扬中华优秀传统文化。另外,创作者应在强化理论的基础上,增强中外融通的时代创作意识,提升艺术作品的格局与高度,促进既有理论依托与支撑,又有实践应用与辩证的相互印证式创作生态的发展。

"国潮"舞蹈的崛起体现了当下国民的审美范畴、审美形态、审美趋向和生活态度,代表了国人对文化的高度自信和自觉。展望未来,舞蹈创作者更要时刻铭记"国之大者",让艺术创作的生命力与创造力在破立之间良性循环,透过舞蹈艺术的力量赓续华夏文明、塑造人类文明新形态,在"千年古韵"与"时代风尚"的融合中尽显当代中华文化的正大气象,让自信自强自尊的中国人形象在世界艺术舞台上大放异彩。

山东地方戏曲的数字化转化与创新性传播

周爱华

（山东艺术学院科研处）

党的十九届五中全会指出,传承弘扬中华优秀传统文化,是推进社会主义文化强国建设、提高国家文化软实力的重要内容。传承弘扬中华优秀传统文化,必须坚持创造性转化与创新性发展。从不同学科不同方向深刻理解并准确把握习近平总书记关于中华优秀传统文化"两创"方针重要论述的科学内涵,将戏曲艺术与时代特征相结合,整合戏剧戏曲学、美术学、影视创作与理论、传媒艺术、动画、艺术设计等多种学科资源,从戏曲理论建设与项目策划、戏曲数字化转化与数据库建设、戏曲产品多样化呈现等方面,推动戏曲创作质量提升和理论水平进步,正是优秀传统文化创造性转化与创新性发展的题中之义。在这一过程中,戏曲艺术不仅为上述各艺术方向提供了创作研究的素材与对象,也契合了其亟须通过社会共同发力、各学科共同关注,通过一定的科学技术、创造性劳动、多媒体手段、学科融合优势,来实现其传承、保护、传播的时代需求。本文将主要笔墨集中于山东地方戏曲。推动山东地方戏曲的数字化转化与创新性传播,是对中华优秀传统文化"两创"方针、山东省文化强省建设重要部署的主动担当与回应。

一、聚焦理论研究,拓宽戏曲发展路径

山东戏曲是齐鲁优秀传统文化的重要组成部分,承担着文化传承与创新的使命。2016年6月29日,《山东省人民政府办公厅关于贯彻国办发〔2015〕52号文件做好戏曲传承发展的实施意见》中提到,山东是戏曲大省,现有吕剧、山东梆子、柳子戏、五音戏、茂腔、柳琴戏等24个本土地方戏曲剧种和京剧、豫

剧、黄梅戏、评剧等，戏曲文化丰沃。文件进一步落实了发展山东戏曲事业的各项政策和措施，其中也包括扶持戏曲教育的具体要求和举措。但是，就目前戏曲发展现状、戏曲教育现状来看，其与辉煌时期相比还有着非常大的差距，主要表现在继承方面的不足，能演的剧目少，能唱的曲牌少，传承人中年轻人少，甚至很多地方小剧种仅保留了部分唱段，已经不能演出整本大戏。因此，对地方戏曲小剧种的挖掘、保护工作形势依然非常严峻。

就戏曲研究现状来看，当前在以戏曲文献与戏曲艺术实践为研究基石，探寻山东地方戏曲的艺术特征与文化内涵，为山东地方戏曲的数字化转化与创新性传播打好理论基础方面，还有很大的提升空间。习近平总书记在哲学社会科学工作座谈会上的讲话中明确提出，要"运用互联网和大数据技术，加强哲学社会科学图书文献、网络、数据库等基础设施和信息化建设"。戏曲文献是戏曲研究的基础，包括戏曲理论文献、戏曲影像资料、戏曲剧本等，只有将戏曲文献和田野调查结合起来，才能形成具有地域特色的山东地方戏曲理论，为山东地方戏曲的数字化转化、创新性传播奠定基础。对戏曲艺术实践的研究，涉及戏曲表演、戏曲音乐、戏曲舞美等多方面内容。只有广泛关注山东地方戏曲各剧种的艺术创作和演出现状，深入研究当下山东地方戏曲的演出环境、艺术水平、观众接受等方面的内容，才能为戏曲多样化传播与受众接受效果提供具有前瞻性的理论指导。

尽管目前相关的理论研究成果达到了一定的数量和质量，但未能很好地与艺术产业及艺术实践相结合，产学研融合程度并不高。综合来看，目前国内相关的戏曲数字化工作一般以戏曲影像的数字化整理为首要目标，或突出其文献学意义，用于戏曲剧种的传承与保护工作，或突出其教学意义，为校内戏曲教学增砖添瓦，均存在一定的局限性。加快戏曲数字化转化，对濒危剧种和高龄传承人进行数字化保护和影像记录，是落实国务院办公厅《关于支持戏曲传承发展的若干政策》部署、深化全国戏曲剧种普查成果利用的重要工程之一。2021年，人大代表、著名昆曲演员柯军也建议组建国家级5G数字戏曲实验室，希望通过戏曲数字化让传统戏剧"走出剧院"，来吸引更多的年轻观众。目前国家对于戏曲数字化转化与传承高度重视。戏曲数字化实验有利于各项戏曲资源的整合，是建设数据库和推动产学研融合的基础，使戏曲艺术得以充分利用现代科技手段,将数字戏曲推向教学、推向新的呈现方式。

二、聚焦数据库建设,保存戏曲文献资源

数据库建设作为山东地方戏曲数字化转化的重要内容,主要包括戏曲舞台影像资料整理,戏曲电视剧、戏曲电影、戏曲短视频等视频资料整理,各地方剧团演出影像资料整理,戏曲剧本数字化整理,戏曲教学实践影像资料整理,以及戏曲艺术家口述纪录片录制等。数据库建设内容多,意义重大,不仅可为后续理论研究奠定必要的基础,更可为山东地方戏曲乃至我国戏曲发展保存珍贵文献资源,是戏曲数字化转化的一项重要建设目标。建设共用共享的数据库,能使有限的戏曲资源发挥更大的社会价值。

随着人们记录手段的不断丰富,"文献"的概念也在发生变化。古汉语中,文献指典籍与宿贤。《论语·八佾》言:"夏礼,吾能言之,杞不足征也;殷礼,吾能言之,宋不足征也。文献不足故也。足,则吾能征之矣。"这段话较早用到了文献一词,不仅阐释了文献的重要作用,而且为后世留下了治学典范。后来,文献专指具有历史价值的图书文物资料。如今,文献又成为记录知识的一切载体的统称,即用文字、图像、符号、音频、视频等手段将人类知识记录下来的各种载体(如纸张、胶片、磁带等)。对于戏曲艺术来说,以纸张为载体的文字、图像、符号等文献固不可少,胶片、磁带以及数字化的戏曲音频、视频同样不可或缺。然而,目前对戏曲文献的整理尚未得到足够的重视,同时胶片、磁带的保存又受到保存时间、保存环境的局限,一批体量庞大的珍贵戏曲文献亟须抢救。同时,许多见证过历史的戏曲服装、古戏台等文物,也抵不过时间磨蚀而正在逐渐损坏,同样需要以各种现实的以及数字化转化的手段进行抢救。未来的数据库建设工作,可以将山东地方戏曲传承人的口述资料、即将消失的传统剧目以及历史遗留的剧本手抄本、戏曲文物等分散资料通过多媒体技术进行数字化转化,将历史资料转化为数据文本,建立数据库,以使山东地方戏曲文化借助科技手段得以保存,同时也可为后续山东地方戏曲的研究提供扎实的文献资料。

三、聚焦人才培养,推广戏曲数字化转化与创新性传播

山东地方戏曲剧种繁多,因此有必要有针对性地体现不同剧种的特点与

优势,探寻最适合山东地方戏曲的传承保护方式,并借助现代传播的相关理论,对话年轻受众,为传统戏曲开拓新的传播渠道。博大精深的戏曲艺术是一座富矿,可以为各个专业方向提供创作素材。以山东艺术学院近年来的教学实践为例,其戏曲动画、戏曲绘本、戏曲摄影、综合材料设计等作品,体现了不同学科对戏曲艺术的传承与借鉴,对优秀传统文化的传承。戏曲作为各类艺术样式的题材库,既为其他学科提供了创作素材,其他学科同时也为其提供了展示平台,各学科之间由此互助互利、合作共赢。山东艺术学院长期以来形成了学科交叉、互融互鉴的优良传统,但是由于之前没有进行统一规划,所以各专业方向的师生创作仍处于自发的、零散的状态,没有形成聚合力量。

在"新文科"背景下,理论与实践结合、传统教学与现代教学结合,既能培养"双创型"人才,又能为戏曲的数字化转化与创新性传播提供极大的助力。随着科学技术的进步,大数据、人工智能等高科技与日常生活融合得越来越紧密。对戏曲专业的学生来说,学习基本的互联网知识、数字媒体技术,加强对科技的敏感认知,有利于成为既具有戏曲专长,又具有现代化理念和能够熟练运用多媒体技术的复合型人才,将对戏曲传承和发展以及促使其融入数字化社会产生积极的影响。对其他专业的学生来说,从不同专业角度介入对戏曲艺术的记录和保护,选择戏曲题材进行转化与创作,不仅能加深对优秀传统文化的认知,而且能够赋予创作和研究以一定的广度、深度和厚度,将数字技术、创造性劳动与地方戏曲深度融合,使自己创作的内容及其传播方式更能满足人们的精神需求。

目前人们已经普遍认识到,仅仅依靠传统戏曲舞台演出,难以使戏曲艺术真正走进大众视野。即便戏曲艺术具备极高的审美价值,传统剧目的故事、演员、导演,甚至唱腔、流派都不乏票房号召力,但是这些也仅仅是对于"传统受众"而言。对于此前没有接触过戏曲的人群来讲,他们明知戏曲是中华优秀传统文化的代表,也知道戏曲剧目值得一看,但是电影、电视剧见缝插针、无孔不入的"地毯轰炸式"宣传早已抢先"占领"了他们有限的休闲时间。

接下来,我们可以借助戏曲院团和高校原有的优良专业基础,寻找有地域特色、影响力大、知名度高的戏曲作品进行重点开掘,统一研发。一是利用不同艺术形式以同一戏曲作品为题材进行创作,形成包括但不限于摄影、绘画、陶瓷、布艺、版画、年画等不同形式的系列艺术作品；二是利用同一种艺术形式以不同戏曲作品为题材进行创作，同样形成同一艺术样式却题材丰富的系列艺术作品。经过统一研发和包装的戏曲衍生品形成聚合力量，建成戏曲文化展厅对外开放，在宣传戏曲文化、发挥社会公益作用的同时，与相关企业合作，批量生产，进行产业化运作，从而扩大地方戏曲的影响力，推动其良性循环和可持续发展。

结语

近年来，戏曲艺术借助融媒体进行呈现的诉求主动而且强烈，并取得了比较明显的成效，资源兼容、内容兼容的传播方式为戏曲艺术传承和推广开辟了一条新途径。充分利用好当下融媒体便捷的传播途径，把年轻人的注意力吸引过来，让传统艺术绽放新时代的光彩，这是当前戏曲传播需要重视的一项工作。在扎实做好舞台演出的前提下，将传统戏曲艺术与新媒体的传播形态融合，将戏曲艺术进行数字化转化和创新性传播，可以满足人们对信息主动索求的需要，填充人们的碎片化时间，提高传播效率。

从《白鹿原》看中华优秀传统文化的审美创作

曹成竹

（山东大学文学院）

习近平总书记在中国文联十一大、中国作协十大开幕式上的讲话中指出："要挖掘中华优秀传统文化的思想观念、人文精神、道德规范，把艺术创造力和中华文化价值融合起来，把中华美学精神和当代审美追求结合起来，激活中华文化生命力。"这一提法不仅强调了针对中华优秀传统文化的艺术创作，还提出了中华优秀传统文化与中华美学精神的内在相通性。

实际上，在当代文学、影视、美术、音乐、舞蹈等艺术作品中，已经有许多作品不自觉地触及或者表现了这一问题。而我们从美学理论以及国家文化政策的高度审视和反思这一问题时，才愈发感觉到这一问题的重要性。从这一视角出发阐释文艺作品，不仅能够为我们从宏观上把握作品提供切中肯綮的视角，也可以为传统文化精神的美学转化及其当代审美价值激活问题提供有效的个案，为理论策略本身的丰富发展提供一定的经验。

为此，我们以小说《白鹿原》为个案，以"白鹿"这一关键意象为核心，探讨这部作品的审美表征及内在逻辑。本文之所以选择《白鹿原》，不仅因为它本身的成功与巨大影响力，还因为这部小说十分典型地回应了中华传统文化精神（如儒家文化）和文化生命力的美学表达问题，而这也是其成为当代文学经典的一个关键原因。

一、从朱先生、白嘉轩到"白鹿"：儒家文化精神的审美象征

《白鹿原》中最为明显的代表儒家文化精神的，无疑是"关中大儒"朱先生这一形象。他十六岁中秀才，二十二岁中举人。后来父亲病逝，他为了守灵尽孝放弃了赴京会考的资格，但又被皇帝破格批录。然而巡抚屡次委以重任，朱

先生都坚辞不受,据他所说是不愿做巡抚的手足,而愿为他去求一剂灵丹妙药。随后朱先生住进了白鹿书院,成了白鹿原的精神象征。在普通人眼里,他是活神仙;在白嘉轩眼里,他是圣人。可以说,他把儒家文化的生命力和魅力融入了自己的形象之中,代表了这一文化在白鹿原世界中鲜活而积极的存在状态。朱先生一生的传奇经历都暗示了儒家文化作为一种社会理想的沉浮。

白嘉轩是儒家文化精神的另一个代表。他作为白鹿村的族长,负责掌管祠堂、祭祀祖宗、举行节日庆典、禳灾救济、组织农事等,是白鹿原的权威象征和精神领袖。与朱先生相比,白嘉轩更多了几分对世俗世界的介入与责任,但每每在重要关头,白嘉轩又总需要从朱先生那里得到启发和指导。可以说,白嘉轩是儒家文化在白鹿原上更加现实化的写照。朱先生作为儒家思想的代表,更多的是一种形而上的存在,而白嘉轩则是一种形而下的存在。他把儒家的"仁义"精神同白鹿村的日常生活紧密地结合了起来。因此,白嘉轩的命运同样映射出一种处世哲学和伦理精神的命运,而且更为现实和沉重。

然而,无论是朱先生还是白嘉轩,又都是同"白鹿"这个关键意象结合在一起的。朱先生所在的白鹿书院,白嘉轩发现并占有"白鹿仙草"后迎来的人生转折,白嘉轩对白鹿原精神的贯彻和坚守,朱先生死前头发全白成为一只"白毛鹿"等情节,都表明正是"白鹿"这个意象将朱先生、白嘉轩、白鹿原串联了起来。可以说,"白鹿"无疑是儒家思想和文化传统的更为整体和具有象征性的艺术符号,实现了由朱先生所代表的思想道德层面、白嘉轩所代表的世俗权力层面到"白鹿"意象所代表的审美象征层面的转换与提升,也可以说是儒家文化精神由圣、俗到美的转化。

二、艺术形象与文化内涵:"白鹿"作为儒家文化精神象征之依据

之所以说"白鹿"是儒家文化精神的审美象征,是因为有形象及文化内涵两方面的依据。一方面,从艺术形象上来看,"白鹿"作为儒家文化精神的象征,其优美的形态和道德含义,从形式到内容上都契合儒家文化精神,而且更具形象性和感染力。白鹿故事讲述了一个河南的地方小吏路过白鹿原,因为看见雪白的小鹿的闪现,所以买下那块地皮并迁居于此。小吏的子孙得到白鹿风水宝地的庇佑,连出四位进士,其中一位官至左丞相,与司马光、文彦博齐

名。皇帝下令修筑了"四吕庵"祠堂以纪念其功德,而这便是白鹿书院的前身。如果把四位进士和白鹿书院作为儒家文化的代表的话,那么"白鹿"对于这一文化而言无疑具有支撑或者福荫的意义。

另一方面,"鹿"特别是"白鹿"的形象很早便已与儒家文化思想联系在一起了。据说作者是从蓝田等地方的县志中的"新丰县西有白鹿原,周平王时白鹿出"以及《太平寰宇记》中的"平王东迁时,有白鹿游于此原"等历史文献记载中获得的灵感。虽然这些文献记述的内容发生在周平王时期,但其成书年代已距当时十分久远了。这些历史文献中的"白鹿"并不是突兀出现的,应当是一种由来已久的民族集体神话观念或审美意象。早在先秦时期,"鹿"就已经被美化甚至道德化了,并同人们的日常生活以及仪式庆典等重要场合联系在一起。在《诗经》中,涉及"鹿"的地方有二十余处。《小雅》的首篇《鹿鸣》,便通过鹿的鸣叫和行为,引出君王与宾客宴饮的场景,勾勒出一幅礼乐中和的和谐画面。在后人的解读中,"鹿"这一意象之所以能够与美好重要的场合结合起来,主要在于其道德象征作用。如陆贾《新语·道基》言:"鹿鸣以仁求其群。"《毛传》曰:"鹿得萍,呦呦然鸣而相呼,恳诚发乎中。以兴嘉乐宾客,当有诚恳相招呼以成礼也。"可见,鹿性情温顺、鸣叫和谐的自然习性同儒家核心价值观念之间的关联,早已经被发现并且人为地联系起来。江西庐山的白鹿洞书院始建于宋代,是中国古代四大书院之一。《白鹿洞书院教条》不但体现了朱熹以"格物、致知、诚意、正心、修身、齐家、治国、平天下"等为基础的教育思想,而且成为南宋以后中国封建社会数百年间书院办学的依据,也是教育史上最早的教育规章制度之一。由此可见"白鹿"意象同儒家文化之间的密切联系。此外,古代文献中关于"白鹿"的传说还将"白鹿"同长寿、美德、祥瑞结合在一起,如"德至鸟兽,则白鹿见"(《孝经援神契》)、"鹿一千年为苍鹿,又五百年化为白鹿,又五百年化为玄鹿"(《述异记》)、"天鹿者,纯善之兽也。道备则白鹿见"(《瑞应图》)等。可见,鹿,特别是白鹿在古人眼中很早便已被作为儒家文化中仁、群、诚、礼、德等精神的象征了,而且还代表着一种宁静、祥和、福瑞的美好场景和太平盛世的到来,这也正是儒家文化追求的理想境界。

可以说,在《白鹿原》的故事中,"白鹿"将儒家文化的思想内涵及愿望诉求,由抽象的信条法则转换成了具体可感的、生动活泼的艺术形象,在我们的审美体验中潜移默化地传达了儒家文化的魅力。它通过对儒家文化的形象化和艺术化呈现,使读者在审美体验中感受到了儒家文化的厚重、优美和崇高。

三、母性崇拜、大地文明与生命力:"白鹿"审美象征的另一层指向

当然,儒家文化精神绝非完美无缺的,"白鹿"也并不是儒家文化精神的单方面象征。从审美内涵上看,"白鹿"形象的生命活力及其隐喻的理想化、诗意化的世界关系,还指向一种比儒家文化更为原始和宽厚博大的美学意蕴,既构成了对儒家文化的补充甚至救赎,也为我们理性地认识儒家文化提供了参照。可以说,"白鹿"的审美内涵绝不仅仅代指儒家文化。无论是在小说文本中,还是在历史原型中,"白鹿"意象都比儒家文化更具有包容性、基础性和本源性。小说里,白嘉轩在雪地中发现"仙草",既是他和自己家族命运的转折点,也是整个白鹿原世界的点题之笔:

怪事!万木枯谢百草冻死遍山遍野也看不见一丝绿色的三九寒冬季节里,怎么会长出一株绿油油的小蓟来?

这株植物,从一出现就代表着一种与死亡和自然规律相对立的生机。紧接着,在朱先生为白嘉轩点破了他发现的"仙草"其实是一只鹿之后,"白鹿神话"再次出现:

很古很古的时候(传说似乎都不注重年代的准确性),这原上出现过一只白色的鹿,白毛白腿白蹄,那鹿角更是莹亮别透的白。白鹿跳跳蹦蹦像跑着又像飘着从东原向西原跑去,倏然之间就消失了。庄稼汉们猛然发现白鹿飘过以后麦苗忽地蹿高了,黄不拉唧的弱苗子变成黑油油的绿苗子,整个原上和河川里全是一色绿的麦苗。白鹿跑过以后,有人在田坎间发现了僵死的狼,奄奄一息的狐狸,阴沟湿地里死成一堆的癞蛤蟆,一切毒虫害兽全都悄然毙命了。更使人惊奇不已的是,有人突然发现瘫痪在炕的老娘正潇洒地捉着擀杖在案上擀面片,半世瞎眼的老汉睁着光亮亮的眼睛端着筛子拣取麦子里混杂的沙粒,秃子老二的癞痢头上长出了黑乌乌的头发,歪嘴斜眼的丑女儿变得鲜若桃花……这就是白鹿原。

在这个故事中,"白鹿"不仅代表着生命力的健康旺盛,更代表着一幅"和谐安宁、充满希望的人类及自然万物"的生存图景。小说接下来进一步强化了这幅图景：

> 一只雪白的神鹿，柔若无骨，欢欢蹦蹦，舞之蹈之，从南山飘逸而出，在开阔的原野上恣意嬉戏。所过之处，万木繁荣，禾苗茁壮，五谷丰登，六畜兴旺，疫疠廓清，毒虫灭绝，万家乐康，那是怎样美妙的太平盛世！

在这幅图景之中，"白鹿"的出现以及它的活动，仿佛一种仪式化的巫术，把治愈、再生与希望带给世界。可以说，小说中的"白鹿"一方面代表了儒家文化，另一方面又是比儒家文化更为原始和粗犷的意象，与治愈、死而复生、万物生长联系在一起，而这种与生命相关的现象则可追溯到原始文化中的女神崇拜。早在我国商周时代，便有诸多与"鹿"相关的配饰和花纹图案，而这些图案则来自更古老的部落文化。考古学、人类学和神话学的研究已经表明，鹿在亚欧大陆草原和山林地带的原始部落中是一种普遍存在的图腾，其优美的形态、温顺的性格、鹿角的再生、种群的兴旺等特征，象征着与狼图腾截然不同的母性崇拜，是对生命本源以及大地和自然的认同。[①] 可以肯定的一点是，白鹿原的世界并不是和谐稳定的，影响其发展轨迹的也绝不仅是"历史"这样一个外在的陌生"怪物"，而帮助其恢复平稳和安宁的，也绝不是"时间"这样一个冰冷的概念。"白鹿"意象所代表的另一面，即对于生命崇拜和母性角色的美学隐喻，对于白鹿原世界的康复与再生起到了至关重要的作用。故事中白嘉轩的女人仙草、白嘉轩的女儿白灵、朱先生的妻子朱白氏、黑娃的第二个女人玉凤等女性角色，似乎都发挥着与"白鹿"相似的拯救和治愈的功能，为这片世界带来救赎、宽容、生机与希望。

我们必须看到，这绝不仅仅是故事中人物的一种性别和心理的弥补，而更是一种文化和美学类型对另一种文化和美学类型的弥补与修复。"白鹿"一面所代表的是女神或母性崇拜的"圣杯"文化、原始文化和生殖崇拜文化；而其另一面——白嘉轩、朱先生乃至鹿子霖、黑娃等，代表的则是男权崇拜的"剑"文化，即便儒家文化的温和精神也改变不了其对于这个世界的支配性、压迫性和

[①] 唐启翠：《"白鹿"原型与女神意识：白鹿原的文化寻根与审美治疗意义》，《马克思主义美学研究》，2011年第2期。

欲望诉求。① 白嘉轩作为族长制定的严苛教条、鹿子霖对于个人地位以及家族利益的经营谋划、白家祖宗祠堂神圣庄严的压迫性、田小娥与黑娃的爱情悲剧以及田小娥被埋尸"镇妖塔"的情节,都是对儒家文化的负面书写。可以说,"白鹿"的前一种象征是原始的、诗性的文化,后一种象征则是文明的、理性的文化。"白鹿"意象将互为矛盾的两者统摄在一起,一方面以明显的和审美的方式指代后者(儒家文化),另一方面又以隐秘的和神圣的方式暗示着前者(生命意识、大地以及女神崇拜),而且始终将前者作为后者生长的依托、治愈的希望与最后的归所。河南小吏买下"白鹿"出没过的土地后福荫子孙,白嘉轩占有"白鹿"出现过的土地后命运发生转折,朱先生临死前对妻子说"我想叫你一声妈"等情节,都显示出"白鹿"意象在儒家文化背后更为宽厚博大的美学及文化意蕴:一种对于大地、对于母性、对于宇宙自然生命法则的认同与皈依。这不仅使"白鹿"意象更加丰富多元,也使得作为其主线的儒家文化既不显得突兀,也不过于完美,而是在厚重的支撑与依托下,在理性的反思和参照下,成为一个与我们保持着一定距离的审美对象。

结语

在本文中,我们主要探讨了《白鹿原》中"白鹿"意象对儒家文化的审美表征问题。概括说来,一方面,"白鹿"意象通过审美的、艺术的方式展现了儒家文化的巨大魅力及其在中国社会现代化进程中的境遇,这种生动感性的、历史化的呈现方式取得了十分成功的美学效果;另一方面,"白鹿"意象具有更加原始和丰富的审美文化内涵,这使得它既可以作为儒家文化的象征,又超越了儒家文化本身,而构成其反思的起点和自我更新的希望所在。这样一来,儒家文化精神的美学表达也就超越了"白鹿"形象的感性和直觉层面,而具有了更加深刻、审慎的理性维度。

对于这一问题的探讨,也启示我们从更加宏观和当代的视角去看待中华优秀传统文化及其美学表达问题。首先,一种文化类型不应仅停留在典籍、话

---

① 这里的"圣杯"与"剑",借用了理安·艾斯勒《圣杯与剑》一书中的说法。该书结合克里特岛米诺斯文明的考古发现,探讨了西方历史上母系文明与父系文明分别具有的"圣杯"与"剑"的文化特征。[美]理安·艾斯勒著,程志民译:《圣杯与剑:我们的历史,我们的未来》,北京:社会科学文献出版社 2009 年版。

语和理论中,而应该直接作用于我们的经验层面,活跃于我们的日常生活、艺术作品及情感体验之中,《白鹿原》就是能够激活这一审美经验的艺术典型。其次,对儒家文化精神的艺术呈现,一方面应立足于传统,寻找诸如"白鹿"这样具有历史意蕴的文化符号,将其作为审美表征的有力"接合点"(articulation)①,同时又需要借助文学和影视等艺术形式对其进行充分加工。最后,对《白鹿原》的意象解读还启示我们:一种文化精神的审美创作不应该是单一旋律的,而应在其他文化模式(如更原始神秘的中华文化、地方性文化乃至西方文化)的参照依托中,在立体的文化生态关系与张力结构中发掘、呈现其当代价值。

---

① 接合点(articulation),本意指清晰地发音、表达或说出来。这个词语经过厄尼斯特·拉克劳的阐述以及斯图亚特·霍尔的引申,逐渐成为文化马克思主义理论的一个关键概念。概括地说,"接合"指通过某种清晰可辨的话语实践或文化行为,实现各种要素之间"显然"但并不"必然"的连接,建构某种文化符号,表达某种意义内容。

新时代"黄河影像"电影的国际传播路径研究

刘强

(山东艺术学院传媒学院)

引言

"黄河影像"电影,即以黄河为背景或主题的叙事电影。从广义上来讲,发生在黄河流域的黄河故事都可纳入本文所研究的"黄河影像"电影的研究范畴。重要的是,黄河在影片中具有文化属性,充当文化符号。从影片中,观众能窥探到黄河所具有的价值旨意。

进入 21 世纪以来,《美丽的大脚》(杨亚洲,2002)、《黄河行歌》(杨凤良,2003)、《黄河边上》(郭郅,2005)、《黄河喜事》(高峰,2009)、《黄河滩》(赵云波,2009)、《山河故人》(贾樟柯,2015)、《百鸟朝凤》(吴天明,2016)、《河对岸是山》(张跃龄,2017)、《黄河入海流》(王明军,2018)、《侠路相逢》(邵亚峰,2018)、《天下黄河老牛湾》(赵国桦,2019)、《初心照黄河》(王明军,2019)、《家在黄河边》(王明军,2021)、《我来自北京之福从天降》(卢卫国,2021 年)、《义薄云天》(张建萍、王雪鹏,2021)等,均以黄河流域为叙事空间,以黄河流域日常生活为故事内容。"黄河影像"电影以空间为标识,是对黄河流域自然形象、黄河文化、黄河精神的艺术表达。由此,对"黄河影像"电影的考察应以自然地理为主,但民族、历史、文化等也是重要因素。

习近平总书记在十九届中央政治局第三十次集体学习时的讲话中强调:"讲好中国故事,传播好中国声音,展示真实、立体、全面的中国,是加强我国国际传播能力建设的重要任务。"在国际传播中,最重要的乃是"中国",讲的是"中国故事",传递的是"中国声音",因此中国的民族特色就显得格外重要。

"黄河"作为浸润着中华几千年古老历史,承载着中华儿女集体记忆的母亲河,无疑成为展示中国民族特色的重要载体,彰显中华文化自信的国际话语。而电影在视觉形象的建构、叙事方面有着强大的话语生产力,在文化与精神交流输出方面占有独特优势。综上可见,作为民族话语的"黄河影像"电影已成为国际传播中中国文化软实力的"国家名片"。因此,对作为21世纪民族话语代表的"黄河影像"电影的国际传播研究,对于中国民族电影"走出去","讲好中国故事",增强中国文化话语权具有巨大的社会现实意义和学术价值。

哈罗德·拉斯韦尔在《社会传播的结构与功能》中提出"5W"传播模式,认为传播者、讯息、媒介、受众和效果是传播的五大要素,电影文化的传播也离不开此种传播模式。特别是电影在跨国文化传播中,传播者、讯息、媒介和受众各个环节紧紧相扣,牵一发而动全身。针对本文研究目的,传播者为"黄河影像"电影,讯息为"中国故事""中国文化""中国精神"等,媒介为电影传播渠道,受众即海外观众。由此,结合"5W"传播模式,基于上述"黄河影像"电影过去与现在、未来的对话,以及新趋势、新机遇,本文拟进行作为民族话语代表的"黄河影像"电影的国际传播路径探析。

一、传播者——内容质量与民族性

新时代,如何深化具有民族色彩的"黄河影像"电影的国际传播,在民族色彩的外溢中把握好民族文化传播与自身艺术性和思想性表达的平衡,让世界看到"黄河影像"电影的力量以及深藏在"黄河影像"电影中的民族文化,从而讲好中国故事,建构中国国家形象,是需要深入思考的重要命题。

首先,"黄河影像"电影的国际传播关键是内容。综观笔者搜集的21世纪以来的"黄河影像"电影,不乏像《山河故人》《百鸟朝凤》这样在国内国外都好评不断的影片,但大多数影片无论是在院线还是网络上关注度都极低,甚至很多影片,诸如《黄河行歌》《黄河滩》《黄河边上》《黄河入海流》等在豆瓣上还暂无评分。《黄河入海流》试图进入国外市场,参加了2019年的威尼斯电影节和丝绸之路电影节,并通过国际在线《世界你好,我是渭南》全球多语种传播平台向世界推介,但因内容方面的缺陷,最终"沉入海底"。

"黄河影像"电影要想走出去,被国际社会认可,首要的就是影片本身质量要经得起考验。优质的内容是进行国际传播的坚实地基，打好地基是能够"走出去"的第一步。回望过去我国在国际上引起关注的影片，只有内容扎实的"中国故事"才能够获得青睐。因此"黄河影像"电影要稳扎稳打，专注于影片质量，电影创作的主题意蕴表达切忌停留在生活表层，要实现表现形式与文本意义的融合。电影从业者要进行深层的哲学思考，以深刻的思想性、艺术表达的创造性和文化表达的自省性用心沉淀，打造好"黄河影像"电影的内容质量，把中国故事讲好，让"黄河影像"电影国际传播的第一步迈得踏实稳当！

其次，民族性的回归以及重建也很重要。就中国电影在国际上的传播情况而言，海外观众更青睐于展现民族特色与民族魅力的影片。在国际传播中，最重要的乃是"中国"，讲的是"中国故事"，传递的是"中国声音"。因此在国际传播中展现出"黄河影像"电影的民族属性是重中之重。

第一，现实向个体题材与民族命运的集体书写。"黄河影像"电影的国际传播，所传播的是中国故事，因此个人的命运应与整个中国、时代紧密相连。"黄河影像"电影作为民族话语的代表，不应仅聚焦于个体叙事，而应从全景式、宏观的国家层面、民族层面去书写个人命运与生命意识，将黄河作为生命之河，在对个人命运的书写中建构黄河文化精神以及对本民族文化之根的探寻和体验，并以此观照中国人乃至全人类共同的情感表征。

"黄河影像"电影在塑造特色个体形象的同时也要塑造好民族形象，将"黄河"融入人物的内在生命体验，以个体彰显民族伟力，将个人命运与家国叙事有机结合，塑造多维度、立体化、饱满的人物，显现浑厚深沉的民族禀赋和复杂长远的历史性。同时，要通过个体的生命体验将黄河故事与家国书写相融合，致力于对整个民族形象的建构，在诠释中国价值、中国力量、中国精神中讲好黄河故事。

第二，挖掘民族奇观的价值呈现。国际传播中"文化折扣"现象不可避免，单纯靠文化、价值观的输出很难在文化差异巨大的国际市场上撼动海外观众。而电影的魅力就在于它是集视觉与叙事一体的艺术。视觉刺激可以引发观众的观看欲望，而民族电影的民族奇观也会成为真正吸引海外观众驻足观看的"展品"。

这些奇妙的景观是电影召唤人们内心观看欲的原初动因。通过视觉，文化得以更直观地被感知,弥合了文字抽象表达的距离感。因此,黄河文化、黄河力量、黄河精神的诠释得以具象化地呈现。

但是要避免因单纯地过分利用民族奇观而使电影成为"他者"民族文化消费的产物。外国观众对于黄河民族奇观的迷恋实则是对于中国传统东方美学的迷恋,中国东方美学的标识首先是中国功夫、中国熊猫、长城等这些显而易见的中国符号元素,而更深层的则是中国电影所传达出来的中国意境之美。因此"黄河影像"电影要将对奇观的展示转化成深层的对中国传统美学的展示,不能只停留在符号层面,而要对元素背后的内容进行中国美学意境的整体意韵生成和能够触动国外观众内心的挖掘,不断由视觉向心觉深入与内化,由"象"到"境"转化。

第三,时代性和民族性的融会贯通。习近平总书记指出,黄河文化是中华民族的根和魂,在新的历史时期,中华民族的根和魂不能丢。我们要想保住根,守好魂,就要将黄河文化的民族性与现代性进行承接,进行时代的、现实的深刻书写。黄河故事的更迭必然要跟随着时代语境的变化,在新的时代语境下,黄河故事的内涵也有了时代性的变化。而外国观众对于黄河的印象还停留在《黄土地》时期,因此要注意培养国外观众的现代式审美,努力打破国外观众对"黄河影像"电影的刻板印象。《黄土地》《黄河谣》《老井》等已成为过去式,在当时的时代语境下,它们书写着彼时的时代记忆,而今已过去几十年,21世纪的时代记忆应怎样融入"黄河影像"电影的书写中,进行黄河文化的再创造,生产出"鲜货",是这个时代的创作者应不断探索、思考的问题。

在历史长河中,黄河传统文化蕴含了深厚的历史和中华儿女的精神和智慧,不论是过去还是现在,都有永不褪色的价值,亟待发掘和讲述。黄河精神、黄河气质都在因时代历史的变迁而无声改变,但民族文化基因与内在精神特质没有变,要在这种变与不变中寻求属于时代的民族的黄河气质,在保持民族美学与民族文化的基础上进行现代性的转化。对黄河故事进行新时代的书写,要继承并汲取各个历史时期的黄河叙事特色,承继民族优秀文化基因,并完成当代延续和转化。"黄河影像"电影只有根植于中华民族优秀文化基因和内在精神的血脉,扎根于中国社会现实的时代需求,才能经得起历史的沉淀和淘洗,才能经得起国际人民的审视,让世界看到一个崭新的、焕发魅力的中国。

二、讯息:黄河文化的符号编码

"黄河影像"电影的国际传播是一个创作者对文化符码进行编码,接受者进行解码的过程。特别是在跨文化传播中,接受者的符号解码不免遇到"文化折扣"甚至解读错位的现象。黄河对内是生命体,但在某些外国观众的认知中代表的就可能是贫穷、古老。符号解读的错位,可能会使文化传播产生相反的效果。因此,如何解决文化解读错位的问题,是中国电影在跨文化、跨语境传播时需要思考和解决的问题。

黄河文化符号在对外输出时是把"双刃剑"——在传播黄河文化符号的过程中,价值观的注入容易使国外产生偏见,如黄河在《黄土地》《老井》等影像中呈现出桎梏、苦难的文化符号表征,容易在对外形象传播中给受众留下偏颇刻板的印象。因此在对外输出文化符号的过程中,应注意当代中国文化价值观的注入,注意国家形象的多面、立体展示。我们需要赋予黄河以更多元的中国价值与文化,在影像中对黄河进行文化赋值、情感赋值,使其更立体饱满,并不断注入新时代中国文化的符号意义。越是简单的符号,越容易达成文化认同,而黄河文化融注着中华几千年文明,文化内容较为丰富庞杂,对于不同"文化模子"中的国外观众来说,容易产生传播符号内涵的丢失或扭曲现象,从而会造成价值误读。简单、具象化的符号可以拉近与观众的距离,比如,北京冬奥会的"冰墩墩"就是以简单、具象化符号进行传播的最佳例证。以非语言式、具象化的文化符号作为黄河文化的标识,不断深化黄河文化的符号意义,在不同文化圈层创造出共情的亲近性,淡化国家、民族、意识形态的界限,这样更易被海外观众接受理解。

"从文化符号的走出去,中国影像美学走出去,逐渐过渡到中国文化精神走进国外观众的内心。"[①]

三、受众:打破文化壁垒,进行共同价值的对话

世界文化交流存在诸多差异,一味地追求民族特性容易陷入自说自话的

[①] 肖怀德:《从电影大国到电影强国——中国电影走出去战略问题初探》,《未来传播》,2019年第2期。

俗圈。"传播的意义构建的终极目的,就是实现共享价值,使人们之间达成共识,并建立共同的理解和认识。"[①]"黄河影像"电影想要赢得世界不同民族的关注,就要在不同文明的存在中探寻全人类共同价值的可能。IMDb网站上,关于《老井》,国外观众评论道:"这个关于失去的爱被重新找到,并为村庄付出牺牲的故事很好地吸引了国际影迷。"在文化壁垒面前,情感是全人类共通的。只要发掘情感共同价值,利用本土形象与情感共鸣的结合,加强交流互鉴,在保持本民族文化特色的基础上寻求文化"最大公约数",就能以中国方式来阐释人类的共同价值。

"黄河影像"电影想要"走出去",必然要寻找与世界的共通性,寻找具有普遍意义的价值观。如《黄河绝恋》站在人类命运共同体的高度,阐释了中华民族推重的舍生取义精神。安洁和黑子数次将欧文从死亡边缘拉回:第一次,救治了被日本飞机袭击的欧文;第二次,将欧文从日军的包围中救出;第三次,安洁不顾父女之情将欧文救走;第四次,则是安洁和黑子牺牲生命将欧文送到黄河对岸。安洁和黑子对欧文的这四次救助彰显了中华民族的民族大义与民族忠义气节,影片中黑子与欧文价值观的碰撞也代表了中西双方的文化交流与融合。因此在保持黄河民族文化发展的同时,更要参与到全球价值的形成当中。因此,我们要在文化差异中寻找黄河文化、中华文化的价值,将黄河文明、黄河精神和黄河文化的内核转换为易被世界接受的文化,在适度保持特色的同时以共通的认知进行传导,进行文化的对话,在多元文化中寻求理解、共识,并达成沟通、共生。

"黄河影像"电影的传播,要发掘黄河文化在世界中的价值,将黄河价值进行丰富而生动的诠释,实现由黄河价值到世界共同价值的位移,打破文化认知壁垒,从人类命运共同体的价值高度出发谱写人性光辉,使人民认同,使世界认同,从而彰显中华民族的民族大义。

四、传播路径:短视频平台营销的大势所趋

我国本土短视频平台TikTok("抖音"国际版)、Kwai("快手"国际版)的海外强势传播为"黄河影像"电影的国际传播带来了大好机遇。

[①] 姚君喜著:《社会转型传播学》,上海:上海交通大学出版社2008年版,第56—59页。

截至 2022 年，TikTok 覆盖了 150 多个国家和地区，下载量超过 30 亿，成为全球最大的独立站点之一。而 Kwai 以南美洲和东南亚为核心进军目标，2021 年 4 月，海外市场月活跃用户增长至 1.5 亿以上。广泛的受众以及国外用户的使用活跃情况打破了西方传播媒介对于海外市场的垄断地位，增强了中国传播媒介的话语权。在海外受众颇广的本土媒介 TikTok、Kwai 等，无疑已成为中国文化国际传播的新机遇。

抖音、快手等已经建立了完整的影视内容生态系统，电影的官方传播、演员传播，大众的二次创作都为电影的营销推广提供了非常有力且有效的推广，并且通过话题可直达正片观看或购票渠道，在引流的基础上可以快速实现变现。以国内抖音为例，关于黄河的话题播放量超 17 亿，关于黄河文化的话题播放量超 7 亿，有关《黄河绝恋》的话题播放量超 6337 万。迄今已二十多年的影片重现短视频平台并获得不错的成绩，可见其发展潜力。国内通过短视频平台进行电影的营销宣发已渐成趋势，《唐人街探案 3》《你好，李焕英》《人生大事》等都是电影借助短视频平台营销成功的案例，它们通过短视频平台获得了大量的"曝光"，并取得了不错的票房成绩。

可见，"黄河影像"电影的国际传播可借鉴国内电影营销的成功经验，利用短视频平台进行营销推广，充分利用话题进行营销。宣发团队要深挖电影自身亮点，洞察市场热点和观众需求，进行热点话题营造。此外，还要把握好传播节奏，持续不断的热点营造只会造成观众的疲劳。因此在宣发过程中，应针对电影的定位、社会热点的变化进行分级、分阶段投放，进行精准把控，以达到最佳传播效果。

但短视频平台内容参差不齐，"黄河影像"电影在利用好短视频平台优势的同时，切勿遵循唯数据论，不顾内容生产的质量，陷入无用文化传播的陷阱。

从《雅典学院》到《稷下学宫》
——中西古典文化图像化的比较研究

孟宪平

（山东艺术学院美术史论系）

公元前7世纪至公元前3世纪，作为西方文化发源地的希腊和作为东亚文化发源地的中国都出现了古典文化的繁荣现象，前者集中表现为雅典古典时代思想文化的繁荣，后者集中表现为先秦时的百家争鸣。古希腊文化和中国的春秋战国文化都以一系列伟大思想家的出现为标志，前者如柏拉图、亚里士多德等，后者如老子、孔子等。同时，二者也都出现了极具影响力的思想传播活动，前者如柏拉图和亚里士多德开办的学园，后者如孔子讲学的杏坛和齐桓公命人修建的稷下学宫。如何以图像形式表现古典文化人物及其活动，是历史上造型艺术家持久关注的问题。图像是优秀传统文化继承发展的有效形式。本文拟以文艺复兴时期拉斐尔的名作《雅典学院》和当代山东画家韦辛夷的《稷下学宫》为例，通过对东西方古典文化图像化的比较，寻求优秀传统文化当代图像转换的有益经验。

一、中西古典文化图像化的比较

中西古典文化图像化有很多不同之处。在欧洲，因古典文化在中世纪长期处于湮没状态，使得图像表现出现了从断裂到复兴的过程。借助精湛的造型技巧，古希腊时的艺术家就对思想名人进行了塑造肖像的尝试，苏格拉底、柏拉图、亚里士多德等均有石雕传世。庞贝古城出土的《柏拉图学园镶嵌画》，是至今发现的最早的以"雅典学院"为主题的多人物场景绘画。在漫长的中世纪，欧洲文化被基督教化，古典文化整体湮灭，因而相关图像表现相对罕见。

在阿拉伯世界，如 11 世纪阿布·瓦法的手抄本《箴言集》中，偶尔可以看到有关苏格拉底及其随从的插图。古典人物图像表现的复兴是在文艺复兴时代，最具代表性的是拉斐尔的《雅典学院》。随着古典文化的传播，对古典文化人物和事件的图像表现也越来越多，具有代表性的是 15 世纪卢卡·德拉·罗比亚的浮雕《柏拉图和亚里士多德》、16 世纪荷兰画家彼得·杰兹·萨恩雷丹的版画《柏拉图的洞穴隐喻》、17 世纪伦勃朗的油画《亚里士多德和荷马胸像》、18 世纪意大利画家亚力山德罗·图尔基的油画《亚里士多德和康巴斯白》、雅克·大卫的油画《苏格拉底之死》，19 世纪德国画家安塞姆·费尔巴哈的版画《柏拉图会饮》，等等。总体而言，西方古典文化图像从属于写实绘画传统，以肖像和情节性绘画作为主要内容，注重对人物性格和心理的描绘，善于表现真实的环境和人物。

相比之下，中国古典文化图像造型简率，具有高度传承性和类型化特征，且以儒家文化图像为典型。中国造型艺术虽然起源较早，但不尚写实，而是强调装饰和概括，因而图像造型简率。先秦美术作品多为壁画、帛画、泥塑等，容易损毁，图像极少存世。目前可见的较早的儒家图像是汉代"孔子见老子"画像石，一般为两个人物相对行礼，有时也补充弟子或随从（案例可见山东嘉祥武氏祠画像石）。魏晋之际，儒家文化图像向两个方向发展：一个是文人系统的写意造型，另一个是宗教系统的偶像造型。《女史箴图》是对儒家礼教文化的曲折反映，写意造型意趣浓烈。在孔子庙中塑造孔子雕塑也渐成风尚。而唐代吴道子将偶像传统与写意笔法结合起来创作的《孔子行教像》，甫一出现即广泛流传，成为孔子标准图像和儒家文化象征。从元代开始，"三教合流"成为流行的图像类型，多表现为儒释道三教人物同聚一堂，偶像特征依然明显。不过，随着明代人文思想的兴起，人物造型也变得活泼，这在丁云鹏、陈洪绶、陈宇等人的《三教图》中可见端倪。儒家文化叙事性图像《圣迹图》在宋代开始出现，到明清时期骤然增多，并演变为《家语图》《燕居图》《观欹器图》《讲学图》等各种类型，对孔子、孟子、颜回等均有表现。这类代表有明代吴彬的《杏坛讲学图》、清代焦秉贞的《孔子圣迹图》等。此类图像既受佛教"本生故事"壁画影响，也从西方传入的绘画中学习了复杂的造型技术。随着版印技术的发展，此类画作的版印图像逐渐在民间流行起来。

中西两种古典文化图像传统并行不悖,并时有交汇。实际上,中国古典文化图像正是在中西交流推动下日益发展的。当今社会,历史研究和考古发掘充实了对传统文化的认识,国家倡导对优秀传统文化的继承发展,这既为古典文化图像创新提供了有利条件,也提出了更高要求。

二、《雅典学院》:西方古典文化的想象与建构

1510年至1511年,拉斐尔为梵蒂冈使徒宫绘制了湿壁画《雅典学院》,此画一经问世便声名大震,成为古典文化图像化的高峰和典范。《雅典学院》的艺术成就和文化意义是独一无二的,对此可从多方面加以理解。其一,古典文化的象征性。画面具有较强的写实效果,古罗马风格的殿堂和古希腊雕塑风格的人物造型堪称古典文化的象征。其二,文艺复兴的象征性。古罗马风格的殿堂其实是作者对圣彼得大教堂的参照和想象,画中的柏拉图、亚里士多德则来自对同时代大师形象的转换,拉斐尔把古代人物和当代人物画在一起,毫不回避地表达"文艺复兴"这一主题。其三,浪漫主义想象与写实主义再现的有机融合。拉斐尔的《雅典学院》并不是历史中柏拉图的"学园",而是画家本人想象的产物。虽然采用严格的透视法、精确的写实造型表现建筑和人物,但他心里想的乃是古希腊、古罗马以及当代的哲学家、文学家、科学家、人文主义者……他力图用具有象征性和典型性的人物动作和形体表达文化象征意义。其四,鲜明的图式风格特征。《雅典学院》气魄宏大,空间纵深,人物繁多,采用对称布局,在秩序中寻求变化,具有很强的逻辑性和可理解性。

正因如此,《雅典学院》超出了普通的历史画的范畴,成为一种"文化图像",并被后世的古典主义艺术家如普桑、大卫、安格尔等效法,成为欧洲学院绘画的核心作品。在17世纪法国的学院系统中,古典文化价值和图像表达被系统研究和界定,《雅典学院》成为古典文化图像的原型,其特点是宏大建筑与群体人物的组合和人物动作、人物关系、典型情节的精心构设。普桑的《萨宾妇女的劫掠》《金牛犊的崇拜》《所罗门的审判》等都具有类似特点。但法国古典主义主要是图像的,文化内容却来源复杂,并不纯粹。19世纪安格尔在《荷马礼赞》中更为明确地回溯了《雅典学院》的主题。画中的建筑是古希腊爱奥尼亚神殿,描绘了古今影响西方文明进程的46个杰出文化人物。在20世纪以

来的中国现当代文化发展中,《雅典学院》作为重要参照系也被中国艺术家参照,融入了中国现当代文化图像表达的系统中。其中,比较有代表性的有新中国成立初期董希文的《开国大典》、黎冰鸿的《南昌起义》、孙滋溪的《天安门前》,央美附中创作的《当代英雄》以及21世纪以来陈坚的《公元一千九百四十五年九月九日九时·南京》、杨松林的《孙中山就任大总统》等,这些作品中都可以看出和《雅典学院》一脉相承的图像特征。不过,这些画作都是对中国现代历史事件的表现,如何对民族古典文化进行当代语境下的重新释读和图像转换,依然是一个值得探讨的新命题。

三、《稷下学宫》:中国古典文化的写实与象征

近年来,我国逐步切入民族文化复兴的时代命题,学界和艺术界对中国传统古典文化的研究和表现进入议事日程。平心而论,传统的孔子、孟子、老子以及以"三教合一"为主题的图像并不能反映古典文化的完整主题。我国古典文化的价值是百家争鸣,是儒家、道家、法家、名家、兵家、阴阳家等百家之学的自由发展、互动和交流。显然,最能够代表此文化意象的就是稷下学宫。2011年11月,由中宣部批准,财政部、中国文联、文化部主办,中国美协承办的"中华文明历史题材美术创作工程"在北京启动,选题目录的第26项,"稷下学宫与百家争鸣"赫然在目。除此之外,像"孔子讲学""老子与《道德经》""庄子《逍遥游》""墨子与《墨经》""法家韩非"等均有出现。这表明,当代中国学界正在以一种更为开放和全面的视角审视古典文化。作为真实的历史存在,稷下学宫显然是百家争鸣意象最恰当的承载者。并且,新中国成立后,党中央提出"百花齐放,百家争鸣",既是对民族古典文化精神的继承,也是对多元并包的中国当代文化政策的生动诠释,因而稷下学宫的图像表达就显得更加有当代文化复兴的象征意义。

2013年初,山东画家韦辛夷的国画草图《稷下学宫》入围"中华文明历史题材美术创作工程",经不懈研究,艰苦创作,六易其稿,最终于2016年完成。2017年,山东省文艺创作研究院举办了"构建与重现——稷下学宫创作汇报展",对《稷下学宫》的创作背景、理念和过程进行了全方位展示。2019年,由山东省广播电视局、山东影视传媒集团有限公司、中共淄博市委宣传部等联合摄

制的《战国大学堂之稷下学宫》登录爱奇艺,并于2022年在央视纪录频道播出,引发强烈反响。2022年初,历经5年发掘,位于淄博市临淄区齐都镇小徐村西的稷下学宫遗址被确认。所有这些都加强了稷下学宫图像化的历史文化意义,也使得韦辛夷的同名国画作品具有了更突出的文化象征性。不过,从古典文化图像化的角度看,对稷下学宫进行图像表达所面临的挑战是多方面的。在中国传统绘画系统中,稷下学宫从来没有进入图像表述的视野,因而创作它极需要开创性。毋庸置疑,《雅典学院》依然是画家不可忽视的图像记忆,如何超越它?如何建构中国古典文化特有的图像模式?这既是韦辛夷个人要面对的命题,也是中国当代画家要集体解答的命题。

  作为国画家,韦辛夷考虑的要素主要有两个:一个是造型,另一个是构图。这一点在二十多年前画家创作构思萌生时画的草图中就可以看出来。让我们感到惊讶的是,最终稿的构图和人物动态基本上一以贯之,改变不大。不难理解,韦辛夷对稷下先生和事件场景的图像化转换有一种根深蒂固的延续性。《稷下学宫》延续了画家自身早年生活和教育形成的文化意象,这种意象潜在地延续了古典文化和图像传统。像《雅典学院》一样,建筑和人物构成了画面的两大元素。因而,如何尽可能强烈地再现稷下学宫的现实场景,是画家创作时首先要解决的问题。最终,画家创设了一种类似方形戏台的建筑结构,没有围墙,四柱挺立,帷幔高悬,采用侧俯瞰视角综观全局。这种结构有助于戏剧性场景的展开。在此基础上,人物分成两部分:一部分是舞台上激烈争辩的一黑一白两个人物、站立的裁判和屏风前端坐的主持者,辩手神采飞扬的动作和表情让人有身临其境之感;另一部分则是舞台四周不计其数、模糊难辨的围观众人。墨色渲染的效果强化了这种虚实变化。应该说,整个画面设计有着很强的秩序感和逻辑性,明白无误地表达了稷下学宫的特征和文化内容。从社会反应来看,画作的确契合了广大观众对稷下学宫的想象,获得了广泛认同。但毋庸讳言,水墨画的单一维度、人物造型的朴拙夸张、环境设计的概念想象与当代社会人民群众业已拥有的多彩和丰富的图像经验其实是存在着一定距离的。

四、中国古典文化图像化的当代实践

  和欧洲各国至今犹存的难以计数的古代雕塑、建筑遗迹不同,除了现代人

所谙熟的传统文化经典,中国古典文化时代极少留下现成的视觉素材可以供当代美术家利用。我们看不到先秦时代的宫阙,孔孟老庄时代的人物造型更是罕见,偶尔发掘出的墓葬壁画和器物装饰要么过于简略,要么过于类型化,所以古典时期哲人的音容笑貌就只能靠艺术家自己去想象了。是要更加符合历史的真实,还是要更加贴近当代人的理智,抑或是更加契合艺术家自己的文化感觉?就目前的美术创作理论研究来说,这些还都是尚待研究的课题。

从事优秀传统文化阐释的美术家别无选择,只能依靠自己的理解和艺术经验进行创作实践。从 2016 年完成的"中华文明历史题材美术创作工程"的作品来看,艺术家的探索的确是多姿多彩的。其中有杨参军等对人物形貌和精神气质淋漓尽致的再现,有何红舟等对宏大场景的色彩鲜明、气氛浓烈的表述,也有唐勇力对唐代敦煌和宫廷人物造型意象的挪用和重构……艺术家试图调动所掌握的艺术语言,努力让历史想象、现实经验、主体感受进行深刻融合,最终创造出一种意象万千、感人肺腑、文化深远的完整图像。这种尝试在整体上是成功的。

应该说,这次由国家主导的、调动全国优秀艺术家参与的主题性创作活动,是 21 世纪中国文化在崛起之际对民族优秀传统文化和历史经验的一次集体性图像表达的成功尝试,也是对中国当代美术家文化解读力和图像创造力的大检阅。不过也应看到,"中华文明"毕竟是一个极为广阔的表现领域,国家主导的创作工程只是对代表性人物和事件的概要表达,而对于两千多年前古典文化人物的形象、生活及其思想的深刻发掘和精微表达,依然有巨大的值得广泛研究和进一步表现的空间。从根本上来说,我们只有通过专业的艺术创作教育、广泛的社会审美传播不断推进优秀传统文化的图像化过程,才能真正赓续民族文化的血脉,重铸当代文化的精神品质。

早期电影批评的儒家美学立场陈辩

邢祥虎

（山东师范大学新闻与传媒学院）

作为学术公器，电影批评是一项历史悠久的文艺评论活动，伴随着电影艺术的诞生而诞生，发展而发展，可以认为电影批评史就是电影艺术发展的效果史、接受史。当下中国电影批评早已呈现系统化、学理化的蔚然样态，其理论资源也极为丰富多元。但回首新中国成立前的早期电影批评，其文本形态却相对简单，既没有宏大的理论加持，也没有长篇累牍的夸夸其谈。著名戏剧理论家谷剑尘曾撰文指出，影剧谓有五必要，即剧本、导演、演员、配景、摄影。无独有偶，署名汇光的早期电影批评者也持相似的看法。他认为影评应注重以下几个原则：一是影片的故事，二是演员角色，三是导演手法，四是布景光线，当然有声片还有第五点，那就是配乐。综观中国早期电影批评，并非所有文章都遵循上述写作原则，但剧旨、表演、布景几乎是每篇影评必谈之要素，正如署名白谷的影评人所说，评论影戏，不外乎剧情、演作、布景三者，加以正确之论断，使后观斯剧者知是片之"真的美"与"假的劣"何在。影评是一种文论体裁，其批评方法势必受到中国传统文化和美学的影响，尤其是儒家美学的影响。儒家美学是中华传统美学主干之一，以孔子为发端，中经孟子、荀子、董仲舒，直至宋明理学，形成了以"仁学"为哲学基础的强大思想体系，融汇了"仁""礼""美""善""文""质""理""中庸"等多个审美范畴，表现出里仁为美、美善统一、文质彬彬、天人合一等辩证联系的审美特征。

一、以仁为美的入世关怀与电影的良心主义

儒家诸子认为美学是仁学的延伸与发展，"诗""礼""乐""艺"等具有审美

功能的艺术类型是实现"仁"的重要手段,所谓"兴于《诗》,立于礼,成于乐",此外还有"志于道,据于德,依于仁,游于艺",说的都是同一个道理。也就是告诫人们,人的修养与学《诗》、学礼、学乐、学艺有密切关系,掌握了这些审美化的活动,人就有了高级修养,就能成为全德君子,也就是仁人,有耻有格之人,正所谓"道之以德,齐之以礼,有耻且格"。反之,则是无耻无格之人:"人而不仁,如礼何?人而不仁,如乐何?"正反两方面的论证均表明,审美活动的价值取向以伦理道德为终极目标,伦理道德的完满必须依附于高尚的精神教化。道德理性的"仁"与精神感性的"美"彼此守望,在辩证会通中达成了同一。孔子讲:"夫仁者,己欲立而立人,己欲达而达人。"有仁德的人总是推己及人,将他人与自己统一而非割裂开来,以一己之力帮助众生,其思想境界乃为"见自己、见天地、见众生"。孟子认为:"恻隐之心,仁也","仁者爱人"。有仁德的人永远充满慈爱之心,平等地对待每一个人,关怀每一个人。实行仁爱,人人皆可为,和阶级地位无关。以仁为美的儒家审美观在中国电影中具体表现为"良心主义"。电影发展阶段不同,其内涵也略有差异,大体呈现出社会改良、革命进步、民族救亡、人民解放等形态。

中国电影发轫之初,当它还被称为"影戏"的时候,电影艺术家和理论家们就注意到了电影的社会教化作用,企图以电影补家庭教育及社会教育之不足。人们把电影当作改良社会的工具,积极摄制"长片正剧""问题片"和"社会片",体现了"良心主义"的制片方针。被誉为"中国电影之父"的郑正秋在《我所希望于观众者》中说:"论戏剧之最高者必须含有创造人生之能力,其次亦须含有改正社会之意义,其最小限度亦当含有批评社会之性质。……故戏剧必须有主义,无主义之戏剧,尚非目前艺术幼稚之中国所亟须也。"中国早期电影理论的拓荒者侯曜也认为,影戏具有表现、批评、调和、美化人生的四种功用,影戏不但是一种极好的娱乐品,而且是教育上最好的工具。他开列了影戏材料的二十一条标准,其中"大同主义的思想""人道主义的思想"是最重要的两条标准。此外,周剑云、顾肯夫、史东山、王元龙、洪深、周瘦鹃、欧阳予倩、潘毅华等一大批影戏先驱,都认为电影与平民社会有着密切的关联。中国早期电影批评探索形成的"良心主义"美学观念并非昙花一现,而是持续对后来的电影艺术批评产生影响,伴随着中国电影史的发展,一直赓续不辍,在不同的阶段表现为不同的批评话语形态。

二十世纪三十年代的左翼电影运动以暴露统治阶级的剥削和帝国主义的侵略,描写无产阶级、农民群众的反抗斗争为根本宗旨。左翼电影工作者在自己创办的《电影艺术》发刊词中写道:"现中国电影必定是被压迫民众的呼喊,可是它决不仅是一把分析现在社会的解剖刀,而必须是做一只指南针,须负责引导民众的出路。"全面抗战爆发后,电影事业被纳入"抗战建国"的组织体系,"国防电影"成为宣传抗战、培养爱国主义精神的民众动员和教育工具,它要求动员整个电影界的力量,摄制宣扬民族解放的影片。电影批评家要求电影必须服务于抗战的需要,凌鹤在《抗敌战争中我们怎么办》中说,每一个不愿意做亡国奴的中国人,都应当有各人自己的岗位,而电影戏剧界的人们,也应该守着自己的岗位,并用现在使用着的武器——电影、戏剧、艺术,充分地发挥出抗日和反汉奸的力量。解放战争期间,国统区进步的编导方针和制片计划是站在人民的立场上,暴露与控诉国民党反动统治的罪恶和在这种统治下的广大人民所受的灾难与痛苦,并进一步暗示广大人民一条斗争的道路。以史诗电影里程碑之作《一江春水向东流》为例,由夏衍、孟超、叶以群、洪遒、瞿白音、韩北屏、周钢鸣等知名电影评论家组成的"七人影评小组"高度评价此片,认为它"发生了巨大的社会影响,它是战后中国电影发展途程上的一块指路标"①。也有影评人认为此片"暴露了官僚资本家发国难财的罪恶,权贵受裙带操纵的丑事,和特殊势力在敌人投降时如何藉'接收'之名而实行'劫收'之实"②。更有评论家认为影片富有现实性,对于观众委实太亲切,"它在我们面前展开的不是戏,简直是我们自己在这八年来身受的惨痛生活的再现,它和观众情感是完全统一的"③。以上不同历史时期的影评表明,"良心主义"就是"仁"的价值观念的审美体现,影评人始终站在民族解放与社会进步事业的最前沿,以儒家知识分子所固有的忧患意识与救世情怀,挖掘影片所蕴含的伦理价值和道德力量。

---

① 夏衍等:《中国电影的纪程碑——〈一江春水向东流〉座谈记录》,《风下》,1948年第114期。
② 丝丝:《评〈一江春水向东流〉》,《现代周刊》,1948年复版第95期。
③ 郭里予:《评〈一江春水向东流〉》,《公里报》,1948年第2卷第4期。

二、美善统一的中和之美与自然平允的表演

儒家美学认为美的境界栖居于道德境界之中,外在的感性形式的美只有在体现内在的高尚的道德情操时,才是真正有价值的。子谓《韶》:"尽美矣,又尽善也。"谓《武》:"尽美矣,未尽善也。"孔子将两种曲调不同的音乐加以比较,认为《韶》好于《武》,原因在于前者不仅艺术形式美,而且还能提高人的道德修养,使其尽善。尽美尽善其实就是对形式和内容相统一的要求——既要有美的形式,又要有善的内容。儒家美学还将美善统一的要求用于评价个体人格方面:"质胜文则野,文胜质则史。文质彬彬,然后君子。"质朴与文采是内容与形式的关系,同样重要,只有文、质双修,才能成为合格的君子。美善统一、文质统一的艺术标准也体现了儒家美学的"中和"观念。《论语·为政》载:"《诗》三百,一言以蔽之,曰:'思无邪'。"孔子认为,《诗经》最显著的美学特征便是思想纯正,它能让政治走上仁道,让民众归于正道。孔颖达评价其温柔敦厚,期望统治者能以《诗》教民。如其中的《关雎》,哀乐都有所节制,不偏不倚,体现了儒家的中庸之道、中和之美,以"中"的方式达到了"和"的目的。因此,任何艺术都要在形式和内容上做到中正平和,既不能"过",也不能"不及"。

电影作为艺术之一种,承载着一定的社会意义和艺术价值,必然有内容和形式之分。内容体现为剧本、剧旨,形式则体现为表演、布景、照明、摄影等技术处理,二者彼此依附,彼此制约,是一个整体。早期电影评论者已经意识到了这个问题,署名柯南的影评人在《提议电影批评的几点》中说,有了健全的内容而没有好的形式去表现,固然是一件下乘的艺术作品;但如果有了完美的形式而装着空虚的内容,也不过是一座美丽的塑像而已。他认为,鼓吹艺术至上主义或者内容至上主义都是不切实际的极端,一件艺术品应该有平允的发展,内容和形式同样重要,无论忽略了哪一点,作品本身都不健全。在电影批评实践中,影评人常常将演员的表演与剧情相比较,判断二者之间是否"平允",是否中正平和。如果用真善美的标准来看的话,则身份贴合,神情毕肖,是表演之真;尽情发挥,忘却真我,是表演之善;姿态从容,不着痕迹,是表演之美。落实到具体的影评实践中,常常以自然作评判标准,"以自然为主,以和缓为要,

要逼切而不要失之过火,要从容而不要失之无聊"①。譬如,影评人在评价大中华公司之《人心》时,认为其"表演周到""情态逼真",表演时无处不隐隐地露出一个"真"字,小新的表演紧而不逼,缓而不宽,增之一分则太长,减之一分则太短。该片由于立意严肃,具有一定艺术感染力,加之表演成功,所以在当时被认为是前此中国影片第一好的!署名清波的影评人评价宣景琳在《最后之良心》中的表演:"可谓初写黄庭、恰到好处。虐待嫂氏,能得一傲字;鄙视藁砧,能得一骄字;密听私语,能得一猾字;别觅所欢,能得一荡字;卷物宵遁,能得一狠字。自始至终,无一幕松懈,真上选也。"②其在《上海一妇人》中则"一举一动,写意自然,毫无勉强做作气",在《富人之女》中则"风流眳荡,身份适合,无过与不及之处"。③ 署名青民的影评人在评价百合影片公司之《采茶女》时,认为"钱韵琴之娇蹇,老鲍之老迈龙钟,渔船中之攀谈,富女之好动,傅童之智救素素,傅家之情话,老鲍之受诱,都是极自然之做作"④。

并非所有影片中的表演都符合"平允"、中正平和之审美标准,有的表演可能过火,有的可能稍有不足,影评人对这种不符合儒家审美观念的表演也予以了客观分析。譬如,商务印书馆拍摄的《大义灭亲》,大部分表演失真。失真即不足以感动观众,影片的效力也就大打折扣。有的情节表演"笼统而过火",有的则"稍欠自然",于是影评人建议"此片表演中的原动力,为爱国心及爱情,欲使此片得到优美的成功,则于爱情方面,宜表演得更浓厚些,而于爱国心方面,直表演得更热烈些……于是悲者愈悲,喜者愈喜,感人力强,影片的价值就高了"⑤。

三、天人合一的有我境界与诗意布景

儒家美学还有一个显著的特征,即注重"天人合一",强调在"天"(自然、自然规律)与"人"(人的意志情感)的统一中寻找美的本质。天人合一的审美理想最先表现为审美客体与审美主体相和谐,物我交融、情义充盈。《论语》讲:

---

① 青民:《对于〈人心〉之述评》,《电影杂志》,1924年第1卷第7期。
② 清波:《评〈最后之良心〉》,《时报》,1925年4月30日、5月1日、5月2日。
③ 谷剑尘:《明星新片〈富人之女〉之佳点》,《新闻报》,1926年8月2日。
④ 青民:《九月份新片之比较观》,《电影杂志》,1924年第1卷第6期。
⑤ K.K.K.:《艺术上的"大义灭亲"》,《电影杂志》,1924年第1卷第1期。

"知者乐水,仁者乐山。"《文心雕龙·神思》中说:"登山则情满于山,观海则意溢于海,我才之多少,将与风云而并驱矣。"这都表明人的生命世界不是抽象的、孤立的存在,而是与天地、自然万物并育并行,互相感应的。天人合一的审美理想还表现为天人合德——人的道德与天地的道德相符相同。孟子说:"诚者天之道也,思诚者人之道也。"《礼记·中庸》说:"可以赞天地之化育,则可以与天地参矣。"张载在《西铭》中也认为:"民,吾同胞;物,吾与也。"以上所列举的各种表述,都印证了"天人相通""天人相类""天人相调""天人感应"的儒家美学观——人最初与天地相合的本善,乃至人与天地并立为三的大德。儒家美学关于自然观念的认识,体现在电影中为布景问题,即如何经营空间环境、如何营造意境的问题。

布景为演员提供了表演空间,戏剧动作借此赖以展开,又参与剧情叙事,营造了特殊的情感氛围和时空环境。要使影片有真实感而抓住广大观众,应首推布景,也就是说唯有布景才能帮助电影,使其真实感和观众的情绪永久密切地联系在一起。因此,布景不能随意而为,布景者要熟读剧本,对于剧情有深切的了解,然后就剧中人之生活状态向社会作实地观察,务必使得布景与剧情融合无间。著名布景师包天鸣先生认为,布景不一定是戏剧的附属品,可以充分发挥它的叙事作用,但同时一定要使之与剧情密切关联。如果单纯把布景弄得花花绿绿、奇奇怪怪,这非但不能有助于剧情,反而会喧宾夺主,损伤了电影整体。电影理论家汪叔居也曾指出布景存在的几点通病:一是富丽的夸张,二是不主要布景的忽视,三是地方性的不注意。[①] 以上通病均能破坏布景的真实感,而招致观众的批评。

综观中国早期影评,对布景的批评主要集中在是否适合剧情主旨,是否有民族传统美学特色上。署名青民的影评人认为:"布景和剧情极有关系,不能随便配置,剧情悲者,布景当择幽洁,剧情喜者,布景可择华丽。"[②]《好兄弟》被影评人称为中国自制影片背景最佳之一剧,在于其布景"以外景而论,多采自西湖,富有天然美景,足显东方之美"[③]。当然,优秀的布景也可以真善美论之,

---

① 汪叔居:《布景论》,《新华画报》,1937年第2卷第8期。
② 青民:《对于〈人心〉之述评》,《电影杂志》,1924年第1卷第7期。
③ 梦朱:《评〈好兄弟〉影片》,《电影杂志》,1924年第1卷第4期。

"陈设适当,宛如真境,是背景之真也。一画一案,布景不苟,是背景之善也。景色清幽,饶有画意,是背景之美也"①。照此标准,《好哥哥》的布景堪称真善美,真体现为"苏氏厅堂颇富丽,内室参用半西式,颇得体。明星影片之佳处,即在能表出中国化,不似别家之专向欧化也";善体现为"小客栈颇像真,虽小点亦不苟,殊难得";美体现为"战场在浏河实摄,断垣残壁,情景宛然,江浙风云,适逢其会"②。更多的评论关注的则是布景与剧情的互动关系,注重剖析演员与自然环境那种物我相谐、主客共情的"天人相通"的高级美感。"贫民之家,破壁多涂有浪漫画,此非徒得美之增加,而于剧中人之个性,亦可得烘托之助力焉。苦儿负弟午夜潜逃,舍命狂奔于寒天风雪之间,其时其境,倍觉惨苦残忍。"③,此外,还有影评人说"全片布景极佳,如舞榭之舞影翩翩,与西湖之青山绿水,一舫容与,百愁俱消,足为全片生色"④。很显然,这些评论肯定了剧中角色的戏剧动作与布景环境相协调的艺术效果,"惨苦残忍""百愁俱消"的审美感受水到渠成,毫不做作。天人合一的最高境界乃在于"知者乐水,仁者乐山","知之者不如好之者,好之者不如乐之者",所以"乐"是最高级别的审美状态,能够使人流连山水间而不致忘乎所以,身与物齐,感受逍遥之美。《小朋友》的布景已经达到了这种审美状态,影评人最称颂其中的母子乘舟夜游一幕:时届黄昏,夕阳残照,水光泛红,此一景也。俄而明月初上,扁舟碧波,相映成趣,是又一景也。又未几而夜尽更阑,万籁俱寂,月落矣。黑夜沉沉,仅见舟中灯光,由玻璃窗射出,此又一景也。又未几而红日东上,雀噪树梢,乘此熹微晨光,而舟行荡漾,想见当时游人兴趣,此又一景也……所拍各景,均极清逸幽雅,饶有诗意,不啻读东坡老人之赤壁赋也。总之,布景所营造的物化空间与人的内心世界形成一种映射关系,通过映射,人的生命状态和精神面貌得以展示,如《翠玉录》所说,"下如同上,上如同下,依此成全太一的奇迹"。

结语

在"一会一刊一讲习"("一会"指的是中国电影评论学会,"一刊"指的是

---

① 李怀麟:《记〈不堪回首〉新片》,《电影杂志》,1924年第1卷第10期。
② 李怀麟:《评新片〈好哥哥〉》,《申报》1925年1月8、9、10、11日。
③ 飞:《观明星新片〈好哥哥〉试片记》,《时报》1925年1月8日。
④ 倩影:《记〈她的痛苦〉》,《新申报》1926年10月6日。

《电影艺术译丛》,"一讲习"指的是尼克·布朗等三位美国学者办的讲习班)的带动下,西方现代电影理论陆续以译著、文集、讲稿等形式呈现在中国电影学者的研究视野里,并逐步参与到具体的影片批评实践中。电影批评者拿西方理论来诊断中国电影似乎成了一种潜意识的自然而然,"洋话连篇""从句体""翻译腔"也不足为奇。在推动中华优秀传统文化创造性转化、创新性发展的当下,中国电影界应该思考如何建构自己的批评话语体系,如何用本民族的美学方法涵养本土电影批评。回望中国早期电影批评实践,我们应该有所省思:以儒家美学为主体的中华传统美学并未缺席,电影批评实践应该返回优秀传统文化的源头去汲取智慧。只有这样,推动中国电影高质量发展,建设电影强国才有坚实的学理基础。

5G 移动传播语境下的城市形象创新性表达
——以 2021 年度山东省优秀广告作品为例

李超　丁昱新

（山东师范大学新闻与传媒学院）

2021 年度山东省优秀广播电视和网络视听节目奖终评结果揭晓，其中广告作品共报送了 4 大类 117 部，共评出广播公益广告类优秀节目一等奖 5 件，二等奖 9 件，三等奖 10 件；广播商业广告类优秀节目一等奖 2 件，二等奖 4 件，三等奖 4 件；电视公益广告类优秀节目一等奖 7 件，二等奖 11 件，三等奖 13 件；电视商业广告类优秀节目一等奖 4 件，二等奖 6 件，三等奖 8 件。总体而言，这些优秀广告作品不仅是价值导向的话语实践，更明显体现出了社会意识的价值逻辑。在价值重构和行业生态转型的背景下，2021 年度优秀广告作品的有些新特点已经是革命性的创新变化，但创作界和评论界尚未对此产生清晰认知。

一、趋势共为的价值导向

无论是公益广告还是商业广告，其内容层面和社会的价值关联都在增强和深化——一大批优秀作品聚焦当代社会的典型人物，专注代表性的人和事，演绎核心价值。而建党百年的主题主线创作在承接历史逻辑的同时，大都遵循延展至未来的话语体系。

首先，与往年作品相比，因为主题主线的时代语境需要，2021 年度优秀广告作品更为注重切合时代的主要关切，主要表现为典型人物吸引力和现实价值痛点的契合，这属于现实层面的趋势共为。典型人物承载的核心价值是一个多维的系统，广告只是瞬时的展现。侧写人物最有吸引力的细节是合格作品的基础,引起价值观共鸣则是好作品的升华。如济宁电视公益广告《坚守初心 服务群众》讲述了微山县南阳镇邮政支局投递员王少朋面对每天在湖上往返七十多公里的枯燥工作、极端恶劣天气的考验、家人的担心,始终没有放弃自己的工作岗位,一句"这条邮路上,有3500双眼睛每天期盼着我,我不能放弃"让人感动。主观讲述和跟踪拍摄,代入一个"一根筋"式人物的内心世界。这种"许三多式"的人物平凡而又罕见,同时切中观众生命本质的底层价值逻辑痛点。电视商业广告《女婿上门记》则从家庭关系角度出发,根据商品目标客户和潜在客户选择女性家庭环境,把握产品的家庭社交功能这个切入点,以女婿如何赢得岳父认同这一话题作为触点,又结合高关注度的新冠肺炎疫情防控期间的生活规范作为结构递进的手段,落脚在城市女性婚姻难题这一价值痛点上,使得底层婚恋人群的生活价值观与现实高度关联,商品价值属性烟火气十足。广播公益广告《反诈中心App》从经济诈骗这一社会热点话题出发,把握App的社会教育功能这个切入点,以老年人网络婚恋的强烈情感心理诉求作为触点,采用"危机—解救"的戏剧结构,落脚在独居老人情感缺失与安全陪伴这一价值痛点上,使得关注底层老年孤独人群的社会价值观与现实高度关联。

其次,"建党百年"作为2021年的社会文化语境,深刻牵引着本年度广告作品的价值主线。历史进步的时间逻辑不约而同地成为一些重大题材作品的底色,体现了历史层面的趋势共为价值逻辑。某电视公益广告以"没有人生而无畏,只是选择无畏"的字幕进行价值观点题。四组不同历史时期经历典型战争的革命英烈后代,平行时空的剪辑方式,离家与牺牲这些关键时刻的呈现,个体视角描述的父辈们的平凡样貌和无畏选择,演绎了朱德同志曾在《八路军新四军的英雄主义》中指出的历史逻辑:"革命英雄主义是视革命的利益高于一切……毫不犹豫地贡献出自己的生命。""历史的阶级性品质,决定了历史叙事的终极指向是阶级关怀;它所顾及的只能是共同利益的实现和维护。"[①]这部作品在"以人民为中心"的新时代语境下,在历史经验的新表述中演绎了新时代的英雄文化,对"伟大出自平凡,英雄来自人民"这一英雄观进行了形象论证。电视公益广告《新千里江山图》以经典山水画作品负载传统山水文化的有机整体论,融合传统与现代、人文与科学,将新时代的社会实践辩证呈现,以形

---

① 陆文彬著:《历史想象的现实诉求》,天津:百花洲文艺出版社2003年版,第127页。

象的演绎实现了传统山水文化的创造性转化和创新性发展。

广告既是经济、社会和文化现实的表征,切合时代的主要关切,又是社会整体进程的一个部分,承载甚至引领着时代进步和社会发展。杰克逊·李尔斯著的《丰裕的寓言:美国广告文化史》中说:"现代广告业与其说是唯物主义的前锋代表,倒不如说是一种努力使人类从物质世界中解脱出来的文化力量。"这些优秀广告既负载了与"当代中国"和相关联的社会发展经验,也让传统智慧和优秀传统文化价值熔铸在新时代文明的洪流中,成为历史趋势共为的一部分。这些作品的趋势共为价值实践,每一方都以对立的对方为存在的前提。现实表征是历史规律的浪花,历史趋势建构又如大河东去,以巨大的力量聚拢着所有现实话题的碎片。

二、情感沉浸的符号组合

广告话语具有多重符号性。福柯认为,话语是从符号的整体中产生出来的东西,符号性是话语的本质属性,广告话语由多重符号系统构成。[①] 本文仅从广告话语的物化形式,即文字、声音和视觉形象角度评析部分优秀作品。从文本话语和广告符号学角度看,数字移动终端渐渐将接合人体不同的感官媒介,集合在手机这一融合媒介上。技术嵌入的智能身体能够游走于复合空间和多重时间中,创造了人类此前从未有过的生存状态。这使当下的广告传播实践从"心智"占领逐渐偏向对消费者身体的探究,强调感官刺激、沉浸式体验,致力于与受众达成良好的互动效果。因此,触发情绪"具身性"因素的直接刺激和基于浅表化认知需要激活的"认知无意识"劝服技术成为广告的发展趋势。[②] 简而言之,虽然信息传递仍然是广告符号的主要功能,但是具身性、沉浸式,以及无意识劝服已成为广告符号新的传播逻辑。2021年度优秀广告作品体现出了智能广告时代的文本特点。

就视觉符号而言,沉浸式意味着要创造多重感官、文化与心理交织的复合型的审美形式。镜头的调度是打造沉浸式审美空间的主要方式。用超近景别

---

① 杨先顺,谷虹:《广告话语分析:一种广告本体研究理论》,《暨南学报》(哲学社会科学版),2007年第5期。
② 邹盛根,刘畅:《从媒体到身体:人工智能时代广告传播的具身性逻辑》,《新闻与传播评论》,2022年第2期。

和观察式镜头,减少镜头切换,适当省略和留白,加强影像的心理暗示与通感共情的功能,由此产生镜头黏性,制造具有间离意识的沉浸式审美空间。① 电视商业广告《山萌海食·技艺篇》从神话故事《山海经》中选取符号作为文化元素,以手工制作的手法为基点,创造出八荒六合"和"、凌波微步"揉"、萍姬针神"摁"、百变千幻"醒"、天回云舞"掌"、白鹤亮翅"剪"、神龙摆尾"压"、降龙十八"蒸"这八般武艺。画面采用武侠的类型化场景元素,以近景别和慢节奏,以数字技术抽象出点线面的形式美感和传统阴阳图式。该作品把触发情绪作为主要诉求,采用无意识劝服策略,美食的制作工艺和产品特点不是符号的主要目的,使观众产生炫目后的食欲才是符号选取和组合的目标。电视公益广告《小心"馅饼"变陷阱》运用了男人蹬三轮车运货和女人遛狗的经典城市背景全景场景,这组日常场景符号抓取了普通百姓的经典日常生活场景,以男人女人操作手机点击网络非法集资页面的特写或近景过肩镜头实现戏剧化转折,由实转虚,手机飞出的"馅饼"笼罩在城市上方。高潮即结局,一桌、一人、一盘馅饼,餐桌边就餐的正常场景变为虚实结合的场景,就餐时人和桌子高高悬在巨大的馅饼上,接着场景瞬间转黑,电闪雷鸣间,馅饼形成的圆形陷阱吞没了男人和女人。尾题则更为心理化和新奇化——"小心馅饼"四字中,一只手揭去了"馅饼"二字原有的偏旁,露出了"陷阱"二字。场景、道具符号的隐喻功能和文字的心理色彩被放大表现,常态生活被盲目和贪欲吞噬的恐惧感,加上动画形式营造的极简风格的沉浸美学,极容易使观众产生强烈的情感共振。

从听觉符号的角度看,一些作品开始注重提炼典型的城市声音符号,体现出了明确的新媒介场景意识和沉浸式情感。移动媒体终端的优先性提升了接受主体的听觉要素地位。此前,"视觉中心主义"的逻辑一直主导着电视广告甚至部分广播广告的创作,但在新的传播环境中,"广告的声音创作应利用声音的情感功能,建构当地居民的身份认同;利用声音的符号功能,塑造城市的'地方性';利用声音的互文功能,勾连立体的叙事时空;利用声音的召唤功能,营造'在场'的具身体验"。② 因此,部分作品明显出现了打造"声景城市"的倾向。

2021 年 9 月 6 日清晨,济南五龙潭月牙泉苏醒,济南 72 名泉全部喷涌。

---

① 许文君:《沉浸式美学及其对电影叙事话语的影响》,《电影文学》,2022 年第 10 期。
② 张超:《从"声音观"到"声景观":电视城市形象广告声音创作路径研究》,《编辑之友》,2022 年第 5 期。

电视公益广告《泉城》以冬日济南老城的日常音响鸽哨声开篇，抓取漫天大雪中趵突泉的奔涌声、黑虎泉的倾泻声、月牙泉的飞瀑声、五莲泉的汩汩声，以及登州泉、金线泉的无声缠绵，展现了"天真地秀，生命流动，高低互现，长短错落，有无相生"的景象，辅之以烟波蒸腾、雾霭弥漫，如泻万斛之珠的画面。这个作品对济南的城市声音进行了极端提纯，透视泉城这一历史空间综合体，萃取出泉水声这个声音元素，并对各种泉水声的结构正向简化。因为就听觉心理而言，人的耳朵倾向于把任何一组声音听成是现有条件下最简化的形式，所以创作者剔除了泉水场景中可有可无的听觉要素，只保留基调音作为基础的音调。基调音能够确定音景空间的声音轮廓和体量，通常被作为后置的背景声音使用。泉水众声和鸣，泉声或涌动或奔泻，从而完成了泉水声音的立体性展现。创作者通过基调音对泉城空间生存意义的沉浸氛围营造，言人所不能言，使观众能够更好地从泉城的自然空间中获得精神的自由和情感的共鸣。泉水唤起泉城人的在家感，使外地人联想起老舍先生的《济南的冬天》，升腾起冬日的暖意。电视公益广告《这就是枣庄》则极为繁复，几乎每一个画面都有标志音，多个场域的转换均伴随着标志音的转换，如微山湖湿地中的划船声，抱犊崮清晨的鸟鸣声，蜜蜂的采蜜声，山地赛道上的晨跑声、车铃声以及高铁声，烟花升空声等，以唤起观众对这一水城福地和健康之城的无尽联想，打造出自然和清新的城市声音景观。

广播商业广告《东镇老火锅 RAP》诉诸听觉，调动了多种本土青年文化元素。"东镇老火锅儿青岛人经常来，肥牛笔管海蛎子价格很实在，涮涮羊肉小海鲜把啤酒哈起来，火家门子拉拉呱和小嫚儿表个白！"作品采用直接触及感觉和节奏的青岛方言说唱形式，选择地摊文化中常见的食品元素，用排比方式积累美味和场景氛围的诱惑，诉诸地摊文化的情感内涵——友情和爱情以激发本土居民的回忆与想象，强化了他们对青岛的身份认同和在家感。商业广播广告话剧《恋爱的犀牛》的宣传广告词则以剧场同期关键对白和配音结合的形式，辅之以话剧的主题曲，反复强调"爱"这个关键词。孟京辉的经典舞台剧《恋爱的犀牛》是当代中国先锋文化青年的文化符号，"孤独"和"爱"是其中经典的富含情感能量的台词，这样的形式唤醒了"犀牛圈"的听众的情感，使听众从生活化的场景中抽离出来，在声音的渲染之下，进入一种混杂着回忆和想象的氛围中。

三、思维融通的空间拼贴

移动传播时代,场景空间动态化、碎片化、虚实交融,传播思维也体现了感性和理性融会贯通的特点。"移动传播是一种全方位的移动,既指个体对移动媒介的使用涉及物质空间的'位移',也指移动媒介在个体呈现、再建主体过程中精神生产的'变动',更指个体借由移动媒介在社会空间层面的亲历与实践性及其形塑与再造社会的革命性意义。"[①]移动传播生态下的视觉空间生产实现了物质空间、社会空间和精神空间的高度融合,并从总体性走向流动性,不断打破传统空间的"条纹辖域"和封闭性,不断展开一个个"窗口",从一个辖域到另一个辖域,使理性的条纹空间转化为感性的光滑空间,实现快乐的逃逸线功能。这个过程永恒流转,充满差异。[②]部分带有鲜明移动传播特点的优秀广告作品,精心选择典型社会科技成就作为场景空间,力图在新创造的空间场景中创造一种游荡的个体自由,在感性的空间视角中演绎价值观逻辑;部分作品则细致拼贴蕴含潜在观众希望或者欲望情感的"平滑空间",在戏剧化的理性冲突结构中彰显热血的生活态度和创造生活的诉求。

在电视公益广告《新千里江山图》中,负载时代核心价值的理性场景空间在感性沉浸的空间流动视角中获得了新奇自由的展现。作品以北宋王希孟经典名画《千里江山图》为环境构成,利用原画中的村庄、渔船、桥梁、水车等进行空间布局,以仙鹤带入视点,以白鸽收束视点,从地面、天上、海中三个角度立体化地展示了"复兴号"高铁、"长征二号"运载火箭、"蓝鲸二号"海上钻井平台、"神舟十二号"返航、全面建成小康社会等发展成就。至此,新时代中国的科技景观和社会成就在理性层面形象地完成了价值观演绎。观众可以通过仙鹤的遨游自如地"飞翔"于整齐划一的理性规划空间和感性自然空间之间。这一广告既不像传统广告遵循日常的物理运动经验在现实层面展示河山,又没有完全遵循虚拟逻辑展开感受空间,从而实现了理性价值逻辑和无意识说服

---

① 陈长松著:《基于空间三元辩证法的移动传播"空间形变"研究》,南京:河海大学出版社2021年版,第108—109页。
② 麦永雄:《光滑空间与块茎思维:德勒兹的数字媒介诗学》,《文艺研究》,2007年第12期。

的融合。条纹和光滑两种空间的彼此共生,使观众由此获得即时的、流变的、类似"超链接"导航的"游牧"式体验,创造了变动不居、当下即时生成的感性空间体验。其空间图式在统一性、内在性中蕴含着丰富的差异性,既适度地表现了现代性的成就,又为传统的秩序化空间注入了差异性的旨趣。[①]

电视商业广告《山东蓝翔技师学院形象广告》等作品力图在新创造的感性空间场景中彰显热血的生活态度和创造生活的诉求,以无意识劝服方式,传达基于个体自由的劳动者的价值观。作品细致选择"有车吗?有房吗?有学历吗?"等青年的生活痛点,拼贴"会开挖掘机吗?"这一接触点,以低亮度、高饱和色彩,强对比色块,冷色调打造斑斓魅惑的夜景空间。沉思场景的书房、赛博朋克风格的焊接工作间以及冷蓝的厨房,展现了蕴含潜在观众希望、沮丧、受挫情感的感性空间。当画面中出现一个巨大旋涡时,画外音是经典的广告词"要学技术哪家强,中国山东找蓝翔",以一个类似于电影《头号玩家》的空间负载戏剧转折,让主人公进入有"山东蓝翔技师学院"广告牌的虚拟空间。青年亚文化特有的视觉意象旋涡,劳动创造价值和尊严的主题,电子金属质感的音乐,累积生活痛点和希望唤起功能的台词说唱,明快的剪辑节奏,在展现学校办学优势的同时,又赋予老牌技工学校青春、潮流的感性符号色彩。其高科技与切近生活、现实痛点与虚拟情境等多重的二元空间文化元素,拼贴碰撞出强烈的吸引力和说服效果。

经过国家层面的战略布局和系统行为,文化传播的传统维度得到了实践层面和理论层面的双重关注,中华文化的标识性符号,比如儒释道文化、民俗节庆文化、服饰食品文化等元素在近年的广告作品中得到了广泛表现。但是,历经时间沉淀的城市建筑,凝聚当代人群注意力的影像元素,同样是创造和传播当代中华文明的重要途径。地域和城市文化的积淀、城市形象的点亮,需要传统的活化,更需要现实的敏锐感知、捕获与赋彩。城市文化命运共同体需要多元的文化光谱,需要价值、情感和记忆百川汇聚,如此,所谓的创新性传播才能真正推动文化创新和社会生活创新。

[①] 周术、余立、于英:《当代博物馆演绎"漫步空间"的两种可能性——以德勒兹的空间思想解读SANAA与扎哈·哈迪德作品》,《新建筑》,2016年第1期。

优秀传统文化节目何以成为"爆款"
——当代文艺创作中优秀传统文化"两创"谈

牛光夏

（山东艺术学院传媒学院）

习近平总书记曾在 2014 年 10 月 15 日在文艺工作座谈会上的讲话中指出："中华优秀传统文化是中华民族的精神命脉，是涵养社会主义核心价值观的重要源泉，也是我们在世界文化激荡中站稳脚跟的坚实根基。"以各种艺术实践对中华优秀传统文化进行形态各异、丰富多彩的创造性转化和创新性发展，是当代文艺创作继承、弘扬中华优秀传统文化的根本遵循。

近年来，当代文艺创作中的优秀传统文化类节目创新创优之作频现，以积极的文化寻根意识和昂扬的文化自信风貌引领新时代的国风、国潮热，如《经典咏流传》《唐宫夜宴》《只此青绿》等"爆款""出圈"之作陆续进入人们的视野。广大观众甘当"自来水"，在微博、微信等社交媒体上热情评论、点赞和转发，中华大地掀起了一波又一波优秀传统文化的传播热浪。这些节目的热播也带动和激活了其他优秀传统文化节目的开发，如山东卫视推出了《齐鲁文化大会》《国学小名士》《中国礼 中国乐》《戏宇宙》等电视节目。这些内容各异、形式多样的创作实践对源远流长的中华文明进行了媒介探源与艺术呈现，既是优秀传统文化与当代审美和现代科技的共创共生，亦是新时代中国经济崛起、社会繁荣发展后国人文化自信的投射与缩影，同时也展示出我国文艺创作促进优秀传统文化传承与创新的内在力量。

一、厚植优秀传统文化的当代转化

随着整个社会对中华优秀传统文化认识的逐渐深入，当代文化生活中的国风、国潮无处不在。这不仅体现在电视或网络视频平台推出的视听节目中,也融汇在舞剧、音乐剧、晚会、建筑设计、产品包装以及北京冬奥会的开、闭幕式演出及会徽、服装设计等诸多方面。国风舞蹈《纸扇书生》是对川剧折扇技法所进行的创造性转化,翩翩少年的阳刚朝气和书生气质跃然灵动,一扫人们心目中古代书生的僵化和呆头呆脑印象。在央视推出的文化创新类节目《典籍里的中国》中,主持人撒贝宁以当代读书人的身份带领观众徜徉于中国的历史长河,讲述《尚书》《史记》《天工开物》等中华优秀文化典籍的诞生与流传,与伏生、司马迁、宋应星等历史人物进行跨越时空的古今对话,通过戏剧化结构和影视化表达在庄严的历史仪式感中激发起了观众澎湃的民族自豪感。被称为"中国首档中华礼乐文化传习类电视节目"的《中国礼 中国乐》在齐鲁大地上诞生。它采用"文化+戏剧"的模式,以情景再现的方式和"荐礼""寻礼""问礼""传礼"四大环节讲述礼乐文化前世今生的故事,引领观众探寻千年礼乐文明。舞蹈诗剧《只此青绿》将王希孟的传世名画《千里江山图》搬上舞台,但将表现的主题和对象从王希孟的"山水"转化为青绿衣裙、蛮腰高髻的女子,原来长长的画卷所承载的帝王趣味经过舞蹈编导的奇妙构思,转化为舞剧所传递的民众审美,磨石人、制墨人、织绢人、篆刻人、制笔人等普通民众劳作生活的人间烟火气和人情味充盈其中,以"我见青山多妩媚"的意象承载了饱含哲思的中国传统美学意蕴。优秀传统文化可以说是中华民族永远不能离别的精神家园,所以习近平总书记2014年2月24日在十八届中央政治局第十三次集体学习时的讲话中指出:"要讲清楚中华优秀传统文化的历史渊源、发展脉络、基本走向,讲清楚中华文化的独特创造、价值理念、鲜明特色,增强文化自信和价值观自信。"在社会媒介化程度日深的当下,要厘清中华文明从哪里来、到哪里去这一重要的时代命题,媒介承担着非常关键的责任。这些文艺作品以春风化雨式的艺术呈现"探文明之源,承百代之流,会当今之变",彰显的是中国风的审美旨趣、古典和现代交织的价值理念。

二、依托现代科技的技术赋能

技术是艺术得以完美呈现的手段和基础。随着全媒体时代的到来,传播技术对艺术感知的呈现形式愈加多元,VR(虚拟现实)、AR(增强现实)以及 AI

(人工智能)等新技术逐渐应用推广。在媒体深度融合的改革进程和媒介生态中,文艺创作的创新表达获得了更多的新技术赋能,在让视听呈现更加瑰丽炫目的同时,也增强了观众的体验感、沉浸感和满足感,也为优秀传统文化的创造性转化和创新性发展注入了新的活力。如《典籍里的中国》设置了270度立体舞台,观众在三面舞台包围之中可随座椅旋转转换视角,舞台则以甬道相连,如时空隧道般串联起古今对话场景。节目综合运用了 AR、环幕投屏、实时跟踪等技术强化了观众沉浸感的获得。河南卫视2021年春晚播出的节目《唐宫夜宴》把作品的主题与5G、VR等技术手法完美融合,VR技术将贾湖骨笛、莲鹤方壶及《簪花仕女图》《捣练图》等一件件国宝级文物的全息影像搬到电视荧幕上,将博物馆呈现在观众眼前,再配合上14位舞蹈演员的生动表演,用虚实结合的方式成就了"人在画中游"的沉浸式视觉体验。现代技术的赋能,在拓宽现阶段优秀传统文化节目创作视野和创作思路的同时,也为优秀传统文化节目制作团队带来了更多想象的空间和发挥的余地,为优秀传统文化节目的创造性表达提供了更多的可能。

一首诗,一件文物,一个节日,一个成语……它们都有着经岁月淘洗而依然迷人的灵韵。讲述优秀传统文化应找准切入点,以小见大、见微知著,从细微处见真章,在技术的加持下,以一种活泼亲和、兴趣盎然的表达方式将优秀传统文化呈现给观众。在2022北京冰雪消费节期间,藏于故宫博物院的宫廷绘画《冰嬉图》被创作者们用3D数字技术"复活",画中160组人物的射箭、飞叉、耍刀、使棒等冰上动作被现代三维科技淋漓尽致地展现出来。《此画怎讲》《画里有话》等节目使"高冷"的古画在创意、技术与艺术的合力之下大放异彩,使古代名画以更加活泼有趣的面貌走近普罗大众,引发现象级传播。北京冬奥会期间出现的"雪如意""雪游龙""雪长城"亦是用现代科技将冰雪运动与中华优秀传统文化进行融合的具象载体。

三、基于媒介融合的多维传播

美国传播学理论家马克·波斯特曾指出,当前以互联网"双向互动、去中心化"为标志的"第二媒介时代"已经取代了以传统媒体"单向的大众传播"为代表的"第一媒介时代"。在这个人人皆媒体和媒介彼此融合共生的时代,文艺作品的宣发也必须依托全媒体平台,着眼于节目宣发的全员参与。对优秀传统文化进行"两创"的艺术作品在不同平台的宣发策略,已不能再是简单的文案内容复制,而要进行大范围、全覆盖、系统化的平台链条式组合宣发,以增加作品观看流量和受众人数。一是要注重通过短视频平台来提升文艺作品的影响力,通过小而精的短视频,在最短时间内把节目亮点呈现给观众,以使其更加直观、便捷地向网端传播。二是要注重提高和维持社交媒体的话题热度,注重话题的持续发酵。在微信、微博、B站、抖音等大众常使用的公共社交平台制造互动话题,并且要注重利用公众人物以及权威媒体的传播效果和催化作用。如《典籍里的中国》所推出的衍生节目和在微博平台的互动话题,让该节目在网络平台二次发酵,打造了一种较为理想的宣发模式。河南卫视的"奇妙游"节日系列节目选择在B站播放,观众在观看时可以实时发表弹幕,这种即时评论互动的方式在拓展节目内容的同时,也营造了节目交流互动的收看氛围,提升了观众对优秀传统文化的兴趣,塑造了公众的集体记忆。媒介融合时代要重视以小屏传播为主、移动优先的多屏幕、多平台传播,如《中国诗词大会》制作团队引进了"5G多方实时视频连线互动"技术,在多平台的累计播放量超过三亿。河南卫视的"节日奇妙游"系列节目也把小屏传播放在首位,围绕移动端的使用场景进行内容方面的制作。

  优秀传统文化是古代的遗珠,更是现代的珍宝。当代文艺创作应从珍贵文物、古典文献和民风民俗等历史遗存中挖掘和寻找创作源泉,使更多"爆款"和"出圈"之作进入大众视野,在宣传、弘扬优秀传统文化的同时,以当代眼光走进中华文明,不断找寻优秀传统文化宝藏中的时代命题和当代价值,从而成为优秀传统文化创新与创造的重要推手,并以节目的影响力来进一步唤起公众的文化自觉,以节目感召力激发和推动中华优秀传统文化的保护与传承,并以其辐射力努力推动相关产业链的全面发展。

尼山文物论坛

京杭大运河沿线书院遗产调查与保护利用研究

王京传　郭静

（曲阜师范大学历史文化学院）

儒学由孔子创立，在两千多年的历史发展中对中国的国家治理、社会秩序维持、个人行为规范等方面一直发挥着重要作用。习近平总书记在纪念孔子诞辰2565周年国际学术研讨会的讲话中指出，研究孔子和儒学是认识中国人民族特性、认识当今中国人精神世界由来的一个重要途径。为响应我国弘扬中华优秀传统文化的时代要求，文庙、书院等儒学物质文化遗产，正在日益成为中华优秀传统文化的传习基地和地方文化创新发展的资源支撑。京杭大运河于2014年成功入选世界文化遗产。运河城市的文化遗产种类极其丰富、数量极其多，使运河沿岸形成了物质与非物质文化遗产共生共存的文化空间。随着大运河的申遗成功以及当今社会对儒学文化的重视，京杭大运河儒学物质文化遗产研究作为运河遗产文化与儒学遗产文化的交叉领域，成为一个重要的研究方向。同时，运河沿线儒学物质文化遗产价值重要且特殊、涉及数量多且范围广，对其现状的调查与研究也是一个现实而又紧迫的任务。

根据俞孔坚《京杭大运河国家遗产与生态廊道》对运河沿线的区域界定，京杭大运河主要流经50多个城市县区，按走向从北到南依次为北京市、天津市以及河北省沧州的青县、沧县、市区、泊头市、南皮县、东光县和吴桥县，衡水的阜城县、景县和故城县；山东省德州的市区、武城县、平原县和夏津县，聊城临清市、冠县、东昌府区、茌平县、阳谷县和东阿县，泰安东平县，济宁梁山县、汶上县、嘉祥县、市区、鱼台县和微山县，枣庄滕州市、市区；江苏省徐州的沛县、市区、邳州市、新沂市，宿迁的市区、泗阳县和泗洪县，淮安市区，扬州的宝应县、高邮市、市区和仪征市，镇江的市区和丹阳市，常州市区，无锡市区，苏州市区;浙江省的湖州市区,嘉兴的市区、桐乡市和海宁市以及杭州市区。

我国京杭大运河沿线书院的现存状态主要有以下五种情况:一是作为文物保护单位而存在,以保护为主,原有功能丧失;二是非文物保护单位,旧址存在不同程度的破坏状况,其中某些书院已经或将以重建手段来延续文脉;三是以各级学校形式存在,继续发挥其教育功能;四是以教堂、纪念馆等其他类型的保护单位形式存在;五是变成居民区、荒野等其他形式,地面以上已不存在相关遗迹。

一、北京段书院

北京地区的书院史开始较早。五代后周时期,窦禹钧所建的窦氏书院是北京历史上首座书院。到清末,北京共建有 28 所书院。截至目前,北京大部分书院已经完全消失,还存有遗迹的书院主要有 9 所,它们分别是叠翠书院、首善书院、金台书院、云峰书院、冠山书院、燕平书院、白檀书院、缙山书院和卓秀书院,除此外还有一所在建书院,即通惠书院。其中,叠翠书院保存较好,现为长城博物馆的一部分;首善书院为南堂天主教堂的一部分;其他 7 所书院以小学学校的形式而存在。

北京段所遗存的书院以清朝所建的金台书院最具代表性。金台书院,是雍正皇帝施行扶持书院政策后,北京书院发展鼎盛时期的代表。其前身为康熙三十九年(1700 年)京兆尹钱晋锡所建的首善义学。首善义学是北京史上的第一所义学,后经过修复和扩建,于乾隆十五年(1750 年)改为书院,有御制碑。金台书院位于北京城区,在很大程度上享受到了北京作为政治中心的区位优势。政治、经济方面的便利性使以金台书院为代表的北京城区书院得到最好的发展。清朝时,金台书院是落榜的外地人准备再考、进行复读的书院,具有极其特殊的历史意义。

表 1 北京段书院

名称	创办时间	创办人	现保护状况	地址	备注
叠翠书院	明嘉靖二十年(1541 年)	监察御史肖祥曜	保护较好	北京市居庸关长城内	

续表

名称	创办时间	创办人	现保护状况	地址	备注
通惠书院	明嘉靖二十七年(1548年)	巡仓御史阮鹗	正在重建	北京市通州区	
首善书院	明天启二年(1622年)	左都御史邹元标、左副都御史冯从吾	为南堂天主教堂的一部分	北京市宣武门前门西大街	南堂是全国重点文物保护单位
金台书院	清乾隆十五年(1750年)	不详	为北京市金台小学	北京市东晓市大街	前身为首善义学,是市级文物保护单位
云峰书院	清乾隆年间	知县邱绵	为北京市房山区城关小学	北京市房山区城关街道	
冠山书院	清乾隆二十年(1755年)	知州芮泰元	为北京市延庆县第一小学	北京市延庆县延庆镇杨家胡同	
燕平书院	清乾隆二十三年(1758年)	知州芮泰元	为北京市昌平区城关小学	北京市昌平区西环里	前身为谏议书院
白檀书院	清道光十三年(1833年)	知县李宣范	为北京市密云县第二小学	北京市密云县密云镇通城胡同	旧白檀书院为明万历年间修建
缙山书院	清道光十四年(1834年)	乡绅胡先达	为北京市延庆县永宁小学	北京市延庆县永宁镇内东大街	
卓秀书院	清道光二十七年(1847年)	知县程仁杰	为北京市房山区良乡小学	北京市房山区良乡中路	

注:表格中选取的书院为京杭大运河北京段符合前四种情况的书院,基本按照书院创办时间先后排序,以后表格同此标准。

二、天津段书院

天津段书院起步较晚,于清乾隆年间开始建立。问津书院是其地域上的第一所书院。据统计,天津有史可查的书院共有15所,目前留有遗迹的书院有7所,分别是问津书院、辅仁书院、会文书院、津东书院、崇文书院、博文书院和稽古书院。崇文书院始建时就位于文昌阁内。目前除崇文书院外,天津其他6所书院皆已成为中小学校。

问津书院作为天津第一所书院,是清代天津一所具有重要影响力的书院。它和辅仁书院等一众书院极大地促进了晚清天津科举的繁盛。天津知府马绳武于1874年曾对辅仁书院、问津书院、三取书院作出评价,称其"鼎峙为三,数十年来科第之胜甲于他邦"。

在书院改制的大潮中,问津书院等未能例外,大都经历了多次更名。其中,问津书院先后更名为"民力两等第二小学堂""私立第二小学""南门里小学"等,直到1996年变为"津源中学"并沿用至今。目前,津源中学内还保留了问津书院原有的布局,并存有两间讲堂和一棵古槐。

表2 天津段书院

名称	创办时间	创办人	现保护状况	地址	备注
问津书院	清乾隆十六年(1751年)	卢见曾	为天津市津源中学	天津市南开区服装街	
辅仁书院	清道光七年(1827年)	金洙	为天津市文昌宫民族小学	天津市红桥区春雨路	
会文书院	清同治十三年(1874年)	知府马绳武等	为仓敖街小学	天津市南开区	
津东书院	清光绪三年(1877年)	诸贤苏善恒等	为天津市葛沽第一中学	天津市津南区葛沽镇	
崇文书院	清光绪四年(1878年)	地方绅士名流石元俊等	为天津文昌阁	天津市西青区杨柳青镇	市级文物保护单位

续表

名称	创办时间	创办人	现保护状况	地址	备注
博文书院	清光绪十二年（1886年）	海关税务司德璀琳、津海关道周馥	为天津市海河中学	天津市河西区南京路	
稽古书院	清光绪十三年（1887年）	崔铨约、杨云章	为铃铛阁中学	天津市红桥区	

三、河北段书院

京杭大运河在河北主要经过沧州市和衡水市，其中沧州市的书院教育起步早，发展更完善。沧州书院始于元朝所建的毛公书院，到清朝时期，共建有约27所书院。衡水历史悠久，史上所建书院亦约有27所，据考最早可追溯到元代至正年间的广川董子祠书院（董子书院）。目前，京杭大运河河北段约有4所书院仍有文脉延续且以各级学校的形式存在，它们分别是沧州市的澜阳书院、渤海书院和衡水市的甘陵书院、卫阳书院。

甘陵书院和卫阳书院均为衡水市故城县的代表性书院。其中，甘陵书院自古至今为教书育人之地，大门、大殿、石碑和石狮等建筑至今保存较为完好，其中书院内耸立的两座石碑为古代各级官员倡导捐资的功德碑。

表3 河北段书院

所在市	名称	创办时间	创办人	现保护状况	地址	备注
沧州市	澜阳书院	清康熙五十一年（1712年）	知县张景良	保存较完整，现为吴桥第二中学的试验楼	吴桥县铁城镇	省级文物保护单位
	渤海书院	清嘉庆年间	不详	为实验小学	新华区建设南大道	
衡水市	甘陵书院	清雍正五年（1727年）	知县蔡维义	为故城镇小学	故城县故城镇	
	卫阳书院	清光绪年间	不详	为郑口镇第一小学	故城县郑口镇运河区育红路	

四、山东段书院

京杭大运河在山东主要经过德州市、聊城市、济宁市、泰安市和枣庄市。山东段的书院,以泰安的泰山书院历史最早,但目前泰安所存书院均未建于运河沿线。目前,京杭大运河山东段还存有文物遗存或文脉仍在延续的书院约有11所。其中,柳湖书院旧址存在,但遭到破坏,现已重建。其余的州卫书院、正谊书院、清源书院等10所书院都以中小学校形式存在,继续发挥着教育功能。

山东段书院的建置基本在元代以后。元代及以前,山东的书院多选址于圣迹所在地。如宋代的泰山书院因泰山而设;元代的尼山书院和洙泗书院因曲阜而设。随着政策的推广、经济的发展、文化的繁荣,书院开始遍布山东各处,明清时期数量更是大增,不仅成为当代山东省书院的主要遗存,更成为京杭大运河山东段书院遗存的主体。

表4 山东段书院

所在市	名称	创办时间	创办人	现保护状况	地址	备注
德州市	柳湖书院	清康熙年间	督粮道朱廷桢	已复建	德城区董子文化园内	前身为董子书院、醇儒书院
	州卫书院	清咸丰八年（1858年）	知州张应翔、卫守备叶宗训	为德州市第三中学	德城区吕家街	
	正谊书院	清光绪十六年（1890年）	督粮道善联和满洲驻防营	为石芦街小学	德城区石芦街	

续表

所在市	名称	创办时间	创办人	现保护状况	地址	备注
聊城市	清源书院	明嘉靖十二年（1533年）	州副使齐之鸾	为临清市民族实验中学	临清市考棚街	
	仰山书院	清乾隆二十年（1755年）	不详	为博平西街小学旧址	茌平区博平镇西街	
	启文书院	清乾隆三十九年（1774年）	知府胡德林	为聊城市实验小学	东昌府区站前街	
	冉子书院	不详	不详	为阳谷县第一中学	阳谷县育英路	
济宁市	圣泽书院	明嘉靖二年（1523年）	知县吴瀛	为汶上县实验小学	汶上县铁路口街	最早可追溯到北魏孝昌二年（526年）建立的讲堂，明万历元年（1573年）曾名为复古书院
	曾子书院	不详	不详	为嘉祥县第一中学	嘉祥县文化路	
	兰陵书院	清乾隆四十八年（1783年）	知县张玉树	为枣庄市第二中学	台儿庄区箭道街	
	道一书院	清乾隆年间	不详	为滕州市书院小学	滕州市书院街	前身为性善书院

五、江苏段书院

京杭大运河江苏段主要经过 8 个城市，分别是徐州市、宿迁市、淮安市、扬州市、镇江市、常州市、无锡市和苏州市。截至目前，京杭大运河江苏段书院留有文物遗存或延续文脉的主要有 28 所。其中，淮安的清江书院、勺湖书院，常州的东坡书院，无锡的东林书院、二泉书院，苏州的鹤山书院、文正书院、正谊书院、苏州学古堂为文物保护单位。

依据破坏的具体情况,程子书院、云龙书院、歌风书院、虹桥书院、梅花书院、城南书院和太湖书院已完成或将进行不同程度的修复或重建。其中歌风书院仅在"功能"上实现重建,鹤山书院、甫里书院是以其他游览场馆等形式存在。其他包括歌风书院、文正书院在内的13所书院皆以中小学校的形式存在。

其中,东林书院作为理学南传的重要基地,因承接程朱之学而有"洛闽中枢"之称。东林书院在朱熹时开创了理学的全盛时代。据王守仁为东林历史作记:"东林书院者,宋龟山杨先生讲学之所也。龟山殁,其地化为僧区,而其学亦遂沦入于佛老、训诂、词章者且四百年。"明成化年间邵宝重建于城南,后明万历三十二年(1604年),顾宪成、高攀龙等人在城东旧址新建东林书院。东林书院尽管曾经历书院禁毁风波,但开创了扭转学术风气、关心天下时政的书院新传统,通过批判的形式,实现了心学向理学学风的转变;通过讲学议政的形式,在招禁毁之灾的同时,获得民心和士心。因此,以规正王学流弊和关心家事国事天下事而闻名于世的东林书院,不论在书院研究还是理学研究上都具有不可取代的价值。

表5 江苏段书院

所在市	名称	创办时间	创办人	现保护状况	地址	备注
徐州市	程子书院	北宋	程颢	已重建	丰县梁寨镇	
	云龙书院	清雍正十三年(1735年)	知府李根云	已重建	泉山区湖东路云龙山西麓	
	歌风书院	清同治十七年(1878年)	知县许涌宣	为沛县初级中学	沛县沛中路	
宿迁市	钟吾书院	清道光二年(1822年)	华凤喈	为马陵中学	宿城滨河路	

续表

所在市	名称	创办时间	创办人	现保护状况	地址	备注
淮安市	清江书院	明嘉靖九年（1530年）	工部主事邵经济	为清江文庙	清江浦区轮埠路	清康熙三十七年（1698年）改为文庙，现为省级文物保护单位
淮安市	临川书院	清康熙三十二年（1693年）	吴瀚	为淮安市渔沟中学	淮阴区渔沟镇临川东路	
淮安市	丽正书院	清乾隆三十一年（1766年）	杨锡绂	为江苏省淮安中学	淮安区杜康桥路	前身为淮阴书院
淮安市	勺湖书院	不详	不详	已重建	淮安区西长街	市级文物保护单位
扬州市	维扬书院	明嘉靖年间	不详	为扬州大学附属中学	广陵区淮海路	
扬州市	虹桥书院	清康熙二十二年（1683年）	总督于成龙	已新建，现为传统中式庭院	广陵区彩衣街	
扬州市	梅花书院	清雍正十二年（1734年）	同知刘重选、盐商马曰琯	保存较完整	广陵区广陵路	前身为甘泉书院、崇雅书院
扬州市	乐仪书院	不详	不详	为仪征市实验小学	为仪征市东园路	

续表

所在市	名称	创办时间	创办人	现保护状况	地址	备注
镇江市	鸣凤书院	清乾隆三十六年（1771年）	不详	为丹阳市实验小学	丹阳市白云街	又名云阳书院
常州市	城南书院	宋淳熙四年（1177年）	知州杨万里	即将重建	城南书院历史文化街区	
常州市	东坡书院	元至大年间	不详	破坏严重，只剩一进	天宁区前后北岸历史文化街区	市级文物保护单位
常州市	龙城书院	明隆庆六年（1572年）	知府施观民	为常州市局前街小学	天宁区局前街	
常州市	高山书院	不详	不详	为常州市三河口小学	武进区三河口路	
无锡市	东林书院	宋政和元年（1111年）	杨时	保护较好	梁溪区解放东路	亦名龟山书院，全国重点文物保护单位
无锡市	二泉书院	明正德十一年（1516年）	礼部尚书邵宝	保存较完整	梁溪区观山路	市级文物保护单位

续表

所在市	名称	创办时间	创办人	现保护状况	地址	备注
苏州市	鹤山书院	宋代	魏了翁	为江苏巡抚衙门旧址	沧浪区书院巷	市级文物保护单位
	甫里书院	元代至顺年间	钱光弼	为叶圣陶纪念馆	吴中区甪直镇	
	文正书院	元代至正六年（1346年）	签事赵丞僖、总管吴秉彝	为苏州景范中学	观前街道人民路	市级文物保护单位
	紫阳书院	清康熙五十二年（1713年）	巡抚张伯行	仅剩尊经阁，现为苏州中学	姑苏区人民路	
	盛湖书院	清乾隆九年（1744年）	知县丁元正、县丞熊晋台	为吴江区盛泽实验小学	吴江区舜湖中路	
	正谊书院	清嘉庆十年（1805年）	两江总督铁保、巡抚汪志伊	保存较完整	姑苏区人民路（苏州可园内）	苏州可园为市级文物保护单位
	太湖书院	清代	不详	2012年重建	吴中区灵山路	前身为仰山书塾
	苏州学古堂	清光绪十四年（1888年）	黄彭年	保存较完整，现为苏州书院园林	姑苏区人民路（苏州可园内）	清嘉庆十年（1805年）曾归正谊书院，苏州可园为市级文物保护单位
	同川书院	不详	不详	为同里实验小学	吴江区同里镇崇本路	

六、浙江段书院

浙江省书院最早可追溯到唐代的丽正书院、九峰书院、青山书院和德润书院等 5 所书院。京杭大运河浙江段主要经过湖州市、嘉兴市和杭州市，目前，其沿线书院还存有文物遗存或延续文脉的主要有 19 所。其中，立志书院、万松书院、育英书院和求是书院是以文物保护单位的形式存在的。安定书院、鸳湖书院、桐溪书院、崇文书院、天目书院和敬一书院破坏程度各不相同，其中大多数已进行了修复或重建。杭州诂经精舍则以俞曲园纪念馆的形式存在。包括崇文书院、育英书院、求是书院在内的 11 所书院以当代学校的形式继续发挥着教育功能。

表 6 浙江段书院

所在市	名称	创办时间	创办人	现保护状况	地址	备注
湖州市	安定书院	南宋淳祐六年（1246 年）	知州事蔡节	破坏严重，现仅存南郊道场山麓胡瑗墓	吴兴区劳动路	
	爱山书院	清乾隆年间	不详	为浙江省湖州中学	吴兴区同心路	

续表

所在市	名称	创办时间	创办人	现保护状况	地址	备注
嘉兴市	传贻书院	南宋	辅广	为桐乡市崇德小学	桐乡市崇福镇创业路	
	鸳湖书院	清同治年间	知府许瑶光	保存较完整	嘉兴市中山路	
	仰山书院	清嘉庆五年（1800年）	沈毓荪等	为浙江省海宁中学	海宁市长安镇	
	安澜书院	清嘉庆年间	州牧黄秉哲	为海宁市盐官镇中心小学	海宁市盐官镇	
	桐溪书院	清同治三年（1864年）	不详	2018年新建为当代的桐溪书院	桐乡市环城北路	
	立志书院	清同治四年（1865年）	邑绅严辰	保存较完整	桐乡市乌镇观前街	前身为分水书院，现为全国重点文物保护单位
	龙山书院	清同治九年（1870年）	不详	为海宁市袁花镇中心小学	海宁市天仙街	
	翔云书院	清同治九年（1870年）	内阁中书沈梓	为翔云小学	桐乡市濮院镇紫金路	

续表

所在市	名称	创办时间	创办人	现保护状况	地址	备注
杭州市	万松书院	明弘治十一年（1498年）	右参政周木	复建后基本完整	上城区万松岭路	市级文物保护单位
	崇文书院	明万历二十七年（1599年）	不详	保存较完整，现为杭州市崇文实验学校	西湖区西湖风景名胜区	
	天目书院	明代	不详	保存较完整	临安区於潜镇	
	敬一书院	清康熙二十四年（1685年）	巡抚赵士麟	保存较完整	西湖区孤山路	
	紫阳书院	清康熙四十二年（1703年）	两浙都转盐运使高熊征、盐商汪鸣瑞	为杭州市紫阳小学	上城区太庙巷	
	杭州诂经精舍	清嘉庆二年（1797年）	学政阮元	为俞楼，又名俞曲园纪念馆	西湖区孤山路	
	春江书院	清代	不详	为富阳区实验小学	富阳区东兴路	
	育英书院	清同治年间	不详	保存较完整，现为之江大学旧址	西湖区之江路	全国重点文物保护单位
	求是书院	清光绪二十三年（1897年）	知府林启	书院旧址现仅存原普慈寺大殿，现为浙江大学	上城区杭州大学路	前身为普慈寺，现为省级文物保护单位

七、运河沿线书院遗产的保护与利用

目前,书院遗产的使用功能主要是作为景点(多为文物保护单位)、学校、纪念馆等或其他游览式场所。其中,作为文物保护单位的书院遗产均根据实际情况对外开放,且大部分选择免费开放。但是,目前存有文物遗存或具有延续文脉作用、却未被列为文物保护单位的文化遗产所占比重较大,保护情况较差。而且对于已经开放的书院遗产也有部分存在利用不当、遗产遭到破坏的情况,不利于书院遗产的可持续性发展。为了延续运河千年文脉,继承儒家优秀传统文化,必须加强对运河沿线书院遗产的保护与利用,让儒家书院传递历史信息,发挥当代价值。

(一)分类保护,因地制宜

中共中央办公厅、国务院办公厅印发的《关于加强文物保护利用改革的若干意见》强调文物保护应分类施策、因地制宜等。因地制宜是指根据各地的具体情况,制定适宜的办法。京杭大运河沿线儒学书院遗产因地制宜保护主要涉及三方面,即调查所在地区现存有遗迹或有文脉延续的书院遗产的基本情况,调查所在地区的历史文脉和当前城市建设的基本情况。针对书院遗产的现状调查,尤其应关注其当前具体位置、保护状况、破坏程度、文脉延续情况、价值大小等几个关键问题。调查所在地区历史文脉主要是整理、分析与研究各级地方的儒学及相关历史文化的形成、发展和兴衰。通过对城市当前实际建设情况的调查,可以充分了解土地使用现状、社会生活现状、建筑物建设现状、交通等各类基础设施完善现状。

分类保护是因地制宜的目的,是保护书院遗产的重要举措,被列为各级文物保护单位是文化遗产价值被认可的重要表现。针对运河沿线书院遗产中的文物保护单位,应采用最先进、最适当的保护技术按照原样保护,以求如实反映和呈现。而针对运河沿线未被列为文物保护单位的书院遗产,应根据其大多残缺不全、破坏情况较为严重的现状,全面调查其破坏程度及价值大小,使破坏程度与价值大小所匹配而形成某一相关因素值,再根据相关因素值来决定是否修复、是否重建、是否申报为文物保护单位等措施。

(二)延续功能,创新利用

延续功能和创新利用是书院遗产利用的方向所在。目前,京杭大运河沿线书院遗产的功能延续现状主要分为三类:一是遗产原有功能已经消失,并未开展新的公共文化服务活动,多为居住、闲置状态;二是保留了某一种功能,但功能发挥不全面,由于规模、资金等条件的限制,利用形式落后,此类占较大比例;三是功能得到综合发挥,保护与利用相互促进、均衡发展,此类较少。

1. 延续功能

书院遗产的功能延续是指对于那些原有功能已经成为其价值组成部分的文化遗产,延续与传承原有的使用功能。书院是集多种功能于一身的儒学遗产类型,其中讲学、藏书、祭祀为基本功能,讲学居功能之首。古代书院讲学与当代学校教学在形式上极为相似,主要是教师对学生进行指点性教授,并针对学生的疑难问题进行答疑解惑。延续传统教育功能的主体是具有书院文化渊源的现代学校。此类学校延续和传承古书院办学传统和育人宗旨,承袭并发展教育教学功能,在新时代继续并创新文化传播功能,从而在教学中延续了书院的文化遗产价值。

运河沿线的现代学校对古代书院教育功能的延续主要体现在走特色办学之路、修建校史馆、开设相关历史文化选修课程、建设各级教学实践基地、出版相关书籍、组织各类教育培训活动等方面。

运河沿线为景点和观光场所的书院,基本为文物保护单位,其价值主要体现在使游客通过旅游活动和研学活动体验书院文化上。此类书院在教育功能延续方面并不突出,应借鉴代表性书院的经验,挖掘书院文化,实现教育传承。徐州市歌风书院的"功能"重建值得学习和推广,主要涉及三点:一是通过异地建设书院文化平台,组织当地群众参与,积极与传承书院文化的中小学校合作,建设国学文化研习基地;二是充分发挥教育功能,弘扬国学文化,如免费开展文化讲座和学国学、读经典等相关的培训班,开展地方国学读书竞赛,打造地方国学精品课堂,开设面向不同群体的特色讲堂等;三是响应时代号召,举办相关书院活动,发扬书院文化,如联合运河沿线其他书院共同打造书院文化交流活动等。

运河沿线还有一类以大学延续文脉的书院,如杭州的浙江大学,其前身为知府林启于清光绪二十三年(1897年)所建的求是书院。此类运河沿线书院应结合自身优势和实际情况,充分借鉴岳麓书院经验,实现书院教育功能的延续。湖南岳麓书院围绕教育,形成了从本科到博士后科研流动站的较为完备的教育格局,构建了"礼、理、履"三位一体的习礼育人模式。在活动实践上,湖南岳麓书院开展各类相关专业教学,积极举办师生演礼活动和祭孔演艺活动。在学术研究上,湖南岳麓书院社科基金项目数量可观,对外学术交流与合作广泛,在社会讲学和文化传播方面经验丰富,各类学术专题讲座应有尽有。湖南岳麓书院既是全国范围内书院教育功能延续的典范,也是将儒家文化传统过渡到现代社会经济发展潮流的代表。

2. 创新利用

书院遗产的功能创新,指在确保遗产本体和遗产价值安全的前提下,以价值、特点及现状为基础,依托科技、社会等当代条件和需求赋予其新的现代化的功能。书院遗产功能创新必须坚持文物保护的基本原则,其利用形式适合文化遗产的类型和现状,利用强度不超过文化遗产的承载力,利用措施可逆。京杭大运河沿线书院遗产的功能创新主要包括国学教育、儒学传播、遗产旅游和文化创意等。

(1)国学教育

目前国学教育影响广泛、形式多样、蓬勃发展,但也在某种程度上显现出一种形式化、娱乐化、商业化的通病。为使京杭大运河沿线书院遗产开展真正意义上的国学教育,应做到以下三个方面。

首先,明确目的是深入开展国学教育的前提条件。从国家层面看,开展国学教育是期望通过继承、弘扬以儒学为核心的中华优秀传统文化,实现增强民族自信、提升文化自觉、提高文化归属感的美好愿望;从个人层面看,国学教育是社会大众缓解个人压力与焦虑的精神良药、维持社会道德与良知的精神力量,是学生了解历史文化、习得理性评判手段的重要途径。

其次,理性分析运河沿线书院遗产现状,选择适当的国学教育形式。如运河沿线文庙、书院中文物保护单位的数量居多,保护状况较好,可分区域或分类型开展拜师学礼等旧式古礼,使学习者通过仪式感深入体会国学教育。

再次,发掘运河沿线书院遗产优势,实现国学教育效用最大化。运河沿线书院中延续文脉的各级现代学校居多,为书院文化渊源与现代学校教育密切联系提供了先天条件。针对文化源远流长的现代学校,一方面,要专门开设精品国学课程,应深入挖掘文化历史渊源,着力从思维角度、行为角度、价值角度提取有效信息并及时与现有学科结合,从学科教学、主题班会、课外活动等角度全方位渗入,顺利高效地开展国学教育;另一方面,要明确实践才是检验真理的唯一途径,要鼓励学生针对优秀传统文化进行调查研究,鼓励学生通过查阅文献及采访当地人等途径调查当地优秀传统文化中涉及的因素。

(2)儒学传播

儒学传播渗透在书院遗产产生、利用的整个过程中,历史悠久、传播形式多样。古代运河沿线儒学传播重在促进南北文化交流。当代运河儒学文化交流力求传承和弘扬中华优秀传统文化,用儒学文化规范社会秩序。京杭大运河沿线书院遗产文化的传播途径不断创新,一是借助博物馆形式进行集中性展示,借助科学技术手段提高博物馆的展示水平,拉近观众与儒家书院遗产的距离,连接历史与现在;二是组织儒学名家学术讲座、举办国际文化论坛等,吸引各地儒学研究者参会,借助学术研究成果进行儒学传播;三是积极与媒体特别是新兴媒体合作,既可以通过主流媒体积极宣传,也可以通过自媒体的快速传播,激发社会公众对儒家传统礼制等的兴趣,还可以利用优秀的书院故事进行文学、影视剧等创作,凭借媒体传播扩大儒学传播力、影响力等。

(3)遗产旅游

儒学遗产旅游是以书院遗产单位为依托开发的,以文化学习、文化体验为形式的旅游活动。运河沿线书院遗产旅游包括单体书院专题旅游、区域书院遗产组合旅游、运河文化线路书院遗产主题旅游等。单体书院专题旅游可以通过策划创意遗产旅游项目,举办传统礼仪活动例如开笔礼等,吸引儒学爱好者深入学习儒家优秀传统文化。区域书院遗产组合旅游和运河文化线路书院遗产主题旅游可以整合运河沿线优秀书院文化资源,打造精品运河沿线书院遗产旅游路线,深入挖掘儒家文化资源,使游客体验运河古韵,感受儒学精神。书院遗产旅游尤其可以规划设计一批研学旅行路线,依托书院人文资源,发挥书院的教育功能,开展优秀传统文化教育。如此,才能从整体上打造儒学遗产旅游品牌,讲述好书院故事,形成运河沿线儒学遗产文化旅游产业链。

(4) 文化创意

2014年,教育部印发的《完善中华优秀传统文化教育指导纲要》中明确提出从网络教育平台、校园教育平台、教育格局等角度增强中华传统文化教育的多元支撑。这就需要在文化遗产利用中充分发挥文化创意的作用,结合京杭大运河载体,挖掘独特的儒学内涵,展现书院沉淀的人文精神,从而更大程度地实现文化传承,最大程度地保证保护与利用和谐共生,从而在更深度的层次和更广阔的范围上满足学生和公众的求知需求。运河沿线书院遗产的文化创意应注重对衍生品、文化品牌和知识产权的开发。书院遗产衍生品可以开发为观赏性、收藏性、参与性文化创意产品等多种类型。要注重衍生品的实用性,让书院文化潜移默化地影响生活。要对各类书院遗产做好符号化处理,重视文化创意产品的艺术授权,充分发挥书院文化特色,打造特色文化品牌。在此基础上,运河沿线书院可根据自身文化特色开发相关网页、微信公众号等,创新宣传营销形式,吸引青少年群体关注,推进对儒学文化遗产的传承保护。

京杭大运河沿线尤其是北京段、天津段、河北段、山东段、江苏段和浙江段等留下了丰富的书院遗产,是中华优秀传统文化的有力见证。我们要梳理运河沿线的书院遗产,把握运河各段书院遗产存在的保护与利用现状,分析书院遗产存在的不同病理与症结,在此基础上实行分类保护,因地制宜,保护好运河书院遗产,并且通过功能延续、创新利用的手段利用好运河沿线书院遗产。要挖掘优秀传统儒家文化元素,深入阐释儒学精神,讲述好的书院故事,让静态的书院建筑遗产及其周围环境活态化,以此打造运河文化与儒家文化共生的文化空间,让运河沿线书院遗产成为传承创新儒家精神的重要载体。

保护儒家文化遗产 传承中华优秀传统文化
——泉州府文庙整体保护与深度阐释

何振良

(福建省泉州府文庙文物保护所)

文庙,是纪念和祭祀我国伟大思想家、政治家、教育家孔子的祠庙建筑。文庙作为凝聚儒家传统文化的代表,其所承载的中华文明传承、传统礼仪、传统美德等优秀文化内涵,在当今社会具有积极意义。保护和利用好文庙这一中华优秀传统文化的杰出载体,对于提炼历史记忆、传承中华文明、提升群众文化素养、增强国家软实力具有重要意义。近年来,在泉州市委市政府的高度重视下,泉州府文庙文物保护管理处以传承弘扬中华优秀传统文化为己任,以"泉州:宋元中国的世界海洋商贸中心"申报世界文化遗产为契机,积极探索文庙保护利用方式,充分利用文物资源优势,坚持创造性转化、创新性发展,在文化遗产保护、优秀传统文化传承、时代精神倡树的主旋律中,以儒家文化遗产的展示体验和优秀传统文化知识教育为载体,广泛开展祭孔、教育和节庆等各类文化活动,举办专题展览,以创意活动活化传统人文空间,讲好儒家优秀传统文化的时代故事,让文物活起来,扩大文庙的影响力和知名度,将其打造成为泉州文化生活名片。

一、泉州府文庙价值阐述

泉州府文庙始建于唐开元末年,北宋太平兴国初年移至今址,主体格局形成于1137年,历代兴修发展。建筑群坐北朝南,整体布局为"左(东)学右(西)庙",由位于西侧的儒家祭祀建筑文庙组群和东侧的州级地方教育建筑学宫组群构成,两组群均呈中轴对称的院落布局。占地面积30000多平方米,建筑面积5000多平方米,总体布局由两条轴线组成。现存主轴线上由南而北依次为牌坊大门、洙泗桥、泮宫、棂星门遗址、大成门、金声玉振门、泮池、泮桥、东西两庑、月台、大成殿。次轴线上由南而北依次为照墙、育英门、学池、东西书斋、明伦堂等,并附建崇圣祠、名宦乡贤祠等各类单体建筑。各组群建筑数量众多、体制宏伟、主从有序,共同形成中轴对称布局。以大成殿为核心的庙、学两组建筑群,构成一个集入口、前导、祭祀、学署四种建筑类型于一体,包含宋、元、明、清四代建筑形式的文庙建筑群,建筑规模为中国东南七省之冠,是中国南方文庙的杰出代表。

泉州府文庙是全国重点文物保护单位,国家历史文化名城——泉州的重要组成部分,还是"泉州:宋元中国的世界海洋商贸中心"世界文化遗产的核心构成要素之一。

二、规划引领全面统筹各项工程,和谐互动融入城市公共空间

(一)规划引领保护和利用全面推进

2002年泉州府文庙文物保护管理处成立,作为泉州府文庙的保护管理机构。《全国重点文物保护单位——泉州府文庙保护规划》于2013年正式颁布实施。依据保护规划,管理处开展了保护修缮、环境整治、展览展示等多项工程。

20年来实施的5次文物建筑保护修缮工程涉及大成殿、东西两庑、东厢房、大成门、金声门、玉振门、明伦堂露庭、东书斋、泮宫等文物建筑。近年来还完成了综合性环境整治工程和泉州教育史话展、斯文圣境——泉州府文庙历史文化展、刺桐风物——泉州市情展等展陈工程。2019年国家文物局正式确定"泉州:宋元中国的世界海洋商贸中心"申报世界文化遗产项目,泉州府文庙被列为申遗遗产点。在保护规划的保障和申遗的助推力下,泉州府文庙文物本体和环境都得到了改善,并更深刻地融入了城市公共文化空间,发挥彰显城市文脉的作用。泉州府文庙有四座专祠,都以原貌对外开放展示。其中蔡清祠开辟为《泉州文库》整理编纂出版委员会办公室;庄际昌祠设立"百姓书房"供市民阅读;崇圣祠适时举办小型临时展览;李文节祠为"泉州府文庙南音乐府",进行"非遗"活态展示。四座专祠的展示利用,与文庙整体建筑相呼应,发

挥文庙作为儒学遗产的社会服务和公众教育功能,展示泉州地方文化。

(二)文物环境整治与城市风貌改善并举

结合泉州申遗工作和城市风貌改善工作,依据保护规划和环境整治工程设计方案,拆除了泉州府文庙周边不协调的建筑。文庙周边城市环境的整治使得文物景观视廊通畅、历史格局恢复。

泉州府文庙"庙学祠合一"格局中,大成门以南区域作为文庙广场完全开放,泮宫门楼屋顶和棂星门遗址也都在此区域进行了原物的保护展示。其中,泮宫门楼屋顶进行了整体迁移保护和异位展示,保留并展示民国早期开创的西式建筑材料与中华传统木构建筑工艺相结合的建筑模式;棂星门基址采取了原址保护的展示方式,配合说明标识提示公众文庙中轴线的序列格局。泉州府文庙对整体历史格局进行留存和展示,成了城市公共文化活动空间的组成部分。

泉州府文庙的保护坚持以史料为依据,以保护规划为先,以环境整治和文物建筑修缮为抓手,各方共同努力,不断恢复提升泉州府文庙的整体形制格局和优秀传统文化氛围,延续了其作为泉州历史文化名城的重要地标作用。

(三)文物建筑展览展陈设计融入城市文脉

泉州府文庙明伦堂内的"泉州教育史话"专题展示馆,以多种形式进行综合展示,突出泉州特色和个性,展现泉州教育历史的发展、文庙办学功能和泉州文教昌盛、英才辈出的成就及泉州儒学文化在海外的传播与影响,是研究泉州教育历史的重要窗口。

大成殿东庑的"刺桐风物——泉州市情展"展示了泉州历史地理特征、海上丝绸之路"刺桐港"、中国首批历史文化名城、泉州改革开放历史等城市文脉。将文物展览展陈设计融入城市文脉,让世界文化遗产的核心价值得到深度展示。

三、深入研究呈现文物保护历程,广泛交流传播儒学文化精神

(一)深挖文庙的价值内涵,展示建构技艺

大成殿西庑房内的"斯文圣境"展览解读了文庙建筑的建制规律和泉州府文庙的建构特征等研究成果,通过多元展示方式,深入阐释泉州府文庙文物建

筑本身的价值特征。展览内容还包括泉州府文庙保护历程、文物保护规划、环境整治方案、文物保护理念和措施等,对文物保护利用理念和策略进行了深入解读和宣传。

(二)展示与研究同步推进,注重对外文化交流

泉州府文庙文物保护管理处加强学术研究,积极开展相关主题学术研讨会,出版相关研究成果;坚持展览展陈与学术研究同步开展,为文物价值阐述与展示提供了坚实的基础。

管理处举办了首届闽台孔庙保护学术研讨会,这是海峡两岸首次携手召开的保护孔庙的专题学术研讨会,会上与台湾台南孔庙共同签订了《海峡两岸孔庙文化交流合作协议书》,会后编辑出版了《儒风同仰——首届闽台孔庙保护学术研讨会论文集》,共建两岸孔庙交流联谊机制。管理处积极联合国内外高校、科研机构在泉州举办专题学术研讨会等活动,共建海内外交流联谊机制,将自身打造为海内外重要的儒学文化宣传交流基地。

四、现代技术助力传统修缮工程,数字技术支撑彩绘原真保护

20年来,泉州府文庙实施了5次文物建筑保护修缮工程,保证了文庙整体的文物安全,大成殿修缮项目被列入了2020年度全国优秀古迹遗址保护项目名单。目前,管理处正在编纂《泉州府文庙修缮工程报告》,以全面反映近年来泉州府文庙的文物保护修缮情况。

文物建筑保护修缮工程以文物建筑本体的传统做法为主要修复手法,尽可能多地保留和利用原构件,并探索利用现代技术助力传统修缮的方法。在排除了文物本体各种安全隐患的基础上,保护工程遵循消除病因为主和最小介入原则、可逆性和可再处理性原则、和谐性和兼容性原则,有效保护了文物建筑本体的真实信息和完整格局。

五、提升文物管理队伍专业技能,不忘文物管理者的责任担当

在泉州府文庙的历次修缮过程中,泉州府文庙文物保护管理处都对工程实施全过程进行监督管理,对工程施工中的安全、质量、保护细节进行把控,并常态性实施泉州府文庙古建筑群日常保养维护工程,确保文物的真实性和完

整性。要注重组织实施泉州府文庙安防消防系统工程,切实推动泉州府文庙一级风险达标建设工作,落实文物安全责任制,强化安全保障措施,确保无安全事故发生。

六、延续"庙学祠合一"特色,融入地方文化教育与生活

泉州府文庙文物保护管理处与当地各大、中、小学校联系,充分利用各种节假日在文庙开展经典诵读、文物讲解、志愿服务等社会教育活动,共建校外教学基地。玉振门内周末举办青少年经典诵读课堂活动;蔡清祠旁的正音书院周末举办"百人传习计划"活动;明伦堂内的国学讲堂讲述经典国学知识。泉州府文庙今天仍然发挥着文化传播和育人功能,下一步要让文物活起来,扩大文庙的影响力和知名度。

结语

泉州府文庙的核心价值不仅在于其是中国孔庙中宋代风格的罕见遗构,亦不在于其是中国东南地区现存规模最大和规制最为完备的文庙建筑群,更为突出的普遍价值在于它是泉州古代文化教育备受重视的缩影,也是东南亚及东亚儒学文化传播的中心,甚至承担了宋元时期刺桐侨民子弟的儒学教育功能。泉州府文庙是东学西渐的重要门户,见证了东西方文化交流的历程,具有独特的"庙学祠合一"特质。

福建省和泉州市积极统筹协调各方力量,坚持泉州府文庙保护和利用的整体性,注重文化遗产与城市公共空间二者的和谐与互动关系,使泉州城市文化传承和赋能取得了可喜的成效。泉州府文庙文物保护管理处不断加强队伍专业性,坚持以研究为基础的保护与利用,同时联合各方智库力量持续探索文物深度阐释与展示的多样性方法,充分体现了文物管理者的责任担当。

"泉州:宋元中国的世界海洋商贸中心"成功列入《世界遗产名录》,既是泉州文化遗产保护传承历程中的重要里程碑,更是泉州优秀传统文化走向世界的新开端。

打造曲阜文物保护特色阵地：
孔府文献的收集、整理与利用亟待加强

吴佩林

（曲阜师范大学历史文化学院）

孔府，又称圣府，其主人是孔子嫡系后裔。历代统治者因尊崇孔子而对其后裔"恩渥备加""代增隆重"，孔府逐渐成了"天下第一家"。"夫帝王之姓有时而易，定鼎之区有时而改，独孔子之阙里则与天长存。"（《阙里广志》）由于政治地位的稳定性，孔府经岁月积累，形成了一个庞大的史料系统。这些史料不仅对理解中国两千多年的儒家文化具有重要的意义，更是阐释和弘扬中华优秀传统文化的文献宝库，弥足珍贵，当加以充分保护与利用。

一、孔府的文献系统

孔府档案、孔府碑刻、孔氏族谱构成了孔府三大文献群，是孔府文献的主体。

孔府档案是指今山东曲阜孔子博物馆保存的孔氏家族在明代至民国时期对内、对外活动中形成的文书档案。它具有五大特征。一是历时长。从明嘉靖十三年（1534年）至民国三十七年（1948年），历时415年，历经明、清、民国三个时期。最早的一件是第16卷《吏部为孔公铉充任孔颜孟三氏子孙教授司学录事》，时间为嘉靖十三年（1534年）六月初四；最晚的一件是第8978卷《1948年1至6月收入款项流水账簿》。二是数量多。据不完全统计，孔府档案现存9021卷，其中明代62卷，清代6538卷，民国2421卷，约25万件。另有散档约2万件。三是形式独特。孔府档案不同于徽州文书、石仓契约这类的民间文书，也不同于《巴县档案》《南部档案》《淡新档案》这类纯粹的衙门档案，它作为一个大家族的私家档案,因其中保存了大量衍圣公府与明清以来中央和地方机构之间事务往来的文书,又具有了官方档案的性质。四是涉及地域广。通常情况下,州县衙门档案的主体文书一般局限在本县,而孔府档案涉及的地域包括鲁、冀、豫、苏、皖5省20多个州县。五是文书种类繁多、内容丰富。

天下汉碑半济宁,济宁汉碑看曲阜。曲阜现存历代石碑近万通,从时间来看,不唯汉代,从西汉到民国,代代均有;从藏地看,除主要集中在孔庙、孔府、孔林外,还有大量碑刻散存于少昊陵、周公庙、颜庙、尼山、石门山、梁公林及田间地头;从种类来看,包括墓碑、记事碑、祭祀碑、拜谒碑、墓表碑、题记碑、题名碑、御制碑、赋诗碑、铭记碑、宗谱碑、图碑等,多达20余种。骆承烈先生称曲阜碑刻是"石头上的儒家文献",而这些文献绝大多数直接与孔府相关。

孔氏家族之所以能绵延不绝,家谱纂修起到了重要的作用。北宋元丰八年(1085年),孔子四十六代孙孔宗翰修撰《阙里世系》①,为孔氏合修族谱的滥觞。南宋、金、元时期,孔氏族人继续从事族谱纂修工作,其间有多部孔氏族谱问世。② 明清以降,孔氏族谱的编修趋向体系化、组织化。据不完全统计,现存明清时期的孔氏支谱至少有563种,其中明代3种、清代549种,此外还有11种孔氏支谱尚不能确定具体编修年代。现孔子博物馆所藏民国孔氏宗谱,除全国合修的《孔子世家谱》外,还有山东曲阜孔氏所修的51部家谱(各分户谱底等),直隶2种,辽宁1种,山西1种,江苏3种,安徽3种,河南5种,湖北1种,朝鲜1种。③ 其他流寓各地的家谱中含河北1种,山西1种,江苏2种,安徽2种,浙江12种,江西3种,福建2种,湖北4种,湖南2种,广东11种,甘肃2种。这些家谱藏地除孔子博物馆外,主要还有两大来源,一是上海图书馆、美国犹他州家谱协会、国家图书馆、各省市图书馆等全球公藏机构;二是家谱数据库、拍卖网站所收录的电子宗谱以及私人的收藏。

除上述三大文献群外,孔子家族史志、孔子后裔诗文集、孔子后裔衣冠服饰、孔府文物、方志、晚清民国报刊以及二十四史一类的传世文献中都存有与

---

① 此谱名称有不同说法,参见周洪才著:《孔子故里著述考》,济南:齐鲁书社2004年版,第213—214页。
② 参见周洪才著:《孔子故里著述考》,济南:齐鲁书社2004年版,第214—220页。
③ 查阅孔府所藏的民国孔氏族谱与郭松义先生统计各省所藏数目有出入,其中,直隶3种,河南6种。

孔府有关的大量文献。

二、目前孔府文献利用存在的困境

孔府文献虽然价值巨大，但目前要充分利用，仍面临不少困境，其表现至少有三：

一是对各类文献藏量如何，目前并不清楚。《孔府档案》的数量，管理部门只公布了卷数，具体有多少件，仍是未知数。比如对于明代孔府档案的数量，现在公认的是1956年至1962年期间南京档案史料整理处（现中国第二历史档案馆）与曲阜县（今曲阜市）文物保管所确定的数据，共62卷。至于其件数，也不具体，有"300余件"[①]、"四百余件"[②]之说。但经笔者考证，此时明代孔府档案与清代的《淡新档案》《巴县档案》《宝坻档案》等众多地方档案一样，整理者没有保持"档案排列原貌"，存在"边整理边破坏"的情况，其档案卷数应为68卷。对于其件数，按照传统的档案整理法统计，当为208件（册），如果考虑到数字化和检索者的需要，可计为362件。所举例子仅仅是数量极少的明代档案，至于其他文献，特别是碑刻的数量、全球所存孔府家谱的数量、朝廷所赐器物的数量与现存情况更是难以摸清。

二是出版的文献不系统，质量参差不齐。对于孔府档案的出版，目前主要有：1980—1985年，齐鲁书社出版《曲阜孔府档案史料选编》（共24册）；1982年，中华书局出版《孔府档案选编》（全二册）；2002年，中国文史出版社出版《孔府档案选》（全一册）；2010年，中国社会出版社出版《孔府档案珍藏》（全二册）；2018年，国家图书馆出版社出版《孔子博物馆藏孔府档案汇编（明代卷）》（共3册附1册）；2020年，中国文史出版社出版《孔府档案精品珍藏》（全一册）。对于曲阜碑刻的出版，目前主要有：骆承烈于2001在齐鲁书社出版的《石头上的儒家文献 曲阜碑文录》（全二册）、杨朝明于2015年至2019年在齐鲁书社出版的《曲阜儒家碑刻文献辑录》、孔德平于2013年在山东美术出版社出版的《曲阜汉魏碑刻》。对阙里史志的点校，目前主要有：周海生的《阙里文献考》（上海

[①] 鲁凤、张鹏：《孔子世家明代文书档案及其价值》，《历史档案》，2018年第3期。
[②] 杨向奎：《跋·兼论明代的"衍圣公"府》，载何龄修等著：《封建贵族大地主的典型——孔府研究》，北京：中国社会科学出版社1981年版，第598页。

古籍出版社,2018年)、朱易安的《东家杂记》(大象出版社,2007年)、姚金笛的《阙里孔氏诗钞 阙里孔氏词钞 曲阜诗钞》(齐鲁书社,2019年)、徐振贵和孔祥林的《孔尚任新阙里志校注》(吉林人民出版社,2004年)。影印的文献,目前主要有:吴佩林的《明清祀孔文献集刊(广陵书社,52册)《曲阜师范大学图书馆藏孔子故里儒门文献汇编》(广西师范大学出版社,56册)以及《山东文献集成》所收录的一部分文献。如此等等,看似出版了一些,但其实仅为冰山一角,不系统、不完整,点校的质量参差不齐,远远满足不了使用者的需要。

三是开放度不够,难以利用。孔府档案的开放是一个明显的例子。早在20世纪80年代,时任中国社会科学院宗教研究所所长的任继愈先生就曾直接写信向主管文化文物工作的中共中央书记处书记胡乔木同志,提出关于妥善保存和充分利用孔府档案的四条建议。20世纪90年代末至2012年齐鲁书社及山东省有关部门对影印出版孔府档案也做了大量努力。2016年曲阜师范大学与曲阜文物局开始合作整理孔府档案,到2018年完成了9000余卷近30万件共94万画幅的档案彩色扫描工作,完成了所有明代、民国档案以及部分清代档案的著录工作,每案有卷名,卷下各件的责任者、题名、时间、受文者、文种等基本要素齐备。但时至今日,研究者仍然很难完整阅读孔府档案。

三、孔府文献利用的当务之急

习近平总书记高度重视对中华优秀传统文化的挖掘,强调"要系统梳理传统文化资源,让收藏在禁宫里的文物、陈列在广阔大地上的遗产、书写在古籍里的文字都活起来"。近年,各省也相继出台了推进新时代古籍工作的若干措施。欲使孔府文献活起来,当务之急是整合力量,统筹资金,加强以下四个方面的工作:

一是全面整理,摸清数量与藏地。孔府档案的卷数、件数究竟是多少,分散在孔子博物馆之外的孔府档案的数量、藏地如何,涉及孔府的碑刻时间、内容、藏地等相关情况如何,全球各地孔氏族谱数量如何,孔府文物所属时代、数量如何……这些都需要一一落实。

二是分类出版"孔府文献影印丛刊""孔府文献点校丛刊"。影印丛刊要求相关主题尽数全收。点校丛刊则主要点校与孔府文献相关的孤本、珍本、善本以及分主题的文献汇集。

三是建立孔府文献大型数据库。基于飞速更新的现代信息技术,提供系统、丰富、完整的数据库,建立能够资源共享的大数据、云平台是以后档案整理工作的重点和趋势。对孔府文献数据库的开发,至少有两项工作要做:发掘文献本身的特性、属性,并在此基础上建立起多维检索系统;确立"数字人文"的观念,这需要研究者、档案界、科技界(包括数据库运营商)互助合作,将数字档案运用到分析系统中,为人文研究提供服务。

四是推进"孔府研究文库"建设。要以重要研究机构为基础,聚集专门人才,以扎实的孔府史料为基础,解答重大历史命题,推出一批具有儒学特色、中国风格、中国气派的精品力作,为中华优秀传统文化的"两创"、全面提升民族素质提供智力支持。

发挥孔子庙的社会教化功用

孔祥林

（中国孔庙保护协会）

孔子庙遍及中国、朝鲜、越南和日本。明清时期，礼制孔子庙的正式名称为文庙，主要建造在国学和府州县等各级官学内。顾名思义，文庙就是思想文化的象征，目的是彰显国家传承和弘扬优秀思想文化的意志。

文庙具有崇德、报本和教化三种功能。

崇德即推崇儒家思想。西汉罢黜百家、独尊儒术，儒家思想成为国家指导思想，孔子也成为传统思想文化的代表，所以国立学校除东汉和隋末唐初这一短暂的时段主祀周公、以孔子配享外，绝大部分时间都是主祀孔子，并陆续增加孔子弟子和历代儒家学者配享从祀。

报本即报答孔子及历代儒家学者的贡献。东方民族具有食德报功的传统，希望通过祭祀以报答先人的贡献，所以国家将文庙祭祀列入国家祀典，确定文庙祭祀等级为中祀并升至最高等级大祀，规定文庙每年春秋仲月上丁、每月初一和十五分别举行释奠、释菜、行香等祭祀仪式，并制定祭祀的礼仪、祭品、音乐、歌章和舞蹈。

教化即对人民进行思想教育，以提高整个民族的道德水平。

由于文庙设在各级国立学校内，不论是国家最高学府国子监还是府、州、厅、县各级国立学校，学生都是已经获取初级功名庠生（秀才）以上的人才，庠生或考取举人、进士，或被推荐至国子监进修并考试合格后，就可以进入国家官吏队伍。在学校建造文庙，奉祀孔子以及历代先贤先儒就是为后备官吏提供学习的榜样。

孔子首创私学，目的就是培养能够推行自己政治主张的贤人，所以他主张选拔已经学习礼乐之士为官。"先进于礼乐,野人也;后进于礼乐,君子也。如用之,则吾从先进"(《论语·先进》),孔子主张选拔先学习礼乐的"野人"为官是革命性的主张,因为在孔子时代采用的多是世职世禄制度,官员多由贵族世袭。孔子教育弟子"不患无位,患所以立",学习好本领就能出仕为官。对于孔子的用意,弟子们心领神会,子路说"不仕无义",而子夏则干脆明了地说"学而优则仕"。正因为如此,孔子才被推崇为教育始祖,奉为万世师表。

中国教育自古重视对人格道德的培养,人格道德的最高境界当然就是成为圣人。中国人崇奉圣人,但实际上并不认为圣人是高不可及的,而是认为人人都可以成为圣人。孔子弟子子贡说孔子已经达到圣人境界,孟子认为"人皆可以为尧舜",宋代程伊川认为"人皆可以至圣人",朱熹认为学习超凡入圣就可以成为圣人,"为学须思所以超凡入圣,如昨日为乡人,今日便可为圣人"。

文庙奉祀孔子就是为士子提供成为圣人的榜样,但是,虽然理论上人人都可以成为圣人,但实际上并不是人人都能够成为圣人。不能成为圣人,但可以成为贤人,所以文庙除奉祀圣人孔子外,还奉祀一大批先贤先儒,为士子提供齐贤成贤的榜样。唐贞观二十一年(647年)增加左丘明等二十二位注经之儒从祀,宋元丰七年(1084年)增加孟子、荀况、扬雄、韩愈等明道之儒从祀,清雍正二年(1724年)又增加诸葛亮等事功之儒从祀。文庙从祀人物不断增加,为士子们提供的学习榜样范围也逐渐扩大。

成圣人难,成贤人也不易,文庙奉祀人物虽然多达189位,但除去孔子及其弟子等,历代贤人进入文庙享受祭祀的也不过110人。为给士子们提供更多学习的榜样,文庙还设置名宦祠和乡贤祠,分别附祀在本地为官有善政的官员和本地出身有善行义举的士绅及在外地为官有善政的官员。

即使不能够成圣成贤,死后也有可能附祀在文庙内。出仕做官爱国惠民,勤政廉政,造福一方,既可以附祀在任职地文庙名宦祠,还可以附祀在家乡文庙乡贤祠。未能出仕的平民遵纪守法,赈济灾民,捐资办学,多行善举,死后也可附祀在本地文庙乡贤祠。任何人只要存心向善,行善政,多善举,死后都可以进入文庙享受后人的祭祀。

成圣成贤,死后奉祀在文庙内,是每一个士子的最高追求。南宋文天祥幼年时到庙学看到奉祀的乡贤欧阳修、杨邦乂和胡铨的画像,慨然立志:"没不俎豆其间,非夫也!"文天祥宋末起兵抗元,宋亡后仍坚不降元,只求速死,死后被追谥忠烈,清代从祀孔子庙,实现了自幼的愿望。

文庙最重要的功能是教化,除了对士子进行成圣成贤的教育外,还要对一般民众进行伦理道德教化。明成祖维修曲阜孔子庙,立碑记事,希望臣民"凡观于斯者,有所兴起,致力于圣贤之学,敦其本而去其末",清康熙皇帝维修曲阜孔子庙后,也御制碑文纪成,碑文说"凡我臣民,瞻仰宫墙,倍增严翼,尚益思敦崇德义,砥砺伦常",都是希望通过孔子庙教育人民学习儒家思想,敦崇德义,敦本去末,砥砺伦常,加强道德修养。

现在遗存的文庙几乎都已被列为文物保护单位。有的文庙复原陈列,文庙中常表演祭祀乐舞,举办传统思想文化展览,开展弘扬优秀传统文化的讲座等活动,较好地发挥了文庙的社会教化功能。但也有许多文庙被改作他用,文庙建筑虽在,但保护的只是躯壳,没有灵魂。现在应该恢复文庙的教化功能,复原陈列,举行真正的祭祀活动。

儒家建筑文化遗产价值分析

张龙

(曲阜市文物保护中心)

以孔子思想为代表的儒家文化是中华传统文化的基干,其文化内涵中的优秀成分,千百年来不断滋养着我们这个民族,在从修身齐家到为政治国等各方面确立了中国人的行为标准和价值追求,更为形成积极进取、自强不息的民族精神提供了理论支撑,塑造了中华民族的文化信仰和民族性格,对中国、东亚乃至全世界都产生了深远的影响。

深入挖掘阐释、保护利用与儒家文化相关的文化遗产的价值,在强调传承弘扬中华优秀传统文化的今天显得尤为重要和必要。

以文庙、书院为代表的儒家建筑文化遗产,是儒家文化产生、发展、演进的重要物质载体和历史见证。受国家文物局委托,2017年曲阜市文物局、中国孔庙保护协会以及三孔古建筑工程管理处牵头开展了针对全国孔庙书院等儒家文化遗产的调研工作。据不完全统计,中国大陆地区已被列入各级文物保护单位的文庙、书院等儒家建筑文化遗产约1000余处,其中被列为全国重点文物保护单位的文庙有121处(世界遗产5处),书院有49处(世界遗产2处),同时包含文庙和书院两类建筑遗存的单位有8处。另外还有6处被列为全国重点文物保护单位的书院已无建筑遗存或为近现代所建、不具备典型的儒学传播功能,不计入统计数据中。价值评估是建筑遗产保护中极为重要的一个环节,全面的价值评估对于制定具体保护措施和探讨科学保护及合理利用的途径和方法具有十分重要的意义。

一、儒家建筑文化遗产的类型和内涵

儒家建筑文化遗产是指以儒家学说为核心的思想流派和文化体系在形

成、发展、演变过程中所创造和衍生出来的,以教育祭祀、学术研究、文化传承为主要功能的建筑类历史文化遗存,主要包括以文庙、书院为代表的建筑文化遗产。

文庙是祭祀我国儒家学派创始人孔子的祠庙建筑,又称孔庙、孔圣庙、夫子庙、学宫等,根据功能可分为国庙、家庙和学庙。随着"庙学合一"制度的兴起,文庙也成为古代官办教育的重要场所。曲阜孔庙是世界各地文庙的祖庙,始于孔子生活过的三间旧宅。孔子去世后第二年(前 478 年)人们因宅立庙、每年奉祀。唐贞观四年(630 年),唐太宗诏令各州县设立文庙,并将诸儒名流纳入文庙陪祀孔子,全国范围内大规模兴建文庙的风潮由此开始,明清时期达到鼎盛,最多时全国共建有文庙近 2000 处。

书院是私人或官府所设的聚徒讲学、研究学问的场所,起源于唐代私人治学的书斋和中央政府整理典籍的职能部门,即有着民间和官方两个发展源头。文献记载最早的民间书院是唐初的湖南石光山书院和陕西瀛洲书院,最早的官方书院是唐玄宗在洛阳和长安设立的丽正书院(后改称集贤书院)。宋代的书院运动推动了书院和理学的一体化,书院制度得以确立,并迅速向全国推广开来。清代时书院已基本在全国城乡普及,最多时达 5800 余所。

除文庙和书院外,与儒家文化相关的贡院(如南京江南贡院)、书楼(如浙江嘉业藏书楼)、私塾(如广东阳江刘氏家塾)及其他儒家名人故居(如洛阳"两程"故里)、祠庙(如山东宁阳颜子庙)等也属于儒家建筑文化遗产,但其数量较少,分布不广泛,在儒家文化的传播以及以儒家经典为主要教学内容的教育普及方面,影响力远不及文庙和书院,代表性和典型性不足,不列为本文探讨的重点。

遗产内涵主要包括四方面。(1)古建筑本体,这是儒家建筑文化遗产的核心组成,也是遗产原真性和完整性的主要载体和集中体现,其形制布局有着自己特有的规制和范式。文庙建筑群一般由万仞宫墙、棂星门、泮池、大成门、大成殿、明伦堂、乡贤祠、尊经阁等组成。书院建筑群一般由大门、讲堂、祭殿、书楼等组成,因所在地区、等级及性质的不同或有增减。因为教育和祭祀的共同需要,地方文庙与官学、书院往往相邻而建,形成"庙学合一"的建制,构成了一种特殊的建筑组群——庙学建筑。(2)附属文物,如文庙书院中保存的碑刻、书籍、祭祀礼乐器等。文庙、书院的主要历史功能为祭祀、讲学和藏书，建筑的附属文物是记录遗产发展演变、相关历史活动等信息的重要载体，往往具有鲜明的地方文化特色。(3)古树名木是儒家建筑文化遗产的重要景观构成，被誉为"活着的文物"。一方面，古树烘托出文庙书院庄严肃穆的氛围，是其自然与人文环境的重要组成部分；另一方面，一些古树名木往往与遗产的历史变迁、儒家历史人物息息相关，成为文化传承发展的历史见证和符号象征，如曲阜孔庙的先师手植桧。(4)非物质文化遗产。文物建筑整体属于物质文化遗产的范畴，但也包含非物质文化遗产的元素，如文庙书院为祭祀孔子而派生出来的祭孔典礼、以碑刻为载体沿袭下来的书法艺术及碑刻传拓技艺、为维修文庙而延续发展的古建修缮技艺等，也都是遗产文化内涵的重要组成部分。

二、儒家建筑文化遗产的价值构成

(一)传统的遗产价值体系

价值是文化遗产之所以为世人记忆和传承的核心因素。开展文化遗产的价值评估是遗产保护利用工作的前提和基础，也反映了人们对文化遗产价值进行挖掘和认知的过程。"价值评估是与文物古迹的保护工作密切相关。如果保护工作是一个完整的链条，那么评估是其中最前置的一环，构成了保护工作的基础。"[①]建筑类文化遗产是文物的重要组成部分，人们对其价值的认知也是不断发展的。1961年国务院发布的《文物保护管理暂行条例》规定："在中华人民共和国境内，一切具有历史、艺术、科学价值的文物，都由国家保护。"1982年发布的《中华人民共和国文物保护法》指出，"具有历史、艺术、科学价值的古文化遗址、古墓葬、古建筑、石窟寺和石刻、壁画"属于文物，受国家保护。1972年通过的《保护世界文化和自然遗产公约》中对于建筑群文化遗产的定义为："从历史、艺术或科学角度看在建筑式样、分布均匀或与环境景色结合方面具有突出的普遍价值的单立或连接的建筑群。"这就是我们通常所说的文物"三大价值"。这种价值体系的表述沿用了很长时间。随着文化遗产概念的延伸以及中国文物保护实践及研究的深入，我们对文物价值有了更细致和全面的认识。2015年通过的《中国文物古迹遗址保护准则》(以下简称《准则》)指出：

---

① 晋宏逵：《中国文物价值观及价值评估》，《中国文化遗产》，2019年第1期。

"文物古迹的价值包括历史价值、艺术价值、科学价值以及社会价值和文化价值。"《准则》在三大价值的基础上增加了社会价值和文化价值,明确了社会价值包含记忆、情感、教育等内容,文化价值包含文化多样性、文化传统的延续及非物质文化遗产要素等相关内容。

2021年11月24日,中央全面深化改革委员会第二十二次会议审议通过了《关于让文物活起来、扩大中华文化国际影响力的实施意见》(以下简称《意见》),指出:"要准确提炼并展示中华优秀传统文化的精神标识,更好体现文物的历史价值、文化价值、审美价值、科技价值、时代价值。"《意见》也关注了文物三大价值以外的其他价值,对文物的"历史、文化、审美、科技、时代"价值的界定大致与《准则》中"历史、艺术、科学、社会、文化"的价值范畴相同,"审美价值"与"艺术价值"、"科技价值"与"科学价值"、"时代价值"与"社会价值",前者的表述从学术意义上来讲不够全面,但更加具体和细致,着力反映了当今的社会关切和时代需求。

(二)儒家建筑文化遗产价值的认定

价值的认定是主观行为,是相对于人们的需求而言的,表现为文物主体在满足人类(即价值的评定者)生存需求、情感需求等方面具有的功能和意义。基于对遗产内涵和五大价值体系的研究,我们可以发现儒家建筑文化遗产价值具有突出的普遍性和典型性特征。

1.历史价值

历史价值是指儒家建筑文化遗产作为历史见证的价值。在儒家文化的传播历史上,文庙和书院是重要的实物载体和文化表征,其建筑、匾额、碑刻、书籍等遗存保存了大量有价值的历史信息,记载了儒家文化、祭祀礼仪、学校教育、传统工艺等社会各层面的发展演进历程,反映了中国古代政治、经济、文化等各方面的发展状况,具有部分还原或印证历史真实性的作用。

2.艺术价值

艺术价值是指儒家建筑文化遗产作为人类艺术创作、审美趣味、特定时代的典型风格实物见证的价值。儒家建筑文化遗产的艺术价值主要体现在其建筑布局、构造、装饰等带给人们的精神上的审美感染力,以及设计、风格、艺术上的独特技艺上。文庙、书院建筑群的布局多中轴对称,主次分明,注重山水地貌、人与自然的和谐统一。单体建筑或恢宏庄重,或精巧灵动,雕刻彩绘等装饰丰富多样、巧夺天工,从整体到局部都营造出古朴典雅、意境深远的建筑艺术之美。

3.科学价值

科学价值是指儒家建筑文化遗产作为人类的创造性和科学技术成果本身或创造过程的实物见证的价值。由于历代王朝对孔子的尊崇及人才培养的重视,文庙和书院往往是地方上规格等级最高的建筑,成为教育教学的中心和人们心中的精神殿堂。其建筑的布局、修建及装饰极尽精巧,代表了当地最高的建筑技艺,对于当代的土木建筑科学仍具有相当的借鉴意义和实用价值。

4.社会价值

社会价值是指儒家建筑文化遗产在知识的记录和传播、文化精神的传承、社会凝聚力的产生等方面所具有的价值,突出地表现出在文化认同和文化传承上的积极意义。从曲阜孔庙的创建算起,文庙和书院的兴衰基本贯穿了整个封建王朝。作为历史的见证者,儒家建筑文化遗产体现了中华民族在长期历史发展进程中所积淀而形成的特有的文化基因和精神特质,标志了一个群体的文化认同感,并至今深深影响着当代社会,具有强大的文化凝聚力和感召力。

5.文化价值

文化价值体现在儒家建筑文化遗产所反映的民族文化、地区文化等多样性特征以及建筑本体、环境、非物质文化遗产等所蕴含的文化内涵上。时间和空间分布极广的文庙和书院承载了丰富多样的物质文化和精神文化。孔庙有国庙、学庙、家庙的不同,书院有官立书院和民间书院之分,其文化功能和文化内涵亦有区别。南方建筑与北方建筑在技法、风格上差异明显,云贵等地区的文庙、书院又融合了少数民族的建筑文化特点。各地祭孔活动在国家的统一规制下,祭祀乐舞、服装礼器等经过了历代沿袭发展都各成体系。这些都充分体现了中华文化的多样性和丰富性,见证了文化的传承和融合。

(三)儒家建筑文化遗产的突出特点

与其他建筑遗产相比,文庙、书院等儒家建筑文化遗产具有以下突出特点:

1. 时间空间的普及性

时间上,从创建时间来看,曲阜孔庙始于周代,魏晋时期在都城兴建孔庙,孔庙在唐以后被推向全国,明清时期达到鼎盛状态,民国时期建庙之风犹存,如1929年建成的哈尔滨文庙。书院滥觞于唐,至宋代已成定制遍布全国,并取代了官学的教育角色,明清时更加繁荣,直至光绪二十七年(1901年)朝廷诏令全国书院改为大、中、小三级学堂,书院才退出历史舞台。从建筑遗存年代来看,因土木建筑怕火易腐,很难长久保存,故现存文庙书院建筑多为明清遗存,年代较早的仅有宋金元时期的石础、木构等部分建筑构件,但在建筑群落中依然能看到历代维修重建的痕迹。空间上,文庙、书院类儒家建筑文化遗产分布极广。时间与空间的高度普及带来的是儒家建筑文化遗产极高的认知度和文化认同度,其在教育和文化领域已转化成为我们国家、社会及民族普遍认同的信仰符号和精神标识。

2. 建筑类型的多样性

时空分布极广的文庙、书院等儒家建筑文化遗产呈现出类型多样的特征,反映了官方主流文化与地方文化的冲突与融合。作为以祭祀和教育为目的的功能性建筑,文庙、书院建筑的构成、布局、形制等受到国家礼制和民间习俗的约束和规范,形成了较为统一的建筑规制。同时,建筑文化发展又是一个不断演变和融合的过程,必须和当时当地的文化背景、环境条件、人民需求等实际情况结合起来,由此形成了在统一建筑规制框架下的地区性差异,这种差异体现在建筑的布局、规模、结构、风格、材料、装饰等各个方面,从具体的建筑学类型上来看,几乎囊括了所有的类别。以文庙为例,布局多为坐北朝南,也有坐东朝西(如四川名山文庙)、坐西朝东(如云南景东文庙)和坐南朝北(如泰山孔子庙)的,有九进、七进、五进、三进院落不等,主体建筑大成殿的规模有九间、七间、五间、三间等不同的规模,结构上有抬梁式、穿斗式和抬梁穿斗结合式,屋顶样式上有重檐、单檐及庑殿、歇山、悬山、硬山等形制,如此等等。现存的儒家建筑文化遗产为研究中国古代建筑文化提供了众多类型多样的可比较的样本,这在其他建筑遗产中是不多见的。

3. 价值功能的延续性

出于对孔子及儒家文化的尊崇和科举教育体系的维护,历史上的文庙、书院等儒家文化建筑一直受到国家及地方的崇拜和保护,无论朝代如何更替,其尊严和神圣都未受影响。许多文庙和书院建成之后会经历迁建、维修、扩建等复杂过程,因战乱、雷火等原因虽偶有损坏,但很快就会得到修复,建筑本身得以延续,其价值功能也沿袭不断,包括今天新建的一些文庙、书院,依然是人们缅怀先师、纪念先贤的精神殿堂,也是开展中华优秀传统文化教育和课外研学的重要场所,这与其历史功能是一脉相承的,这也正是儒家建筑文化遗产当代价值的最集中体现。从其建筑功能上来分析,只要是社会对于教育的需求还在,作为统一的多民族国家对于文化认同、文化自强的需要还在,无论是采取官方推行还是民间自发的方式,文庙、书院这类儒家建筑文化遗产的社会教育、科学研究的实用价值以及道德涵养、文化传播的历史功能就能得到延续。这一点从当今各地文庙、书院日益兴起的国学教育、祭孔礼仪、文化讲堂等活动中可以看出。其价值功能没有荒废,已逐渐复兴并融入社会发展和百姓生活中。

三、结语

文化遗产保护的目的是利用和传承,利用是最好的保护。文庙、书院等儒家建筑文化遗产曾经是国人的思想家园,见证了中华文明和中华民族的荣辱兴衰,不论是过去还是将来,都将占据着重要而特殊的社会地位。深入挖掘遗产的价值内涵,引入文化线路的保护理念,做到统筹规划整体保护,多层次多角度探索活化方式,因地制宜开展合理利用,使其真正融入社会民生,实现文化遗产的造血重生,才能真正发挥儒家建筑文化遗产特有的文化教育功能,使其承担起应尽的社会责任。

文庙里的文化认同

刘续兵

(孔子研究院)

在历史上和现实中,研究、弘扬中华优秀传统文化都有三个重要的载体:一是学术意义上的经典,二是教育体系里的学校,三是生活环境中的文庙、书院和祠堂。而文庙之重要性、神圣性,更远大于书院和祠堂。

一、文庙——中国文化之"国庙"

文庙,是中国文化的至高殿堂,传播传统思想的重要场域,在历史上起到了学术传承、人文教化等重要作用,成为中华文明特有的景观。

我们说,国学的核心是儒学,儒学的核心是经学。而儒学的创始者在文庙中,经学的传承者在文庙中。中华文明之所以能够绵延不绝,其奥秘在文庙中;中国文化之所以具有开放包容的特质,其根由在文庙中。

文庙从开始建立那一刻起,就不仅仅是孔氏的"家庙",而是同时蕴含有"家"与"国"两个向度的内涵,既具有"家庙""私学"性质,又逐步超出一家之私,成为体现"学统""道统"意义的文化符号,从孔子弟子后裔祭师拜祖的"家庙",向代表中国文化的"国庙"稳步转变。中国商周时期重要的"释奠古礼",也从南北朝时期开始,成为祭祀孔子和文庙的专用礼仪,至唐代成为定制。

我们如果对从祀制度进行考察,就可以发现,文庙一方面以孔子为主祭对象,另一方面又配享以"四配""十二哲",从祀以 156 位历代"先贤""先儒"。文庙里纪念祭祀的,不仅仅是孔子,还有其他历代文化先贤,呈现出的是一整套文化体系、文化道统。凡能进入文庙配享、从祀于孔子的,无不是传统社会的典范人物。文庙从而也就成为知识分子向往的心灵家园,广大民众慕圣希贤的精神高地,事实上形成了"中国文化名人堂"和"历代先贤祠",起到了崇德、报本、教化的功用,成为维系中华文明、凝聚民族精神、创新文化思想的殿堂。因此,文庙祭祀,绝不仅仅是孔氏族人祭祀祖先的"家事",更是中国人在文化上慎终追远的"国事"。

二、文庙里的时势之变和文化认同

一代代的先贤先儒进入文庙,我们也就能知道,为什么曲阜阙里孔庙南北长达1公里——从建筑体制上说,其实是非常特殊的。中国古建筑虽然大都是方形或长方形,但少有如此狭而长的。特别是大成殿院落更是越来越狭长。这是因为从祀人物不断增加,东西两庑的南北长度也就不断增长,直到清代形成了现有的格局。

也就是说,不论是释奠古礼演变为祭祀孔子之礼,还是不同时代推举不同类型的儒者进入文庙从祀,都是时代之变、时势之变,是社会发展的需要,是那个时代的创造和创新。

还有一个重要的创新,就是地方上为纪念给百姓作出贡献的官员,推扬为地方上作出贡献的乡绅,依附文庙,在文庙设立名宦祠、乡贤祠、节孝祠、孝义祠,以表彰贤达、推行教化。这是孔子之前的释奠古礼时代从来没有过的,在明代以前的文庙释奠时代也是没有过的。这是随着教化的推行,在维护核心价值理念前提下的创举,对于今天文庙的功能建构和文化建设,具有重要的启发意义。

然而,不论是礼制仪节的因革,还是入祀人物的损益,体现的都是深化文化认同、推扬核心价值的本质规律。从2500年前开始,历朝历代,不论是以汉民族为主体建立的政权,还是少数民族建立的政权,都以尊崇孔子、祭祀孔子、扩建文庙为重要象征,强调文化认同,以此彰显政权的合法性和文明性。所以,往往是在少数民族政权时期,孔子的封号更高,文庙释奠礼的规制正是在清代达到高峰的。

文庙的意义,对内来说,凝聚了民族精神,构建了文化认同,成为国家政教体系的重要组成部分;对外来说,则传播了中国文化,促进了文化交流,成为中华文明的物化象征。

三、进一步发挥文庙功用的一个切入点

当前的文庙祭祀活动,往往聚焦于孔子一人。其实,文庙中除孔子之外,还有"四配""十二哲",还有 156 位"先贤""先儒"。这里的每一个人都对中国文化作出过重大贡献,不能忽略,更不能遗忘。所以,一方面,我们在"祭孔大典"中,既要有对大成殿的正献礼,也不能缺失对东西两庑的分献礼;另一方面,建议推出类似"先贤先儒日"这样的活动,比如董仲舒生日这一天,全国文庙可共同推出"董仲舒日",在韩愈生日这一天,可推出"韩愈日"。这样一是可以使他们的生平、思想和贡献为更多人所了解,二是可以给各地的文庙增加活动项目,丰富展陈内容,使得文庙全年大部分时间里都有活动,而不是只在 9 月 28 日这一天祭祀孔子。这些活动既可以用以加强各地文庙之间的互动,也可以加大对相关地方、相关文化旅游资源的宣传推广。

尼山文学论坛

弘扬中国文学精神　讲好当代中国故事

王跃文

（湖南省作家协会）

二十世纪八十年代初，我还在大学读书，经常到一个叫榆树湾的小地方的新华书店看书。当时囊中羞涩，想买的书多，真正买下来的却很少。有一次书店卖打折书，我一咬牙买了十几本，其中就有一本英国作家斯蒂文森的长篇小说《金银岛》。我至今记得那本《金银岛》定价六角五分钱，折后价三角钱。买回来，一气读完，酣畅淋漓，心潮起伏。我被小说中少年吉姆同海盗们一起到荒岛上寻宝的故事深深吸引。吉姆同海盗间的斗智斗勇，很符合年轻人的阅读口味，作家讲故事的技巧也令我着迷。

随着年龄渐长，我对中西方文化、历史、哲学有了一定了解。有一天，我忆起这部小说，突然悟到：《金银岛》这部常常出现在儿童文学书目中的小说，表现的正是典型的西方文化价值观——一方面是个人主义的价值实现，崇尚英雄、冒险、征服，是人与命运、人与自然、人与社会间的反抗与斗争；另一方面也是抢夺、侵吞、占有、分赃，是强权、弱肉强食、胜者为王的丛林法则。由此我想到了另外一部儿童文学经典，即拉格洛夫的《尼尔斯骑鹅旅行记》，这部作品中也写到了对意外之财的获得。领头雁阿卡把尼尔斯带到一个偏远的岛上，想把大雁们多年前偶然发现的一袋黄金交给这位曾经顽劣、如今已成长的小男孩。为了说服尼尔斯收下这笔意外之财，阿卡说出两个原因：一是尼尔斯在这一年中做了很多事，应该得到报酬；二是这些金币已放在这里好多年，肯定是没有主人的。这个故事同样具有某种象征意义，即标榜所谓法治和理性的人在获取"非分利益"时，需要寻找理由以求得合法性和道德安慰。

美国小说家麦尔维尔的长篇小说《白鲸》是十九世纪美国文学的经典。小说写船长亚哈怀着复仇的目的追杀一头白鲸。小说的写作技法当然是高超的,复杂的极端的人物形象刻画、凶险曲折的故事讲述、海洋百科全书式的内容呈现,都是十分吸引人的。但是,人的绝对自私、人与自然仇雠般的对立、理性被嘲弄、道德被搁置、群体生命被漠视、暴力和阴谋被津津乐道,等等,这些同人类共同价值观相违背的暗黑人性,在小说中也被着力刻画。许多人认为《白鲸》中亚哈船长这一形象,是美国英雄主义、硬汉精神的象征,但亚哈纯粹为了个人的复仇和征服欲而抛弃理性与道德,让自己和全体船员同白鲸同归于尽,这与西方文艺复兴以来所张扬的人文主义和理性主义精神并不相吻合。

大学时代我就熟读《论语》,也曾逐句背诵过。我也曾认真琢磨《论语》的思想精髓和它的语言文字之美。它吸引我的不仅仅是其中深邃丰富的思想资源,对于我来说,是《论语》教我怎样做人,是《论语》构建了我文化心理结构中最重要的部分,是《论语》树立了我的价值观和人生观。《论语》中的诚、义、敬、庄、信、忠、恕等对人生、对生民、对社会、对国家的态度,至今是我信奉的做人准则。回想二十岁出头时初读《论语》,到现在已近四十年,可以说,我的生命底色和生活基石,我的哲学观、社会观、伦理观,我的道德与个人修养,我曾有过的所有人生选择,都同《论语》指给我的方向与教给我的准则有关。人说到底是文化存在,所以可以毫不夸张地说,是《论语》塑造了我的基本价值观。

《论语》不是一部说教之书,它生动、形象,人物鲜活,充满情感,是一部深情之书。孔子被后代奉为天下至圣,有大智慧、有担当,但同时他又是一个真实的人,风趣、幽默,对人世间饱含深情,也特别重视对人性情感的培育。从这个角度来说,《论语》是一部以情动人的大书。我每读到《论语》中孔子与他的弟子们的对话、他们之间的故事,常常为之动容。倘遇孺子可教,比如子贡和子夏,孔子必抚掌叹曰:"始可与言《诗》已矣!"此句一出,足见孔子笑容可掬,欣喜之情溢于言表。孔子很关爱弟子,颜回是他最喜欢的。孔子对这位爱徒的贤德极为赞赏,说:"贤哉,回也!一箪食,一瓢饮,在陋巷,人不堪其忧,回也不改其乐。贤哉,回也!"几乎是一咏三叹了。颜回敏而好学,孔子又感叹:"惜乎,吾见其进也,未见其止也。"孔子并不掩饰自己对颜回的偏爱,他问子贡:"女与回也孰愈?"子贡说:"赐也何敢望回?回也闻一以知十,赐也闻一以知二。"孔子说:"弗如也,吾与女弗如也。"一日,孔子同门人被困于匡,颜回最后才逃出来。孔子既惊惧，又惊喜，说："吾以女为死矣！"颜回说："子在，回何敢死？"颜回奉师之情深，一语写尽。可惜天妒英才，颜回早早地去世了。孔子悲痛欲绝，擂胸哭喊："噫！天丧予！天丧予！"多年之后，鲁哀公问孔子："弟子孰为好学？"孔子回答说："有颜回者好学，不迁怒，不贰过，不幸短命死矣，今也则亡，未闻好学者也。"季康氏也问过孔子："弟子孰为好学？"孔子也回答说："有颜回者好学，不幸短命死矣，今也则亡。"孔子到老都未能从颜回之死的悲痛中走出来。

《毛诗序》说，情动于中，而形于言，此即是诗。若以此为标准，《论语》不仅仅是伟大的儒家经典，也是一部伟大的诗集，其在人物、事件、情感、语言等方面，皆表现出鲜明的非虚构的伟大文学性。

不仅仅是《论语》，《孟子》《庄子》等诸子百家的文学作品，及至以后的唐诗、宋词、元曲，中华文明、中国文学所表现出的基本精神，是以道自任、以天下生民为担当的崇高追求，是"富贵不能淫，贫贱不能移，威武不能屈"的人格圆满，是"先天下之忧而忧，后天下之乐而乐"的家国情怀，是"安得广厦千万间，大庇天下寒士俱欢颜，风雨不动安如山"的民本精神，当然，也是"慈母手中线，游子身上衣""春蚕到死丝方尽，蜡炬成灰泪始干"的真情。

作为一名文学工作者，我深深认同我们中国传统文学精神。几十年来，我也是以弘扬中国传统文学精神为己任的。我对西方哲学与文学抱有极大敬意，大学阶段接受过从古希腊神话到现当代西方文学的系统学习，西方文学中对人道主义的颂扬、对自由价值的捍卫、对英雄主义的推崇、对个性自由的尊重等，都滋养着我的思想、精神和灵魂。但并不是所有西方文学名著都是我无条件认可和追捧的，哪怕是已经被世界文学史奉为经典的作品。当今，世界局势变化的不稳定性和不可预料性越来越明显，中国的发展面临着前所未有的复杂局面。中国既要凝神聚力办好自己的事情，又要以积极开放的姿态同世界发生广泛联系，对人类文明进步作出新的贡献。新时代中国文学必须立足自身文明传统，广纳全人类文明的优秀资源，充分展示当代中国气象和当代中国人的精神图谱，讲好丰富生动的中国故事，向世界展现可信、可爱、可敬的中国形象。

兴观群怨与翕纯皦绎

老藤

（辽宁省作家协会）

如果想探究孔子学说中哪一理论符合今天论坛的主旨，也就是符合人类共同价值观的话，首推的应该是孔子的文艺观。孔子虽然是西周礼制的忠实拥护者，但这一立场并没有束缚他对文艺的客观看法。孔子关于文艺的论述体现在他诸多语录中，内涵十分丰富，涉及传统和弘道等若干领域，其中最突出的元素是"兴观群怨"和"翕纯皦绎"八个字。

《论语》中记载，孔子在教育弟子们要读《诗》时说："诗可以兴，可以观，可以群，可以怨。迩之事父，远之事君，多识于草木鸟兽之名。"这便是"兴观群怨"四个字的来处。

所谓"兴"，有的解释是激发情感，有的认为是比兴。这些解释都不无道理，但是，不要忘记孔子这里说的是"诗三百"，就是后来的《诗经》。《诗经》是歌谣，是表达情感的文学。这里的"兴"显然包含了激发想象的成分。我们都清楚，如果没有想象力，我们仰望星空便失去了意义。激发想象是孔子文艺观中最为基础的含义。就文学而言，其第一功能是培养和激发想象力。秀才不出门，便知天下事，靠的是读书中的"兴"。文学一旦失去了培养想象力的功能，就会变得功利，成为一只不能飞翔的笨鸟。

"可以观"中的"观"是观察和认识社会，体现的是文学的认知功能。文学作品是社会生活的写照，阅读文学作品，能间接地获取知识、认识社会，这种认知功能是大众的需要，也是读书的目的，是传播的动力。这一点深入下去就是为谁写和写什么的问题。孔子之所以对怪力乱神不感兴趣，就是主张专注于现实，也可以理解为文学要在记录时代上下功夫。当然，"观"在孔子眼中还有两层含义,一个是欣赏,一个是规劝,这也是人们公认的文学的审美和启迪人生的作用。

"可以群"中的"群"简单理解就是团结人。具体来说有两重含义:一是助群,强调文学可以鼓舞人、凝聚人、影响人。"诗三百"中的"颂",大都体现了群的特征;二是合群,主张文学要将"小我"融入"大我",通过"小我"来体现"大我"。《国风》中很多作品都蕴含了这一认识。"群"的观点是孔子在"观"的基础上发展出来的,进一步回答了文学应该为自己还是为大众的问题。有的作家宣称写作是为了自己,与别人无关,这显然与孔子的文学观相悖。作家之笔抒发一己情怀这没有错,但若总是局限在"杯水风波"里,最终就会脱离生活,脱离大众。

"可以怨"中的"怨"绝不是简单地发牢骚,因为孔夫子历来主张不怨天、不尤人。这里的怨是讽谏。我们从《诗经》中随手就可以找到讽谏诸侯和权贵的诗作,比如《伐檀》《硕鼠》和《新台》这般辛辣的讽刺诗。"怨"的文学态度,事实上揭示了批判性是文学应有的正义立场,文学要表达真实的思想感情,要勇敢地干预社会、干预生活。事实也是如此,诗如果被漂白,社会就会多了肮脏;诗中多了怒吼,生活便会少一些压抑。

"翕纯皦绎"语出《论语·八佾》,原文是:"乐其可知也:始作,翕如也,从之,纯如也,皦如也,绎如也,以成。"这里,孔子想告诉鲁国乐官一个道理:演奏或欣赏音乐是可知的,开始演奏的时候,要开合协调,接下来,要主旨美好,格调明亮,旋律优美,这样演奏就会取得成功。

如果说"兴观群怨"侧重的是文学的目的和作用的话,那么"翕纯皦绎"就是在强调文艺的创作和欣赏方法了。

事实上,直到今天我们欣赏音乐也没有离开孔子所指的路径。"翕如",是作品的开篇。开篇要自然和谐,循序渐进,就像我们开口说话,双唇自然翕动,或像鸟儿飞翔,翅膀要徐徐扇动,这里强调的是自然,绝不是汽车一发动就把油门踩到底,来一番爆炸式的轰鸣。

"纯如"指的是思想。文艺作品好不好,思想纯不纯是关键,思想纯洁是美的最高标准,思想杂糅是创作的大忌,孔子分明洞察到了这一点。一部文艺作品如果主题思想颓废,表现形式再新颖也很难说它好。人们欣赏文艺作品是为了审美愉悦,而不是为了获取消极思想和沮丧心态。当然,并不是说悲怆的作品就不好,在悲怆中传递力量不叫颓废,那是美学的另一种境界。

"皦如"强调的是格调。文艺作品的格调就像人之秉性,高雅的格调如同夜空明月,带着诗与画的月光如同水银泻地,令人赏心悦目;而灰暗的格调则像秋夜阴雨,让人黯然神伤。如果用今天的话来阐述,"皦如"就是每个作家、艺术家都视为生命的风格。作品有独特风格,是一个作家、艺术家能够安身立命的旗帜所在。孔子在两千多年前就重视这一点,足见他的远见卓识。

"绎如"就是旋律。这当然是针对乐曲而言的,但这个观点完全可以推而广之,适用于所有的文艺作品。因为任何作品都有节奏,都有演绎的过程,再自然的开端、再灵动的思想、再鲜明的格调,如果不通过合理、巧妙的形式演绎,也达不到应有的艺术效果。孔子之所以强调乐的"绎如"特性,目的在于强调整体与部分的协调,提醒不要把好"戏"演砸了。儒家之所以重视乐的教化,就是因为乐需要协作和整体作用的发挥。一个成功的合唱团,要有不同分工,按音部分合有度,否则演出就无法成功。孔子认为懂得乐之真谛的人,也就具备了齐家治国的基本思路。这里的重点便是一个"绎"字,历史是一幕大戏,关键看怎样演出。

尼山报告文学论坛

报告文学创作刍议

李朝全

（中国作协创研部　中国报告文学学会）

报告文学是一种叙事性文体，以艺术的方式真实地反映社会现实和人们的情感世界，是与小说、诗歌、散文、戏剧并列的一种文学体裁。报告文学脱胎于新闻报道，是新闻与文学"联姻"的产儿。因此，报告文学又被称为"艺术的文告"。报告文学是"报告"与"文学"的有机结合，具备新闻性、艺术性、真实性等基本属性。报告文学包括写人、记事、书史、立传等若干类型，重在报告报道，向读者传递和告知一些新鲜的资讯及信息，注重借助文学的艺术形式，通过人物、故事情节、语言艺术来表现一定的思想内涵、主题及情感。

报告文学最突出的文体特征是新闻性和由新闻性派生出来的真实性。报告文学所具备的新闻性，并非单纯意义上的"新闻"，而是一种广义的新闻，是要向读者传递具有新闻性、新闻价值的新资讯、新信息性质的新鲜的、新颖的史实和事实。它可以是新近发生的人和事，也可以是对在历史上曾经发生过却鲜为人知的历史内幕、历史真相的揭示。报告文学的新闻性特征这一根本属性，决定了它必须具备真实性。真实性是报告文学的底线，也是报告文学的生命线。

2010年起至今热度不减的"非虚构"并非一种文体形式，而是一种文本类型亦即文类，或者说是一种创作手法、创作方式和写作的策略。非虚构的英文原词是nonfiction，直译为"非小说"，它与fiction（小说、虚构）对立。换言之，凡是非小说的文本均可归入非虚构文本类型中。因此，非虚构文本或称非虚构创作既包括非虚构文学，同时也包括哲学、历史学、社会科学著作等。"非虚构文学"的概念首次被引入中国大致在二十世纪八十年代初期，而在2010年因《人民文学》杂志的助推而成为文学界乃至社会各界关注的一个热点。根据

《人民文学》杂志"非虚构"创作首倡者李敬泽的观点,所谓的"非虚构"其实就是一只"乾坤袋",可以装进各种庞杂的无法为现有文体所囊括的作品。因此可见,中国当下所谓的非虚构并非一个自洽的完备的概念,它自2010年出现以来就是一个"先天不足"的不完整的概念,甚至是一个"先天缺陷儿"。换言之,非虚构在大家的热议和热捧中有可能会变成一个"圈套",一个叙事的圈套。由于先天不足,非虚构在中国兴盛一时而常感后继乏力。其"先天不足"的"缺陷"后天可能无法弥补。十余年来,中国的非虚构在自己的轨道上越行越远,日益背离自己的本义,乃至颠覆本义,产生了一些自相矛盾的"怪胎"式文本,譬如曾经风行一时的所谓的"非虚构小说"。"非虚构小说"实际上就是一种自我矛盾体,因为非虚构创作要求文本必须遵循不虚构、反虚构或否定虚构的写作要求,而小说的本质属性却是虚构,二者水火不容,相互对立。这种非驴非马甚至是"四不像"的物种在现实生活中显然是无法繁衍延续的。后来的事实也证明了这一点。严格来说,我们今天所看到的标注为"非虚构小说"的文学作品大多是小说化的文本,严格来说它们应该归入小说,只不过其人物、故事原型可能采自现实生活中一些真实的、具体的人和事,但是作者在创作过程中已对这些人和事重新进行了组合排列和艺术再造,也就是像鲁迅先生所言,用现实生活中不同的模特儿重组成小说中的这一个人物。从这个意义上来说,现在我们所读到的多数"非虚构小说"文本,实际上并非严格意义上的非虚构文学,而只是披着非虚构外衣的小说。非虚构文学所描写的人物、故事情节,应该是可以被验证的或者是不可被证伪的。非虚构文学与我一贯倡导的广义的报告文学或"大报告文学"的范畴是重合的、对等的。换言之,非虚构文学即是"大报告文学"。拙著《非虚构文学论》即采用了这一观点。在我看来,报告文学杜绝虚构、编造,杜绝凭空想象和"无中生有",报告文学所描写的内容皆应是可被反复验证或不可被证伪、不可被否定的,它是一种历史真实、判断真实和艺术真实的统一。当然,我们不反对报告文学借鉴吸纳小说笔法及手法,恰恰相反,不同文体之间的交锋、交错、交融,对于报告文学自身的完善与发展,对于激发报告文学的生机与活力是极为有益的。

值得注意的一个突出现象是:近年来,在中国,"非虚构"的概念越来越与美国所谓的"非虚构"类图书合轨,亦即将图书分为"虚构"与"非虚构"两大类。

"非虚构"类图书既包括纪实文学、报告文学、传记等传统所谓的"非虚构文学",也包括散文、随笔、史学著作、哲学著作等。在不少报刊媒体等所举办的年度"非虚构"作品排行榜、书单之类的推介中,已经采用了这一"美式"分类。

报告文学写作的个人性体现在文学的个性上,也就是报告文学作家个人的语言风格,个人的性情,独到的思考和独特的叙事、素材剪裁、谋篇布局、表达方式等。换言之,报告文学的个人性,更多地体现为个人风格、个人特色和个性化表达。同时,报告文学的个人性也体现在报告文学是一种"有我"的创作,融入了作家个人的思想、情感、趣味和对世界、对社会、对人生的感受认知方式等上。它是一种个人化的、个性化的艺术劳动与创造。而报告文学的公共性,指的则是报告文学所涉及的题材、人物、事件等大多为社会大众所关注的,具有社会性、公共性。它所报道的新闻,所反映的社会现象大多具有现实意义,具有现实针对性,或者同时具备长远价值。报告文学作品的思想主题、内涵、价值具有广泛性、大众性。报告文学通过读者的阅读、文本艺术样式的转换,扩大其影响,从而能够参与或影响经济社会的进展,能够影响或塑造人们的思想、情感、境界。报告文学,尤其是其中的现实题材作品,往往具有参与现实、干预现实的特性。其直面问题,辨析问题并提出应对之道,具备前瞻性和预见性,能够推动现实问题的解决和社会的进步,产生积极的社会影响。作为一种文学作品,报告文学具有共享性、共情性和共鸣性,可以引发读者的共情与共鸣,从而与读者分享作者自己的情感、思想和理性思考乃至对现实的批判,推动社会大众参与历史创造,参与现实进步。报告文学注重与时代同频共振,与历史大潮同向前行,是与时代和社会发展关系最直接、最密切的一种文体。

报告文学要真实地反映现实,并不等于它要采取一种照相式的、镜子式的被动的反映方式,而应该采用一种能动的、积极的、艺术的反映方式,要进行艺术化的表达。这就需要作家充分发挥艺术想象,对创作素材进行必要的艺术加工。报告文学的报告性指的是它所传递的信息和内容具有新闻性价值,而报告文学的文学性指的则是它必须是一种艺术的讲述,能够引起人们的情感共鸣,能够作用于人的心理、心情和思想,也就是要运用艺术的方式来处理素材,这就要求创作者通过必要的、丰盈的想象,充分调动主观能动性,对历史真实、事件真实进行艺术性的加工和表现,充分发挥艺术想象力和表达力,体现自身的思想、审美感受力和领悟力。在创作手法上,报告文学无疑需学习、借鉴、吸纳诗歌、散文、小说、戏剧等其他文学体裁的优点,博采众长,取长补短,提升自己的艺术性。优秀的报告文学一定是报告和文学的完美统一,是艺术化的文学报告。

从本质上说,报告文学的文学性与其他文体的文学性并无区别。报告文学的特异性或审美特质在于它特别强调新闻性与真实性,这是其最鲜明的特点所在。因此,报告文学的艺术性是有底线的,也就是要确保其真实性,这也是报告文学的生命所系。换言之,报告文学创作过程中的艺术加工、艺术想象是不能背离真实性原则的,作品所讲述的故事、所刻画的人物、所描写的内容必须是可以验证的或者是不可被证伪的。如果背离了这一根本,那么报告文学的自立性也就不复存在,这样的文学作品实质上已不能被冠以报告文学的名分。报告文学叙事的审美化与其他文体是相近的,它也要通过美的语言、美的构思、生动的故事、个性鲜明的人物来打动人、感染人,动人以情,动人以理,动人以思,要在情感上、心理上、思想上和精神上打动读者。

在新媒体时代,报告文学无疑遇到了新的严峻的挑战。但是,新媒体时代也为报告文学的创作、生产、传播提供了新的重大机遇。在我看来,无论是"短阅读"还是"长阅读",无论是"快阅读"还是"慢阅读",无论是"浅阅读"还是"深阅读",都无高下优劣之分,皆为受众所需,不可偏废。文学就应该具备能够满足读者多样化、多层次阅读欣赏需求的能力。就报告文学而言,短章长制两相宜,新旧体裁均合众。短篇报告文学以"报章报告文学"为主,此类作品篇幅短小,文字精练,内容简洁,主题较为简单,比较适于快速地阅读和传播;长篇报告文学则多数以著作化方式出现,相对而言,难度大,读起来慢,传播起来不及短篇灵活便捷。无论是长篇还是短篇,报告文学都需要有独到的思考、理性的思辨,要有对现实社会问题的揭示与反思,要能够影响人心,作用久远。篇幅长短与报告文学思想内涵的深厚薄弱并无直接相关。当然,包括网络在内的新媒体传播迅捷,互动性强,为大众参与文学包括报告文学创作提供了极为便利的条件,也大大降低了文学的门槛。在此状况下,我们提出,报告文学和其他文学样式(包括网络文学)都应该提高自己的门槛,提升自己的创作难度,提高作品的质量,这是维系文学命脉之所在。报告文学同样需要践行新发展理念,不断强化创新意识和开放思维,不能故步自封、画地为牢,自我僵化、固化。报告文学要善于利用新媒体、利用现代科技来进行作品的二次传播、放大传播,扩大影响。报告文学要充分利用新科技手段来进行采访和创作,同时要在形式和载体等方面进行改进提升,譬如可以借助图片、录音、录像等方式来进行创作,实现作品的图像化、影像化,也可以将文字作品改编成短视频、音频等,借助各类客户端来进行社会传播。在新媒体时代,报告文学既不应妄自菲薄,也不应妄自尊大,要放下自己的身段,主动亲近普通受众。报告文学要主动探寻新的有效的实现方式,让更多的社会大众了解和接纳报告文学,让报告文学始终活在大众的口碑中,活跃在社会生活里,从而永葆生机与活力。

时代的文体 真实的文体 人民的文体
——中国报告文学再认识

张陵

（作家出版社）

一

今天没有人能够否认报告文学是一种与时代关系非常紧密的文体，是时代的文体。不过，对于怎样认识报告文学的时代性，还可以继续深入讨论。从报告文学的发生史就可以看出，报告文学产生于十九世纪到二十世纪初这一世界大变局的年代。推动这个历史大变局的思想力量显然是国际共产主义运动的兴起，蓬勃发展；工人阶级作为新兴的力量，登上历史舞台；社会矛盾冲突不断激化，阶级斗争空前激烈。世界资本主义彻底暴露出腐朽没落的面目，世界社会主义却摧枯拉朽，蒸蒸日上。这个大变局，也催生了一种更加真实地反映这种经济社会变革的文学体裁，这就是报告文学。这个文体刚刚诞生，虽然还很弱小，却有一种思想力量，撕开了资产阶级文学那种虚伪、虚弱和虚构的面纱，打破了资产阶级文学所构筑的人性梦幻，动摇了资产阶级文学不可动摇的意识形态，还给人民一个真实的世界、一个真实的人生。我们从约翰·里德的《震撼世界的十天》、瞿秋白的《赤都心史》中就可以感受到这种思想的力量，也感受到一种新的文体的时代气息和时代的活力。

报告文学向中国传入并让中国文学接受是一个必然性的历史过程。在马克思主义和十月革命的深刻影响下，中国一批具有先进思想的进步知识分子组建了中国共产党。从此，中国革命开始了新的历史进程，中国文化和中国文学也开始了新的历史进程。很显然，一种具有鲜明的革命精神的文学体裁，也顺应时代的潮流为中国文学特别是革命和进步文学所认知。实际上，当时整个中国文化的"革命性"主要体现在全面接受西方文化以及西方文学的启蒙上,因此,文学上的一个新文体的出现,并不会造成什么大的动静。直到夏衍的《包身工》写出了中国工人的悲惨生活和苦难命运,第一次展示了报告文学触目惊心地反映现实的锐意和表现时代思想精神的批判力量,人们才真正认识到报告文学这种文体的不可小觑。

很显然,革命的时代把一种革命的基因也就是红色基因注入了报告文学的文体之中,形成了报告文学的革命精神血脉。报告文学那种能量与力量,就来自这种基因,这股血脉。而一场艰苦卓绝的民族解放战争强有力地推动了中国报告文学的发展壮大,也强有力地把报告文学推向了时代精神的高地。在和中华民族一道积极参与抗日战争的伟大斗争中,报告文学最终走出了"启蒙"文学的圈子,成了救国救亡、争取民族解放的文学。不仅真实、全面、深刻地反映了中国人民的抗战现实和伟大的抗战精神,也赓续了红色的血脉。它走向人民群众,以大批优秀作品,打造出一个坚实的时代文体。

报告文学思想的跨越式进步,必须归功于具有划时代意义的《在延安文艺座谈会上的讲话》(以下简称《讲话》)。这次座谈会的问题导向是要解决当时延安的文艺工作者在文学方向和思想认识上的一些问题。《讲话》第一次明确提出文学艺术是为人民服务的思想,第一次明确提出人民群众是文学艺术的主角的思想,第一次深刻揭示了革命文艺与时代与生活与人民的基本关系,为中国的革命文艺奠定了正确的方向,找到了一条正确的发展道路。其意义远远超过只解决一些创作上的具体问题。

作为带着红色基因、流淌着红色血脉的中国报告文学,是《讲话》精神最大的思想受益者,也是文学服务于人民、服务于时代的最重要的践行者。《讲话》以后,中国报告文学在中国文学中虽然还是只占据了轻骑兵的位置,但这个文体在实践中积累下来的文学思想却比任何一个文体都热情、都快速地融入了正在到来的新中国文学的格局中。如果说,新中国成立以来的社会主义文学的主要成就仍然在小说、诗歌中实现的话,那么报告文学则以产生如魏巍《谁是最可爱的人》,王石、房树民《为了六十一个阶级弟兄》那样的作品,展示了这个文体在新的时代的文学格局里,不可替代的作用。

中国报告文学的好时代,应该就是改革开放的时代。以徐迟《哥德巴赫猜想》、理由《扬眉剑出鞘》为代表的报告文学和小说、诗歌等文体一起,共同发力,在思想解放的大潮中,勇敢拨乱反正,批判"文革",反思历史,拥抱时代,欢呼改革,讴歌人民,共同把中国文学的思想推向时代精神的高地,开创了中国文学的一个黄金时代。报告文学在这场文学革命中的突出表现,特别是在反映现实方面的优势,有效地调整了中国文学的传统格局,报告文学的作用得以大大强化。

当中国改革深化,社会各种矛盾复杂以后,小说和诗歌开始出现力不从心的疲态,不得不绕着现实矛盾走,不得不机智地"内化""纯文学化"的时候,只有报告文学仍然诚实地面对现实矛盾冲突,厚道地反映时代生活的问题,真诚地记录着人民群众破解困局、不断开创的艰难奋斗。报告文学迎着时代的风雨,直逼生活矛盾冲突最剧烈的深处。作为一种时代的文体,报告文学必须面对现实才有意义,只有面对现实才有自身的价值。所以报告文学不能寻找退路,没有退路,无路可退。世界上有一种"纯文学"的小说,也有"唯美"的诗歌,但没有"纯文学""唯美"的报告文学。可以说,报告文学是被时代吸引着,冒着磕磕碰碰受伤的风险勇立现实生活的潮头。然而,时代给报告文学的回报也是丰厚的。经过近三十年的打拼,中国报告文学不再是文学的轻骑兵,而是成长壮大,成为一支靠得住、打得赢的文学生力军,在很多时候,起到了文学主力军的作用。从报告文学的经历我们可以看出,中国报告文学的优势不是天生的,也不是从天上掉下来的,而是因为更主动地留在现实生活的矛盾冲突之中,更自觉紧跟时代,更多地赓续历史精神才得来的。

进入新时代,中国报告文学积极反映中国经济社会的发展,再次充当起文学反映现实的主力军。报告文学以大批优秀的作品,描写了中国摆脱贫困的伟大历史进程,表现了中国人民在啃最后一公里硬骨头的斗争中的坚强意志和奋斗精神,反映了中国全面建成小康社会的时代风貌,进而反映了中国摆脱贫困并为世界反贫困斗争提供可行的中国方案这一现实。我们不得不承认,中国报告文学创造了一个前所未有的中国文学反映现实的"报告文学时间"。王宏甲《塘约道路》、何建明的《那山,那水》可以说是这个"报告文学时间"中最有概括力、最具代表性的作品。前者表现了人民群众用"重新组织起来"的创举摆脱了贫困,也找到了一条共同富裕的发展道路;后者则从"两山"理论发生地入手,传递了一个绿色发展新时代正在向我们走来的信息,展现了美丽乡村、美丽中国建设的美好前景,揭示了共同富裕的必由之路。

报告文学不仅收获了反映现实的令人瞩目的实绩,也收获了自身文学思想的进步与创新。中国报告文学在经历了"民生"斗争考验以后,显然坚定了自己对时代的认识和判断,那就是"民生"正在推动中国文学的发展,也在改变中国文学的格局。也就是说,一种以"民生"为精神之魂的时代文学正在形成。

二

真实是报告文学的生命。只有真实反映生活,报告文学才有认识世界的思想,才有改变命运的力量。早在报告文学的发端时期,真实就作为一种先进的思想和进步的文化,揭示了现实的真相,让人真正认识生活、认识现实、认识时代、认识人生和人的命运。在那个阶级斗争的时代,真实引导人们更清醒地批判现实,更深入关注无产阶级的生活真相,更深刻认识无产阶级和底层人民反抗压迫、争取解放的那种改变命运、创造历史的力量。尽管报告文学的兴起不是针对占文学主流的虚构文学,但人们意识到,在那样一个时代,真实比虚构更重要,更有批判精神,更有先进性,更代表着文学的方向。

报告文学最初受到新闻"真实"的影响。事实上,早期的报告文学经常很难刻意地从新闻的一些文体中剥离出来,直到现在,新闻仍然在深深地影响着报告文学,就像新闻同时影响到其他文学文体一样。不过,现在的报告文学思想家们更看重报告文学进入中国以后的中国化进程,更多地去关注这个文体在中国化进程中与中国的史传文化传统的联系,看到中国的纪实文学与报告文学在文体上的紧密关系。因为都是追求真实,报告文学与纪实文学有着天然的共识。可以说,今天的中国报告文学,就是中国纪实文学的时代版。从这个意义上说,报告文学的真实,不是新闻的"真实",不是科学的"真实",不是世俗意义上的"果真",而是文学的"真实"。报告文学的文体,就是一种纪实文学的文体。理论批评界关于怎样看待报告文学的"文学性"一直争论不休。其实,这很可能是个伪命题。

作为"舶来品"的报告文学"中国化"的实践资源当然是中国人民的现实斗争,当然是注入报告文学肌体的"红色基因"。而中国先进的思想对报告文学思想的进步起到了至关重要的作用。我们说,是《在延安文艺座谈会上的讲话》引导了报告文学"中国化"的正确方向。《讲话》把文学的"真实"上升到马克思主义唯物史观的高度来认识,提出了人民群众才是创造历史、推动历史前进的真正动力,人民群众必须是文学的主人公。文学应该反映人民群众创造自己生活的精神,反映代表现时代前进方向的主流生活。这是文学的任务,也是文学进步的动力。只有这样的文学,才是"真实"的文学。这种理论创新的观点,从思想根本上有力地支持了报告文学的"真实",提升了报告文学的境界、格局和品质。如果没有《讲话》,报告文学的"中国化"进程就无法进行下去,更无法最终实现。

正是从这个意义上说,报告文学是《讲话》的最大受益者。在《讲话》精神指导下,建立在以反映论为思想基础的文学思想上的基本观点、基本方法和基本关系,深刻揭示了报告文学的思想规律和创作规律,完全符合报告文学的创作实际和创作精神,更是深刻揭示了报告文学"真实"的本质。如文学基本关系揭示的文学与时代、文学与生活、文学与人民的丰厚内涵,顺理成章地融进了报告文学的精神血液里,奠定着报告文学的思想基调,调整着报告文学的方向。这就是报告文学"中国化"的生动过程。因此,我们说,报告文学的"真实"是渗透着中国人民生活、中国人民精神的文学真实,是有着鲜明问题导向的文学真实。

在中国改革开放的历史关头,报告文学挺身而出,直面现实矛盾冲突,呐喊出人民的真实心声,表现人民的真情实感,报告国家经济社会的真实进步与发展,反映中华民族伟大复兴这一不可逆转的真实历史进程。现实斗争的"真实",经济社会发展的"真实",破解困局的"真实",给人民以鼓舞,给人民以思想,给人民以力量。同时,"真实"也给报告文学自身以时代的品质、时代的话语、时代的思想。在这个时候,我们可以说,报告文学基本实现了"中国化"的历史使命,报告文学的中国思想、中国精神、中国气派和中国风格正在形成,有能力承担起反映现实文学主力军的责任。特别是在国家脱贫攻坚战的锻炼考验中,中国报告文学的这个作用得到了证明。

很显然,报告文学反映现实比其他任何一种文学文体都真实到位。虽然报告文学还没有建立起自己的理论体系,但其已经在创作实践中实现了对生活的真实记录。我们知道,反映现实是文学基本关系的必然要求。虚构文学反映现实,通常是通过现实主义的方式来完成。如果我们认识到现实主义的"虚构"目的并不是让文学抵达现实而是让文学抵达人性道德、人的价值、人性批判的人的哲学的话,那么便可知道,现实主义的"真实"有相当不真实的成分,从根本上说,无法抵达"真实",也没有打算抵达"真实"。而报告文学并不是没有"现实主义",却能真实地反映现实,实现真正的"真实"。如果报告文学还有什么"主义"的话,权且可以叫"务实主义"。

中国文学正在形成这样的格局,即"真实"的文学已经有资格可以与"虚构"文学进行对话。直到今天,"虚构"文学一直是中国文学的主导力量,文学"脱实向虚"的倾向也一直相当突出。事实证明,文学不仅需要脱实向虚,更需要脱虚向实。文学不仅要仰望星空,更要融入大地。报告文学作为一种脱虚向实的文学正好化解了文学过度虚化产生的时代性问题,弥补了当代文学长期务实不足的缺陷。事实上,对话并非报告文学"真实"的目的,报告文学志不在此。我们只有在能敏锐地感受到,一种"以人民为中心"的"民生文学"正在主要通过报告文学的实践来形成,并影响着中国当代文学的走向的时候,我们才会更清晰也更深刻地认识到,报告文学之志,以及"真实"的文体的意义和价值。

三

报告文学一般被认为是一种知识分子文体。中国文学的所有文体,都能看到从民间到文人的提升轨迹——一种民间的文体,经过文人的不断打造,最后成为知识分子文学的文体。中国的小说、中国的诗歌就是这样。但是我们看不到报告文学的这个过程。报告文学甫一传入中国就带着鲜明的知识分子的文化特征和思想特质,就是一个相对成熟的有着相当思想力的文体。在那个年代,"真实"是一种先进的、批判的、革命的思想,只有知识分子能够具备这样的思想能力和表达能力。因此,报告文学这一文体确实更多地呈现出知识分子的一面。

报告文学的"中国化"就是打造反映表现中国现实"真实"的品质,就是必然地要把自己的立场观点向人民转移,使文体表现向人民倾斜。很显然,报告文学从《讲话》精神以及基本关系中找到了一条路径，那就是：深入生活。今天看来，《讲话》最根本、最核心、最有理论创新的新思想就是：文艺为人民服务，文艺怎样为人民服务。前者解决文艺服务对象问题，后者解决服务方法问题。这不仅揭示了文学创作的规律，也成了文学思想的规律，并由此奠定了新中国文学思想理论的关键词和文艺理论的一块基石。解读"深入生活"的内涵，其实就是，文学为人民服务。作家必须走出个人生活的小圈子，到人民生活的广阔天地当中，培养与人民的情感，站稳人民的立场，在熟悉人民生活的过程中，激发创作灵感，写出受人民群众欢迎的优秀作品。这个过程，也是报告文学走向人民群众的过程。可以说，报告文学的"中国化"就是报告文学的"人民化"。

"深入生活"看似容易，其实很难。几十年来，我们的文学思想仍然反复强调这个关键词，就说明难度很大，后退的风险也很大。也说明，我们的文学只要不坚持"深入生活"，随时都有可能偏离为人民服务的方向，随时都有失去人民支持的危险。特别是进入改革开放时代，各种思潮在相互激荡，这样的文学思想风险正在变成文学思想的危机。一度，我们曾尝试着用"贴近"替代"深入"，以为"贴近"比"深入"更实用，更具操作性。现在看来，这只是用理论思想的退让来迁就实用操作层面上的需要。"深入生活"不仅具有创作论层面上的指导价值，更有理论创新的意义。而"贴近生活"则一点理论价值也没有，反而无意中加大了理论上的风险。而这个风险，在报告文学的创作中，被控制在最小范围内。事实上，报告文学并不存在这样的风险。因为报告文学始终没有脱离现实生活，始终没有脱离时代和人民，始终站在人民这一边，始终与时代同呼吸、共命运。

如果认识了报告文学的创作规律，就不难发现，报告文学的创作，实际从"深入生活"就已经开始。"深入生活"就是报告文学创作过程的一个组成部分，而且是最重要的组成部分。我们把文学创作过程分为几个环节，通常把"深入生活"当作创作的准备，而不是创作的过程。但研究报告文学，必须把"深入生活"当作创作的重要过程，否则，就无法真正认识报告文学的创作规律。所谓的"六分跑，三分想，一分写"的创作经验，形象地揭示了报告文学优秀作品宝贵的创作经验和创作秘密。这个创作经验越来越被文学创作论所重视，并被提升为报告文学基本的艺术规律。报告文学的创作特点之所以和其他文体不同,就在于这个"秘密"所起的作用,就在于报告文学比其他文体更依赖"深入生活"。

不难看出,报告文学文体的转化就是在"深入生活"的过程中实现的。传统意义上的"知识分子"意识正在淡化,而"人民群众"的意识则在不断强化,不断调整改变着文体的文化内涵,或者说,文体中的传统知识分子精神与来自人民生活的人民意识不断沟通交流对话,不断朝着实现高度统一的方向演进。

进入中国特色社会主义新时代,在"以人民为中心"的思想指引下,经济社会发生了巨大的变化,广大人民共享改革开放的成果,获得感、幸福感和安全感不断增强。中华民族的伟大复兴不可逆转,中国人民从站起来、富起来走向强起来,我们党进入了新的"一百年",开始了全体人民"共同富裕"的新征程。报告文学的思想快速跟进,积极讲述中国"民生"故事,写好"共同富裕"这篇大文章,也推动了报告文学思想再次飞跃式进步,也加速了报告文学文体向"人民"转换。一种报告文学发起的以"民生"为魂的文学正在生成,必然推动着报告文学由知识分子文体向人民的文体进行创新变革。

正如前述,所有的文学文体都要得到人民生活、民族生活的滋养,才可能提升为知识分子或文人的文体。而我们这个时代的文学,需要把文学还给人民,也需要把文体还给人民。或者说,站到人民一边的中国进步知识分子有责任为人民创造一种属于人民的文学文体。我们说,这就是中国的报告文学。

革命历史题材报告文学书写新路径

徐锦庚

(人民日报社山东分社)

历史纪实作品具备实录、史志、史传以及史鉴价值,能够较好地满足读者的阅读心理。中国革命历史是当代文学的重要资源,革命历史书写是文学创作的重要内容,也是现当代文学创作带有标志性的文学现象。在新时代报告文学创作中,革命历史题材的作品比重很大,受到读者广泛欢迎。我出版过三部反映革命历史题材的长篇报告文学(《国家记忆——一本〈共产党宣言〉的中国传奇》《台儿庄涅槃》《望道》),也发表过多篇短篇作品。其中,《国家记忆——一本〈共产党宣言〉的中国传奇》获得中宣部第十三届精神文明建设"五个一工程奖"。

所谓革命历史题材,包含两个基本内涵:一是"革命",二是"历史"。两者同等重要,缺一不可。我们强调"革命",是要求作品具备正能量、弘扬主旋律,避免"低级红""高级黑";我们强调"历史",是要求作品充分尊重史实,避免"戏说""歪说""反说"。

我的体会是,在革命历史题材报告文学创作中,要注重把握好三个维度,努力使作品具有深刻的历史认识价值、崇高的思想品位和感人的艺术魅力。

一、树立大历史观、大时代观,在历史中认识现实,从现实中发现历史,让读者"高看"

"高看",是指让读者高看一眼、刮目相看。

历史题材考验作家的思想观念,包括认知高度、思考深度、精神境界,这对于革命历史题材的创作,具有方向性的决定作用。如果没有独到的历史见解,就很难在革命历史题材创作上有所作为。必须树立和坚持正确的历史观、民族观、国家观、文化观，坚持唯物史观，把握历史主流，超越狭隘的党派观念，展现信仰的力量，传承红色基因，加深思想深度，夯实认识厚度，加深读者对现实和历史的理解，使作品既有历史的"景深"，又有现实的温度，揭示出历史的传承和发展。

二、坚持真实性品格，深入时代现场，复原历史真实，还其本来面目，提出独到见解，让作品"耐看"

"耐看"，是指作品经得起咀嚼、考证和质疑。

对报告文学，我的认识是：报告文学是混血儿，母本是通讯，父本是小说。或者说，它脱胎于通讯，借鉴了小说的表现手法。与小说可以虚构不同，真实性是报告文学的生命。只有真实的东西，才能打动人。深入挖掘事实本身，就是动人的。报告文学是对真实进行的文学书写，是用文学手法表现真人真事。它兼具通讯的新闻性和真实性，但更注重形象刻画和细节描写；它兼具小说的文学性和艺术性，但非虚构，是真人真事，所有的艺术加工，都不能失真。如果用一句话来概括报告文学的特性，我的体会是：大事不虚，小事不拘。有的报告文学名家在介绍经验时，说如何虚构细节。我不赞成"虚构"的提法，我认为应该用"渲染"。

与现实题材不同，革命历史题材往往缺乏第一手素材，依赖的是第二手甚至是第三手、第四手素材，十分考验作家辨析甄别、理性审视的能力。我们无法回到历史现场，但是我们可以借助历史研究的最新成果，认真研究历史、踏实记录历史，将案头梳理和实地寻访结合起来，深入时代现场，用审视的眼光观察，无限地逼近历史真实，努力还原历史的真实，进一步深化对历史的体认，让史事更符合历史逻辑，而不能满足于摘抄别人的研究成果，不能人云亦云、以讹传讹，更不能胡编乱造、牵强附会，影响读者对历史事件的判断。

三、合理塑造人物，激发情感共鸣，增强作品感染力，让作品"好看"

"好看"，是指作品要为人民群众所喜闻乐见。

文艺理论家童庆炳先生说："当我们说文学反映生活时，不仅仅指作品内容反映生活，而且作品形式也反映生活。"同样的题材，如果表现手法不同，产生的效果也会不同，甚至会大相径庭。

一些革命历史题材的作品，为什么打动不了读者？究其原因，作家在书写革命历史题材时，特别是书写政治人物时，容易迷失方向，步入两个极端。一是概念化。受过去"高、大、全"观念的桎梏，不敢放开手脚，往往流于贴标签、概念化、脸谱化，用政治概念图解人物形象，使人物形象苍白、生硬、冷漠、失真，缺乏温度，可敬不可亲，让人敬而远之。二是庸俗化。躲避崇高，拒绝英雄，放逐理想，把英雄庸俗化、粗俗化、低俗化、娱乐化。此外，如果作家创造力不足，语言与当今社会的语境存在距离，作品也会与读者产生隔膜，缺乏吸引力和感染力。

创作革命历史题材的作品，要在尊重历史的基础上，对作品进行文学性创新，正确处理好历史真实与艺术想象的关系，找准历史与当下的共情点，在尊重史实本身的前提下，用文学的手法生动表达。充分发挥想象力，通过细节描摹、情景再现，讲述鲜活的故事，表现细腻的生活，描绘人物的心路历程，展示人物跌宕起伏的命运，塑造个性鲜明、丰满立体、栩栩如生的人物形象，使人物既符合历史特定的情境，又符合人物性格和情感发展的逻辑。

对重大而严肃的主题，要融入更多人文情怀，围绕重要的历史人物、重大的历史事件、重要的时间节点展开书写，从日常生活出发，运用清新自然、质朴实感的叙事风格，挖掘强烈的生活气息和丰富的生活细节，让人物更符合时代的逻辑，让细节更符合生活的逻辑，创作出更加贴近人民的革命历史作品，让读者感同身受、喜闻乐见，获得心理认同，激发情感共鸣。

尼山世界青年论坛

《王制》的天下格局与内外秩序
——以儒家"风俗"论为线索

郜喆

(中国政法大学国际儒学院)

引言:"制度"古义——"立法"意义上的《王制》"天下"

《王制》是《礼记》中的一篇。郑玄在《礼记目录》中说:"名曰《王制》者,以其记先王班爵、授禄、祭祀、养老之法度。"《王制》记录的这些制度,展现了"先王"政教的基本大纲。郑玄在《驳五经异义》中说:"《周礼》是周公之制,《王制》是孔子之后大贤所记先王之事。"因此,他在注解《王制》时,多将"先王法度"解释为夏殷之制。后世注解《王制》的学者,常把郑玄的观点与其他经典中的三代制度进行对比,进而推测《王制》制度的时代。他们或从郑,或非郑,皆未脱离郑玄理解《王制》的思想框架。可以说,自郑玄开始,《王制》的性质成了历史,还原其中各种制度的具体时代成了《王制》之学的重点。① 然而,以《周易》"节"卦为线索,《别录》所言"制度"之古义,并不具有明确的历史记录的特征。《周易》"节"卦之《象》辞曰:"天地节而四时成;节以制度,不伤财不害民。"孔颖达《周易正义》进一步解释说:"天地以气序为节,使寒暑往来,各以其序,则四时功成之也。王者以制度为节,使用之有道,役之有时,则不伤财,不害民也。"天地创造了阴阳相调、寒暑往来的自然世界,"王者"处于天地之间,就要像天

---

① 例如,《王制》言天下封国:"凡四海之内九州。州方千里,州建百里之国三十,七十里之国六十,五十里之国百有二十——凡二百一十国。"郑玄注曰:"此殷制也。"卫湜《礼记集说》引刘彝曰:"郑氏谓此经为殷制,是也。"是为从郑。引叶梦得曰:"《王制》所述大率多周制……然由康成之说而求之,汤以三千里而建国如此,周以三千五百里又建国如此,是亦未足信也。"是为非郑。见卫湜:《礼记集说·卷二十五》,文渊阁四库全书本,第35页、第44页。

地制作自然秩序一样,为人类生活创立良好的政教秩序。因此,"制度"一词是"制作法度"的简称,它指向的是一种超越历史性而可与天地相参的政教秩序建构。支撑这种秩序建构的力量,则是儒家思想中具有普遍意义的制度原则。

在"制度"古义的视角下,《王制》一篇并非历史陈迹,它的性质更趋近一种制度模型。《王制》的作者将抽象的制度原则制作为具体的制度纲领。因此,晚清时期,经学家多将《王制》的作者系于孔子,使其成为孔子创立的"一王大法"。[①] 晚清经学家以"立法"的性质看待《王制》,正是超越历史视野、回归"制度"古义的体现。所以,透过《王制》中具体的制度模型,找到其背后的制度原则,才是《王制》学的根本任务。《王制》即是"王者之制"。在中国传统的思想观念之中,"王者"是维系人类共同生活的符号。《穀梁传》言:"王者,仁义归往曰王,以其身有仁义,众所归往谓之王。"因此,王者的制度理论上针对万民,适用于人类生存的一切空间,如《王制》孔疏所言"《王制》统天下"是也。《王制》在"立法"的意义上,将"天下"观念塑造为具体的空间模型,形成了一个完整的天下格局。透过《王制》的天下格局,我们可以进一步探索《王制》天下中的政教秩序,考察古人设计天下的理论来源和实际用心。

一、九州与四海:《王制》"甸—采—流"三服中的天下格局

在《王制》之中,天下格局的确立,表现为对土地空间的划分,具体而言,即是"甸—采—流"的三服结构。

《王制》曰:"千里之内曰甸。千里之外曰采,曰流。"服制的制定方法,是以天子所在之地为中心,将实际地理的幅员进行由近及远的排列,形成整齐划一的空间模型。除《王制》外,典型者莫若《禹贡》之五服:"五百里甸服。五百里侯服。五百里绥服。五百里要服。五百里荒服。"对比《王制》三服与《禹贡》五服,可见二者有着相似之处。因此,郑玄以"《禹贡》荒服之外,'三百里蛮,二百里流'"注解《王制》之"流"。孔颖达在《王制》疏中,更是采用《禹贡》的服制结

---

① 如廖平在《今古学考》中说:"《王制》一篇……大约宏纲巨领,皆已具此,宜为一王大法欤?"见舒大刚、杨世文主编:《廖平全集》(第 1 册),上海:上海古籍出版社 2015 年版,第 97 页。又康有为在《万木草堂口说》中说:"《王制》者,素王改制之书也。"见康有为著:《万木草堂口说》,中华书局 2012 年版,第 134 页。"一王大法"与"素王改制"的说法,都将《王制》的作者系于孔子。因此,《王制》不再被认为是历史制度的记录,而被认为是孔子创制立法的产物。

构，推算《王制》三服的大小。依据孔颖达的推算，《王制》之"甸"同于《禹贡》甸服，《王制》之"采"同于《禹贡》侯服、绥服，《王制》之"流"同于《禹贡》要服、荒服。那么，《王制》与《禹贡》之天下，皆有"方五千里"之大。《白虎通·爵》篇言："帝王之德有优劣，所以俱称天子者何？以其俱命于天，而王治五千里内也。"可见，一个以五千里为边长的正方形，就是汉代今文经学设计的"天下"的空间模型。显而易见的是，它不是古人对于天下土地实际面积的描述，而是经师建构的"王制"空间。

不过，《禹贡》与《王制》虽然享有共同的天下模型，但是二者的服数、服名仍有较大差异。《王制》三服的数量明显少于《禹贡》的五服，并且，《王制》"甸—采—流"三个字的后面皆无"服"字，表明这三者展现的是空间模型的结构，而非历史制度。这种现象恰恰体现了两篇文献性质的差异：如果说《禹贡》是儒家对于上古帝王制作五服的概括与总结，目的是整理大禹"随山浚川，任土作贡"的历史经验；那么《王制》就是将基于一定历史制度的《禹贡》五服，精简、抽象为划分天下土地的制度原则，即"甸—采—流"的服制结构。因此，《王制》中的三服系统不与历史中的实际制度相关，而是经典世界中的空间结构。历史世界中的服制，其名号与数量皆可变易，然而它永远会呈现着"甸—采—流"的结构性格局。

那么，《王制》划分出的"甸—采—流"三服结构，三者之间有何区别？考察《王制》对天下土地的规划，可见这三个空间分别对应着三种主体。

首先是"甸"服。在《王制》中，"甸"服之广方千里，"天子之田方千里"。因此，"甸"服对应着天子之田。天子之田为何有千里之广？郑玄注曰："以象日月之大。"在现实世界中，对地理范围的确立不可能以日月为制，所以《王制》中的"天子之田"，仍然是一个空间模型。在"方千里"的模型中，"天子，百里之内以共官，千里之内以为御"。郑玄注曰："谓此地之田税所给也。官谓其文书财用也。御谓衣食。"也就是说，天下模型有"方五千里"之大，而天子实际上只管辖"方千里"的土地，即天下的二十五分之一，天子的日常行政、生活支出，仅取于"甸"服的千里之内。

其次是"采"服。在天下模型中，"采"服在"甸"服的千里之外，天下模型的三千里之内，其主体是诸侯。《王制》对诸侯土地大小的规定如下："公侯田方百里，伯七十里，子男五十里。"郑玄注曰："皆象星辰之大小也。"天子之田象日月，诸侯之地象星辰。足以可见，《王制》所定田禄之制，并非实然的历史制度，而是法于天道的理念，敷设于《王制》的空间模型之中。在《王制》之中，诸侯具有着两重身份。一方面，诸侯是天子之臣，是天子在"采"服内的代言人，如《春秋繁露·诸侯》所言："古之圣人，见天意之厚于人也，故南面而君天下，必以兼利之。为其远者目不能见，其隐者耳不能闻，于是千里之外，割地分民，而建国立君，使为天子视所不见，听所不闻，朝者召而问之也。诸侯之为言，犹诸候也。"另一方面，诸侯在其封地内，世继其位，立官分职，亦是一国之君而不纯为臣子，故《白虎通》曰："王者不纯臣诸侯何？尊重之。以其列土传子孙，世世称君，南面而治。"因此，在《王制》的设计中，"甸"服与"采"服共同构成了"九州"之制：天子居于"甸"服，独占内一州；诸侯居于"采"服之外八州。天子在外八州的诸侯中"千里之外设方伯。五国以为属，属有长。十国以为连，连有帅。三十国以为卒，卒有正。二百一十国以为州，州有伯"。天子的行政力量不足以超越千里之限，故而在"采"服设置诸侯之长官，赐予其弓矢、铁钺，以讨伐不臣之诸侯。诸侯虽各为其国之君，但仍然听命于各州之方伯，进而系属于天子之政。如此一来，"甸"服与"采"服就形成了一个"内有天子，外有方伯"的九州共同体。需要说明的是，郑玄以"设法"的方式，注解《王制》中的九州格局。孔颖达解释"设法"说："谓假设为法，非实封也。"朱熹亦言："《王制》：'四海之内九州，州方千里。'及论建国之数，恐只是诸儒做个如此算法，其实不然。建国必因其山川形势，无截然可方之理。"（《朱子语类》）所以，在古人眼里，《王制》中的九州之制，并不具备实际的历史背景，仍然是一种空间模型。

最后是"流"服。在《王制》中，"凡四海之内九州"，在"甸"服与"采"服的九州共同体之外，是"流"服所在的"四海"之地。按，《尔雅·释地》云："九夷、八狄、七戎、六蛮，谓之四海。"《尔雅义疏》引孙炎曰："海之言晦，晦暗于礼义也。"又引舍人云："晦冥无识，不可教海，故曰四海。"依《尔雅》古注，"海"之为言"晦"，四海指代的是无知无识、不可行礼的夷狄群体。所以，在《论语义疏》中，孔子所言"乘桴浮于海"与"欲居九夷"的性质相同，皆是孔子认识到"圣道不行于世"之后的悲愤之叹。

由此，《王制》中的"甸—采—流"三服结构，对应着"天子—诸侯—夷狄"三种主体。天子与诸侯的治理范围,形成了"九州"共同体;夷狄所在的空间,则是无知无礼的"四海"。这样一来,"甸"与"采"就进一步合为"九州","流"则单独作为"四海"存在。郑玄亦是以同样的方式理解这三服的结构,注"甸"与"采"言:"服治田,出谷税。""九州之内地,取其美物,以当谷税。"注"流"言:"谓九州之外也,夷狄流移,或贡或不。"可以看出,在郑玄眼中,"甸"服为天子领地,服内民人需缴纳粮食作为税收;"采"服之诸侯,其税收用于各国政事,但需要向天子进贡宝物,以替代赋税。所以,"甸"与"采"在天下的格局中更具一致性。"流"服之夷狄"或贡或不",不需要与"九州"整齐划一。郑玄将《王制》三服进一步划分为"甸—采—流"的结构,此即"九州—四海"的天下格局。此格局的确立,奠定了《王制》制度行于天下的空间基础。

《王制》将一个完整的天下空间分割成了"九州—四海"的双层格局,二者分别对应着不同的主体。那么,将天下进行如此划分的标准是什么?《王制》中具有差异性的天下格局,又揭示了什么样的政教秩序?

二、自然与政教:"风俗"的双重性与《王制》的内外秩序

《王制》确立了"九州—四海"的天下格局,在这个模型中,分判"九州"与"四海"的标准是什么?其实,《王制》对于"九州"与"四海"的分判,建立于儒家"风俗"之说的基础之上。

风俗指的是在某个特定地区之中,人们的共同生活所展现出的状态。理论上说,风俗的成因有二,见于《汉书·地理志》:

> 凡民函五常之性,而其刚柔缓急,音声不同,系水土之风气,故谓之风;好恶取舍,动静亡常,随君上之情欲,故谓之俗。孔子曰:"移风易俗,莫善于乐。"言圣王在上,统理人伦,必移其本,而易其末,此混同天下一之乎中和,然后王教成也。

所以,民之"风"系于水土之气,民之"俗"随顺君上之欲。前者是天地之自然,后者是君上之政教。那么,这两种因素通过什么样的方式塑造了民间的风俗?

先来看自然因素。《礼记·祭法》言:"山林、川谷、丘陵能出云,为风雨,见怪物,皆曰神。"天地间的不同气象,缘于自然世界的神化之功,这也造就了人

类生存的自然空间。《春秋公羊传》又言:"触石而出,肤寸而合,不崇朝而遍雨乎天下者,唯泰山尔。"这是在说,山林、川谷、丘陵之地气,上升至高山之巅,接触到岩石后,根据岩石的形状汇聚成云,进而产生了雨水。《春秋纬》云:"山者气之苞含,所以含精藏云,故触石布出。"亦是此意。雨水从云气中降入地面,滋养土地,生成物产,润泽万民,所谓"一方水土养一方人"。

再来看政教因素。《汉书·地理志》以"俗"为君上之情欲。在训诂的意义上,"俗"与"欲"韵部相同,班固实际上是在以"欲"训"俗";在义理的意义上,"情欲"即是好恶,君上的好恶对于民人之欲有着深刻影响,这样的道理可以见于《论语》中孔子答季康子之言:"君子之德风,小人之德草,草上之风,必偃。"《论语义疏》解释道:"君子,人君。小人,民下也。言人君所行,其德如风也;民下所行,其事如草……言君如风,民如草,草上加风,则草必卧。东西随风,如民从君也。"君之于民,如同风之于草。这是将君主的政教,比喻为天地生成的自然之风。这句话强调的是,无论天子还是诸侯,君的存在都如同一方水土,需要为民人的生活制定法度。这样的制度就如同自然世界中的雨水,可以滋养万民。因此,君之政教,必然会深刻影响民之习俗。《大学》亦言:"尧舜率天下以仁,而民从之。桀纣率天下以暴,而民从之。"民人或从仁或从暴,不是出于他们的自主选择,而是随顺王者的风俗,故而"其所令,反其所好,而民不从"。如果说诸侯的政教或善或恶,一国之俗具有或淳或疵的不同可能,那么天子作为天下之大君,其政教的目的,必然是为天下的人民带来淳厚至善的风俗,就如同尧舜一样。

如此一来,风俗的两个成因,出现了龃龉之处:自然地理千差万别,高山沟壑、平原丘陵,不尽相同,大地之法必然产生具有多元性的差异风俗;圣王政教应该尽善尽美,使天下之人的生活获得最好的法度,王者之法必然追求具有普遍性的同一风俗。自然的多元性与王教的普遍性,将风俗引领至南辕北辙的两个方向。如何处理二者之间的关系,就成了一个问题。《地理志》以《孝经》的"移风易俗"为准则,认为王者政教具有最高的普遍性,胜过系于水土之风与随于君上之欲,进而使得天下风俗"一之乎中和",天下之人获得了最美好的生活。

那么,《王制》又是如何处理风俗成因的二律背反的呢?《王制》依托风俗的双重性,在天下格局中,建构了一套内外有别的政治秩序,见于司空之官:"司空执度度地,居民山川沮泽,时四时,量地远近。"《五经异义》载《今文尚书》夏侯、欧阳说:"天子三公:一曰司徒,二曰司马,三曰司空。"《王制》三公与今文说同。并且,《王制》三公的顺序为"司空—司徒—司马",实际上是在借助三公的职责,说明王者创制立法的过程。司空的职责,集中在对自然规律进行考察,进而指导现实世界的政教实施上,因此其位于三公之首。《王制》云:"凡居民材,必因天地寒暖燥湿。"郑玄注曰:"使其材艺堪地气也。"孔颖达补充说:"言五方之人,其能各殊。五者居处,各须顺其性气材艺,使堪其地气。"人们的居住之处,应以自然地气为基础,而地气形成的正是风俗:

> 广谷大川异制,民生其间者异俗,刚柔、轻重、迟速异齐,五味异和,器械异制,衣服异宜。

郑玄注"刚柔、轻重、迟速异齐"曰:"谓其情性缓急。"孔颖达解释道:"性,谓禀性自然……情者,既有识知,心有好恶,当逐物而迁,故有喜怒哀乐好恶。"不同的自然环境,为不同地区之人赋予了具有差异的性情。人们的性情不同,好恶则异。好恶不同,具体的饮食、衣服、器械亦不同。概括来讲,自然风俗的差异,体现在人们物质生活的差别之中。

于是,《王制》的作者认为,在天下格局中,物质生活之别最大化地体现在"中国"与"戎夷"的差异之中:

> 中国戎夷,五方之民,皆有性也,不可推移。东方曰夷,被发文身,有不火食者矣。南方曰蛮,雕题交趾,有不火食者矣。西方曰戎,被发衣皮,有不粒食者矣。北方曰狄,衣羽毛,穴居,有不粒食者矣。中国、夷、蛮、戎、狄,皆有安居、和味、宜服、利用、备器。

中国与戎夷因自然差异,性情不同,导致了物质生活上具有"不可推移"的差异,体现在饮食与衣服之中。举例而言,西戎与北狄之人,皆"不粒食",郑玄注曰:"不粒食,地气寒,少五谷。"在《白虎通》中,"九州"的水土位居天下之中,"得其中和之气",故可生出同得"阴阳中和之气"的黍稷,戎狄之人不食五谷,故而无法得到"中和之气"。又,东夷与南蛮之人,皆"文身、雕题",郑玄注曰:"雕文,谓刻其肌,以丹青涅之。"《汉书·地理志》云:"粤地……文身断发,以避蛟龙之害。"应劭曰:"常在水中,故断其发,文其身,以象龙子,故不见伤害也。"

东南近海,蛮夷的生活方式在很大程度上受到了海洋的影响。与之不同,九州之人处于陆地之中,自然不需要断发文身,以躲避海洋世界的怪物。夷、蛮之族既已"断发",就无法佩戴象征着德行的冠冕。而冠礼位居《仪礼》之首,《礼记·冠义》言:"冠者,礼之始也。"衣冠在礼仪生活中占据着很大的比重,因此,汉代刘安如此形容越地之人:"剪发文身之民也,不可以冠带之国法度理也。"

中国之人与戎夷之人物质生活的不同,使得九州与四海就像是两个生活世界。郑玄注曰:"其事虽异,各自足。"中国与戎夷可按照各自地域的风俗,分别建立"自足"适宜的生活。《王制》对这种出于自然风俗的政教原则进行了总结:"修其教,不易其俗。齐其政,不易其宜。"在《王制》中,"教"为"七教:父子、兄弟、夫妇、君臣、长幼、朋友、宾客",主于人伦;"政"为"八政:饮食、衣服、事为、异别、度、量、数、制",主于日用。

但是,如果自然塑造了可以"自足"的中国、戎夷的差异风俗,那么"修其教""齐其政"与"不易其俗""不易其宜"就是一对矛盾的表述。换言之,《王制》的"不易其俗""不易其宜"与《地理志》引用《孝经》的"移风易俗"原则产生了矛盾。针对这个问题,孔颖达在《毛诗》疏中对二者进行了调和:

> 《地理志》云:"民有刚柔缓急,音声不同,系水土之风气,故谓之风。好恶、取舍、动静,随君上之情欲,故谓之俗。"则风为本,俗为末,皆谓民情好恶也。缓急系水土之气,急则失于躁,缓则失于慢。王者为政,当移之,使缓急调和,刚柔得中也。随君上之情,则君有善恶,民并从之。有风俗伤败者,王者为政,当易之使善。故《地理志》又云:"孔子曰:'移风易俗,莫善于乐。'言圣王在上,统理人伦,必移其本而易其末,然后王教成。"是其事也……案《王制》云:"广谷大川异制,民生其间者异俗。修其教,不易其俗。"此云"易俗",彼言"不易"者,彼谓五方之民,戎夷殊俗,言语不通,器械异制,王者就而抚之,不复易其器械,同其言音,故言"不易其俗",与此异也。

孔颖达之意,是把《王制》"修其教,不易其俗。齐其政,不易其宜"看成王者对待戎夷的原则,而把《孝经》"移风易俗"看作王者对待中国的政教原则。但是,如若依《地理志》之"风为本,俗为末",可见此处的本末,实则为改易风俗的先后顺序。依据《毛诗》疏的解释,班固的立场,强调的是王者之政教,要在根本上先行改易自然之"风",继而变革诸侯之"俗",以形成同一的政教秩序,完成王者的教化。《地理志》以"移风易俗"为王者推行政教的普遍方法,其背后并没有区分夷夏的预设。

因此,孔颖达在《王制》疏中的解释与《毛诗》疏中有着一定区别:"言修此教化之时,当随其风俗……谓齐其政令之事,当逐物之所宜。"《王制》疏以王者政教随逐俗、宜,即是"不易"风俗之义,这与《毛诗》疏的意思不完全一致。如何理解《王制正义》的思路?这需要先去理解"移风易俗"的含义。

"移风易俗"之说出于《孝经》的《广要道章》,敦煌出土的《孝经郑注义疏》对于"移风易俗"的解释,可以为理解《王制》的理路提供一条线索:

> 移者转徙之名,易者改代之称。移不必易,易必有移。风者,君上之教;俗者,民下所行。俗有二种:一是从习时君所得,二是习土地常行。何谓从君所得?犹如晋魏君俭,民皆褊急;曹魏国奢,民皆华侈。故《诗序》云:"国异政,家殊俗。"此是习君上所为。土地俗者,如吴楚土薄水浅,民性闲急;齐鲁土厚水深,民性迟缓。故《王制》云:"广谷大川异制,人居其间异俗。"此是习土地之俗,不可推移。①

在此《义疏》中,"风"指君上之教,是改易风俗的手段;"俗"为民俗,习于时君与土地,是具体风俗的表现。那么,"风"可转徙习于时君之"俗",不可干涉习于土地之"俗",正所谓"移不必易,易必有移"。此疏的义理结构更接近于《王制》的立场,它以自然的差异风俗优先,认为王者之政教只能改易具有君主教化的中国之地。"不易其俗"与"不易其宜"指的是不可改易的自然风俗,"修其教"与"齐其政"指的是可以改易的政教风俗。所以,《王制》"修其教""齐其政"的原则等同于《孝经》的"移风易俗"。孔颖达在《王制》疏中,强调的是政教的推行应当以自然风俗为基础。那么,"不易其俗"与"不易其宜"的原则针对的是四海戎夷,他们只需要在自然条件塑造的空间中过着自足的生活即可;"修其教"与"齐其政"的原则针对的是九州中国,王者在"修其教"与"齐其政"的过程中,必然要"移风易俗",让中国之人在自然自足的基础之上,获得美善的生活,空间中的自然九州,随之成为具有文明的礼仪中国。

《王制》将千差万别的自然风俗,概括为"中国"与"戎夷"的差别,这正如

---

① 张涌泉主编:《敦煌经部文献合集》(第四册),北京:中华书局2008年版,第1996页。

《论语》所言:"夷狄之有君,不如诸夏之亡也。"依照《王制》的立场,孔子正是以自然风俗为标准,对夷夏进行了差异化的区分:夷狄在自然的意义上无法同于中国,其人即使有君,也不能建立起文明的礼仪生活。故《王制》疏曰:"南方曰蛮者,《风俗通》云:君臣同川而浴,极为简慢……北方曰狄者,《风俗通》云:父子、嫂叔同穴无别……"夷狄并非无父子、君臣之伦,而是受制于自然之限,无法建立伦理生活。相反,中国即使有无君之时,但其在自然风俗上具备建立文明生活的可能性,故而亦优于有君之夷狄。

至此,《王制》以风俗的自然差异为基础,在"九州—四海"的天下格局之中,塑造了"中国—戎夷"有别的内外秩序。总结而言,在九州之中,王教胜过自然,以形成普遍同一的政教风俗;在九州之外、四海之中,自然胜过王教,以维持多元差异的自然风俗。

三、同一与差异:太平天下中的内与外

"九州—四海"的天下格局与"中国—戎夷"的内外秩序,构成了《王制》基本的空间模型与政教秩序。如果说《王制》的空间模型与政教秩序适用于王者施用政教的开端和过程,那么,假设一个天子完成了"制统天下",使得天下进入了"太平"的状态,这种内外有别的原则与秩序会产生何种变化?

在《王制》中,司空依据自然风俗,制定人民物质生活的基本法则,使得"民咸安其居,乐事劝功,尊君亲上"。而后,司徒便可"修六礼以节民性,明七教以兴民德,齐八政以防淫"。前揭"八政"是自然风俗形成的以饮食、衣服为代表的物质生活,王者应以政为先,保障人民的基本物质生活,进而有教有礼,塑造人们的礼仪生活,所谓"仓廪实而知礼节"。司徒之官依据"八政、七教、六礼",兴学立教,使天下达到"一道德以同俗"的彬彬有礼的状态,完成"移风易俗"。

于是,检验天下的风俗,等同于考察"移风易俗"的完成状况。在《王制》中,巡守制度承担着这个功能:

> 天子五年一巡守。
>
> 岁二月,东巡守,至于岱宗。柴而望祀山川,觐诸侯。问百年者就见之。命大师陈诗,以观民风。命市纳贾,以观民之所好恶,志淫好辟。命典礼考时月,定日、同、律、礼、乐、制度、衣服正之。山川神祇有不举者为

不敬，不敬者君削以地。宗庙有不顺者为不孝，不孝者君绌以爵。变礼易乐者为不从，不从者君流。革制度衣服者为畔，畔者君讨。有功德于民者，加地进律。五月，南巡守，至于南岳，如东巡守之礼。八月，西巡守，至于西岳，如南巡守之礼。十有一月，北巡守，至于北岳，如西巡守之礼。归假于祖祢，用特。

这段文字讲明了天子巡守的内容与范围。

首先，天子五年一巡守。两次巡守之间相隔五年的原因，见于《白虎通·巡狩》："因天道时有所生，岁有所成。三岁一闰，天道小备。五岁再闰，天道大备。"天道五年大有所成，王者政教亦应五年而有成效。因此，巡守之时，天子"观民风""观民之好恶"，考察的正是民间的"风俗"。如前文所示，民之俗"习时君所得"。天子定正诸侯之制度、衣服，讨伐、流放不法之诸侯，诸侯之政得正，其民之风俗随之亦正。

其次，天子制统天下，巡守理应面向天下之人。然而，《王制》却为天子巡守规划了范围。天子在巡守之年，分至东南西北四岳，"觐诸侯"。也就是说，"四岳"之内才是天子巡守时所考察的对象。《论衡·说日》："《春秋传》曰：'触石而出，肤寸而合，不崇朝而徧雨天下，惟太山也。'太山雨天下，小山雨一国，各以小大为远近差。"太山正是天子巡守初至之岱宗。前文所引《春秋公羊传》认为，以泰山之高，只需一个昼夜便可雨润天下，王充则将《公羊传》之语比附为"不崇朝而雨一国，是小山也"的意思。《尚书大传》又言："五岳皆触石而出云，扶寸而合，不崇朝而雨天下。"因此，五岳与群山，就像是自然世界中的天子与诸侯。五岳在自然世界中分居五方，隔绝了"九州"与"四海"，将天子巡守的范围限定在九州之内，九州之人需要在王者的政教下，获得同条共贯的文明风俗。也就是说，天子巡守的范围仍然遵循着《王制》内外有别的空间模型。

王者政教使得九州风俗同一，就预示着太平之至、颂声之作。在古典《诗经》学中，"风—雅—颂"的顺序，描述的正是太平世界到来的过程：

> 风、雅、颂同为政称，而事有积渐，教化之道，必先讽动之，物情既悟，然后教化，使之齐正。言其风动之初，则名之曰风。指其齐正之后，则名之曰雅。风俗既齐，然后德能容物，故功成乃谓之颂。先风，后雅、颂，为此次故也。

在《王制》中,巡守的对象限于中国,所以,如果九州风俗同条共贯,便可昭告太平。太平之时,王者就可以通过封禅之礼,向天神宣告其政教成功之迹。[①]

然而,前文已述,在《王制》的天下格局中,九州占地方三千里,天下模型有方五千里之广。九州之于天下,实际上只占取不到一半的空间。九州的太平,似乎不足以等同于天下的太平。九州之外,四海的戎夷与天子的太平政教有何联系?

《白虎通·王者不臣》言:"夷狄者,与中国绝域异俗,非中和气所生,非礼义所能化,故不臣也。"中国的礼仪生活,因为自然风俗的隔绝,无法达至四海。这意味着,王者的太平政教也难通过"八政、七教、六礼"将夷狄纳入九州共同体中。因此,王者始终不可为夷狄制礼。《白虎通·礼乐》载:"王者……不制夷狄礼何?以为礼者,身当履而行之。夷狄之人,不能行礼。"不过,《白虎通》认为王者可以为夷狄作乐。《礼乐》篇言:"谁制夷狄之乐?以为先圣王也。先生推行道德,调和阴阳,覆被夷狄。"礼乐的制作是圣王太平之迹的记录,王者制夷狄之乐,亦是对夷狄乐于接受王者教化的追溯:"故夷狄安乐,来朝中国,于是作乐乐之。……乐者,圣人作为以乐之耳。故有夷狄乐也。"

乐为何能够表达夷狄之人归附王者之心?《礼记·乐记》言:"凡音之起,由人心生也。人心之动,物使之然也。感于物而动,故形于声。声相应,故生变,变成方,谓之音。比音而乐之,及干戚、羽旄,谓之乐。"也就是说,人心因外物而有所感动,人便会发出"声";"声"具有规律的变化,则是"音";在"音"的表现过程中,加入更具表现力的"乐之器",就成了"乐"。"声—音—乐"象征着人类情感表达具有的从质而文的阶段。于是《礼记·乐记》言:"凡音者,生于人心者也。乐者,通伦理者也。是故知声而不知音者,禽兽是也。知音而不知乐者,众庶是也。唯君子为能知乐。"当夷狄之人内心仰慕仁义,为王化所感之时,其真实的情感便会流露为"声"与"音"。王者在此基础之上,予之以文饰,

---

[①]《王制》孔疏:"自此以上,皆是巡守之礼。虽未太平得为之,故《诗》'《时迈》,巡守告祭柴望也'。《时迈》是武王诗。迈,行也。时未太平而巡守也。故大司马云:'及师,大合军,以行禁令,以救无辜,伐有罪。'郑注云:'师,所谓王巡守,若会同。不言大者,未有敌,不尚武。'又注云:'大师,王出征伐也。'以此故知未太平得巡守。皇氏以为未太平不巡守,非也。其封禅者,必因巡守太平乃始为之。"据孔疏,郑玄以为巡守在太平之前,皇侃则以为太平后才可巡守。本文选取郑玄与孔颖达的观点,即王者通过巡守,得知天下太平与否,再进行封禅之礼。皇侃之说应来源于《白虎通·巡狩》。

继而制成夷狄之乐。由此,在《王制》之中,司空之官可以掌握夷狄之语:"五方之民,言语不通,嗜欲不同。达其志,通其欲,东方曰寄,南方曰象,西方曰狄鞮,北方曰译。"这是因为,古圣王致太平之时,夷狄之人皆向往王教,进而会派出使臣朝于天子,如《春秋纬·说题辞》所言:"蛮服流远,正朔不及。盛德则感,越裳重译至也。"这样的使臣也肩负着"重译"的任务,向王者诉说归附之情。① 那么,在风俗同一的九州之外,夷狄之人朝觐于天子的朝堂,天子为其作乐,"达其志,通其欲",便代表了"四海"的太平。

当然,夷狄归附中国之后,也得到了进入礼仪世界的自然条件。王充在《论衡·率性》中进行了一个假设:"凡含血气者,教之所以异化也。三苗之民,或贤或不肖,尧、舜齐之,恩教加也。楚、越之人,处庄、岳之间,经历岁月,变为舒缓,风俗移也。故曰:'齐舒缓,秦慢易,楚促急,燕戆投。'以庄、岳言之,四国之民,更相出入,久居单处,性必变易。"王充认为,夷狄之人若想改易习俗,则需迁徙,楚、越之人需由东岳之雨的润泽,获得齐鲁之政的教化,才可以具有文明的生活方式。

就是说,如果想让夷狄加入彬彬有礼的文明共同体,理论上需要进行一场大规模的迁徙,使"九州"也成为夷狄之人的聚居地。也就是说,王者的政教在太平之时,会让夷狄之人产生强烈的认同感,汲汲于进入九州之中生活。向往王教的夷狄之人与中国之人"更相出入",在王教的感召之下,通过迁徙,突破自然风俗的限制,成为文明生活的一部分。然而,儒家认为"天地故生人",四海之地仍然具备生生不息的生民之德,夷狄之人亦是天地的造化之功。五岳之外的四海之地,仍然在创造着适应其风俗的夷狄之人,不进于九州的夷狄,依旧无法行礼,成为文明之族。换言之,在自然面前,王者政教永远无法突破崇山峻岭的屏障,塑造四海的风俗。②

---

① 敦煌出土《孝经郑注义疏》:"越常感化而贡白雉象牙之属,知中国遥远,恐一驿不至。既已遣使,而更重遣,而后二使并达王庭,故言重驿。驿,使也。或云:重驿,谓言语不可领解,重译之,乃通也。"据此疏,"重译"有二义:一为"重驿",指夷狄距离王者之地路途遥远,需要派遣两位使臣;二为"重译",指夷狄言语异于中国过甚,故需多次翻译。这两种解释的背后,都在强调夷狄感召王教,具有强烈的归附之心。

② 举例而言,《风俗通》载汉武帝封禅辞言:"四海之内,莫不为郡县。四夷八蛮,咸来贡职。"这可以说明,在汉武帝制造的太平世界中,同样存在着内外差别。参见范晔撰,李贤等注:《后汉书》,北京:中华书局2003年版,第3163页。

由此,依据《王制》的巡守之制,王者政教致太平之时,天下仍然保持着"九州—四海"的格局与"中国—戎夷"有别的内外秩序:居于九州的中国,以礼为治,维持着王者政教形成的同一风俗;居于四海的夷狄,以乐为感,维持着自然世界形成的差异风俗。

结语:多元与普遍共存的《王制》"天下"

总结而言,由于自然风俗的差异性与王教风俗的同一性,《王制》的天下格局,产生了内外不同的秩序,而王者对待中国与夷狄需要采用不同的原则。那么,回到产生秩序的源头,风俗的两个成因,实际上形成了"多元"与"普遍"的两个"天下"。从逻辑上说,自然风俗的差异性,可以形成多元且自足的自然共同体。但是,"国异政,家殊俗"的多元化风俗,是王道衰退时的非文明状态;相反,"一道德以同俗",则是《王制》希冀的一统文明。因此,天下通过什么样的方法可以一统,就成了最为重要的问题。如果说"九州"在自然世界中未被"广谷大川"彻底隔绝,"中国"之人可以通过政治权力的规约,以"礼"为共同生活的标准,那么"四海"之"夷狄"就只能依靠道德式的"乐",感化于王教。这种超越政治的道德教化,"展现的则是儒家的道德教化的手段的独特性,即任何的道德规范和道德教化,必然以'感动'而'化',这就有别于道德强制和道德绑架,而是发自内心的'喜悦'"[①]。也就是说,若想在多元的自然天下中建立具有普遍意义的政教天下,感于人心的道德教化是唯一可行的手段。这就意味着,自然风俗的多元性,是塑造一切政治秩序的前提。

因此,即使渴求着天下一统的秩序,《王制》的作者仍然没有将天下"定于一"的可能性赋予强硬的政治权力。并且,《王制》设计的方五千里天下,只是一个空间模型。自汉代以降,统一王朝的领土多已突破了这个数字;"九州"也演化为历代政权的实际地缘疆域。但是,自然风俗的特征不会随着政治区划的统一而消失,如若政教无法深入人心,得到天下之人的认同,自然风俗的差异与多元,就会成为一种批判力量,冲击着统一政权的稳定。应劭在《风俗通义》中说:"风者,天气有寒暖,地形有险易,水泉有美恶,草木有刚柔也。俗者,

---

[①] 干春松:《"感"与人类共识的形成——儒家天下观视野下的"人类理解论"》,《哲学研究》,2018年第12期。

含血之类,像之而生,故言语歌讴异声,鼓舞动作殊形,或直或邪,或善或淫也。圣人作而均齐之,咸归于正;圣人废,则还其本俗。"①"圣人废",意味着政教无法维系天下人心的一统,自然世界塑造的"本俗"便会再次出现。

近代以来,万国竞逐的世界体系取代了传统中国的天下秩序,《王制》的方五千里天下模型也让位于更加科学的地球仪。然而,《王制》中的"风俗"论并未过时:当今世界的文明冲突,正是"国异政,家殊俗"的现代版本。寻求普遍性的道德理想,也是很多理论的共同旨归。② 不过,在探索"王教"的过程中,任何理论的道德理想,一旦进入现实,往往会干涉其他文明的自然风俗,进而产生不可避免的争端。③ 如果将国家林立的现代世界纳入《王制》的天下之中,可

---

① 应劭撰,王利器校注:《风俗通义校注》,北京:中华书局2010年版,第8页。
② 例如,赵汀阳以传统中的"天下"观念为线索,试图在现代世界中建立超越国家的"天下体系"。他说:"'天下'由三层条件叠加形成,即地理学的世界、心理学的世界和政治学的世界三者重叠为一,缺一不可,三者同时满足才是天下。"其中,"地理学的天下就是作为物理存在的世界。天之所覆,即为天下,天无外,天下也就无外。地理学的天下自然天成,本为一体,就是说,世界在物理学意义上天然达到了无外的存在,但至今仍然因为政治、宗教和文化原因而被人为分裂"。在赵汀阳看来,天下在自然地理的意义上本一体,但是这种"自然天成"的一体性被人为的因素破坏。因此,"新天下体系"就是要在人为的意义上建立一个政治组织,进而符合地理学意义上的普遍天下。然而,《王制》的天下格局,因自然风俗的差异,有着明显的内外之别。所以,地理学的天下"风俗多元,内外有别",而不是"自然天成,本为一体"。当然,赵汀阳同时认为,汉代之后,天下观念的内运用,形成了"内含天下的国家":"其中,天下观念最典型的内运用策略就是汉代发明,历代一直沿用的'一国多制',以'不变其俗'原则维持了天下的文化生态多样性和政治体系的一致性。"然而,赵汀阳只是承认了风俗在历史中的作用,并没有看到"文化生态多样性"是自然风俗多元性的必然结果。所以,他认为可以容纳多元文化的大一统王朝皆是"政治奇迹",而不是出于古已有之的理论设计。参见赵汀阳:《"天下"的外运用与内运用》,《文史哲》,2018年第1期。
③ 以德国法学家卡尔·施米特对国际法的论证为例,16世纪开始,"一个宏大的自由空间和新世界之占取的诞生,使得一种新的以国家间关系为结构的欧洲国际法成为可能",一个以欧洲为中心的"国家的国际法"就此诞生,它将主权国家视为平等的政治主体,维持了近3个世纪的欧洲秩序。19世纪末,殖民活动为欧洲的国际法秩序打开了新的空间,但是,"尽管那些外交理论和语汇中所规定的一般概念诸如人权、文明和进步等普遍适用于世界范围,但是整体的观念完全是欧洲中心主义的。因此,所谓'人类'主要被理解为欧洲的人类,'文明'自然也只是欧洲的文明。'进步'即是指欧洲文明的直线发展"。欧洲的国际法在推扩至美洲、非洲、亚洲时,并没有将这些空间的人类视为文明的存在,亦未给予这些地区的国家"主权国家"的平等地位。所以,施米特认为,欧洲式的"'文明'的概念最终亦无法再充当同质性的实质内容"。20世纪初,晚清的杨度在《金铁主义说》中说道:"今日有文明国而无文明世界,今世各国对于内则皆文明,对于外则皆野蛮,对于内惟理是言,对于外惟力是视。故自其国而言之,则文明之国也;自世界而言之,则野蛮之世界也。"杨度对于国际秩序的观察结论无疑是对施米特观点的最佳例证。从结果上看,欧洲文明秩序推向世界的后果,带来的多是混乱,而非文明。参见卡尔·施米特著,刘毅、张陈果译:《大地的法》,上海:上海人民出版社2017年版,第117、209、215页。刘晴波主编:《杨度集》,长沙:湖南人民出版社1986年版,第218页。

以说,"中国"不再是"天下定于一"的普遍性道德存在,而是每一种文明生活基于自身风俗所形成的政治共同体。

在《王制》的天下格局之中,"多元"自然是"普遍"政教的基础,二者在王者政教的任何时刻都并行存在。这便意味着,否认王者政教的价值,让"中国"成为多元化的文明存在,并不会瓦解《王制》的天下格局。依照《王制》的理论结构,在一个多元化的世界中,如果各种文明放弃一切普遍主义的道德立场,从自然风俗的角度出发理解自我与他者,高于政治的王教便可以转变为"不易其俗""不易其宜"的文明理解论。或许,这种基于多元自然风俗的文明理解论,才是真正具有普遍性的现代《王制》"天下"。

民本归于王权：
"阴阳组合结构"中的儒家军政关系理论

陈林

（中共通辽市委党校）

春秋战国时期，天下大乱、礼崩乐坏、诸侯割据，五百余年间的历史，就是一部战争史。先秦时期，人们重视战争，将"祀与戎"视为"国之大事"[①]。身处剧烈变革的历史氛围之中，面对王道衰微、战乱四起的现象，诸子从自身学派出发，尝试设计出一套停止战争或赢得战争胜利的军政关系策略与理论。儒家军政关系理论具有民本、正义之鲜明特色。在中国古代政治思想中，强调以民为本的正义价值观念是政治理念的普遍选择。

统治者在人数上、力量上均不能与人民形成对等关系，因此，不论是出于道德的价值判断还是功利的现实考量，诸子谋求有效治理秩序的方案中，均强调"民"的重要性。毫无疑问，"民"是诸子军政关系理论的"实体"[②]。"以人民为政治之目的、政治之主体的观念，实为儒家民本思想之基调，其他观念皆由此引申而出。"[③]但是，若由此而断定儒家军政关系理论的终极目标是实现民本甚至民主，则是大错特错的。诸子的政治思想莫不归入"王权主义"范畴，儒家的军政关系理论自然也不例外，其虽强调民本、富民、正义战争，最终的目的却是君本、富国与王道霸道，王权才是儒家军政关系理论的最终政治归宿。面对时代巨变，各国统治者最关心富国强兵、安民胜敌之道，思想家们也围绕这些话题展开了激烈的争论，其中，义利之辨是儒家民本军政关系理论的核心议题。这一话题落实到具体的政治层面，就产生了王霸之辨。透过这两大主题，我们能够更加清晰地把

[①]《左传·成公十三年》载："国之大事，在祀与戎。"
[②] 徐复观著：《学术与政治之间》，北京：九州出版社2014年版，第50页。
[③] 金耀基著：《中国民本思想史》，北京：法律出版社2008年版，第11页。

握民本与君本这对"阴阳组合结构"①下儒家军政关系理论的旨归。

一、义利之辨:儒家民本军政关系理论的核心议题

朱熹称:"义利之说乃儒者第一义",足见"义利之辨"在儒家价值观念中的核心地位。在孔子以前,有关义、利的讨论并不多见,两者也并非对立关系。"利"字大体上是利益、锋利等字面意思,并没有道德属性,如"武王既丧,管叔及其群弟乃流言于国,曰:'公将不利于孺子'"(《尚书·周书》),"小国离,楚之利也"(《左传·桓公六年》),"为民不利,如云不克"(《毛诗·大雅》),等等。"义"字的含义相对复杂一些,有行为的基本原理的意思,如"夫礼,天之经也,地之义也,民之行也"(《左传·昭公二十五年》);也有"规范"的意思,如"以义制事,以礼制心"(《尚书·商书》)。大体而言,春秋之前,"义"的适用范围主要在客观的制度、规则、礼义等层面,并没有延伸到"人",因此义、利两者之间没有非此即彼的对立关系。恰恰相反,《国语》中义、利同时出现,通常表达的是两者密不可分的关系,如"言义必及利""义者,利之足也"。

降至春秋晚期、战国之世,社会变迁的剧烈程度前所未有,"邦无定交,士无定主"(《日知录·周末风俗》),"捐礼让而贵战争,弃仁义而用诈谲,苟以取强而已矣""后生师之,遂相吞灭,并大兼小,暴师经岁,流血满野""贪饕无耻,竞进无厌;国异政教,各自制断;上无天子,下无方伯;力功争强,胜者为右;兵革不休,诈伪并起"(《战国策》)。面对诸侯并起、称霸争雄的时代局面,列国诸侯思考的是如何在乱世之中维护好自己的统治地位,违背信义而试图实现利益逐渐成为那时人们的普遍选择。在这样的时代背景下,义利之辨成为时代交付的重大课题,正如美国汉学家史华慈所主张的:"思想史的中心课题就是人类对于他们本身所处的'环境'的'意识反应'。"②儒家的义利之辨强调重义而轻利,这基本上是一项共识,但若由此而认为儒家排斥和否定"利"则是陷入了误区。

第一,反对"不义之利"。孔子曾言:"不义而富且贵,于我如浮云。"(《论语·述而》)孔子反对通过不正当的方式得来富贵,这种不义之富贵,在他看来是不可取的。所谓"富贵",即"利益",人人追逐,人人喜爱,但若不是通过正常渠道得来

---

① 刘泽华:《传统政治思维的阴阳组合结构》,《南开学报》(哲学社会科学版),2006年第5期。
② 许纪霖、宋宏编:《史华慈论中国》,北京:新星出版社2006年版,第4页。

的,便不应该去追逐:"富与贵是人之所欲也;不以其道得之,不处也。"(《论语·里仁》)长期以来,后世学者习惯于仰望孔子,将孔子想象成对名利不屑一顾的圣人,事实恐怕并非如此。孔子谓"不义而富且贵"不值得拥有,言外之意是若以"义"而得富贵,则是正当的、适宜的,"富而可求也,虽执鞭之士,吾亦为之"(《论语·述而》)。总之,孔子并不反对"利",只是反对不义之利。

孔子的担忧与惆怅是有道理的,若国君皆想从他国获取不义之利,则必发动战争,不仅劳民伤财,而且可能招致其他国家的联合反对与报复,最终身死国灭;而民众若终日计较小利,为了一己之私利实施欺骗、伪装、敲诈、暴力,如此等等,在这样的社会环境中,恢复民风淳朴的西周礼制便毫无可能。牟宗三先生认为,儒家思考义利问题的出发点并不是现实利害问题,其着重点"乃是生命与道德,它的出发点或进路是敬天爱民的道德实践,是践行成圣的道德实践"①。儒家确实追求敬天爱民、仁政礼治的道德实践,但不能因此认为儒家的义利之辨缺乏现实关切。众所周知,孔子信而好古,推崇尧、舜、文王等圣王之治,并将之视为统治者的典范。无奈的是,孔子生活在一个圣人"不得而见之"的时代。如何能够让政治更加有序?孔子的方案并非召唤圣王,而是将道德君子视为政之所出者,希望君子"勇敢地担负起以仁义救世的职责,并认为唯有道德君子才真正拥有执政当权或成为共同体领路人的正当资格"②。

孔子"罕言利"(《论语·子罕》)的另一个重要原因是没有节制地追求利益,会让人在急迫的、想要成功和获利的心理状态下失去方向。"无欲速,无见小利。欲速则不达,见小利则大事不成。"(《论语·子路》)所谓"急功近利"正是此意。

孔子曰:"君子喻于义,小人喻于利。"(《论语·里仁》)对于这句话,不能简单认为是在强调义与利之间是一种善与恶的对立关系,也不意味着君子只是一味地讲求义而绝对地排斥利,事实上,"君子与小人之间理应是一种引导和教化的关系,君子唯有追求仁义而不是一己之私利才拥有执政当权和享有俸禄的正当资格"③。孔子"罕言利",并不是因为他鄙弃和忽视人的利益诉求。

---

① 牟宗三撰:《中国哲学的特质》,上海:上海古籍出版社2008年版,第9页。
② 林存光著:《政治的境界——中国古典政治哲学研究》,北京:中国政法大学出版社2014年版,第367页。
③ 林存光著:《政治的境界——中国古典政治哲学研究》,北京:中国政法大学出版社2014年版,第367页。

孔子对"人"有非常全面的反省,他不可能否定人的正常利益需要,问题的关键是"利"之所得是否求之于道、和之于义。孔子不仅能够理解、同情和认可"小人"的利益追求,而且认为"满足人民正当的利益需求亦为君子的职责所在"①。义利之辨的关键在于要求人们在精神层面追求高尚德行,不能见利忘义。

"义"是儒家监督为政者的武器,"政者,正也。子帅以正,孰敢不正"(《论语·颜渊》),"上好义,则民莫敢不服"(《论语·子路》)。"义政"是赢得民心的良好方式。儒家一再强调民众在政治中的重要性,认为民心向背"在很大程度上取决于'从政者'的'好义'与否"②,正如左丘明所言,"多行不义必自毙"(《左传·隐公元年》)。

儒家倡导统治者与从政者"以义制利",认为唯有政治清明,百姓才能围绕在君主周围,一个兴旺强盛的国家才能形成。百姓无疑会在这个过程中受益,那么统治者就只是付出而无回报吗?显然不是的。作为统治者,其统治的最终目标无非是政通人和、权力世代相传。在包括"义"在内的德行政治引导下,政治最终赋予了民众更加幸福的生活,同时也赋予了君主强化王权、君权的关键钥匙。战争是政治生活中的重大事件,儒家始终将"义"作为重要的战争发动条件。如此,百姓在一系列富民、休养生息、慎战的利好政策中获得了安宁和富足,君主则在民的力量的助推下实现了"君本"之目标。

第二,追求"公利"③。《孟子》开篇便与梁惠王讨论利与义的关系问题。梁惠王见到孟子,直言:"叟不远千里而来,亦将有以利吾国乎?"(《孟子·梁惠王上》)这一突兀的开场白直观地反映了在当时的时代环境下,上至天子,下到普通百姓,无不言利,诸侯国君更是将战争视为谋利、逐名的手段,以至于墨子在非攻理论中花费了大量篇幅阐释战争不仅不能获利反而是一种得不偿失的选择。"孟子所攻击的'利'字只是自私自利的利。大概当时的君主官吏都是营私谋利的居多。这种为利主义,与利民主义绝相反对。"④倘若不加以引导和限制,要实

---

① 林存光著:《政治的境界——中国古典政治哲学研究》,北京:中国政法大学出版社2014年版,第367页。
② 孙秀昌:《孔子"义利之辨"发微》,《孔子研究》,2016年第1期。
③ 《易经·乾》载:"利者,义之和也。"如果以实现"民"之公共利益为目的,则利与义是相调和、统一的。换言之,统治者为民求利,乃是行义之举;但倘若只求一己之私利,则为单纯的求利行为,与义毫无关系。因此,对于儒家而言,追求"公利"即为义之行为。
④ 胡适著:《中国哲学史大纲》,北京:民主与建设出版社2015年版,第248页。

现治理秩序无异于空想。伟大的思想家都必须回答"时代之问",儒家忧心于人心不古,大倡"公利"之道。

面对梁惠王提出的这个尖锐的难题,孟子答道:"王何必曰利?亦有仁义而已矣。王曰:'何以利吾国?'大夫曰:'何以利吾家?'士庶人曰:'何以利吾身?'上下交征利而国危矣。"(《孟子·梁惠王上》)孟子不愿谈论"利",太史公曾对这一问题进行分析:"余读孟子书,至梁惠王问'何以利吾国',未尝不废书而叹也。曰:嗟乎,利诚乱之始也!夫子罕言利者,常防其原也。故曰'放于利而行,多怨'。自天子以至于庶人,好利之弊何以异哉!"(《史记·孟子荀卿列传》)"利"是祸乱与失序的根本原因,若人人谈论"利",以个人之私利作为思考问题和解决问题的出发点,不仅社会上将怨声载道,而且会产生很多治理问题。为了减少及至杜绝这一现象产生的弊端,孟子于是罕言利。程颐对孟子的义利观曾作出精妙的分析:

> 君子未尝不欲利,但专以利为心则有害。惟仁义则不求利而未尝不利也。当是之时,天下之人惟利是求,而不复知有仁义。故孟子言仁义而不言利,所以拔本塞源而救其弊,此圣贤之心也。(《四书章句集注》)

程子这段对孟子良苦用心的诠释,可谓深得孟子之意。他主要阐释了三个方面的重要问题:首先,逐利是一种普遍存在的心理状态,不论是圣人还是君子,都并非不求利,逐利之心很难彻底根除;其次,以仁义为原则,不主动去追逐利,但未尝不能获得利,换言之,以仁义之心去思考和做事,也许能带来远超预期之大利。需要明确指出的是,儒家"在动机上反对'以义求利',但在结果上可以接受'因义得利'"[①]。

最后,战国中期,人心不古,天下之人莫不以逐利为上,仁义早已被追求功利之心所淹没,因此,孟子大倡仁义而不言利益,其目的是正本溯源,让仁义重新回到道德主宰的位置。如程颐所言,君子并非不可以获利,但是在他们的精神世界中,圣人与君子以天下利为利、以天下心为心,他们所追求的是"公利",是最大多数的最大乐利,而非一族一家之"私利",唯有以这样的理念去实践道德,才能获得更大的利益。"实行仁义,功利必然随之而来,绝不会实行了仁义而反招致无功不利的结果。而且实行仁义所获致的功利,是不会有流弊的,是

---

① 李翔海:《儒家"义利之辨"的基本内涵及其当代意义》,《学术月刊》,2015年第8期。

最稳妥可靠的,是最能常保不坠的。"① 这一观点看似过于理想化,但在政治文明高度发达的今天,认可德治、仁政、公利能够带来秩序、稳定与繁荣,仍是大多数人所能接受和认可的观点。

第三,以义制利。荀子从"人性恶"的基本判断出发,认为人性好利,而这种"生而好利"的本性是难以彻底消除的,只能引导和规训,如果任由人的利欲之心泛滥,必会导致社会生活的无序化。荀子在义利之辨问题上倡导以义制利,强调"先义而后利者荣,先利而后义者辱"(《荀子·荣辱》),将义与利的分野上升到君子小人之辨的道德观念层面,认为"君子之求利也略,其远害也早,其避辱也惧,其行道理也勇"(《荀子·修身》),而小人则"言无常信,行无常贞,唯利所在,无所不倾"(《荀子·不苟》)。对于政治统治的主体君主而言,更不能贪婪、好利,"上好贪利,则臣下百吏乘是而后丰取刻与,以无度取于民"(《荀子·君道》)。若君主带头贪利,则整个国家的各级官吏都将陷入无尽、无度的贪婪之中,而最终承担后果的只能是百姓。

荀子认为要处理好爱民、利民与使民的关系。爱民是仁政的题中之意,但这不代表君主不可以使民,前提是先给民以利而后使之。"有社稷者而不能爱民,不能利民,而求民之亲爱己,不可得也。民不亲不爱,而求其为己用,为己死,不可得也。"(《荀子·君道》)荀子有关义利之辨的看法,与孔、孟并无本质区别,他们的大体观念是一致的。

儒家对于落实追求公利和以义制利,有两个方向。一是以道德追求功利,这是最可靠的办法。儒家站在道德教化的层面,强调对人们的教育。若说道德教化有助于消弭战争、维持秩序,恐怕会有为数不少的人持反对意见——仅就春秋战国时期来说,孔子周游列国、孟子奔走四方,他们也并没有能够通过道德教化使世界变得更加和平。但是,我们需要知道的是,"战争根源以及提出的解决方法,往往与人类的性情和所受的教育密切相联,而非与我们所处的世界的事物和事件相关"②。道德教化使人们相信,国家之间会有不少矛盾和对立,但并不一定要通过战争这一极端的方式解决,因为从本质上而言,战争是一

---

① 陈大齐著:《陈百年先生文集(第一辑):孔孟荀学说》(第一册),台北:台湾商务印书馆股份有限公司1988年版,第151页。
② [美]肯尼思·华尔兹著,信强译:《人、国家与战争——一种理论分析》,上海:上海人民出版社2019年版,第56页。

种得不偿失的行为方式和迫不得已的战略选择。二是以政治落实公利。空谈道德所得到的实际效果非常有限,必须要在政治选择层面,通过政策落实公利的价值取向。因此,儒家倡导仁政、德治、礼义、君子等价值。儒家的义利之辨绝非一个思想史意义上或哲学史意义上的抽象理论话题,它在历史的进程中一直落实在政治、经济和社会的具体情境当中。在经济层面,它构成了"公私之辨","而它一旦落实到政治层次也就激发了历代儒者聚讼纷纭的'王霸之辨'"①。

二、王霸之辨:王权政治下道义与功利的纠葛

诸子对于义利之辨的看法直接影响着他们对王道与霸道的选择。梁惠王开门见山地询问孟子"何以利吾国",这表现的是站在统治者的视角对有效统治术的急切期待。孟子的回答是站在一位思想家的高度而非大臣的角度回应梁惠王。孟子主张"道之以德,齐之以礼",而梁惠王则求速成以实现"道之以政,齐之以刑"(《论语·为政》),这两者显然是大相径庭的。孟子基于他对理想政道与治道的规划,倡明王道,反对霸道,认为霸道是对王道的破坏:"五霸者,三王之罪人也"(《孟子·告子下》),"仁人无敌于天下"(《孟子·尽心下》)。荀子在义利之辨问题上的见解与孔、孟有一定的差异,他主张义利兼顾,因此在王霸的问题上,他认为王道与霸道"虽有原则的差别,但不是截然对立的"②,由此而主张"王霸安存"(《荀子·王制》)。其他各家也莫不如此,看待义利之辨的视角决定了他们对王霸之辨的基本观点。

何为王道?何为霸道?就其原意而言,"王霸"不具有道德属性,它是对不同身份人群的政治称呼。三皇五帝后的政治领袖称为"王",亦即"天子"。林沄认为"王"字像"斧钺形",是军事统帅权的象征③,如文王、武王。"霸"指诸侯中实力、能力较强,权力地位较高者,是诸侯之长、把持王者之政者,如春秋五霸。春秋晚期以及战国时代,周天子式微,列国兼并战争日益激烈,无道乱象充斥人间,儒家试图力挽大厦之将倾,依托历史上圣王的完美德行,为"王霸"注入了道德判断的属性,指出行事的动机、风格与目的符合古圣先王之完美要

---

① 黄俊杰:《先秦儒家义利观念的演变及其思想史的涵义》,《汉学研究》,1986年第1期。
② 刘泽华著:《先秦政治思想史》(上),天津:天津人民出版社2019年版,第252页。
③ 林沄:《说"王"》,《考古》,1965年第6期。

求者称为"王",而略逊于这一要求者称为"霸"。儒家在王霸之辨的问题上,坚持从历史中寻找依据。他们坚信,经过长期历史沉淀的礼乐文明传统和道德理想人格能够赋予仁人君子以传承历史文化的使命并使他们担负起社会风教的责任。王道与霸道的参照对象是历史上的圣王。

儒家内部对于王霸之辨存在着不同的认识,归纳起来就是"尊王不黜霸"与"尊王黜霸"。不同思想家对霸道的认识之所以有明显的差别,与他们政治思想出发点与落脚点的差异有着直接的关系,也与他们对于"霸"的定义与认识存在差别有关系。同时,思想家的理论来源与时代背景密切相关,因为思想是由环境而产生的意识反应。

孔子身处春秋晚期,当时周天子虽为名义上的"天下共主",但势力已渐趋衰微,统治力并不强。面对诸侯崛起的现状,孔子希望"霸主"能够效仿周文王之德,"三分天下有其二,以服事殷"(《论语·秦伯》),认为霸主在实力远超周天子的情况下,也应"服事"之。"周之德,其可谓至德也已矣"(《论语·泰伯》),若"霸主"能够如文王般,其德便值得称颂。孔子的这一想法太过于脱离实际吗?我们不能以全知视角去责难孔子,如同梁漱溟的父亲梁济生前那个发人深省的问题"这个世界会好吗",我想这个问题可能也会时常萦绕在孔子脑海中。我们无法从孔子口中直接得到这个问题的答案,但是通过他一生颠沛流离仍不改其志的坚定决心,可见这个问题并不难回答。孔子何以能够相信这个世界会往好里去?回望历史,春秋晚期,霸主们虽时有僭越之举,但凡遇大事,仍高呼尊王攘夷,虽然其实质是挟天子以令诸侯,但王之旗帜仍是霸主们维护秩序不可或缺的一环。孔子忧心于礼崩乐坏,作为一名教育家、思想家,他能做的便是亲身实践、周游列国,试着去影响与教育诸侯国君。恢复周礼固然艰难,但不让它继续坍塌下去可能是孔子当时最为急切的愿望。

众所周知,孔子十分赞赏齐桓公和管仲。他称赞齐桓公"正而不谲""九合诸侯,不以兵车,管仲之力也。如其仁!如其仁!""管仲相桓公,霸诸侯,一匡天下,民到于今受其赐。微管仲,吾其被发左衽矣"(《论语·宪问》)。齐桓公以尊王为号召,团结诸夏,共尊王室,使列国之间摒弃战争,和平相处,孔子感佩桓公之仁;管仲辅佐齐桓公开创霸业,使天下安定,民众在和平的环境中休养生息,至今仍受其恩泽。孔子对齐桓公和管仲拥有如此之高的评价,其用意在于肯定仁德而非战争对于国家治理与恢复秩序的正面作用,以期通过树立霸主之形象,让其他诸侯效仿,最终达到诸侯尊周王的目的,让日益崩坏的周礼传统重新降落人间。

通过孔子有关"王霸"的论述,大体可以判断,孔子对于"王霸"的认识是基于"政治称呼"的。王为周天子,霸为诸侯之长,这里没有注入道德判断。因此,孔子虽然赞美霸主,但从事实上来说,这并不属于思想史意义上的"王霸之辨"范畴,有关它的讨论是从孟子正式开启的。

孟子对于"王霸"进行了明确的区分,大体上包含着两层含义。第一,霸与王的区别主要体现在武力与德行的分野上。"以力假仁者霸,霸必有大国,以德行仁者王,王不待大。汤以七十里,文王以百里。"(《孟子·公孙丑上》)霸主以武力作为凭借,他们虽然也讲仁爱,但那不过是他们骗人用的招牌;而王者凭借的是他的仁政理论与政策,重点在于保民、德行、仁政。倘若以王道治理天下,即使只有不足百里的小国家,人民也会心甘情愿地归顺。第二,霸与王是对立面,霸是对王的破坏与否定。"五霸者,三王之罪人也;今之诸侯,五霸之罪人也;今之大夫,今之诸侯之罪人也。"(《孟子·告子下》)孟子从王霸的历史演进视角揭示了春秋以至战国,"统治者的本心善性逐渐丧失陷溺的堕落过程"[①]。昔日齐桓公虽"以力假仁",但在葵丘之会上仍盟约誓命,但当此之时,诸侯与大夫为了一己私利,崇尚武力,仁义之名早已荡然无存。

孟子在王霸之辨的问题上,以道德标准进行区分,"一之以道德,淳之以仁义,此王道也;行之以仁义,杂之以功利,此伯道也"[②]。张九成在《孟子传》中曰:"有圣王之学,有霸者之学。圣王之学,其本为天下国家,故其说以民为主。霸者之学,其本在于便一己而已矣,故其说以利为主。"义利之辨与王霸之辨两者存在着明确的关联,这是孟子政治思想与军政关系理论的重要理论前提。

荀子在王霸之辨的问题上,与孔、孟皆有差异。孔子对齐桓公、管仲评价颇高,但荀子却说:"仲尼之门,五尺之竖子,言羞称乎五伯。"(《荀子·仲尼》)他认为齐桓公之霸是以诈心取胜,而管仲则"力功不力义,力知不力仁,野人也,不可为天子大夫"(《荀子·大略》)。荀子与孟子对于这一问题的看法似乎

---

① 林存光著:《政治的境界——中国古典政治哲学研究》,北京:中国政法大学出版社2014年版,第230页。
② 孔文仲:《制科策》,载曾枣庄、刘琳主编:《全宋文》(第28册),上海:上海辞书出版社、合肥:安徽教育出版社2006年版,第5页。

相近,但不尽然。荀子认为单纯恃力者只能称之为"强",力而信者为"霸",王与霸虽有区别,但两者并非对立的、非此即彼的关系。"王者之道在于修持礼义、尊贤任能而富民,霸者之道在于讲求信用、重法爱民,或者为政强国而富士,仅存、危亡者之道则在于不讲信义而好利多诈,喜欢使用权谋、倾覆、幽险之术,而且不是富大夫,就是富筐箧、实府库。"[①]荀子仍坚持王道优于霸道。

王霸之辨之所以重要,就在于其提出了有关政权之正当性与政制之合法性的关键问题。儒家有关王道理想的设计是其对良好政治的系统性阐释。在儒家的思想框架中,德治、仁政、民本、礼治成为政治统治的思想基础,民众作为政治生活的主体,应是统治者维护的对象,而非奴役的对象,因此儒家主张不能以功利化的价值取向去工具化利用民众。

三、民本与王权:"阴阳组合结构"中的矛盾统一体

民作为儒家军政关系理论中最重要的政治主体,儒家历来对其高度重视。"天视自我民视,天听自我民听"(《尚书·泰誓》),"民为贵,社稷次之,君为轻"(《孟子·尽心下》),"君者,舟也;庶人者,水也。水则载舟,水则覆舟"(《荀子·哀公》)。但毫无疑问,既然君主是政治的领导者,那么民众的福祉最终还是要依靠君主来实现的。那么,在儒家的军政关系理论中,究竟是"民本"重要还是"君本"重要?这是一个旨意深远的重大课题。

历史上一段时间,人们习惯于将儒家视为统治者的"帮凶",因此,他们对于上述问题的答案可能是"君本"重要。也有人认为,在儒家的思想中,我们窥探到了"民主的大道"[②],"一切为人民而政治"[③]。这两种单一的看法未免失于片面,且没有捕捉到问题的实质。事实上,"民"与"君"是两个不同层次的主体,民是"责任主体",是指"政治是为谁的或对谁负责的责任对象";而君是"权力主体",是"掌握着治权的政治行为主体"[④]。横向比较两者的重要性,是无法

---

① 林存光著:《政治的境界——中国古典政治哲学研究》,北京:中国政法大学出版社 2014 年版,第 386 页。
② 徐复观著:《徐复观论经学史二种》,上海:上海书店出版社 2005 年版,第 26 页。
③ 徐复观著:《中国思想史论集》,北京:九州出版社 2014 年版,第 157 页。
④ 林存光著:《政治的境界——中国古典政治哲学研究》,北京:中国政法大学出版社 2014 年版,第 240—241 页。

得出准确答案的。

如何理解两者之间的关系？刘泽华先生创造性地提出了"阴阳组合结构"这一命题。刘先生指出：

> "君为民主"把君奉为政治的最高主宰，这是讲君权的绝对性；"民为国本"承认民之向背对政治兴败具有最终决定作用，这是讲君权的相对性。依照逻辑推理，这两者是不能共容的。如果把"民为国本"视为最高的理论元点，就应否定"君为民主"的思路，进而赋予民众政治权利，以民主方式选举国家元首并设计必要的政治程序以制衡其权力。可惜，中国古代一切民本论者都没能从君为民主、治权在君、君为政本的思路中走出来，从而跃入民主主义范畴。这就注定了"民为国本"命题是"君为民主"命题的附庸，重民的主体是君主，民众只是政治的客体，民是君主施治、教化的对象，其中并没有"民治"的思想。这种"民本论"所导出的仅仅是统治者的得民之道、保民之道、治民之道。民本的最终归宿是实现君本。①

刘先生有关君本与民本之关系的论述已经非常清晰了。在"阴阳组合结构"的分析框架下，如梁启超先生所言，"我国有力之政治理想，乃欲在君主统治之下，行民本主义之精神"②。我们绝不怀疑儒家为民请命之精神品格。在中国古代历史上，儒家的民本主义旗帜在一定程度上起到了限制君主肆意妄为的昏庸之举的作用，但显而易见的是，在君主绝对权力的王权主义面前，一种主义能够发挥的限制性作用是极小的。"君本—民本的阴阳组合结构与思想命题在历史上的有效性以及从王权主义和阴阳组合结构中'走出来'的参与或判断，并不意味着民本理念在过去就是根本错误的。"③在儒家的思想观念中，德治仁政的道德教化，能够使统治者"认识到自己的行为应建立在良知与责任的基础之上"④。民众能够获得安宁、幸福的生活，君主便能够实现良序的治理，而江山自然无虞。两者在传统天下观念的视野中，并不是非此即彼的对

---

① 刘泽华：《传统政治思维的阴阳组合结构》，《南开学报》（哲学社会科学版），2006年第5期。
② 梁启超著：《先秦政治思想史》，上海：上海古籍出版社2014年版，第6页。
③ 林存光、杨抗抗：《中国思想史的双面故事——中国传统政治思维的"阴阳组合结构"续说》，《学术界》，2020年第10期。
④ 林存光著：《政治的境界——中国古典政治哲学研究》，北京：中国政法大学出版社2014年版，第243页。

立关系，而是统一在"阴阳组合结构"的框架之中的。当然，民本归于王权是最终的结局。儒家的局限性在于虽强调了民本的重要性，却没有发展出"民治"的方案，这也恰恰说明了王权主义在中国历史上的统摄力。

儒家所探讨的不论是民本主义还是义利之辨、王霸之辨，在军政关系理论中均有鲜明的表达。儒家虽然将战争行为与道德行为建立起密切的关联，但却始终将战争看作政治事件。在儒家的政治思想中，如何看待政治，亦即如何看待战争。儒家主张德治、仁政、爱民，因此反对战争，情不得已之下，主张开展正义战争。儒家强调义高于利、王道优于霸道，其精神实质是维护秩序、保卫和平。

毫无疑问，正义战争这一观念在历史上发挥了很重要的作用，它促进了中华民族战争理性的发展。当国与国之间产生矛盾的时候，在权衡利弊的基础上，一种止战的道德观念能够在某种程度上促使战争双方在"箭在弦上"的那一刻选择悬崖勒马。令人遗憾的是，在大多数时候，人们会打着维护秩序、替天行道的旗号，以残酷的战争方式声称自己在行正义之举，但是，"在国家间的争端中，谁又能说哪一方的理由是正当的呢？如果一个国家为自己披上正义的外衣，那么与之对抗的国家也将如此行事"①。诡谲的是，从人类已有的无数战争经验中可以发现这样一个规律："基于对国家利益的狭隘算计而发动的战争，其所造成的破坏要逊于那些由据称无私的理想主义所激发的战争。"②我们究竟如何评价儒家的民本、正义战争观念才好？徐复观先生指出，一切思想都是以问题为中心的，没有问题的思想不是思想。③那么儒家所面临的核心问题是什么？从事实而言，便是重整秩序、消弭战争。儒家所选择的方案是从历史中寻找答案，认为如果能够将礼崩乐坏的时代，带回到"郁郁乎文哉"的西周，便能够解决这些问题。在那个人类文明尚不发达的时代，已知的最好的秩序形态便是西周的礼乐文明。

如何重整秩序是诸子所面临的共同问题，而儒家选择的治理方案迥异于其他各家。儒家告诫君主，要亲近民众，"得乎丘民而为天子"，指出民是统治的基础。在正义的号召下，民众会拿起武器保卫家园，他们维护了自己的家

---

① [美]肯尼思·华尔兹著，信强译：《人、国家与战争：一种理论分析》，上海：上海人民出版社 2019 年版，第 86 页。
② [美]肯尼思·华尔兹著，信强译：《人、国家与战争：一种理论分析》，上海：上海人民出版社 2019 年版，第 87 页。
③ 徐复观著：《中国思想史论集》，北京：九州出版社 2014 年版，第 132—133 页。

园,也便保住了君主的江山。儒家告诫君主,不要工具性利用民众,"天之生民,非为君也。天之立君,以为民也"(《荀子·大略》),认为民是统治者的服务对象。在吾国与吾民的国家主义号召下,民众告别亲人远离家乡,奔赴战场,护住了自己的国家。君主盛赞他们的牺牲壮举,但没有人记得需要多少次这样的"壮举"才支撑着国家修建起一座凌烟阁①。"兴,百姓苦;亡,百姓苦",这是中国历史上悲怆但也真实的一面。

仅就儒家军政关系理论在历史上所发挥的作用而言,我们很难赋予它过多的赞美,但不能由此而苛责之。先秦时代,战争的密度与烈度在人类历史上均属罕见,儒家以悲悯和担当的精神,试图力挽狂澜,救民于水火之中,这份勇气是值得充分肯定的。"在春秋战国的历史动荡期,被战争召唤出来的旧时代的黄昏降临时,儒家的'猫头鹰'——战争的道德使命意识——开始起飞。"②。儒家能够站在道德理性的视角看待战争、规制战争,这本身就是中华文明进入了更高层次的一个显著标志。后世的历朝战争当然并没有彻底被儒家军政关系理论所驯化,甚至一直到人类文明已经如此高度发达的今天,战争依然在世界某些地方蔓延。如此看来,儒家的军政关系理论似乎从提出那一刻开始便注定成为一种悲剧,但我们要清醒地认识到,这不是儒家思想的悲剧,而是人类历史本身的悲剧。儒家以礼治与仁政为特征、以正义为价值归属的军政关系理论,为我们塑造了一种真正崇高意义上的战争道德。在历史上,虽然免不了有一些军事力量集团打着仁义、替天行道的虚伪旗帜行虎狼之暴行,但也确实有以儒家军政关系理论为指导而化干戈为玉帛的历史佳话,正是在儒家文明理念的指引下,中国"发展出了一整套建立在儒家社会政治学说基础上的文明秩序"③。儒家军政关系理论的伟大价值,也许并不在历史上,而是在未来。

---

① 凌烟阁是唐代为表彰拥有赫赫战功的武将而建筑的绘有功臣图像的高阁,后成为建功立业的代名词。历代文人墨客常以凌烟阁为意象,表达追求功业的决心或对战争的排斥,如"会取安西将报国,凌烟阁上大书名","请君暂上凌烟阁,若个书生万户侯",等等。
② 倪乐雄:《儒家战争观及其历史命运》,《史学月刊》,1993年第2期。
③ 金耀基:《全球化、多元现代性与中国队新文化秩序的追求》,载周晓虹主编:《中国社会与中国研究》,北京:社会科学文献出版社2004年版,第43页。

李瀷《论语》仁说浅说

宋陆

（山东大学哲学与社会发展学院）

"孔门传授心要者宜莫如《论语》"[①]，《八佾》说礼，《里仁》明仁。但《论语》中孔子及其弟子围绕仁的议论，绝不仅仅集于《里仁》一篇。孔子和弟子言仁，言求仁之道，以及评鉴古人或时人是否为仁人者，涉及《论语》六十四章，共一百零九处。

《论语》中的仁是君子之准则，是礼乐之根本，是百姓之所期；及于仁，则不忧、必勇、直枉、无憾于臣节。仁之涵义的多样性不仅限于文本本身，更体现在其后经学史、诠释学等方面。"汉唐将仁解读为伦理学范畴的道德；宋儒则将仁附于一形而上的根源"[②]；朝鲜性理学、经学对于《论语》中仁的阐释虽未离其左右，但也有不尽相同之处。

李瀷（1681—1763）为朝鲜王朝中后期实学代表人物，他一方面作为道统的拥护者继承了朱熹与李退溪的学问观；另一方面又不苟于既存注释。其经学观立足于对因科举而导致的机械式的经典传习以及传统性理学的阐发被少数知识分子所掌握甚至沦为党政工具之陈腐窘境的突破，解经中多建立解释学循环以求视域的融合。以李瀷论语学仁说这一小模型为例，通过对于中韩经典解释的比较研究，小的层面能够明确概念意涵，大的层面得以窥探以朱熹《四书章句集注》为首的权威注释的传承脉络。此外，在经典诠释研究蓬勃兴起的当下，对于李瀷经典解释的特征、意义以及学术史意义等方面的研究也是

[①] 梁漱溟著：《梁漱溟先生论儒佛道·儒佛异同论之二》，桂林：广西师范大学出版社2004年版，第73页。
[②] 周元侠著：《朱熹的〈论语集注〉研究：兼论〈论语集注〉的解释学意义》，北京：中国社会科学出版社2012年版，182页。

值得瞩目的。

对于李瀷《论语》仁说的考察需由《论语疾书》《星湖僿说》两种文本展开来看。首先《论语疾书》作为对于《四书章句集注》的补完作,在充分解释《论语》文本上有不充分性,因此本文仅限于根据四处释文一探李瀷《论语疾书》对《论语》仁之理解。

首先,对于"颜渊问仁章",李瀷释"克己复礼为仁"曰:

> 知,然后己可克而复礼,智在其中矣,事得其宜,方始是礼,义在其中。

在李瀷来看,为仁,需有知之智,行得妥当自然,合乎礼、合乎义。他将仁智礼义有机地结合在一起,这也与先秦儒学、宋明理学的相关观点相得益彰。参看《近思录·道体》——"四德之元,犹五常之仁。偏言则一事,专言则包四者。"此则述乾卦。在天有四德,为元亨利贞,于人事有仁义礼智信五常之德。五常之仁相当于元之于元亨利贞,因为众所周知,元乃天地之生理,而仁者人心之生理也。对此朱熹注曰:

> 仁之一事所以包四者,不可离其一事而别求兼四者之仁。

> 仁是生底意思,通贯周流于四者之中。须得辞逊断制是非三者,方成得仁之事。

此正所谓"仁包四德"之说,"辞逊、断制、是非"即"礼、义、智",如果不能做这三者,则虚图一仁而不能。后世钱穆对于朱熹释仁的看法与此如出一辙,他在《朱子新学案》中主张"除仁包四德一项外,皆不恰切"。

李瀷释"非礼勿视听言动"道:

> 此有物事,动则非礼,不动则礼也,于是勿动;此有物事,不动则非礼,动则礼也,于是必动。此皆克己之功。

故动与不动,要契合实际情况,需发挥人的主体性。这一观点与谢良佐相同,谢氏就强调复礼应"以我视,以我听,以我言,以我动"。

樊迟第二次问仁与知,孔子以"能使枉者直"为"爱人"答之,而以"举直错诸枉"为"知人"答之。盖仁与知,一个是慈爱,一个是辨别,各向一方。而惟是"举直错诸枉,能使枉者直",方见得仁、知合于一处,仁里面有知,知里面见仁。李瀷解释道:

> 枉而不矫,非爱人以德也,乌得为仁?

儒家视他人犯错而不矫正为姑息。《礼记》载:"君子之爱人也以德,细人之爱人也以姑息。"遂"枉而不矫"非君子所为仁之意明也。

李瀷释《里仁》篇第二章"不仁者不可以久处约,不可以长处乐。仁者安仁"和第五章"富与贵,是人之所欲也,不以其道得之,不处也;贫与贱,是人之所恶也,不以其道得之,不去也。君子去仁,恶乎成名"曰:

> "约",兼贫贱而言;"乐",兼富贵而言。不仁者不可以处约、处乐。……不为富贵、贫贱所动,则仁者为能也。

约为制约之意,即困穷,故此以贫贱申说其意。君子与不仁之人相异,可以处约、处乐,不为富贵、贫贱所动。此正所谓"富贵不能淫,贫贱不能移",是孟子之谓大丈夫也。大丈夫"居天下之广居",广居者,朱熹又释之谓"仁也"。另外,君子对于仁的秉持更是其毕生所追求的目标。

对于仁,李瀷于《星湖僿说》中另作两篇短文加以阐释。在《三仁》篇中,李瀷释"殷有三仁章"曰:

> 圣人谓之仁,则必无憾于臣节者也。

臣节是先秦两汉评鉴臣子的重要标准,微子、箕子、比干之仁便是臣下应有的节义。《求仁》篇深入剖析了仁的涵义与求仁之要。《论语》中言及仁处甚多,但孔子许人以仁者则鲜矣,而孔子辞约意至,众人往往不得求其全体。李瀷引朱熹注解释道:

> 仁,不过曰"人欲尽处,天理流行",仁在其尽处,流行之间,而天理之全体可见。《论语》即各指流行处。

"人欲尽处",犹言尽人欲,遏而至于无,存于流行之间者唯有理也。天地万物未生之时,此理已具,而天地万物既灭之后,此理不亡。虽有清浊厚薄之分,但理方赋万物之初,天之所命一也。李瀷继承这样的性理观,将遏欲至无、复于无不纯无不善之境地的过程视为"仁"。而天理流行无穷、动则万象森然,正因如此,"各指"必然不易辨识仁之全体。

> 门人必先问其源头之何物。若不知其何物,虽欲求之,得乎?既知而欲求,非尽去人欲,不可。

若要求仁,必先尽去人欲,集注之所谓"遏人欲,存天理"是也,李瀷称其为功程。

> 遏之存之,全体呈露,则此非仁而何哉?许多议论,都揍在"遏"与"存"二字上。……圣人之最不轻许者,惟仁也。

尽管众人皆知求仁之功程,但不知仁与圣不二者也。仁和圣皆不易实现,正如孔子自言:"若圣与仁,则吾岂敢?"(《论语·述而》)

李瀷又引《论语·雍也》第二十八章说道:

> "何事乎仁?必也圣乎。"然则仁上又有一层地位。"颜子三月不违仁",时不免或违,则仁与人二也;圣人终岁不违,则一而已矣。……其或违也,未熟故也。……后之学未必皆晓此义,故说性论心之言,纷然益繁,不得已也。

在李瀷看来,未及仁者其故有二:一则"克复、遏存"之功未熟,仁与人不能一,徒然用力向外求,时不免"情气"之敝而违仁;二则学者不得其要也,李瀷举李晦斋作《求仁录》为例,称其说虽备,但至于繁多之境,令人反为众说所乱。

其中前者——"'仁与人一'和'克复、遏存'之功"为求仁之要,参看《朱子语类卷第三十一·论语十三·雍也篇二·子曰回也章》:

> 仁与心本是一物。被私欲一隔,心便违仁去,却为二物。若私欲既无,则心与仁便不相违,合成一物。心犹镜,仁犹镜之明。镜本来明,被尘垢一蔽,遂不明。若尘垢一去,则镜明矣。

人心有觉而道体无为,心之感应、发动取决于人。若如朱熹所谓"仁与心本是一物",则仁本应与人为一。待到私欲尽无之时,则仁与人一也。所以不但要意识到仁与心本为一物的道理,也要熟于"克复、遏存"之功,不让尘垢蒙于明镜之上。

之所以说心之作动非常重要,是因为颜回之不违仁,并不是无为的。颜回有事则亦应,亦饮食、接客待人,只是心无一毫私欲耳。岂可能"直恁虚空湛然,常闭门合眼静坐,不应事,不接物,然后为不违仁也"?

总结来说,李瀷论语学中的仁,包含"仁包四德"、为君子者爱人以德、为臣下者恪守臣节等涵义。而求仁,需通晓其要,熟于"克复、遏存"之功,发挥人之主体性,达到能与仁一之境。在李瀷对于《论语》仁概念的阐释中,对于特定章节的解释有引用了儒经以及《论语》其他章节,在闭合的环中交叉论述。不难看出他的观点明显有着继承宋代理学学术之特征。

《新语》与《系辞》
——论陆贾易学视域下的治术哲学

杨易辰　杨玉婷

（华东师范大学哲学系　中共四川省委党校哲学教研部）

《新语》是西汉陆贾的政论合集。《史记》载，刘邦以征伐定天下，陆贾作《新语》献策，言君臣政治得失，有安社稷之功。王充《论衡》云："非陆贾之策，帝室不宁。"从学术源流上看，陆贾之学来自荀子弟子浮邱伯，当代学者王利器《新语校注》举《术事》《明诫》等篇之例，证陆贾之学"盖出于荀子"；又因其文中称引老子清静无为的思想，故言其"盖兼儒道两家"。陆贾的思想与成于战国时期的《周易·系辞传》之间也有着紧密的联系[①]，然而这一点在学界极少被提及。作为汉初思想家的典型代表，陆贾以极敏锐的眼光挖掘了孔子及其后学整理出的今本《易传》中的天人哲学与伦理思想的深刻价值，促生了经学在两汉的巨大影响。本文力图对此作一番探讨。

一、圣人之中介

汉初哲学思想在形式上呈现出两大鲜明特点：一是继承了战国晚期以来诸家思想杂糅呈现的趋势，兼采众说；二是总结秦亡教训，以治国方略立论，将学术与政治相结合。当时中央集权与分封的有关矛盾愈演愈烈，陆贾著《新语》一书，试图找到一种有效的方式来解决"道在何方"这一政治学术问题。其首篇《道基》论述了一个完备的"天—地—人"关系系统，由此凸显出"圣人"这

[①] 尽管《史记·孔子世家》说"孔子晚而喜易，序《彖》《系》《象》《说卦》《文言》"，但经后世学者如张岱年、李学勤、廖名春等学者的诸多考证，《系辞传》已被确定为战国时期的作品。参见廖名春著：《〈周易〉经传与易学史新论》，济南：齐鲁书社2001年版，第280页。

一角色在治术议题中的巨大作用。如果同时参照《系辞传》的文本,就可以清楚看到,陆贾在很大程度上借用了《系辞传》的语言体系。在文章开篇,他立刻引入了"道"及"圣人"的概念:

> 传曰:天生万物,以地养之,圣人成之。功德参合而道术生焉。(《新语·道基》)

> 是故天生神物,圣人则之;天地变化,圣人效之;天垂象,见吉凶,圣人象之;河出图,洛出书,圣人则之。(《系辞传》)

据《道基》,"道"的产生源自一个三角结构——"天生万物""以地养之""圣人成之",即"天—地—人"的等级结构,这一凸显"圣人"角色的结构与《系辞传》的三才之道极为相似。其中说,圣人通过履行他的责任,才能实现天地变化所蕴含的规范之理,而这就是所谓的"道"。这里的"天"或"天地",显然是孔子"畏天命"思想中宇宙及人类最高主宰之"天"。而陆贾所谓"圣人成之",是圣人对天地所生万物的一种目的论的完成。总之,基于《系辞传》,陆贾确定了一个最基本的天人关系基础。接下来,他进一步将人与物纳入此天人的广泛系统中:

> 张日月,列星辰,序四时,调阴阳……润之以风雨,曝之以日光,温之以节气,降之以殒霜。……故在天者可见,在地者可量,在物者可纪,在人者可相。(《新语·道基》)

> 鼓之以雷霆,润之以风雨,日月运行,一寒一暑。(《系辞传》)

> 在天成象,在地成形,变化见矣。(《系辞传》)

在上文中,陆贾强调了"天"作为宇宙主宰者张日月、列星辰、序四时而调阴阳的功用。"润之以风雨,曝之以日光……"取自《系辞传》,是说宇宙根据特定的天理运行,此天理具有不可抗拒性和自然性。在此基础上,陆贾又借《系辞传》中伏羲(包牺氏)仰观俯察、近取远取的描述,指出只有圣人才能够体认此"天",天道因而在世俗领域得以完成:

> 故知天者仰观天文,知地者俯察地理。(《新语·道基》)

> 于是先圣乃仰观天文,俯察地理,图画乾坤,以定人道,民始开悟,知有父子之亲,君臣之义,夫妇之别,长幼之序。于是百官立,王道乃生。(《新语·道基》)

> 古者包牺氏之王天下也，仰则观象于天，俯则观法于地，观鸟兽之文，与地之宜，近取诸身，远取诸物，于是始作八卦，以通神明之德，以类万物之情。（《系辞传》）

据《系辞传》，陆贾论述了伏羲等"先圣"仰观俯察天地阴阳之理以作《乾》《坤》等八卦，又取诸《益》《噬嗑》等卦，教民以治、以利的过程，在此过程中，父子、君臣、夫妇、长幼等伦理之别开始出现，此为人道起始，故称之为"先圣"时代。其中，陆贾所谓"图画乾坤"的说法亦源于《系辞传》。《系辞传》云"河出图，洛出书，圣人则之"，意在说明圣人据河图、洛书以立《易》轨，效法之而作八卦的源头。之后，陆贾又补充了"中圣"以及"后圣"的概念：

> 民知畏法，而无礼义；于是中圣乃设辟雍庠序之教，以正上下之仪，明父子之礼，君臣之义，使强不凌弱，众不暴寡，弃贪鄙之心，兴清洁之行。礼义不行，纲纪不立，后世衰废，于是后圣乃定五经，明六艺……（《新语·道基》）

陆贾认为，"中圣"设辟雍庠序之教，为早期的政治社会建立了一套礼义法则；而随着后世礼义的衰废，"后圣"又定五经、明六艺，重新确立起人事社会的道德伦理秩序。据王利器、李学勤先生考证，具体来说，陆贾所谓"先圣"对应伏羲，"中圣"与"后圣"对应周文王与孔子，这与《系辞传》共同构成了《汉书·艺文志》"《易》道深矣，人更三圣，世历三古"一语所本。[①] 不仅如此，约同时代出现的《淮南子·要略》中亦有"今《易》之乾坤足以穷道通义也，八卦可以识吉凶、知祸福矣，然而伏羲为之六十四变，周室增以六爻"[②]的说法。其中伏羲为之卦变，周室增以六爻也说明了《周易》文本形成过程所经历的不同时代。这表明，在公元前二世纪中叶，《系辞传》其实已经存在并广泛地施加影响，"《易》历三圣"的说法也已经普遍传播。

通过对《系辞传》的引用，陆贾确立了"天生万物""以地养之""圣人成之"

---

① 《汉书·艺文志》云："《易》曰：'宓戏氏仰观象于天，俯观法于地，观鸟兽之文，与地之宜，近取诸身，远取诸物，于是始作八卦，以通神明之德，以类万物之情。'至于殷、周之际，纣在上位，逆天暴物，文王以诸侯顺命而行道，天人之占可得而效，于是重《易》六爻，作上下篇。孔氏为之《彖》《象》《系辞传》《文言》《序卦》之属十篇。故曰《易》道深矣，人更三圣，世历三古。"参见文渊阁《四库全书》史部正史类《前汉书》卷三十。
② 文渊阁《四库全书》子部杂家类《淮南子》卷二十一。

的系统以及看似逐渐衰落、圣人却因之凸显其自身作用的历史图景。从伏羲仰观俯察，立百官而生王道；经文王、周公立狱制罪，悬赏设罚；再到孔子因"礼义不行，纲纪不立"而积极有为地成就天下事务的担当精神，"圣人成之"的积极意义逐渐凸显。陆贾这种对圣人角色的巧妙处理，即以天地人为三才，并由圣人来参赞贯通的思想，实源自《系辞传》所开拓的综合体系和方法。作为描述宇宙运行及其与人之关系的儒家文献之一，《系辞传》把《周易》这一经典看成是宇宙阴阳变化的缩影以及蕴含圣人仁义之道的典籍。其云《易》之为书有天地人之道，"兼三才而两之"，就凸显出人天之道相辅相成的思想。而陆贾关于圣人所处之"衰世"的描写，与《系辞传》"作《易》者其有忧患乎？""其衰世之意邪？"所表明的时势更迭的历史境况相同，其目的是指向对圣人"成天下之物""崇德而广业"（《系辞传》）的根本性理解，因此，圣人拥有了践履人伦道德规范和创造不朽功业的理想人格。圣人的地位如此重要，正是因其在"天—地—人"的等级结构体系中，主动承担起了人类理解宇宙这一广泛图景的中介作用，构成了维系世俗领域与神圣领域之间的纽带。故陆贾所谓"圣人成之"，是对圣人体认与证知天道之普遍性和永恒性的强调。那么，圣人如何能够认识天地变化所蕴含之"道"？基于《系辞传》的"一阴一阳之谓道"，陆贾指出，阴阳构成了宇宙之理的缩影，圣人通过把握此阴阳之变，就能把握天道。

二、由阴阳而仁义

陆贾发展出了世俗领域的"阴阳—仁义"观，以进一步彰显圣人的作用。以阴阳的概念概括天道运行的法则，是从战国中期开始逐渐扩展到一般思想界的，后来经由《周易》经传，完成了对抽象性的阴阳概念的总结，并为汉初思想家所继承。在陆贾那里，作为天人中介的圣人通过仁义来维持恰当的政治秩序，仁义是宇宙"阴阳之理"的内在秩序在政治领域的转化。

陆贾首先将阴阳的概念作为天地之中与日月星辰、四时五行并列的形而上的存在，指出圣人"行合天地，德配阴阳"（《新语·道基》），"顺阴阳而运动，上瞻天文，下察人心"（《新语·慎微》），可见，圣人在"天—地—人"的序列中以践履人伦道德规范的方式来体现宇宙阴阳之理。其次，陆贾又将此圣人所制定的人伦道德的规范概括为"仁义"，其云："圣人……所以能统物通变，治情性,显仁义也。"(《新语·道基》)陆贾谓,圣人之所以能促使万物恰当、自然地实现,就在于其能统物通变、彰显仁义。所以,陆贾文本中的圣人被赋予了与天、地相辅相成的角色,而不仅仅是次属于天地的存在。值得注意的是,陆贾巧妙地将《系辞传》中乾坤或阴阳的概念与"仁义"放入了一个互文语境中:

  阳气以仁生,阴节以义降。(《新语·道基》)

  乾坤以仁和合,八卦以义相承。(《新语·道基》)

  天地之数,斯命之象也。日□□□□□□□八宿并列,各有所主,万端异路,千法异形,圣人因其势而调之,使小大不得相逾,方圆不得相干,分之以度,纪之以节……臣不凌君,则阴不□□阳……"(《新语·思务》)

宇宙中的阴阳之理不仅遵循着其自身的法度,是圣人践行仁义的指导原则,也受到了圣人制定的仁义之理的重要影响。阴阳因此具有了仁义的内核,表现为"阴阳—仁义"的整体。又因《系辞传》中的阴阳概念常以"数"(如天地之数、揲蓍之数)和"象"(卦爻之象)来指代,因此陆贾有时又将阴阳的概念替换为"象数"。他认为,圣人正是因据了模拟天地变化而抽象出的阴阳之象与阴阳之数,才对宇宙万物乃至世俗领域进行了协调,使之不相逾越、各有度分。

在《周易》中,从宇宙演化到人伦之常都秉持着一阴一阳之道:"是以立天之道曰阴与阳,立地之道曰柔与刚,立人之道曰仁与义。"(《说卦传》)阴阳、刚柔、仁义的相对变化分别象征着宇宙生成、万物生灭、人类社会变化的基本法则。基于此,《系辞传》提出:"一阴一阳之谓道。继之者善也,成之者性也。"认为人性源自天地阴阳之理,因此要因应、把握此阴阳之道。陆贾继承了这一思想。在他看来,仁义与阴阳一体,是世俗社会的主体理解与把握宇宙阴阳之理的指导原则。在这样的语境下,圣人被安放到了一个"天—人"双向回环的结构中。从表面上看,确实是圣人因据阴阳之理组织起了世俗社会的等级结构秩序——仁义;但从本质上来说,仁义作为圣人创造的法度,又因与天地间阴阳的运行相一致,因此内化为阴阳之中的力量。这样一来,仁义就成为和宇宙阴阳之理同样恒常不变的准则。《新语》给予"仁义"这一概念以相当的论述,有时又将仁义替换为更广泛意义上的"德义"或"道德",如:"治以道德为上,行以仁义为本"(《本行》);"君明于德,可以及于远;臣笃于义,可以至于大"(《明诚》)……在陆贾看来,圣人上瞻天文、下察人心,宽博浩大、怀仁仗义,其德与天地阴阳相配,尧、舜、周公就是这样的代表。与之形成强烈对比的是秦朝依仗严酷的刑罚,对百姓极度剥削,其结果是武力的滥用以及政权的覆巢破卵;又如楚灵王享百邑之国,却作干溪之台,立百仞之高,欲以奇技淫巧僭越神力,其结果是"身死于弃疾之手"(《怀虑》)。陆贾追古抚今,意在抨击当朝统治者"乖先王之法,异圣人之意"(《怀虑》)的做法,他得出结论说:"杖仁者霸,杖义者强,杖谗者灭,杖贼者亡。"(《辅政》)

在当代学者的分析中,《新语》作为政论文章,是战国以后各家思想互相激荡、综合影响的结果。在当时的政治背景下,《新语》采用与《系辞传》相同的天地人三才框架,将"阴阳之理"与"仁义之道"对举。在与《系辞传》同样能代表孔子易的帛书《易传》中,其《要》篇说:"察天之道,天之□□也;地之道,地之□□也;人之道,人之德□也。"①这一"天地之道"与"人之德"的架构显然与《系辞传》极为相似。《要》集中论述了仁义与天地阴阳之道的契合,而统称之为"道":"幽赞而达乎数,明数而达乎德,又仁〔守〕者而义行之耳。……仁义焉求吉,故卜筮而希也。"②这一文本反映出孔子一派对《周易》"古之遗言"——德义的强调。这既是《论语·子路》"不占而已矣"的体现,也直接促成《荀子·大略》"善为易者不占"的学风。陆贾私淑荀子,其"乾坤以仁和合,八卦以义相承"的观点,在某种程度上是对之前一定时期内积累而成的儒家易学文本的呈现,道出了一个关于宇宙阴阳变易法则的连贯性的知识立场,从而揭示出圣人将阴阳之变从远古的占筮功用推到了"德治"高度的哲学内涵。经由法家"唯刑"来维持的秦朝气数已尽,但维系一套强有力的中央集权制已是大势所趋。陆贾想要处理的就是国家如何在为自己正名的同时,找到一种区别于秦帝国的意识形态和思想基础的问题。陆贾倡导统治者在先圣著作中寻求合适的统治原则,本在卜筮中体现宇宙自然力量的"阴阳之理"被解答为儒家礼仪制度的复归,有关王权的道德论述成了帝国身份形成的最强有力的媒介,或者说,"仁义"才是维系当时中央集权治的指导原则——此一治学的方向,将一直贯通于西汉经学大流之中。

---

① 丁四新著:《楚竹书与汉帛书〈周易〉校注》,上海:上海古籍出版社2011年版,第527页。
② 丁四新著:《楚竹书与汉帛书〈周易〉校注》,上海:上海古籍出版社2011年版,第529页。

三、自仁义至五经

在《新语·道基》中，陆贾大量整合了《系辞传》的文本内容，指出阴阳之变首先体现出宇宙的运行规律，又由圣人领悟为仁义，进而被整合进世俗领域的价值体系。在这一过程中，陆贾将儒家的圣人形象作为政治之理想，其阴阳宇宙观与儒家思想以一种潜移默化的方式进行重组，呈现出较为体系化的特征。更重要的是，陆贾又将所谓"后圣"之说与孔子对《五经》进行删定整理这一事件密切联系在一起，将圣人观与仁义说的范畴扩充到《五经》的层次，使之成为国家治乱的根本：

> 《鹿鸣》以仁求其群，《关雎》以义鸣其雄，《春秋》以仁义贬绝，《诗》以仁义存亡，乾、坤以仁和合，八卦以义相承，《书》以仁叙九族，君臣以义制忠，《礼》以仁尽节，《乐》以礼升降。（《新语·道基》）

陆贾认为，《春秋》、《诗》、《易》（乾坤）、《书》、《礼》这五经是圣人仁义之理的文字表达形式。圣人将天人合策，通过制定五经而使仁义之理悉备，可见人道与天道契合的关键乃在于五经。不仅如此，与"仁义"一样，五经被提升至政治领域的重要范畴：

> 礼义不行，纲纪不立，后世衰废，于是后圣乃定五经，明六艺，承天统地，穷事察微，原情立本，以绪人伦，宗诸天地，纂修篇章，垂诸来世，被诸鸟兽，以匡衰乱，天人合策，原道悉备，智者达其心，百工穷其巧，乃调之以管弦丝竹之音，设钟鼓歌舞之乐，以节奢侈，正风俗，通文雅。（《新语·道基》）

作为儒家经典的五经、六艺是完善政治的准绳。具体来说，就是以《易》之乾坤承天统地、穷事察微，以《诗》《书》宗诸天地、纂修篇章，以《春秋》天人合策，以《礼》《乐》正风俗，通文雅。[1] 作为国家治乱的关键，五经被放到了一个决定性的位置，陆贾称之为"本"。[2] 在其他篇章陆贾又辅以类似的观点："夫世人不学《诗》《书》，存仁义，尊圣人之道，极经艺之深，乃论不验之语，学不然之事，……

---

[1] 李学勤称："'定五经，明六艺'以下，似分有所指。'承天统地，穷事察微'等语指《易》，'宗诸天地，纂修篇章'等语指《诗》《书》，'天人合策'等语指《春秋》，最后几句则指《礼》《乐》。"参见李学勤著：《周易经传溯源》，长春：长春出版社1992年版，第107页。
[2] "殖不固本而立高基者后必崩。"见《新语·道基》。

故事不生于法度,道不本于天地,可言而不可行也,可听而不可传也,可□玩而不可大用也。"(《新语·怀虑》),这里就将《诗》《书》为代表的经艺作为圣人之道、人事之法度。他又说:"以知性命,表定六艺,以重儒术,善恶不相干,贵贱不相侮,强弱不相凌,贤与不肖不得相逾,科第相序,为万□□□而不绝,功传而不衰,《诗》《书》《礼》《乐》为得其所,乃天道之所立,大义之所行也。"(《新语·本行》)这里将圣人制定的经籍作为天道所立、大义所行的基础。

众所周知,五经(或六经)是代表孔子思想的重要经典。传统文献中最早将儒家之"经"并举的是《庄子·天下篇》:"《诗》以道志,《书》以道事,《礼》以道行,《乐》以道和,《易》以道阴阳,《春秋》以道名分。"帛书《易传·要》说:"有君道焉,五官六府不足尽称之,五正之事不足以至之,而《诗》《书》《礼》《乐》不□百篇,难以致之。……能者爻一求之,所谓得一而群毕者,此之谓也。"郭店楚简《六德》论及圣、智、仁、义、忠、信,亦出现了《诗》《书》《礼》《乐》《易》《春秋》六经并列的记载。这表明,至少在战国中期偏晚时,先秦儒家就已经将儒家经典并称,并对其中的义理进行了深入的探讨,这一传统深深影响了之后《礼记·经解》《淮南子·泰族训》以及《史记·太史公自序》中并述儒家之"经"的做法。[①] 陆贾承袭了这一学风。他对儒家经典所体现的西周以来圣人传统连续性的强调反映出汉代政治的现实需求。

对于还未形成一套成熟的治国理念、又经历秦代"挟书律"余风影响的汉初来说,如何能够总结秦亡的教训,并为新兴政权提供借鉴是一个重要的问题。陆贾云:"善言古者合之于今,能述远者考之于近。……校修五经之本末,道德之真伪,既□其意,而不见其人。"(《新语·术事》)他结合时政变化,提出了"统物通变"的观点:

[①] 陆贾《新语·道基》谓"后圣乃定五经、明六艺",《新语·述事》谓"五经之本末",《新语·怀虑》谓"表定六艺云"。徐复观云:"按以'经'字尊重其语言文字的,当始于道家、墨家;故《荀子·解蔽篇》引有'故道经曰'。而据马王堆第三墓帛书,《老子》在汉初已称《德经道经》。《墨子》一书则有经上经下。儒家六经之名,最早见于《庄子·天运篇》。《天运》当成于战国末期。《礼记·经解篇》无六经之名,有六经之实。将六经称为六艺,除《新语》外,当首先见于《史记·孔子世家、伯夷列传》等。五经一名,除《新语》外,当首先见于《史记·乐书》。六经、六艺、五经、文献上皆单举而未尝并列。仅《新语》五经六艺两名并列,且为两名之最早出现。以意推之,以礼乐为主,则称六艺。去乐而以诗书为主,则称五经。由此可知乐原无文字,本可不称经。所谓《乐经》亡失之说,乃因经艺两名既互相混淆,而五经一名,由五经博士之出现,遂成定称。汉儒泥于混淆后六经之名,乃为此想象之辞。"见徐复观著:《两汉思想史》(第二册),上海:华东师范大学出版社2001年版,第66页。

圣人因天变而正其失,理其端而正其本。(《新语·思务》)

尧舜不易日月而兴,桀纣不易星辰而亡,天道不改而人道易也。(《新语·明诚》)

(圣人)动应枢机,俯仰进退,与道为依,……优游待时。(《新语·慎微》)

这里所谓"变""易""动",无一不体现出《系辞传》"变易"的思想,也与陆贾"善古合今""述远考近"的观点遥相呼应。在天道方面,《系辞传》以卦爻一阴一阳之变来模拟天地的变化,阴阳相互交感、生生不息的过程就是"道"。那么,如何来把握此道呢?《系辞传》云:"夫《易》彰往而察来",这是说,《周易》的要义是彰明过去的事迹,考察未来的变化;又说:"子曰:'书不尽言,言不尽意。'然则圣人之意其不可见乎?……子曰:'圣人立象以尽意,设卦以尽情伪,系辞焉以尽其言,变而通之以尽利,鼓之舞之以尽神。'"阴阳之变构成了宇宙之理的缩影,面临着历史衰退中的忧患境遇,人们只有追溯到古代圣人的文本经典,以尽其所未能表达的言语,变而通之,以尽其利,才能够了解宇宙神圣领域,并以此指引当下。要言之,《系辞传》将阴阳、刚柔或者乾坤的概念作为宇宙间一切相辅相成、对立运动的事物的代表形式,又将六十四卦的卦象、卦名和卦爻辞当作蕴藏着往事经验教训的文本依据,这为我们理解陆贾为何称引《周易·系辞传》提供了重要线索。尽管陆贾没有直接讲出《周易》在五经中的重要作用,但其《新语》的论点与《系辞传》的综合体系有极大关系,即圣人文本是我们理解宇宙这一广泛图景的重要中介。在不断变易的现实政治和社会实际中,陆贾给出了一个明确存在过的圣人德治的历史。时势更迭,如果需要善古合今、述远考近,那就要重构西周以来圣人传统的连续性,所以对于陆贾来说,象征圣人合策天人之重要手段的"仁义之道"以及五经,体现的是"天道不改"的终极意义。

结语

战国以来孔子《易》的理论所开拓的综合体系方法促成了《新语》的独特论点。据廖名春先生考证,儒家易学不但在孔子晚年兴盛于鲁国,还通过商瞿、子张以及馯臂子弘传到了楚地,最终在战国晚期形成了帛书《易传》,这一地域因此比较好地继承了孔子之《易》。① 陆贾作为楚国人，其学说多与代表孔子思想的《系辞传》以及孔子一脉传入楚地的帛书《易传》相似。《系辞传》论及天人之道，提出了"继之者善，成之者性也"的说法，认为趋时更新的变易之道就是天地之性的根本精神，人性源自天地之性，所以只有发现、因应、把握事物的变化之道才能够体现人生而禀赋的道；相应地，帛书《易传》亦强调《易》之"德义"，称引"汤武之德"。可见，当时儒家之《易》"观其德义"的意蕴已发展完备，这显然已经剔除了《周易》原初的卜筮神性，而使之服务于政治社会结构。从这一点来说，陆贾继承了《系辞传》所代表的孔子《易》通过"仁义""德义"将天人之道相连接的传统，对尚刑而轻德的秦朝意识形态进行批评，亦主张避免将秦朝的帝国体制全盘吸收。陆贾认为，圣人有必要为宇宙赋予一种恰当的形式，因此引入了不可抗拒的宇宙变易之道，并将此道调整为"仁义之德"，又依托五经规定了此"仁义之德"的法度。这样一来，此"仁义之德"才能够在更广泛的意义上得以完成，这为汉初统治者的治术问题提供了一种源自经典的伦理原则。

不仅如此，《系辞传》对陆贾产生的诸多影响，亦体现在趋时更新方面。陆贾的思想中其实夹杂着儒道分野的矛盾。其《新语·无为》就写道："道莫大于无为。"但因对"周公制礼作乐"之道的崇尚，他又说："无为者乃有为者。"这也是他被《汉书·艺文志》归入儒家，与董仲舒、刘向并论的根本原因。通过把《周易》经传尤其是《系辞传》中乾坤阴阳承天统地的宇宙论思维与《诗》《书》《礼》《春秋》（在其他篇章中有时概括为《诗》《书》《礼》《乐》）作为儒家传世经典的文献基础有力地结合起来，陆贾的学说除了包含对秦代意识形态的批评外，也从"统物通变"、解决现实政治和社会的实际问题出发，说明了儒家经典制度化的有效性。总体上看，儒家思想当时还未能在官方得势，五经博士也尚未设立。汉武帝之后"尊经"的政治学术要求，是要对大一统的帝国提供政治社会的共同轨辙，其目的虽然是使皇权专制能够依托此轨辙而运行，但儒家经学的

---

① 《史记·仲尼弟子列传》或称商瞿传楚人馯臂子弘（《荀子》《汉书》作"子弓"），弘传江东矫子庸疵。疵传燕人周子家竖。参见廖名春著：《周易经传与易学史新论》，齐鲁书社，2001年版，第235页、第239页。据廖名春先生分析，从帛书《易传》的《要》《缪和》等篇的记载来看，帛书《易传》最有可能是孔子晚年传《易》的弟子在楚地的学生所作。参见廖名春《关于帛书〈易传〉的研究》，《传统文化与现代化》，1995年第6期。

意义同时也由此彰显,而论其开端,不能不说是自陆贾发之。那么对于当时研究治术的学者来说,如何在先圣、中圣和后圣的问题中去解答古与今的问题?陆贾给出了答案:圣人已经创作了包括《周易》在内的五经以指导后人遵循天道、治理国家,假如没有圣人及其文本——五经的存在,宇宙将无法维持它潜在的秩序。

韩国安东地区儒家文化资源的保护传承与创新发展

潘丽丽

(曲阜师范大学国际教育学院)

众所周知,儒学源于中国,是中国传统文化的主干和核心。自汉武帝罢黜百家、独尊儒术以来,儒家文化不仅对中国社会的影响至深至远,对韩国、日本、新加坡等周边国家亦产生了深刻的影响。韩国是极忠实于儒家文化的国家。主要表现在以下两个方面。第一,高丽王朝成宗十一年(992年),创设了全国最高的教育管理机构国子监,国王要定期到国子监祭祀孔子,以倡儒学。第二,统治朝鲜半岛达五百余年之久的朝鲜李氏王朝(1392—1910)定儒教为国教,采取了一系列尊孔崇儒的措施,如太祖李成桂于1398年在首都建立成均馆,设文庙奉祀孔子,各州府郡县纷纷仿效汉城之制建立文庙,朝野祭孔之风大盛;为统一祭祀礼仪,1409年,太宗命成均馆典簿许稠厘定释典大祭的礼仪;1466年,世祖册立世子时,命王子珦戴儒冠,入成均馆行"谒圣礼",从此册立世子要先行"释典孔子"之礼,成为朝鲜王朝定制[1]。

深受儒家文化影响的韩国由20世纪70年代至90年代的"亚洲四小龙"之一,到2021年被联合国认定为"发达国家"[2]。其之所以能在经济建设、文化传承等方面取得令世人瞩目的成就,从某种意义上说,与儒家文化"舍小我,重家族",积极入仕、勇于担当的家国情怀有着密切的关系。儒学被韩国人尊为"国学"。儒家的仁爱、爱国、忠、孝、礼、信等思想在韩国深入人心。儒学传入朝鲜半岛后,与其本土的地理环境、风俗习惯、禁忌文化渐趋融合,并在朝鲜半岛扎根,形成了具有当地特色的儒家文化。儒家思想作为朝鲜时期的建国理念基

---

[1] 王曰美:《儒学对韩国礼俗文化的影响》,第九届中韩儒学交流大会,2022年8月。
[2] 2021年7月2日,在联合国贸易和发展会议上,韩国被认定为发达国家。

础,在思想、文化、科学等多方面都对韩国产生了巨大影响,但在经历了近现代化过程之后,它一直被视为一种旧时代的习惯,并一直受到排斥。随着2014年韩国国会通过人性教育方面的法律,儒学才再次受到关注。从修身齐家治国平天下中不难看出,儒学不仅是一种思想理念,还规定了实际生活中人伦道德的标准。儒家的教诲和精神思想有助于解决当今社会各种弊端和问题,其中儒家教育、文庙祭礼、礼法等是利用率较高的文化内容。

随着城市文化资源利用的重要性日益凸显,学术界也在积极进行文化资源保护开发方面的研究,但是以树立城市形象、加强城市品牌为目的,在儒家文化资源内容化实例和传承创新发展方面进行的研究尚显不足。因此,本文拟研究韩国安东地区利用现有的儒家文化资源、成功将品牌定位为儒家文化城市的事例,考察安东地区儒家文化资源创新发展成功的因素。

一、韩国安东地区的儒家文化资源

安东市位于韩国中部偏东,坐落在小白与大白山麓之间、洛东江上游支流冲积平原上,总人口不到20万。安东是韩国庆尚北道道厅所在地,有"韩国文化遗产的宝库"之称。

安东地区珍藏着从统一新罗时代到高丽王朝时期、朝鲜王朝时期、日据时期的333件文化遗产(见表1),其中包括国宝四件(河回假面、韩国最古老的木建筑——凤停寺极乐殿、韩国最古老的佛教砖塔——新世洞七层砖塔、日本殖民时期的重要史料——《惩毖录》),还有被评为世界文化遗产的河回村。

表1 安东地区的文化遗产

类型	共计	建筑物	典籍类	碑石	塔	佛像	植物	其他
国家指定	105	55	14	0	4	4	9	19
道指定	228	140	8	12	16	13	3	36
合计	333	195	22	12	20	17	12	55

从韩国历史来看,安东地区各时期的精神思想极大地影响着韩国。统一新罗时代到高丽王朝时期,安东是佛教"华严思想"的主要传播地之一;朝鲜时期,安东是韩国统治思想"性理学"的兴盛与传播地;日本殖民时期,安东是革命志士最多、革命运动最为激烈的"独立运动圣地"。

同时安东也是韩国儒教文化的摇篮。它是韩国大儒李滉——退溪先生的故乡，也是除首尔、世宗之外的另外一个首都，即韩国精神文化的首都。安东有四个仿古木制城门——东仁门、西义门、南礼门、陶信门，还有散落在各处保存完好的书院、乡校、楼台、宗宅和古村落。人们可以行走在安东古朴宁静的小路上，接触当地的人文，从中学习古人的智慧。它们和碑刻、木匾、典籍等，都是儒家文化的载体和象征，对于传播知识、文化传承等都具有重要作用，也是重要的儒家文化资源。

安东地区经历了统一新罗时代和高丽时期灿烂的佛教文化，又在朝鲜时期绽放了儒教文化之花，所以整个城市集中了韩国最多的国家文化遗产，不仅有书院、宗宅等，还有很多乡校和亭子等儒家文化资源。韩国学者金美英在《安东地区文化遗产的价值和未来的活用》中指出，从有形文化遗产的思想背景来看，安东地区的儒家文化遗产占比最大，约占66%。安东地区拥有全韩国最多的书院，其中北边的陶山书院和西面的屏山书院最为著名。1999年英国女王伊丽莎白二世、2005年和2009年美国总统布什父子接连访问安东，使其成为韩国最具代表性的传统文化城市。

近年来，安东在各级政府的共同努力下，凭借其清净的自然资源和大量的文化遗产，逐步成为韩国有名的文化观光城市。主要观光资源有陶山书院、河回村、屏山书院、凤停寺、安东观光度假村以及被韩国政府指定为"韩国代表节庆"的安东国际假面舞节等。这些作为物态文化、制度文化而留存下来的儒家文化资源均是儒家文化外化的产物，内含的儒家精神文化影响最大[①]。所以作为韩国精神文化的首都，安东不仅拥有儒教文化博物馆、儒教乐园、民俗博物馆、儒士文化修炼院、人文精神研修院、礼节学校等各种与儒家文化相关的展馆和体验馆，也拥有韩国国学振兴院、庆尚北道文化产业振兴院、韩国精神文化财团、安东文化院、儒道会等致力于传承、研究、弘扬、发展儒家文化的各种机构。

二、韩国安东地区儒家文化资源的保护与开发现状

儒家文化资源不仅包括负责教育、祭礼、教化的乡校、书院等建筑学文化

---

① 涂可国：《推进新时代儒家文化研究》，第九届中韩儒学交流大会，2022年8月。

遗产,还包含礼法、文庙祭礼、饮食等多种内容,是具有较高利用价值的文化资源。但是有些儒家文化资源在保存及运营上遇到困难,没有得到很好的创新开发,处于一种闲置状态。因此根据地区特色进行特性化定位,积极开发利用当地的文化资源,便显得尤为必要。

安东市通过2000年至2010年积极推进庆北北部地区儒教文化圈开发项目,成为文化旅游胜地。与一般的以旅游基础设施建设和保存为主的现有项目不同,十年间安东地区积极利用自身特有的文化资源,集中开发多种文化内容产业。安东市儒教文化内容开发的代表性事例就是儒教乐园和儒教文化庆典。此外,陶山书院也是将书院文化的保护传承与创新发展结合得很好的典型实例之一。

(一)儒教文化内容典型实例

儒教乐园的外形似程子巾,它以16世纪出生在安东地区的两个孩子从出生到死亡的人生故事为线索,构成了各种主题空间。置身馆内,可以亲身体验儒家文化并由此产生思考。可以说,这是理解儒教是如何形成韩国传统文化的这一问题的有效途径,人们可以通过这些独一无二的设施轻松学习儒家思想和体验儒家文化。

世界儒教文化庆典是庆北北部儒教文化圈九个市郡一起举办的联合活动,它包含庆典、演出、体验游戏、论坛等多种主题活动,是一个可以在全年利用儒家文化资源、直接体验儒教的文化活动。它摆脱了单纯观看或聆听的单向庆典形式,开发并运营古家音乐会、实景音乐剧、洛江诗祭庆典等多种文化内容,引导人们积极参与儒家文化资源的创新体验。儒教文化庆典活动的开展大大增加了安东市的到访人数,是一种行之有效的观光吸引手段,同时也促进了邻近城市的到访量,起到了一种媒介桥梁作用。另外,利用分散在安东市和附近城市的相关儒家文化资源,为当地居民提供共享多种文化艺术项目的机会,意义更加重大。

2019年,九座分布在韩国各地的朝鲜时期儒家书院遗迹以"韩国新儒学书院"之名申遗成功,成为韩国第14处世界文化遗产。此次入选的九座书院当中有两座位于安东,分别是安东陶山书院和安东屏山书院。这些书院是崇尚儒家思想的朝鲜王朝时期的民间教育机构,主导推广性理学,院内一般设有奉祀先贤的祠堂和培养儒生的讲堂。它们都很好地保存了朝鲜王朝时代儒学私塾的原貌。韩国在申遗时强调这些书院标志着16世纪和17世纪建立的韩国社区的起点，它们不仅仅与自然互动，还保持了木制建筑的传统风格与技术。在联合国教科文组织的网页上这样介绍该遗产：书院的主要功能为传道、尊师、与自然互动，这在书院的设计中亦得到体现。依山傍水的书院是欣赏自然、修身养性之所，建筑的样式与自然景观融为一体。韩国新儒学书院展示了中国新儒学在韩国发展演变的历史进程。中国的书院制度在明代传到朝鲜半岛。朝鲜的书院有教学和奉祀先贤的双重使命，奉祀先贤的作用甚至比教学还要重要。此外，朝鲜的书院还享有包括院田之免税、院奴之免役等特权。进入现代社会以后，"重男轻女"思想被认为是儒家文化的糟粕，推崇儒家文化的书院也被逐渐冷落。现在很多年轻人虽然不承认自己信奉儒教，但也有意无意地按照儒家礼仪行事。经过岁月洗礼，韩国书院很多功能已经失去或发生了改变。现在的书院和儒士修炼院或乡村学校一起对韩国正统教育体系起到辅助补充作用。韩国每年寒暑假都会为中小学生开课，让他们直接与退溪先生的宗孙进行对话，教他们忠、孝、仁、爱等道德规范和各种行为准则。书院也为地方旅游文化观光产业做贡献，并保管儒教书籍。

(二) 城市品牌化策略

1995年韩国开始实行地方自治团体制度，各个城市为了确保自身的竞争力，都在探索多种方案，积极利用文化内容激活城市拥有的各种资源。近年来，随着全球化的发展，城市形象越来越受到重视，很多城市为了强化竞争力，着力开发各自所具有的特色，确保城市竞争力，力图通过利用历史、文化、旅游、庆典等城市资源，实现城市品牌价值增进战略的实施与推进。优秀传统文化内容作为高附加值的知识财产，在全世界范围内的价值在不断增加。很多城市为了确保城市竞争力，在传承保护当地优秀传统文化资源的基础上，积极推动其文化产业的创新发展。安东市就是一个成功传承创新优秀传统历史文化资源的典范，其作为一个以儒教文化内容为中心的城市，广为人知。

安东市不只在传统历史文化资源的文化内容产业上下功夫，还积极推进多种品牌化项目的发展。以在韩国专利厅注册"韩国精神文化的首都安东"为开端，安东陆续在安东炖鸡、安东干鲭鱼、安东韩纸、安东苹果和安东山药等地区特产上贴上地理标识,以宣传这座小城。通过城市品牌化努力,韩国国家品牌选定委员会将"韩国精神文化的首都安东"品牌选定为国家品牌大奖的传统文化部门大奖。2010年,安东河回村被认定为丰山柳氏世代生活600年的典型韩国集成村,被联合国教科文组织列入《世界遗产名录》。2010年,安东被指定为知识产权城市。在被选定为知识产权城市后,安东先后开展了知识产权学院运营、居民发明提案专利申请支援、安东地区品牌价值提高等多种与知识产权相关的城市项目。安东市开展的这些品牌项目开发了城市的核心价值,提高了城市竞争力,确保了居民对城市的认同感。通过对内对外宣传,安东不仅将其用于旅游产业,还通过积极推进多种品牌化事业,为城市和地区居民的经济作出了巨大贡献,还为向全世界宣传城市创造了契机。

(三)安东地区目前的文化活动

每年在气候宜人的季节,安东地区都会举办丰富的地方特色文化活动。2022年的文化活动主要有如下几项:

2022年5月23日至10月31日,机智的安东之旅照片公募展;

2022年6月至10月,"月光徒步"及安东大坝野外民俗村体验活动;

2022年7月2日开始,进行两周一次的"月光之旅",共10次;

2022年9月21日至23日,21世纪人文价值论坛;

2022年9月29日至10月3日,安东国际假面舞节及第49回民俗庆典活动。

其中后两项活动为常设项目,每年都会举办。其他的活动,比如全韩经典诵读大会、春秋祭祀礼、宗宅音乐会等都会根据实际情况进行。安东市是韩国将儒教、佛教、民俗文化融为一体的代表性城市,其在此基础上策划丰富的庆典活动,最大程度地整合各类协会社团的资源,吸引人们积极参与。由此,人们不仅可以参加儒教文化庆典,还可以通过参加安东国际假面舞庆典,来更好地理解和体验传统文化。

三、韩国安东地区儒家文化资源传承创新的成功因素

安东地区儒家文化资源传承创新的成功因素主要有两个:一是政府和地方自治团体的积极投资,二是积极推进城市品牌化战略。作为政府儒教文化圈

开发项目之一的安东市开发项目,在构筑相关基础设施的同时,还开发了文化体验中心等多种文化内容产业,因此带动了人们的消费,促进了城市经济的发展。

比起直接展示传统文化原型,安东更注重使之与文化艺术相结合,以多种形态加以利用,开发参与型项目,比如说一双麻鞋的制作、安东之战的观影体验、一首安东地区歌曲的经典传唱、一场与宗孙的直接对话、一节假面舞课、一张韩纸的制作等特色文化内容,在很大程度上提升了人们的满意度,推动了安东及邻近城市的发展。各种文化内容的开发不仅对安东地区,对整个庆尚北道也产生了积极的影响。安东通过儒教文化内容确立了城市特色,也从韩国一个普通贫困保守的小城成为韩国国宾访问城市,并升级为世界代表性的历史文化城市。它成功的经验在于财政的支持、地方的努力、城市品牌化、文化内容化、体验数字化、项目参与化等多个方面。

如今,全世界有很多城市都意识到了优秀传统文化的保护传承和创新发展的重要性,并且认识到文化是一所城市的魅力所在,因此都在积极推动城市品牌化的进程。的确,通过文化资源确保城市的竞争力,特别是将优秀传统文化作为确保该城市区别于其他城市的重要资源,其传承创新的价值会更加突出。这些城市不仅单纯地利用优秀传统文化资源实现旅游商品化,还开发优秀传统文化资源有形、无形的内容,促进城市的发展。城市所拥有的优秀传统文化历经保存复原管理时代、继承发展时代,进入了创新开发利用时代。从这个意义上讲,中国的曲阜市与韩国的安东市皆是因善用自身的儒家文化资源,起到了向全世界宣传城市的先导作用。如今的曲阜每年都会举办各种以儒家文化为主题的节庆活动、学术会议,如尼山世界文明论坛、世界儒学大会、国际青年儒学论坛、"孔子文化节"等活动,通过创新主题和活动形式,营造具有活力的儒家文化氛围,树立儒风雅韵的城市形象。

总之,在儒家文化资源的保护传承与创新发展上,充足的资金保障不可或缺。除了政府财政的支持外,还需要扩展多元化的筹资渠道。此外,进行儒家文化资源的创意开发,还需要广大群众、各类社会组织以及创新创造型专业人才的大力参与,需要各国、各城市年轻人间的交流合作与携手并进。

论道德情感与宗教情感

——以《论语》和《宗教经验之种种》为例

李阳

(尼山世界儒学中心)

引言

《论语》记录了中国先秦时期伟大思想家孔子及其弟子的言行,代表了儒家思想人文理性和道德情感之发端。《论语》所开创的儒学,正是中国哲学中实用理性之代表。儒家思想认为,成己及物及内圣外王的关键主要在于道德理想的践履,在于精神的提升和超拔,而非知识或技能的习得,这种内在超越的路径落实到现实人生,就是对完美道德的不懈追求。

而《宗教经验之种种》是美国现代心理学家威廉·詹姆斯(William James)的主要著作,是其实用主义哲学在宗教研究尤其是宗教情感方面的具体应用。宗教在于劝善,在于对此岸苦难的超脱。宗教的这一层内涵便表明宗教对现实人生有情感价值判断——或悲或喜,或苦或乐——以此岸(人间)为悲为苦,以彼岸(天堂)为喜为乐。宗教观念的形成,离不开教徒对宗教的强烈情感。因而,只有神秘的、强烈的宗教情感体验,才是宗教信徒生活体验中最为切身的感受。

《论语》中所阐扬的道德情感和《宗教经验之种种》一书所分析的宗教情感,有着某种共通性和可比性。这两部经典,在古今中外的坐标中持续闪现着思想的光辉,恰好可以作为中西方哲学思想比较研究方面的切入点。

一、《论语》——君子的道德情感

蒙培元所著《情感与理性》一书,将"情感问题"作为儒家哲学核心问题之一来研究,并且认为,情感也是儒学理论的出发点和重要组成部分。仔细考察

儒学思想史,具体到性情论,可以发现儒学的发展呈现出如下状态:

先秦儒家由"性"说"情",由"情"证"性","情"的形而上依据在于"性",而"性"的形而下落实便是"情"。这种"性体—情用"的理论品格发展到宋明理学的心性论则更为突出,"性体"作为"形而上",乃由内含境界的主体所观照和体悟;"情用"作为"形而下",则由具有修养的主体所扩充、涵养和施为。体用一源,显微无间。同时,若对中国古典文学稍作了解,我们会发现"情理交融"的文艺风尚实际也发端自儒学之性情论。如刘勰所言:"人禀七情,应物斯感,感物吟志,莫非自然。"(《文心雕龙·明诗第六》)之后,古典儒学发展到现代新儒学,牟宗三承接陆王心学,遂有"道德的形上学"之系统建构。

既然有"道德的形上学",那么便有与之对应的"道德的形下学"——道德情感论。假若,牟宗三提出的"道德的形上学"是儒学发展主脉的明线,那么,本文认为"道德的形下学"就是儒学发展脉络的暗线。需要特别指出的是:这一明一暗的两条线其实是互相交融、彼此不分的,但为了研究之方便,本文姑且将其作为两条脉络,但这并不代表儒学的"性体—情用"论的性和情是二分的,分开表述仅仅是为了研究的需要。下面本文先就儒家道德情感论("情论")的开展之端和奠定基调之源——《论语》,作一阐述。

《论语》乃至儒家思想认为,情感和道德是实践的,不是认知的。每个人,无论古今中外,都有其个人的情感诉求,这不仅关乎心理体验,更关乎生命情怀。不惟中国哲学家这样看待,詹姆斯也说:"因为同样的事实对不同的人,或是对同一个人在不同的时间,可以引发完全不同的情绪,所以,同一种事实可以与完全相反之情绪有所关联;并且,任何外在事实与偶然引起这些事实的情感之间,不是必然存在可以合理演绎的关系。情感的来源完全源于另一个层次,亦即个体存在的动物性与精神性的那个区域。……当爱情来临时,它就来了;如果它不来,没有任何理智的过程可以逼迫它前来。"①

《论语》思想的核心是"仁","仁"的具体表现是"仁者爱人",爱的本质实则是热爱生命。在"爱"中,"生命"即主体即客体,既是"爱"这一实践活动的主体实践者,也是"爱"这一实践的客观对象物。当"我"自觉地而非他律地去"爱"

---

① 〔美〕威廉·詹姆斯著,蔡怡佳、刘宏信译:《宗教经验之种种:对人性的研究》,桂林:广西师范大学出版社2008年版,第110页。

时,"我"才是具有"生命"的主体;当一个对象物被"我"爱时,它就同时被赋予了"生命"。《论语》就是在道德修养主体性("反求诸己")的层面上说明君子的道德情感:"子路问君子。子曰:'修己以敬。'曰:'如斯而已乎?'曰:'修己以安人。'曰:'如斯而已乎?'曰:'修己以安百姓。修己以安百姓,尧舜其犹病诸?'"君子的道德实践就是自觉地遵循忠恕之道的过程。

《论语》对人的情感要求是严格分辨的。例如"乐":"益者三乐,损者三乐。乐节礼乐,乐道人之善,乐多贤友,益矣。乐骄乐,乐佚游,乐晏乐,损矣。"《中庸》发展了《论语》的和乐境界:"天命之谓性,率性之谓道,修道之谓教。道也者,不可须臾离也,可离非道也。是故君子戒慎乎其所不睹,恐惧乎其所不闻。莫见乎隐,莫显乎微,故君子慎其独也。喜怒哀乐之未发,谓之中;发而皆中节,谓之和。"

例如君子的安贫乐道,就体现了君子的自我和谐:"君子食无求饱,居无求安,敏于事而慎于言,就有道而正焉,可谓好学也已。"(《论语·学而》)君子的这种虽贫仍乐而不是以贫为乐的道德情操,被宋明理学所提倡,"寻孔颜乐处"在周敦颐的《通书》和程颐的《颜子所好何学论》中均有明确表述。

君子拥有仁德并且时刻保持,所以身处任何境况都能坦然面对。《论语》里记载:"司马牛问君子。子曰:'君子不忧不惧。'曰:'不忧不惧,斯谓之君子已乎?'子曰:'内省不疚,夫何忧何惧?'"(《论语·颜渊》)"君子道者三,我无能焉:仁者不忧,知者不惑,勇者不惧。"(《论语·宪问》)但并非有了仁德就可以为所欲为,君子仍要在内心里做到对天命的敬畏,并且保持住这种道德情感,否则就会成为小人:"君子有三畏:畏天命,畏大人,畏圣人之言。小人不知天命而不畏也,狎大人,侮圣人之言。"(《论语·季氏》)

在与他者的交往和社会生活方面,君子的道德情感展现得更为淋漓尽致:"人不知而不愠,不亦君子乎?"(《论语·学而》)"君子不重则不威,学则不固。主忠信,无友不如己者。过,则勿惮改。"(《论语·学而》)"君子无所争。必也射乎!揖让而升,下而饮,其争也君子。"(《论语·八佾》)"有君子之道四焉:其行己也恭,其事上也敬,其养民也惠,其使民也义。"(《论语·公冶长》)孔子的弟子形容孔子具有"温、良、恭、俭、让"的高尚品质,这也是君子的道德情感。《论语》里关于此的记载还有很多,例如君子的"五美":"君子惠而不费,劳而不怨,欲而不贪,泰而不骄,威而不猛。"(《论语·尧曰》)

《论语》的论述表明,道德实践和心理情感是相辅相成的。《孟子》提出的"四端之心",就是对道德和情感的明确化。

二、《宗教经验之种种》——教徒的道德情感

宗教情感是宗教的主要构成因素之一,而宗教情感又多是指信仰者对神圣事物的特殊心理体验,因此,西方宗教学家们常常又把它称作"宗教经验"。例如,弗里德里希·丹尼尔·恩斯特·施莱尔马赫(Friedrich Daniel Emst Schleiermacher)在《论宗教》和《基督教信仰》中,首倡"宗教情感论"。受前者影响,德国基督教神学家鲁道夫·奥托(Rudolf Otto)在写作《论神圣》时接受了"情感"在宗教经验中的重要性的观点。威廉·詹姆斯开创了美国的宗教心理学研究,孙亦平在《西方宗教学名著提要》中说,其哲学的核心是"经验"和"实践"问题,他认为凡是在"实践"中"有用"的"经验"即是"真理",他的心理学与宗教研究也正是贯彻这一实用主义哲学原理的结果。

《宗教经验之种种》探讨的并非宗教制度,而是宗教心理,其主要研究对象涉及宗教情感与宗教冲动。在全书第二十讲,即《结论》中,詹姆斯将情感放在优于理智的地位:"我似乎倾向于恢复宗教中的情感元素,而将其理智元素置于次要的地位。个性植根于情感,并且只有在情感深处,在个性更隐晦与盲目的层次,才是我们在世界中得以掌握正在发生的事实,以及直接理解事件如何发生、工作如何完成的地方。与这个包含着生动的个人情感的世界相比,理智所观想的普遍化的客观世界并不可靠,也没有生气。"[①]宗教情感不依语言和逻辑来表述,而是近似神秘主义的心理过程。这里与本文的前一部分相应——儒学影响了中国人的文化心理结构,促使中国人在"情—理"二元之中,更加倾向于"情"。

宗教信仰的产生必然有其情感基础。信仰者从心理上体验到自己同超自然实体的关系,并以各种不同的情感来感受到这种自身与"神性"密不可分的神秘关系,正如詹姆斯所说:"任何对我们来说具有无限的重要性,并唤起我们奉献情感的对象,都会让我们觉得它是独一无二、自成一类的。"[②]这里表明了,

---

[①] 〔美〕威廉·詹姆斯著,蔡怡佳、刘宏信译:《宗教经验之种种:对人性的研究》,桂林:广西师范大学出版社 2008 年版,第 356 页。

[②] 〔美〕威廉·詹姆斯著,蔡怡佳、刘宏信译:《宗教经验之种种:对人性的研究》,桂林:广西师范大学出版社 2008 年版,第 6 页。

宗教对于教徒具有无限的意义,能唤起教徒奉献他们的宗教情感。

在行文中,詹姆斯流露出对待情感的实用主义态度。他提出,我们之所以认为某些心态高于其他心态,"或是因为这种心态带给我们直接的愉快,或是因为我们相信它会为我们带来生活上好的结果"①。詹姆斯在《宗教经验之种种》第一讲《宗教与神经学》中,区分了两种宗教学研究方法,即"存在判断"与"价值判断",前者考察对象的来源、构成与历史,后者探究经验的意义与价值。根据这种设定,他认为,宗教不仅与我们的直接情感有关,还与道德需要和理性经验有关:"宗教的意见也应该这样被看待,不应有例外。他们的价值只能由针对他们直接的精神判断来肯定;而这种判断主要是根据我们直接的情感,其次是根据他们与我们的道德需要,以及我们认定为真理的其他部分彼此之间的经验关系而定。"②

在第二讲《主题界说》中,詹姆斯提出并不存在一种单一的宗教情感,亦即,我们的宗教情感总是和自然情感、道德情感交织起来,共同构成人类的情感网络:"宗教的爱只是人类将其自身爱的情绪导向一个宗教对象的结果。"③依照这种说法,道德情感就是在道德实践中将人类的爱导向他者的那种具体的情感。

在第三讲《不可见的实在》中,詹姆斯再次突出了情感和情绪在宗教中的地位:"有一个古老的说法认为最初产生神祇的是恐惧之情,这个说法从宗教史的每个年代都能得到大量的证实。但是,宗教史也一样指出喜乐在其中经常扮演的角色。有时候喜乐是主要的;有时是次要的,作为一种从恐惧中解脱出来的快乐。后面这一种情绪比较复杂,也比较完全。"④紧接着在第四讲到第七讲中,詹姆斯运用心理分析,将人类天生的气质类型区别为"健全心态"和"病态灵魂"两大倾向。

随着探讨的深入,在《宗教经验之种种》一书的《结论》中,詹姆斯回归到宗

---

① 〔美〕威廉·詹姆斯著,蔡怡佳、刘宏信译:《宗教经验之种种:对人性的研究》,桂林:广西师范大学出版社2008年版,第10页。
② 〔美〕威廉·詹姆斯著,蔡怡佳、刘宏信译:《宗教经验之种种:对人性的研究》,桂林:广西师范大学出版社2008年版,第11—12页。
③ 〔美〕威廉·詹姆斯著,蔡怡佳、刘宏信译:《宗教经验之种种:对人性的研究》,桂林:广西师范大学出版社2008年版,第19页。
④ 〔美〕威廉·詹姆斯著,蔡怡佳、刘宏信译:《宗教经验之种种:对人性的研究》,桂林:广西师范大学出版社2008年版,第38页。

教经验的情感因素,指出宗教经验包含了两类心理特征:"4.一种新的热情,犹如天赐般加入生命中,以抒情的魅力或是借由热忱、英勇之形式表现;5.一种安全的保证与平安的性情,并且在与他人的关系中,亲爱的情感胜过一切。"① 很明显,这些心理特征均和情感直接关联。

孙亦平在《西方宗教学名著提要》中指出,詹姆斯的宗教观点可以归纳为:(1)情感与行为追求而非思想是宗教的精髓;(2)这些情感的特征总是健忘的、喜乐的、扩大的、触发行动的。

结语

《宗教经验之种种》的一些内容容易受到质疑是因为书中的例证无法推广到一般人的信仰,容易令读者误解为只有极为强烈的、异乎寻常的情感经历和情绪反应才能引发深刻的宗教体验。詹姆斯对此看得很清楚,他在《宗教经验之种种》的《结论》中坦言:"我所引用的文献带有那么丰富的感情,是由于我所找的文献是那些情感表现过度的例子。"② 与此形成对照的是,《论语》中涉及的道德情感,却是我们每个人在日常生活中易于经历甚至是必然经历的。

道德情感与宗教情感都能使人产生精神愉悦,而且和个人幸福直接相关。但道德情感与宗教情感不是直接等同于自然情感,因为在心理发生的意义上,它们是源自自然情感而又高于自然情感的。每一种宗教都与个人的价值实现、个人的生活追求等伦理学问题发生联系,并由此产生道德化的趋向,这使得宗教情感中渗入了明显的道德因素,因此宗教会将世俗道德的一些要求纳入自身的规范体系中。这个世界上,没有不含有情感色彩的道德和宗教,也没有不含有道德色彩的宗教,更没有不含有情感色彩的道德,道德—情感—宗教,似乎组成了一个稳定的三角结构。而道德情感是人类社会中更具有普遍性的存在,正是在这个意义上,《论语》乃至儒家思想所倡导的基于家庭的道德情感,可以为构建人类文明新形态提供思想资源。

---

① 〔美〕威廉·詹姆斯著,蔡怡佳、刘宏信译:《宗教经验之种种:对人性的研究》,桂林:广西师范大学出版社 2008 年版,第 347 页。
② 〔美〕威廉·詹姆斯著,蔡怡佳、刘宏信译:《宗教经验之种种:对人性的研究》,桂林:广西师范大学出版社 2008 年版,第 347 页。

尼山世界儒商文化论坛

内圣外王：创世界一流企业
——关于构建全球当代工商文明的思考和实践

周云杰

（海尔集团）

在本文中，笔者要与大家分享海尔关于构建全球当代工商文明的思考和实践。首先，谈一下我们的思考。我们主要从两个方面出发进行思考。

一方面，从当前国内国际的大环境出发思考工商文明。

产业链和供应链的全球化大幅度降低了全球供给成本，提升了全球供给能力；商业贸易的全球化大幅度提升了细分需求的市场规模，从而在总体上提升了全球的需求能力。在供给侧和需求侧的共同推动下，工商文明的全球化进程对全球经济健康发展产生了极大的推动作用。在新冠肺炎疫情和新一轮大国博弈双重冲击的时代背景下，全球化受到了严峻挑战。在此背景下，构建全球当代工商文明更紧迫、更现实。

另一方面，从未来趋势出发思考工商文明。

影响全球当代工商文明构建的趋势是什么呢？以下四个趋势值得重视：

第一，未来是液态的时代，也就是说我们时刻身处变化当中。变化的包括环境、我们自己以及各种文明载体。比如智能电动汽车，从传统意义上看，它是一个产品，但其辅助驾驶系统的实时更新意味着它更是一个过程。一觉醒来，汽车已经迭代更新。这意味着我们的认知需要从固定的产品到"流动的过程"，这就需要"流动的组织"来支撑。

第二，未来是数据的时代，数据是最重要的资产。信息从文件夹开始，通过网络产生数据爆炸，从而实现全面数字化。正如凯文·凯利所说："所有的生意都是数据。"全面的数字化意味着处理数据和处理用户一样重要。

第三，未来是人工智能的时代，未来的分配依据将是你与人工智能的合作表现。数据的爆炸要求数据处理能力同步提升，而人工智能在复杂问题的数据处理方面具有独特优势。未来不管是哪个领域，实际上都是由最聪明的人加上机器组成的。你必须和机器合作，而不是与其对抗。与人工智能的合作表现决定了你的薪酬。

第四，未来是使用权的时代，所有权的重要性将逐渐被使用权所取代。优步是世界上最大的出租公司，但它并不拥有一辆车；Facebook 是世界上最大的媒体公司，但它并不拥有内容；阿里巴巴是世界上最大的零售商，但它并没有库存。过去拥有一件产品，现在拥有一种服务。在全面供给过剩的环境中，使用权一定会优于所有权。

其次，谈一下我们的实践和探索。这一部分也分两个方面来谈。

一方面，是应变局、开新局的四个突破点。

上面讲到的环境特征和四个趋势为既有的工商文明带来了前所未有的挑战，未来的发展迫切需要构建新型的全球当代工商文明。无论是政府还是企业，在应对时代变局、构建当代工商文明方面都有许多事情要做。

在国家层面，推进"一带一路"倡议以创建人类命运共同体、建设全国统一大市场、构建国内国际双循环相互促进的新发展格局，为企业内外部发展创造了良好的环境。企业除了积极响应国家政策外，还应主动应时代之变，至少在四个方面实现创新突破。

第一，从企业数字化到数字化企业。未来是数据的时代，更是人工智能的时代。企业数字化是用数字手段改善企业的全流程，而数字化企业的核心则体现为企业对数据资产的运营能力，以及企业的数字化思维模式。

第二，从产品到场景到生态的转型升级。未来是液态的时代，更快的变化将体现在未来的产品、组织等载体中。要用场景替代产品，实现服务的持续迭代；用生态"复"盖行业，实现生态的持续进化，只有这样才能适应未来时代的要求。

第三，从出口创汇到出口创牌。企业做大做强海外业务对于国家双循环战略的实现有重要意义。这意味着企业对外输出要从产品升级到品牌，实现标准输出、品牌输出、文化输出。只有这样，才能打造世界一流企业。

第四，从大规模制造向大规模定制转型。未来是使用权的时代，而使用权优于所有权的基础在于供给过剩。工业革命引领的大规模制造将会被大规模定制所取代。企业只有面向用户需求，面向使用权，才能创造更大的价值。

另一方面，是海尔作为山东企业的责任与担当。

海尔作为山东企业，不仅要实现自身的持续引领，还要担当责任，促进更多企业高质量发展，回馈社会。

第一，内圣外王，创世界一流企业。海尔适应时代之变，创立人单合一模式，引领物联网生态发展。一是海尔坚持三级品牌战略，实现从产品到场景到生态的进化；二是海尔坚持出口创牌，以沙拉式文化推动全球本土化运作。2022年，海尔再次入围世界500强，且连续13年蝉联全球白电行业第一，实现了规模的引领；连续4年进入BrandZ（英国著名的品牌价值评估公司）发布的最具价值全球品牌排行榜，实现了品牌的引领。

第二，平台赋能，推动企业高质量发展。海尔不但将自己进化为一个数字化企业，同时还通过卡奥斯工业互联网平台对外赋能。通过对场景、企业、园区、行业和城市的数字化赋能，全方位推动企业高质量发展。卡奥斯已经连续4年蝉联国家"双跨"平台首位，在全球权威研究与咨询机构Forrester工业互联网象限中成为领导者。2022年5月28日，由卡奥斯牵头制定的全球首个工业互联网系统功能架构国际标准通过了IEC（国际电工委员会）投票。

第三，共同富裕，孵化更多的创业家。海尔建立的海创汇双创平台，通过打造"有根创业"模式，使创业成功率高出行业平均值5倍。目前海创汇孵化的项目已超过4000个，孵化专精特新企业38家，上市公司5家，用4年时间打造成为国家双创标杆，在全国120家双创示范基地中企业类成果排名第一。

第四，企业公民，回馈社会。海尔的发展是时代赋予的，更是社会赋予的。作为企业公民，海尔有责任回馈社会。目前海尔在全球拥有员工10.9万人，间接带动了180万人的就业；同时海尔累计捐助346所希望中小学。新冠肺炎疫情防控期间，海尔开辟绿色通道，派驻医护人员，累计捐助上亿元。在ESG（环境、社会、公司治理）方面，在中证指数、MSCI（摩根士丹利资本国际公司）、Wind（万得资讯）等多个机构发布的评级中，海尔评级均为国内同行业中最高的。

"有朋自远方来，不亦乐乎"，海尔愿同各界一道，共建全球当代工商文明，锚定"走在前开新局"，推动新儒商文化走向世界舞台中央。

新儒商气质与当代工商文明的构建

黎红雷

（中山大学）

习近平总书记在福建厦门工作期间,曾经向企业家谈起陈嘉庚先生的事迹,他说,陈嘉庚先生在中国和南洋是很受大家敬仰的,他把所有的钱都投进了教育事业,兴办了厦门大学等学校。嘉庚先生的高明之处,在于他深知做生意与做人一样,要讲德行。在生活上崇尚简朴,在商场上遵守信用,体现了一种"天行健,君子以自强不息"的儒商气质。新儒商就是中国特色社会主义新时代具有儒商气质的企业家,他们认真贯彻落实《关于实施中华优秀传统文化传承发展工程的意见》和《中共中央 国务院关于营造企业家健康成长环境弘扬优秀企业家精神更好发挥企业家作用的意见》,把中华优秀传统文化的内涵融入企业的治理实践中,涵养企业精神,培育现代企业文化,为当代工商文明的构建进行了积极的探索。

一、德以治企,教化为先

我们知道,"德治"是儒家治国之道的基本原则。孔子指出:"道之以政,齐之以刑,民免而无耻;道之以德,齐之以礼,有耻且格。"（《论语·为政》）这里的"道"是"引导""领导"的意思,"政"指政令,"刑"指"刑罚","德"指"德教","礼"指"礼法"。至于其中的"格"字,有多种解读,综合起来,可理解为"自我改正而真心归服"。如此,孔子原话的大意是:用政令来引导他们,用刑罚来规范他们,民众只是企求免于犯罪,内心却没有羞耻感;用德教来引导他们,用礼法来规范他们,则民众不但有羞耻感,并且能够自我改正而真心归服。当然,儒家也并不是主张完全可以不要刑律,不要政法,只是在儒家看来,道德比起刑法来说，更容易获得民心，从而更容易取得有效和持久的治理效果。正如孟子所言："以力服人者，非心服也，力不赡也；以德服人者，中心悦而诚服也，如七十子之服于孔子也。"（《孟子·公孙丑上》）依仗实力来使人服从的，人家不会心悦诚服，只是因为他本身的实力不够的缘故；依靠道德来使人服从的，人家才会心悦诚服，就好像七十多位弟子信服孔子一样。儒家"德治"所致力的，就是这种使人"心服"的功夫。

践行儒学的当代企业家把儒家的"德治"思想融入企业治理实践，展现出"以德治企，教化为先"的新儒商气质。他们致力于塑造新时代的工商文明，创立独特的经营和管理机制，把社会、他人、自身利益融为一体，创造了以中华传统优秀文化为底蕴的崭新治理模式，使有中国特色的社会主义核心价值观和世界级企业的管理制度融为一体，确立了中西合璧的普适性企业文化。在他们看来，中国文化的内涵就是一个"德"字。"德"是做人应有的规矩、做人最基本的属性，如果丢掉了这个根本，人在处理事情，处理人与社会、与自然的关系时，无论做官、经商还是做学问，就都会出现大麻烦。以"德"为根本，每个人都会严格要求自己。

孔子指出："君子之德风，小人之德草。草上之风，必偃。"（《论语·颜渊》）《礼记·学记》上说："建国君民，教学为先。"在儒家看来，领导者的职责就是以身作则，教化民众。治理就是教化，治理者就是教化者，治理的过程就是教化的过程。领导者受到教化就能爱护民众，民众受到教化就能主动起来，努力实现组织的目标。为此，践行儒学的当代企业家提出"三为一德"的理念。第一是"为人之君"，就是要有君子般的风度和君王般的责任感。须知领导是一种责任，而绝不是一种简单的荣誉和待遇。企业领导者必须对企业负责，对员工负责，对社会负责，切实承担起"一家之长"的职责。第二是"为人之亲"，就是要像对待亲人那样对待自己的下属。领导者对待每一位下级，都要有"如保赤子"般的感情。企业领导者对自己的员工要有亲情般的关爱，遇事替他们想一想，为他们排忧解难。只有以亲情般的诚心对待下级，对待周围的人，企业领导者的工作才能做好。第三是"为人之师"，就是为人师表，率先垂范。建设企业文化，干部以身作则很重要。企业领导者要求大家做到的，自己先要做到；要求别人不做的，自己首先不要做。在这个基础上，如果大家还能够从企业领导者身上学点东西,这个境界就更高了。所以,企业领导者要不断学习,不断加强自身的修为,以便对员工进行教化。"为人之君""为人之亲""为人之师",这三句话构成了一个"德"字。"德"应是一个企业领导者的基本素质和风范。

二、义以生利,利他经营

儒家主张"义以生利",把治国理政当作精神价值创造物质价值又制约物质价值的过程。在价值认识上主张"见利思义",认为一个以精神追求为最高价值的管理者,行动要想着礼,办事要想着义;不做贪图利而违背礼的事情,也不要因为不合于义而感到内疚。在行为准则上主张"取之有义",认为富裕和尊贵,是人们所渴望的;如果不用正当的途径去得到它,一个以精神追求为最高价值的管理者就不会接受。在实际效果上主张"先义后利",认为把义放在首位然后取利的,就可以荣耀相随、处处通达、驾驭他人;把利放在首位而后才求义的,就耻辱困扰、窘迫交加、受制于人。在价值评判上主张"义利合一",认为无论是义还是利,都是人们所不可缺少的,英明的管理者如尧、舜也不能排除人民的物质需要,昏暗的管理者如桀、纣也不能禁止人民的精神追求。这些论述,全面地展现出儒家义利观的丰富内涵。

践行儒学的当代企业家把儒家的义利思想融入企业治理实践,展现出"义以生利,利他经营"的新儒商气质。他们基于儒家的义利观,以"利他主义"为基础,形成了自己的经营哲学。在他们看来,考量企业成功的重要准则,不是我们有没有成功,而是我们的客户有没有因为我们而成功。如果我们过早地成功了,客户就不会成功。当然,如果能够实现共赢最好,我也成功了、客户也成功了,但是只有一条路的时候,你要放弃什么?那就是放弃自己的利益,让别人先成功。这是21世纪做企业的普遍原则——相信别人要比你重要,相信别人比你聪明,相信别人比你能干,相信只有别人成功你才能成功。

在孔子看来,如果天下无道,你通过发不义之财而获得富贵,这当然是可耻的;但是如果天下有道,你循道而行而获得富贵,这当然是光荣的。相反,如果天下有道,你不循道而行去创造财富,却自甘贫贱,这在孔子看来也是可耻的。我们知道,古代有"士农工商",现代有"工农商学兵",无论是古代还是现代,商人只是社会的分工,本身并无贬义。从创造财富的动机与手段来看,商人起码可以分为三个层次:生意人、企业家、儒商。生意人有"三会":会计算、会经营、会赚钱。企业家在生意人"三会"的基础上增加了"三有":有勇气、有抱负、有情怀。儒商则在"三会"和"三有"的基础上增加了"三讲":讲仁爱、讲诚信、讲担当。儒商与一般商人的区别,不是不追求财富,而是"君子爱财,取之有道"。儒商就是商界的君子,其职责就是运用儒家商道智慧为社会创造更多的财富。中国的改革开放为当代企业家提供了创造财富、报效国家的舞台。由此,践行儒学的当代企业家一方面认识到经商必须赚钱,"为人不可贪,为商不可奸,若要做善事,还是先赚钱。"另一方面又认识到并非所有赚钱的生意都可以做:"赚钱过三关,法律是底线,道德要约束,良心最值钱。"而且更进一步认识到要将自己赚来的钱回报社会:"独善非至善,兼济方圆满,善心有善报,天地大循环。"

三、信以立世,诚以待人

"诚信"是儒家极看重的道德范畴。所谓"诚",就是真实无妄、诚实不欺;所谓"信",就是心口合一、言行一致。儒家创始人孔子十分重视"信"德,指出:"人而无信,不知其可也。"(《论语·为政》)孔子的孙子子思十分重视"诚"德,指出:"诚者物之终始,不诚无物,是故君子诚之为贵。"(《中庸》)在子思所著的《中庸》一文中,开始将"诚"与"信"相提并论;孟子和荀子沿着子思的思路,进一步明确将"诚"与"信"联系起来。从此,"诚信"作为一个表达"内诚于心而外信于人"的重要道德范畴,成为人们的立身之本、交往之道事业之基。

践行儒学的当代企业家把儒家的"诚信"思想融入企业治理实践,展现出"信以立世,诚以待人"的新儒商气质。他们基于儒家的诚信思想,提出"人品、企品、产品,三品合一"的理念,力求以员工高品行的人品,形成高品位的企品,生产出高品质的产品。这样的品牌观念,追求的是消费者百分百的安心,体现的是企业对消费者的承诺与责任,赢得的是消费者对品牌的信赖与赞誉,是一种更为高超的品牌营销学。企业要经营,要生存,要盈利,经营之道是什么?《论语·宪问》里面有一句话叫"修己以安人",表面上看好像和经营没什么关系,但事实上,这是最根本的经营之道。"修己",有两个主体,一个是企业家自身,一个是全体员工。每一个人都要"修己",修身心、尽本分。然后是"安人",让人心安定。"安人"主要有两个对象群体,一个是员工,一个是顾客。如果把自己修炼好,同时把顾客、员工安顿好,企业还会不成功,还会没有利润吗?

践行儒学的当代企业家把儒家的"诚信"思想融入企业治理实践,在"内诚于心"方面,提出"五个一"的具体措施,即立一个志、读一本经、改一个过、行一次孝、日行一善——从确定志向、阅读经典、改正过错、孝顺行为到每天做好事,全方位涵养员工的诚实品格。在"外信于人"方面,品牌的涵义,就是定位品牌在消费者心目中的感觉;品牌的口碑,就是消费者对品牌的信赖与赞誉;品牌的追求,就在于消费者百分百的安心。要让消费者安心,就要真心帮助顾客解决问题,诚心站在顾客角度思考,贴心为顾客提供服务,全心关怀顾客幸福,以专业知识说服消费者,以至诚服务感动消费者,以儒家文化感染消费者,从而以自己的真诚赢得顾客。

四、智以创新,与时俱进

"智"是儒家"三达德"(智、仁、勇)之首。孔子说"知者不惑"(《论语·子罕》),意思是说有智慧的人不会疑惑。儒家之"智"的一个重要体现,就是"时中"。与很多人心目中儒家的"保守"形象不同,真正的儒家其实是主张与时俱进、趋时而动的。《周易》中多次提到"与时偕行"。儒家的时变观,一是"顺时而变",抓住有利的时势,乘势而上,从而收到事半功倍的效果;二是因变而变,主动地因应时势的变化而变化,根据现实的时势作出正确的决策;三是权宜而变,依据一定的时势(包含时间、地点、条件等要素)而变化;四是时中之变,就是通过与时变化的途径而达到合适的目的;五是不变之变,就是变易的过程中有恒常之秩序,变而不乱,变而有常。

践行儒学的当代企业家把儒家的"知者不惑"思想融入企业治理实践,展现出"智以创新,与时俱进"的新儒商气质。他们致力于打造"时代的企业",管理思想随着时代变化而变化。在他们看来,只有时代的企业,没有成功的企业。为什么这么说呢?企业都想长盛不衰,但实际上我们很难看到这样的企业。一般来讲,很多企业都是昙花一现。某个企业如果一时成功了,那么,它所谓的成功,只不过是踏上了时代的节拍。所以说,企业应该是时代的企业,也就是说跟上了时代前进的步伐就是成功的企业。儒家经典《周易》所包含的"三易",就是变易、不易、简易,非常适合市场的原则。变易就是市场万变,你应该变到它的前面去;不易就是市场有一项原则,是对用户的真诚,这个是永远不变的;简易就是所有的管理都应该是最简化的,我们要用最简化去应付最复杂的东西。

"中庸"是儒家的最高智慧。儒家经典《中庸》把中庸与时变结合起来,提出时中的概念,既揭示了中庸原则的时变性,又展现出时变思想的适中性。受此启发,践行儒学的当代企业家提出了"创造市场"的观念。所谓"创造市场",就是不局限在现有市场中争份额,而是以自己的优势另外创造新的市场,即不去争现有蛋糕,而是重新做一块蛋糕去享用。这也符合《周易》中的"三易"原则:变易,市场每时每刻都在变化,是动态的,不是静止的;不易,万变之中有不变的规律,这就是消费者对产品质量的高要求是永远不变的;简易,把市场中纷繁的问题化繁为简、化难为易来解决。一个企业永恒的追求,就是要真正变成一个时代的企业。

五、仁以爱人,厚德载物

"仁爱"是儒家"三达德"的核心。孔子说"仁者不忧"(《论语·子罕》),意思是说:有仁爱之心的人不会忧愁。《论语·颜渊》载:"樊迟问仁。子曰:'爱人。'"关于"仁爱"的对象,孟子提出"亲亲而仁民,仁民而爱物"(《孟子·尽心上》),主张亲爱亲人而仁爱百姓,仁爱百姓而爱惜万物。北宋儒者张载提出"民胞物与",主张天下的民众都是相互依存的血脉同胞,天下的万物都是亲密无间的友好伙伴。明代儒者王阳明提出"万物一体",把天地万物都当成自己身体和心灵的一部分。这些,都体现了儒家宽厚包容的博大胸怀,正如《周易》所说:"地势坤,君子以厚德载物。"这就为企业、社会、自然等不同层面"生命共同体"的构建提供了重要的思想资源。

践行儒学的当代企业家把儒家的"仁者不忧"思想融入企业治理实践,展现出"仁以爱人,厚德载物"的新儒商气质。首先是"亲亲"与企业生命共同体的构建。儒家"亲亲"的本意是亲爱与自己有血缘关系的亲人。儒家知识分子十分重视家庭,在他们看来,家庭组织是所有社会组织的基础,家庭关系是所有社会关系的前提,家庭制度是所有文明制度的起点。受此影响,践行儒学的当代企业家把企业当作"家",把员工当作"家人",对自己的要求则是当好一位尽职尽责的"大家长",率领"家人"一起建设"幸福大家庭"。在他们看来,企业是家,董事长是大家长,董事长要像父母一样关心公司高管,爱护每一位员工。管理层关怀员工,员工之间也会相互关爱,像兄弟姐妹一样,彼此关心、彼此爱护、彼此协助。这样的"家",其成员并没有血缘关系,却获得了血缘家庭所具有的亲密感,实际上是一种"拟家庭化组织",为企业共同体的构建提供了可行的途径。

其次是"仁民"与社会生命共同体的构建。儒家"仁民"思想的本意是像关爱自己的亲人一样关爱社会大众。孔子提出"泛爱众"的理念。在儒家看来,孝悌可以说是仁爱行为的起点,但绝对不是其终点;仁爱的对象不应该仅仅是自己的家人,而应是更为广泛的社会大众。即儒商鼻祖子贡所说的"博施于民而能济众"(《论语·雍也》);也就是儒家亚圣孟子所说的"老吾老以及人之老,幼吾幼以及人之幼"(《孟子·梁惠王上》)。受此影响,践行儒学的当代企业家积极参与社会慈善公益事业,无论是平时的扶老爱幼、扶弱解困、扶贫攻坚、慈善捐助,还是特殊时期的抗洪、抗震、抗疫的斗争中,他们都是义不容辞、率先垂范,慷慨解囊,无私奉献。践行儒学的当代企业家还建立国学公益教育机构,让中华优秀传统文化进社区、进机关、进企业、进校园,甚至还进"高墙"(监狱和戒毒所)。社会大众的共学使越来越多的人达成共识,实现了文化自觉,增强了文化自信,从而更好地提升了共建、共治、共享的社会治理效率。这就为社会共同体的构建提供了必要的基础。

最后是"爱物"与自然命运共同体的构建。儒家的"爱物"思想,一方面主张在天地万物中人类最为尊贵,另一方面看到了人类与万物之间存在密不可分的内在关系。由此,在人类利用万物的问题上,儒家形成了"取物而不尽物"的理念。坚持对生物资源和自然资源有限度地利用而不是破坏性地开发的原则,体现了儒家兼顾人类需要与保护自然的责任观。受此影响,践行儒学的当代企业家积极探索"天地人和"的企业可持续发展之道。在他们看来,没有天地万物,就没有人类;没有人类,就没有企业员工;没有企业员工,何来股东?可以这样比喻:天地万物是企业的大父母,全体员工是创始股东的小父母。因此,他们提出"天地人和的股权改革"。其中用属于"天"的股份收入所建立的公益基金,除用于社会公益、员工福利之外,主要用来发展有机农业,让全体员工免费吃上放心的有机粮食和有机蔬菜,保障了员工的身体健康,提高了企业的劳动生产率,既保护了自然环境,又促进了企业的发展,为自然生命共同体的构建提交了企业的答卷。

六、勇以担当,自强不息

"勇"也是儒家"三达德"之一。孔子说"勇者不惧"(《论语·子罕》),意思是说:勇敢的人不会产生害怕的心理。儒家知识分子不仅是儒雅的谦谦君子,也是坚强的刚毅勇士。对于君子之勇,荀子借用水来比喻——流水奔赴万丈深谷也毫不害怕绝不迟疑,这就是勇;又借用玉来比喻——美玉即使被折断也不弯曲,这就是勇。在此基础上,荀子更进一步提出"上勇"的境界:天下人都能接受我的主张,我就和天下人共创安乐大业;天下人不接受我的主张,我就岿然独立于天地之间。面对非正义,表现出大无畏的勇气来,这就是最高境界的勇。

《说文》上说"勇,气也",所谓"勇",就是在信念的驱动下,所体现出的一种无所畏惧、敢于担当的行为及精神。《周易》上说:"天行健,君子以自强不息。"所谓"自强不息"指的是努力奋斗、永不懈怠的一种积极的人生信念,是儒家之"勇"的内在驱动力。前人所作的一副对联体现了这种信念的力量:"有志者事竟成,破釜沉舟,百二秦关终属楚;苦心人天不负,卧薪尝胆,三千越甲可吞吴。"有志向的人做事情肯定会成功,项羽不留退路,终于打败了秦军,秦朝的关隘最终成为楚国的地盘;上天不会辜负苦心之人,越王勾践忍辱负重,睡柴草,尝苦胆,最终以少数越兵打败了吴国。自强不息,努力奋斗,无所畏惧,勇于担当,是成就一切事业的精神动力!

儒家关于"勇"的论说,对于激发企业家的创业和创新精神、塑造儒商的气质发挥了重要的作用。孔子的弟子子贡不甘心听从命运的摆布,打破当时商业官营的限制,开创私人经商的先河,在生意上准确猜测市场行情而大获成功,受到了孔子的称赞,被后人尊为"儒商鼻祖"。开创近代中国银行业的民族企业家陈光甫,对儒家自强不息、创业创新的精神也是情有独钟,指出:"能有创造之精神,仍完全在于改革,更在于持续不断的改革。故有创办之精神不足为奇,仍须有勇猛改革的精神,创办而改革,改革而成功,成功再改革,改革又成功,俾创办改革成功三事循环不断,周而复始,一直向上进展,此即所谓自强不息也。"①

践行儒学的当代企业家把儒家的"勇者不惧"思想融入企业治理实践,展现出"勇以担当,自强不息"的新儒商气质。他们特别强调奋斗精神。首先,企业要有奋斗意志。其次,企业领导者要身先士卒。再次,企业干部要带头奋斗。同时,企业成员要共同奋斗。最后,企业要以奋斗者为本,人力资源机制和评价体系要识别奋斗者,价值分配要激励奋斗者,引导员工持续奋斗。

当前,世界百年未有之大变局正加速演进,新一轮科技革命和产业变革带来前所未有的激烈竞争;气候变化、疫情防控等全球性问题对人类社会带来的影响史无前例;单边主义、保护主义抬头,经济全球化遭遇逆流,世界经济在脆弱中艰难复苏,全球治理面临巨大的挑战。世界怎么办?中国怎么办?中国企业怎么办?践行儒学的当代企业家认识到:中华民族的伟大复兴,要靠全体中国人民的奋斗。我们一定要充分发挥积极性、主动性、能动性和创造性,刚健顽强、积极进取,百折不挠、永不松懈,为实现人生目标和理想而努力奋斗。幸福都是奋斗出来的,奋斗本身就是一种幸福。艰难困苦、玉汝于成,我们要勇于在艰苦奋斗中净化灵魂,磨砺意志,坚定信念,攻坚克难,乘风破浪,到达胜利的彼岸。

《中共中央 国务院关于营造企业家健康成长环境弘扬优秀企业家精神更好发挥企业家作用的意见》中,用三个"弘扬"勾勒出了新时代中国优秀企业家精神的核心内涵:爱国敬业、遵纪守法、艰苦奋斗;创新发展、专注品质、追求卓越;履行责任、敢于担当、服务社会。儒商气质,是中国优秀企业家精神的重要组成部分,也是当代工商文明的重要组成部分。涵养儒商气质,弘扬新儒商精神,一定能够为当代工商文明的构建作出更大的贡献!

---

① 陈光甫:《1932年9月28日总经理处会议谈话》,载傅国涌、周振新编著:《金融的原理:陈光甫言论集》,北京:新世界出版社2016年版,第115页。

经营企业,教学为先
——幸福企业家文化分享

吴念博

(苏州固锝电子股份有限公司)

苏州固锝将企业办成了一所育人的学校。我们认为,创办企业的最终目的是让员工幸福。为此,我们塑造了以"家文化"为核心的"至善治理"中国式企业治理模式,坚持"内求、利他"的家训,以"用心将圣贤文化带给全世界,造福全人类"为愿景,启发员工的爱心,以无我的精神为世人、为天地万物用心付出。

"企业"中的"企"字,由"人"和"止"两个部首组成,这就启示我们,真正伟大的企业家要知道止在哪里,因为"知止而后有定,定而后能静,静而后能安,安而后能虑,虑而后能得"(《大学》),所以一切财富的得到在"知止"。企业家经营企业,就是要从一个小我,到我们,再到整个众生,这就是"企"字的含义。"事止于至善则业就,心止于至善则德成",要成为一位真正优秀的企业家,必须合道,要与自然规律相吻合,并能做到真正爱员工。

一、塑造幸福企业典范

1989年,我本人担任苏州一家校办工厂的副厂长,从银行借了19万美元,从朋友处借了10万美元,创办了苏州固锝电子有限公司,专注于整流二极管生产领域。在"勤俭持家""遇到困难找到兴奋点"这样的固锝精神的指引下,苏州固锝迅速在同行中崭露头角,成为中国半导体功率器件十强企业、中国电子信息行业创新能力50强企业、中华优秀传统文化传承教育示范基地、江苏省文明单位、江苏省创新学习型企业示范单位、江苏省半导体行业协会副理事长单位、江苏省高新技术企业、江苏省博士后创新实践基地、省级出口名牌企业等。产品远销43个国家和地区。2021年营业额、利润分别比2008年增加373%、1182%。

我们公司的名字"固锝"蕴藏着深意。"锝"是地球上第一种人工合成的金属元素,"锝"字右半部分由日、一和寸组成,寓意一寸光阴一寸金,我们要珍惜光阴,分分秒秒不能空过。"锝"则具有日进寸金的含义,加上"固"字,意为保证每天进一寸金,而日进寸金即足矣,对欲望要控制,小富即安。固锝的英文名GOOD-ARK寓意"幸福的方舟"。在我们看来,办企业的最终目的就是让员工幸福,秉持着这个理念,我们决定将企业"家文化"塑造成幸福企业的典范,并在公司成立了幸福企业工作部、幸福企业推展中心(现为"家文化"中心)。

习近平总书记在民营企业座谈会上的讲话中指出:"民营企业家要讲正气、走正道……要练好企业内功,特别是要提高经营能力、管理水平。"苏州固锝在企业发展中一直在努力探索更加适合自身发展的路径。

要打造幸福企业,提升企业的凝聚力,就要使成员互相信任、互相理解、互相帮助,如同家人一般。自2009年起,我们就开始探索用中国传统的"家文化"塑造幸福企业典范,并形成了"家文化"八大模块,即人文关怀、人文教育、绿色环保、健康促进、慈善公益、志工拓展、人文记录和敦伦尽分。其中,人文关怀是幸福企业的切入口,也是开启人文教育的钥匙。"家文化"的根本是"真爱",人文关怀与福利不同,除了对员工要像对待家人一样外,对任何一件产品和任何一个事物,也都要像孩子一样去关爱,做到慈心于物。

"家文化"尤其重视养老、敬老和育幼。我们每年都会拨出一部分款项用于孝敬老人。如:每年会给员工父母、公婆、岳父岳母中80岁以上的老人每人2400元,给75-79岁的老人每人1200元,给所有员工的父母1000元的孝顺金。中秋节时,会给公司员工的父母寄月饼,同时附赠一封感谢信,并要求员工给父母写一封家书。我们还十分重视育幼,从员工怀孕到哺乳期,再到孩子上幼儿园以及上学,公司都有相应的关怀和补贴。如:对生育二胎的员工有每年4000元的教育津贴,直至孩子年满16周岁;给外地员工留在原籍的子女有每年800元的"幸福宝宝"关怀金,并为外地员工提供全年三次,每次6-8天的带薪探亲假期,并补贴车费。我们还创办爱心园,让员工子女放学后在公司能得到专人照顾的同时学习中华优秀传统文化。

我们视每位员工为自己的孩子,并将孩子的事时时记挂在心上。2017年,苏州固锝出资5000万元成立了"义田大家庭关爱基金",资助项目涵盖结婚、家庭、生育、入学、急难、退休、过世关怀等,自成立以来,共惠及2000多人。"义田大家庭关爱基金"的每次发放,都是苏州固锝的一件盛事。公司每年都会邀请公司员工75岁以上的父母等长辈以及"连心家园"的23户失独老人前来参加"义田大家庭关爱基金"发放仪式。老人们相聚在固锝大家庭,共进温馨午宴,并过一次集体生日。"老吾老以及人之老,幼吾幼以及人之幼",固锝筑造了一个暖心温馨的幸福港湾,让更多人感受到了"家"和社会的温暖,并将爱传递出去。

对于企业而言,"企业就是员工、员工就是企业,做企业守企业,守的是员工的心",我们深谙此理,把习近平总书记"以人民为中心"的发展思想落实为"以员工幸福为核心"的企业发展理念,牢记并遵循习近平总书记"人民对美好生活的向往,就是我们的奋斗目标"等重要讲话精神,将其贯彻到企业的经营管理中。

早在2016年,我们就提出了"在苏州固锝全面取消夜班"的倡议。一些干部对此并不理解,认为此举会极大地增加制造成本,甚至造成企业亏损。我则反问他们:"如果让你或你的孩子去上夜班,你愿意吗?"这一问点醒了许多干部。于是我督导全面取消夜班的项目,每月召开专题会议了解项目的进展。截止到2022年6月底,全面取消夜班项目日班率:孝亲部100%、IC厂外包装100%、忠义部100%、忠信部80%、礼敬部100%、爱心部80%。

事实证明,全面取消夜班后非但没有增加制造成本,反而提高了员工的归属感、幸福感、获得感和满意度,公司的生产效率也提升了66.6%,全线不良率减少了33.5%,客户抱怨率下降了75.3%,客户满意度提升了15.8%,员工离职率下降至1.29%,创造了制造行业的奇迹。

我们深知:没有安全就没有员工的幸福,安全是员工幸福的保障。因此,苏州固锝一直把安全文化教育视为"家文化"建设的重中之重。我们将习近平总书记"人民至上,生命至上"的理念落实为"员工至上,安全至上";将员工的

"要我们安全"转变为"我们要安全、我们会安全"。我们切实加强对生产安全的领导,公司董事长、总经理直接负责,安全总监、EHS工程师具体负责,各部门"一把手"包干负责。同时,营造"人人都是安全员"的安全文化氛围。

在我们看来,企业利润主要来自员工的幸福感,只有提升每一位员工的生命品质,才能够让企业真正实现利润最大化。

二、圣贤教育成就幸福企业

古人云"厚德载物",在固锝,除了让员工获得更多的物质财富外,我们还希望他们拥有丰富的精神财富,而要实现这个目标,教育是根本。为此,我们把苏州固锝办成了一所育人的学校,公司内设有农场、教室等学习场所,我本人则担任"首席教育官"一职。

苏州固锝所提供的教育并不局限于职业培训,而是包含人格塑造和道德培养的人文教育。在教育方式上,我们认为言教不如身教,"其身正,不令而行;其身不正,虽令不从"(《论语·子路》),这就要求管理者带头学习和行动。

作为企业的执掌者,我本人正己化人、以身作则,先从自我开始改变:爱车用了十几年从未更换过;头发白了不染,因为"身体发肤受之父母",此外染发剂还会污染环境;为了减少塑料污染,住酒店时不用垃圾袋;率领全体高管清晨在公司门口躬迎员工……

除了自己修习,我也会陪着管理层和员工共同学习。公司的每位员工都能参加为期五天半的带薪脱产轮班学习,专心学习中华优秀传统文化、红色文化以及社会主义先进文化。此外,公司还长期举办读书会、晨读、午间学习、周六干部共修等活动,让员工共同学习《弟子规》《了凡四训》以及《学习强国·平语近人》等。每逢清明和冬至,我也会和员工一起参加祭祖典礼,借由缅怀祖先回顾自己的根源,体会历代先人对于我们的爱与期盼。同时记住祖宗的恩德,不忘根本,懂得饮水思源,知恩报恩。苏州固锝每位员工的工作服上都印有"感恩"二字,就是要让大家时时刻刻记住自己今天所拥有的一切,离不开历代祖先、圣贤的开拓。

我常说:"固锝是一家校办工厂,以教育为先,赚钱为辅。"在员工学习期间,即使有客户来参观,或者订单量大,需要加班才能完成,我们也坚持让员工脱产学习。而为期五天半,每期8%员工的带薪脱产轮班学习,一条生产线需要支出的机会成本高达200多万元。但我认为,员工通过学习会提升品德,而员工品德的提升是公司最宝贵的财富。

为了更好地弘扬中华优秀传统文化,苏州固锝于2019年投资建成了"固锝塾·道艺春秋展览馆"。该馆占地2800平方米,是一个具有文化推广、教育传承、企业展示以及互动体验功能的文化体验场。展览馆以传递中华优秀传统文化为展览内容的主轴,精选具有儒家道统和孝道内涵的书画作为载体,将历史、艺术、古老与现代科技相融,借助艺术的载体,将中国传统道德思想用生活化与轻松活泼的方式呈现。展览馆的成功开设,标志着固锝在中华优秀传统文化的传承与实践方面又开启了新的篇章。

人文教育是幸福企业之根本,我们希望通过圣贤教育提升员工的道德理念,使他们找到做人的基础、孝道和爱心,明白作为人何为正确,找到生命的价值和意义,让每一个社会人都能够扮演好自己在家庭、社会以及工作中的角色。

苏州固锝的愿景是"用心将圣贤文化带给全世界,造福全人类"。要实现这样的愿景,需要全体员工遵循固锝的家训——"内求、利他"。"内求"是"行有不得,反求诸己"(《孟子·离娄上》),是解决问题之根本,也是化解一切危机的良方。"利他"是固锝全体员工和朋友们一起携手,以无我的精神为世人、为天地万物用心付出。多年来我们一直坚持以"内求、利他"之心为员工、为企业、为社会贡献力量。为了更好地落实"固锝家训",固锝人奉为至宝的"三句话"是:"我们是一切问题的根源(内求),爱是一切问题的答案(利他),一切问题的解决皆有可能。"

三、共建和谐幸福社会

经过多年的探索,我们正努力将苏州固锝打造成"家文化"的样板企业。在我看来,企业在发展过程中,在注重经济效益的同时,更要肩负起社会责任,要注重社会效益,原来只追求功利的企业应该转变为寻求幸福的企业,传统企业应该向社会企业靠拢。绿色、低碳、和谐是企业应履行的社会责任和使命,而苏州固锝在这些方面作出了积极的探索。

"绿水青山就是金山银山",党的十八大以来,绿色低碳生活理念已然深入人心,也逐渐改变着人们的生活方式和思想观念。在"家文化"八大模块的推进过程中,苏州固锝把产业发展、员工教育、生态文明建设、社会服务融为一体,紧紧围绕国家"碳达峰、碳中和"的目标,持续推动低碳、高效、节能等新产品的市场开发及产品升级,形成了以企业自身低碳发展带动行业、产业链低碳转型为核心、以员工自身自觉践行低碳环保理念为节点、以服务社会带动更多低碳环保行为为升华的一整套行为准则。从2010年开始,公司举办"疼惜地球,力行减碳""关爱大地母亲""爱水惜水,上善若水"等主题活动;推行节约地球资源的"五分之三行动",主张低碳出行、零厨余、吃健康低碳餐、不用一次性物品等;倡导节水、节电、节气、化学品减量、垃圾减半等。低碳生活成为员工的日常,仅吃健康低碳餐一项,截止到2020年,苏州固锝就累计减碳排放268万千克,相当于种植169万棵大树一年所吸收的碳排放量。

苏州固锝将绿色、低碳贯穿于产品生产和经营的过程中,形成了以绿色设计、绿色采购、绿色制造和绿色销售为一体的"4G理念"。在日常工作中,苏州固锝同样将绿色、低碳做到了极致:在用电方面,夏天空调温度统一调至26℃,冬天的空调温度不超过20℃;召开供应商大会时不发代表证,晚宴全部用健康低碳餐。为了鼓励供应商节能,还专门为其设立了节能环保奖,将自身低碳环保的发展经验毫无保留地分享给合作伙伴,引领产业链上下游企业加入低碳环保行列,带动更多企业走可持续发展之路。

苏州固锝除了在企业内部推行低碳环保理念外,公司党支部、工会、团委、"家文化"中心每年还组织走进社区开展"电池以旧换新,共创绿色社区""美丽通安,我们是宣传者"等环保宣传活动,利用地球日、节水周、地球一小时等国际性环保日开展活动。通过志愿者服务,向社会积极传播生态环保理念和正能量。

随着人工智能时代的来临,半导体行业智能化水平越来越高,为了让更多员工能持续工作而不被裁员,我们开始寻求一条更可持续、可做千年的、不消耗地球资源的道路。我们看准了黄麻产业链。黄麻可在盐碱、滩涂等荒地种植,并因本身具有天然的抗病虫害的能力,所以无需施农药。通过推进黄麻的种植可以增强土壤肥力,实现废地变良田。经过一到两年黄麻种植改良后的土地我们再种植冬小麦,产量当年增加了40%。黄麻还能改善环境,10万亩黄麻每年的排氧量相当于38万人一年的氧气需要总量,吸收的二氧化碳相当于1500架穿越大西洋的飞机的排放总量。与10万亩棉花相比,10万亩黄麻农药化肥用量约少1万吨。10万亩黄麻可产出麻秆约10万吨,可生产活性炭2.2万吨,相当于节约木材9.13万吨。黄麻的纤维还是可完全物理降解的纯天然纤维,采用黄麻环保袋,可大幅减少塑料袋这样的白色垃圾,守护地球的健康。苏州固锝《以"家文化"建设打造绿色影响力典范》的案例入编《2021绿色影响力典范案例汇编》。

"达则兼济天下",作为一家非常重视公益精神的企业,苏州固锝几乎从成立之日就已经开始开展公益行动。公益行动不仅有助于缩小贫富差距,更重要的是倡导一种良好的道德风尚与和谐的人际关系,有助于建设社会主义和谐社会。

我本人不仅身体力行践行公益,还启发员工奉献爱心,教育员工"内求利他",伸出援手帮助需要帮助的人,用自己的点滴付出,换得更多人的幸福。在苏州固锝,94.6%的员工做过志愿者,积极参加各类志愿服务:经常开展净山、净街、净社区、清洁公交站台及公共自行车等活动;回收废旧电池,让更多人加入保护生态、爱护地球的行列中;每个月都进敬老院、儿童福利院进行关怀陪伴;关爱空巢老人及失独老人、关心社区残疾人等;在炎热酷暑中走上街头为环卫工人送清凉;科学开展放生活动,以表达对生命的尊重,倡导共同建设人与自然和谐共生的美好家园。

为了使公益行动正规化和系统化,苏州固锝还于2013年成立了"苏州明德公益基金会",主要聚焦扶贫济困、赈灾救助、"关爱留守儿童,召唤妈妈回家,建设幸福乡村"、"幸福校园"计划的实施,推广自然农法以及搭建圣贤文化论坛平台。我们希望能充分发挥这一基金会的桥梁作用,感召和带动更多爱心企业和爱心人士加入其中,为广西乃至全国精准扶贫、推动解决留守儿童问题提供借鉴。

从"家文化"幸福企业模式创建至今,已有数千家企业前往苏州固锝参访学习。参访者无不受到精神洗礼,并给予了极高的评价。第十二届全国政协副主席马培华说:"我们民建的企业家应该向固锝学习,在发展企业、为国创造财富的同时,也为精神文明的发扬光大作出自己应有的努力。"联合国契约公约组织创始人乔治·凯尔说:"我在固铻见到的是以前从未见识到的,非常特别和珍贵。现在资本主义已经在多个国家遇到了危机,没有人知道如何处理。但在固铻,可能就有我们要找的答案,这也就是可持续发展的3.0版,打开了一条未来的道路。我希望有更多的企业来固铻学习。"德国著名社会学家、经济学家温弗里德·韦伯博士说:"固铻的管理方式是社会中非常重要的一部分,不仅能创造企业效益,还创造了社会中'家'的精神。"

我们会努力发展更多像苏州固铻这样的企业。浙江中兴精密、重庆耐德、广东量子高科、浙江盛宏等及新加坡 MTM Skincare Pte Ltd、丽胜集团等企业已成为苏州固铻的"幸福伙伴"。不仅如此,"家文化"的模式还成功走出国门——为了探索"家文化"在不同文化、不同国家的实践,2017年3月苏州固铻收购了马来西亚一家濒临倒闭的集成电路制造企业,用"家文化"将其打造成了一个有"真爱"的大家庭,将企业办成了一所育人的学校。2015—2019年,苏州明德公益基金会与马来西亚中华文化教育中心每年在马来西亚联合举办亚洲幸福企业家学习营,已有2700多位来自中国、新加坡、马来西亚、印度尼西亚的企业家及管理者在那里聆听和学习了圣贤教诲、共同探索幸福企业"家文化"治理模式。我还应邀在世界宗教和平大会上发表演讲,并走上了清华大学经济管理学院、北京大学高等人文研究院、哈佛大学商学院、联合国教科文组织总部等著名学府和机构的讲台,分享幸福企业的案例。2016年12月,"苏州固铻践行圣贤文化"作为中国式治理模式的案例,被正式写入哈佛商学院的案例教程。我本人多次应邀前往美国、法国、韩国、日本、新加坡、马来西亚等地参加论坛,与大家一起探讨伦理经营与企业社会责任。2019年,我应邀出席"中国—马来西亚制造业圆桌会议",并作为中方企业代表发言。2020年,我通过网络与中山大学博士生导师、博鳌儒商论坛理事长黎红雷教授就"新儒商企业的人文关怀"以及"企业家如何应对新冠肺炎疫情的冲击"等主题进行对话,吸引了36.3万网友观看。我还应邀为英国威尔士大学预科班学生开设网络课程,历时近两个月108课时,用自己的亲身经历及苏州固铻的成长历程,诠释了"家文化"治理模式。我获评"2020—2021年全球华人经济年度成就与贡献100人"称号,并入选《百年筑梦——100位杰出华商的赤子之心与家国情怀》

一书。2020年—2022年，苏州固锝成功举办了十二期"家文化·企业家研习营"、两期"家文化·向往幸福社区共学营"，与来自全国的300多位企业家、100多位社区干部共同探讨如何用"家文化"治理企业、社区。

看到越来越多的企业家、越来越多的有识之士积极承担社会责任，并把员工的幸福提升为企业的要务之一，我感到异常欣喜和欣慰，这也是我当年塑造幸福企业典范的初衷之一：带动更多的企业和团体承担社会责任，提升员工幸福感，促进社会的和谐幸福。

四、将企业发展融入国家命运

2020年初，一场突如其来的新冠肺炎疫情重创了实体经济，无数企业面临着复工困难、成本上升等困难，固锝的生产经营也同样受到影响。在一些企业纷纷被迫宣布降薪、裁员以降低经营成本之时，我们却反其道而行之，不但郑重向员工承诺"永不裁员"，还将这四个字刻在了工厂大门口的石碑上，以提振员工的信心。

尽管苏州固锝自成立以来就从未主动裁员，但新冠肺炎疫情毕竟不同于以往，它给半导体产业和苏州固锝带来的冲击难以预估。我们虽然也考虑过不裁员的风险，但我最终依然在2020年6月20日作出了掷地有声的承诺，因为我将员工视为家人，不能碰到困难就抛弃家人，大家应该共同前进。这无疑给员工们吃了一颗"定心丸"，同时也为贯彻落实"六稳""六保"承担起了企业应尽的责任。

我们的信心来自对"有德此有人，有人此有土，有土此有财，有财此有用。德者本也，财者末也"（《大学》）、"厚德载物"（《易经》）等老祖宗智慧的坚信不疑以及对固锝大家庭家人的"真爱"。

我们深知，人才是企业永恒发展的不竭动力，只有留住人才，企业才能正常运转。除了重视人才外，苏州固锝之所以能做到不裁员，还源于有充足的资金。公司向来秉持谨慎经营的原则，从不借贷，且为员工备好了三年薪水，因此即使遇到危机也能从容应对。在员工眼中，固锝是一个幸福的大家庭，在这里他们能体会到"家"的温暖。正是这种"家文化"的氛围，吸引和感召了全国各地的年轻人汇聚于此。

苏州固锝致力于制造更优质、可信赖的产品，因而严格把控产品质量，注重品质与创新。得益于此，新冠肺炎疫情防控期间，苏州固锝的订单并未受到太大影响。但苏州固锝的产品出口业务占总营收的四成，随着海外市场的萎缩，苏州固锝也顺势调整市场策略，由出口转内销。苏州固锝生产的产品品质优、性能好，相较海外的产品价格更合理，故而颇受国内大客户的好评和喜爱，在疫情肆虐的情况下，业务量仍实现逆势上涨。

我们深知，一个不能持续改善的企业是没有生命力的。苏州固锝在做好"智能化改造、数字化转型"规划的同时，将"家文化"与精益管理融合，以"弘扬工匠精神，培育固锝工匠"为己任。2019年，苏州固锝两条示范生产线的生产效率分别提升170%和131%。2020年，苏州固锝完成改善项目96个，总厂成为无氢工厂、包材由403种减少至26种、晶圆N面露硅降至零等，电镀厂化学品用量减少12%，IC厂QFN 5060封装良率提升0.53%。2021年，苏州固锝完成改善项目80个，生产效率提升20%，客户抱怨率下降40%，公司累计节约成本1660万。更为可喜的是，公司涌现出了一批改善达人和固锝工匠。

党的十九大报告中指出，要"完善职业教育和培训体系，深化产教融合、校企合作"。2019年，苏州固锝与苏州职业高等技术学校签约成立"苏高职固锝电子学院"，成为苏州首个在企业内办学的"市校企合作试点单位"，为"苏州制造"培育高素质产业工人队伍开启了探索之路，并将通过产教融合，促进企业创新成果的转化落地。

不仅如此，苏州固锝还加大投资力度，深化半导体行业产业链布局。2021年6月30日，由苏州固锝电子股份有限公司和华景传感科技有限公司（无锡）合资成立的华锝先进半导体有限公司（苏州）正式落户苏州高新区。华锝一期生产线将建立符合华为体系标准的MEMS声学传感器的封测基地，主要客户有小米、科大讯飞等知名品牌；二期将引入国内首创MEMS硅麦克风及射频滤波器的WLP晶圆级封装产线，此举将使华锝拥有自主晶圆级封装相关自主技术知识产权；2022年，苏州固锝与宿迁宿豫区政府成功牵手，建立宿迁固德半导体有限公司。

新冠肺炎疫情的暴发让我们深深体会到，疫情面前人类太过渺小，中国能迅速战胜新冠病毒源于"爱"字，包括医护人员对患者的爱，百姓对国家的爱，尤其是党和政府对百姓的爱——面对来势汹汹的新冠肺炎疫情,坚定不移地把人民群众的生命安全和身体健康放在第一位。作为一家有社会责任感的企业,苏州固锝也为战胜疫情贡献了自己的力量。

实际上,苏州固锝向来把企业发展融入国家命运,从管理层到普通员工,都十分重视政治理论学习。2013年底,苏州固锝开始完善"家文化"建设,组织学习红色文化——依据"三湾改编"时的"支部建在连上",我们创造性地提出了"支部建在连队,学堂建在班组",使公司"家文化"建设真正落实到基层。

我本人虽然是民主党派人士(中国民主建国会会员),但我十分重视公司的党建工作。我希望公司党支部在公司的"家文化"建设及企业发展中发挥战斗堡垒作用,共产党员发挥先锋模范作用,鼓励优秀员工加入党组织。在我及公司高层强有力的支持下,公司党支部以党建为引领,以"家文化"赋动能,探索并推进党建与"家文化"的融合,使党建工作更加贴近党建实际、贴近企业实际、贴近员工实际。公司党员在"家文化"建设中发挥先锋引领作用,我们"立家规、明家训、正家风",让党员有家、支部有根、党建有魂。

在中国共产党成立100周年之际,苏州固锝更是开展了一系列学习活动:从6月起,公司党支部、工会、团委、"家文化"中心联合开展"弘扬红船精神,传承红色基因"的主题学习活动,组织部分党员、入党积极分子、团员青年等人到嘉兴南湖瞻仰红船,参观了南湖革命纪念馆;聆听题为《中国道路与文化自信——探寻我们党百年征程的动力源泉,强化党员初心使命的责任担当》的党史课;公司党支部书记带领党员重温入党誓词,让党员们坚定理想信念,提升责任担当,发挥模范作用;公司还组织党员、入党积极分子、员工进行"党史知识竞赛";7月1日清晨,公司举行了升国旗仪式,向党的百年华诞献礼,并组织各支部代表收看并学习习近平总书记在庆祝中国共产党成立100周年大会上发表的重要讲话。我在学习后强调:"我们就是要以中华优秀传统文化为根基,以习近平新时代中国特色社会主义思想为指导,将初心使命落实在平时的工作中,敦伦尽分,将苏州固锝大家庭建设得越来越美好!"2021年10月,公司党支部的《"家文化"助力打造向世界展示社会主义现代化的"最美窗口"》入选中国《民营上市公司党建优秀案例》。

苏州固锝尽管在幸福企业的建设上已经探索了13年,并取得了一些成果,但我认为仍有许多进步的空间。"修身、齐家、治国、平天下",我最大的心愿就是公司的 2300 多位家人都能够成为"幸福员工"。我的内心一直在期许:每一位固锝员工都是"幸福员工"的典范,在家要成为一个好女儿、好儿子、好儿媳、好女婿、好妻子、好丈夫、好爸爸、好妈妈;在社区要成为一个好的志愿工作者;在公司要成为一个好员工、好干部,低碳出行的践行者,现场解决问题的能手,健康低碳餐、零厨余的带头人,圣贤文化的实践者。如果我们的两千多位幸福典范未来能引领全国乃至世界上每家企业的员工共同进步,那么我们的社会就会真正成为一个和谐、大同的世界。

苏州固锝通过"家文化"建设,让更多的企业更加可持续地发展、让更多人拥有更幸福的生活、让更多遇到困难的人感受温暖大爱,实现了企业和产业、员工、生态、社会的共赢,成就了以中华优秀传统文化为滋养的"固锝模式"。期待苏州固锝的实践让这个社会变得更加纯净、更加有爱、更加美好!

以道御术，中西合璧
——对方太文化的探索

茅忠群

（方太集团）

改革开放以来，中国企业逐渐走出了一条具有中国特色的发展之路，创造了世界经济史上空前的奇迹。在为全球提供优质产品和服务的同时，中国企业也在输出具有东方特色的管理经验与模式。

方太正是这样的先行者。2008年，在西方管理经验与模式盛行之时，方太就已开始将中华优秀传统文化引入企业管理，无论是在企业文化还是产品创新方面皆创下行业纪录，开创了中西合璧管理模式的先河。在其后数十年间，方太在不断汲取中华优秀传统文化精髓的基础上，系统总结了中西合璧管理模式的实践经验，阐明了"做事先安人，安人先安心"的管理之道，并致力于弘扬中华优秀传统文化，以强烈的民族自信促进企业的发展，持续推广中西合璧管理模式。

目前，方太文化引起了众多学者和企业家的关注：超万名企业家、学者走进方太，学习方太文化，探索方太的中西合璧管理模式如何在现代企业的管理实践中发挥效用——中华优秀传统文化如何更好地解决中国企业的发展问题？中华优秀传统文化如何与现代企业管理有效融合？中西合璧的方太文化体系的精髓到底是什么？……

一、方太文化发展历程

改革开放四十多年来，方太经历了中国民营企业发展的所有黄金时期。在方太平稳向上的成长曲线上，每一个节点都是一个缩影，我们能透过方太看到无数中国民营企业在产品创新上的摸索,在管理方式上的探索,在企业文化上的磨合、迭代。只要解构了方太的企业成长史,就解构了方太文化的发展历程,还原了中华优秀传统文化与现代企业管理有效融合的点点滴滴。

(一)1996年至2000年:传承与发展期

20世纪90年代,我刚从上海交通大学毕业。面对父亲让我接班的诉求,我毅然决定跳出原有的电子点火枪业务领域,进入一个全新的领域,创办一个全新的品牌——方太。

经过半年的市场调研,我发现当时的家电行业高端市场都是清一色"洋品牌",于是树立了一个近乎"固执"的信念:方太要么不做,要做就要做成家电行业第一个中国人自己的高端品牌。

要实现这个梦想并不简单。在那个"价格为王"的时代,方太坚持"专业化、高端化、精品化"定位,从消费者痛点出发,用高品质的创新产品打开市场。

1996年,方太的第一台吸油烟机正式走进中国消费者的厨房。那个年代,中国家电行业还没有哪一家企业有工业设计意识,而方太已与浙江大学合作,运用工业设计推出第一款产品。考虑到中国消费者的痛点,产品还实现了电罩分离、拆洗更易……产品一经推出就获得了市场青睐。700元的售价在20世纪90年代并不是个小数目,但这款产品投产当年就售出3万台,一度供不应求。次年推出的升级版单款机型,销量更是超过40万台。

1999年,厨电领域多家吸油烟机厂进行价格战,同行们大有打价格持久战的态势。当时此前销量一直高速增长的方太连续几个月销量停滞没有增长,全国各地的销售员纷纷打电话表示需要用降价来应对这场"战役"。我毅然决然地回绝了这些请求,表示方太将坚持只做高端产品,并专注于新产品的研发。我这样做并不是因为没有感受到方太生存的压力,而是想到了自己创立方太的初衷——做家电行业第一个中国人自己的高端品牌。这是方太的"义"。在"利"和"义"之间,我选择以"义"制"利",把"义"摆在首位。

"种善因,得善果。"一年之后,在很多同行因价格战遍体鳞伤之时,方太推出了"T型机"。其外形时尚,吸油烟效果更好,噪音更低,价格上比1999年的新品高出10%左右。就这样,方太一炮打响,开创了中国吸油烟机行业的新时代。

这一阶段是方太文化的传承与发展期。传承的是我的父亲茅理翔第一次创业时期坚持的两种文化：一种是党建文化（我们父子俩都特别重视党建文化），另一种是文艺大奖赛文化（每年年底，方太会组织员工自编自导自演一台晚会）。同时，作为一个新企业的方太，又有了自己的两个发展：一是品牌文化，方太从一开始就定位高端品牌；二是创新文化，因为做高端品牌需要产品创新。

"打铁还需自身硬。"方太初创期继承和发展的文化犹如内功，为后来方太中西合璧的管理模式打下了坚实的基础。

（二）2001年至2007年："西学优术"期

19世纪中叶后，中国的工商业开始逐渐兴起。比起西方企业健全的管理体制，中国在企业管理的理念和模式上落后了几个世纪。所以一百多年来中国的企业家大多在效仿和学习西方的管理方式，来助力企业走向成功。一时间，泰勒的"科学管理"、彼得·德鲁克的"实践管理"、约翰·科特的领导力、彼得·圣吉的学习型组织成为中国企业家纷纷学习的经典理论。我也不例外。

对于当时的学习状况，我曾说过："我们对管理的各个方面，从理念到整个管理体系都比较感兴趣。"从某种意义上说，方太就是我践行西方管理方式的"实验室"。我把学到的西方管理理论、方法、工具都运用到了方太的企业管理中，在不断试错的同时，也积累了越来越多的管理经验。

2001年，方太度过了传承与发展期后，有较大的发展。品牌知名度在消费者心中建立起来了，提高管理水平便成为首要任务，我于是决定将管理眼光转向内部。

我感觉到，完全依靠内部的中高层管理人员的内部视角很难持续提升企业的管理水平。于是我想到了管理咨询机构和培训机构，通过外部智库建立了系统的制度体系。方太开始从世界500强企业引入高层管理人员，当时的人力资源总监来自日本美能达，企管总监来自日本富士施乐，销售总监来自美国可口可乐，热水器业务总监来自德国西门子，整体厨房负责人来自宝洁，质量总监来自三星……这些管理人才的加入，使得方太各部门的管理水平得到了提升。

活水来了，整个水池的水也快速流动了起来。不过，问题也出来了——

"空降兵"的理念与方太理念出现了冲突。我比较了美国、德国、日本以及中国在管理方式上的异同后发现，每个国家由于历史的不同，在管理方式上会有很大的差异。例如，美国的管理模式就是以激励（以个人为主导）＋实用性绩效为主，德国的企业管理模式是核心技术＋严把质量关，日本的管理模式则是团队＋培训，而中国人做事情更注重灵活性。

我的态度是，无论是美国管理模式、德国管理模式还是日本管理模式，没有好坏，只有合适不合适；对管理思想允许"百家争鸣"，基于中华土壤选择性引入。

通过学习、沟通、优化，方太不仅推行了"25条管理原则"，推动了"空降兵"理念与方太理念的有效融合，还引入了卓越绩效模式，以战略为导向、顾客为驱动，进行管理创新和技术创新。在这一阶段，方太专注于国外流行的现代管理方法或专业管理体系，如绩效考核、流程管理、全面质量管理、领导力、工艺流程、设计理念等，在学习引进后掌握其精神实质，领会其先进管理理念，形成了大量行之有效、极为宝贵的管理经验和方法，实现了"西学优术"，为后面中西合璧管理模式的西方管理层面打下了扎实的基础。

（三）2008年至2017年："中学明道"与模式初成期

面对此起彼伏的挑战，我在思考："方太的未来该往哪里突破？"为了找到答案，我又踏上了求学之路。

2002年，我从中欧商学院读完EMBA归来。我开始在心里深度思考一个问题：EMBA的课程几乎都是西方的管理理念，这套理念真的能够完全适用于中国企业吗？

为了寻找这一问题的答案，我对比了一下中国企业和日本企业对于美国企业管理理念的学习路径，其间还去了若干次日本。我发现，同样是学习西方的管理理念，日本的企业经营者没有全盘学习，而是既学习了西方先进的现代管理理念，同时又很好地保留了日本本土的文化。这种对比给了我一个很好的启发：中国有五千多年灿烂的文明和文化，未来的中国企业管理方式一定是把中华优秀传统文化与现代西方管理相结合的管理模式。

伟大的思想只有付诸行动才能成为壮举。2004年，我开始了"取经"之路——学习中华优秀传统文化。我先后前往清华大学、北京大学的"国学班"

学习中华优秀传统文化。而此时正是中国的企业经营者、管理者把西方管理理论奉为圭臬的时期。在学习中华优秀传统文化期间，理工科出身的我成了一个谦恭的文科生，在课堂上认真听、细心记，下课后反复思考。随着学习的深入，我仿佛找到了"新大陆"，确信自己找到了适合中国企业的管理模式。

2008年，我开始在方太内部逐步推进对中华优秀传统文化的学习。在我看来，要推行一种本土的文化和思想，至少需要一个标志，这便是我建立"孔子堂"的初衷。我知道，思想教育是一项长期工程，思想道德的教育模式与科学技能的教育模式是完全不一样的，不能强行灌输，也不能强制执行。方太建立"孔子堂"，是为了让文化在潜移默化中影响员工，使员工提升个人的修养，养成好的行为习惯。而且，儒家"仁爱"思想的前提就是不能给他人施加压力，而是要让他人从内心深处乐于接受。

自2008年方太全面导入中华优秀传统文化后，我倡导员工晨读中华优秀传统文化经典，每天一刻钟，这被称为"读经一刻"。虽然只有短短的一刻钟，但贵在长期坚持，日积月累。2017年，我从先贤智慧中提炼出"五个一"，即立一个志，读一本经，改一个过，行一次孝，日行一善。

中华优秀传统文化强调实践，而"五个一"恰恰是最好的实践方法。"五个一"既适用于个人的修行，也适合组织的修行；既能提升个人的能量，也能提升组织的能量；既适合刚入门者的修炼，也适合高层次者的修炼；既可用于成人，也可用于成事；既可用于工作，也可用于家庭。

我认为，"五个一"不但适合方太，也适合所有的企业。因为方太探索的目标之一就是将中西合璧的方太文化推广到广大的企业当中，这也是方太的使命之一。

在这一阶段，我边学习边在方太导入中华优秀传统文化，并在这个过程中逐步地萌生了一定要建成一套适应性广的、中西合璧的企业文化体系的想法。"十年磨一剑"，正好用了十年时间，到2017年"方太文化"模式初步形成。

(四)2018年至今：文化弘扬与模式完善期

2018年，方太把中华优秀传统文化和西方管理经验作了很好的结合，形成了具有中国特色的"中学明道、西学优术、中西合璧、以道御术"的方太文化管理体系(也叫16字管理方针)，成为中国企业在该领域的先行者。

"道"指的是中华优秀传统文化思想,"术"是西方管理方式。"道"和"术"的融合需要"以道御术",取西方管理方式的精华,在中华优秀传统文化的框架指导之下进行改造。

其实,从20世纪初开始,关于引进的西方思想与中国本土思想文化碰撞的问题,一直就是仁人志士和学者们热议的焦点。国学大家梁启超先生"中学为体,西学为用"的观点,为很多实践者所尊崇。我在方太所实践的"中学明道,西学优术"其实就是对"中学为体,西学为用"的延展。我发现,不少企业由于缺乏信仰、价值观虚置,尽管制度齐备,但是管理很难落地。有的企业只有价值观,没有制度,导致价值观在空中飘。

从实践看来,这两者都不是理想的管理方式,也不是企业真正应该达到的状态,唯有两者相结合,才能真正有效。"中学明道,西学优术",我希望最终建立一种"中西合璧"的中国企业管理模式。

如何才能把西方管理制度与中华优秀传统文化中的管理哲学结合?

我认为,管理的核心在人。员工内心都有向善之意,制度的目的不应仅仅是约束,更应是引导,使得更多的人不犯错误,更不触及法律制度的底线。方太制度制定的思路首先是要替员工着想,要了解员工为什么会犯错,然后公平、公正、合理地处理问题,不偏颇,同时防微杜渐,通过引导、教化,避免他人犯类似的错误,也避免犯错误的员工下次还犯同样的错误。

所以从某种意义上来讲,中国企业的管理创新更大的作用应在于如何为管理注入信仰,使之具有行之有效的执行力。

作为一家追求伟大的企业,方太不仅致力于为顾客提供高品质的产品和服务,更努力承担社会责任,使每一位员工都成为一个优秀的企业公民。围绕企业使命、愿景和价值观,方太不断升华企业社会责任的内涵,并扩大其实践深度和广度。方太希望通过为亿万家庭提供无与伦比的高品质产品和服务,打造健康、环保、有品位的生活方式,进而影响整个社会。另外,方太通过开展一系列的文化推广活动,比如方太文化研究院开展的系列企业家培训,通过影响企业家,继而影响企业家的员工和顾客,员工和顾客再影响彼此的家庭……进而影响整个社会。

从2018年开始,方太每一年的幸福发布会,除了发布厨电产品之外,还发布"文化产品"——"新时代家庭幸福观""幸福社区核心理念""幸福厨房理念""创新科技观",共同构成"幸福的智慧"。"新时代家庭幸福观"包括"衣食无忧、身心康宁、相处和睦、传家有道";"幸福社区核心理念"包括"美善环境、精诚服务、和乐成长、互助公益"四个方面,力求与更多志同道合的居委会、房产商、物业公司精诚合作,打造"不是一家人,胜似一家人"的幸福社区;"幸福厨房理念"包括"厨房有品,饮食有节,相处有乐,食亦有道"四个维度;"创新科技观"包括"仁爱为体,合理为度,幸福为本"三个部分。

2018年,方太提出了"三大愿望",即十年助力一千万家庭提升幸福感,十年助力十万企业家迈向伟大企业,十年助力建设一万个幸福社区,旨在用中华优秀传统文化助力亿万家庭提升幸福感。

同年3月,方太文化研究院正式成立。作为方太文化对外展示与沟通的窗口,方太文化研究院希望助力更多有志企业家来方太交流学习,使他们从方太的文化践行中得到体悟与力量,以中华优秀传统文化为源泉,以强烈的民族自信促进自身企业的发展。

2019年,为了便于员工践行"人品",方太对"人品"作了一个简化——从10个字14条内容浓缩到3个字,即中华优秀传统文化里提出的"三达德"——"仁智勇",并着重聚焦6个方面。同时,方太正在尝试使用行为分级技术,对这6个方面进行行为标准化,以便员工进一步践行。

"黄尘清水三山下,更变千年如走马。"方太用了22年时间跨越了百亿规模,成功塑造了中国厨电行业的第一个中国人自己的高端品牌;用了10年时间成为把中华优秀传统文化与现代企业管理理念相融合的企业典范,形成了具有中国特色和社会价值的中西合璧的方太文化管理模式。

如今,方太文化管理模式主要由三部分组成:第一部分是核心理念,第二部分是基本法则,第三部分是四大践行体系。用3个同心圆来解释这三者的关系,中间是核心理念,基本法则是企业经营管理的原则、法则与指导思想,四大践行体系助力文化落地。

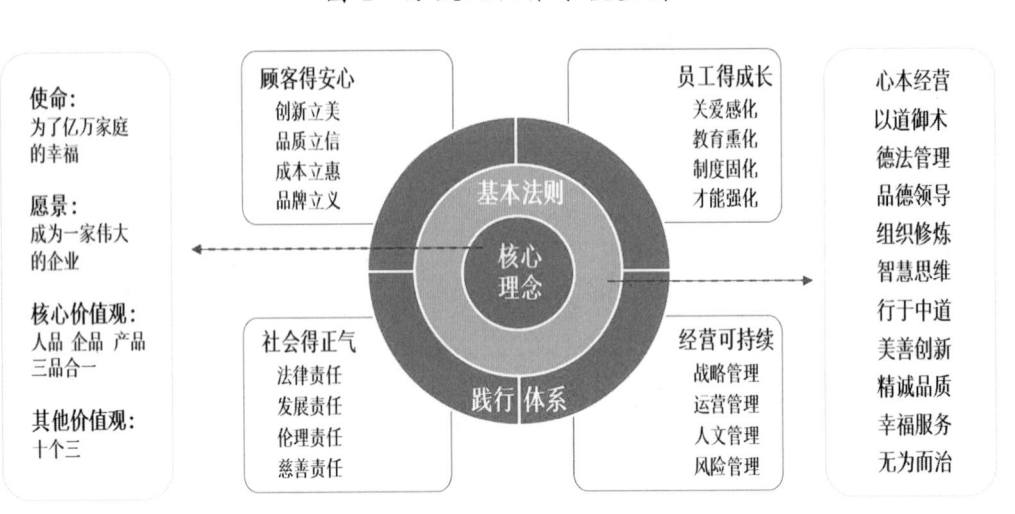

图 1　方太文化体系模型图

使命：
为了亿万家庭的幸福

愿景：
成为一家伟大的企业

核心价值观：
人品 企品 产品
三品合一

其他价值观：
十个三

顾客得安心
创新立美
品质立信
成本立惠
品牌立义

员工得成长
关爱感化
教育熏化
制度固化
才能强化

心本经营
以道御术
德法管理
品德领导
组织修炼
智慧思维
行于中道
美善创新
精诚品质
幸福服务
无为而治

基本法则
核心理念
践行体系

社会得正气
法律责任
发展责任
伦理责任
慈善责任

经营可持续
战略管理
运营管理
人文管理
风险管理

二、三观不对，努力白费

做企业和做人，是一个道理。从某种程度上讲，做企业就是做人，做人就是做企业。方太是一家受使命、愿景和核心价值观驱动的独特企业，所有的经营行为都从这个原点出发。由此，我提出了关于做企业的三个经典问题：

第一个问题：我为什么要做这家企业？即，我做这家企业的目的和意义究竟是什么？

第二个问题：未来十年、二十年、三十年，我要把这家企业做成什么样子？即，要成为一家什么样的企业？

第三个问题：在经营管理企业的过程当中，我们要判断什么是应该做的，什么是不应该做的；什么钱可以赚，什么钱不可以赚；到底应该有什么样的信条？

这三个问题总结起来就是"为什么""成什么""信什么"。

这三个问题的答案就是我们非常熟悉的一家企业的使命、愿景和核心价值观。我们都知道人有三观，即世界观、人生观、价值观。我把企业的使命、愿景、价值观叫作"企业三观"。企业三观好比企业家的第一颗纽扣，三观不对，努力白费。同时，企业三观也是方太文化管理体系的核心理念。

（一）为什么

"你为什么要做这家企业？你做这家企业的目的和意义是什么？"回答问

题的过程就是确立企业使命的过程。

我认为,当代的企业家应该有士大夫情怀,眼睛不能仅仅盯住自己的一亩三分地,还要胸怀国家和社会。从这个角度来看,当代企业家做企业的真正目的不能仅仅是满足自己、赚更多的钱,而应该有更高的"修身、齐家、治国、平天下"的目标。在我看来,在当今社会,可以适时将这一理念理解为"修身、齐家、治企、利天下",这是现代人尤其是中国人做企业应该具有的使命观。基于此,我于2018年初把"让家的感觉更好"的企业使命升级为"为了亿万家庭的幸福"。

如何理解方太的新使命?方太要提供无与伦比的高品质产品和服务,打造、建设健康、环保、有品位、有文化的生活方式,传播中华优秀传统文化,让亿万家庭享受更加美好的生活,拥有幸福圆满的人生。

方太新使命中之所以用"亿万",一方面是因为现在方太顾客的数量早已超过千万,作为未来相当长一段时间的使命,用"亿万"进行表述更为合适;另一方面是因为中国文字中"亿万"并不是一个确切的数,它代表一个数量级,是一个更宏大的目标。所以方太新使命中的"亿万"不是一个具体的目标数字,而是一个抬头仰望的方向。

方太的新使命中"家庭"有六层意义:一是顾客家庭,二是员工家庭,三是合作伙伴家庭,四是方太大家庭,五是祖国大家庭,六是人类大家庭。

通过理解方太的"新使命",我们可以看出方太不仅要把中华优秀传统文化传播给所有方太人和合作伙伴,还要传播给广大的顾客以及更多的人。

(二)成什么

"未来十年、二十年、三十年,我要把这家企业做成什么样子?"回答这个问题的过程就是确立企业愿景的过程。

一个人最终能成为什么样的人,在很大程度取决于他想成为什么样的人。企业也一样。一个企业最终要成为一家什么样的企业,在很大程度取决于企业经营者(创始人)想把企业办成什么样子。方太在"助力十万企业家迈向伟大企业"的过程中,一直在启发企业经营者去思考"要成为一个什么样的人"和"要成为一家什么样的企业"。

我在深入地学习了中华优秀传统文化后,开始思考:什么样的企业才称得上是一家真正伟大的企业？从中华优秀传统文化的角度，应如何看待一家伟大的企业？

西方文化认为企业是一个经济组织，企业的目的就是股东利益最大化，利润最大化。股东利益最大化，往往意味着相关方的利益最小化。这样就会造成很多的对立和冲突，不利于和谐社会的建设。

我从中华优秀传统文化里找到了不一样的答案。

无论是儒家的仁义，道家的道德，归根结底，都是在"导人向善"。企业既是一个经济组织，又是一个社会组织。作为一个经济组织，企业要满足顾客的需求，如果讲得再确切一点，其实是要满足顾客的合理需求，并不是所有的需求都应该去满足。而企业作为一个社会组织，要积极承担社会责任，不断导人向善，促进人类社会的真善美。

2015年2月5日，我在方太的年会上宣布了方太的最新愿景——"成为一家伟大的企业"。至此，方太的愿景从"成为受人尊敬的世界一流企业"变成了"成为一家伟大的企业"。

(三)信什么

"在经营管理企业的过程当中，我们要判断什么是应该做的，什么是不应该做的；什么钱可以赚，什么钱不可以赚；到底应该有什么样的信条？"回答这个问题的过程就是确立企业核心价值观的过程。

2008年，我把方太的核心价值观由原来的"产品、厂品、人品，三品合一"更改为"人品、企品、产品，三品合一"。之所以更改方太核心价值观的内容，与调整方太的使命、愿景的原因一样，也是受到中华优秀传统文化的影响。

方太坚信，作为一家追求伟大的企业，唯有修身心、尽本分，福慧双修，德才兼备，才能积极承担责任，打造最佳雇主，实现卓越管理，才能为顾客提供高品质的产品和服务。这三者相辅相成，三位一体，缺一不可。

方太的价值观和其他企业的价值观有何区别？

不管是从内容还是从定位上，方太的价值观与其他企业的价值观最大的区别都在于：其他企业的价值观大多是商业价值观，是以"商业"为导向的，它主要是教企业如何把事做得更好；而方太的价值观是做人的价值观，是以"人"为导向的，这种导向是教企业如何做人。

每一个企业都应该有自己的使命、愿景和核心价值观,它是企业文化的核心。每一个企业家或创业者在做企业时,都应该发自内心地、千万遍地问自己这三个问题。

总结方太的核心理念,用一句话来概述就是:以顾客为中心,以员工为根本,快乐学习,快乐奋斗,促进人类社会的真善美。

三、四大践行体系,助力文化落地

确定了企业的三观后,企业经营者就要带领全体员工一步步实现企业的愿景、践行企业的使命。方太要成为一家伟大的企业,至少要符合四大特征,这四大特征对应着企业长期发展的四个关键词,即顾客、员工、社会责任和企业经营。这也是方太成为伟大企业的践行体系和"干法",同时也是方太文化的呈现途径。

(一)顾客得安心

伟大企业的第一个"干法"是顾客得安心。这里,我们可以看出方太对于顾客的重视程度。自1996年成立至今,方太始终以顾客为中心,以员工为根本。这两个方面,有内在联系且相互支撑:以顾客为中心是方太长期坚持的方向,以员工为根本是保证以顾客为中心的内在动力。

为了让顾客得安心,方太视顾客为亲人。方太的研发人员在研发产品的过程中遇到问题需要解决时,经常拿到台面上讲的一句话是:"如果这款产品给我们的亲人使用,我们会有什么样的感受?"所以,在方太有一个很有意思的现象:很多新产品在样品阶段,无论是油烟机还是净水器,都是先在企业高管以及研发团队成员自己的家里试用,让自己的家人先用,让自己的亲人提意见,以便找感觉。如果连自己的亲人都不满意,这款产品就不会上市。

再进一步,方太如何视顾客为亲人?方太通过打造无与伦比的顾客体验,让顾客动心、放心、省心、舒心,乃至安心。方太的产品首先要从工业设计上做到让顾客动心,以使顾客第一眼看到时就会被它的外观、功能吸引,对它动心;其次质量要让顾客没有忧虑,可以放心购买;再次,顾客购买方太的产品后,方太的安装售后服务会一站式帮顾客解决所有的问题,让顾客省心;最后,顾客在使用方太的产品时,体验很好,感到舒心。综合起来,就是方太的产品让顾客感到幸福安心。

通过多年学习中华优秀传统文化的体悟和企业经营管理相结合的实践，方太总结出了满足顾客需求且让顾客安心的四个维度，即创新立美、品质立信、成本立惠、品牌立义。

创新是方太经营顾客、让顾客得安心的第一个"干法"。方太将其归纳为"创新立美"，即通过创新产品和生活方式，为顾客创立美好生活。方太要成为一家伟大的企业，要让亿万家庭幸福，更要走出"创新者的窘境"，对创新提出全新的要求。方太通过观察、分析，发现企业之所以会出现"创新者的窘境"，是因为有些企业的创新存在诸多问题，比如急功近利、危害健康，甚至丧失底线、严重违背社会主义核心价值观等。究其根源，是因为企业把"贪欲"作为创新的源泉，把"无度"作为创新的原则，把"市场或流量"作为创新的唯一目标。

为了解决这些创新问题，我把从中华优秀传统文化中学习体悟到的，与方太 20 余年的创新经验进行总结，在 2018 年提出了方太"创新三论"，即创新的源泉是仁爱、创新的原则是有度、创新的目标是幸福。

方太把品质作为经营顾客的第二个"干法"，并取名为"品质立信"，即通过品质与顾客建立无限信任。2017 年底，我在"方太杯"上提出了"修炼三大文化，创造中国精品"的主题。我之所以提出这一主题，是因为方太在这一年提出了"伟大企业"的愿景，而要成为一家千亿级的伟大企业，核心之一就是要创造中国精品，打造中国名片。中国要从制造大国走向制造强国，不能没有精品。作为一家有着强烈社会责任感的企业，方太立志要让自己的产品成为中国的精品，成为可以代表中国的名片，成为一家让千万家庭享受更加幸福安心生活的伟大企业。

如何创造中国精品？答案就是"修炼三大文化，创造中国精品"。

在这三大文化中，"创新文化"是第一动力，"品质文化"是根本保障，"中华优秀传统文化"是重要源泉。我用汽车来比喻这三种文化的关系——"创新文化"是第一动力，好比汽车的驱动后轮，汽车如果没有驱动后轮就不能前进；"品质文化"犹如汽车的前轮，是汽车前进的根本保障，一方面保障安全，另一方面保障生存和发展；"中华优秀传统文化"是汽车的能源、发动机，汽车如果没有能源和发动机，光有四个轮子没有动力，也不能前进。创新文化、品质文化、中华优秀传统文化是企业创造精品的"铁三角",缺一不可。

我反复强调:"创新和品质的最大源泉是中华优秀传统文化中的仁爱之心,是良知。离开良知,创新可能走上危害社会的歪路;离开良知,品质也难以得到真正的敬畏。"

在方太的品质文化里,仁爱之心是方太品质最大的源泉。方太用文化培育全体员工对顾客的爱心、对品质的敬畏感以及对制造不合格产品的羞耻感,从而形成全员"视顾客为亲人,视品质为生命,坚持零缺陷信念,人人担责,环环相扣,把事情一次做对,用仁爱之心和匠心精神造中国精品"的品质方针。

创新是第一动力,品质是根本保障,品牌是强大拉力,仁爱是核心、基石和重要源泉。品牌最大的源泉也是仁爱之心,方太要用仁爱之心铸国家名片。为了打造中国厨电的"国家名片",方太提出了"品牌立义"。一个致力于成为伟大企业的品牌,必须立"义"。这里的"义"来源于中华优秀传统文化"仁义礼智信"中的"义"。立"义"是指方太要通过品牌建设为顾客铸立价值意义。只有品牌真正把"义"立起来了,而且产品品质也真正做到极致了,才能让顾客得安心,才能成为伟大品牌,才有可能成为伟大企业。

(二)员工得成长

《中庸》开篇就说:"天命之谓性,率性之谓道,修道之谓教。"《大学》里说:"大学之道,在明明德,在亲民,在止于至善。""北宋五子"之一的张载有一句非常有名的话:"为天地立心,为生民立命,为往圣继绝学,为万世开太平。"

由此可知,生而为人,我们是带着使命来到这个世界的,使命就是"修身、齐家、治国、利天下"。所以,一个人的人生应该遵循天理良知,践行人生使命,让人生更有意义和价值,这样的人生才是幸福圆满的人生。究竟什么是真正的幸福?一个人真正的幸福就是物质与精神双丰收,事业与生命双成长,最终拥有幸福、圆满、觉悟、自在的人生。这就是方太对于员工幸福成长的定义。

基于此,方太通过对中华优秀传统文化的体悟,根据员工不同成长阶段的需求,提炼出"四个化"来让员工幸福成长。

"四个化"分别为关爱感化、教育熏化、制度固化、才能强化。

关爱感化:营造四感环境,超越员工期望,激发自主意识。方太通过营造超越员工期望的"四感"环境,激发员工的主人翁精神乃至使他们实现生命的觉醒。这里的"四感"即安全感、归属感、尊重感、成就感。

教育熏化：教以道德因果，培养行为习惯，唤醒自主行为。教育的目的是"明理"，即使人明白做人的道理。方太要让员工觉知和体悟到人生的使命和意义，这是使员工获得双丰收、双成长的关键。如何让员工"明理"呢？要通过"熏"，即长期的潜移默化的教育。

制度固化：约以制度规范，建立激励机制，养成自主行为。在教育过程当中，会慢慢形成一些制度和行为规范，不能只"道之以德"，也要"齐之以礼"。"齐之以礼"就是用制度来"固"化人的行为，这样整个团队就会越来越有秩序。

才能强化：培训知识技能，实施双线发展，培养自主能力。这强调的是对专业的学习，同时为员工提供双线晋升发展通道，让员工从工作中获得成就感，才能真正增"强"员工安身立命的能力。

在方太的"四个化"中，前面"两个化"是有先后次序的，后面"两个化"的顺序是可以变换的。"才能强化"不一定要放到最后，也可以与"制度固化"同步进行。

企业最重要的变量之一就是人。对于如何有效地激发员工的积极性，让员工得成长，中国企业需要找到一种突破和创新方式。方太的"员工得成长"体系，是在中华优秀传统文化思想之上构建起来的；融合西方管理理念与方法的员工管理体系，也是方太在从小做大的过程中沉淀出来的管理哲学与方法。希望方太在员工管理的道与术上能让其他中国企业得到启迪，有所借鉴。

（三）社会得正气

从2006年起，方太推出了第一份企业社会责任报告并坚持至今。2009年，方太参与了"中德贸易可持续发展与企业行为规范"项目，与德国技术公司合作开展企业社会责任（Corporate Social Responsibility，简称CSR）项目，制定及确立了"遵守法纪、弘扬道义、诚信经营、和谐发展"的CSR方针，完善了包括固体废物管理在内的CSR体系，同时形成了方太三个方面（法律、发展和道义）、十二项内容的社会责任观。

2017年，方太结合企业整体运营情况以及内外环境的变化，对原有的社会责任观进行了修订，建立了既有方太特色，又有完整性的方太"企业社会责任金字塔"（见图2）。

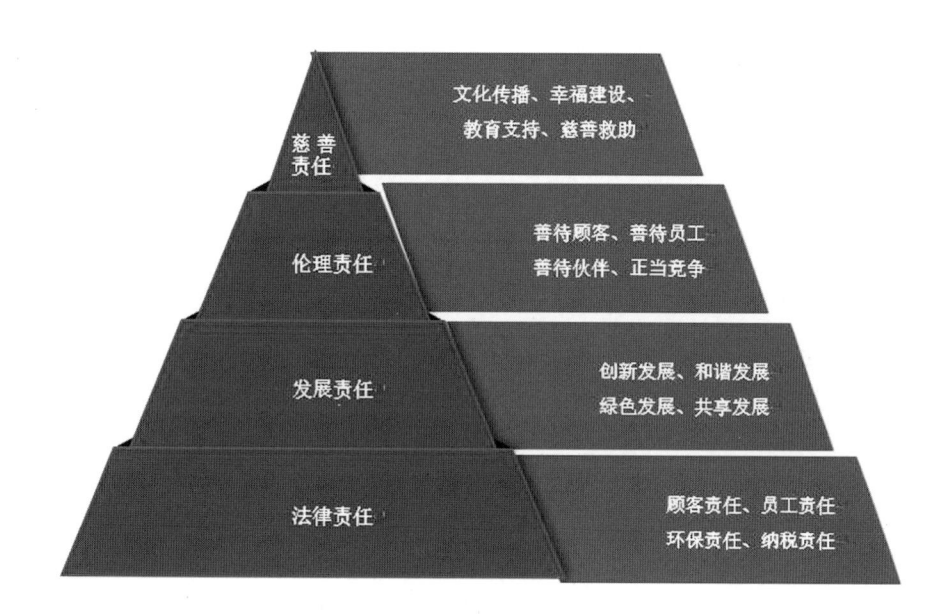

图 2　方太"企业社会责任金字塔"

金字塔结构（自上而下）：
- 慈善责任：文化传播、幸福建设、教育支持、慈善救助
- 伦理责任：善待顾客、善待员工、善待伙伴、正当竞争
- 发展责任：创新发展、和谐发展、绿色发展、共享发展
- 法律责任：顾客责任、员工责任、环保责任、纳税责任

对于方太的"企业社会责任金字塔"，我的解释是："法律责任和道义责任是 60 分与 100 分的关系，60 分的法律责任必须达到，不然就没办法毕业；100 分的道义责任，是方太不断追求的；而发展责任则是让产品不断创新，让企业员工不断得到成长，企业也要获得可持续和谐的发展，这也是适合中国企业的、能使企业成为百年企业的基因。"

方太的社会责任观明确了组织产品创新的要求，强调了与所有相关方的和谐发展与共赢，并强化了全体员工的健康成长，以追求企业的永续经营。

方太的"企业社会责任金字塔"对应着方太文化践行体系中的"社会得正气"，是伟大企业的特征之一。

什么是"正气"？"正气"就是正大光明之气，是激浊扬清之气，是战胜邪恶、保护弱者的法宝。"铁肩担道义"，方太希望通过践行社会责任，传播中华优秀传统文化，弘扬社会正气，为推动社会进步贡献自己的一份力量。

（四）经营可持续

有了前面的"三得"（顾客得安心、员工得成长、社会得正气），加上经营管理基本功，就一定会实现企业的可持续发展。在西方管理理论里，战略是管方向的，运营是管落地的，此外还有最大的变量——人文管理，这是其经营管理的"三要素"。在此基础上，方太增加了"风险管理"，使之变成了经营管理的

"四要素"。

对于战略管理、运营管理、人文管理、风险管理的关系,我曾总结道:"企业要高效运行有四个要素:领导、战略、运营、人文。其中,根在领导,源在战略,要在运营,本在人文。"

现总结一下方太的四大践行体系:

顾客得安心:创新立美、品质立信、成本立惠、品牌立义;
员工得成长:关爱感化、教育熏化、制度固化、才能强化;
社会得正气:法律责任、发展责任、伦理责任、慈善责任;
经营可持续:战略管理、运营管理、人文管理、风险管理。

四、文化即业务

方太二十余年来的文化管理建设和落地实践也让我们看到,其不仅实现了中华优秀传统文化和西方管理科学的结合,更重要的是把中西合璧的管理之道归结为了一套体系化、流程化和工具化的模式,为中国企业的管理理论创新和管理实践提供了一个新的思路。中西合璧的威力很大,方太的成绩十分亮眼,企业界开始纷纷学习。但单纯地模仿肯定不行,又该怎么学呢?

我认为,文化即业务,文化就是做业务的发心、方式和奋斗精神,是"一"不是"二"。文化强,业务强。文化强要求企业诚于心,业务强要求企业精于业。诚于心是修身心,精于业是尽本分。心不诚,无法让顾客安心;业不精,同样不能让顾客安心。唯有诚于心、精于业,知行合一,才能真正让顾客安心,让员工幸福。

借用我说过的一句话来总结,便是深度理解和践行方太文化,要多从因上努力、缘上创造、果上反省。

得益于中西合璧的文化管理模式,2021年方太销售收入突破155亿元,同比2020年增长29%,同比2019年增长41%,持续领跑中国厨电行业。在员工管理方面,方太的违纪行为连年下降。这些年方太的良善行为,比如义工公益活动等已经蔚然成风;在员工敬业乐业方面,方太的敬业度评分达到87分;在顾客得安心方面,中质协顾客满意度测评结果显示,从2012年至2020年方太主打产品的顾客满意度连续9年一直位列行业第一名;在产品创新方面,方太以"为了亿万家庭的幸福"为创新驱动力,打造全球领先的原创技术,成为厨电行业首家牵头和主导"十三五国家重点研发计划"项目的民营企业;在品牌影响方面,方太荣获"亚洲品牌500强""中国品牌500强"等荣誉,品牌首选率、品牌认知度在厨电行业排名第一;在组织效益方面,方太财务指标持续向好,2021年实现销售收入155亿,为厨电行业第一;在文化传播方面,成立方太文化研究院,覆盖企业家3000余名,影响10余万人……

这些成果意味着方太已经用中西合璧的管理模式在企业可持续发展上取得了初步成功。如今的方太,仍然在不断地打磨和完善文化体系,既仰望星空又脚踏实地,希望在2035年能成为千亿级的伟大企业。

文化是一个国家、一个民族的灵魂。文化兴国运兴,文化强民族强。没有高度的文化自信,没有文化的繁荣兴盛,就没有中华民族的伟大复兴。

岁月荏苒,细细品来,方太文化在传承中创新,在创新中发展,在发展中升华,为企业如何在本行业、本领域中建立自己的产品或服务优势,实现对国内外相关企业的追赶和超越,提供了有益启示。这是一场拨云见日的寻路之旅,幸运的是,方太终得真谛。

从儒家文化中探索日本商业伦理的形成以及百年企业经营理念之根源

细沼蔼芳

（日本 SBI 大学院大学）

日本被誉为世界上百年企业最多的国家。日本百年企业可以屹立百年不倒的一个重要原因，是其秉持一条坚定的经营理念——"重信用"与"尊传统"。这条经营理念是日本很多百年企业的企业文化核心，也是这些百年企业成长的动力源泉。这股动力源泉是如何形成的呢？这股动力源于儒家文化。儒家文化对日本百年品牌企业经营理念的形成有三个层次的影响。第一个层次是江户时代商业伦理的形成。儒家文化中"诚""信""道"等思想奠定了江户时代商家的为商之道。第二个层次是明治时代企业理念的形成。儒家文化中"义"与"利"相辅相成的思想奠定了日本近代企业"经济与道德合一"理念的基础。第三个层次是现代企业理念的形成。儒家文化中的"仁""义""礼""智""信"等思想造就了现代百年企业的经营理念与核心企业文化。

一、百年企业

日本百年企业中，不少企业是我们大家比较熟悉的，比如松坂屋、月桂冠、YAMASA 酱油、东急百货店、三越百货等。这些企业的前身多数是江户时代京都、大阪一带的商家。那么，日本究竟有多少家百年企业呢？根据东京商工会议所的调查，至 2021 年底，创业一百年以上的企业全国有 40769 家，比 2020 年多了 583 家，增长了 1.45%；比 9 年前（2012 年 8 月，27441 家）多了 13328 家，增长了 48.6%。平均每年有上千家企业陆陆续续步入百年企业的行列中（见图表 1）。因此，日本被誉为世界上百年企业最多的国家。

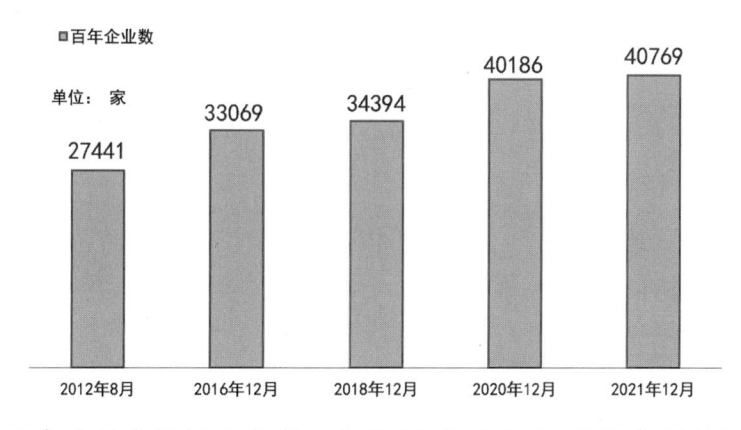

图表 1　日本百年企业数的推移

年月	百年企业数（家）
2012年8月	27441
2016年12月	33069
2018年12月	34394
2020年12月	40186
2021年12月	40769

注：此图表为作者根据东京商工会2016年至2021年调查资料汇总做成。

从创业的年代来看（见图表2），安土桃山时代及以前（1603年以前）创业的企业有402家（1%），江户时代（1603—1868）创业的企业有4164家（10.2%），明治时代（1868—1912）创业的企业有21773家（53.4%），大正时代（1912—1926）创业的企业有14430家（35.4%）。从不同时代的百年企业数上，我们可以发现：日本的工商业源于安土桃山时代甚至更早；在江户时代商家的数量迅速增加，日本的工商业进入了第一个繁盛期；到了明治时代、大正时代，日本的工商业进入了另一个繁盛期，这奠定了近代日本企业发展的基础。

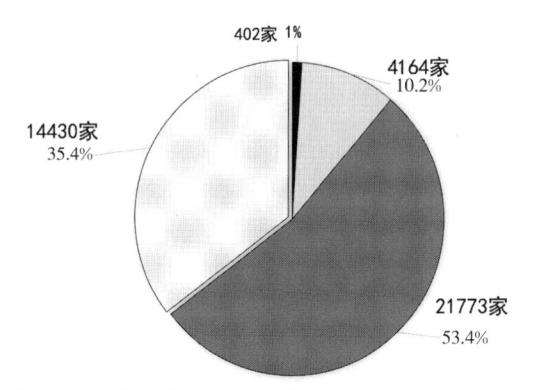

图表 2　百年企业数的创业年代

时代	家数	占比
安土桃山时代及以前	402	1%
江户时代	4164	10.2%
明治时代	21773	53.4%
大正时代	14430	35.4%

注：此图表为作者根据东京商工会2016年至2021年调查资料汇总做成。

二、儒家文化在日本的传播

儒家文化是中国的传统文化。春秋时期孔子创立了儒家学派,经过数千年的争论、实践与升华,儒家文化逐渐确立了它在社会中的稳固地位。儒家文化不仅在中国得到壮大和发展,而且早在5世纪时就经由朝鲜半岛传入了日本。据日本最古老的典籍《古事记》的记载,早在513年之前,从朝鲜半岛来日本的王仁博士就把《论语》和《千字文》带到了日本。有趣的是《古事记》写于712年,也就是说,日本人最早拿在手里的书籍不是《古事记》,而是《论语》和《千字文》。

中日学者根据长年的研究,基本上认为儒家文化应是在5至8世纪时正式传入日本的。[①] 儒家文化进入日本后,其发展可划分为三个阶段[②]:

第一个阶段一般称为"传入期"(513—794,上古—飞鸟奈良时代)。儒家文化传入日本后,日本国内开始正式地讲习儒家经典。比如,早期日本会邀请来自朝鲜半岛的儒士来日本讲学,7世纪以后,日本则开始直接往中国派遣"遣隋使""遣唐使"去学习儒家文化。当时的皇室贵族、僧侣纷纷开始学习《论语》,朝廷还模仿唐朝,开设了大学寮,而《论语》和《孝经》是大学寮里的必修课。不过,这个时期,儒家文化的推广范围仅限于皇室贵族以及僧侣等身份尊贵的人。

第二个阶段是"发展期"(794—1603,平安时代)。在平安时代,学习儒家文化的风气更盛。1199年,日本僧侣俊芿从中国带回了包括朱子学在内的二百五十卷儒家文献。在这个时期,儒家文化的传播对象从贵族扩大到了武士阶层,学习的科目也从《论语》和《孝经》扩展到《易经》等。当时,朝廷设置了一个叫"明经道博士"的专职部门来教授儒家文化。

第三个阶段是"兴盛期"(1603—1867,江户幕府时代)。德川家康在统一了日本并成立江户幕府后,开始把儒学定为学术的正统,开始提倡德治主义。儒家文化在日本的传承也进入了兴盛期。在这个时期,阳明学传入了日本。

---

① 瞿莎蔚、邓亚婷、王冰菁:《古代以来〈论语〉在日本的接受、传播与研究史述》,《燕山大学学报(哲学社会科学版)》,2015年第16卷第2期。
② 瞿莎蔚、邓亚婷、王冰菁:《古代以来〈论语〉在日本的接受、传播与研究史述》,《燕山大学学报(哲学社会科学版)》,2015年第16卷第2期。

江户时代实行的幕藩体制是一种以武士为主体的封建制度。武士作为封建社会的支配者,以领地的方式拥有全国的土地。国民分为士、农、工、商四个等级,商人的地位是最低的。第五代将军德川纲吉提倡文治,开设了孔庙以及很多学堂来讲授儒家文化。《论语》等儒家典籍的内容也从此走入民间,处于"士、农、工、商"四个等级中最底层的商人也开始有机会接受儒家教育。

日本儒家文化发展的兴盛期是日本商业开始渐渐走向繁荣的时期,也是孕育了最早期日本百年企业的时代。这一时期,商业的繁荣与儒家文化教育息息相关。本文的一个重要切入点就是这个时代的儒家文化教育对商业伦理形成所产生的影响。

三、日本近世以前商业的发展

(一)从物物交换经济走向货币经济

日本历史在时代的划分上,一般划分为古代(约前10000—600,绳文、弥生、古坟时代),上代(600—794,飞鸟、奈良时代,约200年),中古(784—1184,平安、院政时代,约400年),中世(1185—1603,镰仓、室町、安土桃山时代,约400年),近世(1603—1867,江户时代,约300年),近代(1868—1945,明治、大正、昭和时代前期,约80年),现代(1945年至今,昭和后期、平成时代,约70年)六个大的区间。

日本早在古代就有了商业活动,最早的商业活动是在原始住民之间展开的单纯的物物交换,而且当时就有"市"的存在。① 684年,日本模仿中国唐朝的"开元通宝"铸造了日本的第一批货币"富本钱"。

到了奈良时代(710—794),都市里出现了由官方主办的"市",人们把剩余生产品拿到"市"里去卖,以换取货币。后来这种"市"被逐渐推广,除了都市,在农村也开辟了"市"。从此,日本从"物物交换经济时代"逐渐走向了"货币经济时代"。

(二)"市"的发展与"座"的形成

镰仓时代(1185—1336),佛教得到推广,日本各地修建了大批寺庙。与此同时,"市"的规模逐渐扩大,尤其是建在寺庙前的"市"甚是昌盛,其中以伊势

---

① 宫本又次:《日本商业史》,东京:东京龙吟社昭和十八年(1943年)版,第18页。

神宫(位于现三重县境内)尤具盛名。

室町时代(1338—1573),"市"的规模不断扩大,日本各地的交通要塞都设置了"市",在奈良还成立了南市和北市。一般的"市"每月定期开三次,称为"三斋市"。交易较为繁盛的地区则每月定期开六次,称为"六斋市"。各地的"市"里,已经有了各类商品的专卖铺面。当时,商品的贩卖权集中在朝廷、贵族和寺院、神社的手中,商人从他们那里买到商品的独卖权,成为专卖商人。这些专卖商人通常汇集在一处,形成"座",又称为"市座",比如奈良的南市就有"鱼座""盐座"和"油座"。当时的"市"与"市座"被称为近代商业的雏形。"座"也就是日本最早的商业集团。

(三)织田信长的政策推动了商业的发展

1.建设"城下町"

"城下町"是日本人工都市的原型,而最早在日本建设"城下町"的人是安土桃山时代(1575—1603)的名将织田信长。当时被称为"大名"的各地领主,让自己的家仆、随从、士兵以及他们的家人从各地移居到城池周围。随着居住人口的增加,城池周围逐渐形成了一个生活圈及商业圈,这就是"城下町"。

建设"城下町"并不是一件易事。

当时日本各地有上百名大名,各大名的士兵多是农民士兵,有战事的时候,大名会召集领地里的农民去迎战,战事结束后士兵们就回到自己的农田里继续耕种。每年到了春耕和秋收时节,大名都会允许士兵们回乡参加农作,因为耽误了春耕和秋收会直接影响大名的"年贡"(即税收)。这也是各地的"大名"无法扩大自己领地的一个重要原因。

织田信长为了解决这个问题,完成其统一日本的大志。他亲自出佣金雇用了自己领地的农民士兵,让他们把土地交给乡下别的亲属耕种。织田信长把他的城池周围的土地分给了士兵让他们居住,并采取各种措施吸引大批商人来"城下町"做买卖,为士兵们提供各种服务。"城下町"的建设实现了"兵农分离"。随着织田信长势力的扩张,士兵们也跟随着他夺取一座座新的城池,开辟了一个个新的"城下町",当时的商业也随之得到了很大的发展。

2.乐市、乐座

那么,织田信长用来雇用士兵的经费是从哪里来的呢?他的经费来自实行"乐市、乐座"制度搞活了市场经济而增加的税收。①

"乐市、乐座"是自由行商的意思,也就是说不管商人是否从属于某个"座",他都有行商的权利。织田信长的这个制度给予商人行商的自由权,促进了商业的发展。

四、日本近世商业的发展以及三大商都的形成

(一)近世的社会经济背景

庆长五年(1600年),德川家康在关原大战中取得了决定性胜利,奠定了统一日本的基础。庆长八年(1603年),德川家康被封为征夷大将军后,在江户(1868年改称东京)开设了德川幕府,开始了江户时代。

为了维持德川幕府的长期稳定,德川家康在政治上采用了幕藩体制。幕藩体制是一种以武士为主体的封建制度,武士作为封建社会的支配者,以领地的方式拥有全国的土地。幕藩体制主要有三个特点。

1. 实行身份世袭制。国民被严格地分为世袭性的士、农、工、商四个等级,而且"士"与其他三个等级更是被严格划分开,享受其他三个等级没有的特权,比如在政治、教育、武道等方面都享有特权。

2. 实行锁国政策。宽永十年(1633年)至十六年(1639年)的六年里,幕府先后下了五次锁国条例,禁止日本国人出国。对外贸易的对象只限于荷兰和中国,贸易港口也只开放长崎港。

3. 实行参勤交代政策。幕府规定,被分派到各地的武士领主要在自己的领地和江户交替居住,每处各居住一年。这一系列政策的目的就是要维护德川幕府的长期稳定。江户是日本的政治中心,由于参勤交代政策的实施,大量人口聚集到江户,促进了江户社会与经济的繁荣,江户成了名副其实的国家中心。

(二)三大商都的形成

在这样的社会背景下,日本形成了江户、大阪、京都三大商都。

1.江户。根据参勤交代制度,武士领主来到江户后,被安排在幕府将军所居住的江户城池周围的城下町居住。据说当时江户有多达100万以上的人

---

① 井泽元彦著:《逆说日本史》,东京:日本株式会社小学馆2011年版,第57页。

流。这些人流中有一半是武士,另一半是为武士提供消费服务的工商业者,被称为町人。城下町也就形成了一大消费市场,江户迅速繁华了起来。

本来居住在各个领地的武士每隔一年就要到江户去居住一年,对于这些武士来说,每次都是一大笔花销。为了支付这笔花销,他们便将自己所有的年贡米和领地的土特产交由大阪中央市场来流通。参勤交代制度促进了本只属于士族阶层的年贡品的流通,也奠定了货币经济的基础。如上所述,江户的人口最盛时达到130万—140万。由于拥有这么多的消费人口,江户也因此成为一大商都。

2.大阪。随着江户幕府的成立以及丰臣家的没落,大阪完成了其作为政治中心都市的使命。当时,大阪只有约40万人口。虽然数量不及江户,但这里的大多数人口都是工商业者,江户消费市场各种物资的供应均来自大阪,大阪由此被称为"天下的厨房"。而且,在大阪的商人里,大商人也居多,以从事批发业与金融业为主。大阪也就由此成为新的商业、金融中心。

3.京都。京都是皇居所在,人口大约50万,是国家宗教的中心,而且是传统工艺、美术品的生产都市。所以,京都并列于江户、大阪,被称为第三大商都。

三大商都虽然各具特色,但又是三个相连的有机体。这个有机体直接推动了日本货币经济的发展。

(三)新兴商人的形成

在江户时代以前,商人多指与各藩的各大名有着较大关联的门阀商人。三木芳夫指出:十七、十八世纪后形成的商人与门阀商人截然不同,他们被称为新兴商人。

幕府采用幕藩体制,实行了锁国政策以及参勤交代政策后,国内的社会环境日趋稳定,全国的农业和工业的生产力有了很大的提高。同时幕府在国内修建了以东海道为中心的道路,促进了东部与西部的交流。因此都市得到了迅速的发展,各地也形成了很多市场,而且市场的规模也在不断扩大。

在都市里生活的武士阶级通常把收到的年贡品和自己领地的特产拿到"藏屋敷"(专门负责收购武士阶级的货物的店铺)去换取货币。而"藏屋敷"则把买到的各种货物卖到流通市场上。武士阶级自然地由高高在上的特权阶级慢慢变成了都市中的生活者、消费者。在这样一种环境下逐渐形成的商人称为新兴商人。他们通常为都市的消费者提供服务，把地方的特产流通到都市，等等。随着消费市场的扩大，新兴商人也逐步实现了专门化，经营规模也日益扩大。今日的百年企业的前身有很大的比例来自当时的新兴商人。

五、日本商人教育的原点与儒家文化

如上所述，江户时代是日本商业发展的一个重要时期。在江户时代，身份低微的商人也有了接受教育的机会。当时最著名的是被称为"寺子屋"和"手习所"等的教育机构。"寺子屋"是由寺院主办的民间教育机构。在"寺子屋"执教的老师被称为"师匠"。"师匠"大多数是由僧侣、神官、医生等人担任的。学生被称为"寺子"。在江户还有和"寺子屋"同样性质的教育机构，称为"手习所"，学生被称为"笔子"。"寺子""笔子"的年龄大约六七岁至十二三岁，他们在这里习字，读书，作文，修身，学习礼仪。学习的内容也是以《论语》《孝经》为基础的儒家学说。在教育内容中，尤其强调的是"在成为一名商人以前，首先要做一个懂得感恩的，正直的人"。在这个商人教育体制中，尤其注重培养学生的"孝行心""报恩""感谢""正直""礼仪"等。当时一位著名的教育家——儒学家根来氏开设了名为"龙云堂"的"寺子屋"。关于他的功绩有碑文为证。现存于大阪市大莲寺内的《诚斋根来君颂德碑》中记载："根来君，忠次郎，号诚斋，大阪人，父益次郎，号宽斋，母小西氏，文久二年九月生君，于北堀江之家，君性谨厚，少时就府下诸宿儒修学，又学于大阪师范学校，业成起学习馆，授徒教导，一以诚实为本，恳切周到，无不感服……"[①]

江户时代的商业儒学研究也是备受后人瞩目的。其中以一位被称为商人思想家的石田梅岩（1685—1744）所创办的石门心学尤为引人关注。石田梅岩的主要观点如下：

一是士农工商各行业的社会平等。石田梅岩指出商人获取利润的正当性、合理性。他肯定地指出"不取利非商人之道"，将商人取利与武士得俸禄置于同样天经地义的地位。

---

① 和田充弘著：《近代庶民教育中有关德育教育的构造——以大阪寺子屋师匠的书信为线索》，同志社大学《日本语，日本文化研究》第12号，第211页。

二是商人之道在乎道。石田梅岩指出"商人之道"关键是一个"道"字,认为商人既要赢利也要守道,这就将商人获取商业利润的合理性与遵循圣人之道有机地结合起来了。

三是经济合理主义。石田梅岩提出了以"正直""俭约"为中心的经济合理主义。"正直"是他的重要概念,是其经济伦理的核心。"以义取利"就是他所谓的"商人之正直"。要实现这样的"正直",不仅在取利方式上,而且在利润率上,都要"合理"。这个"理"不仅具有伦理性质,而且还有市场规律的内涵。商利不是"规定"的,而要依时价行情而定。时价行情"乃天之所为,非商人之私",表现的是市场规律。"正直"之外,"俭约"同样是石田梅岩经济思想中的重要概念。

石田梅岩是著名的儒学家,他的思想源于《论语》。《论语·述而》载:"子曰:'奢则不孙,俭则固。与其不孙也,宁固。'"石田梅岩则把"俭约"从修身、到齐家、再到治国的发展结合起来论述。梅岩在其著作《齐家论》(下篇)中有明晰的论述:"凡学问以知本末为必要。治国者,节用爱民。用财宝行俭约,此中爱人之理备矣。……齐家治国,俭约为本,此事明矣。"

在这样一种教育环境下,江户时代的商家形成了最基本的商业伦理,也就是为商之道。这是日本商人教育的原点。这种商业伦理以家规、家训的形式出现在各个商行中。例如百年老店"松久"家训的全文是这样的:"出精专一之事,无事是贵人,一心,端心,正直,勤行,阴德,不奢不贫是名大黑,奢者不久。""出精专一之事"指的是集中精力,专心做事。"大黑"指的是日本七福神里的财神。也就是说,"松久"的家训特别注重"勤勉",要求门人集中精力,努力、正直、专心经营,勤俭不奢侈。

六、百年企业经营理念形成的三个层次及根源

早期的百年企业多产生于江户时代,日本商业伦理也在这个时代得到了较为体系化的完善。随着时代的发展,百年企业不断壮大。类似家训一类的商业伦理也不断得到完善与发展,逐步形成了现代的企业理念。早期百年企业的经营理念主要有三个层次。

第一个层次:以"诚""信""道"等儒家思想为基础。

江户时代是日本商业发展的一个重要的时期。这个时代以儒家文化中"诚""信"思想为基础的为商之道就是日本商业伦理的原点。

该商业伦理的形成与当时的社会背景、商人教育以及商人哲学的形成有着密切的关系。江户时代的商业伦理着重培养商人个人的为商之道,强调作为商人的致富之道在于勤勉、节约、才觉、判断、正直。

第二个层次:儒家文化中的"义"与"利"相辅相成的思想奠定了日本近代企业"经济与道德合一"理念的基础。

日本的商业伦理形成于江户时代,但是当时全国只有一些规模比较小的商业企业,而日本商工业的真正发展在明治时代。这个时代,也是"经济与道德合一"理念形成的时代。

"经济与道德合一"是被誉为"日本资本主义之父"的涩泽荣一提出来的经营理念。在以市场经济为主导的社会环境下,有人会认为"经济"与"道德"是两个不相容的概念。也就是说要追求"经济"的话,就会有不得不舍弃"道德"的时候。但是涩泽荣一指出,"经济"与"道德"是两个可以相容的概念。因为涩泽荣一在《论语》中找到了仁义道德和生产殖利如何相生相容这一问题的答案。《论语·里仁》载:"子曰:'君子喻于义,小人喻于利。'"意思是君子看重的是道义,小人看重的是眼前的利益。当时的日本社会在讨论商人的问题时,片面地运用了孔子的这句话,认为商人眼中只有利益,是唯利是图的小人。但是,涩泽荣一作了如下的反驳:"孔子强调的并不是君子厌恶盈利,而是强调万事要以道义为衡量标准。小人是指那些万事以利益为标准来衡量,为了盈利不择手段之人。"同样在《论语·里仁》篇里,子曰:"富与贵,是人之所欲也,不以其道得之,不处也;贫与贱,是人之所恶也,不以其道得之,不去也。"意思是,富裕的生活和显贵的地位是每个人渴望的,但是如果是通过不正当的手段来得到的话,君子是不会接受的;贫穷的生活和卑贱的地位是每个人所厌恶的,但是如果为了脱贫而使用一些不正当的手段的话,君子是不屑一顾的。对此,涩泽荣一作了如下的评注:"孔子不是不允许追求盈利,而是强调要通过正当的途径来盈利。"涩泽荣一认为,商人如果想改变世俗的偏见,得到社会的认同与尊敬的话,必须不违背道义,通过正当的途径来盈利。这是提高商人的身份和推动社会发展的关键。对《论语》的研究为涩泽荣一的经营理念——"经济与道德合一"的形成打下了理论基础。

1866年,涩泽荣一在参加了巴黎博览会后,坚定了只有发展实业才是一个国家的富国之道的信念。在巴黎期间,涩泽荣一努力了解了西方各国经济发展的特点,学习了西方的经济制度、生产技术以及金融制度,并把西方的经济制度带回了日本,促进了日本近代经济的发展。

任何经济制度在推行与发展时都需要一定伦理观的配合。比如在欧洲社会里,资本主义的产生、发展也依赖于一定的伦理观。德国学者马克思·韦伯提出的"经济合理化"就是这样一种伦理观。经济制度如果缺乏伦理观的配合,在推行时就会发生偏差。涩泽荣一认为经营实业也是如此——只有坚持伦理价值观和科学性经营并重才能实现企业的持续性发展。在这样的历史背景与江户时代商业伦理基础的支持下,涩泽荣一推出了"经济与道德合一"的理论。该理论包括三个方面的主要内容。

一是国富论——在于"实业"与"公益"。涩泽荣一指出,要使国家富强就必须发展实业。而发展实业的真正目的不是为个人谋取私财,而是为了公益(大众的利益),为了社会的繁荣。

二是真正的利殖法。为了社会的繁荣,涩泽荣一还提出一个重要的概念——可持续性经营。他指出,要实现可持续性经营,就必须以"仁义道德"为前提。涩泽荣一称之为"真正的利殖法"。"利殖"在日语里是财富增值的意思。也就是要使财富增值,便要以遵从"仁义道德"为前提。通过不正当的手法获得财富是不能持久的。

三是"经济"与"道德"的相容。涩泽荣一指出,"经济"与"道德"是两个可以相容的概念。理由就是上述的"真正的利殖法"——要实现可持续性经营,就必须以"仁义道德"为前提。所以涩泽荣一认为"经济"与"道德"是两个不可切分的概念。在这里"经济"可理解为"利","道德"则可理解为"义","经济"与"道德"的合一也就是"利"和"义"的合一。这是涩泽荣一经营理论的精髓所在。

凭着这条经营理念,涩泽荣一在1873年(明治六年)辞官投身于实业界,建立了日本第一家银行——第一国立银行(现在的瑞穗银行)。随后涩泽荣一在他的一生里建立了500余家企业,奠定了日本近代经济的基础。明治时代后，百年企业的规模不断扩大，其中不乏现代的上市公司。此时，江户时代的商业理念也逐渐由家规、家训发展为现代企业的经营理念，内容也由重在培养商人的个人修养提升到"经济"与"道德"并存这一经营理论层面上。

第三个层次："仁""义""礼""智""信"铸就了现代企业的企业理念。

大正时代以后，直至今天非常具有代表性的、大家都很熟悉的企业就是松下电器。松下电器也在2018年迈入了百年企业的行列。松下电器的创始人松下幸之助的经营哲学是日本现代企业中最具代表性的经营哲学之一，被列为现代日本企业家学习的典范。

松下幸之助的经营哲学源于二宫尊德（江户后期的思想家、政治经济学家）的报德思想——主张以实践之德报天、地、人三才之德。同时，二宫尊德也指出，"报德思想的源头是仁、义、礼、智、信"。其经营理念的内容主要有四方面。

一是企业是社会的公器。松下幸之助提出的一个最重要的理念就是"企业是社会的公器"。他指出，企业是社会的一员，企业的经营不是"私事"，而是"公事"。也就是说，企业的经营也不是自己一家企业的事情，而是关乎整个社会的公事。企业通过经营事业的方式创造价值，以此来提高每个人乃至社会的生活水平。这就是企业的使命，是企业的社会责任。

二是"社会责任"与"盈利"相结合。松下幸之助在传承涩泽荣一"经济与道德合一"这一经营理论的同时，也传承了二宫尊德的经济观念。二宫尊德有一句名言："缺乏道德心的经济如同犯罪，不讲经济性的道德如同说梦。"他在这里指出，作为一个企业，"盈利"也是一个非常重要的概念。他指出，"不盈利的经营实质上是一种没有履行企业的社会责任的姿态"。也就是说，一个企业要努力经营，通过创造价值来创造利益，为国家创造税收，以此造福社会。这就是企业的社会责任。

三是"贡献"与"利益"相结合。在讨论该如何理解"利益"这个问题时，松下幸之助曾说过"利益就是贡献的报酬"。松下幸之助指出，人们通常有一种把企业的"盈利"视为一种不道德行为的倾向。这种想法是不对的。当然，如果一个企业把"盈利"作为其至上的目的，忘记了企业应有的使命，为达到此目的而不择手段的话，那就是绝对不能被认同的行为。而一个企业通过经营其事业，在完成为社会作贡献这一使命后,作为报酬所获得的利益就是正当的利益。

四是与社会各方"共赢共存"。这个观点继承了江户时代近江商人所提倡的"三方皆利"模式。"三方皆利"模式注重"卖家""买家""社会"这三方的利益共存,以求形成"自利利他"——"利为余泽"——"阴德善事"的良性循环。而松下幸之助在这个"三方"的基础上加上了企业供应链上的上游企业、下游企业、股东、银行、员工等企业的其他利益相关者,提出企业经营的真谛在于如何与各方的利益相关者形成"共赢共存"的关系。

松下幸之助与涩泽荣一的经营理念是相通的,源自《论语》中关于"义"与"利"的诠释。但是除了继续强调经济与道德的合一、义利整合外,他还提出了"企业的社会责任"这一观点,并且在江户时代的商业理念的基础上提出了尊重利益相关者的利益、"共赢共存"的概念。

七、儒家文化在百年企业核心企业文化形成中的重大意义

第一个方面的意义:儒家文化在百年企业经营中的渗透。

日本的商业文化以及商业伦理源于江户时代。江户时代不仅是日本商业发展的繁荣期,也是儒家文化由士族阶层走向庶民阶层,被全面普及的时代。一般民众都可以通过"寺子屋"等私塾学习儒家文化和营生的本领。在众多的儒家典籍中,尤以对《论语》《孝经》《阳明学》的研究与学习最受瞩目。江户时期所形成的商业伦理着重于培养商人个人的为商之道,强调商人的致富之道在于勤勉、节约、才觉、判断、正直。

进入明治时代,江户时期所形成的商业伦理得到了良好的继承。例如,明治二十二年(1889年)东京商业学校成立,学校使用的《商业道德教科书》第一章里具体指出"赢取信用而必备的诸项德行"包括"正直、专心、自助、忍耐、勤勉、节俭、礼容"7项。除此以外,这个时代还是"经济与道德合一"理念的形成时代。涩泽荣一提出了"可持续性经营"的概念,指出"经济"与"道德"是两个不可切分的概念。他指出要实现可持续性经营,就必须以"仁义道德"为前提。并且,涩泽荣一明确指出,企业家在企业制定经营规范和准则要以《论语》为标准。在经营决策时遇到难以决策的问题时要以《论语》为尺度来作最后的决策。这个时代儒家文化对百年企业的影响从培养经营者的个人修养提升到了管理

整个企业的层面。

进入大正时代以后,日本企业家普遍吸收了"经济与道德合一"理念的精华并把它运用到企业管理中。松下幸之助在自己的经营哲学里提到了企业与社会的共赢共存问题。松下幸之助强调企业是社会的公器,企业是要伴随着社会的发展而发展的,没有社会的发展也就没有企业的发展。如果不顾社会的发展而只追求企业的独自繁荣的话,这种繁荣是不会长久的。企业只有和社会之间形成相互依存、共同繁荣的关系,才能实现真正的繁荣。另外,松下幸之助还强调,实业家的使命是为社会作贡献,"利润"和"道德"的共存是经营之本。

由此可见,江户时代形成的商业伦理以及明治时代涩泽荣一提出的"经济与道德合一"理念对大正时代以后直至现代企业的经营理念、商业伦理的形成,以及企业的管理都起到了巨大的作用。

第二个方面的意义:儒家文化铸就了百年企业的核心文化——"三心"文化。

企业的百年生存之道,就是在"时代""世代"以及"经营内容"的变化中,一代接一代地完成其"绝活(事业)"及"企业理念"的传承。换言之,百年企业注重的是在时代变化中做自己擅长做的事,把自己擅长做的事做成最好的"绝活",而且最重要的是把这个理念传承下去。

那么,百年企业上至经营者下至员工应如何遵循此生存之道的呢？以儒家文化为基础的百年企业,经过几代人的经营,几乎每个成员心中都形成了"三心"文化。

一是敬畏心。指的是对神佛的敬畏。神指的不是庙里被拜的诸神,而是我们的自然,是天地、山岭、河流,是我们生存的环境。佛指的也不是佛教里的佛,而是我们的祖祖辈辈,是祖先。每个人都存在着对自然、对祖先的敬畏心。

二是羞耻心。作为一个百年企业中的职业人,他们对自己的工作、产品有很强的羞耻心、自尊心,绝不允许有低品质的产品从自己的手中流出。

三是良心。主要表现在不让自己的产品给别人带来麻烦上。

百年企业的核心企业文化和儒家文化有着不可分割的关系。就是说儒家文化铸就了日本百年企业的灵魂也不为过。"三心"文化是以儒家文化为基础的价值观,它渗透在人们的日常生活里,渗透在人们的思维中。这就是百年企业的DNA,这也是百年企业可以持续至今的原因。

泰国儒商谢国民的家族传承与企业治理

许福吉

（新加坡相圣学院）

一、泰国、日本儒商的企业治理

过去很少有人拿泰国和日本这两个国家的经营之道作比较，但是这两个国家的成功企业家有许多相同之处，比如持续多年为泰国首富的谢国民与日本"经营之圣"稻盛和夫，他们两人都是二十世纪三十年代出生的，年龄相差不大，虽都已至耄耋之年却老当益壮，越战越勇，立功、立德、立言，在企业治理、文化传承与创新精神方面也不谋而合，特别是利他、利民的经营理念高度一致，在个人成就与建立企业功业方面影响巨大。

其实日本更早之前就有企业家如涩泽荣一、松下幸之助、盛田昭夫、本田宗一郎等以《论语与算盘》、政经塾等经营理念与经营模式传世。他们的成功与结合儒释道哲学有密切关系。无独有偶，东南亚地区及我国的港台地区也有与他们气质相似的儒商，如郭鹤年、谢国民、李嘉诚、张忠谋等。他们的商业成就与他们认同中华气概有密切的关系，同时他们也长期浸濡在中华优秀传统文化气场中，遇到了天时、地利、人和的最佳时代。

一个人的精神启蒙，往往始于孩童时代传统经典的滋养。人们习惯将国学经典比喻为母乳，而母乳的价值在于它不可替代。谢国民和稻盛和夫小时候都受中华传统蒙学启发熏陶，特别是中华经典，包括传统小说、戏曲、诗词等。这些知识弥足珍贵，令他们终身受益。可以这么说，他们都深受中华优秀传统文化的熏陶，身上具备中华气概。

中华气概是指一个企业家由内而外展现出的强有力的精神面貌，也就是儒商的本质：既有儒者的道德和才智，又有商人的财富与成功，是儒者的楷模，商界的精英。现代儒商会把"内圣"和"外王"有机结合起来，做到以人为本，实行人格化管理，尊重人的价值，强调诚信、创新、利他和回馈社会。

儒商经营的企业，都以儒家理念为指导，注重"儒"和"商"相结合，有较好的经营理念，高尚的文化素养、道德观和价值取向，有自强不息、勇于创新的精神，不断把儒家的价值理想与市场运行本身的法则相结合，遵循市场活动行为法则，坚持创造性转化，不断铸就企业文化新辉煌。

日本"日经中文网"曾在2016—2017年连载正大集团董事长谢国民的履历书。谢国民在30期的专栏中，将他波澜起伏的一生娓娓道来。"我的履历书"是"日经中文网"的招牌栏目，由全球的知名人物特别是企业家讲述自己的人生经历，如松下幸之助、井深大、本田宗一郎、稻盛和夫等日本代表性企业的创业者，在"我的履历书"栏目中讲述过自己的经历。在日本便利店的熟食区，过去能很容易地找到正大集团（卜蜂集团）的产品。从1973年开始，卜蜂集团开始出口鸡肉到日本。那些用鸡肉、猪肉做成的熟食，被封在密闭的食品袋中销售。不少商品都是卜蜂食品公司与日本便利店及食品公司合作，在泰国加工成半成品后再出口到日本的，所以卜蜂集团又被称作"改变日本餐桌的企业"。二十世纪八十年代，养虾业在泰国取得成功后，大量养殖的虾也被出口到日本。卜蜂集团以适中的价格为日本消费者提供鸡肉和虾，使得炸鸡、炸虾成了日本餐桌上的常客。

二、深受中华文化熏陶，积极向上的人生观

谢国民的泰国名字为塔宁·谢拉华隆（Dhanin Chearavanont）。他祖籍广东澄海，1939年4月19日出生于泰国曼谷，生肖属兔，是唐人街一户华裔商人家庭的第四个男孩。父亲谢易初深受中华文化熏陶，为自己的儿子取名谢正民、谢大民、谢中民、谢国民，意为"正大中国"。饮水思源的谢易初，还在所有儿子年幼时把他们送回中国接受教育。谢国民是家中最小的孩子，由于受中华文化的熏陶，他从小到大孝顺父母，敬爱叔父，兄友弟恭，长大后与谢氏家族携手并肩为正大集团打拼江山。

谢国民曾担任泰国正大国际集团董事长。正大集团在泰国简称CP，全名

CHAROEN POKPHAND GROUP，是泰国最大的民营企业集团。谢易初是集团"正大庄"的创始人。谢国民从父亲手中接过正大集团后便大展宏图，把集团的产业，从饲料加工、摩托车制造发展到石化、房地产、医药、零售、金融、机械和传媒等领域。谢国民也是卜蜂集团的最大股东。这个集团最早的三大核心事业分别是：以农业和食品加工为主的农牧业、以便利店为主的零售业、以手机通信为主的通信业。谢国民是卜蜂集团的第三任经营者，在卜蜂集团担任董事长兼首席执行官近50年。

《福布斯》2019年全球亿万富豪榜中谢国民名列第75位，资产有152亿美元。除了在泰国拥有大量资产外，正大集团还拥有中国平安股份的30.65%，中国中信股份的20.61%，日本伊藤忠商事股份的4.9%等资产。近年来正大集团马不停蹄积极参与中国粤港澳大湾区、深圳先行示范区建设，继续加强与广东在农业养殖方面的投资。

谢国民积极参与"一带一路"倡议。他认为"一带一路"倡议超越了贸易本身，关心的是全人类的发展，这是一个具有世界意义、具有人类情怀的大创新，所以上百个国家才纷纷支持。他认为"一带一路"倡议是对中国近年来提出的诸多发展理念的重要体现与升华，必然得到世界的认同，对世界未来的发展深具启发意义。

这些年，新经济、网络经济、虚拟经济的快速发展，让一些传统的实体经济企业感到压力，一些人退出了实体经济领域，而谢国民始终认为任何经济形式都离不开实体经济的支撑。他坚信实体也要创新，要让虚拟和实体有机结合。谢国民反复用"大开放""大创新""大智慧"三个"大"来描述他对"一带一路"倡议的评价。他认为这个有100多个国家和国际组织参与的盛会，体现了中国领导人的大胸怀、大创新、大智慧，也说明了世界对"一带一路"倡议的认同。谢国民的思想包容开放，他认为即便在某些问题上存有分歧或疑虑也没关系，只要大家创立了共商、共建、共享的机制，就能做到和而不同，这就是中华文化的大智慧。

三、勇者不惧，先行者赢

谢国民是中国改革开放的见证者。他执掌集团50多年，"扎根中国"近40

年。谢国民说过自己是中国改革开放的受益者。二十世纪八十年代中国改革开放之初,当许多海外的企业家还在观望与彷徨时,谢国民就走进中国,注册了深圳第001号外商营业执照。此后,他又相继在珠海、汕头拿到了001号执照,成为中国第一批外商中的一员。如今,正大集团已在中国设立300多家企业,业务涉及饲料、食品、医药、零售等领域,遍布中国每一个省级行政区,在华投资总额超过1千亿元人民币,员工超过8万人。

美国布鲁克林家族企业学院研究认为,大约有70%的家族企业未能传到下一代,88%的家族企业传不到第三代,在第四代后还在经营的家族企业仅有3%。谢国民领导的集团第四代已经崭露头角,正大集团也成为家族企业中屹立不倒的少有成功案例中的佼佼者。谢国民十分重视家族传承和企业治理文化,包括家族治理中的决策机制、分歧解决机制、家族股权架构合理机制等。他意识到,当公司越做越大时,家族中的人才迟早会跟不上事业的发展。当集团已到了从家业向企业转型的时候,他决定用从外面邀请专业人才经营的方式替代家族经营。

谢国民有一套成功的家族企业经营实践与转型模式,特别是家族企业的规则、设计、制定与实施,值得许多企业家借鉴学习。谢国民认为业务越是全球化,集团"利国、利民、利企业"的经营理念就越重要。企业经营应该首先考虑国家和地区利益,再考虑人民利益,最后才是考虑企业自己的利益。集团无论走到哪个国家,这些经营哲学都不能改变。如果把企业利益放在第一位,势必对国家和人民的利益有所忽略,得不到国家和人民的支持,事业也就不会得到发展。

家族精神是家族企业的"灵魂",文化传承是凝聚家族精神的传家宝。正大集团的成功,证明了文化传承基因是家族企业治理成功与持续发展的关键要素。

作为第二代传人的谢国民是如何巧妙地应用儒商智慧薪火相传,使家族富过三代的?谢国民特别打造公司的文化使命:利国、利民、利企业"三利"原则,再加上诚信这一文化传承,做到了兄友弟恭,同心同德,最终使企业文化有底蕴,成就意义非凡。正大集团的价值观理念,除了"三利"原则之外,还有"优质""变革""创新"三要素,这也是正大集团不断发展壮大过程中的关键词。正是秉承"三利"原则与"优质""变革""创新"三要素，正大集团才能与时俱进，不断变革创新。正大集团这艘大船，在谢国民掌舵的50多年岁月里，不管遇到多少风雨，都能行稳致远，克服万难。

卜蜂集团的前身是谢国民父亲谢易初、叔父谢少飞兄弟于1924年创办的正大庄菜籽行，迄今已有近一百年历史。卜蜂集团正式注册的时间是1953年，除中国的公司称"正大"外，泰国及其他地方的公司皆称"卜蜂"。

谢易初原名谢进强，生于1896年，祖籍是广东澄海的外砂镇蓬中村。1922年他从家乡澄海赴泰国打工，后与弟弟谢少飞始创家族基业。谢国民受父亲影响很大。尽管父亲辈的兄弟和他们这辈的兄弟齐心协力把公司做大，可父亲还是担心会有家庭内部矛盾。父亲要求儿子们结婚后，都搬出去独立生活，不准留在家。父亲认为不管兄弟之间多么和睦，只要媳妇进了家门，就可能因为妻儿之间的琐事产生矛盾。谢国民回忆，二十世纪五六十年代，华人华侨企业中有很多第二代、第三代还在直接参与家族经营，其中不少后来是因为家族成员反目而倒闭的。谢国民决心家族经营模式。他让嫂嫂和姐姐们离开公司，说服家人退出经营，换上新来的年轻专业人才，他还制定了一条原则，不准家族子弟进入公司的核心业务农牧行业。公司业务顺利发展，是因为有一个非常好的团队，家族子弟进去后，做得再好，也很难得到大家的认可。家族子弟进公司之前，公司团队已经把事业做得很成功了，如果让家族子弟进去当老板，会让大家觉得失去升职机会、感到没有前途，这就可能导致一流人才离开公司，原有的团队经营模式也会崩溃。

谢国民说他没有学过经济学与投资学，他是从实践中悟出资本和经营应该分开这一道理的。经营者要用专业知识为企业创造利润，股东则应好好享受利益。不能让股东参与经营，否则只会造成混乱、降低效率。谢国民让家族成员成为股东，自己则专心经营企业。股东的待遇很优越，没有人对他提出不满。谢国民坦诚地认为说，作为经营者，虽然比任何人都做得辛苦，但只要有工资和奖金就满足了。倘若把股份全部占为己有，不但会被家族、股东嫌弃，也会遭到社会的唾弃。1969年，谢国民30岁的时候，他受命担任总裁，卜蜂集团逐渐从一个家族企业，蜕变成一个由专业人才经营的企业。谢国民也完成了对家族事业的继承，兄弟之间关系也一直良好。

四、断臂求生,王者归来

2020年新冠肺炎疫情肆虐,谢国民证明了"只要活着就有机会把失去的都拿回来"。遭遇经营危机的零售巨头英国乐购,宣布出售泰国和马来西亚的超市业务。资产估值约70亿美元的2000间泰国门店,吸引了泰国最有权势的三大家族(谢氏家族、郑氏家族和苏旭明家族)加入这场竞标。最终谢氏家族以超高的溢价率赢得竞标。这不只是一场简单的商业并购。谢国民说:"出价多少不是问题的关键,重要的是这个本来就是你的孩子,只是被人领养后长大了。如果他表现足够好,是个好孩子,我没有理由不把他接回家。"乐购在泰国的超市业务,就是谢国民口中的"孩子"。

1998年,因受金融危机冲击,谢国民忍痛割爱,将正大在泰国的超市业务以1.8亿美元卖给了乐购。如今王者归来的正大集团,将曾经失去的一一拿了回来。2013年,正大集团以66亿美元的价格收购泰国零售巨头万客隆,创下了泰国史上最大的境内并购案,而被收购的同样是正大集团在那场危机中送出的"孩子"。二十世纪九十年代,泰国为什么会发生金融危机?1996年泰国人均GDP为3054美元,可是繁荣的背后是看不见的经济泡沫——泰国货币贬值压力很大,住房贷款增加,超过银行贷款总额的50%,积压的住房需7年才能消化,写字楼和商铺空置率也超过20%。为了持续吸引投资,泰国政府让泰铢和美元挂钩,保持固定汇率。稳定汇率的代价是不断缩水的外汇储备。为此,泰国政府被迫开放资本市场,吸引外资弥补赤字,积累了高额的债务。

1997年,泰国外债高达900亿美元,大约是外汇储备的两倍。泰铢汇率已经到达崩溃的边缘。看准机会的索罗斯做空泰铢。他先在泰国借一大笔泰铢,然后迅速抛售泰铢兑换美元;泰铢贬值后,他只需用兑换的部分美元买回泰铢归还此前的借贷,就可以赚取差价获得暴利。这很快就引发了疯狂挤兑。为了稳定汇率,泰国政府在短短几天里砸下100亿美元收购不断被抛售的泰铢,却无济于事。1997年7月2日,泰国维系了14年的固定汇率制度被迫取消。当天,泰铢贬值17%。接着,金融危机正式爆发,泰铢贬值46%,股市暴跌近70%。索罗斯套利40多亿美元离场。挤兑和不良贷款,足足压垮了泰国56家银行,导致很多企业资金周转失灵,以美元结算的债务激增,原本100亿泰铢的美元债务,现在需要还近200亿泰铢,正大集团也因此遭遇了前所未有的经营危机:旗下上市公司股价纷纷暴跌,美元债务激增,10多亿美元债务告急,上门讨债的银行冻结了正大集团的资产。这是谢国民一生中碰到的最大的困难。

危急关头,谢国民的第一步棋是断臂求生。"一条大船要经过大风浪,就必须减轻负重。"除了食品业根基不动外,他抛售了泰国境内莲花超市等大批资产,关闭了亚太石化等长期亏损的企业,并紧急裁员。谢国民还重点抓成本,削减高级职员薪资,在企业内部推行量化管理。其间,正大集团将办公室的租金、电费、通信费、员工工资等各项支出都列得清清楚楚,让每个员工都了解公司成本,并定下自己的业绩目标。一个月下来,哪个员工是在为公司挣钱,哪个公司亏损一目了然。

正大集团的老本行是食品生意,其成为稳定军心的关键。危机中,竞争对手纷纷倒下,正大集团的市场份额反而提高,利润率也从5%提升到了15%。断臂求生帮正大集团稳住了基本盘,避免了破产重组。谢国民更关键的一步棋,在于押注未来。这个未来就是中国市场。即便是在最艰难的时刻,谢国民也没有卖掉在中国的优质资产,反倒加大了投资。

1997年,在卖掉泰国莲花超市的同时,正大集团在中国的第一家易初莲花超市在上海开张。莲花超市正式转战中国。当时,正大集团在中国最大的投资项目——上海正大广场资金链告急:4亿美元的投资计划里,除自筹的1亿美元外,其余的都来自泰国银行的贷款。可金融风暴之后,为正大集团提供贷款的银行有3家破产、1家被政府接管。即使内外交困,谢国民也没有放弃正大广场,而是大费周折为它找钱续命。1999年8月,正大集团通过股权转让的方式,从中国内地银行获得5000万美元贷款,又通过整合中国市场、裁撤部分业务调集了2亿美元,总算补上了窟窿。

2002年,正大广场顺利开张。"在那种情况下,我们不能停,停就是灭亡。我们还要大发展,我们要保住有竞争力的行业,保住我们的机会和空间。"谢国民后来回忆说。作为第一批进入中国的外企之一,正大集团清楚中国市场的潜力。1979年,中国颁布第一部关于利用外资的法律——《中华人民共和国中外合资经营企业法》。84岁的谢易初嘱托几个儿子:"国内现在还很穷,条件也不好,但不管有什么困难,也要回去做点儿事,把养猪养鸡办起来。"那一年,正大集团带着1500万美元来到中国,接连拿下深圳、珠海、汕头三张0001号中外合资企业营业执照。正大到来之前,没人相信一个农民可以养一万只鸡。正大集团几乎以一己之力重塑了整个中国养殖业,而这片土地也给了它足够的回馈。

短短20年,正大集团的养殖业投资以惊人的速度拓展到全国。到1998年,正大饲料在中国的市场占有率达到10%,一年生产肉鸡30万吨、鸡苗近4亿只。除了饲料业和养殖业,正大集团还不断拓展在中国的投资领域:从风靡全国的《正大综艺》、大阳摩托,到卜蜂莲花超市、正大广场……截至1998年底,正大集团在中国所属企业总资产高达42亿美元(350亿人民币)。这一年,中国市场为身陷困境的正大集团,贡献了救命的160亿营收和5.3亿利润。亚洲经济危机后,正大集团更坚定了在中国投资的决心。至今,它在中国设立企业400多家,现有员工8万多人,总投资超1200亿,年销售额近1200亿,成为在华投资规模最大、投资项目最多、投资金额最大的外商投资企业之一。

正大集团在中国的业务,贡献了整个集团近四分之一的营收,撑起了近20年来正大集团业务和利润增长的半壁江山,成就了正大集团金融风暴之后的王者归来。

在很多人印象中,正大集团就是个养猪、养鸡、卖饲料的企业,事实上,正大集团不仅是世界三大农牧巨头之一,还拥有庞大的业务版图。其拥有7-11便利店的多国经营权,独立经营卜蜂莲花、万客隆,同时也是亚洲最大的零售商之一。在泰国,7-11便利店被称为泰国人的"第二个家",泰国人平均每天至少要进出7-11便利店两次。而遍布泰国的1万多间7-11便利店门店,全都是正大集团发展起来的。7-11便利店同时也是正大集团拓展商业版图的重要根基。一旦某种商品在7-11便利店卖得特别火爆,正大集团就会直接把供应商收购了,或者建立自有品牌。比如它发现咖啡卖得好,就做了一个 ALL COFFEE。靠着7-11便利店这张网,从烘焙、便当到物流,甚至零售大数据、金融支付……正大集团的业务全面开花。而且,正大集团的不少子公司成了行业龙头,例如7-11便利店的维修处,后来成了泰国最大的零售设备公司;7-11便利店的配送中心,后来成了泰国最大的物流配送公司;泰国最大的电信运营商 TRUE 电讯,当初也是为 7-11 便利店代收话费设立的。

在国际上,正大集团向日本出口的鸡肉和养殖虾,直接改变了日本人的饮食结构,正大集团也因此被称为"改变日本餐桌的企业"。2000 年正大集团创立的中国生物制药,如今已经是中国十大药企之一。正大制药集团还先后参股正大天晴、北京泰德等 20 多家中国药企,成为中国的肝药龙头。其研发的天晴甘美,打破了日本企业的垄断,是中国抗炎保肝第一品牌,市场占有率高达 46%;对抗乙肝病毒的恩替卡韦,一年销售额超过 30 亿,市场占有率超过 60%。中国最赚钱的企业平安保险,背后同样有正大集团的身影。2012 年,正大集团斥资 757 亿港元从汇丰集团手中接盘中国平安,成为其第一大股东。过去 4 年,正大仅从中国平安获得的分红就超过 100 亿,持有的股票市值将近 1500 亿。2015 年,正大集团又联手日本伊藤忠商社,拿下中国全牌照金融集团——中信集团 20% 的股权,成为其第二大股东。

过去几年,正大集团用并购的方式整合了一艘艘金融航母。而且,这支航母舰队的规模还在不断扩大。在中国人寿的并购案中,它同样是最有力的竞争者。恢复元气后,正大集团用 20 年时间重建起一个更为恢宏的商业帝国:涉及农牧、食品、零售、电信、金融、地产、制药等十多个行业,业务遍及全球 20 多个国家和地区,员工超过 30 万人,一年销售额超过 600 亿美元。2019 年,正大集团谢氏兄弟以 295 亿美元身家蝉联泰国首富。

五、创新与公司治理:分工分业不分家,彰显集体接班态势

在创业中传承,分工分业不分家是正大集团家族企业成功、创新的治理模式。东南亚有超过一半的上市公司都是家族企业,创始人和家族成员大部分是最大股东或董事会成员。新加坡国立大学管理学院机构与组织中心的研究报告指出:新加坡证券交易所上市公司中有 60.8% 是家族企业。研究发现,家族企业中,董事长和首席执行官的职位,通常由创始人或其家族成员担任。家族企业长期不变的定位、稳定的领导者能牢固家庭联系和社交网络,有助于其表现出更强的创新能力,但有些因素也会影响家族企业创新,例如家庭内部的利益冲突和裙带关系。家族企业在公司治理中会面对一个巨大的挑战,那就是如何重新调整、编排与分配公司资源。

1968年，谢国民被父亲"扶上马"出任了公司总裁。谢国民对子女的接班培养与安排计划也是有条不紊的。他的三个儿子均留学海外，也在顶尖的商学院就读过，不过他们回到家族企业后，并没有被安排在关键部门，而是被派往集团旗下的海外分公司，接受极具挑战性的任务。这就是谢国民创新传承治理之道：在创业中传承。谢国民的三儿子谢镕仁（谢荣人）曾任卜蜂国际的执行董事与集团总裁。但在出任集团总裁之前，他主要负责家族事业的通讯板块，任卜蜂集团、True电信集团执行委员会主席等职务。

谢氏家族几代传承，核心模式就是"分工分业不分家"。很重要的一点，就是家族成员协作接班，互帮互助、同谋发展。从某种角度而言，就是呈现出一种集体接班的态势，这也是谢国民公司治理创新模型的创新策略，把控制（谁、多少）和监控（结果、衡量）结合得天衣无缝。

谢国民的二儿子谢汉人（谢铭鑫）曾任易初莲花总裁，并兼任正大企业国际董事、德富泰银行董事、正大7-11连锁便利董事等职务。谢汉人在科技研发、人才培养等方面多次与总部交流合作，在推动双方合作方面取得了很大的成效。谢国民说："很多大企业，不一定说一定要交给一个人，也可以交给一个团队、一个董事会。把世界上有名的人、有本领的人请来当董事，来管理公司。我的儿子不一定是做得最好的，总有一天，如果有人做得比他更好，那他就可以轻松一点了。他只在政策方面，在金融方面，财务、账目方面去看管就好。不一定要自己来做，应该是这个管理。"

六、创新精神：科技人才与公司治理

随着国际局势与环境的持续快速发展，创新被视为所有组织竞争优势的重要来源。许多学者在创新领域进行了大量的研究，从衡量创新绩效到产品创新过程，从投资组合管理到创新过程测量，尽管学者们已经确认了创新作为企业成功的竞争优势的重要性，但外部利益相关者和资本市场通常很难进行评估，因此管理层的判断力和持久性在治理创新中起着巨大的作用。谢国民为培养卜蜂集团的高管和管理人才，不惜斥巨资在泰国中部绿树成荫的考雅山建造了一个可容纳300人的培训中心。集团在这里对管理人员及创业者进行培训，培养他们的全球化视野和经营理念，彻底贯彻卜蜂集团利国、利民、利企业的核心价值观。

谢国民之所以能够成功的因素很多,除了天时、地利、人和的发展条件之外,更重要的是他根据自己的经营哲学为公司制订的一系列发展战略和经营策略。谢国民曾说:"有资本还不足,尚须晓得引进现代技术为用,否则钱亦会输光的。"重视科技、重视人才,把企业经营和科学研究、人才使用结合起来,这是他成功的保障。

创新的条件之一就是财务承诺,也就是企业要盈利,只有盈利的企业才是创新的企业。因此创新企业治理,其实就是需要对特定领域的投资作出决策,而且确保盈利。创新是组织性的,因为集体学习将直接受到工作组织方式的影响。这意味着组织整合,是进行创新的关键条件。创新投资是一项战略决策,并且控制方必须考虑到创新的不确定性,有意致力于创新投资。随着创新对确保业务寿命和可持续增长的重要性的提升,对创新的公司治理进行的研究,对于学者和从业人员的价值也越来越大。

正大集团家族企业的领导者表现出三种管理领导形式。首先,他们投资建立业务,以使各位家庭成员股东长期受益,从而确保业务寿命,这就是谢国民早期特别专注于推动家族企业长寿的形式。其次,他们在积极培养具有集团内社区文化的积极进取、训练有素、忠诚的员工方面表现出领导才能。再次,他们致力于与外部利益相关者建立牢固的联系,使利益相关者可以在遇到麻烦时维持业务发展。在创新治理领域,长期领导可能是家族领导者推动创新的先决条件,而对建立关系的关注,可能对培养组织中的创新文化具有积极影响。这样的框架,有助于从业者理解创新的复杂性和各种组成部分。这种复杂性和这些组成部分,在公司层面驱动创新的输入、过程和结果。

谢国民为了增强董事会在创新治理中发挥关键作用的能力,不断思考"谁需要进行创新、如何创新、为什么创新以及如何进行创新"。谢国民将创新治理定义为:在整个公司内乃至外部各方协调目标、分配资源,并分配创新决策权的机制系统。他通过"审查创新策略、管理创新风险、审计创新有效性、评估创新绩效、任命具有创新重点的高层管理人员"等来推动创新治理。

谢国民也实践了创新在战略中的作用:"作出战略决策","塑造战略决策"和"塑造战略的内容、背景和行为"。他提倡有意识地评估涉及创新管理的战略选择,包括创新目标、创新活动的资源分配、创新的风险、时机和总体规划。他也深刻了解到创新的董事会治理对于公司长期发展的重要性。由于战略决策的角色被分配给了公司董事会,所以董事会治理有望防止经理人的投机行为。

其实董事会在治理方面影响创新的职责可以分为两个关键领域。首先是创新战略,董事会有责任审计公司的创新绩效,并确定可接受的风险范围。其次是绩效评估和高层管理人员提名。谢国民要求董事会不仅要考虑首席执行官的提名,还应确保首席执行官受到团队高层管理人员的支持,以推动组织的创新和转型。在家族企业中,由于股东、董事和经理之间的重叠,公司的大股东占据了很多的董事会席位,因此家族企业董事长通常是关键的家族领导人。家族企业从创办人白手起家起,一生二,二生三,三生万物,一点一滴到家财万贯,就像一条线把最早的每一分铜钱牵起来,让企业持续成长。从谢易初、谢少飞一代,到谢国民掌舵,他们共同坚守的一条生意经就是"诚信谦让"。即便是面对竞争对手,也不要总想着把对方打倒。"诚信谦让"的内核是"诚"。谢氏二代接班,遵循长子继承、兄弟接力的原则,父亲谢易初、三叔谢少飞将家族事业交由谢正民主舵。后来谢正民交棒于谢国民。谢国民一接任,便因为诚信、勤奋、创新,把正大集团带入了鼎盛期。谢国民作出的一项很成功的决策,就是将资本和经营分开,实际上就是把所有权和经营权分开,也就是引导正大集团形成现代企业的管理机制。

谢国民领导的正大集团,把创新的三个元构造联系在一起:领导力、管理杠杆和业务流程。归纳起来,他在管理方面大量采用了几项方法:投入管理、知识管理、创新战略、组织文化和结构、项目组合管理、项目管理和商业化等,并开发了组织创新的多维框架。

七、结语:东南亚儒商的楷模

2019年10月,谢国民出席了在泰国曼谷主办的正大集团新书发布会,并进行了演讲,举行了签名会,丝毫看不出他已近八十。走过变幻莫测、尔虞我诈的商业市场,谢国民仍保持着他一贯的亲切儒雅、平易近人,不认识他的人,很难想象这位企业家有着令世人瞩目的成绩单。他曾入选"中国改革开放30

年经济百人榜",榜单上这样写道:"他是华侨中的商业巨子,他也是商业巨子中的爱国华侨,掌舵着正大集团,心系着祖国故乡,他是改革开放后第一个投资国内的成功企业家。"如今,企业初创时期的艰辛已被岁月流逝所冲淡,进入我们视野的谢国民已经是一个有眼光、勇于向外开拓的杰出企业家。谢国民以其市场战略眼光,及时把握各地区的市场信息和动向,准确及时地决定投资方向和项目。从早期投资中国到后来走向世界各地,谢国民在不断穿梭考察后,总能以儒商精神作出明智的决定。他是东南亚儒商的代表,也是后辈学习的楷模。

欧洲对当代中国儒商现象的观察和研究[①]

宁洲明

（德国齐柏林大学卓越领导力研究所）

作为一名致力于研究中国商业伦理问题的教授，我已经花费了一段时间去研究中国的儒商现象。对我来说，研究的一个特别重要的方面就是将儒家企业精神向活跃在中国的德国和其他西方国家的商人等报告，并与他们一起研究这一新兴趋势。

在本文中，我将概述儒商现象的背景，这是当代中国新型管理论述的核心。我将解释为什么儒商在中国是一个重要话题，中国历史上有哪些儒商先人，以及过去30年的哪些发展导致了儒商的重新被发现。然后，我将介绍几位参与讨论和传播儒商思想和实践的关键人物，并解释欧洲为什么对这一主题感兴趣。我将总结一些实证研究的发现，并介绍一些采用这种特殊管理方法的模范企业家的案例。

一、什么是儒商

中文术语儒商一词是由"儒"和"商"两个单字组成的。其中的"儒"指儒学，"商"则包含贸易商人和企业家。在当代中国，这个词指的是那些不仅在各自的生意上取得成功，而且特别注重道德行为的企业家。为此，他们经常从中国的文化遗产中汲取传统价值。这些价值观包括诚实、信任、勤奋、公平和其他儒家美德。中国儒商大力致力于复兴优秀传统文化，推动中华民族复兴。这一目标与社会主义核心价值观和中国文化自信紧密相关——他将"中华优秀传统文化"称为"中华民族的突出优势"。

[①] 本文译者为刘微风。

狭义上,术语儒商指认同过去的儒学思想家特别是孔子本人所推行的价值观的企业家。被称为儒学的学派在其两千多年的历史中产生了许多不同的流派。这些思想经过几代人的传承和发展——其间不时中断——直到今天,成为人类历史上延续时间最长的精神传统之一。

对于西方读者来说,重要的是要理解,在中国提到的这些伦理体系只是部分地与西方的宗教概念相对应,它们之间并没有明显的互相排斥的区别。当谈到国家秩序和社会关系的理想时,一些人认为自己是儒家。在生活的其他领域,如尊重环境和来世的思想,他们指的是佛教的、道教的和其他的传统。儒家思想的灵活性和其某些有利于稳定的因素,毋庸置疑是皇帝和官员们早就偏爱这一思想学派的原因。

儒商的概念并不新鲜。宋朝、明朝和清朝时期,商人和企业家就试图将对利润的追求与对社会的责任协调起来,通过公平的价格和资助地方扶持项目来避免剥削。这些项目包括灌溉工程、道路和桥梁建设、水坝维护和慈善项目——这些都将在今天的企业社会责任报告中提及。

在《论语》中,孔子再三反对不正当的"私利",将追求高尚道德的"君子"和没有发挥出美德潜力的"小人"并置在一起。"君子"是看到利益,然后会考虑适当行为的人;"小人"则是纯粹受利益驱使的人,会造成消极的社会反应,总为自己的利益行动而被人抱怨。所以对孔子来说,原则上利益是允许的,但必须以道德上可以接受的方式来实现。孔子的弟子子贡就是成功地协调利润取向和品德修养的榜样。

儒家的第二大思想家孟子也明确指出:当私利与道德发生冲突时,应该让位的是私利。他对利的批判甚至超过了他的老师:"王何必曰利?亦有仁义而已矣。"(《孟子·梁惠王上》)

荀子,儒家第三大有影响力的思想家,具有同样的义利观:"义与利者,人之所两有也,虽尧、舜不能去民之欲利,然而能使其欲利不克其好义也。虽桀、纣亦不能去民之好义,而能使其好义不胜其欲利也。"(《荀子·大略》)

中国古代社会有"四民"的分类,指四种职业:士、农、工、商。反商偏见在先秦的法家中最为突出,并被后世的儒家所吸收,导致了人们对商人的歧视。商人最终在四民中等级最低,甚至不被允许参加科举考试——官方考试制度是通往最高政府任命的唯一职业途径。

然而,在明清时期,出现了两种现象:一是有些读书人参加科举考试失败,无法通过严格的选拔,为了生存走上了商业道路;二是在那些无法参加科举考试的商人中,有一些人通过儒家经典教育促进了社会的进步。因此,一个"高尚商人"的混合群体出现在这些垂直分离的社会阶层之间,受过高等教育的儒家知识分子和成功的商人的结合体出现了,他们自称为儒商。

另外,地区性的商人团体商帮出现在安徽、山西、浙江、江苏和广东等省,因其商业成功和关照社会而广为人知。这些地区在今天也延续了这一传统,并再次走在中国经济活动和创业的前沿,这并非巧合。今天,历史上的商帮被当代儒商铭记,因为他们在追求利润的同时还保持着人道主义价值取向,例如提供低息贷款,在饥荒时期低价出售粮食,为社会建设基础设施工程等。

二、儒商的复兴

二十世纪八十年代初,中国经济开始复兴。在儒学复兴的同时,中国社会也经历了一场"文化热"。放宽社会限制,寺庙和神祠恢复开放,书法、茶文化、医学和武术等也得以复兴。来自台湾、香港的学者以及海外侨民,加入内地(大陆)行动者的队伍中,推动中华优秀传统文化的复兴。他们都相信,新一代的中国人需要了解他们的传统,以重申他们的身份。

在中国国内外,有几条重新发现儒商精神的路线。儒商的思想、身份和实践持续存在于"文化中国"——即中国香港、中国台湾及东南亚地区的华人中,儒家思想也影响到邻国,如日本和韩国。

在东南亚,华人坚持传统的语言、庆祝活动和教育,往往被局限于商业领域,因为政策剥夺了他们的土地所有权。在一些国家,这种对华人的歧视,有助于加强华人与祖国的文化联系,同时促使华人在东南亚各地构建起建立在亲属关系基础上的商业网络。作为这些国家的富裕精英,他们既有资本手段,又有文化亲和力,是最早回到中国投资的人之一。在此过程中,他们不仅为中国带来了资本和技术,还重新引入了儒家思想的创业精神。

在中国大陆,儒商的榜样还包括"四小龙"崛起过程中颇具影响力的商业楷模,他们都在现代世界塑造了一种独特的儒家商业理念:日本的稻盛和夫,京瓷公司的创始人,开发"阿米巴经营"风格,并将"家族式原则"应用于公司,这在很大程度上依赖于儒家经典中的"中庸之道"。它影响了日本的数百家公司和更广泛的地区。

来自香港的李嘉诚是地产开发商长江实业股份集团的创始人,他是香港最富有的企业家之一,以俭朴的生活方式和创建世界第二大私人基金会来资助慈善事业而闻名。该公司的名字既参考了中国最长的河流"长江",也参考了中国人传承下来的传统。李嘉诚的同胞邵逸夫,邵氏兄弟工作室的创始人,他因为中国大学的数千栋建筑提供了资金而被铭记。

在中国大陆出现的新一批企业家中,也可以看到传统和地方历史的重新发现。在这些新一代的商人中,一种强烈的本地认同感形成了,这激发了他们对当地前辈榜样们的兴趣。具有独特本土企业家文化历史的地区,再次成为当代商人群体的发源地。21世纪初,人们对当地商业文化的兴趣增加,催生了一大批书籍和历史电视剧。例如,描绘晚清商业兴衰的《乔家大院》。他们对社会的关注鼓舞了今天的企业家的慈善行动。

许多第一代企业家缺乏正规的培训。他们靠自学管理自己的公司。一旦他们雇用了受过教育的专业人士,专业培训和教育的差异就会很明显地表现出来。为了赶上他们的员工,他们会寻找高管教育的机会。虽然提供西方管理培训的商学院的 EMBA 学位蓬勃发展,但知名大学也将这个市场视为一个机遇,依据儒家美德的"信任"和"公义"开发定制课程,比如北京大学和清华大学的"企业家国学班"。

对于一个西方观察者来说,考虑儒家企业家精神在大陆重新发现的环境是很重要的。民营企业和中国传统文化在中国都经历了一个文化和社会分裂的阶段,这正是它们在过去几十年的重现是一个重要现象的原因。在东亚其他地区,这种混乱并未发生,"儒商精神"一词并不十分突出。儒家价值观被理解为社会中由来已久的一部分,与商业生活息息相关。

三、商人与学者之间的对话

改革开放以来经济的快速增长也对环境和社会造成了一些负面影响。这些问题包括在商业关系中无视公平规则。关于商业道德、企业社会责任和可持续发展的讨论,当时在西方已经开始。中国自2001年加入世贸组织以来,越来越多的讨论才得以展开。与此同时,现代中国企业家正在中国文化遗产中寻找这些问题的解决方案。自古以来,中国文化遗产就处理着改善人们的责任行为和互相影响的问题。

儒商一词自1992年开始在学术论坛上偶尔出现,但从21世纪初才开始真正成为一个热门话题。对于一些企业家来说,参与只是一种肤浅的对传统的兴趣,以获得被社会认可和建立人脉的机会。但也有人认为,成为儒商的内在动机,就是将儒家文化运用到企业文化中,使现代管理与国学相结合,形成中西合璧的企业文化。

商人对传统文化感兴趣的这一新兴趋势也引发了学术界的反响。在过去的20年里,中国建立了专门的研究机构和对话平台,以促进企业家和学者之间的思想交流。其中具有中国渊源的美国著名哲学家充当了儒家文化的守护者,对儒学在学术界内外的传播起着重要作用。学术成就卓著的人物,如杜维明、成中英等人,从20世纪60年代起,首先在美国顶尖大学将中国哲学确立为一门受人尊敬的学术学科。直到20世纪80年代中期,他们才有机会将自己的研究成果带回中国,影响大批受众。他们本身是20世纪50年代以后在香港和台湾传续儒家文化薪火的当代新儒家学者牟宗三、唐君毅、徐复观和方东美等人的学生。现在他们创建了一个由自己的学生组成的庞大网络,这些学生现在已经成为中国哲学专家,其中一些人在建立研究机构和儒家企业对话论坛方面颇具影响力。

这些学术声音给儒商话语带来了哲学专业知识,也带来了一定的学术正统性。2006年,周生春在浙江大学成立了"儒商与东亚文明研究中心"。2008年,北京大学成立了"儒商文化研究中心"——中国人民政治协商会议副主席杜青林、世界银行前首席经济学家林毅夫等有影响力的人物都是该组织的顾问。

2012年,杜维明在德国合作伙伴的支持下,成立了以明确关注儒家企业精神为重点的"北京大学儒商高峰论坛"。该论坛每年在北京大学举行,长江商学院作为合作伙伴,协助其将业务扩展到商业领域。这个论坛的在线关注者已经超过50万。

2016年是全球讨论儒商的重要年份。2016年4月,北京大学与图宾根大学合作,在德国图宾根建立中国中心。2016年6月,长江商学院与哈佛商学院共同搭建了名为"新商业文明论坛"的网络平台。

2016年12月,一个有影响力的对话论坛在中国南方开幕。黎红雷以前是成中英的学生,如今在广州中山大学教授企业儒学。他在中国南部建立了一个大型的企业家网络,并作为中华孔子学会副会长与资深外交官龙永图(他2002年起担任博鳌亚洲论坛秘书长)合作,成立了"博鳌儒商论坛"。这个论坛定期定址在海南博鳌举行,每年吸引数千名商人来到海南,进行政商学界的高端对话。

同样是在2016年,"中华文化传播论坛"由中国炎黄文化研究会——它成立于1991年,现任主席是第十届全国人大常委会副委员长许嘉璐——发起。2017年,这个论坛在苏州举行了第二次会议,得到了我研究的案例之一固锝公司的企业家吴念博的支持。出席这次会议的五百人当中,有相当一部分是来自东南亚的华人企业家。

本文对重要人物和机构的概述当然不是详尽无遗的。我想简要介绍一下各个领域的学者、商人和政府官员组成的错综复杂的网络,他们为儒家创业精神在中国的重新崛起作出了贡献,我有幸与他们进行了交流。在几份出版物和几十次公开演讲中,我向德国、日本和美国等的学术界和商界的受众介绍了当代儒家创业现象及其传播的主要参与者。

近年来,越来越多的企业家发现了中华优秀传统文化在商业中的价值。其中一位企业家这样解释他的动机:"用儒商这个词是一种趋势,对商业有利……这使我有别于那些不关心法规或社会责任的粗鲁商人。"

在中国的公开辩论中,许多企业家承诺的严肃性有时会受到质疑:"许多中国商人都想在自己的形象上增加一些儒家(意味着中国文化)的烙印,成为有名的学者商人。"对一些企业家来说,儒商的标签可能只是一个时髦的术语,慈善事业只在他们的头脑中,而并没有在他们心中。

但是,能够使成千上万的企业家参与到这些讨论中,就已经是非常了不起的了。知名企业家为这些平台提供了卓越的验证,他们讨论如何发展和实施可持续的中国创业形式和中国企业家如何在世界上发挥建设性作用。

这些被称为楷模的企业家认为,中华优秀传统文化不仅对他们的成功,而且对整个中国的商业来说都是一个非常重要的因素,"我们将需要中华优秀传统文化资源来建设新的商业文明"。

依据我的观察,虽然当代中国儒商的出现符合执政者的目标,但这并不是一个自上而下的过程,而是一个由商人和学者发起的自下而上的过程。

四、儒商企业与新型中国管理模式的实证研究

所有关于理想的讨论都很少能应用到现实中,因此,本文一项重要的任务是找出真正在商业实践中贯彻儒家价值观的公司,目的是比较它们传播和践行的价值观。为此,将企业文化转变为植根于传统价值观的可持续模式,需要以科学可验证的方式进行检验。

在中国,外国人很难接触到相关公司,从而获得有价值的信息。然而,通过多年耐心的联络,我已经设法获得了关键人物的必要信任,其中一些人我已经提到过。在我接触过的一百多位企业家中,那些被挑选出来的人,因为特别努力以一种"儒家方式"做生意而脱颖而出。

为了提供实施儒家创业精神的具体例子,通过对企业家及其员工的定性访谈,我在此介绍两个案例,它们是我在2017年至2019年期间进行的实证研究的一部分。这两家公司的负责人都曾获得"博鳌儒商卓越人物"这一称号。

我的研究的实证部分包括访谈——与每家公司至少12名受访者用中文进行访谈,这些受访者包括企业家、高层管理人员、中下层管理人员以及正式员工。这些采访都是匿名的,以便员工可以自由地表达自己的观点,也可以在他们认为有必要的地方表达怀疑或批评。研究的问题包括:公司的承诺是什么?它代表什么价值观?管理者如何传达这些价值观?有哪些具体措施正在落实?在实施过程中遇到了哪些困难?目的是发展儒商理论,并在后续定量随访研究中进一步验证和检验。

(一)茅忠群与"方太的儒家之道"

方太集团是浙江宁波的一个厨具制造商。1996年,茅忠群这名训练有素的工程师接管了他父亲茅理翔的公司,公司开始集中生产西式抽油烟机。MBA学位使他具备了西方的管理学专业知识,但他对中国文化的兴趣促使他

报名参加了清华和北大的国学课程。从 2008 年起,他逐渐以儒家文化重塑面向社会的企业文化,因为他看到了纯粹的西方管理方式与中国企业管理环境和条件的不匹配。例如,过分强调个人,这与其创造一个"伟大的公司"的目标不协调。

这种"文化落地"是持续对管理者和员工传播传统价值观并付诸实践的过程,包括要求新员工日常阅读经典,特别是《论语》。这种人文教育旨在促进员工的道德发展,营造和谐的工作氛围,这反过来又被认为积极地加强了在提供优秀产品和服务方面的勤勉。茅忠群深信,受优秀传统文化影响的企业领导者会吸引有能力的人:"通过阅读《论语》,我发现需要特别强调领导的道德品质。也就是说,作为一个领导,如果你有很高的道德品质,那么你不需要通过与他们交往就能留住有才能的人。"

这种对"道德领导"的关注,反映在招聘和绩效评估中——不仅仅专注于专业技能,而旨在欣赏美德和能力。企业管理者需要参与所谓的"五个一"程序:立一个志、读一本经、改一个过、行一次孝、日行一善——从确定志向、阅读经典、改正过错、孝顺行为到每天做好事。

儒家意义上的员工关怀措施,包括将"身份股"授予所有在公司工作至少两年的员工,这个利润分享计划是仿照中国传统商帮晋商过去的做法设计的。

方太的企业社会责任是用儒家语言制定的。企业文化的重组是有成果的,内部沟通的成本明显降低。员工们证实,与以前相比,他们有了明显的变化。许多面试者都为他们的雇主感到非常自豪,也非常认同这家公司。这些措施还降低了离职率,使企业的离职率从每年 25% 到 30% 降至 5% 到 7%。这使得对公司员工培训的投资更有益。在 2018 年之前,方太已经逆势显示了两位数的增长率。尽管近年来经济发展速度放缓,但该公司在研发方面的投资仍高于平均水平,并聘用了近 2 万名员工。

(二)吴念博与固锝的"幸福企业"

固锝公司,苏州的一个二极管制造商,在 20 世纪 90 年代初由曾经做过教师的吴念博创建。他经常邀请中国传统专家协助发展"幸福企业"。这种做法与苏南地方商帮传统相一致,体现了家庭价值观,尤其是孝道。该公司被视为一个"大家庭",赋予企业家一种家长式的角色。他们对员工的关心也换来了员工对公司的忠诚。吴先生认为,公司的主要目标应是社会和谐和员工幸福。这个主要目标将引导利润成为"不可避免的成果"。

苏州固锝的"幸福企业八个模块"系统以人文关怀为中心,包含对员工及其家庭的感谢,对社会和环境的责任。企业文化的核心实施工具是人文教育,包括让员工每天阅读经典。

对吴念博来说,通过福利形式来表达"对工人及其家人的爱"是很重要的,其比例远高于中国企业的平均水平。例如,可以休三周的带薪假去看望不得不留在老家与祖父母在一起的子女;母亲可以休两年的产假,工资减半,但有可能重新回到同一岗位。这些福利旨在激励员工,以使他们能更自觉地接受价值教育。

此外,固锝还组织员工在社区做志愿者,为此,公司的各级都建立了"志愿者委员会"。公司还通过电池收集活动、节水和节能模式以及引入纯素食餐厅来提升员工的环保意识。这些行动大都与西方的企业社会责任概念相一致,而且在访谈中可以清楚地看到,这些新企业文化的元素尤其受到管理者的支持。

该公司希望通过取消所有的时间记录系统和对存放二极管生产用贵金属的仓库进行的搜查,以显示对员工的信任,认为与其解雇犯错误的员工,不如帮助他们提高自己。这与孟子性善论的人性观是一致的。固锝的全球视角是对世界商业实践作出"儒家的贡献",正如吴念博在他的承诺中所表明的那样。现在对我们来说最重要的事情是与世界分享中国的文化和古代圣贤的智慧。这是"一带一路"倡议的核心和真正功能。

固锝逆潮流而成功,在市场经济发展速度放缓的情况下实现了增长。受访的公司员工认同这家公司,在社区义务工作时穿着工作服,并强调他们的雇主与"普通"公司相比有什么特别之处。固锝的员工流动率不到5%。在产品质量、职业安全和环境保护等方面,均实施ISO标准。其他几家公司,比如杭州盛宏、宁波的中兴精密和广州的量子高科,都加入了固锝牵头的"幸福企业联盟"。

五、其他公司的榜样

在上述案例研究的公司中,企业文化的转变从解决领导问题开始。在儒家美德伦理中,自省是一个核心主题。自省就是每天反省自己的思想和行为实际上是否符合儒家理念。这样的价值取向还强调以"成己达人"的和谐原则来改善自己的环境。儒商的目标是传递以下两个概念——自我批评的领导力和对公司员工及社会的责任。这是对传统的"内圣外王"原则的一种应用。"内圣外王"指的是一个开明的人的自我修养和知识在社会中的应用。在公司的背景下,它的目标是对管理者和员工,也是对客户、供应商和社会产生变革性影响。

这让人想起西方管理中利益相关者这一概念。这种观点认为,当问题出现时,管理人员应首先寻找自身的缺陷。儒家领导应该通过模范行为激励公司员工。

这里所描述的儒商企业家们正处于优化他们的方法的反复试验过程中,并将继续发展这些方法。到目前为止,这些公司在中国还不多见。然而,令人感到惊讶的是,每天都有满载着感兴趣的企业家和行政人员的巴士前来参观。在我看来,这些儒商企业家的方法代表了一种独特的中国企业社会责任方法的先锋派。他们的模式被许多公司研究和采用。许多中国企业家已经开始在这些价值观的基础上运作——或者至少是学习其中的一部分。我的假设是,他们比他们自己意识到的更像儒商。

至于加强这些方法在其他文化中的适用性——这也是儒商的目的之一,仍有许多问题有待解决。首先,一系列方法和方式已经在中国的其他公司中很好地运作,并可以经过调整移植到其他有相同文化背景的地区(如东南亚)。然而,如果我们看一看西方国家,就会发现其中一些方法的转换在这里要困难得多。在中国,通过死记硬背来进行价值教育有着悠久的传统,但这种学习和教学方式在大多数西方国家并不流行。有些措施也会被认为是家长式作风或过多干涉员工的私人生活。

其次,这些方法中很大一部分是由这里描述的公司在中国发展非常好的或至少是稳定增长时期开发出来的。因此,这些方法在经济困难时期是否有用以及如何有用仍有待观察和思考。不过,我采访的企业家的反馈很有希望。员工对公司的高参与度和认同感增强了公司应对外部冲击的韧性。

在当前的讨论中,儒商仍然是一个正在构建中的概念,在对内重新评估中国传统和文化规范(通常被概括为"国学")和真诚地尝试开发专门满足中国公司(或在中国运营的外国公司)需求的可持续企业文化模式之间震荡。当西方商人问我关于他们在中国参与的具体行动的建议时,我指出了一般意义上的人文关怀和个人参与。儒商实现了员工流失率的持续下降和员工忠诚度的提高,并能够最大限度地减少内部沟通冲突的成本。这不仅仅是物质激励的结果——与工资的小幅上涨相比,去看望员工生病的母亲可能更能给员工树立一个有爱心的上级形象并带来持久的积极影响。

我们可以期待,儒商的理念和实践可以应用到社会的其他领域。随着机器学习和人工智能的进步,今天的常见职业将不可避免地过时。孩子们应该掌握人类特有的、机器无法复制的技能:"信任、独立思考、团队合作、关心他人——这些都是软件可能无法教给你的知识。"

在这个意义上,无论是在中国还是在其他地方,我们都应以开放的心态去观察儒商的榜样,从中发现对企业有益的部分。

儒商文化的内涵、当代价值与传承发展

陈晓霞

(尼山世界儒学中心孟子研究院)

中华优秀传统文化源远流长,博大精深,作为传统文化核心的儒家文化在历史上曾被成功运用于商业领域,形成了独特的儒商文化。文化是企业创新发展的软实力,加强企业文化建设是增强企业软实力和凝聚力的重要任务。现代企业管理者要传承优秀的儒商文化,以人为本,将儒家仁爱思想融入企业管理理念,恪守儒家义利观;尚中贵和,营造和气生财的经营环境;诚实守信,秉持安身立命之本;为政以德,涵养敬业乐群的职业精神;勇于创新,在与时俱进中砥砺前行。

一、儒商与儒商文化发展

儒商始于春秋战国时期,儒商文化的发展则经历了三个主要阶段,即春秋战国初步形成时期、宋代逐步发展时期、明清兴盛时期,形成了具有儒家特色的管理思想、经营理念、经营模式、行为规范和行业准则。

(一)儒商

儒学从"周(公)孔(子)之政"到"孔孟之道",向人们呈现的多为治国理政思想。从汉代的"夫阴阳、儒、墨、名、法、道德,此务为治者也"(《史记·太史公自序》),到北宋初年宰相赵普的"半部《论语》治天下",可看出儒学在当时的影响力。"儒商"一词最早出现于清康熙年间杜浚的《汪时甫家传》中,与儒商同义的"儒贾"则出现在嘉靖年间。汪道昆所撰《范长君传》和《程长公墓表》等商人传记中大量出现"与其为贾儒,宁为儒贾"和"第为儒贾,毋为贾儒"等表述。关于"儒商"概念出现的时期,有明代中晚期说、明清之际说,但在学界基本上认可明代中晚期说。明清理学的发展,使意识形态领域日趋活跃。商品经济不断繁荣,大量士人秉持儒家思想进入商界,经商事贾,儒商逐渐成为社会的重要阶层和推动经济社会发展的主要力量。

对于儒商概念的界定,内涵大致相似:"儒商"就是"以儒经商"的商人、企业家。企业家不一定都是儒商,但儒商一定是有着儒家经营理念的企业家。儒商有广义和狭义之分。广义的儒商是指具有良好中华优秀传统文化知识修养,并以儒家思想指导企业经营的人。狭义的儒商是指以儒家思想为价值观和指导,从事商业经营的商人。不论是广义的还是狭义的儒商,都"是指具有很深的文化素养,有知识分子气质的商人。当然,在儒家思想占主导地位的传统文化氛围中成长起来的'儒商'自然深受儒学影响"[①]。"儒商即具有中国传统人文美德和现代化管理意识的商人",而中国传统人文美德"并不单指儒家思想,而是指以儒家思想为主流的中国传统人文精神和美德"[②]。儒商要有中华传统美德,企业的经营要以儒家思想为指导。作为儒商,"须具有较高的文化素养",是"品格高尚、见利思义、对社会有所贡献的成功商人"[③]。儒商是具有以儒家思想为核心的中华文化底蕴,关爱亲友、孤弱,热心乡里和社会公益之事,能做到儒行与贾业的统一和良性互动,具有厚重文化底蕴的工商业者。[④] "从本质上看,儒商应是儒家文化精神和商业经营活动相结合的产物。尽管儒商兼有儒士和商人的双重身份,但构成儒商根本特征的还是看其在商业经营的理念和生活方式上是如何代表了或体现着儒家文化的基本精神。……儒商是指传统商人中具有儒者气质和儒家文化精神的承担意识和实践品格的那一部分。"[⑤]可见,儒商是以中华优秀传统文化特别是儒家思想为指导从事经商活动的有知识与文化的企业家,不仅具有良好的中华优秀传统文化素养,而且要有良好的职业道德修养和管理技能。要想取得商业成功就必须弘扬儒家仁道。"古之圣贤,其言行不外《大学》之'明德',《中庸》之'明诚',正心修身,终

---

① 施忠连著:《传统中国商人的精神弘扬》,深圳:海天出版社1993年版,第233页。
② 贺雄飞著:《儒商时代——中国人的第五次发财机遇》,呼和浩特:远方出版社1996年版,第90—91页。
③ 潘亚暾著:《南洋儒商文化》,转引自世界华商经济年鉴编辑委员会《世界华商经济年鉴1996—1997》,北京:企业管理出版社1997年版,第119页。
④ 周生春、杨缨:《历史上的儒商与儒商精神》,《中国经济史研究》,2010年第4期。
⑤ 施炎平:《儒商精神的现代转化》,《探索与争鸣》,1996年第10期。

至国治而天下平。吾辈办事业,亦犹是也,必先正心诚意,实事求是,庶几有成。"①儒商体现的是"儒"与"商"的有机融合。儒商首先要信奉儒家思想,并将儒家道德作为商业经营和个人修身准则。他们是具有丰富的管理经验和商业技能,有着达则兼济天下的情怀,在企业物质文明和精神文明建设方面都取得巨大成就的商人。

(二)儒商文化的发展

儒商初步形成始于春秋战国时期,而儒商文化的形成和发展则经历了漫长而曲折的过程。时代变革及社会变迁,使儒商文化的发展在秦汉至隋唐陷入停滞,两宋时期虽有所复兴,到元代又陷于停滞,直到明清时期,儒商文化才走向兴盛并成为主流商业文化。

1.春秋战国时期的儒商文化

春秋战国时期商人群体不断壮大,主要来自贵族、士人,也有部分农民。其中,一些商人受儒家道德价值观念的影响而形成了职业伦理观。他们用儒家思想指导商业经营,成为中国历史上最早的儒商。此时出现了以子贡为代表的运用儒家思想经商事贾的商人群体,儒商文化也随之出现。端木赐,字子贡,春秋时期卫国人,孔子的著名弟子,既学富五车,又善于经商,"与时转货赀……家累千金"(《史记·仲尼弟子列传》)。他富可敌国,史称:"子贡结驷连骑,束帛之币以聘享诸侯,所至,国君无不分庭与之抗礼。"(《史记·货殖列传》)子贡之所以被后世称为"儒商始祖",就是因为他将儒家思想中的"儒"与经商致富相融合,并且运用此道在经商路上取得了成功,从而真正展现了商与儒道的合二为一。② 儒家的仁爱、诚信、义利等观念形成了一套规范人与社会的仁义道德,为商业经营活动提供了伦理准则。随着这一时期儒商阶层的初步形成,儒商文化逐渐成为商界的主流文化,并成为后世儒商文化的源头活水。

2.两宋时期的儒商文化

秦汉至隋唐时期统治者多采取严厉的重农抑商政策,商人成为"四民"中最低贱的阶层。由于东汉以后儒家独尊地位受到佛教、道教的冲击,儒商发展

---

① 荣德生著:《乐农自订行年纪事》,上海:上海古籍出版社2001年版,第150页。
② 黄敦兵:《"士魂"与"商才":儒商文化内涵界定问题辨》,《湖北经济学院学报》,2011年第1期。

基本上陷入停滞状态。宋代统治者废除了重农抑商政策,收取较低的商税,商人自由经商、土地自由买卖等利于商业发展的政策,取代了汉唐时期对商人衣着和乘坐车马的歧视性规定,使商业发展获得了新生,儒商文化渐渐复兴。北宋淳化三年(992年),政府诏令贡举要广搜人才,"乃至工商之子,亦登仕进之途"。科举考试对商人开放,使商人与士农有了平等的社会政治地位。为了增加财政收入,朝廷还鼓励商人捐官从政。宋徽宗大观年间,甚至出现了商贾为官者"一州一县无处无之"的局面,使重农贱商的风气得到较大改善,商人群体逐渐壮大。一些官员和士人投身商业经济,儒士与商贾之间的界限逐渐被破除。两宋大批学者为儒学复兴不懈努力,形成了儒学新的形态——程朱理学。集大成者朱熹以天理和人欲之辩为核心,对儒家的义利观和诚信观等进行阐发,为儒商文化提供了理论依据,这也成为儒商文化在宋代复兴的思想基础。到了元代,统治者对汉人采取一些歧视性政策,富商大贾多为蒙古贵族和色目人,儒商不再是社会的重要阶层,儒商文化也不再是主流商业文化。

3.明清时期的儒商文化

明清时期,人口数量迅速增长,商品经济逐步繁荣,大量商品源源不断地投入市场,商品流通的范围与规模日益扩大,商品经济空前繁荣。这极大促进了国内长途贸易的发展,形成了以长江中下游、东南沿海、运河沿岸等地区为中心辐射全国的区域商品市场,出现了徽商、晋商、粤商、宁绍商、洞庭商、陕西商、龙游商、江右商、泉漳商、临清商等十大区域性"商帮"。[①] 其中,徽商和晋商势力最强大,"富室之称雄者,江南则推新安(徽商),江北则推山右(晋商)"。宋明理学结合社会发展实际,对儒学作了新解释,以儒学阐释商业伦理的商人越来越多。宋明理学为明清商人提供了职业伦理观和价值观[②],为明清儒商伦理建构提供了理论基础支撑,使儒商文化得到丰富发展,逐渐成为商业主流文化。

儒商文化是企业家在漫长的历史条件下,在经营管理实践中形成的思想、意识、价值观念、人生理想、道德风貌、传统习惯、行为规范等多因素的总和,是企业发展的动力源泉,是企业文化的最高层次,也是企业走向世界的强大精神

---

① 徐国利、林家虎主编:《徽学》,合肥:安徽文艺出版社2012年版,第87页。
② 黎红雷著:《企业儒学》,北京:人民出版社2019年版,第177—196页。

力量。

二、儒商文化的内涵

传统儒商文化内涵丰富,主要体现在以人为本、义以生利、尚中贵和、诚实守信、勇于创新、为政以德等方面。

(一)以人为本

"民为邦本,本固邦宁。"(《尚书·五子之歌》)儒家主张"仁者爱人""以人为本""天人合一""仁民爱物",具有关爱生命的伦理思想,提倡尊重生命价值,尊重客观规律,强调人与自然的和谐、友善、协调发展,主张经济发展要与自然资源和环境保护协调一致。"生财有大道,……仁者以财发身,不仁者以身发财。"(《大学》)君子也爱财,但要取之有道。"仁"作为儒家思想的核心,"生财"是实现"仁"的手段,以财行仁可以赢得民心。孔子说:"富与贵,是人之所欲也;不以其道得之,不处也。贫与贱,是人之所恶也;不以其道得之,不去也。君子去仁,恶乎成名?君子无终食之间违仁,造次必于是,颠沛必于是。"(《论语·里仁》)企业追求利润是其本性使然,但不能在利益面前无所不为、唯利是图,要考虑利益的获取是否符合道义,是否做到了以人为本,有没有担负起经世济民的社会责任。可见,儒商文化不仅是企业的核心文化,也是企业的核心竞争力。如果企业经营的基本理念是以人为本,做到了以人为本就能生财有大道。

(二)诚实守信

子曰:"人而无信,不知其可也。大车无輗,小车无軏,其何以行之哉?"(《论语·为政》)孔子对"信"进行了非常形象的比喻,指出了"信"对一个人立于世的重要性。孟子则丰富了"信"的内涵,将其进一步拓展,从道德约束具象为"五伦"之一。"诚"字最初与宗教有关,体现人们对于神灵的虔诚之意,随着内涵的不断丰富和扩展,进一步体现了人与人之间的真诚。人与人相交要真诚相待,不相互欺骗。"诚""信"相辅相成,互为表里,奠定了我国诚信思想的基础。诚信思想因此作为儒家的主要思想被确定下来。在发展过程中,人们不断丰富其内涵,使其形成了一套完整的思想体系,并将其作为自我规范的重要尺度。① 诚实守信被称为商业的灵魂,作为传统儒商文化的重要内容,继承了儒商诚信经营的理念,成为现代企业经营行为的基本准则。

(三)尚中贵和

尚中贵和体现了孔子"仁"学的基本精神。"中"是"中庸之道","和"体现"以和为贵"。孔子说:"中庸其至矣乎!民鲜能久矣。"(《中庸》)在孔子看来,中庸既是一种道德境界,又是一种不偏不倚地处理问题的方法。孔子说:"礼之用,和为贵。"(《论语·学而》)孟子发展了孔子的思想,指出:"天时不如地利,地利不如人和。"(《孟子·公孙丑下》)荀子进一步发扬光大,提出:"上不失天时,下不失地利,中得人和,而百事不废。"(《荀子》)《中庸》说:"和也者,天下之达道也。"可见,尚中贵和是儒家的重要思想,体现了中国人对人际关系和谐的重视。在民间流传着的"将相和、邦国兴""和气生财""家和万事兴"等俗语,就是这种思想的具体体现。孔子说:"君子和而不同"(《论语·子路》)、"君子周而不比"(《论语·为政》)。儒家重"和",提倡以和为贵,却反对不讲原则的一团和气。儒商把"和"的精神运用于商业竞争,就是要在注重道义原则的基础上,做到人际关系和睦、合作经营、和气生财,同时又强调重"和"但不僵化,处事要善于变通,经营中不能墨守成规,要因时因势因事而变,使企业立于不败之地。

(四)义以生利

《中庸》载:"义者,宜也。尊贤为大。""义"是指恰到好处,也就是合情、合理、合法、合规。"义"是道义、正义和义务的统称,是一种责任担当,也是一种道德抉择。子曰:"君子喻于义,小人喻于利。"(《论语·里仁》)孟子曰:"羞恶之心,义之端也。"(《孟子·公孙丑上》)又曰:"大人者,言不必信,行不必果,惟义所在。"(《孟子·离娄下》)《易》曰:"利者,义之和也。"可见,"义"本质上是遵天道法的伦理追求,"利"则是在尽道义履行义务的基础上得到的利益。义与利是辩证统一的,义是核心,利是表层,只有坚持核心的义,才能获得正当的利益。孔子说:"见利思义,见危授命,久要不忘平生之言,亦可以为成人矣。"(《论语·宪问》)"不义而富且贵,于我如浮云。"(《论语·述而》)孔子的话表明

---

① 朱小娟:《儒家的诚信思想何以能够涵养社会主义核心价值观之诚信》,《实事求是》,2016年第6期。

了其对道德仁义的重视,但他也并不排斥对利的追求,认为只要利取之有道,是正当的,就无可厚非。儒商文化的义以生利,体现在利益的获取要建立在道义的基础之上,所以企业坚守了道义就能获得生生之利。

(五)勇于创新

"仁智勇"是君子"三达德",体现了君子勇于担当、自强不息的奋斗精神。子曰:"知者不惑,仁者不忧,勇者不惧。"(《论语·子罕》)儒家注重道德修养,认为人应该既是谦谦君子,又是刚毅勇士。君子之勇,体现为面对道义担当不迟疑、敢抉择的"勇"的境界:天下都能接受我的主张,我就和天下人共创安乐大业;天下人不接受我的主张,我就岿然独立于天地之间,面对非正义,表现出大无畏的勇气。这就是最高境界的"勇"。"勇"就是在信念驱动下,体现出的一种无所畏惧、敢于担当的勇气。《周易》说:"天行健,君子以自强不息。"所谓"自强不息",是儒家"勇"的内在驱动力,是努力奋斗、永不懈怠的人生信念。《诗经》中说:"周虽旧邦,其命维新。""苟日新,日日新,又日新。"(《大学》)儒家主张趋时而动,与时俱进,其中庸之道中包含着重要的时变观念与创新思想,如"顺时而变""因变而变""时中之变""权宜而变"。儒商文化主张主动顺应时势的变化而变化,抓住有利时机,乘势而上,通过与时变化的措施达到合适的目标,在恒常秩序中变而不乱、变而有节、变而有常、变而有效,从而使企业收到事半功倍的效果。

(六)为政以德

儒商首先是儒者,把仁义道德放在首位,正如《汉书·艺文志》所言——"留意于仁义之际"。子曰:"为政以德,譬如北辰,居其所而众星共之。"(《论语·为政》)这里的"德"就是儒家的仁德。一个企业家要有仁爱之心,具备仁德,才能处理好企业与员工、企业与顾客、企业与企业、企业与社会之间的关系。"仁"是儒家思想的核心,仁者爱人要体现出责任担当和博爱之心。这种人生观体现在孔子与弟子的对话中,如樊迟问仁,子曰:"爱人。"孔子还说:"仁者,人也,亲亲为大。"孟子曰:"仁者爱人,有礼者敬人。爱人者,人恒爱之;敬人者,人恒敬之。"(《孟子·离娄下》)一个不懂得如何爱人的人,也就不可能真正地爱自己。仁,就是要以仁爱之心关心爱护他人、尊重激励他人。"人之道德,端赖养成。寻常商业,虽卖贵买贱,皆有计心,而利己损人,必为众弃。"①辜鸿铭先生在《中国人的精神》中说:"孔子全部的哲学体系和道德教诲,可以归纳为一句,就是'君子之道'。"何谓"君子"?"君"字上面是个"尹",象征权力的权杖,下面"口"的意思是发号施令。"君"就是有道德的领导者,有德者在其位谋德政,这样才能真正做到"为政以德"。

三、儒商文化的当代价值

儒商文化内涵丰富,是商品经济发展的灵魂,对我国及东南亚地区商品经济的发展都发挥了重要作用,其所包含的对当代企业有价值的东西,为中国特色社会主义市场经济建设发挥着积极作用。

(一)儒商文化使企业家树立正确的经营理念

经营理念是企业家经营发展的立世之本,反映出企业经营的指导思想、企业的发展走向,是企业价值观念具体化、现实化和可操作化的重要依据。儒商文化中的义利观对明确企业的社会责任和发展目的、企业发展与生态环境的关系等具有重要指导意义。儒商文化中"以义取利""诚信为本"的道德准则,体现了"义"的公正、合理,使现代市场经济中的儒商主体更为理性。儒商文化中"义以生利""义利合一"的思想,在承认谋利活动正当性的同时,强调以儒家伦理来规范谋利的行为,可促使人们正确地认识和处理谋利与守义、道义与利益、个人利益与社会利益的关系,调控市场经济发展过程中的失序现象。道德可以对其进行规范和引导,使其符合社会公益和民众利益,这种观点与儒家思想的义利观一脉相承。以道德来确立商品经济的价值基础,能有效阻止经济危机的爆发与蔓延,抑制市场经济发展过程中带来的负面影响,保证市场经济健康稳定地向前发展。

(二)儒商文化能为现代企业管理营造良好的人际环境

儒商文化中的尚中贵和,体现了重视人际关系和谐,注重和谐经营、和气生财的观念。"喜、怒、哀、乐之未发,谓之中。发而皆中节,谓之和。中也者,天下之大本也。和也者,天下之达道也。致中和,天地位焉,万物育焉。"(《中庸》)"人莫贵乎生,莫乐乎安。"(《荀子》)尚中贵和是在事物的发展变化中寻求

---

① 张謇著:《张謇全集》(第4卷),上海:上海辞书出版社2012年版,第202页。

和谐,即不同事物之间的协调、统一、平衡,是一种高度和谐、至善至美的境界,在现代企业管理中主要体现在三个层面:注重不同企业之间的相互合作,优势互补,与不同经营者互利合作,同心协力寻求生财之道;注重上下级之间的有效沟通,解决矛盾冲突,消除内部不良竞争,使企业内部形成和谐的人际关系,有效提高效率,促进企业创新发展;善于与顾客沟通,广泛听取他们的意见建议,不搞欺行霸市,对顾客以诚相待,做到让利并方便顾客。儒商文化强调待人以"和",注重变革创新,不固守陈规陋习,因时因势而变,使企业在复杂多变的市场环境中立于不败之地。

(三)儒商文化为企业管理者提供修身智慧

儒家认为管理者必须提高道德的自觉性,而"修身"是体现人的价值的基础。"子路问君子。子曰:'修己以敬。'曰:'如斯而已乎?'曰:'修己以安人。'曰:'如斯而已乎?'曰:'修己以安百姓。修己以安百姓,尧舜其犹病诸?'"。(《论语·宪问》)君子修身要恭敬认真,修养自身,安乐百姓。要齐家治国平天下,必须从自身修养做起。"为政以德,譬如北辰,居其所而众星共之"(《论语·为政》)强调道德对管理的重要作用,主张以道德教化作为治理原则,表明儒家治国的基本原则是德治,而非严刑峻法。"不能正其身,如正人何。"(《论语·子路》)"其身正,不令而行;其身不正,虽令不从。"(《论语·子路》)一个行为端正、作风正派的人,不用下命令别人也会追随你。可见,儒商文化中的"为政以德""以人为本"为企业管理者提供了修身资源与智慧,对企业管理者树立正确的世界观、人生观、价值观和名利观,培养良好的职业道德,提高自身管理素质,完善人格品质,做传统美德的传承者和新道德规范的倡导者和实践者具有重要价值。

(四)儒商文化有利于市场经济及企业信用体系建设

"人而无信,不知其可也。"(《论语·为政》)诚信是立世之本,是每一个社会个体和单位都应遵守的社会规范。诚信品质对于市场经济体制和企业信用建设具有重要的伦理价值。随着科学技术的日益精进,商品经济得到快速发展,市场主体不断增多,企业规模急剧扩张,企业的经营边界逐步拓展,传统的商业模式被突破,商业新型业态不断涌现,如共享经济、网络经济、知识经济、电子商务等新兴商业模式全面兴起。这些新兴经济体利用互联网技术链接供需双方,商业模式从关注整体向关注个体转变,单独的个体在商品交易中扮演的角色越来越重要,发挥着越来越大的作用,推动着经济的转型升级。由于新兴商业模式受单独个体的影响较大,个人的信用在市场经济体制和企业发展中越来越受到重视,个人诚信品质和信用不佳,对个人、家庭、企业、社会都会带来影响。儒商文化中的诚实守信,对市场经济和企业信用体系建设有着极其重要的价值。

(五)儒商文化是中华民族经济振兴的强大动力

实现中华民族的伟大复兴,需要民族经济的全面振兴。作为市场经济灵魂的儒商文化将在经济发展中发挥重要作用。改革开放以来,我国的经济建设取得了举世瞩目的成就。随着市场经济的发展,拜金主义、享乐主义,道德滑坡、交往失范等消极问题时有出现,而儒商文化将在这些问题的解决上发挥积极作用。儒商文化是规范市场经济理性的重要原则,对于新时代促进企业发展具有重要的价值。儒商文化中的以人为本,使企业发展围绕人民对美好生活的向往展开,为消费者提供更多优质的产品和服务;诚实守信能够促使市场经济走向更加规范化和理性化的道路,使当代新型商业模式和业态健康可持续发展;而尚中贵和与勇于创新,能够激励企业克服重重困难,经受住各种考验,不断历练探索,砥砺前行,坚持以和为贵的经营策略,使企业注重合作、共存、和谐、共享,不断增强团队敬业奉献与合作的能力;仁者爱人则使儒家的利他思想融入企业创新发展的全过程,使企业在激烈的市场竞争中能够百战不殆,蓬勃发展。

(六)儒商文化是保证市场经济平稳发展的重要力量

和平与发展仍是当今社会的时代主题。儒商文化倡导以人为本、义以生利、尚中贵和、诚实守信、勇于创新、为政以德,这与全球经济领域的价值认同是一致的。儒商文化具有鲜明的"和平"性,主张"和为贵""和气生财",主张规范世界经济秩序,使全球经济互补共荣,倡导竞争是在公正平等环境中的"君子之争",通过公平竞争、合作共赢达到利益共享、平衡发展的目的。儒商文化中"以人为本""仁者爱人""天人合一""仁民爱物"等内容,倡导尊重生命,尊重自然,要求人与自然的和谐、友善、协调、统一发展,强调经济发展与自然环境保护协调一致,节约资源、保护环境,尊重子孙后代生存发展的权利,有着非常丰富的代际伦理思想,与国际经济可持续发展战略的新理念是一致的。儒商文化与现代科学技术、时代精神相契合,所以经济的健康、快速发展,呼唤儒商文化,期待着大批新儒商的茁壮成长。勇于创新、崇德重仁的儒商文化,使企业管理者注重德行修养,以仁义为立身之本,以仁爱之心对待员工,以义生利,以诚待人,成长为具有浓厚人文情怀、懂经营、善管理、能创新的优秀企业家,为市场经济的平稳发展提供优质的人力资源。

四、儒商文化的传承发展

当前,国际形势复杂多变,竞合博弈的市场环境格局正在形成。企业要想在复杂多变的市场经济环境中站稳脚跟,必须继承和弘扬优秀传统文化,将儒商文化融入新时代的企业管理中,有效增强企业的凝聚力与创新力。

(一)以人为本,将儒家仁爱思想融入企业管理

儒商文化的核心是以人为本。培育现代企业以人为本的精神,建设现代企业核心文化,有助于企业秉持仁者爱人的经营理念,传承好儒商文化。子曰:"仁者,人也,亲亲为大。"(《中庸》)孟子曰:"仁者爱人,有礼者敬人。爱人者,人恒爱之;敬人者,人恒敬之。"(《孟子·离娄下》)"仁"是儒家思想的核心,"以人为本"是"仁者爱人""天人合一""仁民爱物"的具体体现,"仁"的根本属性是塑造人格。孔子把"仁"从修身引申到家庭、社会,推之于国家、天下,提出"内圣外王"。在儒家看来,"爱人"包括自爱、爱人、互爱,是人与人之间的良性互促互动。懂得自爱,才能将心比心地去爱别人;爱别人,才能得到别人的爱。企业管理者要秉持以人为本、仁者爱人的经营理念,以仁爱之心尊重人、爱护人、关心人、激励人。孟子曰:"欲贵者,人之同心也。人人有贵于己者,弗思耳。"(《孟子·告子上》)"人者,天地之心也,五行之端也。"(《礼记·礼运》)人作为万物之灵,是实践仁德、引导人们向真向善的主体。在企业中要形成尊重人、信任人、爱护人、培养人的良好氛围,"己欲立而立人,己欲达而达人"。企业管理者既要传承儒商以义取利的商业道德,也要培育现代企业经世济民的社会责任感[①],建立以人为本的激励机制,充分尊重员工、敬重客户,培育仁者爱人的企业文化,激发员工的潜能。"老吾老以及人之老,幼吾幼以及人之

---

① 宁波:《山东省大中型企业儒商文化建设研究》,《管理观察》,2017年第28期。

幼。"要关爱员工,引导他们依仁向善,在企业中形成知恩报德、无私奉献、关爱他人、互相帮助的良好人际环境,增强员工的主人翁意识,使员工以企业为家,为企业发展献计出力。践行儒学的当代企业家还要积极投身公益及慈善事业,在抗疫、抗洪、抗震等特殊时期,率先垂范,慷慨解囊。企业管理者要做到崇德向善,尊重生命,敬畏大自然,在企业发展中尊重客观规律,践行儒家"天人合一"的发展理念,使人与自然和谐统一、协调发展,使经济发展与资源环境保护相协调。

(二)义以生利,恪守儒家义利观

先秦儒家义利观内涵丰富。孔子对义利主体进行了明确区分,他指出:"君子喻于义,小人喻于利。"(《论语·里仁》)"不义而富且贵,于我如浮云。"(《论语·述而》)孟子的义利思想多是从政治层面针对在位统治者而阐发的,认为统治者为政应首先"制民之产",然后才能"驱而之善"。孟子通过区别"士"与"民",明辨"恒产"与"恒心"之间的关系。在孟子看来,"士"的历史使命是足食富之,然后对民进行道德教化。荀子提出崇仁尚义、不与民争利的要求,要求统治者养欲教民,实行先秦儒家的王道之治。"义"与"利"的关系是儒家"仁学"的重要内容。朱熹说:"义利之说,乃儒者第一义。"可见,管理者要实行德治,对普通民众要因势利导,对他们进行道德教化。在如何处理义与利的关系这一问题上,孔子说:"见利思义,见危授命,久要不忘平生之言,亦可以为成人矣。"(《论语·宪问》)孔子并非一概反对对"利"的追求,而是主张在富贵利禄面前不能丧失道德良心,要能"见利思义""见得思义"。孔子说:"君子成人之美,不成人之恶。小人反是。"(《论语·颜渊》)企业要把利益建立在道义的基础之上,不能把获利作为商业活动的唯一目的,不能损害他人的利益,要积极主动地为他人谋福利,"博施于民而能济众",以义取利,把"经商谋利"与"博施济众"结合起来。经元善以义利并重作为商业宗旨,反对商人一味逐利,说:"锱铢必较,实非本性所近,且所觅蝇头,皆是末中之末。"[①]儒商不是不追求财富,而是"君子爱财,取之有道",认识到经商必须赚钱,但并非所有赚钱的生意都能做。企业管理者要把儒家的"义利"思想融入企业治理实践中,经营中要"义以生利,利他经营",不把经商仅仅当作个人活动,而是作为"博施济众"

---

① 经元善著:《富贵在天说》,武汉:华中师范大学出版社2011年版,第205页。

的手段。"义以生利"承认谋利活动的正当性,用儒家伦理来规范谋利行为,与儒家思想中的义利观是一脉相承的,在企业经营中运用是行之有效的,非常值得当代企业管理者接受和奉行。企业管理者要讲仁爱、讲诚信、讲担当,做有勇气、有抱负、有情怀、懂经营、会管理的企业家,运用儒家商道智慧为社会创造更多财富,达到兼济圆满、创造财富、报效祖国的目的。

(三)尚中贵和,营造和气生财的经营环境

"尚中贵和"是孔子"仁学"的基本精神,"中"指"中庸之道","和"体现"以和为贵"。孔子认为中庸是一种道德境界,是处理问题的一种方法,不偏不倚,无过无不及,处理事情恰到好处。儒家非常重视"和",孔子说:"礼之用,和为贵。"(《论语·学而》)"君子和而不同。"(《论语·子路》)"君子周而不比。"(《论语·为政》)《中庸》说:"和也者,天下之达道也。"孟子在此基础上提出"天时不如地利,地利不如人和"(《孟子》),荀子讲"上不失天时,下不失地利,中得人和,而百事不废"(《荀子》)。可见,天地人要达到和之境界,需坚持法地敬天,奉行天地正道。儒商要将尚中贵和文化运用于新时代的企业管理中,在商业竞争中要注重和谐经营,将"和为贵""和气生财"等理念融入其中,注重与不同经营者之间的互惠合作,践行"利他思想",既竞争又合作,反对不正当竞争,寻找共同生财之道,做到有钱大家一块赚;对顾客要真诚相待,处处方便顾客,事事服务周到,经营过程中不巧取豪夺、欺行霸市,而是让利于民,这样才能获得社会公众的信任,从而提升顾客的满意度和向心力,更好地和合生财;要注重企业内部的人际关系,注重上下级之间的有效沟通,营造融洽和谐的氛围,避免内部冲突,增强企业管理者的亲和力,有效增强企业职工的凝聚力;通过企业的变革创新,提高企业工作效率,为企业经营奠定坚实基础,赢得广阔市场,确保企业在日益激烈的市场竞争中蓬勃发展。儒商注重尚中贵和,并不是僵化不变的,其一方面强调企业经营管理要待人以"和",另一方面强调善于创新,做到处事以"通"。儒商要在儒家"为变所适""穷则变,变则通"等思想引导下,在经营管理中不墨守陈规旧习,因时、因势、因情、因事而变,在变革中适应企业外部环境的变化,从而使企业立于不败之地。

(四)诚实守信,秉持安身立命之本

诚实守信是儒家重要的道德规范,是儒商文化的重要品格。《说文》释曰:

"信,诚也。从人,从言。"常言道:"天道酬勤,商道酬信。"我国自古就有"民以食为天,商以信为本"的说法。诚实守信是人的美德,是安身立命之本,能有效维护市场秩序,降低企业交易成本和道德风险,是企业发展的根本保障。孔子说:"与朋友交,言而有信。"(《论语·学而》)"道千乘之国,敬事而信。"(《论语·学而》)"足食、足兵、民信之矣。"(《论语·颜渊》)"民无信不立。"(《论语·颜渊》)孔子主张要以信治国,做到取信于民,提倡人与人要以诚相待,"以信交友",因为"信则人任焉"(《论语·阳货》)。孔子说:"儒有不宝金玉,而忠信以为宝。"(《礼记·儒行》)曾子认为,人应该经常反省:"为人谋而不忠乎?与朋友交而不信乎?"(《论语·学而》)人无信不立,一个不讲信誉的人很难与人相处,立世为人。孟子说:"诚者,天之道也;思诚者,人之道也。至诚而不动者,未之有也;不诚,未有能动者也。"(《孟子·离娄上》)诚是天道,作用于人,就是信。诚为因,信为果。自古以来,儒商一直把诚实守信、童叟无欺奉为自己安身商界之本。儒商之所以能在商业领域成就非凡,与其始终坚持诚实守信是密不可分的。他们将儒家义利思想融入企业经营管理之中,奉行"君子爱财,取之有道"的儒商信条,做到诚实守信,诚信经营,义以生利,见利思义,用"信誉"赢得消费者的信赖,有效提升了企业的市场形象,增强了顾客的信任度、忠诚度、满意度和美誉度。如果一个企业缺乏诚信,即使一时之间发展得不错,也不能长久。因此,注重信用和信誉是企业经营成功的基本条件。[①] 我国古代儒商做生意遵从"一诺千金"的原则,传统商业习俗和"生意经"中富含儒家伦理道德,如"诚招天下客,誉从信中来","诚招天下客,信纳万家财","生意全凭公道导,货真价实莫欺人"等。儒家的"忠信"思想和伦理道德对企业管理者产生内在道德约束,使他们秉持诚实守信的原则,自觉抵制不良投机行为,促使其积极开展企业创新活动。诚实守信作为商业的灵魂,历来被儒商文化涵养的企业管理者所倡导和践行。企业管理者只有传承儒商文化,发扬优良传统与美德,加强企业信用建设,坚持诚信经营,才能使企业可持续健康发展。

(五)为政以德,涵养敬业乐群的职业精神

中华优秀传统文化的内涵在很大一方面体现在"德"字上。"德"是做人的基本准则和属性,也是立世应有的规矩。一个没有德行的人,在处理一些事

---

① 刘迪:《儒商与中国传统商业伦理》,《精神文明导刊》,2017年第3期。

情,包括处理人与社会、自然的关系时就会没有底线,无论他做官、经商还是做学问,都会偏离正常轨道,出现各种各样的问题。"为政以德"是儒家治国之道的基本内容,孔子说:"道之以政,齐之以刑,民免而无耻;道之以德,齐之以礼,有耻且格。"(《论语·为政》)儒家并不是主张不要刑律政法,而是在儒家学者看来,道德比刑法更容易获得民心,取得持久有效的治理效果。正如孟子所言:"以力服人者,非心服也,力不赡也;以德服人者,中心悦而诚服也,如七十子之服孔子也。"(《孟子·公孙丑上》)用强制手段使人服从,人们不会心悦诚服;依靠道德使人服从,人们才会心服口服。企业管理者处于企业中的主导地位,其个人修养会直接影响员工和企业的发展。孔子说"文武之政,布在方策。其人存,则其政举;其人亡,则其政息"(《中庸》),并且指出"为政在人,取人以身,修身以道,修道以仁"(《中庸》)。可见,孔子将为政者的道德素养当作了政治实践的关键因素。孔子强调为政者要"身正",还要做到"恭、宽、信、敏、惠"(《论语·阳货》)、"尊五美,屏四恶"(《论语·尧曰》)等。他告诫为政者:"其身正,不令而行;其身不正,虽令不从。"(《论语·子路》)孟子明确指出:"徒善不足以为政,徒法不能以自行。"(《孟子·离娄上》)儒商"敬业乐群"的文化传统,对现代企业经营管理仍具有积极的参考价值和指导意义。面对如此激烈的市场竞争,要探索与现代企业经营的契合点,现代企业必须充分继承和发扬企业集团的专业精神。[①] 律己足以服人,身先足以率人,企业管理者不仅要修齐治平,还要对企业、员工、社会负责,切实承担起"一家之长"的职责,要像对待亲人那样对待员工,做到以身作则,率先垂范。孔子说:"德之不修,学之不讲,闻义不能徙,不善不能改,是吾忧也。"(《论语·述而》)"不患人之不己知,患其不能也。"(《论语·宪问》)孔子在强调为政者如何修养自身、经世致用,如何增强社会责任感、使命感和危机感时,指出要"为政以德"。孔子的"为政以德"思想,经后世儒家学者的丰富与发展,形成了独具特色的政治哲学思想体系,成为儒商文化的重要组成部分。企业管理者要继承和发扬儒商的职业精神,做到修己正人、居安思危、克己奉公、敬业乐群、廉洁勤政,对自己所从事的企业管理敬重热爱,全心全意、竭尽全力,以忘我的工作热情投入管理工作中。企业管理者如能秉持这种克己奉公的道德操守和精神境界,定能赢得人心,使大

---

① 杨书宇:《关于现代企业文化建设的探讨》,《现代企业文化》,2017年第23期。

家无怨无悔地追随。儒商之所以能取得成功,主要是靠人才、科技、资金、管理、人品,使企业具有核心竞争力。企业领导人首先要抓好自身修养,做有责任、有担当、有作为的立世之人,要汲取儒商文化精华,积极肩负起实现祖国富强、人民富裕和民族复兴的伟大历史使命,讲政治,顾全局,善于驾驭复杂形势,临危不惧,居安思危,以身作则,自强不息,做传统美德的传承者和新道德规范的实践者,成为新型人际关系和良好社会风尚的倡导者,将企业建成市场主体中的排头兵。

(六)勇于创新,在与时俱进中砥砺前行

创新是人类文明进步发展的灵魂,也是一个企业兴旺发达的不竭源泉。提高自主创新能力、建设创新型市场主体是新时代企业发展的既定战略目标。企业作为最基本的也是最重要的市场供给主体,是推动创新创造的主力军。唯有激发企业创新发展的活力,方能加快推进创新型国家建设和高质量发展目标的实现。儒家文化蕴含着革故鼎新的创新精神和自强不息的进取精神。儒家还倡导"居安思危"的忧患意识,如子曰:"人无远虑,必有近忧。"(《论语·卫灵公》)这种创新精神和忧患意识与现代科技创新和攻坚克难的品质非常契合。有效运用儒商勇于创新、与时俱进的文化指导企业管理,会激发企业家积极进取、开拓奋斗的精神,使他们重视企业长远发展,激发企业创新发展能力,引领或聚焦市场需求,及时调整并完善企业发展规划,使企业在市场竞争中始终立于不败之地。创新包含敢冒险、敢为人先、不甘平庸等思想,是一个反思、存疑、批判、求真、求实的过程。儒商文化秉承儒家思想的中庸之道,允执厥中,执两用中,不走极端,不偏不倚。在新时期,我们要不断丰富儒家的时变观,抓住有利时势,乘势而上,做到顺时而变,主动因时势的变化而变化,做到因变而变,依据实际情况作出正确决策;依据一定的时间、地点、条件等时势而变化,做到权宜而变,达到符合实际的效果。"变易"的过程中有恒常之秩序,要做到不变之变,达到变而有常、变而有节、变而不乱的目的。儒家经典《周易》所包含的"变易""不易""简易"中,"变易"是瞬息万变的市场;"不易"是企业面对的永远不变的市场;"简易"是用简单应对复杂。要把儒家的"中庸"与"时变"思想结合起来,既考虑"中庸思想"的"时变性",又注重"时变"思想的"适中性"。面对瞬息万变的市场,要善于引领变化,变到它的前面去;面对永远不变的市场,要把握市场规律;面对复杂的市场,要擅长用一以贯之的简单方法来应对。"勇于创新,与时俱进"还体现在企业管理者要有忧患意识和思变思维,在企业发展战略的制定中要敢于"引领消费""创造消费",在引领、创造消费的过程中不断开拓和创造新的市场上。践行儒商文化的当代企业管理者要把儒家的"中庸之道""知者不惑"等思想融入企业治理实践中,展现出"勇于创新,与时俱进"的新时代儒商气魄,随着时代变化而创新发展,紧随时代节拍,跟上时代前进步伐,致力于建成"新时代的模范企业"。

五、结语

以"以人为本、义以生利、尚中贵和、诚实守信、勇于创新、为政以德"等为主要内容的儒商文化,是企业发展的动力源泉,是企业走向世界的强大精神力量。企业要在复杂多变的市场经济环境中站稳脚跟,必须继承和弘扬中华优秀传统文化,将儒商文化融入新时代企业管理理念中,在企业发展中尊重客观规律,使人与自然实现和谐统一、协调发展,保持经济发展与资源环境保护相协调;发扬优良传统美德,加强企业信用建设,坚持诚信经营,勇于开拓创新,在与时俱进中砥砺前行。企业管理者要加强自身修养,做有责任、有担当、有作为的立世之人,积极肩负起实现祖国富强、人民富裕和民族复兴的伟大历史使命,面对复杂形势临危不惧,居安思危,以身作则,自强不息,运用儒家商道智慧增强企业的凝聚力与创新力,建成新时代的模范企业,为社会创造更多财富,以惠及民众,报效国家。

试论中国文化整合

涂可国

(曲阜师范大学孔子文化研究院　山东社会科学院国际儒学研究院)

一、中国文化整合的要义

中国文化整合具有深刻的内涵,呈现出差异化的形式表征,并且具有独特的价值。以下三点构成了它的基本要义:

(一)文化整合的意涵

整合的本义是通过整顿、协调重新组合,使不同的事物形成有价值的新事物。它与分化是两种相辅相成的趋势和活动。在某种意义上,"整合"即是"融合",即是"结合",即是"综合"。《现代汉语词典》解释说,"综合"既指"把分析过的对象或现象的各个部分、各属性联合成一个统一的整体(跟'分析'相对)",也指"不同种类、不同性质的事物组合在一起"。[①]

那么,什么是文化整合呢?郭齐勇指出:"所谓文化整合,指构成文化的诸要素(特质)、诸部分、诸子系统的相互适应、和谐一致,及它们以某种决定性方式的综合。"他说,美国《社会科学国际百科全书》认为文化整合存在六种形式,即构型整合(或主题整合)、联系整合、逻辑整合、适应整合(或功能整合)、风格整合和调节整合。《文化学辞典》把"文化整合"解释为:"一种文化变为整体的或完全的过程。也指某一文化为整体的或完全的一种情况。"这一定义显然受西方文化学影响太深,体现出过分的整体主义倾向,并没有深入揭示文化整合的真实义理。诚然,文化整合展现了一定的整体化趋向,可是它的内涵主要是

[①] 中国社会科学院语言研究所词典编辑室编:《现代汉语词典》(第7版),上海:商务印书馆2016年版,第1743页。

指把不同的文化事物通过协调、融合以形成新的文化特质,或者是将两种或两种以上的文化要素加以融合而产生另外一种文化事物。

尽管文化整合可以称为文化的整合,但它不是像社会学家弗拉基米尔·索罗金阐释的文化整合论所强调的那样,是指注重发挥文化的整合功能,利用文化力量、文化资源去整合社会,而是指对文化进行整合。文化整合具有自身内在的机理,而这不外乎两点。一为文化选择。也就是说人要确定整合的合适文化对象,对来源不同的文化客体进行挑选。这表明,文化整合的前提是文化选择,假如社会主体没有文化选择的可能和自由,就难以完成文化整合。二为文化调整。对选来的用以整合的文化材料、要素等对象不能奉行"懒汉"主义,而要以一种认真负责的态度下一番加工、改造、熔铸的工夫,使之能够适应新的环境、新的条件,趋于一体化,从而使其发生内容和形式上的质变。

影响文化整合的因素较为复杂,除文化自身因素以及人的决心、意志、愿望、理想、情感、智慧、能力等主体性因素之外,主要还有三点因素。一是环境因素。由于相同或相近的自然环境具有更多同质性,更容易适应,因而彼此之间的文化整合相对顺畅些。二是社会因素。一种相对自由、平等、民主、人本、开明的政治、经济、文化、法律政策制度,有利于促成不同文化之间的交流、吸收和整合。尤其是科技的进步、经济的发展、信息的发达、素质的提高、生活的改善、民族的迁移、人口的流动等社会因素,将会极大地加快文化整合的速度,加大深度和广度。三是时间因素。文化整合并非一蹴而就的,而是需要一个漫长的选择、体验、容纳、吸收、消化、沉淀等过程才能完成的,若缺乏长久的文化移植、文化熔铸方面的耐心和责任心,文化整合就难以获得真正的成功。

(二)文化整合的形式

从文化时空来看,文化整合既指本土文化与外来文化的整合,也指本土文化内部的整合。前者既包括本土传统文化与外来传统文化、外来当代文化的整合,也包括本土当代文化与外来传统文化、外来当代文化的整合。后者从时间性来说,既包括本土传统文化与当代文化的整合,也包括本土当代文化之间的整合;从空间性来说,既包括不同特质的文化形态、文化要素相互之间的融通,也包括不同地域文化之间的整合。站在整个世界高度,当前人们最为关心的是东方文化与西方文化的整合。张弘和余匡复在《黑塞与东西方文化的整合》中,从文化整合角度对诺贝尔文学奖获得者、德国知名作家赫尔曼·黑塞(1877—1962)的心灵历程作了探索,指明黑塞既立足于西方文明传统,又吸收东方(主要是中国)智慧的精髓,试图克服西方现代文明造成的精神困境,倡导个体人格自我完善,从而为东西方文化的良好整合提供典范。

从社会界别来看,文化整合可分为两种形式。社会常常分为不同的阶层、界别,譬如中国社会按行业划分大体有文化艺术、科学技术、社会科学、经济、农业、教育、新闻出版、医药卫生、对外友好、社会福利和社会保障等,此外还有经济界、政治界、文化界、思想界、理论界、宗教界等诸如此类的说法,文化界可以细分为文化艺术界、科学技术界、社会科学界、教育界、新闻出版界等。如此一来,不妨把文化整合分成同界文化整合和跨界文化整合两种形式。前者是指不同文化要素、类型、系统之间的相互汇通、交融,如科学技术与思想道德的融合、传统文化与文化产业的融合等;后者是指文化与政治、经济、法律、管理等之间的融合。当今时代,文化与经济越来越相互交融,越来越一体化,因而最为人们所关注。在经济领域产业整合的大幕愈拉愈开的背景下,从事文化生产、传播、宣传、推广、普及等工作的人应当顺应时代发展潮流,勇敢地担负起文化整合的使命。

从社会领域来看,文化整合可分为这样两种形式:一是同质性整合,就是相同特质的文化要素、文化形态之间的相互结合,譬如思想与道德之间的融通、传统文化与当代文化的联结、科学技术与文化产业之间的融合等;二是异质性整合,就是文化与非文化之间的融合,例如文化与社会管理、社会组织、民主政治、经济建设等之间的汇通。

合理划分和理解文化整合的形式,不仅能够帮助我们把握人类文化的多样性,也对促进中国文化的当代建构具有重要的方法论意义。就如何建设当代中国文化这一重大时代课题,张岱年、程宜山提出了较为系统的"辩证综合创造论"。他们认为,无论是"中体西用"还是"西体中用"都走不通,只有辩证的综合创造才是中华民族文化复兴的坦途。[1] 所谓辩证的综合创造,是指"抛弃中西对立、体用二原的僵化思维模式,排除盲目的华夏中心论与欧洲中心论的干扰,在马克思主义普遍真理的指导下和社会主义原则的基础上,以开放的

---

[1] 张岱年、程宜山著:《中国文化论争》,北京:中国人民大学出版社2006版,第326页。

胸襟、兼容的态度,对古今中外的文化系统的组成要素和结构形式进行科学的分析和筛选,根据中国特色社会主义现代化建设的实际需要,发扬民族的主体意识,经过辩证的综合,创造出一种既有民族特色,又充分体现时代精神的高度发达的社会主义新中国文化。这种综合不是无原则地调和折中,而是辩证的"①。他们既阐释了辩证的综合创造之所以成为可能的根据——其一是文化系统的可解析性和可重构性,其二是文化要素间的可离性和可相容性②,又揭示了辩证的综合创造之所以必要的理由:其一是中国文化的旧系统已经落后过时,不破除这种体系结构,不吸取大量的外来的先进文化要素,不按现代化的客观需要重新建构,中国文化就没有出路;其二是文化既有时代性也有民族性,完全舍弃中国固有的文化,全盘照搬西方文化,既没有可能,也不符合客观需要;其三是西方文化虽然在整体上优于中国传统文化,但并非事事处处都来得高明,从基本精神看,二者各有各的独创性,亦各有各的片面性。③

显而易见,张岱年、程宜山所倡导的"辩证综合创造论",与笔者上述所提的文化整合论在本质上是相通的。也许是因受到这一"辩证综合创造论"的启发,笔者曾经探究过文化的综合与创造问题,指出:通过对中华优秀传统文化的继承和西方文化的吸取,就可以在现有文化的基础上,顺着中国文化系统发展的大方向,使中外文化在新的条件下实现有机互补、综合创造。④ 这里强调中国文化的创造包含三种取向:一是中华优秀传统文化的创造性转化,二是现实文化的更新与改造,三是对异域文化的创造性运用。⑤ 这里需要说明的是,张岱年、程宜山阐述的"辩证综合创造论"体现的是一种不同文化体系、文化要素相互交融的同质性文化整合,而不是文化与非文化系统、领域之间的异质性文化整合。文化整合不应只局限于这种同质性整合,而要以更加开阔的视野实现同质的、异质的多样化文化整合,以实现全方位的文化融通。

(三)文化整合的功能

文化整合虽然有时不免引发一定的文化冲突和社会动荡,但是它从根本

---

① 张岱年、程宜山著:《中国文化论争》,北京:中国人民大学出版社2006版,第326页。
② 张岱年、程宜山著:《中国文化论争》,北京:中国人民大学出版社2006版,第327页。
③ 张岱年、程宜山著:《中国文化论争》,北京:中国人民大学出版社2006版,第327—328页。
④ 涂可国著:《社会哲学》,济南:山东人民出版社2001版,第330页。
⑤ 涂可国著:《社会哲学》,济南:山东人民出版社2001版,第332—334页。

上具有价值统合功能、规范调节功能、结构均衡功能、秩序维持功能和社会导向功能，能够带来许多正面作用。

1.创造新的文化特质

通过文化的接触、交流、沟通、吸收、渗透、调适等而实现的文化整合，直观上能够创造某种文化新形态、新类型、新特质。当然，文化整合并不是轻而易举的。由于文化系统、文化区、文化圈、文化丛极为复杂，有时真假难辨、良莠难分，且人的文化认识能力总是相对有限，加之确定文化先进与落后的标准较为不易，都导致文化整合比较困难，有时接受、吸纳过来的文化可能并非精华，或是不符合自身实情，或是使用不当导致变形、变质，从而使得整合效果不佳，与主观目的不符甚至背道而驰。但是，我们绝不能以文化整合的复杂性与艰难性为借口而推卸责任。只要厚植坚定的文化整合责任心，只要充分发扬文化兼容并包的精神，就一定能够借助文化整合达到不同文化要素取长补短、有机互补的目的，创造出丰富多样的文化范式、文化形态、文化特质来。

2.建构特有的文化模式

"模式"的英文单词是 pattern。《现代汉语词典》（第7版）就"模式"解释说："某种事物的标准形式或使人可以照着做的标准样式。"一般说来，模式主要有三种意涵：一是指事物、事件之间较为隐蔽的规律性关系，凸显的是一种形式的规律而非实质的规律；二是指经过长期实践积累而抽象和升华的重要经验，是从不断重复出现的多种事件中总结出来的、用以解决问题的经验；三是指人们在生产生活实践中用来解决某一类问题的方法，属于某种行动方案、方式。由于模式是一种具有规律性、经验性的行动方案、方式或方略，具有较强的参照性、指导性和操作性，因此能够被复制、被推广。一个善的模式往往能够帮助人们有效地去完成特定的任务、责任，找到解决问题的最佳办法、思路和手段。

从社会系统来看，由于社会可以分为政治、经济、文化（文艺、科学、习俗、道德、思想等）、法律、生活、生态等领域，因而就有政治模式、经济模式、文化模式、法律模式、生活模式、生态模式等之分。那么，什么是文化模式呢？西方人类学家露丝·本尼迪克、克洛德·列维·斯特劳斯等都提出了关于文化模式的理论。在国内文化学界，有的学者把文化模式界定为特定民族或特定时代人们普遍认同的,由内在的民族传统精神或时代精神、价值取向、习俗、伦理规范等构成的相对稳定的行为方式,或者说是基本的生存方式或样法,并把文化模式分为共时态的文化模式和历时态的文化模式两种,从文化转型角度提出当代中国应当从传统农业文明的自然主义和经验主义的文化模式向现代工业文明的理性主义文化模式转换。李宗桂把建构中国现代新型文化体系的理论模式分为三个方面:一是一体(社会主义价值系统)三元(政治、经济和文化)的文化观;二是立足现实、依托传统的古今融合论;三是以我为主、兼取众长的中外互补说。① 刘敏中认为文化模式是指"若干变体文化中所共同具有的那些稳定的构成要素和稳定的结构方式"②。《文化学辞典》指出,文化模式"通常指一民族的各部分文化内容之间彼此交错联系而形成的一种系统的文化结构"③。

文化模式一旦形成,就具有整合功能、导向功能、维序功能和传续功能。反过来,它也是文化整合的产物,是由各种文化特质、文化要素、文化集丛有机整合而构成的文化体系。露丝·本尼迪克在《文化模式》第三章专门讨论了文化整合问题。她指出:"一种文化,就像一个人,或多或少有一种思想与行为的一致模式。每一文化之内,总有一些特别的,没必要为其他类型的社会分享的目的。在对这些目的的服从过程中,每一民族越来越深入地强化着它的经验,并且与这些内驱力的紧迫性相适应,行为的异质项就会采取愈来愈一致的形式。"④根据文化模式理论,露丝·本尼迪克继承了奥斯瓦尔德·斯宾格勒在《西方的没落》中关于人类文明类型的解释,肯定了浮士德型的人(即酒神型的人)与阿波罗型的人(即日神型的人)两种人格类型提法。文化模式形成的因素多种多样,既有主观人的因素,也有客观社会的因素,不过它终归是各种文化要素经过漫长的社会整合造就的,只是文化整合,有的是自觉的、理智的,有的则是自发的、无意识的。

3.激发整合对象新的生命活力

作为文化整合的对象性客体,两种或多种文化要素之间必定存在差异性

---

① 李宗桂:《现代新型文化体系的模式和特征》,载赵剑英主编:《世纪之交的中国文化》,南京:广西人民出版社1994年版。
② 刘敏中:《文化模式论》,《学习与探索》,1989年第4期。
③ 覃光广、冯利、陈朴主编:《文化学辞典》,北京:中央民族学院出版社1988年版,第151页。
④ 〔美〕露丝·本尼迪克著,何锡章、黄欢译:《文化模式》,北京:华夏出版社2001年版,第36页。

和同一性。正是由于它们存在个性、特色,因而才有必要加以整合;正是因为它们相互之间存在共同性,才为整合提供了可能性。尽管文化整合总体上会产生某种文化的同质化,也会使一些文化特质消失,但它同时也给不同民族、不同国家的文化提供了彰显和借鉴的机会与舞台。全球化时代背景下的文化整合并不意味着民族本土文化的消亡,而是力图通过不同文化特质之间的相互作用、相互补充、相互渗透,使得它们能够取长补短、相互适应、相互借鉴,从而实现自身的变革,进而焕发出新的生命、新的活力、新的样态、新的特质。现时代,许多国家和地区积极推行文化＋旅游、文化＋文化、文化＋科技、文化＋城建、文化＋治理、文化＋节庆等各种各样的融合发展战略,不仅使优秀传统文化和当代文化得到了有效的传承,也使它们焕发了新的生命力。

4.促进地域文化的发展

地域文化是指在不同地域经过长期演化而逐渐形成的、为不同区域绝大多数民众所共享和认同的,由语言、风俗习惯、道德品性、价值观念、思维方式、人格特质、生产方式、行为方式、理想信仰、思想观念等所组成的共同体。如果说文化因其具有的时代性、民族性、区域性和多样性而表现出相对性的话,那么地域文化的相对性便显得极为强烈。当形态各异、特色鲜明的地域文化经过人的挖掘、整合、归纳而成型之后,就会成为一种黏合剂,成为一种精神纽带,被当地人所认知、所认可、所接受,就能够发挥凝聚人心、团结人心、鼓舞人心的作用。

站在世界文化角度来看,中国文化就是一种地域文化;但是,假如立足于中国国家层面的话,那么地域文化就是由不同行政区、文化区的社会主体所创造、保存、发展,且富有自身鲜明特色的文化形态。中国地域文化呈现出多种相反相成的特点,这些特点大致有普遍性与特殊性、多元性与一元性、独立性与交融性、稳定性与变异性等。中国地域文化可以根据不同的标准划分为不同的类型:一是以地理相对方位为标准划分,如东方文化、西方文化、江南文化、岭南文化等;二是以地理环境特点为标准划分,如长江三角洲文化、黄河文化、运河文化、大陆文化、高原文化、草原文化、绿洲文化等;三是以行政区划或古国疆域为标准划分,如中原文化、齐鲁文化、燕赵文化、吴越文化、云贵文化、巴蜀文化、三秦文化、三晋文化、荆楚文化等。

历史上,中国地域文化经过了长期的历史演变与发展过程,本身就是文化整合、融合而形成的结晶。中国地域文化早在夏、商、周时代就已初具雏形,春秋战国时期已基本形成,以后经过秦、汉、三国、两晋、南北朝、隋、唐、宋、元、明、清等历朝历代国家的统一与分裂、民族的交流与融合、对外的开放与封闭、民众的迁徙与定居、经济的繁荣与发展等,中国地域文化总体上得以持存,最终形成了现今各具特色、多元并存、各具优劣、共同发展的地域文化格局。现存的中国地域文化是中华文化系统中的财富,是未来中华文化不断发展、不断创新、不断交融、不断升华的根基所在和力量源泉。对各具特质的地域文化进行挖掘、阐释,注意克服地域文化偏见与歧视,加强彼此之间的交流合作,促进相互理解、认同,不仅可以使丰富多彩的地域文化得到传承保护,不致流失与断裂,为各个地区的社会经济发展提供有益的精神动力、行为规范与文化资本,还能够不断弥补不同地域文化身上存在的缺陷,使它们不断完善自身,实现包容性发展。

二、中国文化融合的要略

"融合",原义是指熔成或如熔化那样融成一体。《现代汉语词典》(第7版)把"融合"解释为"几种不同的事物合成一体"。而关于文化融合的含义,《文化学辞典》作了解释。它指出,文化保护是"指文化调整的一种方式,在这种调整中,两个文化自主体系相互接近。文化融合的结果可能产生第三种文化体系,而原来的两个体系即随之消失。或者不产生第三个文化而有足以维持自己存在的构架"[①]。笔者认为,文化融合是指通过筛选不同特质的传统文化要素,借助相互间的接触、交流、沟通,进而相互吸收、渗透,经过调适整合,不仅融入其他文化要素之中,从而创造出一种新的文化形态、文化类型,也融入经济、政治、法律、道德等社会实际生活的各个领域之中。

文化融合虽然多种多样,但主要指向传统文化的融合。传统文化的多元性融合发展已成为当今世界和中国文化发展的新趋势,它充分体现了传统文化系统所蕴含的学术思想、理想信念、道德品格、价值取向、思维方式、行为习惯等同当代社会各个领域的相互渗透、相互延伸、相互交叉、相互联结的动态

---

① 覃光广、冯利、陈朴主编:《文化学辞典》,北京:中央民族学院出版社1988年版,第158页。

性发展过程。它不仅是指把传统文化自身的各种要素有机融汇在一起,更是指将传统文化的要素与当代社会的政治、经济、文化、社会(狭义的社会,包括社会关系、社会组织、社会群体、社会生活等)、生态等领域结合在一起。

当然,至今仍有人否定传统文化的当代价值,并据此认为传统文化的融合实在多余。改革开放过程中某些激进的"反传统人士"滑向"民族文化虚无主义",主张与传统彻底决裂,甚至"倒洗澡水连婴儿一块倒掉",断言传统文化及其内蕴的精神只能阻碍国家现代化的步伐,造成民族的贫困化,从而使民族社会难以维系一体。不错,马克思说过:"一切已死的先辈们的传统,像梦魇一样纠缠着活人的头脑。"[1]恩格斯也曾经指出:"传统是一种巨大的阻力,是历史的惰性力,但是它是消极的,所以一定要被摧毁。"[2]殊不知,这不过是从社会变革角度说明传统的惰性特征。事实上,中华优秀传统文化是促成中华民族及其文化的连续性、同一性和统一性的灵魂。作为某种"集体无意识",作为文化创造与再创造的信息密码,它给中国人带来了生存的意义与社会秩序,使他们在面临外敌侵略时能够挺身而出以维护民族的独立与尊严。

新时代,我们应当摒弃这种文化虚无主义和奴化心理,而以一种强烈的事业心、自信心和责任感,有力推动中华优秀传统文化与社会生活中的各个领域相融合,以此提升中国文化的软实力、凝聚力。

(一)与文化产业融合

中华优秀传统文化是教育人、启发人、塑造人的有效资源,可以为经济发展提供载体和平台,可以成为文化产品的重要元素和生产内容,成为其中吸引消费者的重要变量,极大地提高产品的附加值;中华优秀传统文化是发展文化产业的重要品牌资源,可以增加产品的文化含量,提高产品的知名度,形成良好的品牌效应。现时代出现了文化经济、体验经济等特殊经济形态,文化产业作为一种新兴的产业形态,具有知识密集和附加值高、技术含量高、成本低、无污染、可重复开发等特点。借助中华优秀传统文化的产业化,一方面可以把中华优秀传统文化资源优势转化为产品优势和经济优势,使其为广大消费者所认知、所认同,从而有利于其传承发展;另一方面,因为文化产业的本质是创

---

[1]《马克思恩格斯选集》(第1卷),北京:人民出版社1995年版,第58页。
[2]《马克思恩格斯选集》(第3卷),北京:人民出版社1995年版,第717页。

新、创意,它强调人的知识和智力对经济的渗透和贡献,所以将秉承的中华优秀传统文化要素融入文化产业和产品中,不失为以文化创意赋能中华优秀传统文化、推动中华优秀传统文化创造性转化和创新性发展的有效途径。

积极推动中华优秀传统文化与文化产业的有机融合,一是要把中华优秀传统文化作为重要的要素资源融入文化创意产业之中,大力推进其与休闲、演艺、影视、会展、出版等文化产业的深度融合,在各种文化产品与文化服务中蕴含中华优秀传统文化元素、体现中华优秀传统文化特色,进一步加强文化特色资源与现代新兴文化产业形态的有机融合,塑造文化精品,创新文化产品种类,提高文化产品能级。

二是要实现中华优秀传统文化开发方式从粗放型到集约型转变。以市场化的方式确立和实施中华优秀传统文化重大工程项目,以此引导中华优秀传统文化融合发展方向。加大政策调整力度,推动土地、人才、信息、政策、资金等文化战略资源和发展要素向中华优秀传统文化创新发展工程项目适度聚焦,以便拓展中华优秀传统文化发展的内容、空间和环境,增强中华优秀传统文化产业化创新的核心动力。

三是要加大传统文化资源整合力度。实现深度开发,提高文化资源开发利用水平,实现传统文化资源集约化、规模化、品牌化发展。培植一批具有较大影响力的历史文化品牌,建成一批文化名县(区)、名镇、名园、名馆和名品。综合开发利用丰富的文化资源,鼓励开展富有中国特色的民族民间文化节庆活动,加强对民间传统艺术、技艺的挖掘整理,发展健康向上的特色文化产品。

四是要对非物质文化资源进行保护性、建设性开发。提高传统文化产业化、集约化水平,实现有机整合。对传统技艺类非物质文化遗产,通过生产性保护利用方式为文化产业发展注入新鲜元素。对传统表演艺术类非物质文化遗产,注重原真形态的展示,通过编排使其成为具有地方民族特色和市场效益的文化节目。各级政府对民族民间工艺品生产、经营单位和个人创作研究,应给予土地、资金和技术等方面的更多倾斜。

(二)与科技融合

优秀传统文化资源可持续发展的核心在于创新,所以对它的取用不能是简单机械的复制,而是必须推陈出新,生产出独创性文化产品来。在高科技时代,优秀传统文化创新必须借助于科技手段。要以科技为先导引领优秀传统文化发展,积极鼓励自主创新,促进优秀传统文化与高新技术的有机融合;深入挖掘、依托、吸纳、整合优秀传统文化资源,建立文化科技创新体系;坚持"内容为王",加大对科技类文化企业的扶持力度,鼓励、资助其"以科技为载体,以文化为内容"开发、生产、销售优秀传统文化方面的创意产品。

促进优秀传统文化与科技的融合,就必须大力发展"互联网＋优秀传统文化"。所谓"互联网＋优秀传统文化",主要是指运用云计算、大数据、移动互联网、物联网等信息技术,推动优秀传统文化技术进步、效率提升和模式变革,提升它的生产力、创新力、影响力、竞争力。在网络化和信息化的社会形势下,互联网实现了"全连接"和"零距离",它不仅创新性地改变了整个人类的生产生活方式,提供了快捷、便利的文化载体、文化工具,也已成为文化服务、生产、流通、交换和消费的重要平台。在文化和经济、经济和产业深度融合发展的时代背景下,"互联网＋优秀传统文化"开启了优秀传统文化产业生产流程再造、商业模式创新和价值链重组的大门,它带来的是文化跨界融合和虚拟集聚效应、分工整合效应和协同创新效应。面对全新的互联网生态和基础设施,优秀传统文化领域需要与新技术、新业态有机融合,丰富创作手段、生产方式,促进内容、业态和服务方式创新,建立优秀传统文化发展的互联网新阵地。

(三)与旅游融合

随着经济的快速发展,人们的生活追求越来越高。对旅游业来说,人们已不满足于看山、看水,而是追求更高层次的文化品位。优秀传统文化特别是其物态文化是中华民族文化的重要象征和主体,它能够成为引导人们旅游的重要资源。现阶段,文化与旅游、旅游业与文化产业的关联度、协同性越来越高,对优秀传统文化创新的带动作用越来越强。为此,必须探索实施"文化＋旅游"战略,推动优秀传统文化和旅游产业更大范围、更高层次的深度融合,大力发展红色文化体验游、乡村特色体验游、优秀传统文化研学游,扶持打造独具地方特色的文化旅游演艺品牌,让群众在亲身体验中感知和接受优秀传统文化。依托独具特色的优秀传统文化资源,集中打造特色文化旅游区,引导传统特色文化旅游资源集聚整合。

(四)与城镇化融合

历史文化是一座城市的灵魂,历史文化遗产是不可再生、不可替代的宝贵资源,每个人都应当像爱惜自己的生命一样保护好城市历史文化遗产。在推进城镇化建设过程中,要把中华优秀传统文化融入其中,创造"优秀传统文化＋城镇化建设"的新模式。

要坚持把优秀传统文化融入城市建设之中,形成带有浓郁地域文化特征的人文特色城市文化。英国的查尔斯·兰德利在《创意城市》中说:"创新与历史可能难以并存,旧城市的挑战在于,能否就未来的竞争优势而自我调适。"要顺应世界由"功能城市"向"文化城市"转变的大势,善于发挥自身的传统文化特色与优势,塑造各具特色的城市形象。城市形象是能够激发人们思想感情活动的城市形态和特征,是对城市内在实力、外显活力和发展前景的具体感知和综合评价。塑造城市文化形象,应当保护历史文化资源和文脉,处理好保护古城风貌与现代化的关系,注意培育城市的文化特质和人文气质,构建完美的城市文化空间,提高城市的文化品位;注重树立城市文化个性和特色,立足自然和人文基础,依托原有的自然和人文特色去生成自己的形象和气质特色;留住城市的文化记忆和城市自己的故事,努力恢复原有的文化生态色泽,防止强势文化的同化、低俗文化的污染和流行文化的冲击,保持城市"文化植被"的生态平衡。

坚持城乡互动,强化历史文化名城、村镇、街区的规划控制和引导,实现由注重抢救性保护向抢救性与预防性保护并重的转变,由注重文物本体保护向文物本体与周边环境、文化生态的整体保护转变。传统村落、传统建筑、农家院落是乡村整体价值的缩影,是乡村社会结构、文化结构得以存在的前提。新型城镇化建设不一定要整村拆迁、另起炉灶,完全可以在保留乡土特色的同时赋予其现代功能,使村镇兼具实用性与审美价值,成为形神兼备的美丽家园。注意保留村庄原始风貌,慎砍树、不填湖、少拆房,尽可能在原有村镇形态上改善居民生活条件。依托文化创意创新理念,服务美丽乡村,打造"乡村记忆"乡镇、博物馆、村落、民居。深入挖掘区域内的自然、生态、文化、景观、民俗等资源,积极统筹区域内优秀传统文化传承、文化内涵阐发、文化风貌建设,发挥区域内优秀传统产业优势,以特色文旅小镇建设运营带动周边生产、生活、生态空间的全面优化。

(五)与当代文化建设融合

在新的时代背景下,中华优秀传统文化要更好地延续下去、获得新的生命力,就必须顺应时代、向前展望,在保持自身特质、优长的同时,突破自身局限,抛弃那些不合时宜的内容,与现实文化相融相通。

一是融入国民教育。让中华优秀传统文化教育贯穿国民教育始终,贯穿于启蒙教育、基础教育、职业教育、高等教育、继续教育各领域,进入课堂教学和教材体系,提升青少年的优秀传统文化涵养。把知识教育和文化熏陶结合起来,推动戏曲、书法、武术等进校园,让青少年在中华优秀传统文化的沐浴中成长。加强中华优秀传统文化的社会普及,发挥博物馆、文化馆、图书馆等文化场所的作用,为人们传习中华优秀传统文化创造便利条件。全面推进中华优秀传统文化进校园、进教材、进课堂,让经典诵读、礼仪教育在中小学全面推开。

二是融入道德建设。深入挖掘中华优秀传统文化中的道德教化资源,进行合乎时代精神的阐发运用,使之成为涵养主流价值、涵育美德善行的重要源泉。大力弘扬中华传统美德,将其纳入思想道德建设和精神文明创建全过程。深入实施新时代公民道德建设工程,广泛开展爱国主义教育,不断深化孝老爱亲教育、诚信教育、勤劳节俭教育,传承优良家风校训和新乡贤文化,培育积极健康的社会风尚。

三是融入文化创造。珍视先人创造的宝贵遗产,加强对中华诗词、书法绘画、音乐舞蹈、曲艺杂技等传统文学艺术的扶持,着力振兴传统戏曲,积极发展民族民间文化,重现中华优秀传统文化的魅力。善于从中华优秀传统文化中提炼题材、激发灵感、汲取养分,创作更多体现中华文化精髓、反映中国人审美追求、传播当代中国价值观念的优秀作品,使当代文艺创作具有更加鲜明的中国风格。

四是融入文化生活。文化的生命力在于生活。要注重把传承中华优秀传统文化贯穿融入人们生产生活的各个方面,与法律法规、节日庆典、礼仪规范、民风民俗相衔接,与文艺体育、旅游休闲、饮食医药、服装服饰相结合,让中华优秀传统文化内涵更好地融入生活场景。充分挖掘整理中华优秀传统文化资源,从历史的传承中吸取营养,将中华优秀传统文化融入婚丧嫁娶中,融入衣食住行中,融入节庆活动中。经常性地组织开展群众喜闻乐见、具有浓郁传统特色的文化活动,组织开展民间民俗文化活动,积极开发民间艺术和民俗表演项目,在满足和丰富广大人民群众精神文化生活的过程中实现中华优秀传统文化的有效保护与传承。

三、中国价值统合的路径

所谓"统合",即统一、综合,统归为一,或整理合并,与整合基本同义。西方形成了统合效益主义的伦理学流派,它有时也被称为统合功利主义、统合效用主义、统合功利主义,旨在增量社会价值统合行为效益主义与规则结果主义。① 作为文化统合的特殊类别,价值统合本质上就是价值观统合。一个国家的文化软实力,很大程度表现为民族凝聚力,这种凝聚力的一个主要来源就是公众对自己所在的社会的核心价值观的认同与整合,如同《以中国梦促进多元价值观整合》一文所说:"价值观的整合与成熟是衡量国家现代化程度的一个重要标志。"② 放眼世界,不难看出,社会的大变革和大震荡带来了整个社会与文化的多元化、相对化,助长了一些人的价值观离散倾向。西方"结构—功能"学派特别强调价值观的功用,强调"价值共意"对于社会互动和社会秩序的重要性,现实层面是发达国家很注重用功利主义价值观把众多社会文化部分整合起来。

当代中国伴随着社会变迁和社会分化(阶层分化、代际分化、地域分化、利益分化等),人们的价值观发生了裂变、重组,绝对权威崇拜和一元化的价值信仰已不复存在,而代之以一幅多元纷呈的价值世界图景。在多元价值观构架下,少数人丧失了对普遍而崇高的终极价值的委身,造成了价值信仰的虚无、价值标准的错乱,个别人的行为甚至击穿了价值底线,从而使一些人心态紊乱、行为失范,成为一种离散力量,不利于国家与民族的团结统一。社会价值观的相对性和多元化特点诚然展现了主体价值观念个性化和独特性合理的一

---

① 徐珍:《统合效用主义的困境与价值》,《岭南学刊》,2014 年第 6 期。
② 吉林省中国特色社会主义理论体系研究中心:《以中国梦促进多元价值观整合》,《光明日报》2013 年 12 月 31 日。

面,但也包含着价值混乱和低级化因素,如极端利己主义、享乐主义、拜金主义等杂质,并且对主导价值观造成了解构和沙化。假如缺失主导价值观的引领,那中国社会将会是一盘散沙。现实和理论逻辑表明,只有摒弃所谓的"价值中立""价值无设"等谬论,坚持"视界融合"和"互补共构"[①],依靠他人导向和精神主导的价值观整合各种社会思潮,才能推动一切具有爱国心的人共同为中华民族的振兴一起奋斗。

为了加强价值观的整合,党的十八大报告首次鲜明地提出了社会主义核心价值观,并把它概括为三个层面,即国家层面上的富强、民主、文明、和谐,社会层面上的自由、平等、公正、法治,个人层面上的爱国、敬业、诚信、友善。[②] 社会主义核心价值观是社会主义核心价值体系的内核、灵魂,是一种以集体主义为核心的利他主导价值观和精神主导价值观。这种价值观具有强大的现实合理性和生命力,它是社会主义意识形态的本质体现,是中国人共同拥有的理想信仰、价值理念和社会规范,是我们共有共享的精神财富、精神纽带,对于巩固全民族共同思想基础、维护社会和谐稳定、共建精神家园、推动文化发展繁荣等具有决定性意义。2014年2月24日,在十八届中央政治局第十三次集体学习时的讲话中,习近平总书记强调:"我们要从巩固全党全国各族人民团结奋斗的共同思想基础、巩固党的执政地位的战略高度,持续加强社会主义核心价值体系建设,把培育和弘扬社会主义核心价值观作为凝魂聚气、强基固本的基础工程,作为一项根本任务,切实抓紧抓好。"

作为一种积极的、健康的价值观,社会主义核心价值观是一种强大的文化整合力量,不仅对人的行为选择具有正确的导向作用,还是中华民族的重要社会凝聚力量。只要我们积极培育践行社会主义核心价值观,就能够用其粉碎敌对势力对我"西化""分化"和"价值观外交"的图谋,形成"我们感",维护和发展中华民族及其文化的连续性、同一性和秩序性,强化中华民族的凝聚力和整合力。

新时代,我们理应从以下层面强化和优化价值观统合:

---

① 王芸、宣岩松:《文化视角下公民教育与社会主义核心价值观的统合分析》,《蚌埠学院学报》,2014年第6期。
② 本书编写组编著:《十八大报告辅导读本》,北京:人民出版社2012年版,第33页。

(一)建构层次有序的价值观

在一个社会价值体系中,各种价值观所处的地位是不同的,有的价值观处在主导地位,起着核心、统领的作用;有的价值观则处在从属的地位,起着非核心、被统领的作用。核心价值观是指在一个社会价值体系中处在主导地位的,起着核心、统领作用的价值观。每个社会、每种文化都有自己不同层次的价值观,儒家文化作为中华文化的核心和主干,在漫长的历史发展过程中逐渐形成了自己的核心价值观和基本价值观——就是以仁义礼智信为基本内容的核心价值观和以孝悌、中和、克己、慎独、勤廉、笃实、宽厚、勇毅、力行等为基本内容的基本价值观。儒家正是以此促进社会价值共识,形成共同价值追求,化解各种利益矛盾的。这启示我们,在培育和践行中国主流价值观的过程中,应当把价值观看成是由外围价值观、基本价值观和核心价值观所组成的层次有序的系统。除了社会主义核心价值观外,像孝悌、中和、慎独、勤廉、为公、务实、宽容、勇敢、创新、进取、奋斗、高效等,都是当代社会所需要大力倡导和推行的极为重要的价值观念。尽管它们并没有像有的学者所期许的那样被纳入社会主义核心价值观之中,但并不等于不重要。它们可以被作为基本价值观在全社会广泛宣传提倡,为培育和践行社会主义核心价值观进行有益补充。

(二)采用丰富多样的方式手段

中华优秀传统文化在培育、传播、普及和践行核心价值观的过程中运用了多种多样的形式要素,以表达形式的感性化、多样化,充满亲和力见长,注重运用和结合各种社会传播手段,包括官方推广、儒生释经讲学传道等,特别注重通过日常人伦生活的介入,将价值观植入民众个体的日常心理和精神世界中。以蒙学教材为例。古代蒙学教材句子简短,通俗易懂,注重押韵,朗朗上口。如《三字经》《弟子规》等,既含深邃哲理又富形象感染力,让儿童在诵读中培养语感,积累知识,明白伦理,生成人格。

对于社会主义核心价值观,也应当运用感性化、多样化而充满亲和力的表达形式和传播手段,推动它的传播、普及,使其植入民众个体的日常心理和精神世界之中。通过电视、网络、广播、书籍、报刊等多种载体,运用音乐、舞蹈、诗歌、民间曲艺等多样形式,推进社会主义核心价值观大众化,切实把社会主义核心价值观融入国民教育、精神文明建设和社会治理的全过程中,使之贯穿改革开放和社会主义现代化建设的各领域,体现到精神文化产品创作生产传播各方面。坚持用社会主义核心价值观引领社会思潮,在全党全社会形成统一的价值理想、价值导向、价值规范,使社会主义核心价值观内化为人们的信念,转化为人们的自觉行动。

礼仪是弘扬价值观、教化人民的有效方式,因此要有计划地建立和规范一些礼仪制度,利用重大纪念日、民族传统节日等契机,组织开展形式多样的纪念庆典活动,传播主流价值,增强人们对核心价值观的认同感和归属感。

2014年5月4日,在北京大学师生座谈会上的讲话中,习近平总书记深刻指出:"核心价值观的养成绝非一日之功,要坚持由易到难、由近及远,努力把核心价值观的要求变成日常的行为准则,进而形成自觉奉行的信念理念。"因而培育和践行核心价值观必须循序渐进,做到久久为功,以使人们能够认知认同。

注重实践养成,做到知行合一。2014年5月23日至24日,习近平总书记在上海考察时的讲话中指出:"培育和践行社会主义核心价值观,贵在坚持知行合一、坚持行胜于言,在落细、落小、落实上下功夫。要注意把社会主义核心价值观日常化、具体化、形象化、生活化,使每个人都能感知它、领悟它,内化为精神追求,外化为实际行动,做到明大德、守公德、严私德。"

西方国家执政的党派虽然不断更换,但奉行的价值理念始终保持着一定的稳定性和持续性,其中一个重要原因就是它们的制度设计、政策法规制定、司法行政行为等都被置于核心价值理念的统摄之下。借鉴这一经验,我们要像习近平总书记2014年2月24日在十八届中央政治局第十三次集体学习时的讲话中说的那样:"发挥政策导向作用,使经济、政治、文化、社会等方方面面政策都有利于社会主义核心价值观的培育。要把社会主义核心价值观的要求转化为具有刚性约束力的法律规定,用法律来推动核心价值观建设。各种社会管理要承担起倡导社会主义核心价值观的责任,注重在日常管理中体现价值导向,使符合核心价值观的行为得到鼓励、违背核心价值观的行为受到制约。"

(三)注重融入社会

一种价值观要真正发挥整合、激励、教育和导向作用,就必须体现融合精神,使自身融入社会,与现代社会实现有机对接。这大致分为两大方面。一方面是融入社会日常生活。应当想方设法使每个人在实践中深切感知、领悟社会主义核心价值观,并达到"百姓日用而不知"的程度。社会主义核心价值观只有被普遍理解和接受,才能为人们自觉遵守奉行。为此,要将社会主义核心价值观教育渗透到人们的衣食住行、言谈举止等各个方面,通过各种礼仪、制度来规范和约束人们的言行。要像习近平总书记所指出的那样,通过教育引导、舆论宣传、文化熏陶、实践养成、制度保障等,使社会主义核心价值观内化为人们的精神追求,外化为人们的自觉行动;要把我们所提倡的核心价值观与人们日常生活紧密联系起来,在落细、落小、落实上下功夫,按照社会主义核心价值观的基本要求,健全各行各业规章制度,完善市民公约、乡规民约、学生守则等行为准则,使社会主义核心价值观成为人们日常工作生活的基本遵循。另一方面是融入精神文明创建活动。要把社会主义核心价值观的要求融入各种精神文明创建活动之中,吸引群众广泛参与;利用各种时机和场合,形成有利于培育和弘扬社会主义核心价值观的生活情境和社会氛围,使社会主义核心价值观的影响像空气一样无所不在,无时不有。社会主义核心价值观倡导文明风尚,对精神文明建设起着引领作用,而群众性精神文明创建则是在实践中培育践行社会主义核心价值观的有效途径,因此,要切实把社会主义核心价值观融入精神文明建设的全过程中,转化为人们的自觉追求。

(四)重视教育引导

教育引导是培育和弘扬社会主义核心价值观的基础性工作,因此务必注重发挥榜样的带头作用,从娃娃抓起,做到润物细无声。习近平总书记强调,用社会主义核心价值观教育学生,引导他们扣好人生的第一粒扣子,是高校思想政治工作的使命所在。高校要从理论和实践、历史和现实的结合上加强对社会主义核心价值观内涵的研究阐释,使社会主义核心价值观贯穿于办学育人全过程,坚持用社会主义核心价值观引领知识教育、引领师德建设;要坚持贯穿结合融入,把社会主义核心价值观同师生教学和学习紧密联系起来,体现在学校规章制度和师生行为规范中,引导广大师生做社会主义核心价值观的坚定信仰者、积极传播者、模范践行者。教师肩负着传道、授业、解惑的神圣职责,是培育和践行社会主义核心价值观的重要力量,因此必须充分发挥广大人民教师在这一方面的教育引导作用。就像习近平总书记2014年9月9日在同北京师范大学师生代表座谈时的讲话中提到的一样:"广大教师要用好课堂讲坛,用好校园阵地,用自己的行动倡导社会主义核心价值观,用自己的学识、阅历、经验点燃学生对真善美的向往,使社会主义核心价值观润物细无声地浸润学生们的心田、转化为日常行为,增强学生的价值判断能力、价值选择能力、价值塑造能力,引领学生健康成长。"这意味着广大教师不仅要注重利用各种场合倡导社会主义核心价值观,也要发挥传帮带的作用,引导学生进行社会主义核心价值观的培育。

(五)发挥中华优秀传统文化的涵养作用

中华优秀传统文化是社会主义核心价值观的根本和精神命脉。习近平总书记在十八届中央政治局第十三次集体学习时的讲话中指出:"培育和弘扬社会主义核心价值观必须立足中华优秀传统文化。牢固的核心价值观,都有其固有的根本。抛弃传统、丢掉根本,就等于割断了自己的精神命脉。"中华优秀传统文化已经成为中华民族的基因,植根在中国人内心,潜移默化地影响着中国人的思想方式和行为方式,锻造了独特的价值体系。中国一些传统的良好价值思想和理念,既随着时间推移和时代变迁而不断与时俱进,又有其自身的连续性和稳定性,因而要提倡和弘扬社会主义核心价值观,增强它的整合力,就必须从中汲取丰富营养,既要深入挖掘和阐发中华优秀传统文化"讲仁爱、重民本、守诚信、崇正义、尚和合、求大同"等价值观的时代意涵,又要努力促使中华优秀传统文化成为涵养社会主义核心价值观的重要源泉。

因此,可以组织经典诵读、优秀传统文化讲坛,编选中华优秀传统文化通用读本,增加各级各类学校教育中优秀传统文化课程内容。以节日文化弘扬传统美德和核心价值观,通过开展"传统美德·传统节日"的节日主题活动,移风易俗,创新民俗,丰富民族传统节日(清明节、端午节、重阳节、中秋节、春节等)以及各地域特有节日的文化内涵、文化样式,形成与历史文化传统相承接、与时代发展相一致、与现代社会相适应的核心价值观,培育公民的爱国情怀、和谐意识、正义观念、敬业精神等。通过非物质文化遗产保护推动与核心价值观相一致的优秀传统文化价值观的传承,利用戏曲、曲艺、民间文学等形式,在保留传统特色的同时与时俱进地宣传核心价值观。中国有民间文学、民间音乐、民间故事、民间舞蹈、传统戏剧和曲艺杂技等众多民族民间文化,它们千百年来深受人民群众喜爱,是培育和践行社会主义核心价值观的最宝贵资源,理应加以充分利用。

推动中华优秀传统文化通俗化,把中华优秀传统文化经典用文言文形式所传达的义理之学变成易懂的现代话语,改变中华优秀传统文化的言说方式,使老百姓喜闻乐见、易于接受。通过编写通俗读本、印制画册、拍摄专题片及在媒体上开辟专栏、建立网站等多种方式,宣传中华优秀传统文化知识,提高其知晓率和普及率;利用故事、小说、评书等方式传播中华优秀传统文化,做到雅俗共赏,增强人们的文化自信和文化自觉。所有这些都有利于提高群众对儒家文化价值观和社会主义核心价值观的认知度和认同度。

发挥国民教育在中华优秀传统文化传承中的基础性作用,将中华优秀传统文化知识纳为干部教育和学校教育的重要内容,加大中华优秀传统文化在大中小学课程中的分量;利用历代彰显向上向善价值理念的历史名人、历史故事、历史文物以及哲学、诗歌、小说、散文、音乐、戏曲、美术等文化富矿,对这些文化资源进行深入挖掘、整合和加工,将其转化为现代化的诗歌、小说、歌舞、绘画、雕塑、戏剧、电影、电视、动漫、游戏等,打造出体现社会主义核心价值观的文艺精品;充分利用文庙、乡校、府学、书院和现代墙体、碑刻、围栏、标语、口号等宣传中华优秀传统文化,为广大民众培育和践行社会主义核心价值观提供日用而不知的有形文化环境。

尼山华侨华人论坛

文明交流互鉴与创新发展　中华文明与世界文明

丹斯里林玉唐

（马来西亚发林集团）

文明因多样而交流，因交流而互鉴，因互鉴而发展。在全球化过程中，各种文明在相互碰撞的过程中，在价值追求、生活方式和生产方式上，逐步迎来更多的共同性。同时，全球化的经济发展，让区域之间由故步自封逐渐转向相互往来与相互依赖。也正因为如此，过去追求的精英主义、霸权主义、保护主义等模式将会被全球化的浪潮所抛弃，而真正敞开心胸、真诚对外合作的发展模式，才会受到全球市场的重视。自2013年中国提出"一带一路"倡议以来，中国就秉持真诚友好、合作共赢的态度，与相关国家，尤其是东盟国家，积极交流，开拓了许多的贸易新商机、民心相通的新契机。

中国"十四五"规划提出推动共建"一带一路"高质量发展，实行高水平对外开放，开拓合作共赢新局面。截至2022年3月，中国已与149个国家和32个国际组织签署了200多份共建"一带一路"合作文件。这也反映出，中国积极参与多边合作交流，加强文明交流与互鉴，推动创新发展，为推动世界经济的复苏与增长以及区域的稳定与安全作出了积极的重要贡献。

东盟是中国推动共建"一带一路"高质量发展的重点区域。伴随着区域全面伙伴关系协定（RCEP）的正式生效，以及中国与东盟正式达成全面战略伙伴关系，双边文明互鉴与文化交流的合作将会随之继续升温。

东盟是一个全球各大文明相互碰撞，仍能继续保持求同存异、和合共进的发展格局的区域。过去1000多年以来，东盟国家陆续吸收了中华文明、印度文明、伊斯兰文明、西方文明，并结合东南亚本土的风俗文明，形成了多元文化与文明特色和谐共处的特性。

多样性是东盟国家文明的特点和优势,也是亚洲区域文明的活力之源,更是世界文明不断创新发展的强大动能。作为东盟的华侨华人,我们相信中华文明将以更加开放包容的姿态继续发挥积极作用,推动文明对话和文明交流互鉴,为构建亚洲命运共同体、人类命运共同体作出更大贡献。不同文明具有互学互鉴的内在要求,不应相互隔离、相互排斥;各种文明交流互鉴、和谐共存是实现亚洲梦的动力源泉。

中国与东盟国家在文化交流与文明互鉴方面的努力是有目共睹的。中国与东南亚这个全球文明熔炉的高度合作,将让中国在全球化的发展与推进上,取得更多宝贵的经验,并从而助推全球化合作进程。数据显示,2019年,中国与东盟双方人员往来突破6000万人次,平均每周约4500个航班往返于中国和东盟国家之间。我相信,今后,双边的人员往来将会比过去更加频密。

为了推动东盟与中国的文明交流,提升区域的民心相通,我的公司——发林集团在中国山东省开发建设东盟国际生态城,作为东盟国家企业与人员进驻中国北方市场的重要平台。山东作为中国的人口大省、经济大省,是东盟企业进行经贸与投资合作的理想选择。山东有着"一山一水一圣人"的美誉,除了有着孕育中华文明的母亲河黄河外,也是中国儒家文化的发源地、圣人孔子的诞生地,是东盟国家人民探寻、学习中华文明的中心点。

东盟国际生态城除了打造符合绿色生态的宜居环境外,也在科技、教育、文化、经贸、民间交往等领域,推动东盟国家与中国北方地区的市场合作交流。过去中国与东盟之间的交流,主要集中在南方地区的传统侨乡。为了深入了解中华文明,将市场进一步扩大至山东以及周边地区,将是未来发展的重心所在。

同时,深入中华文明的腹地,加深了解中国各个省份的发展规划,比如京津冀协同发展、黄河流域生态保护和高质量发展、山东新旧动能转换等,也将能让东盟企业从中获得知识交流与技术转移,尽早达成中国与东盟在2013年提出的1万亿美元双边贸易额的目标。我相信,居住在东盟国家约3500万的华侨华人是中国和东盟的连心桥,将促进双边文明交流,提升更高层次的经贸与科技合作。

中国和东盟是命运与共的好邻居、好朋友、好伙伴。双方必须持之以恒地继续开展彼此间的文明交流互鉴,助推亚洲文明的交流互鉴,努力续写亚洲文明新辉煌,夯实共建亚洲命运共同体、人类命运共同体的人文基础。

与自由主义展开深度对话：
中华文化走向世界的必由之路

王学典

（山东大学儒学高等研究院）

弘扬以儒学为代表的中华优秀传统文化已成为当下我国文化建设的重大工程，甚至已上升为国家战略。如何在经济崛起的同时迅速提升以儒学为代表的中国文化软实力，使中华文明重返世界精神文明之巅，已成为举国上下共同思考的一个重大问题。正是在这一情结的推动之下，中国文化的复兴已经难以避免，不可抗拒。问题在于，弘扬传统、弘扬国学、弘扬儒学能否最终拯救中国。在笔者看来，这取决于中国文化、儒学能不能走出去，能不能首先走向西方世界；取决于中国文化和儒家学说能不能经受现代社会科学的锤炼和考验，如同中医和中药的复兴，必须经受住来自西医和西药的挑战与压力一样。也就是说，要想使中国文化特别是儒家学说跃居世界主流之中，并与西方文明比肩而立甚至分庭抗礼，就必须与自由主义展开全面而富有成效的对话。

现在看来，儒学要想获得新的生命活力，最关键的不是与伊斯兰教对话，不是与基督教对话，也不是与佛教对话，更非与道教对话，而是必须与作为西方主流思想的自由主义展开深度对话。儒学的真正对手是自由主义的社会发展理论。

道教也好，佛教也好，伊斯兰教也好，基督教也好，或者其他宗教也好，它们的一个共同点是，都仅仅着眼于自我解脱，而不是整个族群的发展和整体解放。上西天极乐世界，进天堂，立地成佛，羽化成仙，全都着眼于个体解脱，不是整个社会的进步与提升，不是共同体的解放和发展。在世界所有的上古文明中（古希腊文明除外），实际上只有儒家学说关注社会的"小康"和人类的"大同",关注天下和整个人类的健康发展与和谐相处。

早在两千多年前,儒家就提出了"大道之行也,天下为公"的主张,追求"人不独亲其亲,不独子其子"的理想社会,治国平天下是儒门的要义,格物、致知、正心、诚意、修身、齐家是儒者立身的教条,从个人的生老病死到整个社会的基本制度设置,儒家要全面安排人间秩序。其他文明则均主张避世、逃世、遁世和弃世。所以,儒学不是伦理学说,把儒学看作是修身养性的伦理学是对儒学的最大贬低。儒学也不是宗教教义,儒学不安顿人的灵魂,不关注彼岸世界,"六合之外,圣人存而不论",儒学对六合之外的彼岸世界持一种存而不论的态度。儒学安顿的是人心,人心是此岸的、当下的、在场的、肉体的。儒学是一种比较系统、比较完善带有典范性质的社会发展理论,这是儒学基本的学科属性。

在儒家之后,自由主义和社会主义各自提出了一套关于社会制度演进的系统理论,在很多方面与儒学的理念形成鲜明对比。这三种社会发展理论各有特点:儒学的特点是把社会治理建立在道德感召力的基础之上,"为政以德",以德性为中心;自由主义是把社会治理建立在法治信仰的基础之上;社会主义是把社会治理建立在高度政治认同的基础之上。而儒学必须与自由主义大张旗鼓地展开全面对话,这样才能推进儒学在现代世界的发展。

儒学与自由主义可以在哪些方面进行对话呢?《文史哲》杂志开设了一个栏目,专门讨论"贤能政治"与"民主政治"的问题,就是一人一票的票箱政治和古代选贤任能的"贤能政治",两者各有什么长处和不足,以及讨论中国稳定和经济高速发展三十年之久的秘密与"贤能政治"的高度相关性。这是一次非常深入的对话,这个对话还在进行,而且是在国际范围内进行的,更重要的是这场对话很尖锐,火药味很浓。

除了"贤能政治"与"票箱政治"的对话之外,不同的经济管理模式之间也可以对话,如自由市场与国家干预也可以对话,即我们的经济究竟怎么样管理更好。自由主义者相信无形的手,认为市场会自我修复,自己会趋利避害,从而达到一种均衡,政府最好不要干预。可以说,西方经济模式是市场主导型,中国近三十年的巨大成功则与政府主导密切相关,社会主义市场经济实际上是儒家道义经济的当代形态。这是目前中国道路的典型特征。政府主导型的弊端究竟在哪里，能不能持续下去，这可以通过对话来加深认识。这在目前是一个更尖锐最敏感的问题，也是中美贸易摩擦的要害所在。中国无法亦步亦趋地跟着西方走。中国自秦朝以来就是一个超大型国家，就是政府主导型或朝廷主导型社会。有学者认为，秦朝以来的中国经济历来是三层资本的互动和互补，一是政府资本，二是民间市场，三是官督商办企业，中国从来没民间市场占主导地位的时期。这一认识是有根据的。中国历史的确是一辆有轨电车，中国这辆有轨电车很难完全与西方并轨。

另外，像个人主义与集体主义或社群主义也可以对话，甚至包括三权分立与党的领导这种不同体制也可以对话。

众所周知，三权分立的本质是权力制衡或权力之间的制约，用中国的政治话语表述就是，权力必须关到笼子里，政府必须接受人民的监督。中国有句古话叫"苛政猛于虎"，所有的不受制约的权力都猛于虎，是虎就要吃人，所以所有的虎都必须关到笼子里去。问题在于，关虎的笼子有各种各样。自由主义所崇尚的三权分立只是关虎的笼子之一，尽管这个笼子已被历史证明十分有效，制止了大面积腐败的发生。但一个在西方国家十分有效的笼子未必在其他任何国家也同样有用，未必符合中国国情，但不符合中国国情的东西不一定不好，好的东西我们不一定能用，我们不能用的东西也不要说人家不好。换句话说，我们要在制约公共权力的问题上走出一条中国道路来。党的十八大以来，我们国家在制约权力问题上已经作出了巨大努力，也取得了巨大成效，譬如，刹住了公款吃喝风。所以，打造一种关虎的中国笼子，这个笼子既符合中国国情又能有效把老虎关住，是整个社会乃至整个世界的期待。

儒学与自由主义的对话，不仅应该在政治、经济、法律、社会、思想等诸个层面上进行，更应该在这些层面的共同的基本预设层面进行。儒家基于仁义礼智信的人类社会理想，究竟在多大程度上优于或劣于自由主义的理论预设？现在尚难判断，必须通过对话才能搞清楚。在这些层面的对话中，要看到各自的长短，搞明白在哪些地方儒学能够补充自由主义的不足，又在哪些地方自由主义能够弥补儒学的缺陷。包括儒家学说对人性本善的肯定，其作用和价值如何全面评估，都要探讨。我们不能光看到性善说的局限，认为会导向人治而不是法治，会导致对制度的不重视等。其实，西方人性恶的预设也同样有它的缺陷。在物质极大丰富之后，在人的物欲得到基本满足之后，在人的素养得到极大提升之后，对人类社会而言，究竟是性善说还是性恶说将起基本的作用，实在不好判断。也就是说，我们人类的未来到底是按照自由主义的原则来组织，还是按照儒家的基本原则来组织，哪个更好，现在真的不好说。我坚信，儒学拥有长远的未来，它将来极有可能会和自由主义相互融合，乃至取代自由主义，成为人类思想的主流。

我个人感觉我们现在和今后，必须像当年的牟宗三先生这些人一样，应该在新的层面上，在攸关人类安全发展的更多重大议题上，与自由主义思想展开更大规模的深度对话。只有在这个对话当中才能开创儒学研究的新局面，使儒学真正进入世界主流。

儒学为什么必须而且只能与自由主义进行对话呢？因为在当今世界，能够与自由主义构成对手关系的可能只有儒学。儒学要想实现所谓的"凤凰涅槃"，谋求在世界思想界的主流地位，回应现代性与全球化的挑战问题，必须与西方的主流思想进行对话，因为只有与主流对话才能进入主流，只与边缘思想、非主流思想对话，即使胜利了，也只是边缘思想、非主流思想。这一点安乐哲先生、杜维明先生、贝淡宁先生等都已经意识到了，所以他们在海外所作的弘扬、研究儒学的努力，归结到一点，就是在与自由主义的比较与对话中，发掘儒学在以往被遮蔽的内容。

以儒学为代表的中国智慧，维系了中国过去两千多年在整个传统世界的发展和延续，那么，这一智慧还能否成功应对现代世界所带来的严峻挑战？这就是鸦片战争，特别是甲午战争之后，历史给中华文化、给传统思想、给儒家的价值观提出的巨大问题。

19世纪中晚期以来，中国文化所遇到的最大挑战表现在两个方面：自由主义和坚船利炮。前者表现为西式法政，后者表现为科学技术，即所谓"师夷长技以制夷"。应该说，经过一个多世纪的努力学习、模仿和追赶，"师夷长技以制夷"的历史性任务已经不成问题。换句话说，一个积贫积弱的中国已被或正被一个富裕而强大的中国所代替。但自由主义所给予的挑战尚未同步予以解决或尚未完全同步解决。也就是说，我们已经俘虏了"赛先生"，但能否战胜另一个"德先生"，则有待时间或历史的检验，而这一检验的成败事实上将攸关中国文化的存亡。

佛教、基督教等均是我们在传统世界里遭遇的对手,而自由主义则是中国文化在现代世界所遭遇的对手,而且这一对手还携着一系列的样板作为其义理的成功案例。

面对这一强劲对手,中国文化应该怎么办?通过对话汲取对手的长处进而实现自身的创造性转化,应是千古不变之法则。习近平总书记近几年之所以反复强调对中华优秀传统文化进行"创造性转化和创新性发展"的命题,初衷可能在此。

中华民族的伟大复兴不能在"闭关锁国"中实现,中华文化的传承、弘扬和繁荣,更不能在"真空"中完成。只有在与大国的交往、较量和碰撞中,自己才能成为大国;只有在与西方主流思想的对话和交锋中,自己才有可能进入主流,才能赢获全球性话语权。这是今天中国思想界所应思考的问题。相信中国的思想界、学术界一定会像中国科技界、工业界完成"师夷长技以制夷"任务一样,完成"师夷之法政以制夷"的历史性任务。

华侨华人的责任和担当
——后疫情时代的思考和对策

陈军

（美中投资顾问委员会）

2020年在世界历史上是极不寻常的一年。突如其来的新冠疫情在全世界持续蔓延，给全球经济、政治、公共健康和人文交流等方面造成了严重影响，全球经济下滑5.2%，这是二战结束以来最严重的衰退，也给华侨华人在海外的生存与发展带来了巨大压力。面对诸多困难与挑战，如何顺应疫情常态化新趋势，危中寻机，寻求转型发展之道，成为海外华侨华人难以回避的新课题。

一、做中国经济发展的参与者

2020年初新冠疫情暴发后，由于国际航班锐减，人员往来几乎处于中断状态。第三季度，疫情一度趋于缓解，中国国内开始抓复工复产。在中国国内有企业的和在国内有投资项目的，驻美国各总领馆通过严格审批程序，可以给这类有特殊需要的人以签证。我就是拿到了这种签证，自美国回到了国内。我们和美国好莱坞公司签有独家代理协议，双方计划在中国合作建设一个对标上海迪士尼和北京环球影城，以好莱坞命名的大型主题乐园。还有，将和美国康养事业的龙头企业博森（Boson）公司合作，在中国北方建立一个大型的康养基地，名字叫作北国江南。两个项目的总投资预计可达上百亿元人民币。

从2020年11月份开始，用了两年多一点的时间，我们走遍了华东十几个城市，对项目的所在地进行了深入细致的踏勘考察，现在已经基本选定了苏北灌云县，还有山东济南莱芜区大王镇，项目占地5500多亩。投资的重点是济南莱芜，因为这个地方四通八达，交通方便，周围人口稠密，项目的发展前景非常好。

当前,中国疫情防控已进入平稳常态,经济率先恢复,对全球经济复苏起到重要拉动作用。作为海外的华侨华人,愿意为祖(籍)国的发展贡献自己的力量。

二、做中外民心相通的民间使者

当今世界正面临百年未有之大变局。很多国家并不真正了解中国,更不了解我们的文化。偏见源于认识的不足,作为海外华侨华人有责任,也有义务将真实的中国呈现给世界。闲暇之余,我会将我的所见所闻记录下来。目前撰写著作80万字,有政治评论集《沧海横流》、专著《台湾的选择》、报告文学《五星红旗我为你骄傲》、长篇纪实文学《东京大轰炸》,希望通过自己的讲述,将更多的精彩的中国故事,将中华文明传统内涵宣传出去。

三、做中华优秀文化的积极传播者

海内外的同心聚气,靠的是同根相连的中华优秀传统文化所具有的凝聚力与感召力。文化自信是更基本、更深沉、更持久的力量。中华优秀传统文化源远流长、博大精深,奠定了我们文化自信的根基。作为华侨华人,我们有义务让中华优秀传统文化的种子在世界各地生根发芽、茁壮成长,成为"中国好故事"的讲述者、"中国好声音"的传播者,让中国更好展现在世界面前,让世界更好了解中国。

从华侨历史看中华文化的浸润
——肯尼亚暨东非华侨华人的起源及发展

韩军

(东部非洲中国和平统一促进会)

一、中肯友好源远流长

由于肯尼亚及东非发展历史及地理位置的特殊性,早期华人的踪迹不断展现于人们眼前,在肯尼亚拉穆岛及索马里等地都留下一些 600 多年前郑和下西洋的踪迹,有些法茂族居民自称他们的祖先是中国人。他们中流传着一个个故事,许多年以前,中国随船的官员、船员、商人们与非洲部族藩王首领们开展贸易,藩王还赠给中国皇帝长颈鹿。

在帕泰岛东岸,中国船只由于触礁故障遗留下来的船员水手们上岸,用随身带来的陶瓷及其他货物交换食物等用品,日久天长就在当地驻下来了,他们娶土著女子为妻,给村子取名"上加",当地老辈人说,这是上海的谐音。如今,上加村也被叫作"中国村"。而在遥远的帕泰岛的非洲村民,至今仍知道中国获赠长颈鹿这段陈年古事,原因无非是他们的祖先们,把长颈鹿的故事告诉了他们的子孙,代代相传至今。

二、肯尼亚华侨华人历史

近代有关华人来肯的历史有据可查的是香港的田分先生于 1904 年来肯尼亚经营中餐馆。华人于 1966 年之后陆续入肯,岑浩江先生经营中餐馆、旅馆,董儒康先生经营渔业加工厂,俞先生在内罗毕、蒙巴萨经营中餐馆,钟先生开办农场、赌场等。20 世纪 80 年代末,肯尼亚华人(包括中资机构、企业)不到

200人,东非不到1000人,也没有华人社团。

20世纪后期,越来越多的华侨华人开始走进肯尼亚及东非国家。新华侨在肯尼亚主导华人社区,目前在肯尼亚工作生活的华人数量已有10万之多,华人社团也近20家,东部非洲有近百万华人,东部非洲11国的50多家华人社团结盟成立东部非洲中国和平统一促进会暨东部非洲中国总商会。在肯华侨华人主要分布在内罗毕和蒙巴萨等城市,从事加工制造业、贸易、旅游餐饮和中医等。

新华侨大多在国内出生、成长,熟知、认同祖国建设成就和制度理念,深受中华优秀传统文化浸润,与祖(籍)国有着天然的情感维系,民族认同和文化认同凸显,成为实现中华民族伟大复兴可以依靠的力量。

三、爱国爱乡是华侨华人永恒的精神

2020年10月,习近平主席在汕头考察时指出,中国的改革开放和发展建设事业同大批心系桑梓、心系祖国的华侨是分不开的。华侨的一个重要特点就是爱国爱乡。[①]

2020年2月初,为支援湖北疫情防控工作,肯尼亚华侨华人自发发起募捐活动,从几十美元、几百美元、几千美元到3万多美元,钱款汇集到各社团,汇至疫区。当得到国内口罩及防护用品告急的消息,各社团紧急启动采购工作,肯尼亚各大商店、仓库被采购一空,之后大家又转到边境城市及周边国家采购。开往中国的航班货舱装满后,又破例将物资放置在客舱座位上,那个阶段每个航班都满载防疫物资发往中国,带着海外侨胞对家乡深情厚谊的防疫物资乘着客机飞向祖国各地。其中,肯尼亚山东商会紧急筹集了十几万防疫物资发往临沂、潍坊、济宁等地,诞生了著名的"口罩航班"新闻事件。

四、祖国是海外侨胞的坚强后盾

在国内疫情刚刚暴发、抗疫物资紧缺时,海外华侨华人心系祖(籍)国,四处奔走筹措抗疫物资。海外疫情暴发后,许多国家也出现医疗防疫物资短缺

---

① 张晓松、朱基钗、杜尚泽:《续写更多"春天的故事"——习近平总书记出席深圳经济特区建立四十周年庆祝大会并在广东考察纪实》,《人民日报》2020年10月16日。

情况,海外同胞买不到口罩、手套和药品,担忧和焦虑的情绪在人群中蔓延。对此,外交部与涉侨部门等第一时间协调地方政府和相关药企、口罩生产商,紧急筹措大批防疫物资,千方百计为同胞送去"健康包"。2020年下半年,当国内得知肯尼亚及东非疫情也蔓延开了,中华海外联谊会、中国致公党,湖北、山东等省份都积极支援肯尼亚及东非的华侨华人。多年来每逢佳节,国内很多涉侨部门都在节前把给侨胞的慰问物资发往同胞们手里,山东省侨办连续两年给肯尼亚侨胞寄去中秋节的月饼。小小的月饼,浸润的是祖国的牵挂和惦念。

五、海外华侨华人坚决维护祖国统一

2022年8月,美国国会众议长佩洛西窜访中国台湾地区。我们肯尼亚及东部非洲的华侨华人密切关注这一事件,我们认为这是明目张胆对中国内政的粗暴干涉,严重损害中国主权和领土完整,肆意践踏一个中国原则,严重威胁台海和平稳定,破坏中国和平统一大业,也严重破坏中美关系,将会导致非常严重的后果。各华人社团纷纷表态,发表声明表示坚定支持中国政府采取一切必要措施挫败"台独",坚决反对外部势力干涉中国内政。我相信,全体中华儿女团结奋斗,就一定能在同心实现中华民族伟大复兴进程中完成国家统一大业。

以文化人
——在海外华文教育中根植中华文明的根性

李复新

（澳大利亚中文教师联会）

中国传统文化包括中华民族的语言、文字、道德思想、习俗、信仰、服饰、教育制度、建筑艺术品、医学、医术和社会组织形式及其行为准则等，是中华民族自古以来形成的一种文化形态，是中国古代圣贤几千年的经验和智慧的结晶，是中华民族在现实生活中的历史遗产的体现，是世界上唯一一个上下五千年没有中断的历史文明。

中国传统文化的核心价值是指在中国传统文化的各种价值中起主导作用的价值，它有两层含义：一是中国传统文化的组成部分，包括儒、道和佛的核心价值；二是儒家、道家和佛教核心价值观形成的中国传统文化的反映。

百年不遇的新冠疫情，为世界带来了前所未有的人类大变局，也冲击和重塑着我们的价值观。中国传统文化的内涵，不能简单用几个字或几段话概括，因为其包含的东西很广阔。结合自身经历，我把中国传统文化的核心价值观总结为四个字：和、善、学、用。

和：和谐发展，和而不同。这是中国传统文化的核心价值观之一，也是儒家文化中自我完善的境界。中国传统文化重视使命和责任，道德的基础是现实中人与人之间的真实的和谐的关系。中国文化核心的"和"，即和谐宽容、和与中庸，这是中国文化几千年来总结的重要智慧。中华传统文化的"和"又可以解释为"合"，当各家处理中国传统文化与其他文化传统之间的关系时，普遍体现出融合会通、和而不同的价值取向。儒家、道家和佛教在理想人格、理想境界和实践方法等许多方面都具有共通性，它们可以相互融合和交流，以实现和谐共处。中华优秀传统文化重人伦、崇道德、尚礼仪,主张人与人之间以和为贵,主张人与自然和谐共生,主张人与自我合一向善。

善:与人为善,严于律己,乐于助人。中国传统文化的核心价值可以概括为普世同情心,与人为善。在人与人之间的关系中,一个人必须具有自我完善的创造精神,而且还必须具有宽广的胸怀,将自己置于他人的立场下,换位思考并爱他人如己。在整个中国传统文化中,伦理思想贯穿始终。"仁义忠孝"中的"仁"指对待他人的态度和行为,互敬互爱为仁,"己所不欲,勿施于人","勿以恶小而为之,勿以善小而不为","爱人者,人恒爱之;敬人者,人恒敬之",用严格的戒律引导人人都从自己做起,从现在做起,从善字做起,从一点一滴的小事情做起。人类共同体是一种最高境界的善。新冠疫情防控期间,中国与世界分享抗疫资源就是一个例证,体现了一种人间大爱。

学:自我完善,不断进取,自强不息。中国传统文化不是封闭的体系,它以开放的态度实现了与不同文化的交流融合。中国文化的内核不是一成不变的,中国文化兼容并包,几千年来不断地吸取各种新的内容,不断发展,在民族国家兴起同时,汉字文化圈乃至中华文化圈也变得非常大。中国文化的发展有无数不确定性,它不断向外延伸出很多枝蔓,也不断从外汲取新的东西。例如,在中国流行的麦当劳文化,在世界各地风靡的中国传统饮食文化等。好的东西,融入我们的生活,慢慢被大多数人接受了,成为中国文化的一部分,替代掉原有的生活方式;不好的东西,流行一段时间,成为历史,这本来就是文化发展更迭的自然现象,过去有,现在有,将来还会有。

用:学以致用,经世致用。这是学习和研究中国传统文化的终极目标,认识的目的在于应用和行动,实现知行合一。知,指认识它、信仰它和接受它;行,指把核心价值观变成为行动指南、行为规范、行为习惯,并且去传承它。作为身在海外的华侨华人,讲好中国故事、讲好海外故事以及解释儒家文化价值观是义不容辞的责任。自1993年开始,我们在澳大利亚开始推广中华文化和语言教育。1996年,创办了澳新汉语教材发行中心,推广中文教育、汉语教学、简体字中文和汉语拼音;2003年,又创办了澳大利亚标准中文学校,进一步推广中国大陆版简体字教材和汉语拼音的教学;2015年,又注册了澳大利亚尼山国际出版社,并出版了《论语精华》等中国传统文化图书和教材,这些书成为澳大利亚国立图书馆、州立图书馆、大学图书馆和社区图书馆的藏书,同时也是澳大利亚大中小学以及成人学习中文所用的重要图书。

华文教育是海外根植最深、覆盖最广、最为有效的中华文化传播方式。这项工作有利于培养华裔新生代民族文化认同,有利于在海外传播弘扬中华优秀传统文化,推动世界语言文化多样性保护传承,促进中外文明交流互鉴,对海外铸牢中华民族共同体意识、构建人类命运共同体发挥着独特的作用。作为一名华文教育工作者,我感到有责任去讲清楚中华文化的根性,推动中西文明互鉴互融。华文学校不仅要保护华裔子弟学习母语的天然特性,更要让他们在学校里了解到"文化中华",了解中国文化的核心要义,增强华裔青少年对中华文化的认同感。这样就可以通过他们向当地民众传播中华文明和而不同、美美与共的大同理想,从而形成共同的价值体系,架起中外民心相通的友谊桥梁。

大变局时代的人文纽带：华侨华人与中外文明交流

陈奕平

（暨南大学国际关系学院/华侨华人研究院）

当今世界动荡不安和全球治理的失序提醒我们，大变局时代需要世界各文明交流合作，贡献各自的智慧和方案。基于华侨华人的独特优势和他们对祖（籍）国和中华文化的浓厚情感，他们是中外人文交流和构建人类命运共同体的重要力量，能够发挥独特的作用。

一、人文交流和文明互鉴是应对百年变局和美西方人文"脱钩"的根本之道

当今世界正经历百年未有之大变局，大国竞争和地缘政治引发国际动荡和冲突，西方大国应对经济增长失衡、恐怖主义蔓延、气候变化加剧等全球性挑战已经力不从心，而新冠疫情的全球蔓延更严重冲击本已千疮百孔的全球治理体系。面对这一系列困难和挑战，世界各国本应携手合作，共克时艰，共创人类美好的未来。但近年来以美国为主导的部分西方国家对华采取战略竞争政策，阻断人文交流，不断渲染"中国威胁论"，掀起文化"冷战"，这严重影响国际人文交流。

解决全球治理和人类命运共同体建设的难题，需要改革和创新现有的治理模式和理念，需要不同文明之间的交流和互鉴。党的十八大以来，习近平总书记立足中华文明"亲仁善邻、协和万邦"的处世之道，提出了"构建人类命运共同体，实现共赢共享"的中国方案。[①] 就文明交流和互鉴，习近平在中共中央政治局第三十九次集体学习时指出，中华文明自古就以开放包容闻名于世，在同其他文明的交流互鉴中不断焕发新的生命力，要以文明交流超越文明隔阂，以文明互鉴超越文明冲突，以文明共存超越文明优越，弘扬中华文明蕴含的全

[①] 习近平：《共同构建人类命运共同体》（2017年1月18日），《人民日报》2017年1月20日。

人类共同价值,推动构建人类命运共同体。可以说,文化交流和文明互鉴是应对百年变局下新形势、新挑战的根本之道。

二、华侨华人是中外人文交流的天然纽带和重要桥梁

人类命运共同体建设的关键在于民心相通,而实现民心相通的基础在于人文交流、相互理解和尊重。

目前海外华侨华人已超过6000万人,分布在全球198个国家和地区。广大华侨华人建立类型多样的社团组织,创办各种华文学校及华文媒体,创作多种类型的华文文学,开展多种华文教育活动,一直积极传播中华优秀传统文化,维护、塑造良好的华人形象和中国形象。同时,华侨华人还在吸收当地文化元素的基础上,发展了中华文化,形成颇具特色的海外华人文学与艺术氛围,为当地人民乐见并接受。

华侨华人在当今中外人文交流中的作用,主要体现在以下几个方面:

(一)传承传播中华文化,促进文化交流与文明互鉴

作为沟通中国与居住国桥梁和纽带的广大海外华侨华人,一直积极传播中华文化,包括器物文化、行为文化、习俗文化及中华文化价值观和民族精神。华侨华人每年举办春节等各种文化习俗活动,展现了中华文化的独特魅力;通过遍及世界各地的中餐馆,让全世界认识和享受中华美食;通过会馆社团把儒家哲学介绍到海外;通过兴建华文学校、创办华文报刊、出版华文书籍,将中国语言、文学、戏曲等传播到异域。中医药的合法地位也因他们的努力而得到了东南亚、美国、澳大利亚和欧洲许多国家的承认。同时,华侨华人还在吸收当地文化元素的基础上,发展中华文化,形成了颇具特色的中华文化氛围,为当地人民乐见并接受。

(二)推广人类命运共同体建设理念,践行协和万邦、礼治天下的世界观

习近平总书记曾指出,"以共建'一带一路'为实践平台推动构建人类命运共同体","符合中华民族历来秉持的天下大同理念,符合中国人怀柔远人、和谐万邦的天下观"。[①] 千百年来,经过中国人民的理论构建与躬体力行,追求天下之义、天下之利、天下之和,已升华为中华民族独特的精神标识,并为人类命

---

① 赵超、安蓓:《坚持对话协商共建共享合作共赢交流互鉴 推动共建"一带一路"走深走实造福人民》,《人民日报》2018年8月28日。

运共同体理念提供了源源不断的智慧滋养。长期以来,华侨华人尊重住在国的历史、文化及价值理念,为住在国经济社会发展、住在国与中国关系发展、助力"一带一路"建设发挥了积极作用,他们在构建人类命运共同体的进程中,是一支可资倚重的独特力量,一直发挥着不可替代的独特作用。

(三)参与民间外交,推动中外友好,践行合作共赢的"和合文化"精神

作为祖(籍)国和居住国的桥梁和纽带,华侨华人在促进国家之间的交往、了解与合作方面发挥了很大作用,他们是民间外交的参与者,不断促进两国民心相通与交流合作。比如,华侨华人曾为新中国打开外交局面、化解外交僵局作出了重要贡献。又如,新冠疫情防控期间,中国政府郑重承诺,中国新冠疫苗研发完成并投入使用后,将作为全球公共产品,为实现疫苗在发展中国家的可及性和可担负性作出中国贡献。广大华侨华人在积极支持中国和住在国抗疫的同时,也积极分享中国针对疫情治理的共商共建共享的全球治理观,践行中华"和合文化"精神。

三、引导华侨华人推进人文交流的思考和建议

为更好发挥华侨华人在中外人文交流中的作用,推进中外人文交流和文明互鉴,特提出以下浅见:

第一,充分认识华侨华人与祖籍地之间的天然联系,多举措满足华侨华人了解、传播中华文化,尤其是地方特色文化的需求,不断涵养侨务资源。

第二,华侨华人要传递、践行文明交流"各美其美""美美与共"的理念,践行中华和合文化精神,在展现中华文化魅力的同时,成为住在国文化的传播者和中外文化交流合作的推动者。

第三,完善平台和机制,扩大"文化中国"系列品牌活动的影响力,发挥华人文化社团、华文学校、华文媒体和学界精英的作用,推进各层次、各领域人文交流与合作,讲述中外文明的共通性、共有的历史经历和共同的时代任务,推进民心相通,夯实人文交流的根基。

第四,利用新媒体、大数据等现代技术手段,构建文明交流多层次、高效的传播体系,增强华文媒体的国际传播能力。

第五,发挥市场的力量,探索与华商和国际友人共同兴办文化实体,使中国的文化产品和服务更加便捷地进入国际文化市场;推动国内文艺团体与华裔新生代艺术家和团体合作,联合创作艺术作品和举办文艺活动。

尼山中外名校校长论坛

英国赫瑞瓦特大学校长视频发言稿

理查德·威廉姆斯

（英国赫瑞瓦特大学）

赫瑞瓦特大学有200多年的历史，作为世界首个机械工程院校，历史可以追溯到1821年。赫瑞瓦特大学是一所全球性大学，主校区位于爱丁堡，在英国共有3个校区，在迪拜和马来西亚也设有校区。学校在工程、商业、科学领域的学者和领导者致力于针对具体全球问题开发转型解决方案，造福人类未来。

与中国的合作是我校"2025战略"中的关键一环。自1989年第一次访问中国以来，我与中方伙伴在研究和教育方面的合作一直非常愉快。我校与中国海洋大学的成功合作就是个很好的案例。三年前，两校获中国教育部批准，开展计算机科学与技术（机器人）专业的合作办学项目，使中国的青年学子不出国门就能接受世界一流的教育。我校还与天津和西安的两所大学开展这样的合作办学项目。合作办学项目能够加强学生流动性，促进双方教师的科研合作和对彼此文化的理解。

今天，在校长论坛上，我想具体谈一谈大学在利用科技推动未来产业转型方面的责任。我要重点谈我们要达成目标所需的鼓舞人心的领导力，要特别强调，大学需要重视使命驱动型领导力。

首先，我要谈一谈我们从"现代经济学之父"亚当·斯密那里获得的关于领导力的启发。亚当·斯密1723年出生于苏格兰，最近我们修复了他的故居班缪尔楼，这座楼现在是我校商学院的一部分，是启蒙与激进思想的象征。亚当·斯密有两部为人熟知的著作，探讨了不同国家的人们的行为方式，以及这些行为方式如何影响全球经济的性质。

他最有名的著作是写于1776年的《国富论》。1896年，严复开始翻译《国富论》，用5年的时间完成了译著。严复曾在英国格林威治皇家海军学院学习。作为独立的知识分支，中国经济学在与以自由市场原则为基础的亚当·斯密学说的接触中，迈出了发展的第一步。

亚当·斯密在谈到中国时曾说："中国是长期最富的国家之一，是世界上土地最肥沃、耕种得最好、人最勤劳和人口最多的国家之一。"斯密还写了《道德情操论》，鼓励大家在日常行为中恪守道德，以确保我们的行为能惠及更多人、促进社会公平。

我的核心观点是，先进技术和创新对于应对当前挑战至关重要。但也要认识到，如果不开发人类的情感潜能，单靠技术和创新是不够的。

除技术进步外，就像亚当·斯密一样，领导思维方式的转变对于以可持续技术为驱动力的社会的形成至关重要。当今世界的问题日益复杂，我们能否应对这些问题，取决于我们是否能够弥合人的差距。

纵观历史，人类的进步意味着知识与技能的增长，以应对与进步相生相伴的复杂性。今天与以往的一个关键区别是，由于人工智能、大数据处理和连接数字技术的进步，复杂性正以前所未有的速度增长，我们正失去对它的控制。

要跟上技术发展的步伐，保持对技术的控制，唯一的方法是更深入地探索与开发我们的情感潜能，提高互信和协作能力，增强价值观和意义感。为了在制度层面实现这一目标，就必须在政治、商业、教育、工程和政策制定的各个层面发展和培养使命驱动型领导力。

教育应该使毕业生具备一套全面的能力。我们的毕业生不仅要掌握技术能力，能够建立起可靠、强大的技术系统，还要掌握作为人的技能，如谦逊和智慧，能够对系统、解决方案和算法提出质疑，确保他们所具备的东西是21世纪所需要的。这样，毕业生才能成为未来的领导者，不仅具备过硬的学术能力，而且拥有实现目标的人格力量。

赫瑞瓦特大学以建立更公平、可持续的美好世界为己任，这样的世界需要使命驱动型领导力来主导。我们通过开创性的教育、卓越的研究、企业及合作伙伴关系来实现这一目标。我们鼓励教职工和学生制定"影响陈述"，表达各自的使命感，并概述将如何利用这份使命感，为世界带来积极影响。

我在自己的影响陈述中写的是成为变革的推动者。我的目标是通过建立全球性的可持续发展社会,为他人的生活带来快乐和安全。

本着亚当·斯密的精神,使命驱动型领导力将是我们改写教育、人力资源管理、市场营销、工程和治理发展走向的最佳选择。作为大学领导者,我们每个人都能在这方面发挥关键作用,我诚邀您加入这一使命驱动型领导力运动。

大学在数字革命和人工智能时代扮演的角色
——马来西亚拉曼大学校长视频发言稿

Ewe Hong Tat

（马来西亚拉曼大学）

从农耕革命开始的技术革命算起，人类经历了工业革命，现在又身处数字革命时代。农耕革命和工业革命时期，我们讨论的产品是实实在在的实物，但在数字革命时期，我们探讨的范围除实物外，还涵盖了数字产品。这就意味着任何新产品、新服务，只要人类能想象到，都可以在数字空间被创造出来。因此，我们此时能够见证很多新技术浪潮。比如说，目前大家正在研究大数据分析对工程难题的解决以及对商务实践的促进作用，所以有了目前广为谈论的人工智能、机器人、物联网、区块链、量子计算以及5G技术等。

新技术浪潮将会转变人类的行为方式、生活方式、工作及学习方式。这就是为什么大学应专注这一领域，并以此改变我们的工作、教学模式，以回应社会的研究和服务需求。

从知识层级的金字塔最底部看起，要想达到数据层级，你需要将所有信息进行整合。因此首先需要收集、掌握某一特定领域的知识，并学会利用它们解决实际问题。除此之外，我们不能仅局限于知识层级，还需要达到更高的层级，比如智能层级。智能的应用，不仅意味着使用知识，更意味着创造新知识。

当然，要更进一步达到逻辑层级，并能够以此判定事情的正误，这正是当代教育的目的。当代教育不仅要培养学生的数据处理能力，培养内容还应包括知识的习得、智力的发展以及智慧的提升。若要再高一个层级，那就涉及道德伦理教育的重要性了。

在人工智能以及工业4.0时代，自动化和人工智能的重要性日渐凸显，它们逐步被广泛运用于各种工作场景。因此,我们需要培养我们的学生掌握知识层级中更高层级的知识、思维和智慧,使其掌握更高的工作技能。

在工业4.0时代,非常重要的一点是要培养具有成长型思维模式和同理心的知识型劳动者。知识型劳动者需要具有成长型思维模式,这是因为他们要清楚自己面临的挑战,并了解如何通过自我学习,积极寻求解决问题的办法。知识型劳动者需要有同理心,这是因为他们要成为人类世界和机器世界或算法世界的关联,所以他们需要了解其他民族的感受,并将其考虑到设计的产品和服务中。

在教育过程中,我们总是认为学生培养可以像其他工业制造过程一样,学生通过学习标准系统化的学术课程习得知识并最终毕业。但事实并不如此。这一过程就像有机农场生产过程,学生们在通过标准的培养方案习得知识并毕业的过程中,他们也会互助互学,通过讨论共同解决问题。同时,教授和讲师应引导、领导学生并为他们提供合适的氛围,帮助他们持续进行自我提升。

因此,这些都是我们正在面临的挑战。传统的面对面授课正在被在线教学所取代,我们也必须适应线上线下的混合教学模式。校园体验现在必须拓展到实体校园之外,并延伸到虚拟网络校园空间。我们需要更多的国际学生,也需要做更多的国际化努力,让学生可以随时随地学习。

这其中的机遇是,数字化联系将成为新常态,并实际上改变着混合教学模式,从而使线上、线下学习相辅相成,让学生的个性化学习、自主探索性学习和自律成为现实。同时,这也促进了包罗万象的开放式学习的发展和评估方法的改变。

当前还出现了校园体验革新浪潮,包括线上和线下结合的校园体验、全天无休的校园体验、创新性的学生俱乐部、社团活动、同龄导师等。例如,我校提供了一系列的创新性和创造性活动来帮助学生提升他们的软技能,锻炼学生的沟通协调能力和其他技能,以便他们能够很好地成长并为适应未来社会做好准备。

当然,对于有些机遇,比如开展国际学生的在线学习、虚拟课堂,以及通过视频会议、研讨会等形式开展国际化教育时,我们还需考虑其经济成本,利用自动化处理等手段节约成本,提高效率,精打细算,灵活处理。

学生的虚拟流动可成为学生流动性的有益补充,因此我们提供了网络研讨会、慕课课程、线上游学、网络教室以及线上交流、实习和研究等,这些都可以跨越空间,实现线上参与。例如,通过网络研讨会,来自不同学校的学生可以很容易被组织到一起,共同参会,分享知识,互动讨论。在线游学项目能使学生不需花费巨额旅费而获得旅行体验。学生也可以通过在线交换项目上课,并更好地学习。慕课在我校被用来鼓励学生利用大量的在线资源进行自学。国际合作论坛则可以让来自不同大学的学生和教职员工共同探讨。工业学院也可以利用这些对话方式实现互动。

从教育层级来看,我们不能仅仅将教育视为培养学生生存和工作能力的途径,更要着力提高教育层次,使教育服务于生活,并培养学生终身学习的能力。

意大利诺瓦拉 ACME 美术学院校长视频发言稿

Pietro Previde Prato

（意大利诺瓦拉 ACME 美术学院）

人的本性就是在好奇心的驱使下，渴望通过不断了解、探索、创造和发明来提高自己的精神和物质条件。而好奇心则源于对了解宇宙无限维度的渴望。为满足日常需求，人们要不断将以前做不到的事情逐步完善。这样既是为了创新，也是为了人类能够主宰自然，提高幸福水平。而科学已被证明是持续探索的最有力的工具。

几个世纪以来，科学一直是由工具有限的个体在不断实践，有时会因为当权者的威望，会有赞助人在艺术、文化和科学方向给予支持。达·芬奇就是其中之一。

而我们不需要追溯科学和技术的历史，应把注意力集中在距离我们更近的时代。

从17世纪中期的工业革命开始，生产者正是在新的科学知识的基础上将技术革新带入了商品和服务的生产方式中。机器的改进既来自机器的制造商和使用者，也来自哲学家和思想家。这些人是自然哲学家，后来在19世纪被称为科学家。我们所处的社会，现在越来越多地被称为知识社会，这正是因为19世纪下半叶所带来的改变。

那么，稳定组织的制度化有什么意义呢？就是产生想法、发现方向和实验室研究，这些都是在大学内诞生的。虽然之前大学里已经有了实验室，但直到20世纪70年代，工业界才出现了研究实验室，特别是在电气化学方面。这种变化随之带来的就是公共研究实验室和私人研究机构数量的增长。而大学研究实验室则进一步改变、优化创新体系，以至于一些观察家认为19世纪最大的颠覆是在发明方法本身。

在第一次世界大战和第二次世界大战之间,研究工作有了进一步的发展,一些发明在战争冲突中得到了应用,有的是带有破坏性的目的,有的则是为了拯救生命,比如青霉素的发明。从政治的角度来看,科学的力量带来了革命性的变化,并使伟大的项目得以启动。尤其是在美国诞生的著名的"大科学",它使大型工业项目得以实现。在第二次世界大战之后,美国和俄罗斯以及其他大国之间存在着军备竞争,而各国政府意识到,想要维持幸福指数和安全系数,必须大力资助科学家。

大学早晚会产生对人类有用的发现,所以科学被认为不仅用于欧盟的战略目的,而且还是国际上一个重要的权力工具。科学研究已被充分证明,它对整个社会和新技术的发展都产生了积极影响。

但是,从我们所发展的方向的制度化方面来讲,我们是如何看到这飞跃性的进展的呢?主要是由于科学和技术的逐步融合,科学被认为是通过确定事实、原则和方法而制定的系统化,而技术则是将自然界中可用的物质和能源的特性转化用于满足人类需求的过程。

过去那些基于观察、基于系统的尝试,已经不能满足推进了解自然现象的基本原理所需的技术,如果不借助于在大学研究实验室产生的复杂的科学基础,我们在分子生物学、微电子学和新材料等知识领域是无法有所进展的。虽然科学和技术都已经逐渐成熟且分别具有相当程度的自主性,但它们相互之间有深刻的关联性,这两者是不可能被区分开的。因此,从组织的角度来看,科学主要是在总部内、在大学内、在组织内、在技术公司内进行的。此外,已知技术的复杂性不允许个人在生产设施中进行实验,因此,需要在大学的研究实验室中用模拟实验将发明与生产两者分开。在这个过程中,针对当代科学技术社会,很多问题被提出,例如为什么不利用最发达的社会和经济,如信息社会、知识型社会、学习型经济等,把生产、管理、分配和利用知识的能力置于社会和经济进程的中心。但现在,无论处在何种情况,学习过程对个人和组织来说都是非常重要的,这正是大学系统被要求发挥的作用。

物联网社会给可持续发展国际合作带来的影响与机遇
——德国北黑森应用技术大学副校长视频发言稿

Michael Namokel

（德国北黑森应用技术大学）

首先,我想讲一下针对当今现状的思考。在过去的几十年里,大气中 CO_2 含量呈现出明显的强劲的增长趋势。即使是科罗娜导致的封锁也没有真正阻止这一趋势。至于甲烷——温室效应的推动者,情况似乎更糟,大气中的甲烷含量急剧上升。北极海冰在快速消融,亚马逊雨林似乎消失得更快;大量的森林被砍伐;极端恶劣天气急剧增加。2021年,德国灾难性的阿尔塔尔洪水暴发。2022年,欧洲出现了历史性的干旱。许多人担心尤其是欧洲南部可能出现沙漠化。从经济的角度来看,这也是一场巨大的灾难。仅仅在美国,灾难的损失已达到2万亿美元左右。因此,我们需要坚持可持续发展。我们应该风雨同舟、休戚与共。

我们面临着前所未有的复杂的挑战。如今,资源消耗太高。2022年的地球生态超载日是7月28日,看起来明年的相关状况也不会变得更好。这些问题都不是局部事件,都是相互关联的。所有人都会受到影响。为了解决这些挑战,信息物理融合系统开始发挥作用。原则上,这使得所有人类和事物之间的"实时"联系成为可能。我们有尖端的技术来协调和指导整体的互动,有传感器和监测器来观察关键情况。让我们用封闭的视角看一下信息物理融合系统的特征。社会和技术的融合形成了所谓的信息物理融合系统。各种子系统相互关联形成一个全面的系统,高级流程的核心协调能够实现一致性,从而提高效率。密集型传感器网格可以进行全面的检测,并与一个巨大的数据流——大数据相连。人类是在系统内行动和工作的互动部分。人工智能在这种设想中发挥着核心的作用。

在这些可能性中出现了许多国际合作的机会。我想重点指出几个关键的机会：首先，我们有"零距离机会"。物联网是在世界范围内构成的物物相连的网络，因此，链接的距离原则上是"0"。几乎每个地方都可以实时共享信息。信息质量也在改进，如借助虚拟现实等新技术可以实现自动化翻译和信息说明。因此，不同语言的支持和跨文化翻译简化了互动。信息和经验的结合在全球变得可行。关键机会是，世界范围内快速分享的最佳实践和及时合作、支持变得可能，沟通变得更加直接。当然，人工智能将帮助处理信息和大数据。跨境应急信息的直接联系是可以直接应用的。展望未来的发展，最佳实践和大数据分析共享将可以进行预测，优化针对极端挑战的最佳行动。基于预测的伤害或危险的预防将变得可行。

最后，我还想做下总结。信息物理融合系统为处理全球挑战提供了很多机会。"零距离"方便"ad-hoc"合作、互助和信息交换。这是最好的实践转换可能性。新的技术让我们了解在复杂情况下如何转变。我们有直接联系，无区域化差别。共同的预测和预报将预防灾难和危险的发生。我们需要风雨同舟、休戚与共，共同应对全球挑战。

新一轮科技革命背景下的白俄罗斯国立技术大学

Sergei V. Kharytonchyk

(白俄罗斯国立技术大学)

在经济、工业和社会环境新的发展阶段,产生了诸如商业流程大规模自动化、工业领域信息技术的大量应用、人工智能的普及以及知识密集型高科技制造等重要现象。这一切都表明新一轮科技革命突飞猛进,这就对教育领域培养新型人才提出了更高的要求。

白俄罗斯国立技术大学是白俄罗斯共和国技术教育领域的领军高校之一,同样也是独联体成员国高等技术教育基地。学校致力于发展先进科学教育,并培养适应第四次工业革命的高级人才。

教育系统受到各种科技发展趋势的影响,尤其是信息通信技术的发展,从而导致数字技术在大学教育中的广泛应用和科研全球化。

将高质量的全日制教学环境与网络技术相结合,一方面可以优化培养过程,使不同水平的学生获得更好的教育;另一方面,可以对更多的师生开放大学校园。今天,实践已经证明,建立网络教学系统是大学开展人才培养的有效途径。目前,白俄罗斯国立技术大学与各国大学联合开展100余个教育项目,旨在培养更多的优秀大学生,并且加强在文化和科技领域的校际互动。

白俄罗斯国立技术大学已经形成高效的产学研体系,其中包括19个学院、1个分校(研究型理工学院)、1个科技园(理工)、1个实习工厂(理工大学生)。学校的硬件设施不仅能够实现高科技产品从创意、投产到消费的闭环,同样可以保障高水平人才和研究团队的培育。

例如,为了完成相关研究,学校创建了以下4个专业领域的科研实验室:新能源、等离子和激光技术、新型设备和微机电系统、运动生物学。学校同样还在人造宝石和激光晶体、毛坯铸造、新型合金、改性剂、医疗产品、零部件表面改性技术等领域创建了实验生产基地。

学校在科技研发过程中产生了一系列重要成果,诸如使用激光辐射对大型机械制造的关键部件进行热硬化处理的装置、用于特殊用途导航系统的小型激光发射器、用于半导体器件制造的非接触式扫描电势测量装置、双金属制品高速热挤压节能创新技术等。同样,在表面工程领域,例如零件表面硬化和修复技术方面,取得了重大进展。在医疗技术和设备领域也产生了代表性成果,例如用于手术和治疗大面积创伤、血管和关节假体以及各种植入物的医疗设备。

白俄罗斯国立技术大学学者们的研究成果由科技园进行产业化,其工作重点是:孵化小型创新型企业;将科学家的智力成果产业化;建设保障创新成果产业化的硬件设施;大力发展信息网络和数据库;为初创项目融资。

在白俄罗斯企业、国家机构和组织中应用学校相关技术可以解决进口替代、节能、提高产能等问题,从而完成现代化和产业迭代升级。

为了培养学生的创业能力,培养善于创造和推广高科技产品的创新型青年一代,学校建立了工程创意和青年创新企业家的培养系统,其中包括大学生实验室、生产制造实验室"Fablab"、创业中心(从创意到生意),在上述设施中学生们可以实现自己的创意和创业想法,并成立自己的企业。

高等教育需要快速适应经济和产业的转型,升级学生的培养方案,创新跨学科教育体制,从而使学生能够掌握数据科学、人工智能、机器人技术领域的知识和技能;同时需要扩大和加强校际合作。

大学生在毕业后必须快速掌握新技能以应对新一轮科技革命。如今,知识和技能过时越来越快,这就需要未来的工人不断更新知识和技能,研究他们在学生时代可能不存在的新技术和新产业。为此,白俄罗斯国立技术大学非常重视教师的专业发展,培养方案以前所未有的频率更新,以求紧跟科技进步的步伐。在未来的高校中,学生和教师永远不会停止学习,必须不断彼此切磋,和校外专家互动,并根据最新的科学发现和技术升级来更新他们的技能。

我相信,白俄罗斯国立技术大学在教学、科研和创新方面的潜力可以完成实体经济提出的任何复杂任务。

美国南阿拉巴马大学副校长致辞

理查德·卡特

(美国南阿拉巴马大学)

南阿拉巴马大学位于美国国际商贸中心,占据战略位置。学校为学生和学者提供成为未来各行各业先驱的前所未有的机会,在商业、人文科学、教育学、工程学、计算机科学、卫生保健等专业提供优质教学,校园配备了最先进的硬件设施,学生生活丰富多彩。

此时此刻,我想特别感谢主办方邀请我和南阿拉巴马大学参加此次盛会,很遗憾我不能亲自造访。孔子留给我们的文化遗产值得我们每一个人深思回味。我希望我们能够跟随孔子的步伐,在他奉献了自己一生的教育领域里,继续深耕、发展。

南阿拉巴马大学深刻认同教育是拉近世界距离的门票。我认为这个活动的终极意义是为了致敬孔子的教育方式和他所做的工作,这将为建设更成功、美好的未来奠定基础。

我们学校也对与鲁东大学的合作以及未来与山东省建立更密切的联系感到无比兴奋。南阿拉巴马大学在美国墨西哥湾沿岸的教育中发挥着重要作用。将这两大力量结合在一起,将为美国和中国的学生提供一个完美的平台和更多的机会。

我想再次真诚地感谢主办方邀请我参加这次活动。我们十分期待与鲁东大学和山东省的合作。

我们向孔子的文化遗产致敬,让我们记住他的一句名言:"知者不惑,仁者不忧,勇者不惧。"

德国克劳斯塔尔工业大学校长发言稿

沙赫纳

(德国克劳斯塔尔工业大学)

克劳斯塔尔工业大学早在20世纪70年代初就与中国的大学开始了合作。这些合作始终坚持相互尊重原则,是研究、教学和学生交流方面的优秀交流案例。从那时起,有来自中国的3000多名学生来到克劳斯塔尔工业大学学习。一个非常引人注目的例子是万钢教授的职业生涯。他于1985年至1990年在克劳斯塔尔工业大学进行研究,获得博士学位。1990年起,他又担任博士生讲师和导师10年,自2016年4月起为克劳斯塔尔工业大学名誉教授。

近几年来,我们不断加强与青岛科技大学的合作。此次合作的起点是大陆马牌(合肥)有限公司、大陆集团汉诺威中心研发部及青岛科技大学教育部重点实验室在赵树高教授的指导下共同启动的一个项目。自2016年以来,在格哈德·齐格曼教授和赵树高教授的共同指导下,聚合物材料和塑料工程研究所开展了博士联合培养项目,这一合作得到了极大的深化和改进。赵鸿赢于2020年12月在齐格曼教授的指导下,在聚合物材料和塑料工程研究所完成了博士学位答辩,在相应专业领域取得了巨大成功。2021年10月,赵博士回到青岛科技大学,他正在非常深入地深化青岛科技大学与克劳斯塔尔工业大学之间的科学交流。

2019年,克劳斯塔尔工业大学和青岛科技大学签署了一份关于两所大学之间双博士学位项目的谅解备忘录——从那时起,第三名博士生已经在克劳斯塔尔高分子材料和塑料工程研究所学习研究了至少一年。2021年,双方共同签署了一份合同,为位于青岛科技大学的中德研究所提供资金,该研究所旨在启动橡胶技术、先进复合材料和结构以及这些材料系统和应用的测试技术领域的共同研究。它计划与中国和德国的工业合作伙伴开展基础研究项目和应用科学项目。这些活动由我们学校的埃斯德茨教授、威廉教授、齐格曼教授和我本人主持。不幸的是,由于新冠疫情,科学交流在过去三年中受到限制,我们希望,我们可以通过中德联合研究项目改善合作。

我们两国之间,特别是我们两所大学之间的研究活动的自由交流,是全面改进技术特别是关注未来项目的可持续性的良好基础。中国和德国大学之间在研究和教育方面的自由交流将提高两国的知识水平,并将极大地推动学生之间的交流。这种不断的交流将有助于提高我们在不久的将来解决科学挑战的能力。

自 2018 年 3 月以来,克劳斯塔尔工业大学拥有自己的中国能力中心,中心由德国联邦教育与研究部(BMBF)资助。有鉴于此,让我们——甚至更多——在跨文化能力领域共同努力。我相信,我们将在青岛科技大学和克劳斯塔尔工业大学之间,当然还有在中国其他大学之间,创造一个非常成功的研究和教育未来。

新一轮科技革命和产业转型背景下大学的责任与使命
——日本山口大学副校长视频发言稿

Marc Loehr

（日本山口大学）

请允许我先从自身的求学经历说起。1982年,我在德国开始主修日本研究。第一学期的课程令人兴奋,甚至连我这样对这个国家和地区知之甚少的人来说,也不难理解。我印象深刻的是关于日本社会的导入研讨课,讲授的是"真正的日本人"是如何思考和行动的。通过一年的学习,掌握基本的日语知识后,我错误地认为自己了解了日本文化的一切,是时候去日本看看了。1983年夏天,我在日本搭便车旅行了两个半月。在与司机的日常对话中,我发现日本社会的异质性比我根据所学知识预期的要大得多,人们的渴求、希望、恐惧和观点都与我没有太大的不同。

再继续学业时,我意识到仅宏观研究外国文化是不够的。相反,还需要理解个体和微观层面的多样性。

自20世纪80年代以来,世界发生了巨大变化。最重要的是,由于互联网和新数字沟通方式的出现,世界连接得更加紧密。如今,我们有无数机会去详细了解世界上最偏远的角落。每个人都在谈论数字转型的重要性,这也是大学面临的重大挑战——来自两个层面。

首先,数字化转型影响了大学结构和运作流程。数字工具、网络和云计算的发展意味着大学必须重新考虑工作流程,大学在行政、教学和研究方面的新合作机会正不断涌现。但我们才刚刚起步,因为数字化转型不仅意味着环境数字化,毕竟环境数字化开始得早得多。相反,它意味着在大学组织整体系统性变化的层面上运用数字化。

其次,第二个层面,也是更重要的层面,数字转型正彻底改变整个社会,甚至整个世界,其方式是从根本上改变全球工作和通信流程。大学面临的主要挑战是让学生能够在未来的工作和生活中应对所处的新世界的要求。因此,我们迫切需要大学在内部数字化转型中发挥先锋作用。如果大学不改变自己,就无法让学生为全球数字化转型及其长期影响做好准备。事实上,20至30年后,人们,包括我们的学生,将不再像今天这样工作。

数字化转型将从根本上改变和革新工作的涵义和质量。我们如何让学生为世界数字化转型做好准备?现在,我将聚焦学生教育谈一下我的想法。

在未来的数字化世界,许多工作流程将被淘汰或发生质的变化,并对劳动力提出新要求。数字化带来的一个必然趋势是处理的信息和数据会增加。因而,大学的紧迫任务是给学生教授解决数据问题的"硬技能",使他们不仅能够处理数据,而且能够对其含义做出定性判断。当然,这需要一定的灵活性。只有当你知识渊博而非局限于特定领域时,才能达到这一点。当然,我们在未来还需要实力专家,如机械师、工程师或医生,但也需要更多的通才,如有机械知识的商业专家或具有医学知识的设计师。每个人都必须能够处理数字化世界带来的大量信息。数据科学的魔力能将不同部门连接起来。未来许多工作流程将实现自动化,但对流程的必要管理会保留下来,全部或部分由人工完成。在达到跨部门管理要求方面,数据科学处于中心位置。现在,大学的基本任务是使学生具备应对这些挑战的必要工具和技能。

至此,我只谈到了"硬技能"、数据科学及其工具的重要性,以及大学的相关教学。但在数字化转型社会,"软技能"也同样重要。最重要的技能当然是在全球范围内沟通的能力。如前所述,除了专家外,未来还需要越来越多的通才,他们能够调查复杂的工作流程并将各个结合起来。但是,我们如何用最好的方式教授沟通技能?我们必须关注什么?简短的回答是:学生,学习语言!但是学习外语不是目的,而是手段和方法。沟通作为一种软技能,意味着连接人、想法和兴趣。为此,你需要全球思维。外语可以成为一块敲门砖,只要你意识到外语能传达外国文化和不同价值观,进而拓宽你的视野。在国际交流教学中,重要的是不要给学生传播定式思维,而是让他们能够多样化。

在此,借鉴我自己的求学经历,我认为,我们首先要教学生以开放的心态客观地掌握各种观点和价值观,然后才去评判。以这种方式习得的观点和意见将成为软知识库,在深入沟通中得到有效应用。从这个角度上说,山口大学的当务之急是向中国和世界输送尽可能多的学生和科学家,并欢迎来自中国和其他国家的学生和科学家前来,拓宽彼此的视野。在交流中,双方大学曾很快掌握在疫情防控期间如何有效地使用数字工具。借此,我们可以找到数字化和沟通之间的重要十字路口,为未来揭开巨大机遇。正如我求学时的经历和我在山口大学数十年的教育工作所揭示的,我相信,通往未来的钥匙是技能和思想的多样性,大学的基本使命是将这些钥匙代代相传。

新时代的香港高教与创科

李焯芬

(中国工程院院士、香港大学原副校长)

2022年7月1日,是香港回归祖国25周年纪念的日子。习近平主席在港期间,考察了香港科学园,并指出"香港科技工作者是我国实施创新驱动发展战略、建设创新型国家的一支重要力量",寄语特别行政区政府"要把握时代发展大势,把支持创新科技发展放在更加突出的位置,进一步发挥好科技创新的支撑和引领作用"。[1]

习近平主席强调,国家高度重视科技创新工作,深入实施创新驱动发展战略。国家已将支持香港建设国际创科中心纳入"十四五"规划,对香港有很高的期望。希望香港发挥自身优势,汇聚全球创新资源,与粤港澳大湾区内地城市珠联璧合,强化产学研创新协同,着力建设全球科技创新高地。[2]

香港的高校,汇聚了不少创科人才,是科技创新的重要力量,研究成果较显著,国际排名亦在较前位置。香港未来要建设全球科技创新高地,有一定的基础条件,但正如习近平主席所指出的,香港仍需发挥自身优势,汇聚全球创新资源,与粤港澳大湾区内地城市珠联璧合,强化产学研创新协同,着力建设全球科技创新高地。

香港特别行政区政府正规划在香港新界的北部地区建设北部都会,与深圳市及粤港澳大湾区紧密合作,推动产学研创新协作,建设全球科技创新高地。香港各大学的科研人才,正与内地同行共同携手,承担这项历史使命,包括组建国家级的实验室和相关的产业链。

---

[1]《习近平考察香港科学园》,《人民日报》2022年7月1日。
[2] 同[1]。

香港中文大学和香港科技大学，已先后分别在深圳和广州开设分校。香港大学、香港理工大学、香港都会大学正分别计划于深圳、佛山、肇庆等粤港澳大湾区城市开设分校。香港各大学的研究生，目前大部分均来自内地。这也反映了香港正在发挥自身优势，为国育才，同时为建设科技创新高地积极地创造条件。

韩国蔚山大学校长视频发言稿

吴然天

（韩国蔚山大学）

蔚山大学于1970年建校，创始人是韩国现代集团创立者峨山郑周永会长。蔚山大学秉承郑周永会长的开拓与挑战精神，培养为社会共同体贡献力量的优秀人才。建校50周年以来，共向社会输出毕业生11万名，他们分别活跃在韩国国内外各个领域。

蔚山广域市号称韩国的"产业之都"，坐落于此的蔚山大学拥有国内最高水平的产学合作教育体系。学校以此为基础，不仅与各大国际企业定期开展合作培养项目，还和世界优秀院校共同开拓学术研究的新领域，努力培养引导未来产业发展的领军人物。

蔚山大学和鲁东大学作为姊妹院校，一直以来保持着积极紧密的合作关系。2013年，正式成立鲁东大学蔚山船舶与海洋学院。此后，在两校的共同努力下，鲁东大学蔚山船舶与海洋学院已经成为中韩合作办学的优秀先例。期待日后继续为两校的师生提供更加宽广的国际化视野和发展平台。

我相信，大学是我们社会未来的希望。我们应该摒弃国家之间的偏见，坚持以求知和创新的姿态，共同建设以人类命运共同体利益为核心价值的大学。

2022年是中韩建交30周年。当今，国际局势日新月异，但我相信，只要我们坚持睦邻友好，守望相助，定能创造更加璀璨的美好未来。

此次尼山中外名校校长论坛将会成为中韩两国高等教育交流的又一重要里程碑。我对无法到场参加如此意义非凡的活动，表示深深的歉意和惋惜。

科学、技术和行业变革中的大学角色

Ian Young

（澳大利亚国立大学和斯威本科技大学原校长）

大学在过去的数千年中一直以不同的形式或形态存在着，在此期间，虽然其角色细节发生了变化，但许多基本要素仍然保持不变。大学的责任有：为社会提供最高水平的教育服务，培养具有创新能力的社会领袖，通过教育活动奠定社会发展的基础。

近几个世纪以来，大学逐步将科学研究纳入其核心活动之中。今天，大学还扮演着以下角色：拓展新知识；将新知识服务于社会，并促进国家的现代化发展；应用科技，增强国力。

今天，成功的国家取得的成就大多建立在发展世界一流大学的基础之上。这些大学为国家培养出有影响力的领导者，并通过在历史、经济和文学领域开展卓有成效的研究，为社会的稳定奠定基础。

此外，科学和技术为现代化国家的富强提供动力，而优秀大学在以下科学和技术领域的关键研究方面发挥着重要作用：物理和自然科学、生物学和医学、工程与技术。而这些仅仅是列举的一小部分。

也许有人不赞同我以上的观点。但事实证明，杰出的大学体系支撑着国家的强大和社会的稳定。

那么，构建杰出大学系统的最佳方案是什么？这是我们面临的最大问题。当技术和学生与社会的期望渐渐改变大学教学与科研方式时，这个问题变得更加紧迫。

就我个人的观察，我认为杰出的大学体系离不开以下几点：

首先，充足的资金。充足的资金是建立一所杰出大学的必要条件。有了充足的资金,虽然不能保证必然能成功建立杰出大学,但是缺乏资金一切将无从谈起。历史告诉我们,成功的国家大都对本国的大学进行了充分的投资。这些资金可以来源于政府、个人,或者两者共投。

其次,良性的循环体系。充足的资金和良好的管理可以为大学营造良性的循环体系。这样的大学会吸引最优秀的教育工作者和科研人员,从而成就大学良好的声誉并吸引优秀的学生来校学习。这些优秀的教育工作者、研究人员和学生将造就成功的校友群体、杰出的科研产出以及与其他组织的紧密联系,这些其他组织包括其他大学、行业组织和政府。而紧密的联系将进一步促进研究成果的产出和引进更多的资金,从而实现良性循环。

再次,支持其发展的社会环境。正如我之前指出的,大学在科技创新领域发挥着重要作用。反过来,技术正在逐渐改变大学传统的教学方式。以上在新冠疫情期间体现得尤其明显。

在疫情暴发之前,在线教育虽不断发展,但始终被认为仅是面对面教学方式的一种补充形式。一直到在全球疫情的影响下,在线教学的优势才得以凸显,在线教学成为许多大学必须采用的教学手段。目前大家对线上教学的评价毁誉参半,我认为在线教学与大型讲座具有一样的内容交付效果,但在小组讨论、辩论等学习形式中比较低效,在深入学习层次存在明显不足。

在后疫情时代,世界各地的大学都很困惑到底应该采用何种教育方法。那么它们最终会回到疫情前的老路上吗?我觉得不会。混合式教学方法将越来越多地被应用。授课内容将通过录制的教程或同步上课视频在线交付,同时将结合面对面的线下小组讨论和辩论等学习方式。这将从根本上改变我们的大学校园,让昂贵的大型演讲厅成为过去式。

最后,国际化程度高。杰出大学的另一个特点是它们吸引着来自世界各地的学生。但是因新冠疫情导致的旅行限制严重制约了国际学生的数量。这对校园的活力和多元文化产生了严重的冲击。我们也因此感受到国际旅行对于大学,对于培养学生了解世界、感受世界的多种文化的重要作用。

新冠疫情还让我们明确了一点,那就是国际联系在世界高端科研发展中同样发挥着重要作用。拥有众多的国际作者是具有影响力的科研出版物的一个显著特征。由国际科研团队出产的成果的被引用率会更高且影响力更大。

但新冠疫情限制了来自不同国家的学者参与联合研究与会议探讨。尽管我们在新冠疫情之前就意识这一点,但最近国际旅行和合作的多种限制已经清楚地证实了国际合作的重要性。

总而言之,大学对于建设现代社会和教育人民至关重要。大学科研成果越来越广泛地成为国家进步和社会财富增长的基础。建设好大学需要具备许多要素——充足的资金、良性的循环环境和支持其发展的社会环境,然而,更重要的一点是:好大学依赖于国际化的学生群体;同样,顶尖的研究也是由国际合作推动的。

当国家及其大学将国际化视为其角色的基本要素时,它们必将受益匪浅!

全球新一轮科技革命与技术转型背景下大学的责任与使命

西蒙·麦克迪

（莫道克大学）

位于澳大利亚西澳洲珀斯市的莫道克大学建于 1975 年，目前有珀斯校区、新加坡校区、迪拜校区三个校区。建校之初，莫道克大学就着力打造国际学习、教学、科研及产业中心，一直关注国际社会的未来挑战，因此学校长期重点发展环境可持续发展和动物科学。

学校始终致力于通过教育与科研的力量塑造世界。莫道克大学坚信教育付出不仅有利于当代社会发展，更会推动未来社会发展。这也印证了我们只是这个世界的临时管理人，但教育和科研工作可以为西澳洲、为澳大利亚以及国际社会的未来发展持续发力。

世界一直在变化，大学在培养具有自由思想和工匠精神的毕业生方面发挥着重要作用，这些毕业生掌握最基本的成功技巧，或者更简单地说，具备高质量有意义生活的能力。作为大学，莫道克大学始终在培养毕业生终身学习的热情方面发挥关键作用，帮助他们把控未来，掌握多重职业技能，在这个发展变化的世界中具备灵活性、适应性以及创造力等重要的成功资质。

一、全球新一轮科技革新与技术转型背景下研究模式的构建：莫道克大学方式

在未来 30 年里，全球人口将增长至 100 亿，大学应积极参与转型研究，着力解决世界面临的重大挑战，例如食品和水安全问题、气候变化以及能源问题等。

大学必须着力于更好地服务社会以及保护我们共同居住地的环境，要积

极融入全球挑战,解决当前和未来出现的棘手问题。世界正迅速发展,各种问题也相继发生:气候变暖、土地退化、食品与水安全堪忧、人口增长与老龄化、新出现的人类疾病、动植物害虫等。

莫道克大学是一所研究型的大学,聚焦对人类生活产生实际影响的多学科转型研究,注重将实验室知识和公共政策中的探讨见地运用到实际生活中,强调实践和效益,不断应对挑战,促进经济政治发展。为应对全球挑战,莫道克大学通过建立团队,打破传统的学科界限。这些科研活动跨越机构间、洲际间以及国界间的限制,与企业、政府以及其他相关的团体进行合作。

为在新一轮科技创新与技术转型中居于领先地位,莫道克大学将学校的科研部门重组为跨学科的研究中心或研究院运行。每个中心的研究范围涵盖环境(全球的可持续发展)、食品、健康以及原住民发展等,研究还覆盖17个全球可持续发展目标的解决方法。

二、莫道克大学研究中心介绍

(一)哈瑞·巴特勒研究中心

哈瑞·巴特勒研究中心将社区建设、经济发展以及环境保护相融合,实现人类进步与生物多样性的共存。中心以可持续发展为目标,推动产业在做好环境保护的同时,为社区建设贡献最大的经济效益。这项研究最初受哈瑞·巴特勒的研究生涯启发,之后中心同不同研究院、公共部门以及企业加强合作,开展研究项目,其影响也从地方扩展到全球。

哈瑞·巴特勒研究中心的分中心主要有:

1.生物安全与同一健康中心

生物安全与同一健康中心相信人类健康、生物多样性以及环境之间都是相互联系的,因此,其跨学科研究涵盖同一健康、抗生素耐药性、环境和生产系统的生物安全、媒介和水传播疾病、流行病学、食品安全和人畜共患病。加之相关领域的政策、立法和社会科学研究,实现用跨学科方法来解决与动物、植物、人类和生态系统的健康相关的复杂问题。

2.海洋生态系统可持续发展中心

该中心专注于研究澳大利亚和印度太平洋地区健康水生生态系统的多样

性和产出性,以支持该区域的活力发展。研究通过发现和创新,为保护水生生态系统的健康提供合适的和持久的解决方案,为经济社会的发展奠定基础。健康的淡水、河口和海洋生态系统支撑着经济发展,并为澳大利亚和世界各地的社区贡献社会性和娱乐性价值。

3.陆地生态系统科学与可持续发展中心

在陆地生态系统科学与可持续发展中心,学术研究人员与社区、行业从业和管理人员合作,旨在通过科学力量来维持生态系统可持续性和生物多样性。它的重点是借助科学的强大力量保护生物多样性。对野生动物、植物和过程的研究适用于受城市化、气候变化、采掘业和初级生产影响的生态系统。支撑这项研究的是跨领域的研究主题、紧密的教育联系以及大量的行业和社区参与。

4.水、能源及废弃物研究中心

水和能源的供应是现代生活的基础,废弃物管理也是如此。水、能源和废弃物研究中心在这三个相关领域进行研究,确保人类活动可以与生物多样性和敏感的生态系统共存。该中心研究的一个重点是水、能源和废物之间的关系,这对于未来经济发展和生态系统的可持续性至关重要。

(二)未来健康研究中心

健康需求因人而异。未来健康研究中心的研究范围从基因组到大脑,从大众人群医疗到为个人量身定制的精准医学。随着全球人口的增加、人口的老龄化及气候的变化,我们需要全面关注人类、动物和环境健康之间的相互作用。研究中心专注于明确界定的健康相关研究领域,并与当地医疗保健提供者、社区团体和国际合作者合作开展研究。

未来健康研究中心的分中心主要有:

1.澳大利亚国家表型组中心

澳大利亚国家表型组中心使用最先进的技术来改造和优化疾病预防、诊断和个性化医疗保健。重点是改善生活,解决全球性问题。中心的研究范围几乎涵盖所有的生物科学领域。它跨越了传统的研究孤岛,采用一种新的、更具协作性的科学方法,这对于解决世界上一些最具挑战性的问题至关重要。作为代谢表型领域的国际专业中心,该中心为健康、食品和环境等全方位的研究提供了一个重要的新平台。

2.分子医学与创新疗法研究中心

分子医学与创新疗法中心汇集了一批罕见疾病和康复领域的研究人员和专业临床医生。它是莫道克大学和产业的联合研究中心,汇集了来自多个学科的研究人员和专业临床医生,他们共同致力于开发精准医学解决方案,以对抗影响当今社会的疾病。研究人员使用精准医学来改变医疗保健,其规模相当于抗生素改变了对抗传染病的方式。

3.健康老龄化研究中心

健康老龄化研究中心汇集了多学科研究人员,致力于研究维持老年人生活质量和促进健康老龄化的新方法。中心汇集了多学科研究人员,研究维持老年人生活质量和促进健康老龄化的新方法。研究侧重于筛查、诊断和预防与年龄相关的疾病,以延长健康寿命和延缓衰老,同时努力实现身体器官更高的机能和恢复力。

4.计算与系统医学研究中心

计算与系统医学研究中心将科学家和临床医生聚集在一个跨学科的环境中,参与者在尖端分析化学、数据科学和数据可视化方面有雄厚的学术实力。该研究通过澳大利亚国家表型组中心来生成生物样本的高通量、深度表型图谱,这些图谱定义了个体的代谢状态,有助于了解疾病风险和病因。这是一个数据科学和分析引擎,可支持整个未来健康研究中心的研究。

5.基因组学核心研究机构

基因组学核心研究机构应用最新的基因组学技术来帮助研究人员预防和减少疾病对世界各地人民和社区的影响,同时研究全球医疗保健领域先进的医学和科学知识。机构还为食品生产和环境保护的研究提供广泛的基因组学支持。

(三)未来食品研究中心

养活世界是我们这一代人的挑战。随着我们的土地资源和水资源面临越来越大的压力,未来食品研究中心专注可持续提高食品产量的研究。食品安全是我们这一代人的挑战。中心致力于为有限的土地和水资源的可持续利用提供解决方案,在兼顾经济和道德的基础上,改善食品、林业以及纤维生产。

未来食品研究中心的分中心主要有：

1.作物与食品创新中心

作物与食品创新中心对主要的广亩作物和园艺作物进行研究，以提高其产量、质量，并增强耐受性和保护其不受生物和环境压力的影响。作物与食品创新中心有助于对农业新技术的开发和对农业的投资。中心的研究内容还涵盖了作物基因组学、生物技术以及农业和食品技术方面的前沿研究。该中心的研究重点是帮助澳大利亚农民在世界市场上保持竞争力，并在作物基因组学、遗传学、转基因、基因编辑、分子生物学和生理学、土壤和水管理、新农业技术（包括遥感和机器人技术）以及食品技术的新兴领域开展研究。

2.动物繁殖与健康中心

动物繁殖与健康中心的工作涉及整个产业链，包括供人类消费和食用的肉类、牛奶和纤维的生产。中心的研究活动与产业密切相关，包括牲畜健康、福利、营养、繁殖效率和生长，以及肉类科学和消费者态度。

3.农业系统可持续发展中心

农业系统可持续发展中心重点研究在不进一步破坏水资源、土地和土壤的情况下提高农业生产力。为应对气候变化和人口增长带来的挑战，中心的研究重点是优化与豆类牧场轮作的作物生产，增加生物固氮，同时尽量减少对环境的影响。

（四）南克·瓦拉发展研究中心

该中心的研究由原住民主导，聚焦原住民家庭和社区利益。该中心坚持以原住民为核心，致力于维护最高标准的文化完整性，促进由长者领导的延续真实的知识交流，在大学内外与研究人员、合作伙伴和利益相关者保持沟通。在此，我们提倡讨论和创新，优先应用土著知识，形成具有文化知识的概念、想法和解决方案，从而保护和支持世界上最古老的生活文化延续发展。

南克·瓦拉发展研究中心的分中心主要有：

1.妇幼保健中心

该中心的研究重点是原住民的信仰，即他们相信在长者智慧的支持下，健康的母亲与文化安全服务相结合可以保障婴儿和儿童的成长。中心需开发资源，鼓励原住民的发声，了解他们的生活体验。保护文化遗产，将心理健康与儿童发展联系起来,创建一个更加公平和安全的孕产妇保健系统,这是中心的核心研究领域。

2.家庭赋权和复原力研究中心

该中心的研究观点是支持年轻人、父母和家庭可以优化个人和社区的复原力、自我决策能力并培养未来的社区领袖。改变当前的做法、促进包容性和文化应对措施是其核心研究领域。

3.家庭健康与社区健康研究中心

该中心致力于维持母亲、父亲和长者的社会和情感健康,以确保家庭和社区的健康。自我决策的促进、数据主权的维护、坚强的孩子的培养是其核心研究领域。

三、结论

上面提供的案例表明,在新一轮科技创新和产业转型的过程中,科研活动模式的构建在效益产出中有极为重要的作用。大学有责任为改善我们生活的世界作出重要贡献,为达成联合国可持续发展目标提供了发展方案框架。

高等教育的全球本土化

王永刚

(美国亚利桑那大学)

历史轨迹终究会趋向公正。但是,如果我们想拥有一个更为公正的世界,其速度取决于我们现在的行动。我们高等教育的目标是培养世界公民,让他们接受教育并利用教育逐步使世界变得更加美好、更为公正。

在高等教育中,我们希望的目标范例是全球本土化,即全球化思维,本土化行动。全球本土化是一个参与框架,致力于实现高质量学习、公平、多样性、包容性和可持续性。全球本土化抵制学生的单向流动、人才流失以及南半球国家的西方化,抵制表层的社会参与,抵制对主流文化的强制同化和英语语言的霸权,抵制种族中心主义和文化殖民。通过全球化思维和本土化行动,全球从业者将满足所有利益相关者的需求,包括学生自己——他们是这一努力中最重要的利益相关者——以及教师和行政人员,他们为确保下一代的社会进步和公正奉献了毕生。

全球化和国际化之所以正在走向衰退,是因为它们延续了殖民主义思想带来的系统不公正。这些不公正现象中最主要的就是学生从南半球国家单向流向北半球国家。南半球和北半球的生活水平的差异促使越来越多的年轻人从其出生国去往另一个国家,在那里他们被许诺可以过上更好的生活。父母会为他们的孩子寻求最好的教育,因此有能力将孩子送到最好的学校的父母便会这么做,即使这种移民损害了他们家乡或祖国的当地社会结构。高等教育自诩为"非西方"学生提供"西方"教育的同时,也利用了这一愿望。

围绕着全球化和国际化出现了一些观点,即什么可以体现一所学校有价值或是好学校。在这些观点中,许多观点来源于金融市场,并由大学排名系统佐证,学生及其家长利用这些排名系统来决定哪所学校最有利于学生,但这些系统对他们而言是不够透明的。发达国家的家长和学生很少考虑在发展中国家的优秀学校接受教育,因为发展中国家的大学没有发达国家的学校那样的广告资本或复杂程度。发展中国家的很多留学中介根据安置学生的数量或安置地点收取佣金,他们将目标锁定在家长身上,这些家长会支付数千美元让他们的孩子进入可能不适合他们的学校。因此,有才华的学生和家庭富裕的学生流向北半球,而北半球的学生则很少流向南半球。

全球化和国际化造成了学生的单向流动,导致人才所在国家、省、市、镇的人才流失。尽管发展中国家可能会发起全国性的运动,鼓励在国外接受教育的人回国,但这些学生中的许多人已经习惯了国外的生活,并可能决定在受教育的国家就业。移居发达国家导致发展中国家的高技能教师、工程师和科学家数量锐减。

为纠正学生和信息的单向流动问题而进行的一些尝试带来了一种肤浅的全球化。知识、技能和认知方式的相互关联性不是来自全球多个国家、多种文化和多个族裔群体,而是发源于英欧,并强加给发展中国家和南半球。这种肤浅的全球化导致了教育的麦当劳化,发展中国家的教育机构被视为其他国家的大学课程的特许经营者。本质上是,东道国大学购买了向其学生教授英欧课程的权利。当地的认知方式和当地的技能被默认为不科学或被视为无效。

全球化同样导致合作大学与东道国文化之间的社会参与度较低。教育伙伴之间的社会参与仍然是表面上的参与,因为这种参与使对方的信仰、价值观和知识变得本质化或幼稚化了。如果双方都拥有平等的社会和政治权力,那就够糟糕的了。但更常见的情况是,合作的其中一方通过其位于北半球的不劳而获的特权而拥有更大的权力。这种权力的失衡导致了社会参与的表面化,其中一方将自己的意愿强加给另一方,而没有听取并采纳其合作伙伴的观点,另一方则对其历史、文化、传统和知识的本质化或幼稚化表示义愤填膺。

在全球化中,发展中国家的合作一方通常被期望能融入其合作伙伴的语言、学习方式、文化认知方式和教育价值观。通过这种同化,外国合作方将其文化强加给东道国一方。当权力平衡对一方产生重大影响时,这一方就没有动力通过教育后代的共同价值观找到共同点。发展中国家的合作一方成为另一方的收入来源,而收入几乎全部从发展中国家流出。根据这一计划,高等教育成为一种商品、投资或交易,能够获利。同样,这一收入主要惠及北半球的合作方,并剥削南半球的合作方的利益。

如果不谨慎警惕,高等教育将会通过国际化和全球化加剧南半球大部分人所抱怨的系统性殖民化。对一个民族的教育实行控制;通过人才外流剥削该民族;收入的单向流动;东道国必须遵守的要求——这些是殖民主义历史遗留下来的工具,我们应该努力反对在高等教育思想中普遍存在的系统性殖民主义。

全球本土化是为消除这种殖民主义心态而迈出的一步。全球本土化强调高质量学习、公平、多样性、包容性和可持续性。为了实现这一目标,在本土以外进行扩张的高等教育机构必须探索所有利益相关者的观点,并让他们相互尊重地交流想法。合作双方必须以尊重本土和地方性知识的方式,并结合当地社区的优势和文化财富,进行相互协商,并与其他利益相关者进行协商。全球性思维要求各机构考虑全球层面的社会经济和政治问题是如何影响地方层面的经济社会和政治问题的,反之亦然。全球性思维要求各机构授予所有利益相关者权力,使其在商定的原则范围内应对不利和有利情况。全球本土化强烈反对在没有其他利益相关者自主、事先和知情同意的情况下而采取自上而下的单边行动,特别是那些传统上几乎没有掌握权力的利益相关者。

全球本地化具有主动性。它使各机构承诺,它们将按照各方在自主、事先和知情同意的情况下协商和商定的程序,与利益相关者进行接触——而不是由一个利益相关者决定解决冲突的方法。通过这些程序,可以形成一个全球本地化社区,其中所有利益相关者都被涵盖在内,因为每个人都努力为学生提供最合适的教育体验。通过这些程序,全球本地化社区保护了意见多样性、思想多样性和文化多样性。当所有利益相关者都通过这些过程得到倾听和尊重时,利益相关者就可以减少对冲突解决的关注,从而更多地关注其共同商定的教育目标。

新一轮科技革命和产业变革背景下大学的责任与使命

罗兰

(希腊亚里士多德大学)

在今天的演讲中,我将借本次会议的主题,即"当代大学的责任和使命",讨论亚里士多德大学面临的挑战,以及其与语言学习和教学的关系。

如果要列出两项当今人类为应对时代挑战而应具备的主要技能,那就是技术知识和多语言或跨文化意识。通常,基本技术技能的掌握会被纳入所有学科教育中,作为自主学科或其他科目的要求。而跨文化技能和多语言意识培养往往仅限于人文学科的学生,且学生通常只能在有限的本科和研究生课程中接触到。

然而,由于我们今天所处的是多文化和多语言的社会,来自不同种族、不同语言和文化背景的人成为邻居、同事和朋友,甚至组建多语言家庭,因此语言教学的作用,特别是除世界主要通用语(英语)之外的语言教学,变得更加必要。

亚里士多德大学孔子学院的建立,是我们朝向更多样的跨文化学术和社会环境迈出的重要一步,为培养当代公民的必要技能作出了巨大贡献。

在希腊的大学开设孔子学院的过程本身就是具有挑战性和特殊的,而新冠疫情的新形势更加剧其挑战性和特殊性,但亚里士多德大学决心要奋力一搏。

自2020年初成立并运行以来,亚里士多德大学孔子学院吸引了400多名塞萨洛尼基及其他地区的学生和居民,他们参加了汉语课程的学习以及大量项目和活动,并对中国语言和文化产生了特殊的感情。事实上,作为我校孔子学院的院长,我可能是中国语言和文化最忠实的粉丝。作为一名专攻语言联系、多语种和跨语种的语言学家,我认为在学生的已有知识和新知识之间建立多个稳固的联系,在语言学习和教学中非常重要。社交媒体的广泛传播和其他以技术为依托的生活和工作方式也与语言教学密切相关。正如有学者所指出的,语言学习本质理论的变化、互联网和移动设备的使用以及英语的全球普及都是第二语言教学模式转变的强大驱动力。

此外,由于疫情肆虐,系统地使用技术和在线资源对语言教育的重要性更加凸显,这点在任何学科都有所体现。然而,不同于其他的是,语言教学的主要目的是实际交流,即语言既是教学的媒介,也是教学的对象。在我校孔子学院,为了吸引和鼓励初级汉语学习者,我们使用了一切可能的方式,如定期的 zoom 会议、录音材料、信息群和 facebook 帖子。所有这些都旨在介绍有关汉语学习的新材料,并创造友好和轻松的师生合作学习环境。我们还试图让学生参与一些项目,来转变他们先入为主的观念,拓展他们的想象力和世界观。

在向讲希腊语(英语为第二语言)的人介绍汉语的最初阶段,我们的主要目标是将精力放在维持学生高昂的学习热情上。尽管学习受到若干个人因素的影响,如年龄、性别、文化、个人兴趣、经历、期望、社会或影响因素、环境等,但不应低估教师和整个教学环境的作用。而且,教与学是一个双向过程。除了学习者,教师是主要参与者。好的教师了解并热爱他们的课程,并具有感染力。他们热爱学习,勇于承认知识盲区。他们鼓励学生不断提问,寻找答案,并因纯粹的乐趣而学习。教师的行为、方法、材料、课程结构甚至师生之间的非正式互动,也对学生学习外语的倾向和学习动机有很大影响。

"动机"是一个抽象和假定的术语,用来解释学生思考和行为的原因。动机被视作以目标为导向,被定义为"努力+实现学习目标的愿望+对语言学习的积极性"。

为了实现这一目标,我们开展了各种有趣的项目和活动,尽可能确保学生最大程度地参与。我们的重点活动和项目包括"中国制造",这也成为亚里士多德大学孔子学院的亮点。此外,还有词曲项目"我的一天"和书法项目。在 2022 年,我们还启动了"中国制造:小朋友"项目。幼儿园学生和小学生通过积极参与各种活动,了解中国文化和语言的方方面面。

最后,值得一提的是《中文导学》的编写。这是希腊学术背景下唯一一本采用跨语言、跨文化方法和学习视角,以英语和希腊语介绍中国语言和文化的书。我们想借机用英语和希腊语介绍中文语言逻辑、特殊用法和各种文化元素,以使汉语学习成为令人着迷的人生体验。

对于亚里士多德大学孔子学院来说,这本书是创造更多材料的开始。这些材料一方面可以辅助学生的学习,另一方面也有助于希腊汉语研究的学术发展。

通过研究和创新应对挑战并进行变革

罗伯特·克莱夫·兰迪斯

(西印度大学巴巴多斯凯夫希尔校区)

一、西印度大学简介

西印度大学(UWI)是一所全球排名较高、得到国际认证的院校,位于北美洲和南美洲之间的加勒比地区,西临中美洲和加勒比海,东濒大西洋。西印度大学的前身是1948年在牙买加成立的伦敦大学学院,建校时仅有33名医学生。多年来,西印度大学已发展成为一所拥有高排名、多校区的区域性大学,学生人数超过5万人。西印度大学有5个校区:牙买加的莫纳校区(1948年建立);特立尼达和多巴哥的圣奥古斯丁校区(1960年建立);巴巴多斯的凯夫希尔校区(1963年建立);开放校区,校区位于多个加勒比地区(2008年建立);安提瓜和巴布达五岛校区(2019年建立)。

西印度大学与非洲、亚洲、欧洲、美洲的其他大学和研究机构合作,建立了研究中心,包括纽约州立大学—西印度大学领导力和可持续发展中心、与布罗克大学合作的加拿大—加勒比研究所、与安第斯大学合作的半球发展战略联盟、与苏州高博软件技术职业学院(GIST)合作的西印度大学中国信息工程学院、拉各斯大学—西印度大学非洲和侨民研究所、与约翰内斯堡大学合作的全球非洲事务研究所、与考文垂大学合作的西印度大学—考文垂工业研究所、与格拉斯哥大学合作的格拉斯哥—加勒比发展研究中心、与欧洲大学研究所(EUI)合作的研究中心。[①]。

西印度大学始终坚定不移地致力于"促进学习、创造知识和加快创新,以

[①] 摘自《2021—2022年概况》,西印度大学凯夫希尔校区学生入学和在学部(SERU)国际办公室。

推动加勒比地区和更广泛世界的积极转型"。在74年的办学历史中,西印度大学对这一使命的传承使其发展成为加勒比地区首屈一指的高等教育机构。《泰晤士高等教育》(THE)世界大学排名进入全球前1.5%,①西印度大学拥有在经济学、文学和气候控制领域获得诺贝尔奖的校友和工作人员,培养了许多知名的加勒比地区学者和政府首脑。因此,西印度大学有强有力的传统可供持续建设,而位于巴巴多斯的凯夫希尔校区致力于推进这一使命。

二、凯夫希尔校区概况

凯夫希尔校区位于美丽的加勒比海巴巴多斯岛上,是西印度大学第三古老校区。凯夫希尔校区建校之初,名为艺术与科学学院,于1963年在巴巴多斯首都布里奇顿成立,为巴巴多斯和东加勒比地区的国家服务。三年后,1966年,艺术与科学学院迁至其位于凯夫希尔的新校址,占地近100英亩。1970年,随着法学院的成立,凯夫希尔校区成为正式校区。

凯夫希尔校区不断扩大,目前拥有7个学院:人文与教育学院、社会科学学院、法学院、科学与技术学院、医学院、文化创意与表演艺术学院和体育学院。校区开设400多个学术课程,从本科到博士,年平均招生人数超过6500人。校区还通过专业发展和终身学习中心提供专业发展课程,此外还通过其英语语言学习中心为母语非英语的人提供一系列课程。多年来,凯夫希尔校区因其在多个领域的研究而声名鹊起,这一点在该校区的研究机构中得到了证明,这些研究机构包括:施里达斯·兰帕尔国际贸易政策中心、乔治·阿莱恩慢性病研究中心、性别与发展研究所、尼塔·巴罗研究室、阿瑟·刘易斯爵士社会经济研究所和资源管理与环境研究中心。

凯夫希尔校区也是孔子学院所在地,孔子学院为校区内员工和学生以及许多小学生提供汉语和中国文化课程。2015年4月20日成立以来,孔子学院业务范围迅速扩大。这一显著进步很大程度上归功于孔子学院的工作人员,以及中国的合作伙伴大学——中国政法大学的工作人员的共同努力。2017年12月,在中国西安举行的第十二届全球孔子学院大会上,巴巴多斯孔子学院凭借对全球孔子学院成长和发展的贡献获得了享有盛誉的"年度孔子学院"奖。

---

① 排名居加勒比地区第一位;2022年世界黄金时代大学排名前100。

三、应对挑战：新冠疫情、紧急远程教学和凯夫希尔校区

作为一所区域性公立大学，西印度大学的任务是促进知识创造和创新，以促进加勒比地区及其他地区的发展。在瞬息万变的世界中，西印度大学一直处于影响变革以及推进多项举措建设和推进加勒比地区发展的前沿。通过加强公民责任意识、推动顶级研究和致力于全民发展，西印度大学帮助加勒比地区度过了许多艰难的处境。为了履行这一重要任务，凯夫希尔校区自成立以来一直坚定不移地协助巴巴多斯政府和加勒比地区其他国家，制定解决该地区面临的新问题的办法。最近严重影响该地区的新挑战之一是新冠疫情大流行及其引发的"余震"。

2020年3月11日，世界卫生组织宣布新冠肺炎疫情可称为大流行性。在加勒比地区，牙买加于2020年3月10日记录了首例确诊病例；巴巴多斯于2020年3月17日记录了该月首例病例。在校区前任校长尤丁·巴丽图（V. Eudine Barriteau）教授的领导下，在新冠病毒到达巴巴多斯之前，凯夫希尔校区的管理部门已启动了"校园新冠疫情行动计划"，并于2020年3月18日暂停了线下课程。2020年4月6日，学校教学过渡到紧急远程教学（ERT）。

（一）向线上课程和智慧校园过渡

在巴丽图教授担任凯夫希尔校区校长期间（2015－2021年），两个主要战略重点领域是国际化和智慧校园计划。智慧校园计划旨在通过使用信息技术彻底改变学校的高等教育模式。该计划于2017至2018学年启动，引入了电子考试签到系统，允许学生扫描身份证以进入考试；教室技术升级，包括智能投影仪和智能板；改进远程视频会议技术。通过升级校园范围内免费Wi-Fi来改善网络连接，以及引入西印度大学校园应用程序以提高学生参与度。该计划在技术上彻底改变了许多以往依赖于面对面互动和重复手动输入信息的校园流程。校园卓越教学中心（CETL）是智慧校园计划的重要组成部分。CETL提供大学教学研究生证书（CUTL），旨在培训学校讲师的教学能力，其核心组成部分是"以技术促进教和学"课程。除了CUTL，CETL还开办一些关于教育学和教育技术的短期培训研讨会，以促进混合式学习，并通过使用智慧学习技术帮助讲师将教育技术融入课堂教学中。

因此,在巴巴多斯新冠疫情大流行的早期阶段,截至 2020 年 4 月 6 日,智慧校园计划和 CETL 利用已经建立的校园学习管理系统(LMS)在线学习平台以及 Zoom、MS Teams 和 Google Meet 等会议软件,将学校 700 多个班级过渡到紧急远程教学。从 2020 年 3 月 16 日至 4 月 3 日,为了将面授课程过渡到紧急远程教学,学校与专家们就在线授课主题进行了 30 多次在线会议。鉴于智慧校园计划的积极影响,2021 年凯夫希尔分校成为全球六所获得 Ellucian(基于解决方案的高等教育技术创新领导者)数字化转型领域影响奖的大学之一。

(二)社区中的凯夫希尔校区

在巴巴多斯新冠疫情大流行的早期阶段,巴巴多斯政府要求凯夫希尔校区协助参与抗击病毒。乔治·阿莱恩慢性病研究中心负责为加勒比地区的疫情大流行曲线建模。中心研究团队收集的数据对于确保政府及时了解其采取措施是否能降低新冠发病率有重要参考意义。中心还为巴巴多斯政府提供了封城后重新开放的重要建议。中心团队和医学院(FMS)的工作人员还是巴巴多斯卫生与健康部新冠疫情健康倡导者团队的成员,该团队作为一个咨询小组,由临床专家和公共卫生专家组成。

在临床服务层面,医学院还为巴巴多斯各地的隔离中心提供了一线新冠咨询服务,并为伊丽莎白女王医院的新冠肺炎临床决策特别伦理委员会提供服务。此外,校区的一名工作人员,也是一名预备役军人,协调建立了位于凯夫希尔校区的 ER Walrond 临床技能教学综合楼的国家 COVID-19 测试点。校区的社会科学研究人员还借此机会研究了新冠病毒对巴巴多斯和加勒比地区社会可能产生的经济、心理和行为影响。

凯夫希尔校区的学生也加入了抗击 COVID-19 的斗争。2021 年 1 月,巴巴多斯政府要求校园合作开展一项全国性的数据收集工作,这将有助于制定公共卫生干预措施,以控制日益增多的 COVID-19 病例。西印度群岛大学—巴巴多斯政府 COVID-19 评估和测试项目(后来被称为"寻找和拯救行动"),动员了凯夫希尔校区的 400 多名学生志愿者从巴巴多斯各地收集重要数据。这一全国性的行动在学校层面上由凯夫希尔校区副校长监督实施,并得到了巴巴多斯国防军(BDF)的支持。

除了实地调研外,许多研究生通过商业分析硕士课程也为这项重要的全国性活动作出了贡献。这些学生在该课程的讲师,同时也是管理研究系主任的带领下,在位于凯夫希尔校区的指挥中心评估实地调研学生们收集到的数据,然后将其转发给卫生和健康部。由于他们对巴巴多斯的贡献,2021年5月,这些学生在校园举办的学生志愿者感谢仪式上受到表彰,巴巴多斯总理米娅·阿莫尔·莫特利阁下出席了仪式。同样受到表彰的还有校园的一名免疫学博士生,她在2021年获得了巴巴多斯的最高奖项——自由勋章,她作为Best Dos Santos（最佳多斯桑托斯）公共卫生实验室的主任为巴巴多斯提供了模范服务,该实验室在整个大流行病期间负责巴巴多斯的COVID-19测试。

四、前进之路：凯夫希尔校区的创新

新冠疫情对加勒比地区造成了严重的影响。该区域内的许多国家依赖旅游业,疫情最严重期间,由于前往加勒比地区的航空和航海交通受阻,旅游业受到严重影响,从而导致一些部门的失业率明显上升。加勒比地区的岛屿不仅容易受到重大卫生危机的影响,而且还容易受到自然灾害、气候变化和小岛屿发展中国家（SIDS）面临的其他问题的影响。随着西印度大学进入一个新的五年战略规划周期（2022—2027年）,凯夫希尔校区渴望协助巴巴多斯政府以及私营部门组织在后疫情时代向前迈进。我对未来五年凯夫希尔校区的愿景简单说就是"从我们的想法中创造价值"。这是我在2021年就任凯夫希尔校区校长时正式提出的愿景,这一愿景植根于巴巴多斯2005—2025年国家战略计划,该计划的目标是"建立一个繁荣、社会公正和具有全球竞争力的全面发展的社会"。西印度大学的发展和加勒比地区的发展是密不可分的。为了解决该地区面临的许多问题,并促进地区发展,作为加勒比地区最重要的高等教育机构,西印度大学必须通过研究和创新提供解决方案。因此,在未来发展过程中,凯夫希尔校区将继续通过其双重战略目标——出口高等教育服务和推动创新,为加勒比社会增加价值,并与巴巴多斯政府和私营部门结成"三螺旋"式合作伙伴关系,这是推动高等教育领域创新的有效工具,能够促进开发产品和服务,以在全球市场空间中占据一席之地。因此未来我们将重点关注西印度大学的国际化和创业文化的发展——将我们的想法转化为商业计划,将我们的研究转化为有价值的有形产品,使西印度大学、其合作伙伴和地区经济

受益。

为了促进西印度大学凯夫希尔校区的创新和创业文化,该校区于2021年举办了首届员工创新大赛,即"创新——校园创新创业挑战大赛",旨在为凯夫希尔校区的各级员工提供一个平台,为其所在部门提出创造收入的想法。决赛选手提出了从创新农业到虚拟在线创新空间的各种想法。这项比赛有望每年举行一次。

凯夫希尔校区还举办学生创业赋权发展项目(SEED)竞赛,激发学生群体的创新意识。在该竞赛中,冠军获得者开发了一种将微生物、马尾藻和农业废弃物转化为可生物降解的塑料替代品的方法。这种创造力非常顺应时代,因为马尾藻泛滥已经成为加勒比地区政府关注的问题——它覆盖了许多加勒比岛屿的海岸,杀死了海洋生物,影响了该岛屿的旅游业。该比赛的第二名获奖者则利用椰子壳和另一种现成的原料,开发了一种土壤增强剂和植物肥料。

面向学生和员工的这两项比赛只是校园鼓励创新的两种方式。重要的是,鼓励校区成员发挥创造力,将创意转化为生产。为了促进这一进程,私营部门、政府与学校("三螺旋")的合作至关重要。为此,凯夫希尔校区于2022年3月主办了首届西印度大学-私营部门论坛;凯夫希尔校区领导、巴巴多斯政府部长以及巴巴多斯私营部门的主要参与者、管理者和首席执行官齐聚一堂,学校展示了其员工和学生的创新活动。该活动旨在借助这些重要的伙伴关系推动巴巴多斯向前发展。

凯夫希尔校区一直坚定不移地为巴巴多斯和加勒比地区的人民服务。学校在这场新冠大流行中不懈努力,以确保该地区各国政府能够在详尽、经过证明的研究的基础上做出合理、有效的决定。我们将继续寻找解决加勒比地区、我们的社区以及整个社会所面临的问题的办法,无论是与气候、健康、微观或宏观经济,还是与法律、文化有关,凯夫希尔校区仍将全力以赴。当我们展望该地区的未来和经济的振兴时,凯夫希尔校区也在通过创新来振兴经济,期待我们的创意能为加勒比地区的进步和发展创造价值。

尼山中希古典文明对话会

人类文明新形态视域下中希古典文明交流互鉴研究

卜祥伟

(山东理工大学齐文化研究院)

一、新时代人类文明新形态

(一)"人类命运共同体"的提出和传承

2012年11月,中共十八大报告提出:"合作共赢,就是要倡导人类命运共同体意识。"①

2013年3月23日,习近平主席在莫斯科国际关系学院发表重要演讲,指出:"这个世界,各国相互联系、相互依存的程度空前加深,人类生活在同一个地球村里,生活在历史和现实交汇的同一个时空里,越来越成为你中有我、我中有你的命运共同体。"②

2015年9月28日,习近平在第70届联合国大会上发表题为《携手构建合作共赢新伙伴 同心打造人类命运共同体》的重要讲话,习近平强调:"当今世界,各国相互依存、休戚与共。我们要继承和弘扬联合国宪章的宗旨和原则,构建以合作共赢为核心的新型国际关系,打造人类命运共同体。"③

2017年10月,在党的十九大报告中,习近平总书记提出:"坚持和平发展道路,推动构建人类命运共同体。"其核心就是"建设持久和平、普遍安全、共同

---

① 胡锦涛:《坚定不移沿着中国特色社会主义道路前进 为全面建成小康社会而奋斗——在中国共产党第十八次全国代表大会上的报告》,人民出版社2012年版,第47页。
② 习近平:《顺应时代前进潮流 促进世界和平发展》(2013年3月23日),《人民日报》2013年3月24日。
③ 习近平:《携手构建合作共赢新伙伴 同心打造人类命运共同体》(2015年9月28日),《人民日报》2015年9月29日。

繁荣、开放包容、清洁美丽的世界"。①

(二)"人类文明新形态"的提出

2021年7月1日,在庆祝中国共产党成立100周年大会上,习近平总书记深刻指出:"我们坚持和发展中国特色社会主义,推动物质文明、政治文明、精神文明、社会文明、生态文明协调发展,创造了中国式现代化新道路,创造了人类文明新形态。"②这是党和国家历史上第一次明确提出人类文明新形态的概念。深入理解这一新理念、新观点、新论断,对于推进我们党和国家的事业乃至人类文明进步事业具有十分重要的意义。

人类文明新形态主要新在哪里?一是新在文明形态内在的结构均衡,即物质文明、政治文明、精神文明、社会文明、生态文明协调发展的"五位一体"的内在结构,旨在追求人与自然、人与社会、人与人之间关系的协调。二是新在以全人类共同价值为基本准则,提出"弘扬和平、发展、公平、正义、民主、自由的全人类共同价值",目的是推动构建人类命运共同体,提供除零和博弈之外的新文明合作模式,契合人类文明形态价值趋向统一的发展规律。

二、轴心时代的中希文明

(一)柏拉图学园

柏拉图学园,又叫阿卡德米学园,约于公元前387年由柏拉图创办于希腊雅典城外西北角的阿卡德米,公元529年东罗马皇帝查士丁尼下令关闭学园,学园共存在了约九百年。柏拉图学园是西方最早的高等学府之一,是中世纪时发展起来的大学的前身,是欧洲历史上第一所综合性的传授知识、进行学术研究和培养学者的学校,后世的高等学术机构也由此而得名。柏拉图学园在当时开创了高等教育的先河,在希腊城邦掀起了一股教育新风,为当时的希腊培养了许多人才,更为西方乃至现代世界的教育方式、学科划分等方面奠定了基础。更为重要的是,它追求真理的精神深刻影响着后世。

(二)稷下学宫

田氏齐国的第三代君主桓公田午执政期间,创建了稷下学宫。田齐政权

---

① 习近平:《决胜全面建成小康社会 夺取新时代中国特色社会主义伟大胜利——在中国共产党第十九次全国代表大会上的报告》,人民出版社2017年版,第57—59页。
② 习近平:《在庆祝中国共产党成立100周年大会上的讲话》(2021年7月1日),《人民日报》2021年7月2日。

为了站稳脚跟,争取士人的支持,沿用了祖上的养士传统,变家族养士为国家养士,创立了稷下学宫。齐威王在位三十六年期间,齐国已"最强于诸侯"。稷下学宫在此期间已经初具规模,根据史料记载,"稷下先生"的称号就出现在这一时期。"稷下先生"的设立是稷下学宫的一项基本制度,齐威王执政初期,稷下先生已有七十六人之多。稷下学宫自田齐桓公午始建,至秦统一六国而消亡,共存在了一百五十余年。

稷下学宫创建之后,列国的著名学者迅速汇聚于此,稷下学宫成了列国中唯一的学术文化中心,培养了大量实用型和学术型人才,为中国古代历史和文化的发展作出了巨大的贡献。稷下学宫在其存在的一百五十余年间,成为战国百家争鸣的中心。稷下学宫是中国最早的官办大学,日常运转由政府出资。培养人才是稷下学宫最重要的职能,教学活动是稷下学宫最主要的日常工作。稷下学宫可以说是中国古代最早的国家智库。

(三)历史贡献

稷下学宫与柏拉图学园,共同构成了世界文明史上闪耀着智慧之光的辉煌双璧。在人类精神领域实现"哲学突破"的"轴心时代",其教育和学术的实现途径也经历了非常相似的过程。人类有共同的思想基础,相通的思想方式和精神追求,这是今日东西方乃至世界不同文化之间进行对话的传统渊源和基础。全球化时代,东西方文化的交流、发展应该追溯到稷下学宫与柏拉图学园时代,溯其源,察其流,从中寻找出当代世界新文化共通共荣的发展之路。

三、新时代下中希高层对话交流

2014年7月13日,国家主席习近平过境访问希腊,会见希腊领导人,就两国关系发展交换意见。习近平指出,中国和希腊是两大文明古国,都创造了对人类文明影响深远的独特文明,两国人民相互欣赏、相互尊重,中希关系基础坚实、发展很好。中国高度重视发展中希全面战略伙伴关系,愿意同希腊深化互利合作、加强交流互鉴。①

2019年5月14日,希腊总统帕夫洛普洛斯访问中国。习近平指出,通过古丝绸之路的交流,古希腊文明、古罗马文明、地中海文明以及佛教、伊斯兰教、基督教都相继进入中国,与中华文明融合共生,实现本土化,从来没有产生

---

① 杜尚泽:《习近平会见希腊总统帕普利亚斯》,《人民日报》2014年7月14日。

过文明冲突和宗教战争。习近平强调,共建"一带一路"和构建人类命运共同体,就是要促进不同文明的交流互鉴和各国之间的互利合作,建设一个持久和平、普遍安全、共同繁荣、开放包容、清洁美丽的世界。习近平指出,中国和希腊都是文明古国,两国友好交往源远流长,彼此有天然的亲近感。希腊是中国在欧洲的好朋友、好伙伴,中方愿同希方一道,加强务实合作和人文交流,携手共建"一带一路"。① 帕夫洛普洛斯表示,中国举办亚洲文明对话大会,对世界文明交流互鉴非常重要。希腊高度赞赏习近平主席提出的世界文明观、共建"一带一路"倡议和构建人类命运共同体理念,高度评价中国支持多边主义,在国际上重信守诺,这体现了古老的中华文明的智慧和中国作为一个负责任大国的历史担当。希腊愿抓住共建"一带一路"的历史机遇,同中国深化交流与合作,并为促进欧中关系以及中东欧国家同中国关系发展发挥积极作用。

2019年11月10日至12日,国家主席习近平对希腊进行国事访问,两大文明对话,世界为之瞩目。11月10日,习近平在希腊《每日报》发表署名文章《让古老文明的智慧照鉴未来》,用时间轴线的对比给人以深刻启迪。古希腊哲学和文学泰斗辈出的黄金时代,恰恰也是中国"百家争鸣"的思想迸发期。中希应该挖掘古老文明的深邃智慧,展现文明古国的历史担当。② 访问期间,中希两国元首会谈临近结束时,习近平主席深有感触地用"酒逢知己千杯少"这句话表达真切感受。"中希友好不仅是两国的合作,更是两大文明的对话。"③

四、中希文明研究发展前景与未来

(一)进一步加强学术交流,共研"轴心时代"中希文明

2018年9月15日上午,稷下学宫与柏拉图学园——中希古典文明高峰论坛开幕式在山东省淄博市临淄区齐文化博物院举办,一场跨越时空的东西两大古典文明上演精彩对话。来自国内外的专家学者齐聚淄博,参加这场跨越时空的学术盛会,就中希古典文明进行高端对话与探讨,开展学术交流和思想碰撞。这是世界文明发展史上的幸事,中希两国文化交流的喜事,雅典大学和山东理工大学建设发展中的大事。以本次中希古典文明高峰论坛为契机,搭建彼此人文沟通的桥梁,推进高层互访交流,缔结深厚真挚的友谊,从而促进

---

① 李伟红:《习近平同希腊总统帕夫洛普洛斯会谈》,《人民日报》2019年5月15日。
② 习近平:《让古老文明的智慧照鉴未来》,《人民日报》2019年11月11日。
③ 杜尚泽、侯露露:《习近平同希腊总统帕夫洛普洛斯会谈》,《人民日报》2019年11月12日。

中希文明融合发展,结出中希文化交流的硕果。

2019年11月16至17日,全国希腊研究"心连心"学术研讨会在西南大学历史文化学院举行。来自南开大学、北京外国语大学、上海外国语大学、北京第二外国语学院、西南大学的五个希腊研究中心的主任以及四川大学、上海大学、中国人民解放军战略支援部队信息工程大学(洛阳校区)等高校的专家学者参加了会议。与会学者就希腊研究的现状和趋势、中国国别和区域研究中心的建设以及如何做好咨政服务等主题,展开认真而热烈的讨论。

(二)搭建交流平台,促进文明交流互鉴

1.已有交流合作平台的加强发展

2018年9月,稷下学宫与柏拉图学园——中希古典文明高峰论坛召开期间,主办方山东理工大学与希腊雅典大学签订合作协议,双方同意继续办好高峰论坛,且在中国淄博和希腊雅典轮流召开中希文明高峰论坛,同时就中希高层次人才访学等达成意向,进一步加强合作交流。

2022年5月6日,由西南大学联手帕特雷大学、雅典大学、亚里士多德大学和克里特大学打造的"中国—希腊文明比较"联合硕士项目线上签约仪式顺利举行。签约仪式结束后,中希双方相关人员召开中国—希腊文明互鉴研究中心启动仪式第二次筹备会议,西南大学副校长崔延强、雅典大学斯泰利奥斯·弗维达基斯教授带领双边团队,就中国—希腊文明互鉴研究中心启动仪式的相关事宜进行了讨论,并达成共识。据悉,中国—希腊文明互鉴研究中心是中希双方教育部、外交部共同推动、筹备建立的国际合作机构。中方由西南大学牵头,希方由帕特雷大学、雅典大学、亚里士多德大学、克里特大学等四所高校联合参与,旨在开展两国哲学、历史学、文学等学科的合作研究和人才培养,推动中希文明互鉴和民心相通。

2.适应时代发展,构建新的合作交流平台

一是充分利用好尼山世界文明论坛平台。2022年9月,为促进中希文明对话、交流互鉴、共同发展,山东省人民政府外事办公室联合中国、希腊有关单位在第八届尼山世界文明论坛框架下,共同举办中希古典文明对话会。这是中希古典文明第一次在尼山世界文明论坛进行对话。利用好论坛平台,开好文明对话会对中希古典文明的研究发展至关重要。

二是积极拓展资源,建立中希古典文明研究基地,争取高层次的研究平台,使得中希古典文明研究更加规范化、学术性。

亚里士多德幸福理论的中国意义

陈治国

（山东大学哲学与社会发展学院暨现象学与中国文化研究中心）

亚里士多德的实践哲学（practical philosophy），对于20世纪的各种哲学探究活动发挥着重要而广泛的启迪作用。举其要者，无论是德国现象学家海德格尔对于存在（on，being）问题的持续思考，还是英美伦理哲学领域德性伦理学（virtue ethics）的复兴和发展，以及政治哲学领域社群主义（communitarianism）进路的开辟，在不同程度上都自觉地回溯并重新占用了亚里士多德实践哲学的许多关键洞见和思路。而就亚里士多德实践哲学本身而言，幸福（eudaimonia，happiness）观念无疑是其中最引人注目的一个论题：它既是亚里士多德伦理学的中心主题，又是其政治学的第一起点——城邦共同体的根本任务就在于最大限度地促进每一公民个体的幸福。

不过，围绕亚里士多德幸福理论的基本内容及其当代价值，学界长期以来争论不休，并大致形成了两大解释阵营，即包容论（inclusivism）立场和理智主义（intellectualism）立场。按照前者，亚里士多德的幸福概念在本质上是综合性的，包含着各种体现德性（virtue）的灵魂活动，即合乎理论智慧（sophia，theoretical wisdom）的理论理性活动、实践智慧（phronesis，practical wisdom）的活动和伦理德性（ethical virtue）的活动——实践智慧和伦理德性分别是实践理性（practical reason）和情感/欲望（passion/desire）方面的德性，甚至还包括身体的善（健康）、各种外在善等。按照理智主义立场，真正的或第一性的幸福（primary happiness）是理论理性的沉思活动（theoria，contemplation）或者以此为目的组织起来的理性生活，同时，鉴于实践智慧和伦理德性——两者的形成和运用总是紧密相关，相互依赖，也可以统称为实践德性（practical virtue)——的活动某种意义上也是以自身为目的,至少不像技艺性活动那样单纯以其自身之外的产品为目的,以及鉴于它们也必须接受沉思活动的指导,因而,实践德性的活动以及相应的实践性生活,也可以在派生的或延伸的意义上被看作第二性的幸福(secondary happiness)。

面对上述争论,通过对亚里士多德《尼各马可伦理学》(*Nicomachean Ethics*)探究幸福过程中所涉及的辩证法探究进路,生物学的、心理学的和形而上学的诸种理论基础,沉思活动的本性及其主要特征,以及实践德性的作用和地位等重要问题的细致考察,我们主张一种真正严格的理智主义解释方案。其核心要点包括三个方面:

第一,作为适用于宽泛意义上的物理学或自然科学、数学以及第一哲学或形而上学领域的认知能力,理论理性的沉思活动是幸福的唯一内容。原因在于,理论理性不仅是人类理性灵魂的首要成分和本质性特征,而且,它的现实活动,尤其是探究整个宇宙最高原因和原理的形而上学领域的沉思活动,是完全以自身为目的而不从属于其他任何事物的活动,是通达宇宙世界的最高善——永恒(eternity)的最好实现方式。

第二,实践德性的活动,作为人类灵魂的实践理性部分和情感/欲望部分的优秀活动,暂且不论它们是否属于人类存在者的"特性"(idion)——人类的情感/欲望,虽然可以但并不总是必然服从理性,而实践理性或实践智慧经常被认为是某些比较高级的非人类动物也可以拥有的能力——仅就实践理性与情感/欲望的现实活动(energeia)方式而言,它们总是与感觉能力、特殊的环境、偶性的事物或事物的偶性方面紧密相关,因此,它们所能达到的知识状态不是精确的、稳定的,它们所能获得的善总是相对性的、有条件的。结果就是,实践德性的活动尽管也是宽泛意义上的人的自然本性的部分实现,也是一种值得赞赏和珍视的事物,但不属于幸福的内在成分。

第三,理论理性的沉思活动,作为出于惊奇而要彻底摆脱无知状态的认识活动,没有自身之外的实用目的,是一个理性存在者的自由之学、为己之学;单纯的实践德性的活动也可以仅仅指向自身而不进一步服务于沉思活动这一人类最高存在方式的追求,但是,这些并不意味着沉思活动或理论科学的成果不能运用于其他人类活动,也丝毫不意味着实践德性的活动或实践哲学不应该充分地奠基于理论科学的基础之上。相反,在亚里士多德那里,无论是个人伦理领域的实践活动,还是公共政治领域的实践活动,都必须稳固地建立于理论科学的基础之上。譬如,实践活动的最高目标在于幸福,为了发现这一目标,在揭示幸福定义的功能论证(ergon argument)中,亚里士多德就立足于他的生物学的自然目的论、有着等级性蕴含结构的人类灵魂理论以及《工具论》中的四要素(本质、特性、种、偶性等)理论;一个具有实践智慧的人(phronimos),若要理解并防范意志薄弱现象,则必须对生理欲望和理性选择及其之间关系具有准确的认识;一个不被多样性快乐困扰的人,要理解快乐究竟属于哪类事物,则需从理论上把握一切运动的未完成性(incompleteness of motion)特征;等等。

这种严格的理智主义的幸福理论,即使对于很多现代西方读者而言可能也是陌生的,不过,在我们看来,这对于希冀在主动性的、全方位的文明互鉴进程中,来创造性促进儒学为主体的中华优秀传统文化之当代传承和发展来说,却具有十分重要的积极意义。

第一,无论先秦时代早期儒学,还是宋明时代新儒学,它们都把实践德性的修炼和习行看作人类个体兴盛生活的根本性内容,并且,一切有意义的沉思活动都应该产生实践上的有益后果。这种根深蒂固的实践定向,无疑构成了儒家哲学传统最显著的特征。不过,我们要注意的是,一方面,主流儒学传统虽然认为理论性的沉思活动,譬如,对人类存在者的自然本性、人在宇宙中的地位和作用、宇宙自身的一般原理和运行节奏(即天道、天命、天理等)等议题的探究,必然有助于更好地促进个人层面的"修己""成人"和公共层面的"安人""治世"之实践诉求,但是,这种沉思活动只有极少数个别"圣人"方可企及,同时,后者的沉思活动实际上往往极具个体化特征,甚至是神秘性特征,而这种情形应该说既不利于每一人类个体去培养自觉、清晰、整全的伦理认知意识和道德反思能力,也不利于维护和提升社会政治领域具有一般性指导作用的各种实践规范和制度安排之可理解性、可接受性。另一方面,过于追求实践目标,也很容易限制从更广阔的视野中对宇宙万物及其一般原理和秩序的理论探究,从而反过来影响到实践目标本身的准确发现与有效实现。

有鉴于此,即使儒学要继续一如既往地保持实践定向的致思特征,我们也有必要把更多的精力和关切投入理论科学方面，毕竟，只有与宇宙万物的基本事实和深层道理相吻合的伦理追求、实践规范和制度安排，才可能真正具有思想上的生命力和实践上的可行性。当然，这并不是说，每一实践主体——无论是伦理生活还是政治生活的参与者、行动者——都需要专门地从事理论科学研究，而是说，一个人若要在实践德性上真正有所建树，他或她至少要具备比较广泛而可靠的理论科学方面的素养和见识，这种素养和见识使其至少能够比较恰当地辨明、理解和评估常常以各种形式摆在面前的行动语境和实践规范，而不仅仅总是盲目地、机械地甚至自我冲突地进行判断、选择和行事。

第二，当代中国社会面临紧迫而重大的时代任务之一，乃是科学技术的自我创新与发展。从科学技术史看，虽然自近代西方工业革命以来，科学与技术之间的界限似乎日益模糊，但它们的区分仍然值得重视。作为现代西方人类知识划分体系的鼻祖，亚里士多德明确地区分了科学知识（episteme, scientific knowledge）与技术（techne, art），或者说是理论科学（theoretical science）与制作性科学（productive science）。前者乃是对宇宙万物的普遍性形式或本质以及一切事物最高原因和根据的理论探究，技术或制作性科学或者是对于前者的一种具体应用，或者是一种经验性的、非普遍的知识，因为，它通常聚集于具有不同形式或本质的事物乃至事物的不同偶性之间可能的组合、联结等，并且，是以自身之外的产品为目的。这意味着，即使我们主要着眼于技术或制作性科学的创新性发展与进步，也应当以理论科学的创新性发展与进步为基础性前提：没有对宇宙万物的普遍性形式或本质以及它们之间内在关系结构——后者乃是跨学科的普遍科学，即形而上学或第一科学的主要对象——的清晰把握和深刻认知，技术或制作性科学的发展与进步就是有限的或偶然的。

第三，理论科学作为关注宇宙万物的普遍性形式或本质以及宇宙世界的一般性形式结构和秩序的认知活动，作为纯粹理智上的创新性发现过程，它无疑是一项艰苦的长期的需要付出巨大精力、时间和耐心的自由探索事业，与此同时，每一人类个体的自然禀赋、精力和时间等方面的条件都是有限的。这意味着，即使在以儒学为主体的中国传统文化的熏陶下成长起来的大多数人，无意于将亚里士多德幸福理论中的"沉思者"（sophos, contemplator）作为最高的生命活动形式，对于那些具有一定理论理性之自然禀赋并且受过专门理论科学训练的个体存在者来说，他们也应该自觉地将自己的生命理想定位于这样一种"沉思者"，而不是更多地热衷于社会性活动。当然，这并不意味着他们不需要遵守一般性的道德、法律方面的准则和规范，而是说，他们对所隶属的社会乃至整个人类共同体主要而直接的贡献方向，不在于道德、经济、法律等层面的实践性事务上，而在于理论科学的创新性发展与进步上。并且，当他们在这一方面真正尽己所能地有所作为、有所成就，这不仅仅是他们自身所拥有的特定自然本性与能力的恰当实现，也是他们能够为他们从属于其中的社会共同体、人类共同体乃至宇宙共同体的最好贡献。

身份视域下的中希哲学特质试论

刁春辉

（山东师范大学齐鲁文化研究院）

中国、希腊都是世界上的文明古国，有着悠久灿烂的古老文明。古希腊哲学是西方哲学的源头，甚而有人说整个西方哲学都是为柏拉图做注脚。不仅仅是古希腊哲学，古希腊的神话、戏剧、雕塑等都释放着永恒魅力。可以说希腊文明深刻影响了如今的西方文明。

当今世界面临深刻变革，世纪疫情和百年未有之大变局相互交织。这种变革时刻，文明之间的交流显得尤为重要，交流促进了解，交流才能互鉴。在这种形势下，作为文明古国代表的希腊和中国之间的交流就显得尤为必要。

本文拟通过提出一种身份视域，去考察中希哲学各自的特质。

一

在中国，哲学是近代以来学习西方文教体制而建立的学科，在这种学科意识下，中国知识分子模仿西方哲学框架，以宇宙论、本体论、知识论等内容搜集符合西方哲学认识的内容材料。在中国哲学史的论述中，特别是被视为中国第一部符合哲学规范的胡适的《中国哲学史大纲》，就以孔子和老子为中国最早的哲学家代表，其后冯友兰的《中国哲学史》也同样以孔子和老子为中国哲学的起始。但比他们更早的陈黼宸的《中国哲学史》则又提出伏羲、尧、舜、禹、汤、周文王、周武王等人物。这表示出一种古典学术基底的哲学观与现代哲学观的不同。

宋儒的理论建设中，一个很重要的方面就是道统说。道统说或自黄帝而始，或自尧而始，至于孔子、孟子。在道统论中，有着非常明确的传承意识，尽管道统论由韩愈正式提出,至于理学而发扬光大,但这种文明的传承意识确实自孔子那里就明确地表现出来,如孔子说:"文王既没,文不在兹乎?"朱熹解释"文"为"道之显者","盖礼乐制度之谓"。孔子还说自己"述而不作"。而且孔子还将晚年时光用于整理古代流传下来的文献,形成了对中华文明影响至巨的经典系统。这都是孔子文明传承意识的体现。

如果我们将孔子视为中国哲学的起始者,也要充分注意到在中国古典学术视域的理解中,孔子作为三代以来文明继承者的身份。柳诒征《中国文化史》说"自孔子以前数千年之文化,赖孔子而传",即是此义。既然孔子是尧舜三代以来的文明继承者,就需要注意到不管是在两汉经学理论中,还是宋明理学的系统中,对孔子理论的理解,都是在同一文明层次高度的理解,是在整体的历史文化和共同的人类价值上的理解。这种理解是原发性、综合性的,从而本真地指向人类存在的本质,这必然也不从属于学科式的理解。因此,我们想了解中国文化的特点,或者中国哲学缘起的文化特质,有一个方式就是理解孔子之前的文明。

熊赐履《学统》倪灿序云:"三代以上,若尧、舜、禹、汤、文、武,皆以帝王而立斯道之宗。至周公则降而为相,孔子则降而为师。"自帝王而至相,又至于师,这是道之膺受者之变,但道之膺受者之变并不影响道之同。孔子之道即是尧舜之道,不会因帝王之道转而为师道,或是政教既分、治学分离,其道就有所偏离。在理解中国哲学时的一个角度就是如何看待孔子所向慕的尧舜与周代文明。现在的研究较多从考古学、人类学和思想史角度去看待,而我们试图从道统的膺受者的身份试析中国哲学的特质。

不同于古希腊哲学必要提及泰勒斯、阿那克西曼德、阿那克西米尼、毕达哥拉斯、赫拉克利特以及苏格拉底等人,中国哲学的起始者必以道统论中的黄帝、尧、舜至于文王、武王、周公为主。尧、舜、禹、汤、文、武都是中国文化中的圣王,而中国的哲学并不源于先秦诸子的创造性的思想活动,而是唐虞夏殷至于宗周文明,其代表往往是所谓"圣王",如中国经典记载的皋陶、益、伊尹、箕子、史伯等等。

《论语》最后一篇《尧曰》篇:

> 尧曰:"咨!尔舜!天之历数在尔躬。允执其中。四海困穷,天禄

永终。"

舜亦以命禹。

曰:"予小子履,敢用玄牡,敢昭告于皇皇后帝:有罪不敢赦。帝臣不蔽,简在帝心。朕躬有罪,无以万方;万方有罪,罪在朕躬。"

周有大赉,善人是富。"虽有周亲,不如仁人。百姓有过,在予一人。"

谨权量,审法度,修废官,四方之政行焉。兴灭国,继绝世,举逸民,天下之民归心焉。

所重:民、食、丧、祭。

宽则得众,信则民任焉,敏则有功,公则说。

二帝三王相续,都有托付之言。这些都记载于经典之中,被历代传颂解释。同样,皋陶对大禹言:"慎厥身,修思永。"言九德"宽而栗,柔而立,愿而恭,乱而敬,扰而毅,直而温,简而廉,刚而实,强而义",这也是对大禹而说。亦有戒舜之语:"罔违道以干百姓之誉,罔咈百姓以从己之欲。"伊尹有训:"立爱惟亲,立敬惟长,始于家邦,终于四海。"史伯有"和实生物,同则不继"之语。箕子则向武王陈《洪范》,有"初一曰五行,次二曰敬用五事,次三曰农用八政,次四曰协用五纪,次五曰建用皇极,次六曰乂用三德,次七曰明用稽疑,次八曰念用庶征,次九曰向用五福,威用六极"之语。

作为中国哲学母体的中华文明,一开始就是群体导向的,所谓"圣王制作",其主体似是推崇圣王之聪明睿智,而实际是指向因圣王所处的拂照万民的职责,其出发点与最终落脚点都是群体性的生存与发展。而代表中国文明的主体,在形式上体现为以二帝三王及其身边重臣为代表的治理集团。

这种哲学主体的身份就影响了中国哲学的核心关切内容,这种内容就是关心如何实现有效治理。也就是说中国哲学应该是以治理为核心关切的。这种治理中心主义的特质也导向中国哲学在性质上是属于广泛大众的,所谓"君子之道费而隐。夫妇之愚,可以与知焉""君子之道,造端乎夫妇""君者舟也,庶人者水也,水则载舟,水则覆舟",都是在强调大众群体的主体性。

二

关于古希腊哲学的主体群,我们以苏格拉底及之前诸哲学家为例,包括前智者学派时期的泰勒斯、阿那克西曼德、阿那克西米尼、毕达哥拉斯、赫拉克利特、巴门尼德、芝诺、恩培多克勒、德谟克利特，以及智者学派和苏格拉底。我们具体看这些人的身份。

泰勒斯、阿那克西曼德、阿那克西米尼一脉相承，但关于他们身份的记载也比较模糊，不过可以肯定他们都是有一定地位，参与当地政治比较深的人。毕达哥拉斯建立了一个类似于宗教的社团。其他人也基本上都是当时城邦社会中不同城邦的贵族阶层。赫拉克利特出身于古老的贵族世家，本来应该继承王位，但他将王位让给了他的兄弟，自己跑到阿尔忒弥斯庙附近隐居起来，献身于哲学。毕达哥拉斯出身于富商之家，很小就被送到外国留学，神学、数学、哲学、音乐、诗歌样样精通。恩培多克勒是民主派领袖，因酷爱自由，宁愿过简单的生活，而拒绝担任城邦的执政者。巴门尼德出身于高贵而富裕的世家，受到过良好的教育。柏拉图是君王之后，生活条件优越。亚里士多德的父亲是马其顿王的御医，17岁来到雅典做柏拉图的学生，在学园里居住了将近20年。大部分哲学家都出身显赫，生活富裕，因而是有闲之士。

希腊之所以能够成为哲学的故乡，这与自公元前6世纪开始出现的有闲阶层有关。这个阶层的出现，有赖于奴隶制和男性公民特权的存在。

从公元前8世纪开始，希腊出现了奴隶制城邦。到了公元前6世纪，奴隶成了希腊经济中的重要因素。奴隶的来源不外三个渠道：部分希腊本地人沦为奴隶；海外扩张过程中的战俘；用钱购买蛮族人为奴。关于各个城邦中拥有奴隶的数量，说法不一。据亚里士多德记载，埃吉那拥有47万名奴隶，科林斯则有46万奴隶。这个数字很可能有些夸张，至少包括了奴隶的家属在内。但在很多城邦，奴隶的数量至少是成年男性公民的两倍。在雅典，奴隶人口也超过8万人，约占总人口的四分之一。毫无疑问，大量奴隶人口的存在，使得一部分人摆脱了体力劳动，成了有闲阶层。

并不是每一个有闲暇参加公共事务或从事学术研究的公民都有私人奴隶，比如苏格拉底就没有奴隶。但在希腊，"男性公民"是享有特权的。首先，在各个城邦生活的大量的外来人口构成了一支庞大的劳动大军。当时雅典的男性公民约为4万人，但常住成年外邦民则达4.5万人。其次，尽管柏拉图承认男女平等的原则，但在实际生活中，妇女是没有任何地位的。比如，古希腊最为重要的一项享受闲暇的活动就是奥运会,但在相当长的时间内,妇女是不许进赛场参观的,只能在很远的山坡上观看。在当时的希腊,妇女的身份很明确:一是传宗接代者,一是劳动力。所有这些,都为一个男性有闲阶层的出现创造了条件。

尽管古希腊哲学家多数出身并不寒微,但有闲暇有地位的身份并没有导致他们的哲学导向是群体性导向或政治性导向,而是更加具有思辨性的关于自然的探索。直到苏格拉底,他对物理兴趣不大,却乐于与人探讨政治、婚姻、友谊、爱情、宗教、诗歌等问题,但他的思考却被人视为一种破坏政治共同体的行为,他被人控告不信城邦神,而信守护神,这种守护神是哲学的理念,哲学与宗教以及政治秩序产生了矛盾。

三

因为以圣王与诸臣为代表的治理集团为中国思想文化的本源,中国哲学呈现出以治理为核心关切的倾向,这种倾向以治理者的具体施政措施和施政者的德行为主,因此具有非常强烈的实践品格。而古希腊哲学家的讨论主题以自然哲学体现的自然秩序为主,后来到苏格拉底有一重要转向,由此转向同样延续希腊哲学的思辨传统。

这种不同传统似在其后的历史发展中延展开来,而出现不同的影响。比如对于中国哲学的特点,陈寅恪曾经说:"儒者在古代本为典章学术所寄托之专家。李斯受荀卿之学,佐成秦治。秦之法制实儒家一派学说之所附系。《中庸》之'车同轨,书同文,行同伦',(即太史公所谓:'至始皇乃能并冠带之伦'之伦)为儒家理想之制度,而于秦始皇之身而得以实现之也。汉承秦业,其官制法律亦袭用前朝。遗传至晋以后,法律与礼经并称,儒家《周官》之学说悉采入法典。夫政治社会一切公私行动莫不与法典相关,而法典为儒家学说具体之实现。故二千年来华夏民族所受儒家学说之影响最深最巨者,实在制度法律公私生活之方面;而关于学说思想之方面,或转有不如佛道二教者。"陈寅恪之意,乃谓中国固有之文化,或固有之哲学,以儒家为代表,儒家也是古代"典章学术"所寄,即历代圣王积累之文化所寄,这种学术的专长不在于思想,而在于以治理为导向的实践。这一点应该和古希腊的哲学文化形成比较明显的不同。

古希腊文明知识在中国的传播历程及其意义

贾文言

(曲阜师范大学历史文化学院)

中国古代文明和古希腊文明是世界诸多文明中的重要代表。由于地理距离相对遥远,两个文明之间最初并无直接接触,但间接影响是存在的,并随着历史发展而演变成今日的直接交流。

一、历史上古希腊文明与中国古代文明曾间接影响

关于古希腊文明对中国古代文明的影响,亚历山大东征后,希腊人对中亚和印度地区的统治历经公元前后的几个世纪,在中亚和印度西北部,事实上形成了一个以阿姆河为中心的"希腊—巴克特里亚文明圈",尤以犍陀罗艺术的兴起与形成为典型。公元以后,佛教开始经中亚向东亚传播,也就意味着犍陀罗艺术的东传。犍陀罗艺术通过丝绸之路的东传意味着希腊化文化因素的东传。犍陀罗艺术在中国内地的逐渐本土化,也就意味着其中的希腊化文化因素与中国文化因素的融合。

与此同时,中国古代文明也丰富了希腊人的生活。据学者考证,中国丝绸传入古代希腊大致可以分为三个阶段:第一个阶段可能是零星传入,时间是在希腊的古典时代(公元前5世纪至公元前4世纪);第二个阶段是小规模传入,时间是在亚历山大东征及其以后的希腊化时代(公元前4世纪后期至公元前1世纪);第三个阶段是大规模传入,时间是拜占庭帝国时期(公元4世纪及以后)。

中希两大文明之所以最终能在一定程度上实现接触、沟通与交汇,与丝绸之路的开辟和维持有着密切关系。丝绸之路的主要意义并不全在于丝绸贸易

本身，不仅涉及多种货物，而且许多思想观念在此间传播。

二、明末以来古希腊文明知识在中国的传播

在明末时期，以罗明坚（Michele Ruggieri）和利玛窦（Matteo Ricci）为代表的耶稣会士在传教的过程中通过编译与写作的方式向中国人介绍西方的科学技术以及西方的传统逻辑思想。以徐光启、李之藻、杨廷筠和王徵为首的士大夫通过译介的形式开始向中国传播西方传统的哲学思想。后由于1724年雍正颁布了禁止基督教在华传播的政令，乾隆时期清政府实施了非常严格的闭关政策，西学东渐之门几乎完全关闭。

1840年，鸦片战争爆发。清政府在鸦片战争战败后与列强签署了一系列不平等条约。民族危亡关头，以林则徐、魏源等为代表的有识之士见识到西方的发达科技，为救国图强，他们提出了"师夷长技以制夷"的主张，倡导兴办学堂、翻译西学，西学东渐之门又一次敞开。

19世纪末，在民族危机更趋严重的大背景下，以王韬、汪凤藻、严复、康有为、梁启超、蔡元培、马君武等为代表的中国知识分子积极参与了中国历史上第二次大规模的西学东渐活动，大力推介西方先进的政治思想、文化潮流和学术理论，以期弥补中国文化的缺陷。与此同时，郭嵩焘利用驻外使节身份的便利，主动了解西洋文化，向国人引介以西方古典学为代表的世界文明古国知识，率先为国人描绘了一个文化深厚、政教修明的异域空间。

随着对希腊文明了解的深入，到20世纪20年代，许多中国知识分子继续译介希腊作品乃至开始对希腊文明进行研究。吴宓选译代表古希腊文论及哲学之大成的柏拉图和亚里士多德等人的著作。周作人译介希腊神话、讽刺诗等作品。罗念生投身古希腊喜剧的译介和希腊文化的研究。在译介之外，陈康在留学英国和德国期间，研究古希腊文，以探索西方文明之根。1940年，他于柏林大学获得博士学位，博士论文《亚里士多德论"分离"问题》属于相当有分量的著作。贺麟盛赞陈康是"中国哲学界钻进希腊文原著的宝藏里，直接打通了从柏拉图到亚里士多德的哲学的第一人"。严群于1929年在燕京大学哲学系主修希腊哲学，于1932年入研究院继续研究柏拉图与亚里士多德的哲学思想。其他学人何鲁之、吴廷璆、阎宗临、李金发、瞿世英、缪凤林、郑振铎、陈

训慈等也有涉及希腊文化的文章发表。

中华人民共和国成立以后,古典文献的翻译日益系统化。一些高校和科研机构购置了"罗伊布古典丛书""牛津古典文献"和"托伊布纳尔丛书"等传统文献。部分院校采购了《希腊铭文集成》和《拉丁铭文集成》等大部头的铭文集,《保利古典学百科全书》和《新保利》等工具书也整套购入。在研究队伍上,老一辈学者焕发青春,继续发表新成果,一批从国外学成归来和在国内经过从本科到博士系统学术训练的中青年学者成长起来,并逐渐成为古希腊文明研究的主力,形成老中青结合、梯次分明的学科队伍。学者的著述大多数以一手资料为基础,综合现代学者的研究成果,努力提出自己的看法。在此过程中,中国的世界古代史研究逐渐得到世界各国学者的承认,复旦大学和南开大学先后分别举行了第三届和第四届世界古代史国际学术讨论会。

三、古希腊文明知识传播的历史意义

自西学东渐以来,以古希腊文化为主的西方古典文化从未缺席我国知识界,国人对它的了解经历了从地理到历史,再到文学与哲学的逐步深化的过程。从对西方器物的认可,到对其政治思想、社会制度的了解,最后回到对其文化思想根源的挖掘,成为国人向西方学习的鲜明路径。

在古希腊文明知识传播的过程中,国人对中华文明的属性也进行了反思。20世纪初,中国学者们争议的是华夏文明到底是以黄河还是以长江为代表。大多数人把黄河作为中华之象征,较少数学者强调长江也是中华文明的发源地,也应作为中华文明的象征。还有更少数的几位学者,如陈寅恪先生等人独到地提出:中国不单有长江、黄河的内陆文明,它也有自己的海洋文明,正如希腊、罗马、迦太基等地中海民族。

更为重要的是,古希腊文明传播从根本上扭转了国人对西学的认知态度。明清之际的士大夫一直视西洋为"蛮荒之地",即使我们屡遭西洋欺凌,亦坚持西洋之优势在于坚船利炮和政制安排,而非性理和教化。而随着对古希腊文明了解的日益加深,国人逐渐意识到西洋学问的悠长传统和独特之处。可以说,每一种文明都有自己独特的内涵、特征,在价值上都是平等的。了解一种文明的真谛,必须秉持平视、谦虚的态度,如果居高临下、自视甚高,就不能领悟文明的奥妙。

德国哲学家雅斯贝斯认为,两千多年前人类在不同地域形成的几大"轴心文明",塑造了各具特色的文化传统,但这些文化彼此是相通的,最终必将走向融合。我们应当坚持平等和尊重,摒弃傲慢和偏见,加深对自身文明和其他文明差异性的认知,尊重所有国家和民族传承发展各自文明的权利,尊重不同国家人民对自身发展道路的探索,以文明交流超越文明隔阂、以文明互鉴超越文明冲突、以文明共存超越文明优越,走出一条相互尊重、平等相待的文明交往新路。

孔子与柏拉图:中西教育智慧的"照鉴"

孙清海

（山东师范大学齐鲁文化研究院）

不同文明的交流与对话,乃是不同文明发展的本质要求。孔子乃是中国文化的奠基者,柏拉图则是西方文化最伟大的哲学家和思想家之一。中华文明与古希腊文明,这两个古老文明的互相"照鉴",其实就是孔子与柏拉图这两位伟大的哲人跨越时空的握手与对话,这一点在他们的教育智慧中有着极为深刻的体现。

首先,我们应该看到,孔子与柏拉图都生活在社会秩序比较混乱的年代,他们共同面对的社会问题就是,如何让社会从混乱走向有序。这是一个哲学问题,更是一个政治问题。孔子生活在"礼崩乐坏"的春秋末期,此时周王朝的礼乐制度已经完全遭到破坏,诸侯之间连年征战,都想以霸权一统天下,社会秩序混乱不堪,人心浮动,道德沦丧。对比而言,柏拉图生活在伯罗奔尼撒战争失败之后,雅典开始从繁荣走向衰落,由当时的政治家伯里克利所开创的"黄金时代"一去不复返,社会同样陷入动荡。相似的时代,相似的环境,相似的问题,也让这两位伟大的哲人想到了相似的解决方案,即"教育"。他们都认为,教育是能够解决社会从混乱走向有序的根本所在。这是二人的共同点之一。

其次,二人均提出了伟大的教育理念,这对后人影响深远。礼崩乐坏,社会动乱,让孔子敏锐地看到,这其中根本的原因在于人们没有在敬畏情感中去体会"天命"。孔子说:"君子有三畏:畏天命,畏大人,畏圣人之言。小人不知天命而不畏也。"（《论语·季氏》）在他看来,社会秩序是由天命所设立的,社会秩序混乱,甚至出现了"八佾舞于庭"这种僭越行为,"是可忍也,孰不可忍也"

(《论语·八佾》)。孔子的这种"天命情结"直接影响到他对人事的态度。比如他明确提出"敬事"的说法："樊迟问仁。子曰：'居处恭，执事敬，与人忠。'"(《论语·子路》)。所谓"执事敬"主要是就做官的人而言的，即做官的官员要对自己所做的事情存有敬畏之心。所以，孔子的教育理念旨在培养一种"敬天"和"敬事"的社会精英，即"君子"。对比而言，伯罗奔尼撒战争失败，希腊的民主制度受到了严重质疑，尤其是恩师苏格拉底之死，让柏拉图也意识到，雅典人存在着严重错误的善观念。可以说，正是雅典人以恶为善，自以为是的善观念，带给了整个城邦以灾难，继而损害了自己的生存。那么，如何才能改变这种错误的善观念呢？柏拉图提出的解决思路就是，改变错误的善观念，树立正确的善观念，而正确的善观念来自对"真正的善"的认识。换句话说，人们一定要寻找到"真正的善"，并根据"真正的善"去判断选择，那么人的善知识才是正确的，而人的生存才是善的。所以，柏拉图的教育理念就是培养一批把握住了"真正的善"，也就是真理的人，继而让他们来统治城邦，这批人被称为"哲学王"。可见，孔子秉承"天命"意识，意在培养君子群体，与柏拉图深怀"真理情结"旨在培养"哲学王"，都深刻体现了一种高瞻远瞩、高屋建瓴的教育理念。

再次，二位哲人均能做到知行合一，把自己的教育理念应用到实际教学中，培养符合自己教育理念的社会精英群体。春秋末期，官学盛行，仅有贵族及富家子弟才能够有机会接受教育。而孔子则打破了这种标准，宣称"有教无类"，"自行束脩以上，吾未尝无诲焉"。学生只需要花极少的学费，就可以接受教育。传说孔子聚徒讲学的地方叫作"杏坛"，孔子于杏坛施教，其根本目的在于培养"君子"，即一批敬畏天命，重视内在道德修养，在社会中能够担当社会治理重任的群体。"君子"一词的最初含义是指"君王之子"，主要指出身高贵的人，也就是贵族，而孔子则把这一按血统、地位和出身的世俗性标准转移到了"德性"上，从而使得"君子"成为一个道德主体。任何人只要通过自己努力，不断自我修养，就能养成高尚的品德，就可以成为"君子"。而君子人格的最高体现，则是"圣人"。圣人是具有最高的德性的君子，也是具有卓越治理社会才干的人，"内圣外王"是这种理想型人格的集中体现。与此相对，公元前387年，柏拉图在多地游览之后，回到雅典，建立了阿卡德米学园，史称"柏拉图学园"。这是柏拉图一生最重要的功绩，这一时期也是他一生创作和实践的最佳时期。但纵观其毕生的学术活动，寻找"真理"乃是其哲学讨论的动力所在。在柏拉图看来，教育的前提条件就是要把握住"真正的善"。"真正的善"可以看作是教育的目标和方向。柏拉图把城邦分为三个阶层：生产者阶层、护卫者阶层和统治者阶层。进一步他又作了关于人的灵魂三部分的划分。在他看来，人的灵魂是由理智、欲望和激情三部分组成的。而这三部分恰好对应于城邦的三个阶层。理智部分对应于城邦中的统治者，欲望部分对应于生产者，而激情部分则对应于护卫者（辅助者）。这样，"在国家里存在的东西在每一个人的灵魂里也存在着，且数目相同"（《理想国》441C）。与孔子允许平民百姓接受教育不同，柏拉图认为，教育要从护卫者阶层开始，因为他们才有可能是继续追求"真正的善"的人。在《理想国》中，他把对城邦护卫者的教育分成了两个阶段：初级教育阶段和高级教育阶段。在初级教育阶段，学生主要学习两项技艺——音乐和体育，旨在培养护卫者正义的品格和心灵，养成良好的公民道德品质。而高级教育阶段则致力于完善护卫者的理智，并进而使"哲学王"产生于此。柏拉图始终坚持认为，把握住"真理"，并从其出发，按照这个"真正的善"的要求来对护卫者进行教育，课程由浅入深，被教育者从小到大在不同的阶段学习不同的课程，这是"真理"对教育的要求。

最后，从教育内容来看，孔子和柏拉图都提出了伟大的教育思想，对后世的影响深远。在孔子看来，"君子"是人人通过自身的努力，不断加强道德修养就可以达到的人格典范，而这种理想型人格，必须修行"仁、义、礼"，把个人道德修养（克己）与社会治理（复礼）二者结合起来，他认为只有这样做才符合"义"，这就奠定了儒家的"内圣外王"之道。比如，孔子说，"修己以安人"，"修己以安百姓"，"安人"或"安百姓"是一个为政者推己及人的过程，他的起点是为政者本人（修己），终点是百姓。这个治理过程传递的就是"仁""义""礼"的德性和价值观。"修己"是基础，"安人"和"安百姓"才是目的和手段。"修己"是君子个人的内在道德修养，"安人"和"安百姓"则是君子的外在表现，只有把个人的内在道德与"安人"和"安百姓"的政治身份和社会身份相结合，才真正构成了"君子"这一理想型人格的完整内涵。而与此相对比，柏拉图则从公共的善出发，把城邦分成三个阶层，分别对应个人灵魂的三个部分，他认为，这样建立起来的国家就一定是智慧的、勇敢的、节制的和正义的，这是国家所具有的四种美德。更为重要的是,国家所具有的四种美德也正是个人所具有的四种美德:智慧、勇敢、节制和正义。柏拉图进一步指出,具有这四种美德的护卫者,还需要接受哲学教育。故而哲学教育的最高目标就是培养能够把握住"绝对的善"(最高的善或至善)的哲学家。只有经过严格的哲学教育培养出来的"真正的哲学家"才能够当上王或国王,因为他们是最正义的人,城邦的正义有赖于哲学家的统治。"我们作为这个国家的建立者的职责,就是要迫使最好的灵魂达到我们前面说是最高的知识,看见善,并上升到那个高度。"(《理想国》519D)

总之,孔子与柏拉图,这两位伟大哲人的教育理念奠定了中西教育哲学的基础,二者既有相似点,也有很大的不同。而正是在这种"和而不同"的基础之上,我们认为,"推动中希文明交流互鉴,让文明之光交相辉映",才是当代教育工作者的历史担当与责任所在。

汉帝国与早期罗马帝国皇位继承比较研究

王振霞

(曲阜师范大学历史文化学院)

皇位继承制度是中西文明史研究中的重要课题之一。汉帝国与罗马帝国是公元前后数百年间并存的两个"超级大国"。就本质而言,两国的最高统治权力在家族内的世袭,具备权力继承的特点,都涉及权力和利益的分配问题,但两大帝国统治基础和社会结构的不同,决定了其皇位继承制度特征的差异。对此具体问题的研究,可以清楚地呈现出两大文明发展的共性与个性,对于理解古代帝国的政治制度以及中西文明的特点都是有意义的。

一、皇位继承的特点

汉帝国确立父死子继、立嫡以长的皇位继承制度。秦始皇统一六国后,确立了"一帝系万世"的皇帝制度。秦始皇自称为始皇帝,"后世以计数,二世三世至于万世,传之无穷"(《史记·秦始皇本纪》),皇位继承人就限定为有血缘关系的家族成员。汉随秦制,遵循父子相传的皇位继承原则,"天下者,高祖之天下,父子相传,汉之约也"(《汉书·窦田灌韩传》)。这种世袭制度在观念和法律上都为人民所接受。汉帝国皇位继承制度更加完备,建立预立储君的太子制度。"太子天下本"(《汉书·郦陆朱刘叔孙传》),统治者比较注重立太子的问题。皇帝在位时,把选择皇位继承人当作头等大事。预立太子本身,就是重建宗法制。西周时期宗族分大小,严格区分嫡庶系统,王位只有嫡长子才能继承,周天子和诸侯王的嫡长子被称为太子或世子。汉帝国把宗法贵族政治的王位继承原则,运用到皇帝制度中来,确立预立储君的太子制度。

汉帝国的皇位继承制规定了皇权的不可分割性与不可转让性。父死子继原则把皇位继承权集中到皇帝儿子身上,在其诸多儿孙中,"立嫡以长"原则则更进一步把皇位继承人集中到嫡长子头上。汉帝国历时400余年,分为西汉和东汉,皇位的继承只限于皇帝一姓子孙。这造成许多年幼皇帝,甚至襁褓皇帝。汉殇帝刘隆(105—106)即位时才出生百日,是汉帝国年龄最小的皇帝。

表1 汉帝国幼年即位的皇帝

称号	昭帝(刘弗陵)	平帝(刘衎)	和帝(刘肇)	殇帝(刘隆)	安帝(刘祜)	少帝(刘懿)	顺帝(刘保)	冲帝(刘炳)	质帝(刘缵)	桓帝(刘志)	灵帝(刘宏)	少帝(刘辩)	献帝(刘协)
统治时间	14年(前87—74年)	5年(前1—5年)	17年(88—105年)	8个月(105—106年)	19年(106—125年)	7个月(125年)	19年(125—144年)	5个月(144—145年)	1年(145—146年)	21年(146—167年)	22年(167—189年)	5个月(189年)	31年(189—220年)
即位年龄	8岁	9岁	10岁	100天	13岁	年幼	11岁	2岁	8岁	15岁	11岁	13岁	9岁

皇帝年幼或才智不佳无法胜任管理国家的大任,在一定程度上影响了国家的长治久安。

与汉帝国相比,早期罗马帝国没有固定的皇位继承制度。"在理论上罗马仍为共和国,一切地位与权柄都剙自元老院或公民会议,所以世袭制当然不能成立"。[①] 罗马皇帝的权力是从元老院和人民手中接掌的、受人民委托的权力。因此,罗马皇位不存在继承问题,不存在皇权一脉相承。但当权力集中在一人手中时,私欲就会随之而来,皇帝们都希望将皇位留给自己的家族成员。所以,罗马帝国名义上以选举而实际上通过指定的方法产生皇位继承人。如弗拉维王朝和塞维鲁王朝采取父死子继、兄终弟及的皇位继承方式。如果皇帝没有男性后代,就会收养继承人。罗马法规定:"被收养的子女,当其在养父权力下时,视为具有与合法婚姻关系中出生的子女相同的法律地位,因此对于他们,亦应依上述关于亲生子女的规定,指定其为继承人或取消继承人资格。"[②] 收养子女与亲生子女具有同样的继承权,继承人主要继承的是地位和权力。由于不愿意婚育,元老贵族子嗣单薄,出身贵族的众多皇帝中仅有韦斯巴芗和

---

① 雷海宗:《世袭以外的大位承继法》,《伯伦史学集》,北京:中华书局2002年版,第163页。
② 查士丁尼:《法学总论》,张企泰译,北京:商务印书馆1996年版,第85页。

塞维鲁有 2 个及 2 个以上的成年儿子,早期罗马帝国盛行皇位收养继承。罗马帝国的创立者奥古斯都没有儿子,最终在家族内部收养提比略为皇位继承人,这种过继养子的皇位继承方式得到后继者的效仿。安敦尼王朝以收养继承为主,共历 6 代 7 个皇帝,除马可·奥勒留将皇位传给亲生儿子康茂德外,安敦尼王朝的皇帝都在帝国范围内选择手握重兵或有良好家庭出身的意大利和行省贵族为继承人。收养立嗣取代血缘传承突出了皇位继承人的德行或素质,强调皇帝产生的选择性。这种"选贤立嗣"的皇位继承原则,使统治阶级中优秀的政治和军事人才有机会成为国家的最高统治者,更能得到元老贵族和军队的认同,有利于皇帝权力的平稳过渡。"那时广袤的罗马帝国按照仁政和明智的原则完全处于专制权力的统治之下。接连四代在为人和权威方面很自然地普遍受到尊重的罗马皇帝坚决而温和地控制着所有的军队。涅尔瓦、图拉真、哈德良和两位安东尼全都喜爱自由生活的景象,并愿意把自己看成是负责的执法者,因而一直保持着文官政府的形式。如果他们那一时代的罗马人能够安享一种合乎理性的自由生活,这几位君王是完全可以享有恢复共和制的荣誉的。"①皇位收养继承在 2 世纪取得良好的效果。

皇位继承是统治集团权益再分配的关键。皇位的每次更替都是权力和利益的重新分配。汉帝国的皇位继承,除了嫡长子继承制的约束,皇帝的意愿、皇子个人素质、后妃外戚的干预、宦官的作用、权臣的力量等都成为影响因素。太子的人选,是皇帝个人对众皇子的好恶所作的选择和宫廷内各个政治派系角逐的结果。

中国的皇帝制度为后妃、外戚、宦官或权臣专权提供了机会。外戚在政治力量上的崛起,始于西汉。司马迁说:"自古受命帝王及继体守文之君,非独内德茂也,盖亦有外戚之助焉。"(《史记·外戚世家》)后妃临朝与外戚专擅,实质上是一种裙带政治,凭借的是夫荣妻贵和子荣母贵,这是从中国皇帝"家天下"本质中所衍生出来的。到了东汉,尤其是从公元 135 年到 159 年,外戚的势力发展到顶峰。史称:"皇统屡绝,权归女主,外立者四帝,临朝者六后,莫不定策帷帝,委事父兄,贪孩童以久其政,抑明贤以专其威。"(《后汉书·皇后纪》)宦官是皇帝家奴,大多数宦官终身从事贱役。宦官既是皇帝的贱奴,又是皇帝的

---

① 爱德华·吉本:《罗马帝国衰亡史》上册,黄宜思、黄雨石译,北京:商务印书馆 1997 年版,第 13 页。

鹰犬。他们一旦获得皇帝的宠幸,便"窃持国柄,手握王爵,口含天宪"(《后汉书·朱乐何列传》)。专权的宦官、外戚以一种极端的形式展示着骄横、专断的皇权。他们为了达到长久专政的目的,总是喜欢在皇帝的废立问题上做文章。① 当皇帝年富力强时,不乏忠心的外戚、宦官和大臣,当皇帝昏聩,或嗣君年幼、无能的时候,他们便乘虚而入,干预朝政,任意废立甚至诛杀皇帝。

罗马皇位继承受皇帝、军队和元老院影响。罗马皇帝可以指定接班人,接班人需要具备皇室家族血统,与皇帝具有血缘或收养关系。皇帝通常在家庭内对接班人进行传统教育,康茂德就是在父亲的悉心照料下长大的。② 在罗马文化中根深蒂固的观念是,任职和取得战功能提高个人的社会地位,丰富的政治军事经验和驾驭军队的能力成为皇位继承人的硬件标准。自奥古斯都时代以来,皇帝生前会提拔接班人,经常派接班人代表皇帝外出作战,以培养接班人的个人威望,并使其逐渐协助自己行使权力。在安敦尼王朝,为了控制局面,皇帝将握有重兵的军事将领收养为继承人。涅尔瓦在一些亲属仍然健在的情况下,选择手握重兵的行省总督图拉真而非意大利贵族为养子,因为他认为一个人的能力要比国籍重要。③ 图拉真成为皇帝时也有很高的军事声望。④ 尽管血统继承已成惯例,皇帝候选人并非通过世袭权力自动接替皇位,只有在得到明确授权的条件下,他才能登上皇位。

元老院的认可是皇位继承必不可少的程序。罗马帝国建立在近五百年共和历史的基础上,因此其皇位继承必然会受到共和传统的影响。奥古斯都顾及罗马的共和传统和强大的共和势力,表面上遵循共和原则,谨慎集权而又不公开称帝,这种统治形式称元首制。"元首制是一种过渡的政治制度,这种制度是在特定的历史条件下形成的,介于共和制与君主制中间。"⑤ 作为民意的代表,元老院有权授予皇帝权力和头衔,如果皇帝行为不端,元老院有权宣布其为公敌,而且废除他所制定的规章制度。

---

① 白钢:《中国皇帝》,北京:社会科学文献出版社 2008 年版,第 248 页。
② Herodian, *History of The Empire*, 1.1.6, Cambridge: Harvard University Press, 1995.
③ Dio, *Roman History*, 68.4.1-2, Cambridge: Harvard University Press. 1995.
④ Dio, *Roman History*, 68.3.4.
⑤ 王明毅:《从元首制到君主制——罗马帝国专制主义的确立》,参阅施治生、刘欣如主编:《古代王权与专制主义》,北京:中国社会科学出版社 1993 年版,第 314 页。

罗马皇帝继位虽受共和因素影响,但军队的支持往往起决定性作用。罗马军队由近卫军和行省军团组成。28个军团驻守边界行省,9000名近卫军负责皇帝安全。在朱里亚·克劳狄王朝,近卫军对皇位继位的影响较大。卡里古拉[①]和尼禄[②]分别在近卫军长官马克罗和布鲁斯的支持下登上了皇位。而克劳狄的上台更富有戏剧性,近卫军在杀死卡里古拉之后,士兵在窗帘后面偶然发现了这位前任皇帝的叔父,遂将其拥立为新皇帝。在公元192至193年的内战时期,竟然出现近卫军拍卖皇位的现象,最后出价最高的朱里亚努斯被近卫军拥立为皇帝。[③] 在王朝更替的关键时期,因皇位继承权不明确,行省军队纷纷拥立自己的将领为皇帝,从而引发内战,"既然谁也不可能靠出身来获得登上皇位的权利,那便人人都可以自认为有此德能。……人类中最卑下的成员也可以,……只要通过一次犯罪行为,便能从无能的、不受人民欢迎的主子手中夺过治理整个世界的权力。"[④]公元前27年至公元284年,罗马帝国共有57位皇帝,其中33位通过兵变上台,接近总数的58%,在军事混乱时期(235—284年)共有29位皇帝,其中19位通过兵变上台(18位由行省军队拥立),约占总数的65.5%。[⑤] 元首制已经无法正常运转。

总之,罗马帝国的皇位继承独具特色,既有世袭的成分,也有选举的因素。皇位继承的矛盾和缺陷导致皇帝统治极不稳定。统治集团内部为争夺最高统治权的内战频繁爆发,各个王朝统治时间短暂。罗马元首制存在311年(前27—284年),历经4个王朝,朝代时间最长的不到100年,最短的只有27年。

二、影响皇位继承的因素

皇位继承制度与当时政治形势和专制状况密切相关。作为皇位继承的基础,君主制是阶级社会发展到一定历史阶段的产物。汉帝国和罗马帝国君主制的形成都经历了相当长的时间,是早期国家向帝国发展过程中的产物。中

---

① Dio, *Roman History*, 58.28.5; Tacitus, *The Annals*, 6.50, Cambridge: Harvard University Press, 1981.
② Tacitus, *The Annals*, 12.69.
③ Dio, *Roman History*, 74.11.2-6.
④ 爱德华·吉本:《罗马帝国衰亡史》上册,第135页。
⑤ 袁波:《从元首继承制的特点看罗马帝国政体的转变》,《重庆社会科学》2007年第12期,第62—69页。

国邦国与罗马城邦,是从氏族部落发展而来的带有原始民主色彩的国家,不存在所谓的专制政体。它们的社会政治制度都存在氏族制的血缘关系残余,西周的"国人"与"野人"之分、罗马公民与非公民的区别就是这一残余的表现。夏商周三代的政治制度,虽然保留一些原始民主的遗存,但并非西方的城邦民主制度,而是与宗法制度互为表里的等级君主制。中国夏商王朝的王为小国联盟的盟主。西周的王松散地统辖诸侯国,其权力并不具有专制的性质。春秋战国时期,地缘关系取代血缘关系促使"国人"与"野人"之分消失,动摇了建立在血缘关系之上的宗法制和分封制。秦帝国建立后,废除分封制,确立皇帝制度。汉初结合秦朝灭亡的教训,实行郡国并行制。由于诸侯国的势力不断强大,对皇位造成很大威胁,汉武帝颁布推恩令,铲除诸侯割据势力,君主专制制度才真正得以巩固。

罗马君主制也经历了相当长的发展过程。最初,罗马城邦存在氏族制度残余,氏族、家庭等社会单位发挥着军事组织、政治组织的作用。罗马共和国是从家庭关系发展而来的社会成员合伙团体,[①]是罗马人民的共同体。城邦社会很长时间内都是通过家庭关系协调和宗教约束来实现自治的。最初,只有少数真正的公民才享有公民权,只有人数更少的家长和元老贵族才能享有影响整个城邦的社会权威。随着平民普遍追求社会平等权利,罗马政府权力不断扩大。在共和政治中,贵族和平民之间的权力制衡是政治的常生态,所以没有君权至上的观念。罗马自大征服时代之后,公民集体分化,个人权力迅速发展,这颠覆了权力制衡的局面,为军事独裁的出现提供了条件。军事独裁破坏了罗马城邦的社会政治经济基础,即与氏族血缘关系有联系的具有闭塞性的罗马公民集体,以及罗马公民权与土地占有权和兵役权三者的结合,公元前27年奥古斯都个人独裁导致罗马城邦走向崩溃。

从小国发展至帝国、氏族血缘关系不断被铲除、君主制的形成是古代中西文明共性的表现。君主集立法、司法、行政和军事权力于一身是君主制政体所共有的特征。不过,共性中还蕴含了个性。汉帝国和罗马帝国都是早期国家在自我否定的过程中形成的,但在秦汉帝国,氏族血缘关系残余被彻底地铲除,而在罗马帝国则长期存在。秦汉帝国内部组织表现出鲜明的以地域关系

---

① 盖尤斯:《法学阶梯》,黄风译,北京:中国政法大学出版社2008年版,第2、36页。

为结合的特点。秦人与被征服者地位一样,汉帝国境内除了王侯贵族和奴隶,其他人等都是"编户齐民"。罗马帝国在意大利之外的地中海地区设行省管理,但帝国居民身份并不统一,行省仍存在城邦时期血缘关系的残余。罗马国家是征服者,在法律上罗马公民是国家权力的主体;行省是"罗马公民的财产",占罗马90%以上人口的行省居民是被征服者,他们没有罗马公民权。罗马的公民权消除其闭塞性,经过了相当长的时间。至公元212年罗马皇帝卡拉卡拉颁布敕令,将公民权授予帝国境内所有自由民,才最终完成由城邦向帝国的转化。血缘关系与地域关系长期并存,而且前者占更重要的地位,是早期罗马帝国与秦汉帝国统治基础的一个重要区别。

皇位继承制度与国家结构有很大的关系。两大帝国形成的基础不同。汉帝国建立在统一的基础上。建立后,汉帝国在政治、经济和思想文化方面采取了一系列强有力的措施来巩固国家的统一。罗马帝国建立在武力征服的基础上。罗马帝国建立后,政治、经济和文化制度虽然有了重大变化,但始终没有形成统一的基础。秦汉帝国统一的国家结构和罗马帝国松散的国家结构,反映出古代中西文明的特点,决定了皇位继承制度的不同。只有建立在统一基础上的国家,才能设置皇位世袭制度。

汉帝国和罗马皇帝对权力的掌握程度不同。皇帝作为统治阶级最高的政治代表,是君主制的人格化。马克思主义认为:"人的本质并不是单个人所固有的抽象物。在其现实性上,它是一切社会关系的总和。"[①]政治权威以什么形式出现,是与它所处的社会历史条件分不开的。秦汉的社会结构有重大变革。在地方上,秦汉帝国一改西周王朝的分封制,采用郡县制。郡县是地方行政机构,郡设郡守、郡丞和郡尉;每郡下设若干县,县置县令、县丞和县尉;县以下有乡、里等基层机构,乡有乡吏,里有里典。郡县的机构庞大,管理范围涉及民政、财政、司法、教育、选举、监督等诸多内容。皇帝严格控制地方,委派官吏管理郡县事务,地方必须严格服从中央政府的政令。秦汉的官僚机构层次分明,皇帝独揽国家大权。皇帝的命令,通过三公九卿,经由郡、县,再通过乡、里,可以直达百姓。由此,秦汉帝国形成了一整套完整的中央—地方官制,统一的中

---

① 中共中央马克思恩格斯列宁斯大林著作编译局编:《马克思恩格斯选集》第一卷,北京:人民出版社1995年版,第56页。

央集权大帝国得以巩固。秦汉皇帝拥有至高无上的权力,处于绝对的特权地位。关于皇帝地位,贾谊说:等级分明,而天子加等焉,故其尊不可及也。(《汉书·贾谊传》)全国的土地与臣民属于王有,秦始皇统一六国后,宣布"六合之内,皇帝之土……人迹所至,无不臣者"(《史记·秦始皇本纪》)。刘邦称帝之后,宣布天下为己业,臣民的一切是皇帝恩赐的,这把皇帝置于绝对的地位。皇帝在政治生活中起决定作用,董仲舒说:"君人者,国之元,发言动作万物之枢机。"(《春秋繁露·立元神》)皇帝把行政、立法、司法、征伐诸权集于一身,把任免官吏、征收赋税等大权集中在手里,不论大小一切事务皆由皇帝处理,"天下之事无小大皆决于上,上至以衡石量书,日夜有呈,不中呈不得休息"(《史记·秦始皇本纪》)。皇帝成为全社会的最高主宰。

罗马皇帝实行分权而不是集权统治。罗马帝国是在军事征服中形成的军事和行政的庞大联合体,而且是从城邦体制发展而来,所以早期帝国还不具备一个完善、有效的行政管理体系。罗马元首制远不及秦汉帝国体制那样成熟,其中央集权程度弱,中央权力也不完全在皇帝手中。早期罗马帝国留有城邦制度残余,元老院在国家事务中仍发挥重要作用,皇帝至少要分出部分权力给元老院。罗马行省分为元首省和元老院省,分别归元首和元老院管理。各行省的情况差别很大,它们所受的待遇也不全相同。经过两百余年的发展,皇帝以合法手段逐步集行政、财政、军事、司法和宗教大权于一身,为戴克里先时期君主专制的建立奠定了基础。

罗马皇帝不能对行省施行强有力的控制,君主专制政体的建立无从谈起。在罗马的行省体制中,不同程度的地方自治相当广泛地存在。地方政府在司法、财政、军事方面有自主权。1至2世纪,行省兴起一批自治或半自治的城市,各有一片或大或小的土地。罗马行省管理表现出两大特点:一是机构设置简单,官吏人数不多。在奥古斯都时期,元老院行省总督和军团长官约为52人,骑士财务官有25人,在行省任职的元老和骑士不超过100人。[1] 有限的官员数量意味着,帝国政府在很大程度上依靠自治城市和有组织的公民公社来维持统治,官僚体制仅系一辅助机构和监督机构。二是行省主要负责税收、司

---

[1] Mason Hammond, *The City in the Ancient World*, Cambridge: Harvard University Press, 1972, p.298.

法和治安等方面的事务，远不如秦汉郡县管辖的那样广泛。尽管随着罗马帝国的发展，中央不断加强对行省的控制，对城市事务的干预也越来越多，城市自治的性质逐渐消失，但罗马地方始终没有形成层次分明的管理机构。行省总督握有军政大权，一旦地方有变，便会对中央造成极大威胁。由于罗马军团长期驻扎行省，加之行省地位提高，军团构成的行省化倾向日益明显，行省军队干预皇位的更替。68 年尼禄死后，行省军团分别拥立伽尔巴、奥托、维特里乌斯和韦斯巴芗为皇帝，号称四帝之年。四帝之年是由中央与地方的皇位之争导致的。这场内战反映出行省军团在国家政治生活中的重要性和行省势力的强大，即在外地可以同在罗马一样地拥立皇帝。[①] 安敦尼王朝的末代皇帝康茂德被杀之后，行省军队的皇位之争引发又一轮内战。在长达近 50 年的军事混乱时期，行省军队通过频繁的政变主宰皇位更替，元首制已经无法继续存在。受君主制内在结构的影响，两大帝国的政治意识分成不同类型。

皇位继承制与思想观念有关。在汉帝国，儒家学说经过董仲舒的改造，成为皇位世袭制度的理论基础。儒家主要从等级贵贱和伦理道德关系上论述皇帝至尊。中国皇帝一般被称为天子，是天之子。董仲舒说："德侔天地者称'皇帝'，天佑而子之，号称'天子'。故圣王生则称天子。"（《春秋繁露·三代改制质文》）"皇帝""天子"称号意在突出君权神授，彰显皇权的合法性或正当性。皇帝代表上天统治管理人间事务，"天子受命于天，天下受命于天子"（《春秋繁露·为人者天》），皇帝是神格化的人，至尊至上。皇帝的权力被认为是上天赐给的，是与生俱来的。皇权是私有化的权力，是属于某个人的权力，所以在皇位传承中就可以将这种权力顺理成章地转移给继承人。

董仲舒所宣扬的君权神授思想，为树立皇帝的绝对权威和国家政治的一统，强化君主专制与中央集权提供了合理的理论依据。同时，董仲舒认为，皇权也并非不受约束。作为天子，必须顺天行事，不可逆天而为。董仲舒说："天之生民，非为王也；而天立王以为民也。故其德足以安乐民者，天予之；其恶足以贼害民者，天夺之。"（《春秋繁露·尧舜不擅移汤武不专杀》）只有那些安乐民众的人，天才会授予他王权；而对于那些贼害民众的君主，天则会收回对他的授命。

---

① Tacitus, *The Histories*, 1.4, Cambridge: Harvard University Press, 1995.

早期罗马帝国的皇位继承缺乏理论依据。罗马皇权的思想基础是城邦时代根深蒂固的民主与共和传统。皇帝是罗马帝国的最高统治者,但从法理上说,他是元老院推举的国家最高官职,其治权是由人民大会和元老院授予的。由于罗马的共和传统,"真正的世袭继承是不可能的,国家官员的权力来自罗马人民"①。

汉帝国皇帝宣扬君权神授,罗马皇帝也推行个人崇拜。皇帝崇拜包括两大基本因素:经过元老院的神化,皇帝在死后成为神;皇帝在任职期间也能获得特殊的荣耀,尤其在自治市和行省得到类似神灵一样的崇拜,包括为其建立神庙、举办赛会和设立节日。但是在共和传统浓厚的罗马、意大利,奥古斯都禁止把自己奉为神明,至少在罗马和意大利是如此,不论皇帝有多么崇高的威望,神圣的荣誉也只是在死后由元老院授予。② 表现在称号上,罗马皇帝称元首,在拉丁文中,元首为在元老院中坐第一把交椅的首席元老,是公职人员,而非汉帝国那样的"天子"。政治性人际称谓是一种重要的政治文化符号,反映着一种约定俗成的角色定位观念。元首称号突出了罗马皇帝作为行政官员的特征。作为罗马帝国的奠基人,奥古斯都将皇帝的权力建立在保民官权、最高大权和大祭司长职务的基础上,③由此,奥古斯都掌握了军事、民政和宗教大权。直到晚期帝国君主专制的建立,这些职务一直是皇帝权力的基础。在罗马法中,从未对皇帝继承作出明确的规定。此后皇帝逐步集权,但也强调皇帝的权力来自人民的授予,2世纪中期法学家盖尤斯说,皇帝谕令具有法律效力,因为皇帝本人根据授权法享有最高权力。3世纪初期法学家乌尔比安说,皇帝的决议具有法律效力,因为,借助于大权法人民把所有的最高统治权和支配权转移给他。④ 可见,即使皇帝拥有大权,但在法律上皇帝的权力仍来自人民。依照共和传统,帝国是罗马人民的共同体而非皇帝的私人财产,不存在皇位世袭观念。

---

① Chester G. Starr, *The Roman Empire*, *27 B.C.-A.D. 476*, New York: Oxford University Press, 1982, p.5.
② Dio, *Roman History*, 51.20.6-8.
③ 科瓦略夫:《古代罗马史》,王以铸译,北京:三联书店1957年版,第666页。
④ Justinian, *The Digest of Justinian*, I.4.pr. trans. Alan Watson, Philadelphia: University of Pennsylvania Press, 1985.

皇位继承是君主制国家的核心问题。就文明演进来说，汉代中国和古罗马都经历了从早期邦国到区域性帝国这一历史发展过程。汉帝国和早期罗马帝国实行君主制，存在皇位继承现象，但由于两大帝国的皇帝在统治基础、历史传统和政治结构上存在差异，它们的皇位继承各具特色。它们皇位继承的流风遗韵也影响了中西文明历史发展的进程。

古典文明比较研究个例二则

张绪强

(西南大学历史文化学院)

西语学界在界定"古典学"概念时认为其为整理研究希腊、拉丁文献以溯源其共同的"古代"特征的一门学问,以"古典的"(philologia)一词强调"希腊、拉丁的"这一属性。philologia 由 philos 与 logos 复合而成,最早见于柏拉图的《泰阿泰德篇》(*Theaetetus*,146A)。在柏拉图等古典著作家笔下,"所钟爱者"与"有关文字的学问"存在一定联系。西方古典学源远流长,自公元前 3 世纪亚历山大缪斯学宫已经开始讨论学术问题。近代古典学始于德国。1795 年出版的《荷马引论》一书中,沃尔夫针对《荷马史诗》的成书年代、著者等问题提出了独到见解,从而引发了后世对所谓"荷马问题"的大讨论。沃尔夫在哈雷大学讲授古典文献学的课程,1806 年,哈雷大学被迫关闭,沃尔夫在歌德的建议下把该门课程的内容整理成文并发表。这标志着现代意义上古典学学科的建立。中国学者从事西方古典学研究时,对中华古代文明的特点和地位进行了思考,他们的思考是我们今天研究中希古典文明的起点。吴宓和林志纯两位前辈学者在此方面的研究具有代表性。

一、吴宓:古希腊文明与儒家文明具有相通性

吴宓早年留学哈佛,师从新人文主义者欧文·白璧德,深受新人文主义(New Humanism)影响,较早接触了西方古典学。白璧德认为西方近代化是一个从信仰走向理性的过程,然而这一过程却把人的理性视为一种绝对的工具,人自身的精神生活便被压缩。为此,白璧德提出新人文主义主张,在古希腊、希伯来和近代思想中寻求一种平衡,实现人的自身情感和理性的平衡。

吴宓回国后将新人文主义融入自己的研究,在研究西方古典文明的基础上,开展了中国古典文明与古希腊文明的比较研究。1923年1月,吴宓在《学衡》上发表《希腊文学史》,关注到西方古典学界著名的"荷马问题",讨论了荷马是否有其人、《荷马史诗》的作者是谁、《荷马史诗》成于何时及作于何地。在研究《荷马史诗》时,吴宓也试图在中国典籍中寻找与《荷马史诗》可以沟通的文体,认为"吾以荷马史诗比之中国文章,窃谓其与弹词最相近似"。吴宓还考察赫西俄德的教谕诗与中国古代教训诗文的异同,认为"至《田功与日占》一诗,则《诗经·豳风·七月》一篇最为近之,《周官·考工记》亦有似处"。在《论新文化运动》一文中,吴宓将孔子、耶稣、释迦牟尼、柏拉图、亚里士多德视为"圣道",认为古希腊文明与儒家文明具有相通性。在创办《学衡》杂志时,开卷的两位插画人物选择了孔子和苏格拉底。这种选择并非偶然,乃是刻意安排,意在融合儒家文明与古希腊文明。

吴宓曾于20世纪50年代在西南师范学院历史系任教,对古希腊三大史家希罗多德、修昔底德、色诺芬进行研究。吴宓在研究中借鉴普鲁塔克"对传体"的研究范式,分别以一位罗马史家对应一位古希腊史家:李维对应希罗多德、塔西陀对应修昔底德、凯撒对应色诺芬。1957年,在东北师范大学编写的《古代世界史通讯》中,吴宓发表《罗马历法简说》一文,在对古罗马的纪年法与历法演进研究的同时,还将罗马历法与中国历法建立起联系。他认为努马·庞皮留斯(Numa Pompilius)改定历法,每年12个月,共355日,以元月望日(公历3月15日)为"岁神"(女)的祀期,类似于中国的上元节或元宵节。

这一时期吴宓阅读了大量古典历史研究著作,除古希腊罗马经典文献外,他还阅读了J. B. Bury 的《希腊史》、Humfrey Grose-Hodge 的《罗马史综论》等。1956年7月18日,在阅读完《罗马史综论》后,他在日记中写道:"晚饭后,读 Humfrey Grose-Hodge 撰之 *Roman Panorama: a Background for Today* (Cambridge, 1946; pp.1-246),完。此书极佳;若《学衡》在,宓必译登之。宓读罗马史论,而痛惜中国文字与道德文化之全亡于今日也!"

二、林志纯:中国和西欧在古典时期的历史发展基本接近

林志纯最早通过苏联学界了解了西方古典学。1952年,林志纯在《大公

报》和《光明日报》分别发表《古代世界与古典文明》《阿夫基耶夫教授及其〈古代东方史〉》,对"古代世界"和"古典世界"作了概念上的辨析,对"古典世界"所特指的古希腊罗马研究作了强调。林志纯最早翻译了亚里士多德《雅典政制》,针对黑劳士制度、古代希腊历法、荷马史诗若干问题、雅典国家产生的年代、线文 B 的译读、希波战争等问题撰写多篇文章。其中,1962 年发表的《关于新发现的古希腊波斯战争史的一段碑文》《荷马史诗若干问题》和《线文 B 的译读》三篇文章,被学者视为先生重视一手史料,尊重史实研究特色的突出表现。

改革开放后,为了推动世界古典文明史研究,林志纯先生联合复旦大学周谷城教授和武汉大学吴于廑教授联名向教育部提出《关于加强世界古典文明史研究工作的意见和建议》,呼吁加强研究的力度,建立专门的研究机构。1984 年 8 月 30 日,教育部下发(84)教高一司字 054 号批复文件给北京大学、复旦大学、武汉大学、南开大学、北京师范大学、东北师范大学,同意建立世界古典文明研究室和世界古典文明史试办班。其实,在 1955 至 1957 年间给苏联专家格拉德舍夫斯基教授做助手时,林志纯就开始指导硕士研究生,刘家和教授早年撰写的黑劳士问题的研究文章就是在这一时期完成的。至今,刘家和先生回忆起林志纯先生时仍称自己是"林师的一个老学生"。

为了筹办世界古典文明史试办班,林志纯联系到国内外从事古希腊文明研究的多位学者,有四川大学的卢剑波、南京大学的张竹明、中国社科院的罗念生和廖学盛、法国国家科学研究中心的左宗棠曾孙左景权以及教会牧师。从林志纯保留下来的学友手札可以见到他们之间的交流。1986 年,林志纯的第一位博士生郝际陶完成博士论文《〈雅典政制〉与〈周官〉》的写作。据郝际陶老师回忆:"答辩委员会主席是吴于廑先生,答辩组其他成员有张政烺先生、胡厚宣先生、刘家和先生、廖学盛先生和林先生,至今再也找不到那样豪华的阵容了!"

作为现代西方文明的宝贵遗产,以希腊文、拉丁文为载体的西方古典文献在不同历史时期、不同文化的传承接替以及文艺复兴时代"复兴"的过程中,一直是传播西方古典文化的重要载体。素以双语本行世的"洛布古典丛书""比代古典丛书",在普及古典文化方面起到重要作用。"为了促进中外古典文化交流,为了把西方古典文化引进中国,把我国古典文化向世界传播",1988 年,林先生联合周谷城、吴于廑、张政烺、胡厚宣、周一良、任继愈、张忠培、刘家和等人提议,编辑"世界古典文明丛书"。这套丛书采用中外文对照方式,西方古典文献采希腊文、拉丁文原文与中文对照方式,中国古典文献则采中国古文字(甲骨文、金文)和现行文字与英译对照方式。已出版汉语/英语对照本《曶鼎铭文研究》《中国古代纪年》,以及拉丁语/汉语对照本《建城以来史》(卷一)等。

通过比较研究,林志纯认为,西方古典在人类历史上熠熠闪光,有荷马、赫西俄德的史诗,希罗多德、修昔底德的历史,亚里士多德的哲学、政治学,西塞罗的辞令,可谓星光璀璨。在中国,三经三礼、诸子百家,自黄帝至共和,自孔子至司马迁,古典不朽,代代相传;古典文明从古到今,一线相承,未尝间断。比之有过两次间断(即古代的和中世纪的黑暗时代)的西方古典,中国古典文明传统之悠久,文化内涵之丰富,毫不逊色,典籍之宏富更是独步世界,罕有其他方明可与伦比。在《论中西古典学》《再论中西古典学》以及《中西古典文明千年史》等著述中,他提出了"中西古典学"的学术构想。

林志纯的中西古典学将旧大陆的古代文明世界依其历史发展和地理分布划分为三大部分:西方是古代欧洲,中间部分是古代近东(北非、西亚)、南亚和中亚,东方则是古代中国。中间近东至中亚、南亚部分,同西方欧洲部分,构成了古代文明世界的西方古典文明系统,与中国古典文明系统形成中西两大古典文明并立的局面。欧亚古典文明地区,自古代至近世,集结发展为欧洲古典文明与中国古典文明两大系统。

林志纯的中西古典学将中西古代文明视作具有同样历史发展规律的文明。古代城邦是与城邦联盟并在的,城邦联盟不是国家,城邦才是国家。古代中国的夏商周三代实际上是城邦联盟,中国古代常称城邦联盟为"天下"。"周天下"是以周邦为首的周人城邦联盟。对于古代希腊,"雅典帝国"或"雅典同盟"实质上也是雅典为首的城邦联盟。雅典和中国的城邦时代都经历了从原始君主制时代到公卿执政制时代的发展历程。"公卿执政制时代是古典时代城邦史的组成部分,在古希腊史上,古中国史上都一样。"

三、余论

对于西学的态度,吴宓认为,学习西学"必深通语言文字,兼习各种学问,更专精一类之学,其所知之广,所极之深,须与西土名士硕儒比肩齐誉无逊色,然后可言介绍西学。介绍西学者,非掇拾零篇,字移句译,意晦词塞,矛盾荆棘,散漫模糊,夸张凭陵者所可从事也"[①]。国人对待西学不以"掇拾零篇,字移句译"为目的,而要"昌明国粹,融化新知",将中国古典文化与古希腊罗马文化和印度佛教文化的古典遗产熔于一炉。

林志纯认为,中国和西欧在古典世界的历史发展基本是接近的,二者处于同一个时代,都形成古代文明的一个整体,即古典文明世界。因而,林志纯进一步认为,除新大陆的美洲和澳洲外,旧大陆应一起被纳入古典文明世界或者古代文明世界的范围来研究,这个综合的学科可以"中西古典学"概括言之。

吴宓留学美国,林志纯学习苏联,他们一开始便接触到西学的正统——古典学。他们的古典学研究都是在对中国古典文化高度关照的情怀下进行的,为我们今天的研究提供了有力的借鉴。不论他们所提出的将"古典遗产熔于一炉"的说法或"中西古典时期从城邦到帝国"的理论是否成立,他们所开展的具体研究至今仍是中西古典文明比较研究的重要方面,需要我们进一步讨论。吴宓和林志纯的研究贯穿了20世纪各个重要时期,从新文化运动到新中国成立,再到改革开放,他们的研究反映了现代化过程中中国学者如何看待古典文明遗产的态度,那就是将中国和世界古代文明视作一个整体,汲取古典文明遗产的养分。

[①] 吴宓:《新文化运动之反应》,《中华新报》1922年10月10日。

情感秩序与理性结构
——从类型学角度看中国古代文明与古希腊文明

谢文郁

（山东大学哲学与社会发展学院）

在文明比较中，我们只能通过概念之间的比较来理解各自的文明形态。尽管人们可以通过文献来分析概念的界定，但是，概念的界定方式才是关键所在。一般来说，我们有两种不同类型的概念界定方式，分别是经验指称和情感赋义。在经验指称中，比如，我们指着一个对象，称它为"树"，"树"就在这个感觉对象中获得了一种原始性界定。在情感赋义中，比如，我们喜欢一个物体而用"可爱的"一词来指称它，"可爱的"就在这个情感对象中获得了原始性界定。在这两种不同概念界定方式中所形成的概念体系，无论是在思维方式上，还是在由此所引导的生存方式上，都很不相同，由此所形成的文明也就各自具有独立形态。

这里，我想通过分析古希腊文明和中国古代文明的一些基本概念的形成过程，一方面展示它们各自独特的概念界定方式，深入理解这两种文明的原始形态，另一方面则试图揭示它们的视角盲点，寻找克服盲点的途径。简略而言，古希腊文明重视感觉经验，并在此基础上发展出了一种在理性结构中的世界观；而中国古代文明则重视人和人之间的情感关系，企图从情感赋义出发来理解世界。现实中，我们同时生活在感觉经验和情感秩序中。也许，这两种世界观能够在某个关节点上有机地结合起来，使我们找到一种兼顾经验指称和情感赋义的概念界定方式，得到一种更为全面的世界观。当然，我们要做的第一步是要对这两种世界观进行类型学的分析。

一、在理性结构中的宇宙

古希腊文明的一个主要标志是古希腊哲学的成就。从追踪诸神的起源开始,人们开始提出宇宙万物的本源问题。"本源"概念一旦被提出,人们就开始追问如何理解或界定本源。显然,作为万物的起点,本源不是感觉对象。但是,本源的存在却是可以通过论证来证实的,比如,在因果关系中,通过原因的原因的系列推演,就涉及最原始的原因,即本源。但是,本源不是感觉对象,我们如何才能理解本源呢?

传说为古希腊第一个哲学家的泰勒斯提出"本源是水"这个命题。泰勒斯引入了类比思维方式,即通过一个感觉对象(在经验指称中)来类比那个对象(非感觉对象)。类比思维方式要求把那个待理解的对象连接到一个感觉对象上。在类比思维中,人们实际上是采用了经验指称界定方式。

然而,一旦提出本源概念,在类比思维中,人们就会寻找哪一种感觉对象能更加恰当地类比本源。于是,古希腊人先后提出"火""气""土""数"(作为一种尺度)等来类比本源。这些说法的出现导致争论不休的局面的形成。巴门尼德在考察这些说法时,对类比思维提出了严格的批评,认为类比思维给出的界定是不确定的。比如,没有见过大海的人通过"水池"这个感觉对象来类比大海(比水池大很多很多),但是,无论如何想象,他们在思想中虽然理解了大海,但总是理解得不充分。他进一步指出,"本源"不是一个感觉对象,而是在推论中给出的概念(原因的原因系列)。因此,"本源"是一个思想对象。思想对象是在论证中呈现的,也只能通过论证来界定。巴门尼德在他的一系列论证中对"本源"进行界定,认为本源作为万物的起点必须是"一""不生不灭""完全的"。在这个"本源"的概念界定中,他引导了一种所谓在论证中进行界定的界定方式。

在这种论证思路中,恩培多克勒给出这个论证:如果本源是不生不灭的,那么,本源就是永恒存在,因而不是时间在先的存在;如果本源不是时间在先的存在,那么,它就只能是一种结构在先的存在。他进而提出,水火气土为世界本源。它们自身是永恒存在,以不同结构结合而形成万物。或者说,万物都包含四种元素,却是以不同的结构结合而表现为彼此不同。不过,四元素说无法满足"本源是一"这个巴门尼德要求。恩培多克勒之后,阿那克萨戈拉提出"种子"概念,认为所有的原始存在是不同种类的"种子",而"种子"以不同比例结合在一起而形成万物。再后,德谟克利特认为,原始纯在是"原子","原子"有不同形状和大小,在不同结构中形成万物。

柏拉图在他的《蒂迈欧篇》中,企图用两种三角形构成四种立体(分别指称水火气土),万物都可以归结为这四种立体的不同样式。因此,宇宙是由一种数学几何结构而形成的。柏拉图的宇宙论把宇宙理解为一种数学结构,并以此来解释各种感觉对象(万物)。这是一种完整的理性结构。

这种因果式的推论性思维,即通过追踪事物的原因来认识它的存在,属于经验思维。这种思维方式的深层意图是通过把握事物的原因以达到控制或利用它。比如,通过认识和把握苹果的原因,如果树的种植和培养,进而占有苹果。从泰勒斯提出本源概念开始,古希腊哲学一直在因果式思维中认识世界。可以这样分析:我们在认识中面对一个现成的事物,比如,我们在时间中看到两个事物,设为 A 和 B,它们一前一后;在记忆中,它们按时间先后排列。如果在经验中的事物 B 总是出现在事物 A 之前,那么,我们就把 B 指称为原因,而 A 为结果。根据经验知识,当我们发现 B 时,我们就会期望 A 的出现。反过来,如果看见了 A,就可以推论 B 曾经存在。于是,在经验的时间顺序中,因果观念就建立起来了。因果式的推论性思维便是所谓的理性活动。

同时,从苏格拉底开始,古希腊哲学把这种因果式思维应用于各种道德观念的界定中。柏拉图称这种界定方式为辩证法,即对于任何一个道德观念或美德(如正义、善等),我们都必须考察它们是否能够没有矛盾地解释各种社会行为。或者说,所有的道德行为都是在一定的道德观念或美德中进行的。这里,道德观念或美德便是原因,而道德行为是结果。柏拉图发现,人的所有道德行为都是在一定的道德观念或美德中进行。人在生存中追求善;在善恶观念混淆的状态中,人以恶为善,无法获得善。因此,人必须从真正的善出发,才能实现对善的追求。在柏拉图的思想中,真正的善包含真理和善这两个因素,其中最终好的是真理。在真理中的善就是真正的善。于是,在柏拉图看来,道德观念或美德的终极性原因便是真理。只要从真理出发,人就能建立美德,从而能够实现对善的追求,过一种善的生活。

真理是思想对象,只能在论中呈现。因此,在论证中追求真理是一种理性活动。

在柏拉图看来,人拥有欲望和情感。它们都在进行无序运动。欲望(如饥饿、性欲等)都指向一个欲望对象,并追求在欲望对象中得到满足。情感也指向情感对象,并驱动人去追求它。因此,人的欲望和情感都会破坏人的生存秩序,导致生活混乱。在记忆中给出的因果秩序,以及在逻辑和数学中给定的秩序中,人的生存才能有秩序。理性便是建立在因果秩序和论证-数学秩序中的思想活动。因此,只有理性才能提供秩序。对于欲望和情感,只有引入理性节制才能加以节制。也就是说,人在理性节制中才能生活在秩序中。这是一种在理性结构中的生存。

斯多葛学派完全接受了柏拉图关于节制的说法。在他们看来,道德生活是一种有秩序的生活。人在生活中受到欲望和情感的推动而进入无序化。把欲望和情感纳入秩序的关键就在于引入理性的节制。斯多葛学派有一个标志性说法,即一种完美的道德生活乃是一种在理性节制欲望和情感下的生活。有人甚至提出,完美的道德生活是一种在理性节制中的无情感生存状态。

不难看出,古希腊哲学呈现了一种在理性结构中的宇宙秩序和社会秩序。换句话说,这里的宇宙论是一种在论证中建构起来的关于宇宙万物的原因的知识。柏拉图提出了数学宇宙论,而亚里士多德则企图建立一种范畴论意义上的宇宙论。至于社会秩序,在柏拉图和斯多葛学派看来,人们必须从真理出发建构一种理性结构,以此节制人的欲望和情感,在美德中过一种道德生活。

二、在情感秩序中建构仁义

在中国思想史的原始文献《易经》中,本原问题并不是关注的中心。《易经》关注的是卦和爻作为一种事态的发展倾向,即态势。一个卦是一个大态势,一个爻则是一个小态势。尽管《易经》从乾卦和坤卦开始,但这两个卦也不过是一种态势,即一件事情的原始态势。《易经》提供了一种宇宙论叙事,但无意在因果关系中寻找本源,而是采取一种态势的叙述方式,着重呈现事物发展的未来方向。这种态势的观念导致了一种向前看的思维方式:"凡事豫则立,不豫则废。言前定则不跲,事前定则不困,行前定则不疚,道前定则不穷。"

能够把握态势的人就是有德之人。"德"更多的是指一种知道事态未来发展的能力。或者说,对于人的生存来说,最重要的是要在当下的情景(事态)中知道这个事态的未来发展方向。有德之人不只是拥有各种关于事物和事件的知识,还拥有根据这些知识来预见事态的未来的能力。"天行健,君子以自强不息。""子曰:'君子进德修业。忠信,所以进德也;修辞立其诚,所以居业也。'"君子便是有德之人,能够把握态势的人。只有把握了态势,才能应对各种可能性,进而采纳有利有益的发展方向,避免趋向不利。

态势(卦和爻)包含了事态和趋势两个因素。其中,事态可以通过经验观察而进行描述,属于经验指称范畴;趋势则指向未来,是经验观察无法提供的。那么,人们是如何认识并确定态势呢?在面对未来发展时,无非是好坏两个极端。"好的"是所期望的,"坏的"是要回避的。当然,好坏有程度的差异,而且在大多数情况下是好坏交错,因而需要进行利弊权衡。显然,在态势中的发展方向是多样的。究竟采纳或回避哪种方向涉及很多因素,如可行性(根据经验知识)、欲望强度以及喜爱或厌恶程度等。《易经》用元、亨、利、贞、吉等词来表达积极方向,用咎、凶等词表达消极方向。这些方向都是情感指向。

这是一种情感导向的思维方式。情感是一种生存倾向,情感主体在情感中指向一个情感对象。在情感中,情感对象不是现实的事态,而是一种未来的事态。这种未来事态在情感中虽然不是现实事态,但却是实在的,因而是生存所趋向的事态。比如,在敬天情感中,主体在敬天中认定了天的实在性,认定天作为一种强大的力量支配着自己的未来生存空间,因而追求自己在生存中与天保持一致,使天的力量支持自己的生存。在敬天中,敬天主体通过适应天的力量而使天的力量成为自己的力量,这就是"德"。所以,"天行健,君子以自强不息"。也就是说,人在敬天中进入一种遵守天命的生存状态(作为一种未来的事态)中。

人生活在各种态势中,并在各种情感中面对这些态势。在生存中,这些情感有先后缓急之分。人实际上是在某种情感秩序中面对生存中的各种态势。因此,究竟应该建立一种什么样的情感秩序对于生存来说就成为一个基础性问题。也就是说,人在不同情感秩序中进入态势,由此引导着不同的生存方式。

在孔子的思想中,"仁"是人的生存出发点。孔子说:"里仁为美,择不处仁,焉得知?"这里的"里仁"和"处仁"都可以理解为,人的生存应该从"仁"出发(一种理解认为这里的"里"和"处"意为选择邻居。这种理解无法解释"得知"一语)。这里的"知"指的是对态势的把握。因此,这句话的意思用现代汉语来表达就是,人只有从"仁"出发才能知道事态的发展方向。孔子的"仁"是一种情感性用词,指的是把自己的思想关注点放在人和人的关系上,追求一种适宜的社会关系。归结起来就是"爱人"和"知人":"樊迟问仁。子曰:'爱人。'问知。子曰:'知人。'"孔子之后,儒家便开始追求建立一种以"仁"为基础的情感秩序。

"仁"指称人与人之间的关系。但是,哪一种人与人的关系最为基础呢?《中庸》谈道:"仁者,人也,亲亲为大。义者,宜也,尊贤为大。亲亲之杀,尊贤之等,礼所生也。"这里涉及了仁义礼。以"亲亲"和"尊贤"为基础建立起来的"礼",乃是一种情感秩序。这里的"亲亲",就字义而言,是强调人和人之间的亲密关系。当然,人和人之间的亲密关系由近及远,即使与陌生人之间,也是存在着某种程度的亲密关系的。孔子认为,从"仁"出发,就不得不处理这种程度不等的亲密关系;或者说,在处理人际关系时,首先是要关注这种"亲亲"的程度问题,所以是"为大"。

"亲亲"中的第一个"亲"用作动词,强调要从人际间的亲密关系出发。当然,亲密程度不同,涉及的情感也不同。《中庸》有一段这样的文字:"在下位不获乎上,民不可得而治矣。获乎上有道:不信乎朋友,不获乎上矣。信乎朋友有道:不顺乎亲,不信乎朋友矣。顺乎亲有道:反诸身不诚,不顺乎亲矣。诚身有道:不明乎善,不诚乎身矣。"这里的"诚"(面对自己)、"亲"(直接的亲人关系)、"信"(朋友之间)是三个主干性的情感,连接着不同程度的"亲亲"关系,由此而建立一种社会秩序。显然,这个秩序是一种情感秩序。进一步,《中庸》提出了九种情感作为社会秩序的基础性情感,称为"天下九经":"凡为天下国家有九经,曰:修身也,尊贤也,亲亲也,敬大臣也,体群臣也,子庶民也,来百工也,柔远人也,怀诸侯也。"不难看到,这里的"经"是一种情感纽带,把各种各样的人都联系在一起,构成社会的整体。

人的情感是多样的。从情感论的视角中展示自己在生存中对世界的认识,需要对情感进行深入分析和准确界定。孟子在这方面做了很多工作,值得我们特别重视。这里需要引入情感认识论的分析。可参阅笔者的《情感认识论中的主体与对象》(《哲学研究》2022年第一期)。由此可见,受《易经》的态势意识的驱动,儒家一直努力在情感赋义的基础上界定各种事态,面向事态的未来发展方向,并以此认识周围世界,从而形成了儒家独特的情感世界观。学界关于儒家思想的这个特征已有不少的谈论,如李泽厚的情本体论和蒙培元的情感儒学等。这个视角的研究需要进一步推进,特别地,需要在认识论上进行分析,充分展示情感论视角,使我们能够对世界有更加全面的认识。

三、理性与情感

人生活在当下。人举目望去,周围的事物都是人的感觉对象。这些感觉对象(包括五官所呈现的全部对象)在空间中各站一位,在时间中展示它们的变化。它们在时空中是相互连接的。也就是说,人看到的不是一个孤立的事物,而是在关系中的事物。因此,每一个事物都是一个事态(与其他事物相连接的存在)。这些事态通过记忆而存储在人的意识中,称为印象。在人的意识中,这些事态或印象之间在概念界定、命题构造和命题演算中构成了人对周围世界的知识。

人关于世界的知识起于对事态的概念界定。我们知道,在概念界定中,人的意识有两个完全不同的关注点,或者说,对事态有两个不同的关注点。人在生存中面对一个事态时会出现积极的和消极的两种倾向,即所谓的趋善避恶。这个事态对人的生存来说可以是好的(有益于生存),也可以是坏的(有损于生存)。因此,出于有益于生存的目的,人开始关注并认识这个事态。人对这个事态的关注可以指向它的原因,也可以指向它的未来发展。在第一个关注点中,人追求对它的原因的认识,进而通过控制原因而使之有益于自身的生存。在第二个关注点中,人追求认识它的未来发展方向,进而在利害权衡中调整自己的活动以求利益最大化。

古希腊哲学关于事态的概念界定是在第一个关注点中。思想家们努力寻求认识并把握事态的原因,并最后追踪到宇宙万物的本源。从原因的角度来对事态进行概念界定,人们关心的是原因的确定性,即其中的因果关系是确定的或必然的。因果关系是在经验中给出的。比如,在过去的经验中看见过水能够灭火,因而形成了一个因果观念。因果关系在意识中被设定为必然关系,尽管经验只是呈现了事态之间的时间先后关系,并没有提供必然性支持。柏拉图在概念分析时发现了语言中的逻辑关系,并且在追踪事态关系时发现了它们之间的数学关系。逻辑和数学在推论中都表现为一种必然性。亚里士多德则在逻辑分析中提出一种范畴论,展示了逻辑学的力量。在西方思想史上,结合逻辑和数学,因果关系被赋予了必然性。因此,我们看到,古希腊哲学引入了因果必然性来对事态进行概念界定,由此建立的乃是一种在理性结构中的宇宙论。

在因果观念中,人的认识活动指向原因。结果是现成的、待解释的。结果作为一种事态和人的生存紧密相关。但是,当认识活动指向原因时,只要找到原因,就能通过原因而理解结果。也就是说,把原因归为认识对象,而关于结果的认识完全依赖于关于原因的知识。这种理性认识论实际上是把原因呈现为一种脱离自己的当下生存的对象。因此,原因作为认识对象就呈现为一种独立的与己无关的世界。原因作为认识对象构成了一种相对自在的世界。所有在感觉中呈现的事态背后都需要通过原因来解释。这个由原因构成的世界便是理性认识论的认识对象。理性认识论于是表现为主客二元论。

儒家情感论的关注点则指向事态的未来发展。尽管人们在经验中呈现了一些因果关系,但是,在态势意识的引导下,儒家思想家并不关心这个因果关系中的原因世界。也就是说,这个原因世界没有成为儒家思想家的认识对象。他们关心的是当下事态的未来发展方向。事态是人的生存当下面临的,其未来方向是多样的,这些方向的善恶直接决定生存的利害。因此,从自身利害出发去认识这些不同的发展方向乃是全部认识活动的关键。在"进德修业"这种说法中,人需要对态势的不同方向有更深入的认识和把握。这是一个"进德"的过程。当人能够在这些不同方向中认识并把握带来更多益处的方向时,他就是在"修业"。

"进德"是一个认识过程。人在事态中所面临的未来发展方向是在人的各种情感中呈现的。一种情感呈现一种方向。因此,人是在情感中认识并把握这些方向的。儒家注意到了情感在认识态势中的决定性作用。比如,在决定是否出门做生意这件事上,显然,是出于孝心,还是出于事业上的野心,他在这个态势中所看到的发展方向是完全不同的。这就引导出儒家关于情感秩序的意识。人们也许拥有相同的情感,但是,同样的情感在不同的情感结构中所起的作用并不相同。实际上,不同的情感秩序规定了人对态势的不同认识。在现实中,每个人都拥有一定的情感结构。也就是说,在态势意识中,人是在一定的情感秩序中面临一种事态,并在这个情感秩序中认识事态的各种发展方向的。

这就提出一个问题:如何保证人拥有一种适宜的情感秩序,以至于能够正确地在情感中认识事态中的未来发展方向?或者说,能否建构一种适宜的情感秩序,进而在此基础上能够正确地认识并把握事态的发展方向?

儒家对于人能够建构一种适宜的情感秩序这一点持有坚定的信念。《中庸》开头有三句话:"天命之谓性,率性之谓道,修道之谓教。"这里的"天命"乃是在敬畏中给出的,而"天命"乃是一切的终极性根据。就人的生存而言,天命是最终根源,因为人的本性就是天所命定的。至于人的情感,它们都来自本性。在性情的说法中,"性者,天生之质,正而不邪;情者,性之欲也"。人是在天命本性中生存的。本性所发便是情("性之欲"),都是指向善的("正而不邪")。不过,情感出现之后,呈现了不同的活动,形成了各种观念。在这些观念的引导下,有些情感得以加强而保存;有些则衰弱而消失了。于是,人在不同观念中建构了各种不同的情感秩序。这些观念中有些是陈腐的,比如,有些人"愚而好自用,贱而好自专,生乎今之世,反古之道"。由此引导和培养的情感则与本性不能同步("生乎今之世,反古之道")。由此看来,情感虽然由本性而发,却违背本性而指向损害本性的事态发展方向。因此,建构一种符合天命本性的情感秩序就成了"进德"的关键所在。

总的来说,古希腊哲学的世界观是在一种理性结构中呈现的,而古典儒家的世界观则是在一种情感秩序中呈现的。它们在关注当下的事态时,一个指向事态的原因,一个指向事态的未来发展。古希腊哲学寻求事态的原因,在认识论上以感觉经验为基础进行概念界定、命题构造和命题演算,展示了逻辑关系和数学关系中的必然性概念,呈现了一种理性结构中的世界观。古典儒家努力把握事态的未来发展方向,在认识论上依据情感所指向的各种发展方向,在一种情感秩序中认识世界。这是两种相当不同的世界观。我想,在比较中希古典文明时,这个差异值得我们认真对待。

尼山世界中医药论坛

国际化视域下中医药海外传播现状分析及未来发展模式研究

朱文佩　王颖　张光霁

（浙江中医药大学）

中医药文化弘扬工程是中华优秀传统文化传承发展工程"十四五"重点项目之一。"十四五"时期，重点以实施中医药文化弘扬工程为统揽，聚焦推动中医药文化创造性转化、创新性发展，让中医药成为群众促进健康的文化自觉，推动在全社会形成保护、传播、弘扬中医药的良好局面。进一步加强中医药文化研究和时代阐释，加强中医药文化精神标识研究，推动中医经典普及化，增进全行业、全社会对中医药核心理念的共识。进一步推进中医药文化传播行动。进一步促进中医药与文化产业融合发展，引导支持中医药题材文艺创作，丰富中医药文化精品和优质服务供给。[①]

从中医药文化本质来看，中医药文化是中华优秀传统文化中体现中医药本质与特色的精神文明和物质文明的总和。中医药文化与中医药事业、中国传统文化三者之间密切相关，三者互为助力，中医药事业的推广促进中医药文化的传播，中医药文化反向促进中医药事业的发展，同时，脱胎于中国传统文化的中医药文化决定了其与中国传统文化的不可分割性。因此，在国际化视域下进行中医药海外传播研究，需认清三者之间的关系，并将其转化为前进的合力，实现中医药海外良性拓展。纵观近年来国内及海外中医药事业的发展态势，可以梳理出中医药国际化发展和中医药文化海外传播的整体脉络。

[①] 国家中医药管理局政府网站：《国家中医药管理局解读〈"十四五"中医药发展规范〉》，http://www.natcm.gov.cn/guicaisi/zhengcewenjian/2022-03-29/25695.html。

一、国家全力推进中医药国际化传播系列政策

(一)政策规范和平台建设阶段

2014年以来,中共中央、国务院、卫健委、科技部、国家中医药管理局、国家药品监督管理局先后颁布10余项与中医药国际化发展相关的政策和文件。2015年5月,国务院办公厅发布《中医药健康服务发展规划(2015—2020年)》鼓励培育知名品牌和企业,逐步形成中医药文化产业链,并将中医药知识纳入基础教育,借助海外中国文化中心、中医孔子学院等平台,推动中医药文化国际传播;2016年2月,国务院印发《中医药发展战略规划纲要(2016—2030年)》,指出要积极推动中医药海外发展,加强中医药对外合作交流;2017年5月,科技部、国家中医药管理局颁布《"十三五"中医药科技创新专项规划》,提出推进中医药标准化与国际化。国家从政策层面高屋建瓴地定下了中医药发展的方向,同时强调了中医药文化海外宣传的意义和重要性。

(二)中医药品牌建设助力阶段

2016年10月,中共中央、国务院印发《"健康中国2030"规划纲要》,提出发展中医药健康服务,打造国际知名的中国品牌,推动中医药走向世界;2017年12月,国家中医药管理局颁布《关于推进中医药健康服务与互联网融合发展的指导意见》,指出要将中医药服务贸易与中医药文化传播相结合,支持开发一批适合移动新媒体传播的海外中医药文化创意作品,促进中医药文化的国际推广和普及;2019年10月,中共中央、国务院颁布《促进中医药传承创新发展的意见》,指出推进实施中医药国际合作专项,推动中医药文化海外传播。截至2022年9月,国际标准化组织中医药技术委员会(ISO/TC249)已发布89个中医药国际标准。

(三)项目合作和海外推广阶段

2015年,国家中医药管理局开始设立中医药国际合作专项;2018—2020年立项达到153个,其中2019年国家中医药管理局设立了62个中医药国际合作专项,其中包括31个"一带一路"海外中医药中心类项目、11个"一带一路"中医药国际合作基地类项目、2个中医药国际标准体系类项目、18个中医药国

际文化传播类项目。① 2021年,国家中医药管理局、推进"一带一路"建设工作领导小组办公室联合印发《推进中医药高质量融入共建"一带一路"发展规划(2021—2025年)》,提出"十四五"时期,与共建"一带一路"国家合作建设30个高质量中医药海外中心,颁布30项中医药国际标准,打造10个中医药文化海外传播品牌项目,建设50个中医药国际合作基地和一批国家中医药服务出口基地。相关政策和专项的设立都体现了国家对中医药国际传播与发展的高度重视,在此引领下,各省级中医药管理局和中医院校也纷纷开展相关项目合作,筹建海外中医中心,形成国家－省级－院校的雁式发展阵列,全力打造中医药事业和中医药文化的立体化传播结构。

二、海外国际中医官方化和组织化进程

(一)国际标准建设和海外合作

2010年,联合国教科文组织将中医针灸列入人类非物质文化遗产代表作名录。2011年,《本草纲目》和《黄帝内经》被列入世界记忆名录。2013年,世界卫生组织发布《世卫组织传统医学战略2014—2023》,建议各国将包括中医在内的传统医学纳入医疗体系,为传统中医药提供了国际化之路;同时,世界卫生组织于2019年首次将起源于中医药的传统医学纳入《国际疾病分类第十一次修订本(ICD-11)》,②并将部分中医专业名词设定为国际疾病"通用语言",成为中医药国际化发展标志性事件。截至2022年9月,中医药已传播到世界196个国家和地区,中国政府同40多个外国政府、地区主管机构和组织签署了专门的中医药合作协议。据世界卫生组织统计,已有103个国家认可使用针灸疗法,其中18个已经将其纳入医保体系范畴。③ 这从世界性组织和国家官方立法层面推进了中医药事业的发展,同时也为中医药文化的传播奠定了制度基础。

---

① 国家中医药管理局政府网站:《关于2019年度中医药国际合作专项项目清单的公示》,http://www.natcm.gov.cn/guohesi/gongzuodongtai/2019-06-06/9983.html。
② 董静怡、张宗明、陈骥、叶晓:《基于跨文化传播视角的英美澳中医药立法对比研究》,《浙江中医药大学学报》2022年第4期,第468－472页。
③ 颜春明、涂延、何洁、叶晓:《葡萄牙中医药全面立法的回顾、解读与启示》,《浙江中医药大学学报》2021年第4期,第413－419页。

(二) 民间诊所发展和中医药海外教育

中医药在海外发展和文化传播的第一阵列是海外中医从业人员,据不完全统计,目前世界上有30多万家中医诊所,约有40亿人使用中草药产品治疗。数量众多、分布广泛的海外中医诊所是中医药海外发展的基石,其中从业人员不仅有华人,还有本土中医人士,他们在执业过程中,潜移默化地将中医药文化传播到所在国和地区。同时,国内中医药的国际化教育也走进一个新的发展阶段,即从国际学生来国内学习取经,发展成接受过中医理论教育的中国毕业生、中医教师以及中医医生走向海外,成立学校,开设覆盖本硕博的学历教育模式,或加入综合大学并与国内中医院校开展联合培养,最终实现本土中医师的培养,同步促进中医药文化在整体教育模式中的传播。

三、中医药国际化传播存在的问题

如以国内和国外两个视域来观察和分析目前中医药国际化传播情况,不难发现,作为物质基础的中医药事业,在近些年中华优秀传统文化复兴大格局和全民共建氛围下实现了均衡性和融合式发展,国内已经基本实现了中医药事业-中医药文化-中国传统文化的良性联动。人们对中医药的正确理解和接受与20年前形成鲜明对比,对中医药文化和传统文化的理解在深度和广度上也实现了大跨越,传播模式从象牙塔或小众人群的区块传播转向借助于国家或省级优质视觉媒体和互联网+平台的传播模式;反观海外中医药的传播,目前整体研究还是集中于具体的中医药事业方面,如中草药和中成药资源开发中医职业技能培训、中药科学性研究等,对于文化层面的研究数量较少,可以说是中医"术"的传播大于"道"的传播。究其原因,不外有三:

(一) 文化和政治以及宣传壁垒

对于中西方文化差异的根源,学者指出主要包括人文传统与科学精神、群体认同与个人本位、直觉思维与逻辑推理、实践理性与思辨理性四个维度。[①]这四个维度的差异也同样贯穿了中医药向海外传播的整个过程,直接决定了不同种族和人群之间是否能实现文化认同,而认同与否决定了交流的结果如何。中医药文化和中国文化的同根性,决定了该类文化的整体面貌都深刻"中

---

① 李振收:《浅析跨国文化沟通》,《水利水电施工》2019年第3期,第120—123页。

国"二字,同时因各国和各地区的文化差异和政治因素,在中医药文化传播层面导致有形壁垒的产生。在文化层面,如在中国传统文化辐射较为强劲的地区,中医药的接受度较高,国际交流较为充分;由于和以全面科学、逻辑、实证为特征的西方医学文化存在碰撞,中医药文化传播范围局限于小群体内;此外,因部分政治因素,部分国家存在通过弱化文化交流或抹黑中医药、孔子学院等方式来实现国际对立的政治目的的情况,人为阻碍了中医药的海外全面传播。

(二)中医药文化传播话语体系障碍

《黄帝内经》标志着中医学术语言体系的形成,千年以降,中医药文化的语言体系可谓少有变化,对于接受现代传统教育的后学者而言,如何实现用现代语言正确注释和解读传统语言体系成为研究重点,同时,如何能将正确"解码"的中医语言翻译和传播给海外受众更成为难点和关键点。目前,海外中医药典籍、名词术语的翻译多存在以西医视角翻译中医内容,或中医翻译个体见解层出不穷,标准差异大,以及国内国外多种翻译结构等情况[1],导致中医对外传播的语言工具一直缺乏统一的界定,仅有的专业术语名词虽已完成统一,但内容深奥的学术著作无法实现海外翻译的系统化和标准化,给中医药文化的理解和推广带来困扰。

(三)对新媒体传播媒介的了解和使用不足

随着时代的发展,互联网平台、手机短视频、网红经济等崭新事物成为21世纪社会和文化发展的一大特色,对于青年一代而言,用短平快的节奏接受海量的信息,用新颖高效的表达内容已经成为常态。目前中医药的宣传,还没有真正拥抱新媒介和高速互联网世界,虽然有部分年轻中医从业者和学生开启vlog知识传播形式,但大多数中医药文化以及中医药事业的整体宣传视频中仍然以"古老""缓慢""白须老者""故纸堆"等画面形式出现,融合趣味性、知识性的宣传资料数量仍显不足。例如,青年人集中的B站上关于中医药视频的优秀视频博主多为自媒体博主,且以中医药文化爱好者为主,内容也集中在中

---

[1] 常馨月、张宗明、李海英:《2014—2019年中医药文化国际传播现状及思考》,《中医杂志》2020年第23期,第2050—2055页。

药采集、炮制等层面,在一定程度上影响了中医药文化系统性传播的公信力。①

四、新的传播模式探索及具体做法

综合以上分析,可以得知,中医药国际化发展和中医药文化传播存在不可分割性,但因为诸多因素,两者海外发展存在不均衡态势,事业和文化的良性相互促进模式均处于探索阶段。结合《"十四五"中医药发展规划》意见,探索实现中医药文化传播的突破,可以从视野、产业、文化、教育和宣传五个方面展开相关研究,结合以上五点,笔者就所在浙江中医药大学展开了相关研究和探索:

(一)建立国际化大视野,做好做深国际合作

在政策鼓励下,不断拓展中医药"一带一路"全方位合作新格局,全面推进中医药高质量融入"一带一路"建设,拓展实施中医药国际合作专项,加强中医药文化海外传播与交流互鉴,开展高水平合作项目。近年来,浙江中医药大学在全球5大洲7个国家的8所院校设有海外教育服务中心,依托学校和直属附属医院,先后获国家中医药管理局立项,在罗马尼亚、以色列、白俄罗斯成立3家海外中医药中心。此外,根据地域特点、医院优势以及服务外籍人士诊疗需求等,学校在附属医院建有8个浙江中医药大学国际诊疗保健中心,并与新加坡、印尼开展中医职业技能培训项目合作。

(二)促进中医产业发展,建设服务出口基地

全力推动中医药服务贸易做大做强,支持中医药企业开拓国际重点市场等。在产业结构层面,促进中草药产品升级,建设中成药规范标准,以及促进海外中医药产品服务的标准化;各地区在立足中医药管理局通用标准的基础上,挖掘本土中医药特色和文化内容,打造特色中医药事业。浙江中医药大学以服贸基地为平台,以浙地中医药特色为抓手,纳入9家省内知名中医药企业,覆盖互联网+中医数字平台、中药产品研发、中草药国际贸易等方面,补充和强化在中药制剂研发技术出口、中药材及相关产品出口等领域的能力。

---

① 李国琴、张洪雷:《中医药文化新媒体传播反馈的实证研究——以 B 站为例》,《南京中医药大学学报(社会科学版)》2022年第3期,第178—182页。

(三）承续中医抗疫效应，推进全面国际合作

加强相关专家团队和平台机制建设，为有需求的国家提供支持，助力构建人类卫生健康共同体。浙江中医药大学在国际抗疫中积极发挥作用，通过葡萄牙、南非的孔子学院以及在以色列、罗马尼亚、白俄罗斯的国家级中医药国际合作平台，以捐赠中医药物资、提供互联网中医咨询服务、派遣专家实地支援等多种方式向海外贡献中医力量。目前，学校服贸基地之一的"甘草医生"互联网＋中医，与欧洲药典委员会合作在荷兰和比利时注册了玉屏风散中成药产品，同时建立了广泛的销售渠道。

(四）发挥高校教育优势，创新人才培养模式

规范国际学生中医水平要求，研究海外中医药发展现状，了解所在国实际情况，实现定点人才培养和文化宣传，如我校目前筹建的 BRTCM（"一带一路"专项中医专业）国际学生"中医小学徒工坊"、"中医文化大使"评选以及"我眼中的中国"国际视频大赛等活动，全面激发受众学习和了解中医药的动力，让国际学生成为中医宣传大使；在中医语言翻译层面，挖掘高校中医药文化中心或研究所的职能，培养中医药翻译人才，促使中医药名词和职业技能术语体系标准进一步规范化，让传播受众更好地了解中医药学的文化根源和理论构建、思想内核，目前学校已展开对浙派中医名家典籍翻译体系建设与传播模式的研究。

(五）研究新兴媒体特点，挖掘中医文化亮点

在正视不同国家文化差距现实基础上，把宣传思维从"听我说这些"向"你想听什么"转变，从国际受众角度去思考中医药的有效传播，避免"鸡同鸭讲""自我满足"的尴尬局面；同时，加强具备中医药专业背景又精通新媒体技术的专业中医宣传媒体人才的培养，以及加大对于新媒体、短视频的相关研究。浙江中医药大学于 2021 年制定"中医出海计划"，在 Facebook、YouTube 以及 Instagram 上建立"herbal_zhe"中医药文化宣传账户。自账户建立以来，半年时间里，该海外平台共收获 3998 位粉丝，帖文总覆盖人数 145698 人次，推文发布 17 余篇，其中视频 13 篇，内容涉及中医药养生、传统中医名著、中医治疗手法，以及中医国际化发展现状、国际中医小医生系列视频等，让更多年轻人了解并爱上中医文化。此外，鼓励国际学生成为视频博主，用自己的眼睛和嘴巴

去向海外展示中国当今国情,以及浙江在共同富裕、互联网+、中药产业、传统文化现代化发展等方面的成就。

紧跟时代,把握纲领,通过深入了解当今中医药文化国际传播的现状与问题,探求其存在的突破点,发挥主观能动性,努力建设融合"医教产学研为一体"的国际化传播平台,同时期待探寻更多中医药国际化发展途径和方法,为未来中医药国际化发展提供参考价值。

基于"中医惠侨"的中华文化海外传播实践与研究

朱晓玲　孙志广　杜晓萍　张旭

（南京中医药大学国际合作与交流处）

一、"中医惠侨"为载体的中华文化海外传播与研究背景

（一）研究背景

中医惠侨是旨在助力中医药文化走出去、助力中医药惠及海外侨胞的民生工程，是海外统战侨务工作内容之一。近年来，江苏省加强省级层面指导，在全国率先出台《关于加强全省中医惠侨工作的意见》，大力推进中医惠侨，联合省内高校、医疗机构搭建平台，将优质的诊疗资源和中医药教育资源"润物细无声"地带到亚洲、欧洲、美洲、大洋洲的90多个国家和地区，以实际行动践行了习近平总书记提出的建设人类卫生健康共同体的倡议。2020年以来，在全球抗疫的关键时刻，江苏省将"中医惠侨"作为重要抓手，积极组织动员一线临床抗疫专家、海外中医药中心的医护人员，将口罩、香囊、抗疫手册、"三方三药"等中医抗疫物资、方药第一时间递送海外，让疫情时代下的"中国智慧""中国方案"在海外留学生和海外侨胞中大放异彩，成为海外华侨华人战胜疫情的有力武器。

基于此，我们及时总结"中医惠侨"工作实践，通过解析、发掘中医药文化走出去的内涵、路径与价值，探讨中医药文化作为中华文化海外传播"新载体"和"新途径"的可行性，肩负起继承与兴盛我国中医药产业优良传统的重任，肩负起将我国中医药产品推向全球其他国家的重任，展现我国璀璨瑰宝中医药文化的优点与特色，为新形势下的中华文化海外传播提供理论参考和解决方案。

(二)研究目的

文化自信是一个国家、一个民族、一个政党对自身文化价值的充分肯定,对自身文化生命力的坚定信念。中华优秀传统文化是海外侨胞凝聚人心、自强不息的精神力量。虽然"唐人街"等海外集聚生活区域已经成为海外侨胞寻根的物理载体,但随着疫情时代引发的人员流动、物资交流障碍,新载体、新途径的开发已经迫在眉睫。

中医药文化承载着深厚的中华优秀文化与传统,其"悬壶济世""致中和""天人合一"等思想精髓已经成为世代涵养海外华人的中国哲学与中国智慧。据统计,截至2022年9月,中医药已经传播到196个国家和地区,我国已同40多个外国政府、地区主管机构和国际组织签署了中医药合作协议;新冠疫情防控期间,中医药医疗队赴意大利、英国、委内瑞拉、俄罗斯等20多个国家和地区展开了全方面多角度的医学防护认知、普及宣传活动,以中医药作为治病沟通的渠道,展现出中国强大的医疗实力的同时,还连通了中外友人的友谊之心。中成药、饮片、针灸针等也作为抗疫物资走出国门,在当地受到广泛关注和欢迎。借助互联网的便捷,各级各类中医药养生康复、抗疫讲座为世界卫生组织及其成员方卫生主管机构、专家学者提供了"中国方案"和"中国经验"。

本研究目的即是以"中医惠侨"为切入点,总结江苏"中医惠侨"工作实践,通过解析、探讨、发掘中医药文化走出去的内涵、路径与价值,为新形势下的中华文化海外传播提供理论参考和解决之路,肩负起在全世界范围内宣传中医药的重任。

二、基于"中医惠侨"的中华文化海外传播研究现状

(一)中医惠侨平台是抗击新冠疫情的新载体、新途径

2020年以来,新冠疫情席卷全球,不仅阻碍了人员的国际间交流往来,对世界格局也产生了深远的影响,随之而来的各国在国家治理、经济发展、领土安全等方面的竞争也日趋白热化。抗疫期间,以中西医结合应用为特色的"中国经验""中国方案"引发了世界范围的广泛关注。[①] 基于此,新世界格局下始

---

① 翟双庆、焦楠、闫永红等:《疫情"大考"背景下对中医药高等教育的思考》,《中国高教研究》2020年第4期,第28—32页。

终坚持以习近平外交思想为引领、全面贯彻构建人类命运共同体的倡议,为中医药这一古代科学的瑰宝走向国际舞台的中央提供了天时、地利、人和的有利条件。

2017年以来,江苏省侨办、江苏省中医院共建的全国首家中医惠侨基地——海外江苏之友中医惠侨基地,积极发挥中医惠侨抗疫主力军作用,开展一系列扎实有效的工作:积极提供互联网医院云诊室服务,包括线上诊疗、健康咨询、药品配送等,保证海外侨胞、归侨侨眷患者"有病及时医";构筑"互联网+中医药"海外抗疫服务新模式;传播中医药知识,宣传我国中西医并重、中西药并用的方针和政策。2020年疫情突发期间,推进中医惠侨平台海外工作的开展,形成了"高校-医院-海外中心-海外高校"的网络化服务平台,平台互联网医院云门诊预约人数达4万人,实际就诊人数达3万余人,日均就诊约300人次。通过互联网医院平台与英国、荷兰、德国、瑞士、葡萄牙、美国、比利时、意大利等海外国家远程连线开展中医惠侨抗疫经验交流、诊疗方案解读研讨;开设微信订阅号"同心抗疫"海外防疫专栏,向海外侨胞提供中医药抗疫动态、防疫经验等信息。

(二)中医惠侨平台推动中华文化海外传播

为不断加大中医惠侨工作力度,积极探索建立省级、市级和省市共建中医惠侨基地(平台);联合海外中医药中心、中医药孔子学院和其他合作伙伴,发挥海外中医药从业者作用;重点打造"一个惠侨平台";全力推进惠侨平台课程建设;发挥援外中医医疗队队员和各级中医院中医专家作用,为海外侨胞与外国民众开展远程诊疗服务;开设八段锦和中医知识锦囊在线课堂等惠侨培训;依托互联网提供远程诊疗咨询、惠侨讲座、录制讲座;与海外定点联系医院合作设立中医药传统医学中心。这些中医惠侨活动有效推动了中华文化海外传播,增强了中华文化在海外的影响力、辐射力。

海外侨胞中医从业者作为一个特殊群体,以中医药的治疗方式与保养身体的方法,来医治、预防当地人民的身体疾病,连通了我国人民与其他各国人民的心灵桥梁。由此可见,中医在中外民间交流中起到了很好的桥梁作用。很多外国人因为靠中医看好了病,而萌生了了解中国与中国文化的想法。身处海外的广大侨胞,作为中医药传播的受益者,同时也作为弘扬中医药文化、中华文化的媒介和传播人,三重身份集一身,成为沟通中外、助力跨文化传播的重要力量。通过对海外中医药发展传播的管理目标和服务方式等进行引导和控制,使其统一于相应的约束范围和规范准则中,从而在转化过程中定向地获得最佳的运行状态和最佳社会效益,此乃一个不断循环且螺旋上升的动态过程。

三、基于"中医惠侨"的中华文化海外传播研究效果分析

目前,中医药在海外的传播主要是以单方面输入为主,文化差异势必将导致当地民众对中医药价值认知受限。所以需要具体熟悉本地人民的认知、生活喜好,以及他们对中医药的了解程度、需求程度,这些具体情况的了解对于在海外发展中医药,进而有效传播中华文化至关重要。[①] 我们需要搭建发展平台、提供传递载体、制定发展标准、掌握国际话语权,开辟中医药海外发展的突破路径,以期为中医药文化和中华文化海外传播发展提供参考。

我们重点观察了中医惠侨为中医药文化"新载体"在全球的关注度以及中医药文化"新途径"在海外国家和地区主流社会中的拓展度。总体来说,值得欣慰的是:海外中医惠侨平台搭建以来,推动中医药的国际化发展和中华文化海外传播势头良好。

我们根据地理区域和文化背景将媒介粗分为西方媒介和东方媒介。数据分析表明,在"一带一路"相关国家当中,包括新加坡、印度、马来西亚等,他们对于我国的中医药文化传播的评价要更加正面一些,而且这些国家也是我国中医药海外文化宣传的重点国家,而在一些西方国家比如说澳大利亚、美国、英国、新西兰等也有很好的传播效果,而且民众接受度也较高。

从中医药文化海外传播的受众视角分析,临床诊疗、中西医对比、人才培养和政府管理是海外对中医药文化关注的焦点。无论是政府还是普通民众,对中医药的诊疗理念、方式和实际疗效都极为关切,这是中医药文化海外传播的核心问题。在中西医对比方面,海外传播载体着重对比中西医不同的诊疗方式,常常通过质疑中医药的科学性和疗效来凸显西医的优势。此外,当地政

---

① 毛嘉陵:《中医文化蓝皮书:中国中医药文化传播发展报告》,北京:社会科学文献出版社2016年版,第57页。

府对中医药的管理也是影响传播的重点,涉及中医药本地化和合法性等议题,这是中医药文化国际传播的瓶颈问题。

从海外人士对中医药的接受程度,可以看出海外人士对中医药文化褒贬兼具,总体上正面评价多于负面评价,尤其对针灸、拔罐等中医治疗方式和中药青蒿素表示肯定,认为中医药可以治疗某些疾病,并且具有很好的效果,同时也肯定了中医、中药在治病救人方面的杰出成就。但还是有海外人士对中医药持有否定的态度,说明中医药海外文化的传播还是存在难题的。其中主要有:质疑中医诊疗和中药的有效性、科学性;从生态保护和动物保护视角看,担心在获取中药的动植物原材料过程中破坏生态系统。因此,中医药想要在海外进行本土化与立法是非常困难的,很难做到在这方面进行长期的传播工作[①]。

总的来说,中医惠侨作为海外传播中国软实力的"新载体",运用"新途径"的宣传效果出众。将中医药实际的传播结果作为重点来研究整个中医药海外文化的传播全貌可知,海外侨胞不仅是中医药文化对外传播的受众,也是中医药文化的传播媒介,同时还是海外传播的主体,集三个传播要素于一体,极具传播功能与意义。

四、基于"中医惠侨"的中华文化海外传播研究途径探索与对策建议

为避免"水土不服",中医药创新发展和中华文化海外传播必须遵循中医药自身发展规律,突出原创性、保持民族性、体现时代性。要借助现有平台,通过有效途径,针对遇到的瓶颈问题采取相应的对策逐步加以解决。

(一)依托侨务文化教育"三大主体",加强顶层设计和研究布局,构建具有鲜明中国特色的中华文化海外发展战略传播体系

在海外,中医药是为侨胞和当地人民提供健康服务的重要手段,中医惠侨因此成为中医药文化和中华优秀传统文化传播的有效平台。我们要将中医惠侨提高到助力中医药文化和中华文化海外传播的高度来认识,加强顶层设计,重视发展海外侨务文化教育工作的"三大主体"依托力量——华校、华媒、华社,制定相关政策,充分发挥其作为中医药文化和中华文化有效传播对象、媒

---

① 潘小毅、孙晶:《认同理论视角下中医药文化认同研究现状与思考》,《湖北中医药大学学报》2020年第5期,第117—120页。

介、主体的重要作用:华校使用的教材中可收录中医药宣传和普及教育的内容,为华裔新生代和新移民播撒中医药文化和中华文化的种子;华媒可专门开辟中医惠侨专题版面,充分利用媒体传播的速度、广度和力度进行宣传报道;华社建立的华助中心可为中医出访团、中医远程诊疗等活动提供场地、人员、宣传等支持。"三大主体"能够有效提升海外人士对中医药的认知程度,进而推动中医药文化和中华文化的海外传播。

(二)创新中医孔子学院专属标签,拓展海外中医药文化土壤,逐步完善国内政策支撑体系和国际协调发展的双重机制

目前,我国与13个国家和地区联合开设了17所中医孔子学院和孔子课堂。创办中医孔子学院是贯彻落实习近平总书记"用开放包容的心态促进传统医学和现代医学更好融合"[①]、推进中医药新时代海外发展的积极探索,也是海外人士获取中医专业知识的重要途径。办学特色是中医孔子学院理念和发展模式上的根本优势,也是从国际教育市场激烈竞争中脱颖而出的核心竞争力。中医孔子学院科学定位、精准发力,一方面开展汉语教学和中国传统文化展示、中医养生功法等的推广,以接地气的方式普及中医药知识;另一方面也在不同文化的碰撞和融合中为跨文化交流搭建平台,使得海外人士能够更加切身感受到根植于中华文化厚土的中医药文化的独特魅力与博大精深。因此,应利用好中医孔子学院,拓展海外中医药文化土壤。

(三)搭建互联网+"高校—医院—海外中心"网络平台,形成传播新模式,遵循中华文化发展规律,打造融通中外的新概念、新范畴、新表述

海外中医药中心是国际政府间开展中医药医疗保健、教育培训、科学研究和文化合作的重要平台,是探索多途径中医药诊疗服务疗效海外综合传播的新模式,在中医药文化传播和海外发展方面发挥了重要的示范引领作用。目前在江苏,仅南京中医药大学就已创办海外中医药中心8家。在国家有关部门与有关政府机构的指导之下,海内外同业人士相互配合建立以中医药学教学、中医药问诊服务、中医药科学研发、中医药文化相互交流为主体的综合性中医药文化服务平台,用以更加深入地进行中西方医药文化合作,促进中西方社会文化交流,使我国的中医药文化焕发新生。在未来的建设中,还可谋划建

---

① 杜尚泽、王远:《习近平访问世界卫生组织并会见陈冯富珍总干事》,《人民日报》2017年1月19日。

立国家和地区间多边合作机制,为中医药赢得广泛政策支持、立法管理和制度保护,突破如中医师工作许可、医疗保险付费等中医药国际贸易壁垒;进一步加强远程医疗服务,牵头协调与建设"一中心一特色"的医疗资源惠侨共享网络体系,辐射已建立联系的"一带一路"相关国家,切实提升中医药医疗服务的水平与质量。同时,还要积极探索建立具有典范和引领意义的海外中医惠侨示范基地的新路径。

(四)推进中医药立法和标准化建设,提供中医药海外发展法治保障,健全海外中医药服务管理发展体系,形成中华文化海外发展新动力

中医药立法和中医药标准化建设是长期困扰中医药发展的瓶颈,中医药药品和技能在国际市场得不到承认等现象突出。要建立中医、中药的专利权、著作权、商标权、商业机密等重要资料的保护体系,制定并完善中医、中药的国际标准化体系,建立中医、中药文化未来的国际化发展体系,努力推进中医、中药在海外国家的立法进程,让中医药文化在海外有法律法规的保障,并且深层次提高海外人士接触中医药的意愿与需求。还要集聚多学科的科研力量,构建起理论概念清晰、框架结构合理的中医药理论体系,加大力度投入经费与人员力量,着重研究中医药关于疑难杂症、多发性疾病、慢性疾病的前期预防,中期治疗与后期护理的治疗方案和标准模式与流程。

(五)发挥中医药服务贸易基地辐射作用,形成跨文化交流新赋能,促进各国文明互鉴和民心相通,构建中国话语和中国叙事体系

应加强与世界卫生组织等合作伙伴的交流与协作,将中医药服务的传统优势内化为品牌服务,将优势中医药文化课程、中医针灸技术、中医养生康复知识等资源不断向海外合作伙伴进行传播;通过"互联网+中医药"服务模式,开展远程诊疗、合作伙伴经验交流等多种活动,树立公共平台在国际组织中的影响力;不断强化教育培训,增强海外人士学习了解中医药的意愿,拓展中医药知识获得路径;优化中医药医疗服务,深化平台建设,加强品牌建设,加快中医药文化海外辐射力。

(六)强化海外中医人才培养,形成中华文化智库新高地,掌握国际传播的规律,提高国际传播艺术

着眼于长远,应不断深化与海外中医药机构的教育合作。在"一带一路"

相关国家建立中医药教学普及协会,给更多的想要从事中医药行业的人员提供了解、学习的地方,促进中医药海外从业人员的发展,推动海外中医教育规范与行医合法化,打造中医药学历教育品牌;积极拓展中医药境外合作办学项目,不断提升海外办学规模、层次和水平;积极推动中医药教育"走出去",加快海外中医药人才培养的一体化进程;加强教师队伍水平的建设,力争与国际化目标接轨;使用互联网平台,建立中医药的数据库和语料库,强化培养质量,蓄水人才智库,促进中医药教育海外可持续发展。

目前,海外华侨华人分布在世界近200个国家和地区,人数达6000多万,是中国走向世界、向世界讲好中国故事的重要力量、天然桥梁和独特资源。在此基础上,以侨为桥搭建中医惠侨平台,可以顺应时代需求,把中华优秀传统文化传播到五湖四海。新形势下,我们要努力多措并举、务实创新,用海外受众乐于接受的方式、易于传播的语言,更好、更有效地把中华文化传播到世界各地。

"百年未有之大变局"是习近平总书记对目前全球政治、经济、文化局势作出的重大战略判断,也是指引我国对外发展与对外接触的根本基础与前提条件。在新的战略格局下,提前布局,以战略眼光全盘规划中华文化海外传播,拓展海外华人对中华文化的认可度、接受度,促进中外文明交流互鉴,让世界分享中华文化之美,成为海外华人文化自信的核心。期望本研究能为我国的海外传播事业提供经验与理论基础,为中医药学海外事业的发展推波助澜。

中医药服务出口基地在推动中医药服务贸易发展中的作用及实践

李刃　朱华旭　张舒

(南京中医药大学国际合作与交流处)

贸易作为商品的传出方式,日益受到社会各界的重视,对人类经济产生了极其重要的影响。贸易起初是一种通过商品的交换获得价值或货币的方式,但是随着社会发展,贸易的形式也发生着重大的改变,由单一的商品交易演变成包含商品、服务、劳务、技术、信息等多种形式的一个过程。中医药是我国传统文化的瑰宝,同时也是我国特有的一门学科,在人类历史中发挥了治病防病的积极作用,尤其在此次全球新冠疫情中,凸显了其在抗疫防疫中的积极作用。随着中医药商品贸易日渐打入国际市场,成为中国贸易出口的一股新生力量,中医药作为一种医疗手段,除了产品产出外,其更为广阔的贸易领域则体现在服务方面。相比于中医药货物贸易(即中药材、中医药饮品、中成药等产品贸易),中医药服务贸易则是更具有推广力量的以中医药服务为主要核心内容的贸易形式,主要包括与中医药相关的诊疗、教育、科技、康养、文化、旅游等各项服务活动,它是中医药文化对外传播的重要途径。[①] 随着国际贸易的迅速发展,中医药服务贸易已经充分体现出我国具有完全自主知识产权、原始创新潜力巨大的康养产业的自身独特优势,也是我国软实力的重要载体。中医药服务贸易已成为推动我国服务贸易发展的新力量,对促进我国服务贸易结构调整,打造中国服务品牌、有效带动就业和经济增长具有积极作用。

2019年,为进一步落实《国务院关于加快发展服务贸易的若干意见》《中医

---

① 蒋未娜、侯胜田:《中医药服务贸易现状及发展趋势研究》,《中医药导报》2017年第15期,第5—7、17页。

药发展战略规划纲要(2016—2030年)》《商务部等十四部门关于促进中医药服务贸易发展的若干意见》等文件精神,商务部、国家中医药管理局开展国家中医药服务出口基地建设工作,南京中医药大学与附属医院(江苏省中医院)均被认定为首批国家中医药服务出口基地。2021年4月,《商务部、国家中医药管理局等7部门关于支持国家中医药服务出口基地高质量发展若干措施的通知》发布,明确了中医药服务出口基地是以中医药相关医疗保健、教育培训、科研、产业和文化等领域服务出口为特色的中医药企事业机构,是实现中医药服务出口的重要力量。2019年,商务部、国家中医药管理局联合认定全国17家机构为首批国家中医药服务出口基地;2022年,联合认定14家机构为第二批特色服务出口基地(中医药)。两批基地单位涵盖了国内双一流中医药大学、国内顶级中医医院等医疗机构以及国内重点中医药企业,涵盖了中医药服务贸易流程中的全部涉及机构。通过特色发展打造了一批有中医特色、传中医文化、树中医品牌的国内龙头发展榜样。

早在2014年,南京中医药大学即被商务部、国家中医药管理局确立为首批中医药服务贸易先行先试骨干机构,并于2018年通过验收。2019年,南京中医药大学与附属医院(江苏省中医院)均被认定为首批国家中医药服务出口基地。作为全国认定的首批国家中医药服务出口基地,经过近三年的建设,在首批国家中医药服务出口基地复审中,南京中医药大学与附属医院(江苏省中医院)均以高分获"优秀"等级,顺利完成了基地建设的第一个建设周期任务。

基地获批以来,学校积极贯彻落实习近平总书记关于拓展特色服务出口基地的重要指示精神,紧密围绕基地建设工作方案,积极履行世界卫生组织传统医学合作中心第十任期职能,依托海外中医药中心、中医孔子学院、国际经方学院,发挥"国际中医药的桥头堡"的示范引领作用,大力拓展和深化中医药国际教育、医疗健康服务、科研合作、文化推广等领域的中医药服务贸易,不断提升"NJUCM"品牌国际影响力和竞争力,带动中医药海外教育的标准化建设。自新冠疫情发生以来,学校积极搭建中医惠侨平台,拓展全球医疗资源共享网络体系,组织完成波斯语版《新型冠状病毒肺炎诊疗方案(试行第七版)》中医方案翻译工作,国际经方学院和美国、加拿大、瑞士分院的专家团队联合推出《新型冠状病毒肺炎(COVID-19)经方防治推荐方案》(中英文版)。在后疫情时代,不断探索"互联网+中医药"服务模式,优化国际教育课程质量,积极拓展欧洲与南美洲市场,与意大利罗马大学签署科研与教育全面合作协议,与爱尔兰高威大学在孔子学院合作基础上开展针灸硕士培养项目,与巴西蒙蒂斯克拉鲁斯州立大学签订健康科学与文化交流合作谅解备忘录,将中医文化体验、中医诊疗技术融入西方医学教学体系;积极响应国家"一带一路"倡议,与泰国兰实大学开展中医学历教育联合培养项目;探索开拓各类中医药诊疗技术、中医药防疫抗疫、中医药文化、"中医+汉语"等线上培训项目,完成瑞士弗里堡大学全科家庭医生硕士学位中医课程培训、新加坡中医师继续教育培训、"汉语桥"南美青年中医文化线上体验营、中巴国际传统医药抗疫线上培训、"江苏澜湄日"健康澜湄论坛、圭亚那"中医文化推广"等活动,得到《中国中医药报》、人民网、交汇点、外交部官网等媒体的报道。

南京中医药大学的中医药服务出口基地建设立足学校双一流大学建设要求,切实从中医药教育、医疗、文化等多领域出发,立足中医药,发挥自身优势,广泛调动海外资源,将基地的各项工作落到实处,形成了自身发展特色。

一、总体建设规划

(一)树立中医药品牌

2015年,由国家中医药管理局申请,财政部批准设立的首个用于支持中医药国际交流与合作的中央财政经费项目——中医药国际合作专项工作正式启动。首批共审批17个项目,遴选了国内23家具有良好对外交流合作基础的中医药医疗、教育、科研和文化机构作为专项建设单位,其中中医药海外中心项目9个,数量占到了专项总数的一半。中医药的海外传播历经时代的发展,逐步走向了全面合作的阶段,截至2022年9月,中医药已经传播到196个国家和地区,中国已同40余个外国政府、地区主管机构和国际组织签署了中医药合作协议。南京中医药大学作为最早的中医药海外中心建设单位先后建立了8个海外中医药中心。历经多年的建设,这些海外中医药中心凸显各自特色,结合所在国中医药发展状况,探索了中医药海外多途径综合传播的模式,扩大了中医药海外影响力,树立了强有力的中医药国际化品牌。

(二)强化中医药服务特色

中医药作为一种特殊的医学门类,在诊疗疾病方面形成了自己特有的理论基础及诊疗体系,并逐步为人类的健康福祉提供强有力的医疗保障服务。中医药要想发挥其自身的服务特色,必须要在教育、医疗以及平台建设方面积极发挥作用。好的中医药传播需要好的中医药教育作为强有力的支撑,因此扩展中医药短期培训项目、加强中医药学历教育是寻求中医药走向科学化、系统化的最有力途径。中医药的医疗服务方式受到学科体系的限制、人们传统就医观念的影响,要求中医药在提供诊疗服务方面应当更进一步优化,保证疗效的同时,让患者获得更加良好的就医体验。同时我们要进一步加强各类中医药服务平台的建设,通过进一步加大宣传力度,提升自身的影响力。

(三)注重全方位辐射

中医药文化的国际传播早在先秦时期便已开始,中间历经历史的轮回、朝代的更迭,尤其是西方医学的大力兴起,对中医药的文化传播造成了巨大的冲击,但即使这样也始终未能停止其传播的脚步。20世纪70年代美国掀起针灸热,成为中医药国际传播新的转折点。[①] 海外中医药中心,以及遍布世界的孔子学院及孔子课堂,都加快了中医药文化传播的辐射力度,让其进入到一个快速发展时期。

2022年1月1日,《区域全面经济伙伴关系协定》(RCEP)正式生效实施。作为全球最大的自贸协定,RECP为中国进一步提升与各成员国之间的贸易投资水平提供了巨大的契机,也为中医药服务贸易的快速发展提供了重大机遇。以中药材出口占到80%的亚洲为例,通过这一协定就将原有的单纯的面向中国香港、日韩的贸易扩展到了整个东南亚、南亚及澳新地区,真正实现了中医药贸易的全方位辐射。[②]

二、建设目标

以构建人类命运共同体为引领,以质量和效益双提升为目标,建成辐射大

[①] 王点凡、张宗明:《中医药文化国际传播助力人类卫生健康共同体建设》,《南京中医药大学学报(社会科学版)》2022年第3期,第141—142页。
[②] 周丽:《RCEP视域下中医药服务贸易发展对策研究》,《广东经济》2022年第5期,第64页。

洋洲、欧洲、美洲和"一带一路"相关国家和地区的"教育、科研、临床诊疗一体化服务平台",服务于国家"中医药走出去"整体布局和任务。

三、建设重点任务

(一)提升中医药教育质量

后疫情时代对我们的中医药教育培训提出了新的要求与挑战。在各方对中医药教育培训需求量有所增加的背景下,我们更应以"NJUCM 品牌"建立起完善的中医药教育网络,带动中医药海外教育的标准化建设,形成有一定影响力及国际认可度的教育体系和品牌。利用我们多家海外孔子学院、海外中医药中心的课程、师资、医疗和科研平台建设,打造"NJUCM 品牌",促进教育、科研、医疗服务的深度融合与发展。

(二)促进中医药医疗发展

以海外中医药中心"一中心一特色"的医疗资源共享网络体系,提升服务贸易的水平与质量。借助惠侨平台,加大对海外华侨、华人提供必要的医疗服务,切实提升民心相通的民族自豪感。依托出口基地的世界卫生组织合作伙伴建设任务,加强与国际组织的交流与合作,加快公共服务平台建设,促进服务贸易的世界知名品牌建设。

(三)加快中医药平台建设

以出口基地为核心,建设中医药教学、科研、临床一体化公共服务平台,示范与带动"中医药走出去"策略。面向国家战略布局,加强与政府部门、行业协会的合作,联合推进中医药服务贸易标准体系建设,服务于"中医药走出去"。

中医药服务出口基地建设作为国家进一步加快推进中医药服务贸易发展的一种有效方式,虽刚刚起步,但是得到了国家政策的大力支持,建设单位的高度重视,取得了显著成效,为更好地推动中医药国际化传播,尤其是中医药服务贸易的深化发挥了突出的作用。出口基地的建设必将为中医药健康有序的国际化发展进程提供更加多样的传播形式,为建成人类卫生健康共同体作出贡献。

来华留学生中医文化教学中的问题与思考

袁晓琳　张建华　程慧娟

（南京中医药大学国际合作与交流处）

中医是中国传统文化的集中体现，不但是几千年来的中华传统文明的集大成者，而且为中国各民族的生息繁衍作出了不可磨灭的贡献。中医的实践性与理论性相互辩证统一的特点在世界各个文明的医学体系中也格外突出，具有浓郁的文学性、地域性、民族性和实用性特征。近年来，随着中国社会经济的持续发展，中国国际地位的日益提升以及中国文化国际传播发展战略的不断推进，中国中医文化也日趋受到世界上众多国家和地区的重视，成为中国文化国际推广的重要内容之一。

尽管如此，从世界范围来看，在以循证医学占据世界医学体系主流为代表的世界潮流面前，以中医为代表的中国文化艺术的国际推广之路还有很长的路程要走。中医在很多国家只能以替代医学的方式存在，大部分人很难成为中医的拥趸，但这也并不能掩盖中医副作用小、疗效独特，以及深受各国、各阶层、各年龄段的人民喜爱的事实。尤其是对于世界各地的汉语学习者而言，将汉语作为第二语言来加以学习和运用，是其开拓视野、开阔胸怀、陶冶情操及增进智慧的重要学习手段。

多年来，我国对外汉语教学界也一直坚持把语言与文化教学相互结合起来，中医文化经常也被融入其中，成为重要的教学内容。很多学校都开设了专门的中国文化课或中医学相关课程，将其作为对外汉语教学的重要组成部分。笔者试图根据多年来开设中国文化课及相关活动的经验，对来华留学生中医学习过程中的问题加以分析，以期对中医药文化的国际传播和汉语国际教育的发展带来帮助。

一、汉语热与中医热的互动

近年来,随着中国社会经济的进一步发展,汉语热持续升温。据不完全统计,目前中国以外正在学习中文的人数超过2500万,累计学习和使用中文的人数接近2亿。截至2020年底,全球已有100多个国家的22万余名考生在600余个考点参加了各类汉语水平考试。

随着我国来华留学政策的逐步放开,来华留学队伍的继续扩大,以及汉语热的持续升温,汉语作为第二语言的学习者不断增多,如何吸引留学生及汉语学习者的眼球将是中国文化传播者需要思考的重点问题。中医药的海外传播所取得的辉煌成就起到了不可估量的宣传、展示和引领作用。截至2022年9月,中医药已传播到196个国家和地区,中国与40余个外国政府、地区主管机构和组织签署了专门的中医药合作协议。统计数据显示,每年13000多名留学生来华学习中医药,约20万境外患者来华接受中医药服务。中医药学不但是中国古代科学的瑰宝,也是打开中华文明宝库的钥匙,随着它在世界范围的传播与影响力的日益扩大,它必将成为中国与世界各国开展人文交流、促进东西方文明交流互鉴的重要内容。

汉语热和中医热的交相辉映是中国自盛唐以来少有的语言文化传播现象,中国文化热则一直是中外交流的一个热点和核心。借助语言这个载体,包括中医药文化在内的中国文化得以更好地走向世界;通过文化传播的内容建设,汉语又能更广泛地为世人接受。二者相辅相成,相互促进,共同提升。中医文化是中国传统文化与语言文字的高度浓缩的精华,针对汉语作为第二语言学习者的中医文化教学工作,是语言文化政策的重要组成部分。汉语作为第二语言的学习者对汉语及中国文化的认知又会直接影响到我国文化传播的战略和方向。中医文化与对外汉语教学二者之间有着密不可分、相互促进的良性互动关系。

二、来华留学生学习中医文化过程中存在的问题

汉语热与中医文化热的相辅相成,使得中医文化作为独具魅力的中国文化在国际汉语教育事业发展过程中更加引起世人的关注。但空有学习中国文

化的热情也并不能掩饰很多留学生在来华学习中医文化过程中遇到的各种问题和困难。我校也曾就相关主题开展了多次摸底和访谈调查。目前看来,来华进行中医学习的留学生们通常会体现出的不足和问题主要有:

首先,是基本认知上的误区。不少国家的留学生对中国的认知往往还停留在较为片面、落后和肤浅的层面。他们中的不少人还认为中国人都会武术,现在还在穿长袍马褂,中国没有飞机和火车,以及完全没有现代化,等等。比如,对于中国传统的戏曲艺术,很多留学生在来华之前几乎一无所知,不但了解渠道比较单一,而且在来华后也没有多少机会去接触中国戏曲,对中医的认知就更是既有限又模糊。

其次,是知识准备上的不足。比如西南大学在2010年做过的一份《汉语国际教育硕士专业学位留学生的中国文化教学》的调查中就发现,大部分留学生对中国文化的理解仅限于传统文化部分,即便如此,他们对中国传统文化的许多重要概念也依然十分陌生。除此以外,他们有关中国文化名人、典籍、建筑、哲学、宗教、文学戏剧等方面的知识几乎为零。很多学生觉得学习中国文化并不轻松。他们并不能很好地理解中国文化的内涵、中国文化的核心问题,也根本谈不上以之作为思考中国问题、看待中国现象的钥匙。

再次,还有一些现实的焦虑,比如他们对于学习中医的目的,就有着和中国学生不同的想法。有的是出于对中国文化的兴趣,有的是为了解除身边家人和朋友的病痛,还有的是因为亲身经历过中医药治疗的感受和体验,等等,不一而足。由此,他们也会对自己学习中医之后的未来发展有着自己的焦虑,比如:学到的知识在什么地方使用?学业水平与执业资格如何认定?完成课程学习后去哪里寻找可以接受他们实习的实习医院或诊所?未来的就业将会如何落实?学成归国后的继续深造和继续学习将如何进行?还有,学成以后与其他非中国医学专业的同行如何相处?这些都是他们可能会遇到的问题,而这些问题通常中国学生并不会担心。

上述问题提醒我们,我们需要对来华中医留学生的教学、考核、资格认定和未来发展有着更加全面而系统的制度设计和人文思考,除了需要着力于提高留学生对中国文化的整体认知能力,努力在教育与传播手段上加以改进之外,还需要关心他们的实际收获和学习过程中的体验感受,需考虑到为他们学成之后的执业活动和继续学习提供可能的路径和条件。我们首先应该肯定这些来华留学生的学习热情,但对于他们学习中医和中国文化的能力则要保持客观的态度,要有接纳宽容的虚心、循序渐进的耐心和精雕细琢的恒心。

对于在华学习的外国学生而言,仅仅汉语学习这一关就是极难顺利通过的,而作为文化载体的汉语言文化,它不但是书面的,更是生活性的。只是简单通过书面的语言文字来了解中国文化,这是片段式的、片面性的、死板而僵化的灌输,他们难以做到学以致用,以他们现有的知识水平及对中国的了解,难免会受到误导乃至逐渐失去兴趣。要让留学生们慢慢认识到,中医文化的学习不仅仅发生在课堂,也始终并一直会贯穿在日常生活的方方面面。比如早在2007年有一位在天津中医药大学留学的印尼学生就表示:"没过多久就发现中医这么难,精气、阴阳、五行、脏腑,这些基础理论的内容就让我很糊涂。我还需要学习西医方面的课程,比如解剖学。学解剖时要看标本,这对我来说真的很困难……过了一段时间,我对中医的基本知识有了更多的了解,我学起来就越感兴趣。它虽然属于自然科学,但跟普通的自然科学不同,因为它具有很多社会科学的特性,还受到古代哲学的影响。"从这位留学生自己的体会中,我们可以看到外国留学生学习中医文化课程的困难,不过,我们也能够感受到这位学生思维方式的进步。

三、教师在留学生中医文化课教学中遇到的困难

在长期的留学生中医教学实践中,我们不但感受到了留学生的辛苦和焦虑,同时也能感受到作为教师的困难,很多困难并非中医对外教育所特有的,也可能在其他领域的对外汉语教学中遇到,但也有一些问题是中医对外教育特有的。比较集中的突出问题主要体现在如下几个方面:

首先,比较权威、全面、固定的教材和教学资料比较缺乏。现行教材要么过于笼统,要么过于简单,很难引起学生的兴趣,并且缺乏寓教于乐、知行合一的教学资料。从教学资料的编纂上来讲,多为全国各地的中医药院校自行组织编纂,体例内容各有特色,专家学者也各抒己见,对于一些共性问题也尚无统一的认识和结论。而且这些教材之间缺乏有机关联,内容的修订也常常由各校自行决定。

其次,难以采用和开展与教授中国学生不同的教学方式和教学活动。担任留学生教学的老师,很多还在各院系兼任中国学生的课程教学,因此他们很难分出太多的精力来专门设计与留学生的学习相适应的课程教学结构。授课方式上,也很难切实开展以"学生为中心"的讨论式授课等其他国家常见的教学形式。课外实践与文化活动组织上,也往往存在不够全面细致、针对性不强的问题,这就使得留学生较难获得切实的学习效果。而且在面对同一课堂里的来自不同国家的不同学生时,老师本身也很难做到全面兼顾,这就使得课堂教学的效果不佳。

最后,还有师生以及学生之间的文化冲突的问题。比如,很多国家"尊师重道"的传统并不直接反映在师生的关系上。根据美国著名调研公司 Harris Poll 2014 年的数据,美国学生对老师的尊重率在逐年下降。有 2250 位成年人表示现在的学生在尊重老师的意识上不如他们的学生时代。在中国,老师是权威,尊师重教是传统,对老师必须保持绝对的尊重,而在其他国家则未必如此。英国广播公司的一项调查也显示,中国对老师的尊重程度在全球的 20 个国家中高居榜首,远超其他国家。最常见的一个例子就是在中国的中学课堂上,学生会在上课下课之前起立鞠躬,这是尊重老师的基本礼仪,而这在美国的学校中并不经常发生。留学生们来自世界上的不同国家和地区,文化背景和生活方式有时会有很大的差异,因此他们在注入饮食、生活起居、宗教信仰、异性关系、人口政策、医疗服务方面以及对待一些社会热点问题的态度和观念上也会产生不同的意见乃至冲突,这都是我们在日常的教学和活动中需要加以谨慎应对的。

然而,不论如何,我们相信"尊重"是我们与每一位留学生相处的基础。不管在何种场合、任何问题上,互相尊重,彼此平等,常常是面对和解决问题较好的准则之一。作为承担教学和培养工作的老师而言,我们不会以自己的身份居高临下,我们从内心里尊重每一个学生,我们相信留学生们也会以我们尊重他的方式来尊重我们。

四、克服困难的一些设想

首先,我们需要更新对留学生中医文化教学的基本认识,即中医文化教学的本质是一种文化传播。文化传播不是简单的文化植入,应当是对外国留学生的潜移默化、润物无声的文化教化和感化。

其次,我们需要进一步优化针对留学生的中医文化教学的教学环境。一方面放宽政策,大量吸引优秀的外国青年人来华留学,另一方面加强中医文化方向的汉语国际教育专业人才的培养,致力于打通语言类人才和专业类人才的壁垒,吸引更多有志于从事中医药对外文化教学的人才加入教师队伍中来。

最后,我们仍需要尊重并发挥留学生本身的主体性和主观能动性,采取更多的教学形式和实践活动,让留学生们去看、去听、去说、去实践。毕竟寓教于乐是国际普遍认可的先进教学理念,"视听说教学"是对外汉语教学普遍采用的行之有效的教学模式,而且临床实践又是包括中医在内的所有医学教学过程中的重要环节,因而在作为中国文化重要组成部分的中医文化的教学过程中,体验式教学就显得极其重要。反过来说,汉语作为第二语言的学习者对中医文化的学习和实践过程,也会为中医文化的海外传播与发展提供更多更新的可能性与拓展空间。如果说观念、知识和文化的差异导致他们对中医文化的理解存在偏差是认知上的客观问题的话,那么,如何利用中医文化来做好汉语教学及中华文化的传播就是值得我们主观上付出努力并一定会取得丰硕成果的重要课题。

《经验济世良方》国内外版本传藏考

杨金萍　孟玺

（山东中医药大学中医文献与文化研究院）

《经验济世良方》由于国内外馆藏情况较为复杂，致使各种版本难觐真貌，而其版本著录存在较多错误，目前尚未有学者对其版本情况进行较为系统的研究。鉴于以上情况，此次研究借助国家中医药管理局古籍传承专项资助，全力搜求各种版本，通过书目题跋分析及版本实地调研，考察此书版刻情况，包括初刻本的年代、国内外版本的流传情况，梳理版本源流，辨析版本差异，补充纠正现今版本研究的不足及谬误。经过调查研究，发现此书版本共有5种，兹对此书成书、版本状况进行分析。

一、作者生平与成书背景

陈仕贤，字邦宪，号希斋，福清（今福建福清市）人。嘉靖十一年（1532年）进士，历官户部主事、杭州知府、浙江左布政使等，终仕都察院副都御史、湖广巡抚。为官清廉，瘠己勤民。陈氏仕宦之暇，颇留意医书，搜集验方，间制以治疾，常用效验。《经验济世良方》自序曰："余自筮仕，颇留意医书，恒病其博而难入，窃欲搜辑简要，以备便览，以嘉惠于人，而未能也。所至，辄求经验良方录之，积久成帙，间制以及人，亦率有征应。"[①]陈氏颇通医理，常与通州医官孙字讨论医经诸家，"近接通州医官孙字者，时与议论，见其渊源于《枢》《素》，出入于诸家，参究标本，随试辄效，盖深于医者也"[②]。后又得张时彻《摄生众妙方》，颇为推崇，"适得大司马东沙张老先生所刻《摄生众妙方》，则近所编辑，灿

---

① ［明］陈仕贤：《经验济世良方》，日本内阁文库藏朝鲜覆刻明嘉靖四十年云南布政使司本。
② ［明］陈仕贤：《经验济世良方》，日本内阁文库藏朝鲜覆刻明嘉靖四十年云南布政使司本。

然备具,诚先得我心者也"①。

据陈仕贤自序推知,《经验济世良方》成于明嘉靖三十七年(1558年),乃陈氏汇集平时所集医方,考订医官孙宇所集群书及所录良方,参合张时彻《摄生众妙方》,类精为要,重加纂定,"同时复取医指、脉诀、本草要略,而附益之"而成。因以经验简捷、济人利物为旨,故名《经验济世良方》。

二、主要内容

本书凡十一卷,仿《摄生众妙方》篇卷结构,将原四十七门扩为五十三门。书前有陈氏自序、目录,书末附寇阳跋。正文前附以乾集,有《医指》《脉诀》《本草要略》三篇。正文复以元、亨、利、贞分为四集,统贯诸卷。卷首始列通治诸病门,次述五十二门病证,包含内、外、妇、儿、五官各科疾病。元集:卷一,通治诸病门、灸瘵疗法门、救危疾门;卷二,虚损门、自汗盗汗门;卷三,诸风门。亨集:卷四,首为伤寒、伤风、暑、湿、热之外感诸门,次为消渴门、诸血门、肠风门、疟门等内科四门;卷五至卷六,霍乱门、脾胃门、积滞门、痰嗽门等内科十一门。利集:卷七,淋浊门、痔漏门、黄疸门、头痛门等内科十二门;卷八,外科诸疮门。贞集:卷九,眼目、耳、口疮、牙齿、咽喉之五官科诸门,体气门、折损门、诸毒门、妇人门;卷十,子嗣门;卷十一,小儿门。各门之下,先为医论,详述病因病机,辨证分型,备举治疗大法,辨证施治之方;或列其常用之药,析其随机加减之法。医论之后,汇列诸方,载其方名、主治、组成、煎服法。此书虽仿《摄生众妙方》篇卷体例,但医论医方更为周备。彼少医论,此则每门备论。其论远绍《内经》《伤寒》,近取丹溪、戴人,尤以丹溪之说为多。

本书选方及医论颇为复杂,选方一则取自《摄生众妙方》,二则萃选《丹溪心法附余》,三为与孙宇共集之经验良方。其中《医指》《脉诀》《本草要略》亦摘自他书。《医指》篇名亦见于《丹溪心法附余》"医指:附古庵方氏赋",此篇内容同时见于嘉靖朱崇正补遗本《新刊仁斋直指附遗方论》;《脉诀》题"西晋王叔和撰";《本草要略》载"出丹溪先生随身备用七十种珍怪之药"②。

---

① [明]陈仕贤:《经验济世良方》,日本内阁文库藏朝鲜覆刻明嘉靖四十年云南布政使司本。
② [明]陈仕贤:《经验济世良方》,日本内阁文库藏朝鲜覆刻明嘉靖四十年云南布政使司本。

三、版本著录情况分析

此书在明清至今的书目中多有著录，但其中有误载之处。现对各种著录情况进行分析。

（一）书名、作者及篇卷著录情况

明代殷仲春《医藏目录》"旁通函目"较早著录此书，曰："《济世良方》，十一卷。徐希斋。""《经验良方》，四卷，陈士贤。"①这里《济世良方》很可能是《经验济世良方》，"徐"字可能是抄本有误，陈仕贤自序称"闽希斋陈仕贤"，"希斋"为其号，故徐希斋有可能是"陈希斋"，又"士"可能为"仕"之误。《中国医籍考》转载《医藏目录》："〔陈氏仕贤经验济世良方〕医藏目录十一卷国史经籍志。作十卷。医藏目录。重出经验良方四卷。存。"②据《医藏目录》则知陈仕贤著《经验济世良方》十一卷，其四卷本可能是一种残本，抑或指原书按元、亨、利、贞所分的四册。又《医藏目录》"诵法函目"载"《医指》，陈仕贤。一卷。"③今未见题为陈仕贤的《医指》单行本。

据《天一阁藏书总目》推知，浙江范钦天一阁曾藏有此书，乾隆时纂修《四库全书》被选入进呈书目，《天一阁藏书总目》："经验良方，十一卷（进呈书目）"④，《浙江采集遗书总录》著天一阁刊本情况："《经验良方》，十一卷（天一阁刊本）。右明布政使闽人陈仕贤撰。搜辑古方，分门编次。卷首有医指、脉诀、本草要略。"⑤据上可知，天一阁本是十一卷，同时卷首有《医指》《脉诀》《本草要略》三篇特殊内容。《四库全书总目提要》（简称《提要》）卷一〇五医家类存目曰：《经验良方》十一卷，"明陈仕贤编。仕贤字邦宪，福清人，嘉靖壬戌（当为'壬辰'）进士，官至副都御史。其书首载医旨脉诀药性，别为一卷。次为通治诸病门，如太乙紫金丹、牛黄清心丸之类。次分要证五十二门，皆钞录旧方，无

---

① ［明］殷仲春：《医藏目录》，日本内阁文库藏江户写本。
② ［日］丹波元胤编：《中国医籍考》，北京：人民卫生出版社1983年版，第781页。
③ ［明］殷仲春：《医藏目录》，日本内阁文库藏江户写本。
④ ［清］范邦甸撰，江曦、李婧点校：《天一阁书目 天一阁碑目》，上海：上海古籍出版社2019年版，第47页。
⑤ ［清］沈初等撰，杜泽逊、何灿点校：《浙江采集遗书总录》，上海：上海古籍出版社2010年版，第488页。

所论说。自序称'与通州医官孙字考定而成'云"①。《提要》所记版本、卷数与天一阁本相同，说明《提要》与《天一阁藏书总目》《浙江采集遗书总录》为同一版本来源，其卷数皆为十一卷，卷首皆有《医旨》《脉诀》《药性》三篇内容，这个版本很可能是初刊本，或据初刊本重刻而极近初刻之貌。另，《四库全书存目》载有本书，说明此本未被收录进《四库全书》。此本最终是佚失或转藏他处，暂无线索可查。

明代徐春甫曾经引录此书，《古今医统大全·采摭诸书》：《经验方》，明大方伯希斋陈士贤著。② 明代朱睦㮮《万卷堂艺文目录》："《经验良方》，十卷。陈仕贤。"③所记《经验良方》即陈仕贤《经验济世良方》，但卷数为十卷。清代多种书目亦记载卷数为十卷，《千顷堂书目》："陈仕贤《经验良方》，十卷。字邦宪，福清人。嘉靖壬辰进士，官副都御史。"④《徐氏家藏书目》："经验良方，十卷。陈仕贤刻。"⑤《传是楼书目》："经验济世良方，十卷，内少七卷、八卷。陈仕贤。"⑥今存各种版本虽有残缺，但从卷目考察，正文皆十一卷本。这种十卷本亦可能是内容有残缺。

《贩书偶记续编》："经验济世良方十一卷。闽陈仕贤辑，医官孙宗（注：宗为"字"之误）校。嘉靖庚申嘉禾沈宏刊。"⑦此为嘉靖三十九年（1560 年）沈宏序刻本。

（二）初刻本及云南布政使司本馆藏著录之讹误

对于此书版本的现存馆藏情况，国内外有相关著录，但对版刻时间、初刻本判定有误，对版本考察带来一定的困难。

国内外书目著录有嘉靖三十七年刻本，但记载有误，《中国中医古籍总目》载：《经验济世良方》十一卷，（明）陈仕贤（邦宪）编，明嘉靖三十七年沈宏刻本，

---

① ［清］永瑢、纪昀主编，周仁、张文、何清湖等整理：《四库全书总目提要》，海口：海南出版社 1999 年版，第 540 页。
② ［明］徐春甫编集，崔仲平、王耀廷主校：《古今医统大全》上册，北京：人民卫生出版社 1991 年版，第 54 页。
③ ［明］朱睦㮮：《万卷堂艺文目录》，国家图书馆藏东武刘氏味经书屋抄本 1826 年版。
④ ［清］黄虞稷撰，瞿凤起、潘景郑整理：《千顷堂书目》，上海：上海古籍出版社 2001 年版，第 381 页。
⑤ ［明］徐𤊹等撰，《新辑红雨楼题记　徐氏家藏书目》，上海：上海古籍出版社 2014 年版，第 296 页。
⑥ ［清］徐乾学：《传是楼书目》，国家图书馆藏东武刘氏味经书屋抄本 1828 年版。
⑦ 转引自王尊旺、蔡鸿新：《福建医籍考》，厦门：厦门大学出版社 2016 年版，第 259 页。

1、279(残)。① "1"是指藏于国家图书馆。经勘察,国图此本并非明嘉靖三十七年本。此本无作者自序,只有沈宏"嘉靖庚申"序,据序推知其为嘉靖三十九年本。

《海外中医珍善本古籍丛刊提要》载日本内阁文库藏该书四部,分别为明嘉靖三十七年序刊本、嘉靖三十九年序刊本、嘉靖四十年(1561年)云南布政司刊本、江户抄本。② 今就从日本购归的四种版本进行分析,明嘉靖三十七年序刊本、嘉靖四十年云南布政司刊本的说法,不甚确切(见后文)。

《中国中医古籍总目》载本书初刊本残卷另藏于天津中医药大学图书馆,《天津地区医学古籍联合目录》载天津中医药大学图书馆有嘉靖三十七年刻本。此为考察初刻本提供了一个线索。

通过以上著录可知目前国内有2种版本,分别藏于国家图书馆、天津中医药大学图书馆,日本有4种版本,皆藏于日本内阁文库,其中嘉靖三十九年序刊本被郑金生先生复制回归中国。

四、版本刊刻时间及刊刻地考证

(一)初刊时间与地点

此书初刊于浙江布政使司,属于地方官刻。陈仕贤自序题"嘉靖戊午岁仲春望日赐进士出身、通奉大夫、浙江布政使司左布政使闽希斋陈仕贤撰"③,说明是其任浙江布政使司左布政使之时编刊此书,嘉靖戊午即嘉靖三十七年,为本书初刻时间,而嘉靖三十七年同僚右布政使寇阳跋,进一步证明此书初刻于浙江布政使司,曰:"左辖希斋先生陈公,居常留意于此,乃衮集《经验良方》,与明医订证精确,遂锓梓以广其传……公扬历中外,所至惠政甚多,此特其一端云尔……嘉靖戊午岁二月既望浙江右布政使太原寇阳跋。"④陈氏序与寇氏跋前后印证了初刊时间为嘉靖戊午,即嘉靖三十七年,而陈仕贤、寇阳的官衔都说明刊刻地点在浙江布政使司。又嘉靖三十九年沈宏序刊本载沈宏序"乃希

---

① 薛清录主编:《中国中医古籍总目》,上海:上海辞书出版社2007年版,第275页。
② 郑金生、张志斌:《海外中医珍善本古籍丛刊提要》,中华书局2017年版,第161页。
③ [明]陈仕贤:《经验济世良方》,日本内阁文库藏朝鲜覆刻明嘉靖四十年云南布政使司本。
④ [明]陈仕贤:《经验济世良方》,日本内阁文库藏日本江户医学馆抄本。

斋陈公刻于浙"①,再次说明此书初刊于浙江,故此书初刻本为浙刻本。《天一阁藏书总目》《浙江采集遗书总录》所载书目很有可能是初刻本,因同在浙江,天一阁或能较早得到浙刻本。

(二)嘉靖三十九年沈宏序刊本乃重刊本,刻于广东官署

嘉靖三十九年沈宏序刊本为重刊本,非初刻本。此本乃沈宏任广东按察使期间,得此书而重刊于官署。沈宏因"少多婴疾,赖先人访名医救活之"②,及哀痛"先姚苦肺疾,医弗验,……竟莫能救"③,而关注于医,平素喜集医方书,类久成帙,"既筮仕,游四方,得传经验者,储笥中,类久成帙,凡数卷,出入赖焉,顾未能传布耳"④。嘉靖三十八年(1559年)夏,沈氏不幸舟行遇风,所集医书漂于水中而散,适得陈仕贤嘉靖三十七年初刊本,"己未夏,舟行遇风,漂水中,甚惜之。及得此书,乃希斋陈公刻于浙,与余所类者,十之同六七,公固先得我心者也"⑤。因谓"兹粤偏燠,寡名医,不能无横夭者""乃捐俸助公",锓梓以传。沈序末题"嘉靖庚申春三月朔广东按察使嘉禾芹溪沈宏书"⑥,说明重刊时间为嘉靖庚申,即嘉靖三十九年,距初刻时间仅2年。此本乃沈氏自捐官俸,刻于广东官署。《中国中医古籍总目》所载国家图书馆藏的明嘉靖三十七戊午沈宏刻本,实为此本,即嘉靖三十九年沈宏序刊本。

(三)日本内阁文库藏明嘉靖三十七年本实为福建重刻本

《海外中医珍善本古籍丛刊提要》转载日本内阁文库藏有明嘉靖三十七年序刊本。日本内阁文库"汉书·子の部"载,书号"305-0099";著者:"陈仕贤(明)";数量:"4册";书志事项:"刊本(序刊),明嘉靖,明嘉靖三十七年";旧藏者:"医学部"。日本内阁文库将此本作为嘉靖三十七年初刻本。经实际勘察发现,此书目录页次行题"建邑书林杨子德泉刊行"⑦,据此可知此书为福建建阳坊刻本。建邑书林在福建建阳,而此书初刻地点是在浙江,故此非初刻,乃建阳书坊的重刻本,日本内阁文库著录有误。明代福建坊刻如林,书林杨氏为

---

① [明]陈仕贤:《经验济世良方》,国家图书馆藏嘉靖三十九年沈宏序刊本。
② [明]陈仕贤:《经验济世良方》,国家图书馆藏嘉靖三十九年沈宏序刊本。
③ [明]陈仕贤:《经验济世良方》,国家图书馆藏嘉靖三十九年沈宏序刊本。
④ [明]陈仕贤:《经验济世良方》,国家图书馆藏嘉靖三十九年沈宏序刊本。
⑤ [明]陈仕贤:《经验济世良方》,国家图书馆藏嘉靖三十九年沈宏序刊本。
⑥ [明]陈仕贤:《经验济世良方》,国家图书馆藏嘉靖三十九年沈宏序刊本。
⑦ [明]陈仕贤:《经验济世良方》,日本内阁文库藏福建建邑书林杨氏刻本。

建阳重要刻书商中的一支。

(四)日本内阁文库藏嘉靖四十年云南布政使司刊本为朝鲜覆刻本

《海外中医珍善本古籍丛刊提要》载日本内阁文库藏嘉靖四十年云南布政司刊本。日本内阁文库"汉书·子の部"载,书号:"305－0109";著者:"陈仕贤";数量:"6册";书志事项:"刊本,明嘉靖,明嘉靖四十年,云南布政使司";旧藏者:"医学馆"。以上著录的刊刻时间及版本称谓不甚确切。

此书卷前有陈仕贤自序,序末隔行原刻有"希斋""邦宪""壬辰/进士"三枚墨色印鉴,卷十一末题"嘉靖四十年正月上元云南布政使司"[①]。据以上似可推断此本为云南布政使司嘉靖四十年刻本。但据《朝鲜医籍通考》所载,此为朝鲜覆刻本。《朝鲜医籍通考》云:"经验济世良方,11卷8册(现存6册,卷1、7、8缺)。明陈仕贤撰(内阁文库藏)。明嘉靖版(嘉靖四十年正月上元云南布政使司)之朝鲜覆刻本。刊刻年代不详。整版、纵28cm、横16.5cm、每半叶匡郭纵20cm弱,横13.5cm,9行,行20字。纸数叙3、总目2,医指11、脉诀34,本草29,本文337(但卷1、7、8缺)、跋1枚。每册首有'跻寿殿书籍记'、'日本政府图书'等诸印记。传入日本的现存朝鲜古版医书,收藏于内阁文库者,经验济世良方11卷8册,现存6册,缺卷1、7、8。嘉靖版之朝鲜覆刻本。"[②]由此可以推断,日本内阁文库藏有的嘉靖四十年云南布政司刊本,实乃朝鲜覆刻本。亦可推知,此书曾流传至朝鲜、日本。

(五)江户医学馆抄本

《海外中医珍善本古籍丛刊提要》转载日本内阁文库藏有江户抄本。日本内阁文库"汉书·子の部"藏有此本。书号:"305－0107";著者:"陈仕贤(明)";数量:"11册";书志事项:"写本,江户";旧藏者:"医学馆"。此为日本丹波氏(多纪氏)江户医学馆抄本,抄写时间是日本江户时期。

由以上版本著录及版本考察推知,此书于嘉靖三十七年成书,并初刊于浙江布政使司,嘉靖三十九年重刊于广东按察使司,嘉靖四十年刊于云南布政使司,在福建建阳尚有杨氏坊刻本。此书辗转传入朝鲜、日本,朝鲜曾覆刻嘉靖四十年云南布政使司本,此本后流传日本;另,日本江户医学馆复有抄本。日

---

① [明]陈仕贤:《经验济世良方》,日本内阁文库藏朝鲜覆刻明嘉靖四十年云南布政使司本。
② 崔秀汉编著:《朝鲜医籍通考》,北京:中国中医药出版社1996年版,第224页。

本目前藏有福建建邑书林杨氏坊刻本、嘉靖三十九年沈宏序刊本、朝鲜覆刻嘉靖四十年云南布政使司本、日本江户医学馆抄本，原皆藏于日本丹波氏江户医学馆，后转藏于内阁文库。国家图书馆藏本乃嘉靖三十九沈宏序刊本，非初刻本。天津中医药大学藏本极可能为嘉靖三十七年初刻本。

五、现存版本的版式特征及版本差异情况分析

通过版本考察可知，本书现存版本有5种：一为嘉靖三十七年初刊本，二为福建建邑书林（建阳）刻本，三为嘉靖三十九年沈宏序刊本，四为朝鲜覆刻嘉靖四十年云南布政司刊本，五为日本江户医学馆抄本。其具体版本状况如下：

（一）初刻本（嘉靖三十七年刻本）（图1）

藏于天津中医药大学图书馆古籍室（共三册，缺卷一、二、三，缺乾集《医指》《脉诀》《本草要略》内容）。

版式白口，四周单边，每半页9行，每行20字，无鱼尾，版心上方题"经验济世良方卷某某"，下方题页数，版心下方有刻工姓名，如卷四数页版心题"余"。版印多处模糊残缺。此本因卷三之前残缺，未见陈仕贤自序，卷十一末有题款为"嘉靖戊午岁二月既望浙江右布政使太原寇阳跋"之"跋经验良方后"，证明此本为嘉靖三十七年本初刻本。跋后上下两枚印鉴"体乾""己丑/进士"，为寇阳印。

因此本残缺，无法窥知初刊本的全貌，但据前《天一阁藏书总目》《浙江采集遗书总录》《四库全书总目提要》所叙版本情况及作

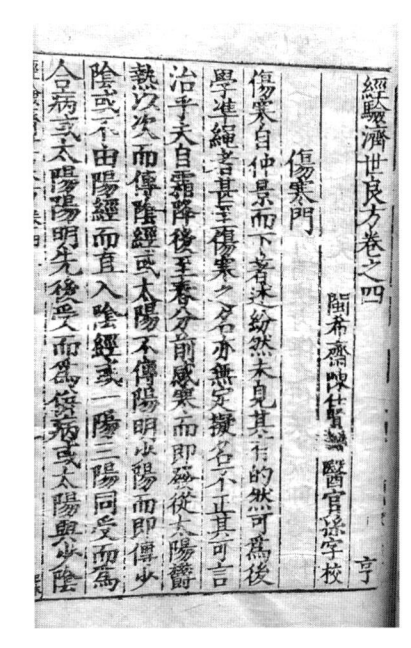

图1 初刻本（嘉靖三十七年初刻本）

者自序，初刊本在卷首应有《医指》《脉诀》《本草要略》三篇内容，但因此本书前残缺严重，未能睹此内容。

（二）嘉靖三十九年沈宏序刊本（图2）

藏于国家图书馆、日本内阁文库（十一册，十一卷，足本。原本未附有《医

指》《脉诀》《本草要略》)。

版式白口,四周单边,每半页10行,每行20字,无鱼尾,书口上方题书名、卷数,下题页数。卷前有"刻经验良方序",序末题"嘉靖庚申春三月朔广东按察使嘉禾芹溪沈宏书",次目录。从目录及正文内容看,此本虽为足本,但未载《医指》《脉诀》《本草要略》三篇。

此本版式、行格与初刻本不同,内容上亦有差异,最大的差异是没有乾集三篇内容。同时,两本药物排序不同,剂量表述亦有异,如卷九光明眼药方中硇砂、麝香散中麝香剂量,此本均作"五分",初刻本均作"半钱"。

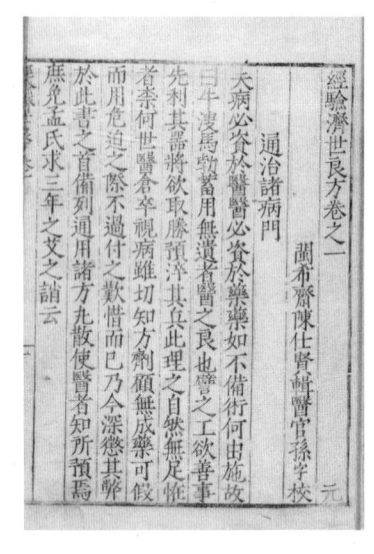

图2 嘉靖三十九年沈宏序刊本

(三)福建建邑书林(建阳)刻本(图3、图4)

藏于日本内阁文库(四册,缺卷七、八、九、十、十一。无乾集之《医指》《脉诀》《本草要略》)。

图3 福建建邑书林刻本(一)　　图4 福建建邑书林刻本(二)

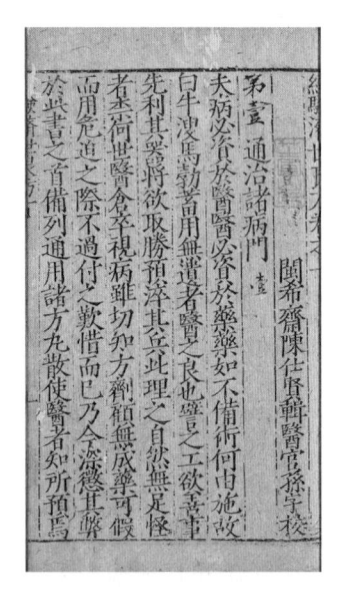

版式白口,四周单边,每半页9行,每行20字,无鱼尾。卷前有嘉靖戊午岁陈仕贤自序,次目录。目录页次行题"建邑书林杨子德泉刊行",版印清晰。建邑书林本的字体不同于万历以后的匠体字,此本也可能是嘉靖刻本,但具体刊刻时间难以断定。

此本自序页右侧从上至下依次钤有"医学图书""跻寿殿书籍记""芝圃山人""多纪氏藏书印",左侧有"日本政府图书""图书局文库"朱方(长)方印。

日本内阁文库将此本作为嘉靖三十七年本,笔者初以为是。但通过版本对比,发现此本与天津中医药大学图书馆所藏初刊本在字体、内容上均有差异,特别是两本刊刻地点不同。初刻本是在浙江布政使司官刻,此本题"建邑书林杨子德泉刊行",即为福建建阳坊刻本,所以此本不可能是初刻本。两书行格、版心大致相同,但字体不同,天津本卷四版心有刻工姓名,此本无。此本很有可能是据初刊之重刊本,而行格、版式遵循旧本,不具福建坊刻常见的黑口、行密的版式特征。此本卷一前没有残缺,据目录及正文推断,此本原未附乾集三篇内容,此又与初刻本不同。

(四)朝鲜覆刻嘉靖四十年云南布政司刊本(图5)

藏于日本内阁文库(六册,缺卷一、七、八。在元集之前,载有乾集之《医指》《脉诀》《本草要略》)。

版式白口,四周单边,每半页9行,每行20字,书口上方题书名,中间注明页数,无鱼尾。卷前有陈氏自序。卷十一末题"嘉靖四十年正月上元云南布政使司"。

陈氏自序页右侧从上至下钤有"医学图书""跻寿殿书籍记""吕氏鉴赏",左侧钤有"日本政府图书"朱文(长)方印。

前已述《朝鲜医籍通考》载朝鲜覆刻嘉靖四十年云南布政使司本,其所云卷数存佚、版式特征、跋文及每册首有"'跻寿殿书籍记''日本政府图书'等诸印记",皆与此本吻合,说明此本原为朝鲜覆刻本,后迁藏于日本内阁文库。此本与初刊本的行格相同,字体不同,内容相近,而与现存其他版本不同的是,有乾集之《医指》《脉诀》《本草要略》三篇,当是初刊本的内容,所以此本可能是据初刊本重刊,极近初刻原貌。目前只能从此本得见乾集三篇内容,

图5 朝鲜覆刻嘉靖四十年云南布政司刊本

故此本亦殊为重要。

（五）日本江户医学馆抄本(图 6)

藏于日本内阁文库(十一册，十一卷。无乾集之《医指》《脉诀》《本草要略》)。

版式每半页 9 行，每行 20 字，无栏线、版心、鱼尾。每卷首页钤盖“医学图书”“跻寿殿书籍记”“多纪氏藏书印”“日本政府图书”“内阁文库”“图书局文库”朱文(长)方印，另有“广寿院架藏记”朱文长方印或钤于卷首，或钤于文中。文中时有朱笔顿点，有少数朱笔批注。卷前无陈氏自序，有沈宏序，卷末有寇氏跋。书中错讹之处较多。无乾集《医指》等三篇内容。

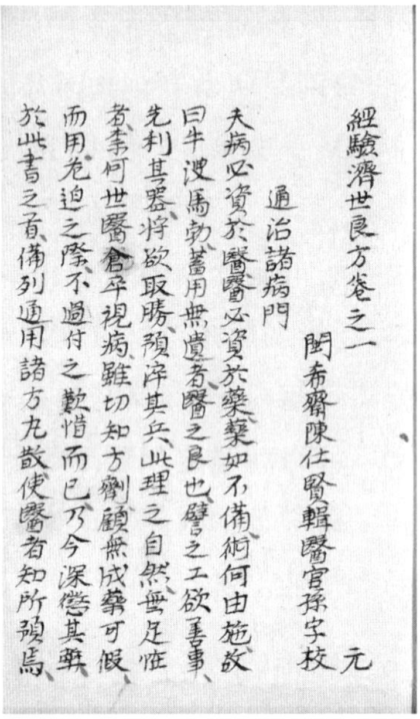
經驗濟世良方卷之一 元
閩 希齋陳仕賢輯 醫官孫宇校
通治諸病門
夫病必資於醫醫必資於藥藥如不備術何由施故
曰牛溲馬勃蓄用無遺者醫之良也譬之工欲善事
先利其器將欲取勝預淬其兵此理之自然無足恠
者柰何世醫倉卒視病雖切知方劑顧無成藥可假
而用危迫之際不過付之歎惜而已乃今深懲其弊
於此書之首備列通用諸方丸散使醫者知所預焉

图 6　日本江户医学馆抄本

此本从行格、内容与初刻本相近。可疑之处，此本无乾集《医指》等三篇。同时，有沈宏序，而无嘉靖戊午的陈氏自序。此本可能同时参照初刻本系统及沈宏序刊本而抄写，但因其所见初刻本不全，故缺略陈氏序及前面乾集内容，而附加沈宏序。

以上三种藏于日本内阁文库的版本，都有“医学图书”“跻寿殿书籍记”“多纪氏藏书印”的印鉴，诸印皆为日本著名医学世家及藏书世家丹波氏及其所创医学馆的图书印，说明此三种版本曾经由丹波氏家族收藏。“日本政府图书”“内阁文库”是日本政府图书馆内阁文库的印鉴，说明此三种版本由丹波氏医学馆后转藏于日本内阁文库。

现存的 5 种版本从版式、内容上分析，存在两种情况：一是建邑书林本、嘉靖四十年覆刻本、日本抄本的版式、行格皆与嘉靖三十七年本相同或相近，内容表述方式相同，说明属于同一个版本系统；二是嘉靖三十九年序刊本与上述诸本版式、行格不同，虽内容相近，但药物排序与剂量表述不同，乃是异于初刻本的另一种版本系统。另外，同为初刻本系统，但诸本之间亦存在细微差异，日本抄本在内容缺残、误字及俗写字写法等方面，多与建邑书林本相同，仅有极个别字不同,故推断此本似据建邑书林本抄写;嘉靖四十年覆刻本则与嘉靖三十七年本更接近。

综合以上所述,《经验济世良方》初刊于明嘉靖三十七年,国内外有多种刊本及抄本。现存版本可归纳为两种系统:一是初刻本系统,全部内容包括卷前乾集三篇及正文十一卷,有作者自序、寇阳跋,如天津中医药大学图书馆藏初刻本残卷,日本内阁文库藏福建建邑书林本、朝鲜覆刻嘉靖四十年刻本、日本江户医学馆抄本;一是沈宏序刊本,有沈宏序,没有乾集三篇,只有正文十一卷内容,如国家图书馆藏本,日本内阁文库另藏沈宏序刊本,后被郑金生复制回归,收入《海外中医珍善本古籍丛刊》中。由于此书各种版本的馆藏情况较为复杂,而国内外对版本的著录存在诸多差讹,故此进行版本著录研究及版本的实地考察,借以厘清此书版本流传的脉络,纠正国内外版本著录的错谬。

日本《史记·扁鹊传》研究著作简介

朱丽颖　王振国

（山东中医药大学）

一、前言

2019年11月23日下午，首届济南扁鹊论坛开幕，各位嘉宾以"扁鹊与中医药文化"为主题，围绕"扁鹊与济南""扁鹊中医药文化的当代价值和传承"等重要议题展开深入交流。其中，顺天堂大学研究员郭秀梅指出：在日本有很多人研究扁鹊的画像、著作，从《史记》传入日本开始就引发了研究扁鹊的第一个高潮，之后一千多年对扁鹊文化的研究连绵不绝；第二个研究高潮是室町时代，相当于中国的南宋时期；第三个研究高潮是江户时代。日本人对扁鹊可以说是情有独钟，非常崇拜扁鹊，认为他是了不起的医生。扁鹊文化越来越成为中日之间促进文化认同的重要因素。日本二松学舍大学教授町泉寿郎指出，日本历史上非常有名的江户医学馆是由幕府医官丹波氏（多纪氏）主持的医学馆，医学馆里供奉了历代名医，其中就有扁鹊的牌像，当地人一直延续着对扁鹊的信仰和崇拜。

从古至今，日本对于扁鹊的研究及崇拜未曾断绝，也留下了丰富的资料有待发掘，但国内对其知之甚少。随着《史记》传入日本，日本学者、医家对《扁鹊传》的注释、考证即拉开序幕，并留下丰硕成果。因此，对其的系统整理、译介及研究就显得尤为必要，不仅可以使国内研究者了解日本对《扁鹊传》文献研究的成就，更是间接对国内相关文献的重新整理，可使国内学者从更广阔的角度去理解《扁鹊传》。以此为基础，还可进一步探寻扁鹊医学对日本汉方医学及文化的影响，同时亦将对我国医史文献及临床研究有所启迪。以下将对日本学者注释考证《扁鹊传》的情况作一简介。

二、日本学者对《扁鹊传》的研究成果简介

司马迁《史记》最早为扁鹊作传，《史记·太史公自序》："扁鹊言医，为方者

宗,守数精明,后世循序,弗能易也,而仓公可谓近之矣。作《扁鹊仓公列传第四十五》。"司马迁将扁鹊视为医家之鼻祖。据史料记载,《史记》是在公元600至604年间由第一批遣隋使带回日本的,至今已有1400多年,其间留下了许多抄本及解译本。

《扁鹊仓公列传》作为最早的医家传记,亦受到日本汉学者及医者的关注。室町时代京都建仁寺学问僧月舟寿桂(1460—1533),号幻云,常去桃源的讲堂听课并记录其讲义,在整理僧瑞仙讲义的基础上,加上自己的注解,用汉语写成《幻云史记抄》,重点参考了前代日本学者在南宋黄善夫本《史记》(南化本)上所作的批注,其中包括大量《史记正义》佚文。其对《扁鹊仓公列传》作了详细注释,其中引用了三十余种中日古医书,这些古书有的如今已经亡佚,为研究《史记》及室町时代医学之重要参考资料。现代日本学者真柳诚、小曾户洋、宫川浩也等著有《〈扁鹊仓公列传〉幻云注的翻字和研究》《关于〈史记·扁鹊仓公列传〉之幻云注所引〈难经〉》,对幻云引用的医书进行了研究①。张玉春教授②将日本历史民俗博物馆所藏之黄善夫本《史记·扁鹊仓公列传》版框外古注进行了整理,其中的"幻谓""幻按""幻曰"及无冠名氏之注者均为幻云注,"师说""师云"等为桃源瑞仙注,"抄云""抄谓""抄曰"等为桃源瑞仙《桃源史记抄》中的内容,"《史记》抄""私云""私约"等为藤原英房所著《英房史记抄》的内容,"菅家说""菅曰""良氏说""江氏说""家本"等均为日本平安时代博士家训解《史记》的内容,"《正义》曰"基本是室町前期京都南禅寺僧人灵元所辑《史记正义》佚文,"小板"指日本宫内厅所藏彭寅翁本《史记》。

日本江户时代学习医术的人无不读《扁鹊仓公列传》,研究该传的人才辈出,并有相当一部分学者专门研究其中的《扁鹊传》,并留下许多优秀著作,在同时期超过了中国对其的研究③。通过对日本国立国会图书馆、京都大学图书馆贵重资料库、早稻田大学古籍综合数据库及《千年医典》数据库的检索,将江户及明治时期研究《扁鹊传》的书目总结于下表(见表1),并对其中较为重要的

---

① 赵怀舟、王小芸、李莉:《幻云〈史记·扁鹊仓公列传〉批注中的"杨氏"当指杨玄操》,参阅《中华中医药学会第十五次中医医史文献学术年会论文集》,2013年,第7页。
② 张玉春:《〈史记〉日本藏本注本论集》,北京:中国社会科学出版社2018年版。
③〔日〕池田英雄:《从著作看日本先哲的〈史记〉研究——古今传承1300年间的变迁》,《唐都学刊》1993年第4期,第5—16页。

几本书作一简介。

表 1 江户及明治时期研究《扁鹊传》的部分重要书目情况表

序号	书名	作者	时间	形式	语种
1	《扁鹊仓公列传割解》	滕惟寅 割解 滕惟正路 补考	明和七年(1770年)	刊本	汉语
2	《扁鹊传解》	村井琴山	安永二年(1773年)	写本	日语
3	《扁鹊传考》		安永六年(1777年)		
4	《扁鹊传注》	菅井仓常	天明七年(1787年)	刊本	汉语
5	《读扁仓传割解》	猪饲彦博	文化三年(1806年)		
6	《扁鹊传夷考》	中川修亭	文化五年(1808年)	写本	
7	《扁鹊传正解》	中莖谦	文政六年(1823年)	刊本	
8	《扁鹊传解》	石坂宗哲	天保三年(1832年)		
9	《芥舟学扁鹊传》	马场北溟	嘉永元年(1848年)	写本	
10	《扁鹊仓公传汇考》	丹波元简 撰 丹波元胤 补 丹波元坚 附按	嘉永二年(1849年)	刊本	
11	《扁鹊仓公传考异》	堀川济			
12	《扁鹊传备参》				
13	《扁鹊仓公传续考》	海保元备	不详	抄本	
14	《扁鹊传评》	吉益东洞		刊本	
15	《古方便览·读扁鹊传》		嘉永三年(1850年)		
16	《扁鹊传问难》	伊藤馨	嘉永三年(1850年)	写本	
17	《扁鹊仓公传原解》(缺上卷《扁鹊传》)	羽生良熙	嘉永七年(1854年)		
18	《扁鹊传口授》	加藤熙 著 浅田宗伯 注	安政二年(1855年)		日语

续表

序号	书名	作者	时间	形式	语种
19	《扁鹊仓公传集解》	山田业广	明治二年(1869年)	刊本	汉语
20	《扁仓传解故》	不详	明治十九年(1886年)	铃木良知抄	

中国汉代至清代，医学被视为"小道"而不受重视，但在日本江户时代有一个重要的文化现象，即出现了"儒医"群体，其既有高度的儒学素养，又有精湛的医术，"儒"与"医"之间有着密不可分的关系。《扁鹊仓公列传割解》（以下简称《割解》）的作者浅井氏父子即是这样的儒医，既通晓汉学又精通医术，是江户时代医学考证派的代表，儒与医的结合在此书中得到了充分的体现。扁鹊为周秦间良医通称的观点及对《扁鹊传》中难解之处的校注为后世提供了宝贵的参考。[①] 此外，浅井氏后几代均在《割解》原书边栏上作了批注，可见其对《扁鹊传》的重视程度[②]。

其后日本许多注解《扁鹊传》的专著都或多或少地引用了《割解》中的内容，或对其观点进行评论。如古方派大家吉益东洞高徒村井琴山的《扁鹊传考》即同意扁鹊为古时良医通称的观点；儒士猪饲彦博在《割解》原书栏上以批注的形式对其进行考辨和补充，对非医部分进行注音释义、考证史实、校勘文字、疏通文义等，后将其刊印成册。后期江户医学馆的堀川济集录散见于古书中的与扁鹊有关的记载，与《史记·扁鹊仓公列传》进行比较，著成《扁鹊传备参》，以补充《割解》之不足。折衷派儒医伊藤馨于嘉永三年(1850年)为呈与元简先生所著《扁鹊传问难》（以下简称《问难》），摘抄难解的五十条语句，用按语的形式进行注解，其中多处明示了《割解》之不足。

后世除《割解》外，影响较大的当属丹波元简著、丹波元胤补、丹波元坚附按的《扁鹊仓公传汇考》（以下简称《汇考》），其对《扁鹊传》作了详细的梳理和考证，通过引用各类学术文献对文本进行纠谬、补脱、正讹、删衍等，对文字、章句等内容的释文亦多考实性地进行文献引用、释义、阐发，具有很高的学术价

---

① 杨海峥：《日本学者对〈史记·扁鹊仓公列传〉的研究》，《北京大学中国古文献研究中心集刊》2017年第16期，第32—47页。
② 〔日〕宫川浩也：《〈扁鹊仓公列传割解〉的研究：现传本中写入的注释及旧藏者》，《日本医史学杂志》2000年第4期，第565—585页。

值。书中除引用《割解》内容外,更是广引《尔雅》《说文》《集韵》《广韵》《释名》《学林》《方言》《列子》《风俗通》《汉书》《酉阳杂俎》《唐书·地理志》《急就章注》《正字通》《史记评林》《人表考》《经典释文》《一切经音义》《太平御览》《韩诗外传》《说苑》《义门读书记》《通雅》《日知录》《书隐丛说》《史记注补正》《二十二史考异》《十驾斋养新录》《经传释词》《经义述闻》《说文解字注》等,其中不乏清代考据学著作[1]。后世泷川资言的《史记会注考证》中在《扁鹊仓公列传》篇所收集的日本人之注释,九成摘自《汇考》[2]。

丹波氏为幕府医官,主持江户幕府直辖的江户医学馆(1791年改制前为丹波家所创私立医学校跻寿馆),《汇考》与影宋本《扁鹊仓公传》及堀川济之《扁鹊仓公传考异》《扁鹊传备参》同于嘉永二年(1849年)由存诚药室刊行,以备江户医学馆医家讲习之用。从《汇考》中丹波元坚(丹波元简之子)的跋与《扁鹊仓公传考异》中堀川济的识语中可知,《扁鹊仓公传考异》是元坚使其师门弟子堀川济参诸本异同,校勘影宋本《扁鹊仓公传》所著,并同附刊刻,所参考的版本多达11种。从《汇考》又跋中可知,初稿汇编完成后,元坚又令友人考证学者海保元备进行参订,且海保又据此撰《扁鹊仓公传续考》(以下简称《续考》)以示,元坚认为"其说精核,多所发明",故将其部分观点摘录于《汇考》中,以俟识者。

之后元坚编有《扁鹊仓公传四种》,包括影宋本《扁鹊仓公传》、元简《扁鹊仓公传汇考》、堀川济《扁鹊仓公传考异》《扁鹊传备考》,它们是研究《扁鹊传》的重要参考资料。日本汉学家池田芦洲将此四书及池原云洞于天明六年(1786年)所刊卢复本《扁鹊仓公传》均著录为"稀观书"。

元坚门生山田业广长于考证,其所著《扁鹊仓公传集解》沿袭了《割解》的风格,重视字词训释和版本考证,在充分吸收三家注及前代学者注释成果的基础上,征引《周易》《诗经》《左传》《说文》《广韵》等进行考证注疏,不仅注解原文,还疏解三家注,对辨别《史记正义》佚文的真伪也很有价值。山田氏广泛征引清代学者的考证著作,并且《割解》《续考》《问难》及《汇考》的研究成果在书

---

[1] 成高雅:《从〈扁鹊仓公传汇考〉看日本医学考证学派的学术与清代考据学发展的关联》,《中医典籍与文化》2021年第2期,第79—90、301—302页。
[2] 〔日〕宫川浩也:《〈史记会注考证〉与〈扁鹊仓公列传汇考〉的关系》,《日本医史学杂志》2000年第3期,第382—383页。

中引用最多,集注的形式为后代研究者保存了丰富的资料。

三、小结

《史记·扁鹊仓公列传》有着不可忽视的历史价值及医学价值,然而长久以来并不为我国医学界所重视。"墙内开花墙外香",自《史记》东传后,此篇即受到日本学者及医家之青睐,并多有研究著作流传于世。其不仅阐发个人观点,还广泛援引各种史学、医学文献及清代考据学著作以对文本进行考证释义。从中不仅可以看到日本的文献研究的方法与精神,还可窥见其与中国清代考据学发展的关联,其中种种足以飨后来之学者。

中医创新的重要途径
——多学科交叉与融合

卢祥之

（中国中医药研究促进会）

中医的守正和创新，是中国中医在当今时代发展的两个基本点，也可以说是中医发展的两翼或两个轮子，缺一不可。中医的守正，主要是审慎地继承、研究优秀的传统资源，赓续精髓，吸古融今；而中医的创新，则更为复杂，创新要求更有广度、深度地去观察和思考，要有本质上的突破，要突破旧的思维定式、旧的规律，对旧有的理论认识进行替代或覆盖。

整个中国中医学的发展史证明，中医学从来都有着强烈的时代特色。中医在历史上每一次的嬗变、转折和大的推进，都有鲜明的、与时俱进的、与时代相应的风格。而如何在当今时代，怎样突破中医瓶颈束缚，大阔步去发展，重视学科的交叉融合，非常重要。

一、学科交叉是学术发展的基本趋势

近些年来，交叉学科是继哲学、经济学、法学、教育学、文学、历史学、理学、工学、农学、医学、军事学、管理学和艺术学门类之后的一个学科，虽然位列第14个学科，但现代科学一直都在不断呈现相互渗透、相互交叉融合的趋势。

融者，融化，消溶也。《晋书》上说："融融者皆趣热之士，其得炉冶之门者，惟夹炭之子。"《华阳国志·汉中志·涪县》谓："孱水出孱山，其源出金银矿，洗，取火融合之，为金银。"融合出金。但融合思想作为一种思想，古人认为它就是"太和"。《易经》上说，天地之间有时会出现一种交通和畅的最佳状

态——"泰"。"乾道变化,各正性命,保合太和,乃利贞。""太和",就是阴阳会合,融溶冲和的气。《周易》所谓"保合太和"描述的是一个充满无限生机的和谐状态。如果人与自然和合,就是"与天地相参";如果与人与社会和合,顺乎天而应乎人,就是"天地交泰"。这种"融合"的学问,即两种以上多学科的交叉,事实上如今已经逐渐成为科技创新的源泉,成为科学时代一个不可替代的研究范式。

学科交叉融合逐渐形成一批交叉学科,如化学与物理学的交叉形成了物理化学和化学物理学,化学与生物学的交叉形成了生物化学和化学生物学,物理学与生物学交叉又形成了生物物理学等。这些交叉学科的不断发展大大地推动了科学进步,因此学科交叉研究体现了科学向综合性发展的趋势。近代科学发展特别是科学上的重大发现,国计民生中的重大社会问题的解决等,常常涉及不同学科之间的相互交叉和相互渗透。

学科交叉融合是未来科学发展的必然趋势,同时也是加快科技创新的重要驱动力。随着现代社会日趋复杂,大多数自然科学、社会科学都开始注重综合性的研究,许多研究的注意力都集中在研究整体结构、整体功能的系统科学上。这种交叉,并不是简单地将两门学科粘在一起,制造某项产品或进行什么研究,而是在思想方法上、指导思路上进行新的整合、综合,即交叉融合。

二、中医创新亟需学科交叉予以推动

但就如何促进中医创新来说,确实是中国中医面临的一个难题和挑战。对于中医这样的传统学术体系,交叉研究则更加困难。但强化学科交叉和寻求新的科研范式是未来中医发展的必由之路,也是中医实现科技自立自强的重要途径。我们必须摆脱惯性思维,抓住中医研究范式变革的机遇,汇聚力量,凝练中医交叉研究的重大方向,推动学科交叉研究,解决中医发展道路上守正创新的诸多棘手问题,如此才是既守正又创新。

重视中医的交叉学科研究,是基于中医发展的需要。尤其相对于过往边界划分明确的单一学科而言,交叉学科研究因可以提供更多元的理论基础和视角,于是更容易产生创造性成果。随着现代科学技术的发展,越尖端、前沿的研究越需要突破单一学科的限制,而基于交叉学科思维的研究才有可能成功。不同的科属、理论上的相互交叉结合,往往会出现理论上的突破和技术上的创新。交叉学科研究对于取得科学技术的原创性成果和突破性进展,意义重大,而中医对它的需求,尤其是在创新层面,比过去任何时候都更为强烈。

重视中医学与其他人文学科的交叉,从类别说,如与哲学、历史学、文学和医学理论等的交叉。中医学不仅是一门理论体系十分完整的疾病治疗学科,从另一角度说,还是一门社会学科,是社会学体系中的重要"要素",或者说是很重要的一个组成部分。社会学以社会本身作为研究对象,即研究整体社会或局部社会,包含社会的某些方面、某些领域、某些层次。社会学主张用科学的方法研究社会,揭示社会规律。社会学使用科学哲学的方法来研究人类社会,主要着眼于构造社会的各种要素,寻求普遍性规律、基本原则和内在原理。而中医学的"厚生"本质,对社会现象、社会公民的体质素养,影响巨大。"厚生"一词出于《尚书·大禹谟》中的:"正德,利用,厚生,惟和。"孔颖达的注疏指出:"厚生,谓薄征徭,轻赋税,不夺农时,令民生计温厚,衣食丰足,故所以养民也。"所以,人与社会的关系是极为密切的。人组成了社会,每一个人都生活在特定的社会中,社会环境也会给人以影响,包括人的身体,这就带来了一系列医学问题。而中医学在发展过程中既认识到了个人生理功能存在差异的生物基础,又深入探讨了差异多样复杂的社会背景,深刻介入了社会的各个方面。

另外,从与其他学科的交叉来看,中医学与文学、伦理学、物候学、生态学等的综合研究也已经展开。尤其是生态学,注重生物的调整、生存、活动、繁殖需要的空间、物质与能量,而各种生物所需要的物质、能量以及它们所适应的理化条件是不相同的,这种特性被称为物种的生态特性。在物种的生态特性方面的研究,中医学和生态学有共通性。中医从人的整体出发,探讨人体平衡和失调的转化机制,并通过中药使失调恢复平衡;中医的天人合一、阴阳平衡、辨证施治的方法以及未病先防、既病防变、治病求本、扶正祛邪、调整阴阳、药食同源的防病原则都是生态医学思想的体现。中医的"理法方药"之重在"调",这与物种的生态学"调整"观点和理论不谋而合。

三、中医"理法方药"都能参照、引入复杂性科学,为己所用

著名物理学家霍金曾说过,21世纪将是复杂性科学的世纪。复杂性科学

的特征就是跨学科、跨领域研究。把各种复杂的其他学科引入中医研究,注重中医的多分支、多流派、多角度,提出完全不同的研究思维方式,将会推动中医在21世纪的创新发展。

中医的"理法方药","理"是中医的基础,围绕中医理论的支点,探讨生物学、大数据、人工智能等多学科前沿技术的介入,了解和掌握、借鉴生命科学、生物医学的一些成果,对中医健康状态辨识评估、疾病风险的预测、健康干预和治未病能力的提升,一定会有所裨益。

在"方药"实践方面,药物借助于分子化学,利用还原法,找出了特定疾病的中药配方中的某种关键组分,如青蒿素的提取成功和复方黄黛片治疗急性早幼粒性白血病的分子系统分析,说明用全新的科学方法来研究中药,前景是十分光明的。近年来,有学者还将分子生物学理论和医学理论系统整合在一起,证实了中医"证"的本质是细胞因子,系统阐述中医治病的现代医学属性和原理。又如中医治疗领域,诊断手段上的物理借助,也都多姿多彩。中医的脉学,有力度,有脉势,有位置,有深浅,各种表现都可以借助仪器察测。中医对气血的认识,如果借用物理学的泊肃叶定律,就是利用流体动力学的定律,用以测定流体的粘滞系数,综合其他诊断意见,相信在提供增大气血流量、分辨气血虚实、量化气血以及药物选择方面会起到重要参考作用。

除了"理法方药",中医辨治的另一方面是众医众方。针对一种病或一个病人,不同医者的处方差异较大,也可能辨证认识相近,但着力(用药)不同,也可能都有效果。从中医辨证施治角度说,是一人一方,辨治灵活,但从标准角度来说,说明和归纳都比较难。能不能在众多医者的辨治方药中找出更合理、更有效、更集中和集医者辨证论治精华的"奇效良方",让国医大师、历代著名临床家的经验集中体现于一人一病的辨治过程中呢?2016年,人工智能阿尔法机器狗以4∶1的成绩,战胜了世界围棋界最顶尖高手,让人们相信人工智能的无限可能。它的办法和路径就是从大数据,浩如烟海的棋谱中寻找、选择、确定一个最佳方案。人工智能能从历代棋谱中遴选最佳棋路,由此可以设想,如果机器向人类学习,学习人类的技能、经验,在深度学习、强化学习不同的阶段中,在中医方药的数据库中,按既定的中医辨证论治的思路匹配,寻找更符合要求的高级答案、最佳处方,显然在理论上是可行的。

随着社会的发展,各学科研究不会再局限于单纯的某一领域,而是跨学科、跨领域研究,中医学作为传统学科也要实行创新,注重与其他学科的交叉融合。譬如传统中药方剂,本来就有剂型上的束缚,汤剂熬煎往往是现代人甚感不便的事情。北京太洋树康药业有限责任公司投资开发的全自动煎药设备,根据电脑选择的十种功能煎药,既符合中药煎药规范,又安全、清洁,还可自动加热,二次煎熬并文火、武火转换。这种融合计算机学跨学科研究成果全新地改变了传统中药煎熬模式,极有推广价值。这说明任何科学上的新理论、新发明的产生,新的工程技术的出现,经常是在学科的边缘或交叉点上,重视交叉学科将使中医向着更深层次和更高水平发展。

要促进中医学与多学科交叉融合,需要为其营造良好的环境和氛围。首先,要改变中医学科划分的现状。要破除原有中医学科划分和科研管理的组织模式,打造一套交叉、开放和共享的运行机制,探讨培养复合型中医科研人才。

总之,中医创新是中医进步的核心,是引领中医发展的驱动力。当代社会重大科学技术突破越来越依赖不同学科之间的交叉融合,这种融合所形成的综合性、系统性、渗透性知识可以有效解决中医面临的新问题。一些新生事物出现的范例,说明中医创新及其与多学科相互促进、交融,将成为中医学取得原创性新成果的重要途径。

中国古代分类方法与《黄帝内经》理论建构研究

邢玉瑞　胡勇　张惜燕

（陕西中医药大学）

对自然秩序与社会秩序的探索、认识与把握，可谓是人类生存的必然要求。只有把握了相关秩序，人们才能确立集体生活所依据的框架，并可通过其预测功能，使这种生活进入某种可以调适的有序状态。而分类是人类建构世界秩序的最基本方法，每一种分类都包含着一套登记秩序，同时分类也是归纳、演绎、类比等推理方式的前提条件。因此，探讨中国古代有关分类的认识，对于进一步理解中医理论的本质，促进中医理论的现代化研究，无疑具有重要的现实意义。

一、中国古代分类方法的发生与演变

人类的认识总是从混沌走向有序，"类"概念即形成于人的"感性直观－知性分析－理性综合"的智力形成与发展过程中，古代逻辑科学三大源流的最初产生与发展，都与反映客观世界类属联系的思想观念的形成具有直接的依赖关系。"类"概念的形成，总与人类对事物相似性的认识有关，《说文解字·犬部》曰："类：种类相似，唯犬为甚。"段玉裁注："说从犬之意也。类本谓犬相似，引申假借为凡相似之称。"《广雅·释诂四》云："类，象也。"《集韵·术韵》说："类，似也。"然事物之相似，有本质之相似与物象之相似的不同。同时由于"分类绝不是人类由于自然的必然性而自发形成的，人性在其肇端并不具备分类功能所需要的那些最必不可少的条件……分类图式不是抽象理解的自发产物，而是某一过程的结果，而这个过程是由各种各样的外来因素组成的"[①]。受

[①] 〔法〕爱弥儿·涂尔干、马塞尔·莫斯：《原始分类》，北京：商务印书馆2012年版，第7—8页。

历史文化以及认识发展阶段等诸多因素的影响,中国古代分类方法的产生与演变,呈现出其特有的特征,表现为基于事物本质的种属分类与基于事物之"象"的关联分类两种不同的分类路径。

(一)基于事物本质的种属分类

基于事物本质进行种属分类的古代学者,以墨子、公孙龙,特别是后期墨家与荀子为代表。墨子提出"知类""察类"的思想,并把"类"与"故"作为不可分离的逻辑范畴并列而提,认为"知类"必须以"明故"为根据,从而使"类"范畴成为一个比较科学的逻辑范畴。如《墨子·非攻下》载:"好攻伐之君,又饰其说,以非子墨子曰:'以攻伐之为不义,非利物与?昔者禹征有苗,汤伐桀,武王伐纣,此皆立为圣王,是何故也?'墨子言曰:'子未察吾言之类,未明其故者也。彼非所谓'攻',谓'诛'也。'"这里,墨子从"明故"以"知类",提出"攻"与"诛"同样是用兵,但征无罪为"攻",讨有罪为"诛",二者是性质截然不同的战争,属于完全不同的"类",不能混为一谈。

公孙龙从正名的角度,阐述了"类"的外延、内涵问题。《公孙龙子·名实论》云:"其名正,则唯乎其彼此焉。"即要求用某名称称谓某实时,只能用该名称称谓该实,不能用它称谓其他的东西,也就是说属于一类的实才能用同一类的名。公孙龙还提出:"物以物其所物而不过焉,实也。实以实其所实而不旷焉,位也。"这就是说,物使某种东西成为物时,都具有自己确定的对象和范围,不能人为地任意将范围扩大,此即是对"类"的外延的揭示。同时,实与被看作实的物应当一致,具有确定的内涵和位置,不可空无内容,此则是对"类"的内涵的说明。另外,《公孙龙子·通变论》载:"羊与牛唯异,羊有齿,牛无齿,而羊牛之非羊也,之非牛也,未可。是不俱有,而或类焉。""羊有角,牛有角,牛之而羊也,羊之而牛也,未可。是俱有,而类之不同也。羊牛有角,马无角;马有尾,羊牛无尾。故曰:羊合牛非马也。"对此段文字,各家看法并不一致,田立刚认为此乃公孙龙从"正名"的要求出发,初步揭示了在属与种两个层次上,类同、类异的区别。[①] 陈道德等从符号学的角度认为,"羊牛"之类的东西,纯粹是公孙龙本人所虚拟的,借此以喻兼名。兼名是不同单名之间的一种重新组合,其符号形式也是一个不可分割的有机整体,构成兼名的单名并不作为一种独立

---

① 田立刚:《先秦逻辑范畴研究》,北京:中国社会科学出版社2012年版,第59—60页。

的符号形式存在,而只是构成兼名的一部分,是组成兼名的元素。兼名与任一单名之间是彼此独立的,都不存在类包含关系。因此,"羊牛之非羊也,之非牛也",那么,"羊牛"与"马"之间就更是一种完全排斥的相非关系,所谓"羊合牛非马",正是对本篇有关兼名与单名关系的"二无一"的辅助论证。① 上述解释虽不同,但总与分类有关,故周云之认为兼名与别名似乎就是为了说明"名"的大类和小类之区别和包含关系,可以被看作是对"名"的种属关系的一种模糊的认识。② 劳思光则认为此论"类"的关系,其主旨在说"羊"与"牛"之合类,则非"羊",非"牛",亦非他类。就逻辑问题言,不外类与类之关系如何,以及一类之分子之决定条件为何而已。③

荀子特别是后期墨家可谓先秦"类"范畴的集大成者。荀子强调知类,目的是阐明"道",涉及名家及墨辩在思辨方面的理论,然其实践旨趣在于政治与伦理。荀子提出了"同则同之,异则异之"的制名分类原则,包含了简单的分类思想,继则考察了制名和用名的逻辑方法,明确"名"的属种递相包含关系,以及这种关系的相对性和层次性。《荀子·正名》指出:"万物虽众,有时而欲遍举之,故谓之物。物也者,大共名也。推而共之,共则有共,至于无共然后止。有时而欲偏举之,故谓之鸟兽。鸟兽也者,大别名也。推而别之,别则有别,至于无别然后止。"这里即揭示了"大别名－别名－共名－大共名"这一"名"的类包含关系的链条。

后期墨家根据"名"指称对象的范围,将"名"划分为"达名""类名"与"私名"三种,所谓"名,达、类、私"(《墨子·经上》)。《墨子·经说上》云:"名,物,达也。有实必待文多也。命之马,类也,若实也者,必以是名也。命之臧,私也,是名也,止于是实也。"这里,"达名"即外延最广的普遍概念,"类名"即一般类概念,"私名"即单独概念。在对"类名"界定的基础上,后期墨家考察了类同、类异的问题,认为"类"是一种同,是"有以同",事物要有相同或相似的性质才能归为一类,而"不类"就是一种"异",是"不有同",没有相同的性质的事物,就不是一类。正由于同类有相同的属性,人们就可以根据类的相同性或相

---

① 陈道德、曾祥云:《符号学视野下的先秦名辩学研究》,北京:人民出版社2017年版,第163—171页。
② 周云之编著:《先秦名辩逻辑指要》,成都:四川教育出版社1993年版,第114页。
③ 劳思光:《新编中国哲学史(一)》,北京:生活·读书·新知三联书店2015年版,第236页。

性进行类推,所谓"类以行之,说在同"(《墨子·经下》);反之,异类的属性不同,事物赖以建立的标尺不同,就不能相通相推,所谓"异类不吡,说在量"(《墨子·经下》);而且推类一定要考察类的大小,明确概念的外延及其之间的关系,所谓"推类之难,说在之大小"(《墨子·经下》)。《墨子·小取》则明确提出了"以类取,以类予"的逻辑思维原则,要求遵循"类"的关系和法则来归类、推类。后期墨家还将"类"与"故""理"两个范畴联系起来,建立起中国逻辑史上第一个比较完善的以"类""故""理"为核心范畴的逻辑体系。《墨子·大取》指出:"三物必具,然后足以生。"辞,"以故生,以理长,以类行者也。立辞而不明于其所生,妄也。今人非道无所行,虽有强股肱,而不明于道,其困也,可立而待也。夫辞以类行者也,立辞而不明于其类,则必困矣"。孙中原[①]认为此相当于西方传统逻辑的充足理由律。沿此逻辑路径,必然导向对事物间因果关系的追问,因为"故"代表着推理所依据的前提或论证所依据的论据,反映的就是事物的因果关系。如《墨子·经上》云:"故,所得而后成也。"《墨子·经说上》云:"故,小故,有之不必然,无之必不然。体也,若有端。大故,有之必无然,若见之成见。"这里不仅提出并概括了客观事物因果联系的普遍性,指出了因(所得)与果(后成)相互作用的一般形式,还通过对小故、大故的分析,阐明了必要条件和充分必要条件不同的逻辑性质,为假言判断和假言推理提供了理论依据。因此,基于事物本质的种属分类,自然会导向形式逻辑思维的方法。当然,由于文化的总体特征和需求对逻辑的制约,墨家逻辑在目的任务、逻辑特征、主导的推理类型、推理成分的分析等方面,与亚里士多德逻辑又不尽相同[②]。

如上所述,在墨家看来,"类"是由事物性质所决定的同和异的界限和范围。然需要关注的是,墨家对"同"或"异"的划分,《墨子·经上》云:"同,重、体、合、类。""异,二、不体、不合、不类。"《墨子·经说上》谓:"同,二名一实,重同也。不外于兼,体同也。俱处于室,合同也。有以同,类同也。""异,二必异,二也。不连属,不体也。不同所,不合也。不有同,不类也。"这里所言"体同""合同"似乎又为基于事物之"象"的关联思维预留了存在与发展的空间。

---

① 孙中原:《墨学与中国逻辑学趣谈》,北京:商务印书馆2017年版,第229页。
② 崔清田:《墨家逻辑与亚里士多德逻辑比较研究》,北京:人民出版社2004年版,第155—168页。

(二)基于事物之"象"的关联分类

西方汉学家对中国古代思维的研究认为,关联性思维是其最主要的特征。关联性思维的原义就是分类,涉及的是两类及以上的物事,在一定的规则下将之分类或者各就其位。关联的要旨在于"秩序",其目的、方式、结果都指向一个倾向于严谨的秩序。如李约瑟说:"在'关联式的思考',概念与概念之间并不相互隶属或包涵,它们只在一个'图样'(pattern)中平等并置;至于事物之相互影响,亦非由于机械的因之作用,而是由于一种'感应'(induction)。……在中国思想里的关键字是'秩序'和(尤其是)'图样'。符号间之关联或对应,都是一个大'图样'的一部分……所以万物之存在,皆须依赖于整个'宇宙有机体'而为其构成之一部分。它们之间的相互作用,并非由于机械性的刺激或机械的因,而是由于一种神秘的共鸣。"[1]这种思维方式是根据"相似律"对事物进行分类,偏重对事物之间外在相似性进行考察,而对事物内在因果逻辑则显得相对淡漠。张东荪在《知识与文化》一书中,也反复阐述了中西思想的区别,认为西方思想重视本质或本体,本体、因果与原子是其三个最重要的范畴,其背后则为"同一"范畴通贯之。"西方人的哲学总是直问一物的背后;而中国人则只讲一个象与其他象之间的互相关系。例如一阳一阴一阖一辟。总之,西方人是直穿入的,而中国人是横牵连的……中国自来就不注重于万物有无本质这个问题","中国人的思想只以为有象以及象与象之间有相关的变化就够了"。中国逻辑是一种"相关律名学"。[2] 萧延中提出,按照张东荪的说法,"关联性思维"的核心不是按照"本质"进行分类,而是以"功能"为分类标准,而这个"功能"的发出"主体"是人自身。[3] 这里有关"象""功能"与分类关系的认识,一定意义上反映了关联分类的特征。

"象"是中国传统文化特有的重要范畴,内涵十分丰富,各家认识分歧较大。如从人类认识事物的发展过程而言,有所谓物态之象、功能之象、共性之

---

[1] 〔英〕李约瑟:《中国古代科学思想史》,陈立夫主译,南昌:江西人民出版社1999年版,第375—376页。
[2] 张东荪:《知识与文化》,长沙:岳麓书社2011年版,第218、215、212页。
[3] 萧延中:《中国思维的根系——研究笔记》,北京:中央编译出版社2020年版,第43页。

象、规律之象①或原象、类象、拟象和大象之别②;从人类思维要素的构成与结果的角度,象又可分为客体之象、工具之象、认知之象。概而言之,象是客体整体信息及其在人大脑中的反映与创造,贯穿于思维的全过程,涉及思维的客体、主体及认知目的各个方面,总体上可分为自然物象与人工意象,后者包括符号意象与观念意象。"象"具有主客交融性、自然整体性、时间有序性、功能动态性、多义流动性、象数互换性等特点。象思维即是以客观事物自然整体显现于外的现象为依据,以物象或意象为工具,运用直觉、比喻、象征、联想、推类等方法,以表达对象世界的抽象意义,把握对象世界的普遍联系乃至本原之象的思维方式③。

相对于概念思维,象思维是从思维工具角度而言的,作为思维工具的"象",主要着眼于事物的特征、功能,因此,基于事物之"象"的关联分类,大致涉及:①特征同一,即不同事物在感性特征上的相似和一致;②效能同一,指不同事物在功能和行为方式上的相似和一致;③聚合同一,即从时空的角度而言,凡是能够相感、相从、相召、相动,聚集在一起的事物,同气相求,归为一类,类似于《墨子·经说上》所言"俱处于室,合同也";④关连同一,即通过中间环节的连递而相互联系,《墨子·经说上》"不外于兼,体同也"与此相关。这种分类方法具体体现于阴阳分类、五行分类、八卦分类之中。

基于事物之"象"的关联分类肇源于《周易》,《易经》创立的阴爻、阳爻、八卦、六十四卦符号系统,"奠定了华夏民族推类逻辑的基础"④。《易传·说卦》据八卦所代表的性质和情状分类万事万物谓:"乾为天、为圜、为君、为父、为玉、为金、为寒、为冰、为大赤、为良马、为老马、为瘠马、为驳马、为木果。坤为地、为母、为布、为釜、为吝啬、为均、为子母牛、为大舆、为文、为众、为柄。其于地也为黑。"这就是"引而伸之,触类而长之"(《易传·系辞上》)。《易传·文言》解释其分类方法说:"同声相应,同气相求。水流湿,火就燥。云从龙,风从虎……本乎天者亲上,本乎地者亲下,则各从其类也。"《易传·系辞上》概括为

---

① 王前:《中西文化比较概论》,北京:中国人民大学出版社2005年版,第65—69页。
② 蒋谦:《论意象思维在中国古代科技发展中的地位与作用》,《江汉论坛》2006年第5期,第25—30页。
③ 邢玉瑞:《〈黄帝内经〉研究十六讲》,北京:人民卫生出版社2018年版,第226—237页。
④ 温公颐、崔清田:《中国逻辑史教程》,天津:南开大学出版社2000年版,第30页。

"方以类聚,物以群分"。

这种基于事物之"象"的关联分类,几乎见于先秦两汉各家各派的著作中。如《管子·白心》云:"同则相从,反则相距也。"《庄子·渔父》云:"同类相从,同声相应,固天之理也。"《荀子·劝学》言:"施薪若一,火就燥也;平地若一,水就湿也。草木畴生,禽兽群焉,物各从其类也。"《吕氏春秋·召类》曰:"类同相召,气同则合,声比相应。"《淮南子·泰族训》曰:"故寒暑燥湿,以类相从;声响疾徐,以音相应也。"董仲舒《春秋繁露·同类相动》指出:"百物去其所与异,而从其所与同。故气同则会,声比则应……美事召美类,恶事召恶类,类之相应而起也。"这种基于事物之"象"的关联分类,自然会导向取象比类或象思维的方法。

总括上述,中国古代对于分类方法的认识,明显存在两种不同的逻辑路径,如劳思光论"名"之理论,在先秦本有两支:一支属于辩者(包括《墨经》所载之墨家后学理论),另一支属于儒学。[1] 辩者之说,基本旨趣在于形而上学及逻辑方面;儒者之说,则基本旨趣在道德及政治方面。此乃其根本殊异所在。前者导向形式逻辑的思维方法,重视因果关系的分析,形成逻辑推理;后者导向取象比类的思维方法,重视相关关系的探索,形成模型化的推理。由于受中国古代哲学重视政治伦理,古代科学重视实用技术而轻视理论等诸多因素的影响,秦汉及其以后,基于事物之"象"的关联分类占据了主导地位。

二、《黄帝内经》与中国古代分类方法

分类作为一种典型的科学方法,先秦时期,中国人已经开始按照类别来对事物进行知识总结。《尔雅》对生物分类已经达到了较高的科学水平,具有今天分类学"属"与"科"的概念。[2]《尚书·禹贡》《管子·地员》的土壤分类,已经与今天的土壤分类标准吻合。[3] 那么,作为古代医学科学集大成之作的《黄帝内经》,其理论建构自然离不开分类方法的应用。

---

[1] 劳思光:《新编中国哲学史(一)》,第282—283页。
[2] 杜石然、范楚玉、陈美东等:《中国科学技术史稿》上册,北京:科学出版社1982年版,第101—102页。
[3] 中国科学院自然科学史研究所地理学史组:《中国古代地理学史》,北京:科学出版社1984年版,第208—211页。

(一)种属分类与《黄帝内经》理论的建构

相对而言,重视自然事物的认识,则侧重于种属分类;重视社会人事的认识,则偏向于关联分类。中医学对人体生命活动的研究,总体上以对自然事物的研究为主,必然以基于事物本质的种属分类方法,来认识人体的生理、病因病机、病症以及药物等,把握各自的本质特征,以指导对疾病的诊断与治疗等。如就人的分类而言,《素问·上古天真论》在大量、长期的观察和经验积累基础上,发现男、女性别差异,导致肾中精气的生、长、壮、老、已的规律不同,因此分男、女两类进行研究。进一步又将女性以七年、男性以八年为一个肾中精气的变化阶段,分别从"一七"到"七七"、"一八"到"八八"进行分类,来把握各个阶段肾中精气的变化和外在特征。通过这种符合规律的科学分类,人们认识了肾中精气与生长发育及生殖功能的关系。《灵枢·卫气失常》对人的分类,一是根据年龄划分为小、少、壮、老四类,即"人年五十已上为老,三十已上为壮,十八已上为少,六岁已上为小";二是根据体型分为众人(正常体型)与肥胖者两类,然后又以脂膏分布作为诊断的主要原则,以人体形体大小及上下称身作为分型标准,将肥胖者分为"膏人""脂人""肉人"三类。此与现代肥胖学从预后角度出发,以脂肪分布作为线索的研究热点相吻合,这是世界肥胖医学最早以"脂肪分布"为原则的分型方法[①]。《素问·痹论》对痹病的分类,从病因的角度划分为行痹、痛痹、着痹三类;从部位的角度划分为形体痹与脏腑痹,形体痹进一步又分为筋痹、脉痹、肌痹、皮痹、骨痹,脏腑痹又分为肺痹、心痹、肝痹、脾痹、肾痹、肠痹、胞痹。《素问·五常政大论》根据药物的毒性,分为大毒、常毒、小毒、无毒四类,以指导临床用药等。以上均体现了基于事物本质分类的方法。

(二)关联分类与《黄帝内经》理论的建构

《黄帝内经》的成书植根于中国传统文化土壤之中,受传统文化重视"象"、功能、关系思想的影响,其理论建构也充分运用了基于事物之"象"的关联分类方法,并常常呈现出以阴阳、三才、四时、五行的模式来分类与推理,其中尤以

[①] 仝小林:《脾瘅新论——代谢综合征的中医认识及治疗》,中国中医药出版社2018年版,第46—47页。

五行分类最具代表性①。五行学说对事物的分类，并不是依据事物的本质属性，而是以五行的功能属性为根据，对万事万物的动态之象，即功能特性及事物之间的行为动态联系进行综合，将其归纳为五大类别，作为对世界之象的整体划分，呈现出一种世界图式。如果说基于事物本质的种属分类是对事物的一种纵向分类，五行分类就是对事物的一种横向分类，它跨越了时间与空间、自然与社会、物质与精神、有机物与无机物、动物与植物、形体与心理等事物自然属性的界限，忽略或抹杀了彼此的本质属性，试图在异类事物呈现的不同表象之间建立起必然联结，难免对表象做出牵强附会的解释。因此，这种以"象"为中介的分类体系，又具有原始思维的神秘和原逻辑的特征。②如列维·布留尔所说："如果单从表象的内涵来看，应当把它叫作神秘的思维；如果主要从表象的关联来看，则应该叫它原逻辑的思维。"③美国学者本杰明·史华兹也指出："看来，在古代中国兴起的秩序观念能够包容甚至还能保存鬼神、诸神以及各种各样的'超自然'（在我们的意义上）现象。"④中国哲学的这样一种"秩序"观念，与"超自然"或"巫术"存在着紧密的联系，正是古代文明"连续性"的体现。故吾淳将这种五行分类称为比附思维，认为"比附形式的出现可以看作是一种比类思维的返祖现象，它是向比类思维源头的复归，复归到比类思维的哺乳时期。在比附身上我们重新看到了巫术的色彩，这可以说是潜藏在思维深处的原始细胞或野性因子的激活和复萌"⑤。

其实，《黄帝内经》理论的建构更多是综合应用上述两种分类方法。以《素问·五脏别论》对人体内脏的分类为例，该篇有五脏、六腑、传化之腑、奇恒之腑之分，基于对内脏解剖与功能的初步认识，将人体内脏划分为心、肝、脾（胰）、肺、肾五脏与胃、大肠、小肠、三焦、膀胱之传化之腑，基本符合基于事物本质的种属分类的逻辑要求。然基于古人"天六地五，数之常也"（《国语·周

---

① 邢玉瑞：《中医模型化推理研究》，北京：中国中医药出版社2021年版，第235—317页。
② 邢玉瑞：《阴阳五行学说与原始思维》，《南京中医药大学学报（社会科学版）》2004年第1期，第1—3页。
③ 列维·布留尔：《原始思维》，丁由译，北京：商务印书馆2014年版，第80—81页。
④〔美〕本杰明·史华兹：《古代中国的思想世界》，程钢译，南京：江苏人民出版社2004年版，第31—32页。
⑤ 吾淳：《中国思维形态》，上海：上海人民出版社1998年版，第277页。

语》)的模式推理,五脏、六腑的分类在《黄帝内经》居主导地位,也为后世医家所遵从,成为中医学对脏腑分类的规范。由于"天六地五"模式只能容纳十一个内脏器官,那么超出此数字模式的胆、女子胞,又与非内脏的脑、髓、骨、脉合并为一类,称为奇恒之腑。这一方面反映了当时人们对内脏器官认识的局限性,另一方面也反映出将两种不同分类方法混用导致的不可避免的逻辑矛盾,如胆属于六腑,又属于奇恒之腑,明显违背了在同一分类过程中,要根据同一标准进行分类的原则,呈现出界限不清、子项模糊的错误。另外,"脑为髓之海"(《灵枢·海论》),"诸髓者,皆属于脑"(《素问·五脏生成》),故脑也被称为"髓海"。这样,将精微物质与精微物质的储藏之处并列称为奇恒之腑,则明显不合逻辑,可以说犯了"标准混乱"的逻辑错误。

爱弥儿·涂尔干等指出:"科学分类的历史,就是社会情感的要素逐渐削弱,并且一步步地让位于个体反思的历史。"[1]相对而言,中国传统文化形成了以关系,即事物的相关性和相对性为中心的思想。中医学主要是以关系为其研究的对象,而以关系为认识的逻辑起点,势必将人的认识导向关联性思维,而使基于事物之"象"的关联分类处于优势地位。这种方法使得中医学具备整体性、辩证性等优势,但也造成了中医学的直观性、经验性、模糊性等问题,对此我们应该有比较清醒的认识,而不能一味地赞美。犹如葛兆光对两汉意识形态的评价所说:"从西汉到东汉最终定型的意识形态是一个十分庞大的体系……庞大的体系笼罩与涵盖了一切,它给生存在其中的人们一个印象,即一切都臻于完美,人们只要在它那一套架构中调节自己的生活,补充自己的知识,完善自己的心灵,就一切圆满。于是在过分自足而完整的意识形态笼罩下,思想往往无从发展,而思想者也往往容易在充满了现成答案的思想世界中自甘沉默。"[2]

---

[1] 〔法〕爱弥儿·涂尔干、马塞尔·莫斯:《原始分类》,第102页。
[2] 葛兆光:《中国思想史》第一卷,上海:复旦大学出版社2001年版,第306页。

齐鲁文化视域下的齐鲁医派研究

王振国　孙慧明　宋咏梅

(山东中医药大学)

一、齐鲁文化

先秦时期的齐国和鲁国在今山东境内,因此,山东又称"齐鲁大地"。诞生于齐鲁大地的齐鲁文化,是齐文化和鲁文化的合称。齐文化是指西周及春秋战国时期齐国范围内物质财富和精神财富的总和。[①] 鲁文化则是形成于泰山之阳的汶泗流域鲁国的文化,以孔子为代表的儒家文化是其核心,影响中国社会两千余年。随着齐、鲁两国在社会经济文化方面不断交流,齐鲁两国的文化也逐渐融合为一个统一的文化体系,形成了内涵丰富的地域文化——齐鲁文化。齐鲁文化作为中国传统文化的重要组成部分,至今仍具很强的生命力和影响力。

齐鲁文化历史悠久,源远流长,作为一种由本土文化与外来文化相互碰撞、相互交流、相互融合而形成的独特的地域文化,它以实用主义为本,兼收并蓄、融合创新,具有开放性、多元性、包容性、务实性、创新性等特点[②]。这些特点对于齐鲁医学的产生发展具有极大的推动作用。

二、齐鲁医派

齐鲁医派是指诞生于齐鲁大地,深受齐鲁文化影响,始于春秋战国时期,传承至今的具有地域性特色的医学流派与学术群体,其他地区受其学术思想

[①] 桂建明:《"齐文化"概念浅议》《管子学刊》1993年第3期,第56页。
[②] 颜炳罡、孟德凯:《齐文化的特征、旨归与本质——兼论齐、鲁、秦文化之异同》,《管子学刊》2003年第1期,第39—43页。

影响并传承发展的各个医学流派也属于这一范畴。① 在春秋战国时期的齐国产生了以扁鹊为代表的扁鹊学派,它是中国医学史上的第一个医学学派,在战国、秦汉时期对社会的影响很大。② 现代历史学家陈直先生在1950年代最早提出了"齐派医学"这一概念。何爱华清晰地勾画出齐派医学的轮廓。齐派医学以秦越人、淳于意等医家为代表,形成于先秦时期,在两汉时期得到进一步发展,并延续千年,属于地域性医学流派。③ 自扁鹊开始,以扁鹊、淳于意为代表的历代齐鲁医家一脉相承,传承至今,形成了具有山东地域特色的齐鲁医派。齐鲁医派具有自己独特的医学思想和诊疗体系,对中医学的发展产生了重大影响。

齐鲁大地历代名医辈出,自春秋战国时期的名医扁鹊,汉代的公孙光、淳于意,魏晋南北朝时期的王叔和、徐之才,宋代儿科名家钱乙,金代的成无己,明清时期的黄元御、臧应詹,到当代名医刘惠民,再到国医大师张灿玾、尚德俊、张志远、王新陆等众多齐鲁医家,他们的专业领域涉及了中医的医学史、基础理论、经典整理以及各家学说,临床广及内、外、妇、儿、温病、眼科、骨科、针灸等各个领域,他们不断传承和完善着齐鲁医学的体系,对中医学的传承与发展起着重要作用。

三、齐鲁文化对齐鲁医派形成和发展的影响

齐鲁大地是中国传统医学的重要起源地。齐鲁医派在齐鲁文化的孕育中诞生。具有深厚历史积淀的齐鲁文化是齐鲁医派形成的基础,促进了齐鲁医派的不断发展,赋予齐鲁医派丰富的文化内涵。

历史文化的不同和地理环境的不同,导致人的体质不同,其疾病谱系也各具地域特点,不同地域的诊治思路、用药习惯都具有不同地域特点,于是各地便产生了地域医学。④ 受当地地理气候环境、社会经济文化以及当地人身体体质的影响,不同地域流派在学术思想和临床诊疗上呈现不同特色⑤。山东位于秦岭—淮河以北,华北平原东部,黄河下游,濒临渤海、黄海,地处北温带,属于

---

① 王新陆:《齐鲁医学流派研究》,参阅《全国第五次中医学术流派交流会论文集》,2013年,第22页。
② 刘玉莹:《浅谈齐、鲁文化的融合》,《产业文化》2021年第4期,第73—74页。
③ 王振国、杜鹃、张效霞:《齐派医学与脉学流派》,《中华中医药杂志》2011年第8期,第1663—1665页。
④ 邰峦、王振国、张丰聪:《历史地理学视野下的地域性中医学术流派研究》,《中医杂志》2017年第20期,第1716—1719页。
⑤ 周荣:《试论地域因素与中医流派研究》,《中华中医药杂志》2017年第12期,第5459—5461页。

温带季风气候,冬季寒冷,夏季炎热,雨热同期。泰山道地药材资源丰富。山东是齐鲁文化特别是儒家文化的发源地和传承地。齐鲁大地的地理环境和独特的历史文化背景,是齐鲁医学形成和发展的重要基础,对齐鲁医家的学术思想及临床诊疗产生了深远影响。

(一)齐鲁文化对齐鲁医派思想理论的影响

1.齐鲁哲学思想对齐鲁医派理论构建的影响

阴阳、五行这两种古代哲学思想均始于齐国文化,其源头可追溯到齐地的"八神崇拜"。历经西周、春秋,到了战国时期,阴阳、五行思想得到长足发展。邹衍把原始阴阳观念和五行学说融合,创新性提出阴阳五行学说,创立阴阳五行哲学流派。邹衍认为,"木生火,火生土,土生金,金生水,水生木"是"五行相生"的转化形式。阴阳五行学说后来被用于解释人的生理和病理现象,并指导临床诊疗,形成独特的中医学理论。阴阳五行学说是齐鲁医派形成的哲学思想基础,也是齐鲁医派的主要思想之一。扁鹊以"调阴阳"为诊疗法则,如《史记·扁鹊仓公列传》中:"越人之为方也,……闻病之阳,论得其阴;闻病之阴,论得其阳。"扁鹊以"阴阳表里寒热虚实"辨证,把疾病的外在症状看作"阳",疾病的内在机理看作"阴",以阴阳正反两方面来阐释"调阴阳"大法在疾病诊疗中的运用。扁鹊"六不治"行医准则中有"阴阳并,藏气不定,四不治也"。其中"阴阳并",即阴阳失调。他认为阴阳失调是导致疾病发生的主要原因。仓公继承了扁鹊的思想,据《史记·扁鹊仓公列传》记载,仓公在诊治齐王侍医时借鉴了扁鹊的治法:"扁鹊曰:'阴石以治阴病,阳石以治阳病。'夫药石者有阴阳水火之齐,故中热,即以阴石柔齐治之;中寒,即为阳石刚齐治之。"由此可见,阴阳五行学说对齐鲁医派的理论形成与发展具有极其重要的作用。

精气学说是齐国稷下学宫的学术思想之一。"精气"首见于《管子》,《管子》中的《心术》上下、《内业》《水地》等篇对精气学说进行了阐述,《内业》中载"精也者,气之精者也",认为"精气"是构成宇宙万物的根本,并以精气释四时变化,构建了精气思想体系。将精气学说与中医的具体内容相结合,便形成了中医的精气理论。《史记·扁鹊仓公列传》中仓公论述齐文王病案情时提到"精气":"问臣意:'知文王所以得病不起之状?'臣意对曰:'不见文王病,然窃闻文王病喘,头痛,目不明。臣意心论之,以为非病也。以为肥而蓄精……所谓气者,当调饮食,择晏日,车步广志,以适筋骨肉血脉,以泻气。故年二十,是谓"易贸",法不当砭灸,砭灸至气逐。'"仓公在文王病案中的相关论述揭示了其关于"精气"的思想。

《管子》中的哲学思想还包括天人合一的整体观,构造了从天、地到人的体系,把人放在整个宇宙中考察,认为天地自然是按照阴阳规律运动变化的,提出了"人与天调"的哲学自然观。如《管子·五行》曰"人与天调,然后天地之美生",认为人与天地自然是一个统一的整体,人与自然应和谐。《管子·重令》曰"天道之数,人心之变。天道之数,至则反,盛则衰。人心之变,有余则骄,骄则缓急",表明人心也像天道变化,有其自身的规律性。齐鲁医派受这一思想的影响,形成天人合一的整体观。《史记·扁鹊仓公列传》中有"色脉表里有余不足顺逆之法,参其人动静与息相关,乃可以论"及"与天地相应,参合于人,故乃别百病以异之"的论述,认为应从自然与社会环境等因素全面研究人的生理、病理和疾病防治,体现了中医学天人相应的系统整体观。

2.齐鲁创新精神对齐鲁医派思维方式的影响

扁鹊大约生活在春秋战国时期。齐国社会经济的发展,促进了科学的进步和文化的繁荣。稷下学宫的学术交流促成"诸子蜂起、百家争鸣"的生动局面,掀起学术自由、思想解放的时代新风,朴素唯物主义和无神论兴起,体现了齐文化的开放精神。

在"百家争鸣"的社会文化环境背景下,受朴素唯物主义哲学思潮和无神论的影响,中医药学也从巫术的藩篱中解放出来,无神论医药观日渐盛行。司马迁在《史记·扁鹊仓公列传》中记载了扁鹊的"六不治"行医准则,其中曰"信巫不信医,六不治也"。扁鹊坚决反对巫术,举起倡导医学治病、医术科学的大旗。[1] 扁鹊一生坚持"信医不信巫"的思想,以精湛的医术反对鬼神迷信,坚决与巫术作斗争。这种朴素的唯物主义思想开辟了中医学发展的正确道路。

3.齐鲁开放学风对齐鲁医派教育理念方式的影响

战国时期,齐国以其雄厚的经济实力、开明的政风与学风,使稷下人才汇聚,建立起百家争鸣的场所"稷下学宫",[2]造就了学术自由、百家争鸣、开放进

---

[1] 刘仁远主编:《扁鹊汇考》,北京:军事医学出版社2002年版,第137页。
[2] 周斌:《文化中心由曲阜到临淄的转移》,《管子学刊》1989年第1期,第58—65页。

取、兼容并蓄的稷下学宫精神。古代传授医术是严格划分内外亲疏的,导致许多精良的医术不能惠及广大百姓,甚至失传。以扁鹊、仓公为核心的医家并没有把医学的传授局限于神秘而狭小的范围内,而是打破"非其人不传"的限制,使学有师承。扁鹊师承长桑君,又授徒子明、子豹、子同、子阴、子游、子仪、子越等人,开创了民间医学教育。淳于意拜公孙光和公乘阳庆为师,授徒冯信、唐安、宋邑、高期、王禹等人,这些弟子均成为汉代名医。这两个群体具有一脉相承的关系,可考者有20余人,在中国医学发展史上起到了承前启后的作用。以扁鹊、淳于意为代表的医家,将医学传授由单传方式改为公开带徒多人的教授方式,广收生徒,并形成非常清晰的师徒传承体系,促进了医学的传播,[①]为中国传统医学的发展作出了巨大贡献,对后世医学教育的发展产生了深远影响。

(二)齐鲁文化对齐鲁医派临床诊疗的影响

1.齐鲁经济促进医疗器具的革新

春秋时期,齐国是冶铁业的重要发源地。据《敬夷钟》铭文记载,齐灵公赏赐给叔夷莱夷造铁徒四千人,表明当时冶铁作坊已具很大规模。战国时期,随着冶铁业飞速发展,制作出了铁针。[②]《管子·海王》记载齐国"今铁官之数曰:一女必有一针一刀",说明当时社会上已广泛使用铁针,为扁鹊革新医疗器具提供了必要条件。同时,先秦齐人尚实重用、勇于创新、善于变通,以实际行动践行了"穷则变,变则通,通则久",也为扁鹊革新医疗器具提供了精神动力。

随着铁针在社会上的广泛使用,受齐国尚实重用和敢于创新精神的影响,扁鹊大胆革新,将用于医疗上的砭石用铁针代替。《史记·扁鹊仓公列传》记载扁鹊在治疗虢太子时中"使弟子子阳厉针砥石"。扁鹊采用针、熨、汤药疗法,救活了虢国太子。这证明了扁鹊在医疗上使用了铁针。

2. 儒家礼教规范对诊疗的影响

山东是齐鲁文化的发源地,有孔孟之乡、礼仪之邦的美称。生长在此地的部分女性深受"三纲五常""三从四德""夫为妻纲""未嫁从父,既嫁从夫,夫死从子""妇德、妇言、妇容妇功"等传统观念的影响,在一定程度上形成了逆来顺

[①] 史兰华、张在同:《扁鹊 仓公 王叔和志》,济南:山东人民出版社2009年版,第220页。
[②] 王志民:《齐文化概论》,济南:山东人民出版社1993年版,第204页。

受、默默忍受的习惯。长期的精神压抑，导致一系列的情志疾病的发生。适度的情感抒发有益健康，但如果七情太过，超过了人体的自身调节范围，会导致脏腑气血、经络的功能失常，发生病变。《素问·阴阳别论》曰："二阳之病发心脾，有不得隐曲，女子不月。"妇女以血为本，经孕产乳以血为用，气为血之帅，血为气之母，故血病及气，气病又可及血。基于齐鲁文化的这一特点，齐鲁医家强调调肝是治疗疾病的特色之一。

肝藏血，主疏泄。七情内伤最易导致肝功能失常和气血失运，引发妇产科疾病。齐鲁妇科医家在治疗疾病时重视调肝，临证时采用疏肝养肝的方法，或疏肝解郁，理气清热，或养血柔肝，清热利湿。如滨州郑氏妇科认为，妇科病多情志不遂为因，治要疏肝解郁为先，临诊时总是先咨询患者是否有情志失和因素，治病善于用疏肝解郁方剂。遇到情志不畅的患者，常在方中加入流动疏理药物，以遂其肝木条达之性。[①]

国医大师张灿玾强调"治病善治人"，他认为治病应详细询问患者的病情，不能"相对斯须，便处汤药"，如果有的病是由情志方面的因素导致的，更应该注意疏导病人的情志，情志因素解决了，病人甚至可能不药而愈。比如他诊治一位老年女性患者，患者讲述30年前曾因家事不和，生活环境欠佳，造成长期心情抑郁，致使脏腑功能紊乱，神志失调，引发多种疾病。张灿玾治疗时首先治神，安其神志，其次再治病，用药物调其脏腑，疏其气血。

3.齐鲁饮食文化影响治疗方法

《素问·异法方宜论》载："东方之域，天地之所始生也，鱼盐之地。海滨傍水，其民食鱼而嗜咸……鱼者使人热中，盐者胜血。故其民皆黑色疏理，其病皆为痈疡。"这说明了饮食习惯对人体疾病与诊疗的影响。

鲁菜为八大菜系之首，齐鲁特色风味讲究调味以盐提鲜，咸鲜醇正，因此味道厚重。《灵枢·五味》曰"谷味咸，先走肾"，咸味入肾，适度能补益肾气，但过食则易伤肾。嗜味厚重的饮食习惯，导致肾虚是齐鲁妇科疾病的常见病机。自宋代钱乙创制六味地黄丸开始，直到当代齐鲁妇科流派中的诸多名医，都把补肾作为治疗妇科疾病的重要方法之一。

---

① 胡国华、罗颂平：《全国中医妇科流派研究》，北京：人民卫生出版社2012年版，第369页。

(三) 儒家文化促进儒医群体的产生

儒家文化发祥于齐鲁大地，促进了儒医的产生。儒家文化对中国民族医学的影响主要是通过医生来实现的。古人云："夫医，仁术也，亦儒者之业也。"历史上的著名医家大多儒医兼通，亦儒亦医，亦医亦儒。司马迁《史记》中就记载了淳于意的师父公孙光夸赞他是一个慕圣人之道的"儒士"。两晋南北朝时期东海徐氏中的徐熙、徐秋夫、徐道度、徐叔响、徐雄、徐之才都是儒士。据统计发现两汉至唐代5位著名医家中，儒者多见。[①] 到了宋代，儒医大批出现了。范仲淹曾说，不为良相，则为良医。士大夫参与搜集、整理、撰写医学著作，传播普及医学知识，产生了以儒知医、儒而兼医的儒医。[②] 宋元明清时期，更是儒医辈出。儒医推动了中医学术的发展，他们不仅编纂、整理、保留了大量中医文献，而且著书立说，赋予中医理论丰富的文化内涵，同时悬壶行医，济世救人，为推动中医药的发展作出了重要贡献。

四、齐鲁医派的学术特色

齐鲁医派传承延续两千余年至今，显著特点是各家异彩纷呈，博采众长，名医覆盖临床各科。其学术特点具体如下：

（一）注重脉诊，善用针灸

扁鹊对中医学的最大贡献就是创立了脉学和针刺疗法。[③] 脉诊历史悠久，是中医诊疗技术上的一项发明。扁鹊是倡导并正确运用切脉诊断疾病的第一人。司马迁在《史记·扁鹊仓公列传》中给予扁鹊脉诊高度评价："至今天下言脉者，由扁鹊也。"《汉书·艺文志》记载有《扁鹊内经》《扁鹊外经》。到了西汉时期，脉诊法运用在医疗中相当普遍。汉代淳于意相当重视凭脉诊病，《史记》记载的他的25个病案（诊籍）中，有20个病案涉及脉诊与经脉诊疗。晋代王叔和精通脉诊，在认真总结前人脉学思想基础上，编成我国第一部脉学专著《脉经》。书中所确立的脉学规范，被后世医家沿用至今，对我国脉学乃至世界医学的发展影响深远。清代黄元御也非常重视脉诊，其论著《四圣心源·脉法

[①] 冯丽梅、张伟兵：《古代中医学家区域分布态势探析》，《中医研究》2007年第1期，第3—6页。
[②] 张瑞贤：《儒家文化向医学渗透的途径之一——试论两宋"儒医"的产生》，《天津中医学院学报》1990年第2期，第23—29页。
[③] 田思生、王春燕等：《齐鲁医学与文化》，北京：科学出版社2020年版，第5页。

解》对二十四种脉象进行了详细说明。①

(二)重视经典,临床验之

齐鲁医派医家历来重视经典的研习,并用以指导临床实践。基于齐鲁文化的滋养,齐鲁医家历来都有著述传统,创作了丰富典籍。晋代王叔和因整理《伤寒杂病论》,被誉为"仲景之功臣",在中医脉学发展史上起到了承前启后的作用。清代黄元御对《伤寒论》进行注解和发挥,著有《素问悬解》《灵枢悬解》《伤寒悬解》等医经。清代臧应詹撰《伤寒论选注》一书,书末附有臧氏运用《伤寒论》的心得。《中国分省医籍考·山东省》共收录山东医籍590种。② 当代刘惠民、李克绍、徐国仟对《黄帝内经》《伤寒论》等经典医籍进行了深入研究,如李克绍所撰《伤寒解惑论》一书可以称为当代《伤寒论》研究的突破性成果。③ 齐鲁医家们在教学授徒的过程中,都要求学生能够熟练诵读《黄帝内经》《伤寒论》等经典医籍,为临床诊疗打好基础。

临床疗效是医学流派能够更好地生存与发展的生命力。齐鲁医派的特色之一就是将临床疗效作为评价医者的最高标准。比如医宗扁鹊在其周游各国时,根据当地患者的需求从事内、外、妇、儿及五官科等多学科医疗工作。仓公诊籍则体现出汉代名医淳于意精湛的医疗技术。王叔和著《脉经》,系统阐述了数、弦、紧、细、迟等24种脉象及每种脉象的形态特征,为脉诊辨证提供了重要规范。宋代钱乙根据小儿的生理特点,首创五脏辨证纲领,从五脏分证着手治疗儿科各类疾病,效果明显。④

(三)继承与创新并举

齐鲁医派在形成之初就注重思维模式的创新。扁鹊大胆创新,首创脉学理论。⑤ 他进行医疗器具革新,使用铁针代替砭石治疗疾病,是医学史上的一次重大变革。淳于意首创诊籍(医案)。王叔和编撰第一部脉学专著《脉经》。钱乙开创儿科,创造性提出小儿的生理病理特点和小儿五脏辨证的纲领,⑥善

---

① 刘庆文:《齐医学派古代人物考略》,《管子学刊》1990年第3期,第77—83页。
② 刘雪:《民国前山东医籍考察研究》,山东中医药大学2019年硕士论文,第5页。
③ 尚云冰:《〈伤寒解惑论〉学术思想与治学特色研究》,山东中医药大学2014年硕士论文,第27页。
④ 甄志亚:《中国医学史》,南昌:江西科技出版社1987年版,第66—68页。
⑤ 史兰华、张在同:《扁鹊 仓公 王叔和志》,第10—11页。
⑥ 刘雪:《民国前山东医籍考察研究》,山东中医药大学2019年硕士论文,第47页。

于"化裁古方,勇创新方",将经方金匮肾气丸去掉附子、肉桂,制成治疗肾阴不足的六味地黄丸。成无己著《伤寒明理论》,开创方论先河。

齐鲁医派倡导"师古人意而不泥古人方",当代齐鲁医家们在继承传统中医理论基础上吸收现代医学理论,临证善于结合当代疾病的证治规律,活用仲景之方,治疗各种现代疾病。齐鲁伤寒流派创始人李克绍,破六经传变说,提出了"伤传"与"转属"论,认为六经并非依此传变,皆有表证。他还指出五苓散证不是膀胱蓄水,而是三焦气化失职导致水邪弥漫三焦。其著作《伤寒解惑论》是齐鲁伤寒学派的代表性著作。齐鲁内科时病流派的代表传人王新陆,提出治疗时病经方化裁五法。他依据当代疾病谱系的变化,提出了"血浊"理论及脑血辨证体系,并整合现代中药药理成果,首创援药理论,完善了传统的君臣佐使方剂配伍理论[1]。

(四)中医学科与齐鲁文化相互交融

齐鲁医学的学术成就突出,学术思想影响深远,医学典籍丰富,文化价值显著。厚植于齐鲁文化沃土的齐鲁医派,不仅是中医药学的重要组成部分,也是齐鲁文化的重要代表。

齐鲁文化确立了中医学本质的定位是"医乃仁术",奠定了中医学的学术基础是"精气为本",明确了中医学的学术宗旨是"以和为贵",形成了中国医学独特的群体"儒医"[2]。齐鲁文化对齐鲁医派医学理论的构建、医学思维方式、治疗方法以及教育理念方式都具有重要影响,反过来,齐鲁医派的发展又丰富充实了齐鲁文化的内涵,两者相互交融并相互影响。

五、齐鲁医派的传承发展

齐鲁医派深受齐鲁文化的滋养,扁鹊、淳于意、钱乙、成无己、黄元御等名医大家一脉相承,它至今在全国仍具有一定的影响力。齐鲁医派伴随着齐鲁文化的繁荣发展,经历过一个辉煌的时期,但宋代以后随着文化重心的南移,逐渐趋于没落。因此,当下迫切需要我们对齐鲁医派的理论思想、医案医籍等进

---

[1] 王新陆主编:《王新陆中医内科治疗经纬》,北京:科学出版社2006年版,第1—3页。
[2] 刘更生、杨东山:《齐鲁文化与中医学》,参阅《第十二届全国中医药文化学术研讨会论文集》,2009年,第173—175页。

行挖掘整理,以振兴齐鲁医派,促进齐鲁医派的传承发展。2022年,山东省卫生健康委等五单位联合印发了《山东省国家中医药综合改革示范区建设中医药文化建设专项行动方案》,推动实施中医药文化弘扬传承工程。

(一)深入挖掘、凝练名医学术思想

研究名老中医的学术思想和临床诊疗经验并加以发扬,是推动中医学术发展、培养优秀中医人才、提高临床疗效的有效途径。[①] 齐鲁医家自春秋战国时期开始对中医事业发展影响深远,历代名医辈出,他们的学术思想与诊疗经验值得我们更进一步研究和凝练总结。据《中国分省医籍考》记载,仅清代可考的医家有300余位,著作有450余部,[②] 远远超过了明代以前所有齐鲁医家的总和。因此,有必要加强对齐鲁医派著名医家学术思想与临床经验的整理,提炼名老中医学术思想与临证经验,抢救保存名老中医的珍贵诊疗资料,促进其发扬光大。

(二)加强中医人才培养,完善传承队伍

中医传承至今,靠的是一代又一代中医人的薪火相传。人才是中医流派延续的关键。中医人才的培养需要院校教育与传统的师徒传承相结合,理论学习与临床教学并重,医学生加长临床跟师时间,增强临床实践技能的培养。同时,鼓励广大中青年中医学者拜名老中医为师,这不但有利于中医人才的培养,名老中医的特色医术也能后继有人。中医人才的培养,还应注重培养方式的灵活性和多样性。鼓励中医学生在结束学校教育参加工作以后,接受多种形式的继续教育,以培养具有创新精神和能力的高素质人才队伍。

在人才培养方面,2017年,山东省卫生计生委、省中医药管理局联合出台了《山东省中医药发展"三经传承"战略实施方案》,在中医药行业进一步营造"学经典、用经方、传经验"氛围,形成具有山东特色的中医经典培训教学模式。同时,倡导"遵古不泥古",培养中医学生具有怀疑精神,在批判地继承的基础上不断创新,不完全迷信古人古方。

[①] 徐春波、郝威威:《名老中医临床经验与学术思想的传承研究》,《世界中医药》2010年第6期,第297页。

[②] 郭霭春主编:《中国分省医籍考》上册,天津:天津科学技术出版社1984年版,第234—256页。

(三)注重学术创新,推广应用临床诊疗经验

一个医学流派要更好地传承和发展,有必要对本学派原有的学说理论或诊疗方法进行创新和完善。否则,这个学派将会逐渐退出历史舞台。伤寒学派的发展,便体现了这一点。[①] 重视学术思想和治疗方法的创新,是流派更好地传承与发展的首要条件。

中医学术流派同时还要强化自身学术特色优势,不断提高临床疗效,更好地为广大人民群众的健康服务。因此,齐鲁医派需要及时地将研究成果转化为临床应用,并将特色诊疗技术广泛推广,充分彰显其疗效。

(四)搭建平台,广泛开展学术交流

流派要传承,需要在注重临床的基础上,著书立说,将本流派的学术思想广泛传播;流派要发展,需要搭建学术交流的平台,借助合力。在保持本派自身特色的基础上,通过召开学术会议、开设特色思想和诊疗技术培训班、建立流派传承推广基地、流派间联合带徒、成立学派联盟等形式,促进流派间的交流合作,拓展科学思路、激发创新思维,以更好地促进齐鲁医派的传承和发展。

六、结语

齐鲁医派人才济济,拥有众多医学典籍。这些著作几乎涉及中医理论和临床的各个领域,丰富了中国医药知识的宝库。齐鲁医派的学术思想、传承方式及其文化内涵对中国传统医学发展有着深远影响。对齐鲁医派进行深入研究、挖掘和整理,将有效推动我国中医药事业的繁荣。在新的历史环境下,中医学术流派的传承和发展正面临着新的机遇和挑战。只有迎难而上,才能获得生机。齐鲁医派要充分发挥自身地域特色优势,博采众长、开阔思路、拓宽视野、创新思维,传承精华、守正创新,在前进中不断丰富完善、在实践中继续提高、在创新中高质量发展,更好地为广大人民群众的身心健康服务,促进中医药事业的发展,助力健康中国战略。

[①] 黄政德:《论医学流派对医学的影响》,《中国医药学报》1999年第5期,第7—9页。

古代齐鲁医家对《伤寒论》传承的贡献
——以存世文本为中心

宋咏梅　赵秀

（山东中医药大学中医文献与文化研究院）

《伤寒论》在中国医学史上占有重要的地位，自传世以来，不同时期、不同地域均有医家对其展开研究。齐鲁大地是中国传统文化的发祥地之一，齐鲁医学特色鲜明，成就卓著，名家辈出。齐鲁医家有着优秀的著述传统，典籍丰富，其中不乏《伤寒论》研究的佳作。本论文以存世文本为中心，通过考察现存伤寒医籍的作者、内容、版本，系统总结著述的体例、学术特点，以期勾画齐鲁医家对《伤寒论》传承的贡献。

一、《脉经》——《伤寒论》的最早传本

高平王叔和，与王粲同族同里，曾受学于张仲景，任魏太医令期间，对《伤寒杂病论》进行了整理。《伤寒论》能为后世医家所识，无不赖叔和之功。王叔和还编有《脉经》，大凡历史脉学诊断之书，均祖绳于此。[①] 王叔和所整理的《张仲景方》已不可见，但《脉经》中保留了现存最早的《伤寒论》内容，为《伤寒论》最早的传本。

《伤寒论》最早创立了理、法、方、药相结合的辨证论治体系，确立的六经辨证将错综复杂的外感病证及其合并证、并发证进行了归纳和分类，是辨证的纲领、论治的依据；提出很多中医治疗的基本法则，有扶正祛邪、保胃气、存津液、扶阳气等治疗原则，汗、和、下、消、吐、温、补、清等治疗方法；运用方剂时，选药精当，组方严谨，疗效可靠，被称为"众方之祖"，是方剂学发展的基础。且《脉

[①] 陈梦来：《王叔和的生平及学术贡献》，《陕西中医》1985年第1期，第44—45页。

经》进一步发扬脉学理论,使其规范化和系统化。

据钱超尘考证,叔和撰次仲景遗论非一次之功,而是进行了三次。《脉经》为叔和第一次整理仲景遗作之作,内容以《伤寒论》条文原貌"可"与"不可"治病之法排列;《张仲景方论》按"三阴三阳"排列条文,是叔和第二次编次仲景遗文时所作;又重按"可与不可"方法编次,列于"三阴三阳"篇之后,是为第三次编次。① 由此可见,"可"与"不可"辨证治疗是先秦两汉与三国时期最为通行的医疗理论与治疗手段,叔和对今本《伤寒论》基本模式的定型及开启后世六经辨证和六经传变的思维奠定了基础。

对于王叔和的编次,同时代的医家皇甫谧作出了肯定的评价,谓:"近世太医令王叔和,撰次仲景遗论甚精,皆可施用。"②然而,后世医家对王叔和编次《伤寒论》提出质疑,尤以明清错简重订派医家的反对最为激烈。方有执认为《伤寒论》早已失仲景之旧,所著《伤寒论条辨》不仅删削《伤寒例》,而且对《伤寒论》条文进行了重新编次,以"正叔和故方位而条还之"③。黄元御更直言"《伤寒》次第,乱于叔和,《伤寒》之亡,亡于次第紊乱"④。相较而言,其他医家的论述则更为客观,其中《注解伤寒论》严器之序云:"至晋太医令王叔和,以仲景之书撰次成叙,得为完帙。昔人以仲景方一部为众方之祖,盖能继述先圣之所作,迄今千有余年不坠于地者,又得王氏阐明之力也。"⑤总之,"叔和传书之功,诚不可没"⑥。

二、《注解伤寒论》——首注《伤寒论》

聊摄(今山东聊城西)成无己精研仲景《伤寒论》,为首注《伤寒论》的第一人,所著《注解伤寒论》仿王冰之注《素问》,运用小学训诂的研究方法,对难解之字既释音又释义。另著《伤寒明理论》,论述了五十种病症的释义、病因、病

---

① 钱超尘主编:《伤寒论文献新考》,北京:北京科学技术出版社2018年版,第68—70页。
② [金]成无己著,张国骏主编:《成无己医学全书》,北京:中国中医药出版社2004年版,第6页。
③ [明]方有执撰,储全根、李董男校注:《伤寒论条辨》,北京:中国中医药出版社2009年版,第199—200页。
④ [清]黄元御撰,麻瑞亭等点校:《黄元御医书十一种(中) 伤寒悬解 金匮悬解 伤寒说意》,北京:人民卫生出版社1990年版,第22页。
⑤ [金]成无己著,张国骏主编:《成无己医学全书》,第5页。
⑥ [清]吕震名撰,王琳等校注:《伤寒寻源》,北京:中国中医药出版社2015年版,第2页。

机、分型、鉴别和诊治等;《伤寒明理方论》对二十首经方的组方原理、功效、针对病症等一一分析,开方论之先河。

首先,成氏注解《伤寒论》的特点是依文顺释,即在每条原文之后加以注释,注释的内容多引自《素问》《灵枢》等经典。这样的注释方式,使《伤寒论》与《内经》《难经》等医籍中的理论相融合,不仅内容更接近仲景的本意,而且让人读来有理有据。自此之后,《伤寒论》的注家纷纷而起,一定程度上推动了伤寒学的发展。

其次,对《伤寒论》的注释有注音和释义两种,注音让我们了解到当时特定的读音,训释则是运用训诂学的方法对字词和名物进行解释。除此之外,在注释发挥的过程中,成氏更强调对医理的阐发,重视"阴阳"在病因病机中的作用,以正邪为纲领阐释病因病机,认为"阳气不足""津液不足"是重要的病因病机,认为"经络所过"是出现一系列证候的重要原因。

最后,成氏还从症状学和方剂学的角度对《伤寒论》展开研究。《伤寒明理论》采用了以症类证的研究方法将从《伤寒论》中选出的五十个症状予以串解,这种近乎"症状鉴别诊断治疗学"的方法,非通解全书而不可。正如严器之所谓"读其论而知其理,识其症而别其病"①。《伤寒明理论》在先,陶华著《伤寒明理续论》、庞润田著《证治集解》在后,均对《伤寒论》中的症状进行归纳总结,并赋予其不同时代的特征,选症中逐渐增加的杂症、温病等的症状亦体现出《伤寒论》在后世发展的状况,即"不啻伤寒而已也"②。《伤寒明理方论》对二十首方剂从名称取义、配伍意义、功效主治、类方鉴别、随症鉴别等方面进行诠释,进一步补充了《伤寒论》的研究。

自成氏对《伤寒论》进行全文注释以来,对《伤寒论》展开全文注释的医家先后涌现,伤寒学又进入一个快速发展时期。后世将《注解伤寒论》作为研究《伤寒论》的重要版本,但《注解伤寒论》并没有保持元祐本原貌,而是增删了一些内容,所加内容如卷首的运气图、卷末的音释等,所删内容如十八篇子目、林亿和孙琦校语、《辨不可发汗病脉证并治》至《辨发汗吐下后病脉证并治》八篇所有重出条文等。

---

① [金]成无己著,张国骏主编:《成无己医学全书》,第153页。
② [明]方有执撰,储全根、李董男校注:《伤寒论条辨》,序第2页。

而对于成氏的注释,后世医家既有肯定又有否定。一方面,认为成氏注释仲景之书,最为详明,虽随文顺释,自相矛盾者,时或有之,亦白璧微瑕,固无损于连城也;①另一方面,对成氏的否定多认为其"未免随文顺释,其于分别较正,实多阙略"②。由上可见,成氏注释深刻影响着后世医家,即使否定者亦多采用其说,成氏对《伤寒论》未作校正则是囿于时代的认知,宋代医家多注重《伤寒论》辨证论治的阐发,金元医家则专注于某一观点的发挥,而对文本的校正则前所未有,成氏亦不可免俗。

三、《伤寒药性赋》——《伤寒论》的科普之作

淄川蒲松龄先生"雅爱岐黄",著有多部与医药卫生相关的著作,意在提高基层民众的医药知识,《山东中医药志》称其为"中医药科普文艺的先驱"③。《伤寒药性赋》是其所作的一篇赋体骈文,所涉药物以《伤寒论》的药物为主,期以"能因药而思方,自神理之可会"④。全文共1150余字,朗朗上口,简单易诵,可作为学习《伤寒论》的启蒙读物。

蒲氏对《伤寒论》进行了深入的研究,赋中不仅涉及中医气血津液学说、阴阳、五行等基础理论,归纳有药物的性味、归经、功效,还对药物的炮制、宜忌、配伍等进行阐述。蒲氏认为药物是用方的根本,知晓药物的药理,遣方用药才能神会。首先,蒲氏根据药物的特性将药物进行归类总结,大致分为发表、涌吐、温热、平补、渗利、收敛、寒泄、泻热、破坚、下水、固涩等方面。其次,根据中药"四气五味"理论,解以《伤寒论》药物的作用,并对六经用药进行了总结。最后,对于参、术、芍药、大黄等存在异用的药物及黄连、黄柏、白头翁、茵陈、土瓜根等对某病具有特效作用的药物,亦援引后世医家的观点进行精确的论述。

王茂福说:"《伤寒药性赋》是一篇写实之作,写各味中药的医疗功能,尽管写来颇难,但失却了文学意味。"⑤这也从侧面肯定了蒲氏对《伤寒论》的研究。蒲氏以严谨负责的态度编撰的《伤寒药性赋》,进一步普及了《伤寒论》的医药

---

① [明]王肯堂著,吴唯等校注:《证治准绳》,北京:中国中医药出版社1997年版,第683页。
② [明]李中梓撰,包来发主编:《李中梓医学全书》,北京:中国中医药出版社1999年版,第657页。
③ 张奇文主编:《山东中医药志》,济南:山东科学技术出版社1991年版,第363页。
④ [清]蒲松龄著,路大荒整理:《蒲松龄集》,上海:上海古籍出版社1986年版,第33页。
⑤ 王茂福:《蒲松龄辞赋考论》,《北京大学学报(哲学社会科学版)》2006年第3期,第72—78页。

知识，可为中药入门读物。

四、《伤寒悬解》《伤寒说意》——承错简重订之说，兼以气化解伤寒

昌邑黄元御少习举子业，30 岁时因目疾而弃儒攻医，主张"理必《内经》，法必仲景，药必《本经》"。黄氏不仅受乾隆皇帝青睐而获御赐"妙悟岐黄"匾额，亦曾"随驾武林（杭州市）"，撰著颇丰。

《伤寒悬解》《伤寒说意》集中体现了黄元御的伤寒学术思想，受清代伤寒、温病发展的趋势影响，黄氏不仅对《伤寒论》的内容进行注释以阐扬其治病思想，而且融合错简重订派和维护旧论派等医家的观点，既重订仲景条文，又以气化释伤寒。

首先，在条文的编次上，承袭方有执、喻嘉言等错简重订派医家的观点，批驳王叔和、成无己等医家，重新编次条文，列王叔和伤寒例于卷末，"削而正之，存其梗概，以破医书承袭之讹"①。在条文的注释上，主张以气化解伤寒。黄氏不仅在总论部分以"六气司令""一气独胜""六气解"专篇论述气化学说，还于每经卷前以气化学说开篇，以气化立论，阐述该经气化特点，《四库全书总目提要》亦称其"立六经以治伤寒，从六气也"②。

其次，在治病思想上，黄氏重视脉法，强调里气的重要性，主张太阳主经病，经脏腑相连，提倡扶阳抑阴。田宗德③将黄氏脉法总结为三大特色：诊察脉中的"独处"，以趺阳脉作为把握中气的凭据和以寸口脉作为把握营卫的凭据。独处藏奸的思想对诊断疾病具有靶向性的指导作用，对把握人体气机的变化、辨证疾病的性质、处方用药的治疗都有很好的导向性。黄氏不仅专论"里气解"，且认为里气是决定六经传变为寒还是为热的关键所在，里气的异常是导致人体阴阳失调的重要因素。闫方杰④认为黄氏意识到了经病与表证的相关，故将经病全部归于太阳病下，体现了太阳主经病的思想。对于经腑脏之间的关系，黄氏提出了"连经"的概念。经病和腑病、脏病虽有区别，但它们之间并

---

① ［清］黄元御撰，麻瑞亭等点校：《黄元御医书十一种（中） 伤寒悬解 金匮悬解 伤寒说意》，第 274 页。
② 李茂如等编著：《历代史志书目著录医籍汇考》，北京：人民卫生出版社 1994 年版，第 592 页。
③ 田宗德：《黄元御〈伤寒悬解〉学术思想研究》，河南中医学院 2015 年硕士论文。
④ 闫方杰：《黄元御伤寒学术思想探讨》，山东中医药大学 2013 年硕士论文。

非完全分割开来的,可以有腑病连经、经病连脏的现象。这一观点对临床有一定的指导意义。从病机、疾病的转归、伤寒方药等方面,皆可表现出黄氏扶阳抑阴的思想。

黄元御的伤寒学研究承自错简重订派,重整考订,以复古书原貌;又援引维护旧论派医家的气化学说,以六气解六经;主张太阳主经病,经脏腑相连;推崇里气,认为其为人体气血阴阳平衡的关键。黄氏对《伤寒论》的研究是齐鲁伤寒学研究的重要成果,对后世医家产生了深远的影响。时至当下,黄氏医书依然受到中医学子的强烈欢迎。

五、《伤寒论选注》——博采众家之长,亦多创见

诸城臧应詹生于臧氏医家,少时习儒学,时与黄元御齐名,有"南臧北黄"之誉。[①] 臧氏一生致力临床,著作亦颇丰,涉及内、外、妇、儿诸科,但均未刊行,一直以手抄的形式藏于民间。现存的著作有《伤寒论选注》和《类方大全》。

臧氏在选取诸家注释中,首尊成无己,亦推崇《医宗金鉴》,称其"可谓精切详明集大成矣",取历代医家之长,以期"互相发明"。在具体的条文注释中,臧氏秉持严谨的治学态度,将选自《医宗金鉴》吴谦注者标为"旧注",选自其他医家的注释前则标明"某某曰"。对于选注的标准力求简当明了,谓"止欲辞达,无求枝蔓"。

臧氏亦多有卓见,如提出恶风与恶寒只是微甚之别,认为"风寒原不深论","卫疾必及于营,营疾必及于卫。论中多互言之风寒,不甚分矣"。桂枝二麻黄一汤证和麻黄桂枝各半汤证,为病邪甚浅,桂枝二越婢一汤证为经热之浅,故少加石膏;大青龙汤证为经热之深者,故加石膏至四两,为伤寒挟温热。故此处脉紧非伤寒之脉紧,病机非中风伤寒互见,乃为太阳之表实热,且阳郁热蒸,非此发汗重剂,"破壁擒王"不可。将太阳篇的结胸、痞证相关条文完全置于卷七,认为此处阴阳为阳经、阴经,且举证有二,以证结胸、痞之阴阳,是其经之所在,而非中病之邪气所分。

臧氏将条文"病有发热恶寒者,发于阳也,无热恶寒者,发于阴也。发于阳者,七日愈,发于阴者,六日愈,以阳数七阴数六故也"置于太阳篇首,认为"此

---

① 郭霭春主编:《中国分省医籍考》上册,天津:天津科学技术出版社1984年版,第232页。

六经之首领,全篇之总纲……伤寒初症以发热无热辨之,阴阳判然矣。故贯之于首"。他以"通体之六经"分阴阳,三阳经为阳,三阴经为阴;以"分部之六经"辨别六经,在脏在腑,寒热虚实,然后于论中求之于救法。以上可以看出臧氏重视阴阳,有关《伤寒论》辨证论治的诊治思路,条理清晰,方便操作,是臧氏深思熟虑、精心研究的成果。田思胜教授称之为宝塔式立体层次性辨证体系。[①]

臧氏重视中气,尤贵胃阳,谓"中气者,脾胃之真阳是也"。他认为中气阳强阳衰是病机转化的关键,尤其在三阴经中反复论述,"专与胃阳较胜负""与阳明'较胜负'",均揭示了中气胃阳的关键作用。胃阳复则病易为好转,施治得宜,则救之可愈;若治之失宜,胃阳损伤,则病难愈,"厥少二阴死症,种种蜂起,可不慎欤"!

三阴经证,病症变化多端,寒热错杂,真假难辨,胃阳强弱为关键。臧氏于三阴经篇总论从三阴经病专症入手,详述症状鉴别,包括太阴证与阳明证、少阴证与太阳证,而厥阴证更加复杂,可从寒化而有少阴证、太阴证,可从热化而有白虎汤证、瓜蒂散证、口伤烂赤证、便脓血证等。臧氏提出"阳证先防其有寒,阴证先防其有热;热者防其虚,寒者防其实。在表者为经,早防其入里;在里者为腑病、脏病,务引出表"。症状真假,实在重要,审证务须谨慎,无失其宜。

《伤寒论选注》为臧氏集诸家注,紧密结合临床经验而成。臧氏追求语言简练明了,但言及于前人论述有疑义处则不惜笔墨,旁征博引,阐明己意。其对伤风伤寒之别、阴阳之辨、大青龙汤证、结胸痞证等的论述卓有创见,值得深入研究。

六、《要略厘辞》——广搜重订,博采众家

平度于溥泽,善诗词文章而尚考据,著《群经错简》。36岁后游学于昌邑黄元御之门,得其真传,善治疑难杂症,尤长于妇科。著作有《医学诗话》《伤寒指南》《云巢医案》《要略厘辞》。于氏认为《伤寒论》和《金匮要略》二书错乱残缺,"晋王氏编之而篇章失次,金成氏注之而部帙离居,加以方症舛讹,诠疏迷谬,操技者施用鲜效"。因此,复检《脉经》《千金》《外台》诸册,参互考订,"勉仿原

[①] 田思胜:《臧应詹〈伤寒论选注〉的学术价值》,《杏苑中医文献杂志》1994年第1期,第5—7页。

制纂成若干卷,名曰《要略厘辞》,以就正海内,非侈言复古也"。《要略厘辞》共八卷,内容繁杂,所采引文为唐以前诸书,以厘正《伤寒论》和《金匮要略》。

从于氏诸书的特点来看,他应属于错简重订一派,然而他反对"三纲鼎立"之说,认为六气咸隶于伤寒,绝非桂、麻、青龙三纲鼎峙之说。他厘正《伤寒论》《金匮要略》的具体方法有六:一曰原义,二曰证文,三曰补亡,四曰勘误,五曰祛疑,六曰致用。引文取自《脉经》《千金要方》《千金翼方》《外台秘要》等书,以其去古未远,并标明具体引用篇章,非后世医家全凭己意而改之可比。且于氏"述而不作",对书中内容不加评论,个中深意须详加斟酌。

现引一例,《要略厘辞·实病论》:"咳而胸满振寒,脉数,咽干不渴,时出浊唾腥臭,久久吐脓如米粥者,肺痈也,桔梗汤主之,肺痈胸胁满胀,一身面目浮肿,鼻塞清涕出,不闻香臭……葶苈大枣汤主之;胃脘痈者,身皮甲错,或咳或呕,或唾脓血,木占斯散及云母膏主之。""此条专论内痈,首引《金匮要略》文两条,胃脘痈《金匮要略》未载,作者连类及之,复引孙思邈论治之文以补充之,颇为贴切。"①

于氏虽未有论述,但所引诸文之间相连甚密,且文中亦多采用问答的形式。现代学者对《要略厘辞》的研究甚少,其中许多有价值的部分还未被挖掘。

七、《证治集解》——辨证明理,参合时症

招远庞润田,因仕途不遂而隐世行医,《证治集解》为庞氏晚年"集各家之要与平生历验之诀"撰著而成,以之刻书,济世救人。本书分上下两卷,上卷论伤寒审证、脉法、察色、舌苔、宜禁、不治诸证;下卷论发热、头痛、恶风、恶寒、潮热、无汗、自汗、烦热等一百种病症,先释病证、病机,各症之后有论有方,并间附医案。其中,卷下症状的书写与陶华《伤寒明理续论》的书写方式相似,李玉清教授认为这种写作文笔较差,层次感不强。② 但这种方式或许能够让那些民间的中医接受,而有利于医学的传播。

庞氏重视脉法,于《证治集解》总论中以浮中沉三法论之,尤其重视沉脉,

---

① 张奇文主编:《山东中医药志》,第387页。
② 李玉清:《〈伤寒明理论〉与〈伤寒明理续论〉的比较研究》,《中国中医基础医学杂志》2007年第8期,第568—569页。

认为沉脉决定了阴阳寒热用药，提出了伤寒、湿热脉法之迥异，总结脉法宜禁等。他主张色脉合参，"伤寒家尤以察色为首务"。总论中从面、目、鼻、唇、口、耳、身、足、声等九个方面整体论述了望诊的相关症状，并简论白苔、黄苔、黑苔、灰黑苔、红舌、紫舌、霉酱舌、蓝舌等八种舌苔，"撮其大要，亦辨证之一助也"。

自朱肱《类证活人书》始，《伤寒论》以症类证的研究方法盛行开来，这种方法是将具有同一症状的若干条文汇集在一起，并分析其病机和治法。成无己《伤寒明理论》选有50个症状，陶华《伤寒明理续论》则增加至70余症，《证治集解》将症状扩大到100个，包含了《伤寒明理论》中出虚烦之外的所有病症，还增加了发斑、喉痹、厥晕等热病病症，发颐外科病症，以及《金匮要略》中的百合、狐惑、杂病等。其对《伤寒论》中症状的选取更加详细，但温病热病的讨论较少，更注重杂病的辨证。其写作方式有类于《伤寒明理续论》，其书写条理清晰，辨证详明，列举包含甚广，有伤寒六经病、六经坏病、痉湿暍、合病、并病、差后病、阴阳易、温病、热病、杂病等，可补《续论》之不足。

通过对《伤寒明理论》《伤寒明理绪论》《证治集解》三本医籍的对比，从部位和证候两个方面来说，较前两者，《证治集解》从《伤寒论》中所选的症状更多，对症状的研究更加细致，分类更明确清晰，更注重症状的轻甚之别和部位划分。这种研究伤寒的方法，让临床医师更易了解症状背后的病机，从而快捷地接触并深入伤寒的学习中。

庞氏所选《伤寒论》病症增加，且分类更加精细，但在列举具有同一症状的相关疾病时，亦多有症状加减，并加入温病、热病、杂病，故所选方药除《伤寒论》原方外，还采用众多时方，并将条文进行加工，变换条文形式，病症结合，症机互解，注重临床，不拘成方，随症加减。除引用《内经》外，后世医家之论亦有采用，且共收录医案39则，附于相关病症之后，医案录入较为完整，亦有误治病案、病人初诊复诊直至痊愈的病案，所用方剂多为《伤寒论》原方，症状完备，诊病过程详细。

本书为庞氏隐居行医，临证有感而著。所选症状较前人更加完备，症状的病因病机叙述简略而条理明晰，症状下多以病名开头，并列兼证，可见各病不同症状，从而有利于鉴别，适宜临床医生的日常学习。

八、小结

从以上现存的齐鲁医家伤寒著作来看,王叔和与成无己对《伤寒论》的发展作出了卓越的贡献。其中王叔和对《伤寒论》的搜集、整理、编次使其得以流传下来,虽未能全以此书原貌示人,但非其整理,后人何以可见而习之?又以"三阴三阳"整理条文,为后世六经辨证和六经传变的思维奠定了基础。成无己首次全文注释《伤寒论》,以经解经的形式亦成为后世医家研究《伤寒论》的重要形式,有效地促进了伤寒学的发展。因此,王叔和与成无己在伤寒学术史中均具有承前启后的作用。

齐鲁医家的伤寒著作著述体例多样,层次有别,促进了伤寒学术的传承与传播。蒲松龄借鉴《药性赋》的形式,结合《伤寒论》的用药特点,融汇本草文献之精华,撰成《伤寒药性赋》,以简单上口的韵文阐释药物的功用特点,便于初学者快速记忆《伤寒论》的药物知识。黄元御、臧应詹、于溥泽等尊经重典,博采众长,所注发前人之未发,驳前人之误。上述医籍既有通俗易读入门之作,亦有内容精深独到的学术名著,满足了不同层次读者研习《伤寒论》的需求,促进了伤寒学术的传承与传播。

医家学承《内经》,气化解六经,特色鲜明。成无己在释文中以引用《内经》内容为主,促进了理论与临床的结合。黄元御在其伤寒著作中以气化释六经,阐释六经诸病的病因病机,如黄氏在《伤寒说意》《伤寒悬解》总论部分以"六气司令""一气独胜""六气解"专篇论述气化学说,还于每经卷前以气化学说开篇,以气化立论,阐述该经气化特点。气化解六经体现了天人相应的整体观,是《内经》与《伤寒论》学术思想一脉相承的写照,对《伤寒论》的临床实践具有重要意义。

重视中气,尤贵胃阳,独树一帜。黄元御重视中气,认为人之感邪,与"中气"密切相关,系统阐发了中气于三阴三阳病机的相关性,以及主张传经与否和传经寒热皆以中气为枢纽。臧应詹在《伤寒论选注》中提出"若中气之阳衰,阴病则危症蜂起,阳证则厥利叠见。即阳明亦从湿化而为阴。故仲祖于汗吐下三法,反复致慎,其中稍涉虚寒即酌加参术,总为中气真阳计耳",强调中气阳强阳衰是病机转化的关键,并在三阴经中反复强调胃阳的重要性,认为"病有一线之胃阳未绝,犹可冀其回生也。"

学以致用,色脉合参,促进了对临床的指导作用。王叔和集前人之大成而编成的脉学专著《脉经》,成为助世脉学之圭臬,所整理的《张仲景方》中含有丰富的脉学知识。黄元御《伤寒悬解》首置脉法两卷,重视趺阳脉与寸口脉的诊察,主张以趺阳诊中气,以寸口候营卫,以寸口诊营卫;黄元御注重中气,创立一气周流的理论,脉诊是其诊察中气的重要手段。庞润田亦重视脉诊,主张色脉合参,其在《证治集解》总论中以浮中沉三法论脉,强调沉脉的重要性,还总结了脉法宜禁,列结促代伏为"死生关捩",对临床具有重要的指导作用。